KB203896

'종교사회학자의 놀이터에 폭탄을 투하했다'라고 평가받는 미국 종교사회학계의 거장인 로드니 스타크가 다시 우리에게 다가왔다. "과학의 발달과 함께 종교는 곧 사라지고 미래는 종교가 없는 시대가 될 것이다"라고 믿었던 근대의 세속화 신화(Secularization Myth)는 종교의 속성상 "새로운 종교는 계속 발생하며, 세속화의 결말은 종교의 소멸이 아니라 오히려 지속적인 변화와 재탄생이다"라는 스타크의 낙관적인 전망으로 대체되었고, 그의 이론은 지난 20세기 후반부 미국 종교사회학계의 주도적인 패러다임으로 자리 잡았다.

종교현상에서의 인간적인 측면을 강조하는 종교사회학계에서 스타크는 미국의 종교사회학계와 기독교계에 수많은 충격과 논란을 불러일으키며 여전히 연구를 진행하고 있는 대학자다. 그의 학문적인 특징은 교회-분파-이교이론(the theory of Church-Sect-Cult)과 종교의 합리적 선택이론(Rational Choice Theories of Religion)으로 대표되는 종교사회학적 방법론을 주로 기독교의 역사 및 각 교단들에 대한 연구에 적용하는 것이다. 구체적으로는 초기 기독교 공동체가 성공을 거둔 이유, 중세 기독교가 개신교 윤리와 자본주의 정신의 발달에 끼친 공헌, 종교개혁에 대한 새로운 평가, 미국의 독립 이후의 종교시장에서의 승자와 패자가 된 교단에 대한 분석, 몰몬교 현상, 중국 기독교의 최근 현황 등에 이르는 주제들이 망라되고 있다. 『기독교 승리의 발자취』는 지금까지 스타크의 방법론과 학문적 주장이 녹아 있는 결정판이다. 기독교 역사에 대한 새로운 시각을 원하는 이들에게, 그리고 그 속에서 한국교회의 미래를 보고자 하는 독자들에게 기쁜 마음으로 일독을 권한다.

김태식 | 침례신학대학교 신학과 겸임교수, 세종수산침례교회 담임

『기독교 승리의 발자취』는 갈릴리 나사렛에서 시작된 기독교가 어떻게 세계 최대의 종교가 될 수 있었는지를 보여주는 흥미로운 책이다. 삼위일체교리의 확립, 청교도주의, 칼뱅의 신학 사상 등 주요 신학적 이슈를 다루지 않고, 종교사회학적 관점에서 독창적인 해석을 시도한다는 점이 본서의 큰 특징이라고 하겠다.

종교사회학자 겸 역사학자인 스타크가 복음서와 사도행전을 비롯한 신약성서의 역사적 신빙성을 신뢰할 뿐 아니라, 사도행전을 날조된 이야기로 비하하는 독일 학자 한스 콘첼만(Hans Conzelmann)을 비판하는 대목은 가히 복음주의 신학자를 방불케 한다. 또한 근대화와 세속화의 물결로 인해 기독교가 쇠퇴할 것이라는 기존 종교사회학자들의 주장에 대해, (유럽을 제외하고) 아시아나 아프리카 등의 지역에서 오히려 기독교의 괄목할 만한 부흥이 나타나는 사례를 들어 '세속화 논제'를 논박하는 부분에서는 저자의 종교사회학자로서의 면모가 유감없이 발휘되고 있다. 요컨대 종교사회학과 종교사적 시각에서 기독교 역사를 새롭게 재해석함으로써 신학자들과 교회사가들이 다 못한 기독교에 대한 변증을 시원스럽게 전개하여 선교의 문을 열어줄 뿐 아니라 새로운 역사적 전망을 제시해 주고 있다. 이에 본인은 본서가 목회자들과 평신도들에게는 기독교 선교역사가 지닌 위대한 승리의 원동력과 선교적 미래의 가능성을 재확인시켜줄 뿐 아니라 비기독교인들에게는 기독교에 대해 닫혀 있던 마음의 문을 열어줄 것이라 기대하며, 이들 모두에게 『기독교 승리의 발자취』를 추천한다.

김홍기 | 전 감리교신학대학교 총장, 현 오이코스대학교 대학원장 및 역사신학 교수

『기독교 승리의 발자취』에서 로드니 스타크 교수는 역사서술과 이해에 있어 기존의 고착화된 시각과 판단을 넘어서는 날카로움을 보여준다. 저자는 과거의 역사서가 주장하는 교회사의 여러 주제에 대한 역사적 오류와 한계를 지적하며 교회사를 새로운 관점에서 바라보도록 돕는다. 이를 위해 방대한 선행연구 자료를 활용하면서도 자신만의 차별화된 시각과 관점을 제공한다. 또한 본서는 갈릴리 주변부에서 시작된 예수운동이 지역종교나 유대교의 종족종교에 머물지 않고 (세속화로 인해 쇠퇴할 것이라는 예상과 달리) 오늘날 세계적인 종교로 확장되어 나간 과정을 종교사회적 상황과 배경을 중심으로 고찰한다. 이 책에는 그동안 출간된 역사서와는 다른 저자 특유의 역사의식이 짙게 배어 있다. 저자가 비판적 책읽기를 통해 자신만의 뚜렷한 관점을 발전시켰던 것처럼 독자들

도 이 책을 통해 교회사에 대한 자신의 생각을 세워나갈 수 있을 것이다. 그저 그런 또 하나의 역사서가 아니라 그동안 감추어져 있던 예수운동의 역사적 상황이 저자의 노력을 통해 생생하게 되살아나고 있다. 이러한 숨겨진 역사 찾기에 관심 있는 이들에게 본서는 좋은 길잡이가 될 것이다.

변창욱 | 장로회신학대학교 선교역사 교수, 대외협력처장

『기독교 승리의 발자취』는 교회사 전체에 대해 "새로운" 해석을 제공한다. 저자인 로드니 스타크는 그동안 의심 없이 받아들여져 정설(正)이 되다시피한 기존의 주요 역사 서술에 대해 구체적이고 설득력 있는 연구결과를 소개하며 도전장을 내민다. 다시 말해 그리스도 탄생 직전 로마 제국의 종교 상황에서부터 현대의 세속화와 세계화에 이르기까지 일반적인 통념에 따른 "왜곡"과 "오류"를 밝히면서 자신의 "새로운" 해석을 중층적이고 집약적으로 제시하는 것이다. 따라서 본서는 독자들에게서 전폭적 지지로부터 냉혹한 비판에 이르기까지 다양한 반응을 불러일으키리라고 여겨진다. 특히 기독교의 이교 신앙 박해, 십자군의 동기, 암흑시대, 대중 신앙, 과학혁명과 종교, 스페인의 이단심문소, 현대의 세속화 등에 대한 서술은 치열한 논쟁의 도화선이 될 수 있다. 또한 제목에서 말하는 "기독교의 승리"가 과연 이 시대에 기독교가 갖은 도전을 이겨내고 미래를 열어가기 위한 바른 길인지에 대해서도 의문을 제기할 수 있다. 하지만 이러한 비판은 오히려 본서가 학문과 종교 담론을 둘러싼 논쟁에 적절한 화두를 던져주는 역작임을 반증하는 것이다. 분명히 본서는 참된 기독교를 추구하며 교회사의 새 시대를 열망하는 이들에게 과거를 새롭게 이해하도록 도움을 줄 것이며, 알게 모르게 고정 관념에 사로잡혀 역사를 해석해왔던 이들에게는 신선한 충격으로 다가올 것이다. 이런 의미에서 『기독교 승리의 발자취』는 이 시대의 학계와 교계에 대립명제(反)를 제시하여 새로운 명제(合)를 만들어가는 계기가 되리라 확신하며, 기독교의 과거 역사와 현재 및 미래적 전망에 대해 관심을 가진 모든 이들에게 추천한다.

서원모 | 장로회신학대학교 역사신학 교수

종교사회학자인 로드니 스타크는 이천 년 기독교 역사를 "역사적이고 사회학적인" 관점에서 다룬다. 그는 기독교에 대한 부정적 신념이 팽배하고 근거 없는 비난이 난무하는 현대 사회에서 간과되기 쉬운 측면, 즉 기독교가 인류문명에 가져온 공헌에 초점을 맞춘다.

　　모두 6부 22장으로 구성된『기독교 승리의 발자취』중에서 본인은 중세를 다룬 제4부를 주목해서 살펴보았다. 이미 많은 중세 연구자들이 중세를 "암흑시대"(Dark Ages)라고 부르는 것이 부당함을 밝혀왔다. 그럼에도 불구하고 끈질기게 지속되는 이 낙인에 대해 저자는 그것이 반종교적 지식인들에 의해 날조된 신화임을 주장한다. 이를 입증하기 위해 중세에 이룩된 기술발전, 자본주의의 발명, 노예제 반대와 같은 도덕적 진보, 그리고 고급문화의 발전을 경쾌한 문체로 서술한다. 특히 흥미로운 부분은 "신앙과 과학혁명"을 다룬 제16장이다. 여기서 저자는 기독교 신앙이 과학의 발흥에 장애를 초래했다는 통념을 비판하고, 오히려 기독교가 과학 발전의 촉매제였음을 역설한다. 과학과 종교 간의 갈등이라는 통념은 볼테르와 기번 같은 반종교적 지식인들이 날조한 관념이고, 그 후로 버트런드 러셀과 리처드 도킨스 같은 호전적 무신론자들이 계속 유포해온 허위 정보임을 밝히려고 한다. 이를 위해 그는 중세 대학에서 꽃핀 스콜라 신학의 방법론을 부각시키면서 과학과 종교, 이성과 신앙은 서로 대립하는 것이 아님을 보여준다. 무엇보다 기독교의 창조주 신앙이 과학 발전에 장애가 된 것이 아니라 오히려 자연에 대한 과학적 탐구를 촉진하였음을 설득력 있게 논증한다. 기독교가 과학의 발전을 가로막은 대표적인 사례로 흔히 언급되는 갈릴레이 사건은 기독교 신앙과 과학의 대립이 아니라 실상은 가톨릭교회의 권력 남용을 보여주는 일례라고 이해한다.

　　『기독교 승리의 발자취』가 많은 사람들에게 읽혀서 국내 학계와 일반인들에게 아직까지 널리 퍼져있는 "중세는 암흑기"라는 통념이 깨어지고, 중세에 대한 무지를 용감무쌍하게 노출하는 후안무치한 목소리들을 더 이상 듣지 않게 되기를 희망한다. 아울러 번역서임에도 돋보이는 유려한 문체가 독서의 기쁨을 더하리라 확신한다.

손은실 | 장로회신학대학교 역사신학 교수

The Triumph of Christianity:

How the Jesus Movement Became the World's Largest Religion

Rodney Stark

THE TRIUMPH OF CHRISTIANITY.

HOW THE JESUS MOVEMENT BECAME THE WORLD'S LARGEST RELIGION

기독교는 어떻게 세계 최대의 종교가 되었는가?

기독교 승리의 발자취

로드니 스타크 지음

허성식 옮김

새물결플러스

목차

그는 가르침을 베풀고 기적을 일으키는 분이었다. 그는 갈릴리라는 보잘것없고 잘 알려지지 않은 지역에서 그의 짧은 사역 기간 대부분을 보냈는데, 종종 사람들이 모인 야외에서 설교하곤 했다. 그의 설교를 들었던 이들 중 몇 사람은 '나를 따르라'는 초청을 받아들였고, 열두 명 정도가 그의 헌신적인 제자가 되었다. 그러나 그가 로마 제국에 의해 처형되었을 때 그를 따르던 자들의 수는 필시 몇 백 명에 불과했을 것이다. 이렇게 잘 알려지지 않은 유대교 종파가 어떻게 세계에서 가장 큰 종교가 될 수 있었을까? 우리가 탐구하려는 질문이 바로 이것이다.

물론 지금껏 이 질문에 사로잡혀 집필된 책만 해도 수천 권은 족히 될 것이다. 그렇다면 왜 또 다른 책이 필요한 것일까? 나는 1996년에 『기독교의 발흥』(*The Rise of Christianity*, 좋은씨앗 역간)이라는 책을 쓰면서 이 질문에 대해 부분적으로 논의한 적이 있다. 그 책에서 나는 새로운 사회과학적 원칙을 적용하면서, 그동안 간과해왔던 몇 가지 가능성을 살펴보았고, 기독교의 초기 성공, 즉 기독교가 어떻게 로마를 정복했는가에 대한 설명을 돕기 위해 간단한 계산법을 사용하기도 했었다. 여러 저명한 이들이 그 책에 대해 서평을 해주었는데, 그들의 반응은 내가 속으로 기대하며 상상했던 것을 훨씬 뛰어넘는 것이었다. 하지만 그렇게 뜨거운 반응을 불러일으켰음에도 불구하고 기독교의 역사를 보다 광범위한 견지에서 다루어보고자 하는 열망이 최근 몇 년 동안 더 강해졌다. 말하자면, 기독교가 탄생하기 이전의 종교적·사회적 상황에 대한 이야기에서 시작해서, 4세기 초 콘스탄티누스의 개종에서 중단하는 것이 아니라, 현재까지 기독교의 역사가 어떻게 진행되어왔는지를 연속해서 살펴보고 싶었다.

『기독교의 발흥』을 저술할 당시에, 나는 "역사적" 예수와 복음서의 진정성에 대한 문제를 다루지 않기 위해 기원후 40년의 시점부터 내용을 기술했다. 그것은 내가 그러한 주제에 대해 충분한 지식을 갖고 있지 않다고 생각했기 때문이다. 동일한 이유로 나는 콘스탄티누스에서 그 책을 마무리했다. 그것은 내가 기독교 역사의 파노라마 전체를 취급할 준비가 되어 있지 않았기 때문이다. 나는 그때 이후로 다른 책들을 집필하면서 해당 지식을 크게 확대하고 역사적 안목을 배양할 기회를 얻었다. 이러한 과정을 거치면서, 현재 나는 기독교에 대해 훨씬 더 긴 분량의 책을 쓸 준비를 갖추게 되었다. 내가 바라는 것은 처음 출간되었던 『기독교의 발흥』만큼이나 본서가 신선하고 창의적이라는 평을 들었으면 하는 것이다.

본서는 예수의 탄생 이전에 있었던 사건에서 시작하여 현재 시점에서 끝나고 있지만, 그렇다고 해서 이 책이 기독교의 역사를 개괄적으로 다루는 것은 **아니다**. 여러 시대사와 사건사와 출중한 인물들이 본서에서는 빠져 있다. 예를 들어 청교도에 대해서는 한 문장만 할애하였고, 퀘이커에 대해서는 한 마디도 언급하지 않았다. 동방 교회의 여러 교파들, 헨리 8세, 장 칼뱅, 이냐시오 로욜라에 대해서도 거의 언급하지 않았다. 신학적 주제와 관련된 공의회와 교리 논쟁에 대해서도 큰 관심을 두지 않았다. 삼위일체론을 둘러싸고 5세기에 벌어졌던 피비린내 나는 싸움들도 완전히 무시해버렸다. 대신에 나는 기독교의 이야기를 구성하는 중요한 일화와 단면 등을 매 세기

마다 발굴해서 그것들을 새로운 관점에서 평가했다.

새로운 관점이란 무엇을 의미하는가? 나는 이 말을 오래된 질문에 대한 새로운 대답이자 잘 알려진 사건에 대한 새로운 해석의 추구라는 뜻으로 사용한다. 이러한 새로운 대답과 해석은 (혁신적인 연구에도 불구하고 그다지 주목받지 못했던) 다른 학자들의 연구에 주로 기초한 것이지만, 새로운 관점 자체는 대부분 내가 생각해낸 것이거나 적어도 일부는 내가 관여한 것이다. 나는 과거에 발생했던 일과 그 원인에 대한 전통적 견해와 종종 다른 의견을 제출하기는 하지만, 수 세기에 걸쳐 기독교 역사에 대한 지식을 고양시키는 데 기여해온 수많은 위대한 학자들에 대해 깊은 존경의 마음을 품고 있다. 나는 이들 수백 명의 학자들로부터 도움을 받았고 그 사실을 각주에서 분명히 밝히고 있다.

나의 관심사는 신학적인 것이 아니라 역사적이고 사회적인 것임을 분명히 해두고 싶다. 예를 들어 내가 바울의 신학에 대해 자세히 알지는 못하지만, 본서에서 부각되는 나의 주된 관심은 바울이 무엇을 믿었는가가 아니라 그가 어떤 사람이었는가에 대한 것이며, 바울이 무슨 말을 했는가가 아니라 그가 어떤 사람을 대상으로 그 말을 했는가에 대한 것이다. 마찬가지로, 나는 루터가 로마 가톨릭과 다른 의견을 가진 것이 정당한지에 대해 평가하지 않을 것이다. 나의 관심은 그가 그러한 문제를 어떻게 극복했는가에 대한 것이다.

끝으로, 내가 일반 독자를 대상으로 꾸준히 글을 써온 것은, 내가 만일 평이한 언어로 표현하지 못한다면 그것은 현재 작성하고 있는 내용을 내가 제대로 이해하지 못하고 있기 때문일 것이라는 확신에서 비롯된 것이다.

본서의 짜임새

본서는 여섯 부분으로 나눠진다.

제1부: 성탄 전야

여기서는 기독교가 시작되었던 시기의 종교적 상황을 개괄한다. 이교 신전을 중심으로 한 사회의 성격, 로마 제국의 종교적 구성, 당시 이스라엘에서 성행하던 여러 형태의 유대교들 사이에 비등하던 갈등을 다룬다.

제2부: 로마 제국의 기독교화

여기서는 예수의 지상 삶에 대한 개관에서 시작하여 예수운동의 형성기를 살핀다. 그다음으로 기독교가 유대인에 대해 선교를 진행한 것(이것은 보통 인정하는 것보다 훨씬 더 성공적이었다)과 이방인에 대해 선교를 펼친 것(이 선교 활동을 구성하는 가장 기본적인 요소 중 몇 가지가 이상하게도 무시되어왔다)에 대해 평가한다. 그다음 장에서는 초기 교회에 들어온 신자들이 사회적으로 최하층 출신이라는 전통적인 통념을 타파한다. 이와 정반대로, 대부분의 새로운 종교운동에서와 마찬가지로 초기 기독교도 특권층으로부터 특별한 관심의 대상이 되었다. 그다음으로 그리스-로마의 도시에서 심지어 부유층도 겪고 있던 삶의 비참한 면모를 보여준다. 해당 장에서는 초기 기독교의 긍휼 사역이 삶의 고난을 덜어주는 데 매우 효과적이었던 나머지 그리스도인들의 수명이 이교도 이웃들보다 더 길었던 것에 대해 서술한다. 게다가 초기 그리스도인들은 대부분 여성이었다. 이교도 여성과 그리스도인 여성의 처지를 비교해볼 때, 당시 로마 제국에 살고 있던 모든 여성이 교회로 몰려들지 않았던 것이 사실 이상할 정도다. 다음은 로마 제국이 교회를 박해할수록 교회가 더 강해졌다는 커다란 역사적 아이러니를 살펴본다. 끝으로, 기원후 40년부터 350년까지 로마 제국 내에서 나타난 교회 성장에 대한 모델을 살펴보면 초기 기독교의 성장률이 대체로 현대에 있었던 몇몇 운동이 거둔 성장률과 매우 유사한 것을 발견하게 된다.

제3부: 기독교권 유럽의 성장

여기서는 콘스탄티누스의 개종이 던지는 의미를 살펴보는 데서 시작한다. 그것은 잘해야 절반의 성공이라고 하겠는데, 이로 인해 기독교에 대한 박해가 종식된 반면, 교회 내에 존재하는 이견에 대한 억압이 촉진되고, 성직자의 경건과 헌신의 수준이 심각하게 하락한 것을 말한다. 그다음으로 이교(paganism)의 종언을 취급한다. 전해져온 이야기와는 정반대로, 이교는 기독교의 박해 때문에 소멸한 것이 아니며, 그 쇠퇴 과정은 매우 완만한 것이었다. 사실 이교주의가 완전히 사멸하는 일은 결코 없었다고 하겠다. 북유럽의 토착 사회가 기독교로 개종한 것도 콘스탄티누스가 기독교에 특권을 부여한 때로부터 대략 천 년이 경과한 후에야 일어났다. 7세기경만 해도 기독교는 필시 유럽보다 북아프리카와 아시아에서 훨씬 더 강하고 체계화된 모습을 띠고 있었다. 그다음으로 이슬람의 침공이 발생하여, 결국에 기독교가 아시아의 여러 지역에서 자취를 감추게 되었고 북아프리카와 중동에서도 거의 사라지게 되었다. 그러나 400년이 넘도록 수세에 몰려 있던 유럽의 기독교는 11세기가 되자 공세를 취하게 된다. 우선 시칠리아와 남부 이탈리아에서 무슬림 세력을 몰아내었고, 그다음으로 성지를 탈환하기 위한 십자군 원정이 시작되었다. 십자군이 동방으로 진출한 것은 실제로 노략물과 식민지를 확보하기 위한 것이었다는 최근의 주장은 악의적인 허튼 소리임이 밝혀지고 있다.

제4부: 중세의 흐름

여기서는 흔히 말하는 통념, 즉 로마의 몰락 이후 수 세기 동안 무지몽매한 상태가 나타난 것은 기독교의 확산 때문이었다는 주장을 먼저 검토한다. 역사학자들의 최근 연구를 보면 기독교가 이러한 "암흑시대"(Dark Ages)를 초래하지 않았을뿐더러, 어떤 것도 이러한 암흑시대를 만들어내지 않았다. 암흑시대란 결코 존재하지 않았다. 도리어 이 시기는 급격하고도 괄목할 만한 진보의 시대였다. 다음으로 중세 유럽인을 독실한 신앙인으로 묘사해온 것이 완전히 허구임을 밝힌다. 교회에 출석하는 사람이 거의 없었다는 사실을 알고나 하는 말일까! 끝으로, 서양의 과학이 교회의 훼방에도 불구하고 어떻게든 발흥하게 되었다는 식의 주장에 대해서는 실소를 금할 수 없다. 과학이 서양에서만 발흥했던 것은 과학이 탄생하는 데 기독교가 중추적 역할을 했기 때문이며, 이것이 바로 진실이다.

제5부: 분열된 기독교 세계

여기서는 먼저 로마 가톨릭 내에 사뭇 다를 뿐 아니라 심지어 서로 대립하는 두 개의 교회가 존재한 사실을 제시하면서, 이 두 교회가 12세기에 나타난 이단운동의 발생 및 이들 이단에 대한 잔혹한 탄압에 끼친 영향을 비교한다. 제18장에서는 15세기 이전에 유럽에서 발생했던 새로운 종교운동들이 이단으로 여겨진 것은 그것들이 실패했기 때문임을 주목한다. 루터의 "이단운동"이 종교개혁(the Reformation)이라는 이름을 얻게 된 것은 그것이 살아남았기 때문이다. 따라서 루터의 종교개혁이 발생하게 된 기원과 그 성공에 대한 기존의 여러 학설을 살펴보면서 그것에 대해 평가하고, 그중 일부는 사실이 아님을 밝힌다. 제5부의 마지막 장에서는 스페인의 이단심문소(the Spanish Inquisition)를 흔히 끔찍할 정도로 피비린내 나는 잔혹한 이미지로 묘사해온 것은 개신교(특히 영국 개신교)가 가톨릭 일반에 대해 갖는 적대감, 더 구체적으로는 스페인 가톨릭교회에 대해 갖는 적대감이 반영된 허구임을 밝힌다. 이단 심문에 관한 문서기록을 철저하고도 상세하게 조사한 연구결과에 따르면, 이단 심문으로 인해 죽임을 당하게 된 경우는 거의 없었고, 도리어 이 제도는 대체로 중용과 절제를 촉진하는 힘으로 작용했었다. 이단 심문이 담당했던 주요 역할은 유럽의 다른 지역을 휩쓸었던 마녀사냥을 종식시킨 것이다.

제6부: 신세계와 기독교의 성장

여기서는 미국이 다원적 종교 정책을 발전시킨 것이 미국의 교회들로 하여금 생존경쟁에 뛰어들지 않으면 소멸할 수밖에 없는 상황을 조성함으로써 결과적으로 현재와 같은 고도의 종교성을 가능케 했음을 보여준다. 제20장에서는 미국의 종교단체들 간에 진행되는 치열한 경쟁이라는 배경에 비추어, 성공적인 교회들과 그렇지 못한 교회들을 구별하는 특징에 대해 살펴보고, 마지막으로 미국의 종교들 사이에서 괄목할 만한 수준의 시민의식(civility)이 계발되어가는 것에 대해 탐구한다. 다음 장에서는 서구 지식인들 사이에 널리 퍼져 있던 가정, 곧 근대화에 대한 반응으로 종교가 사라지고 말 것이라는 주장(곧 세속화 논제)이 일부 유럽을 제외한 모든 지역에서 신앙이 지속적 활력을 얻고 있다는 사실로 인해 논박되고 있음을 보여준다. 그다음으로 유럽만이 예외인 까닭을 추적하면서 그 원인이 유럽의 강압적이고 나태한 국가교회들 때문임을 밝힌다. 마지막 장은 초점을 옮겨서 세계 선교의 재탄생, 곧 아프리카와 라틴 아메리카, 아시아, 그리고 최근 들어 유럽에서 다시 시작된 선교에 대해 살펴본다. 이러한 선교사역의 괄목할 만한 성공을 살펴보면서 우리는 기독교가 세계에서 가장 규모가 큰 종교이지만 여전히 성장하고 있는 이유가 무엇인지를 알게 된다.

맺음말에서는 그리스도와 직접적으로 관련된 요인을 제외하고, 지난 2천년에 걸친 기독교의 역사 진행에 가장 큰 영향을 주었던 세 가지 주요 사건을 되돌아보려 한다.

기독교 승리의 발자취

제 1 부

성탄 전야

제1장

종교적 배경

그리스도가 탄생하기 전, 지구상의 거의 모든 곳에서 사람들은 신들(gods)이 많기는 한데 그다지 믿을만하지는 않다고 생각했다. 신들은 어떤 마술적 권능과 아마도 불멸의 재주를 가진 것 말고는 평범한 인간과 다름없이 걱정거리와 단점을 가진 존재였다. 그들은 먹고, 마시고, 사랑하고, 투기하고, 음행하고, 사기치고, 거짓말을 일삼거나, 그렇지 않다고 해도 도덕적으로 "볼썽사나운 무익한 모범(unedifying examples)"일 뿐이었다.[1] 신들은 인간이 자신을 제대로 달래주지 않으면 성질을 부리곤 했으며, 인간사에 대해 그다지 관심을 보이지 않았다. 서방에서는 유대인이, 그리고 동방에서는 조로아스터교도(Zoroastrians)가 신들에 대한 이러한 관념을 거부했다. 이들은 도덕적 요구가 많은 유일신 신앙을 선택했다. 하지만 주변부에 자리 잡은 이 두 종교를 제외하고 나면, 세상은 온통 이교도들의 우상숭배가 판치고 있었다.

그렇지만 이러한 이교의 세상도 정적인 상태와는 거리가 멀었다. 여행

---

1   Albright 1957, 265.

과 교역의 대상이 된 것은 사람과 물자만이 아니었다. 신들도 여기에 해당되었다. 결과적으로 로마는 종교적으로 대단히 복잡한 양상을 띠게 되었는데, 이에 따라 종교들 간에 상당한 경쟁이 유발되었고, 종종 격렬한 갈등과 억압이 초래되기도 했다.

신전 중심의 이교 사회

수많은 신들을 섬기긴 했지만 로마를 제외한 대부분의 사회는 신앙의 다양성을 허용하지 않았다. 신들에게 각자의 신전이 있었지만, 그 모두가 국가의 재정 지원을 받으면서 세세하게 통제되던 단일한 국가 체제의 일부를 이루고 있었다. 이에 따라 이교 신전이 맡은 주된 소임은 국가와 그 지배 귀족이 신들의 가호를 받고 있음을 확신시켜 주는 것이었다. 종종 이러한 소임을 지나치게 수행한 나머지 소수의 특권층에게만 신전 출입이 허용되는 경우도 있었다. 일부 신전은 일반인이 접근할 수 있는 공간을 제공하기도 했지만, 보통 이러한 공간이 위치한 곳은 해당 신전에 안치된 신의 형상 곧 신상을 조금이라도 훔쳐볼 수 있는 장소는 아니었다.

대부분의 사회에서는 이교 신전을 **전담해서 관리하는 사제집단**이 있었다. 이들은 세습을 통해 유지되는 종교적 특수 신분에 기반을 두거나 지배층에서 선발된 자들이었으며, 신도들이라기보다는 고객들(clientele)을 응대했다. 고객들은 다채로운 축제 때마다 신전을 찾아오곤 했는데, 때로는 개인적으로 영적 또는 물질적 유익을 구하기도 했다. 하지만 사람들이 신전에 자주 방문하는 이유는 식사 모임 때문이었다. 이따금씩 어떤 사람이 가축 한 마리를 희생제물로 기부하는 경우가 있었는데, 그러한 경우 제사를 마친 후, 기부자와 그의 친지들이 그 제물의 고기를 가지고 잔치를 벌이곤 했다―이를 위해 신전에서는 솜씨 좋은 요리사를 고용했다. 신전에 관여하던 사람들 중 많은 이들에게는 이러한 만찬이 신전 행사에 참여하는 핵심적인 이유였다.

　물론 그러한 미온적인 신전 활동조차도 거기에 참가한 사람들의 생활과 활동에 있어 부수적인 것에 지나지 않았다. 사람들은 그저 신전에 **갈** 뿐이었고, 그곳에 **소속**된 것은 아니었다. 어떤 사람이 어느 특정한 신을 좋아한다고 해서 자신을 그 신을 믿는 신자로 규정하지는 않았다―자신을 제우스(Zeus)를 믿는 신자 내지 유피테르(Jupiter)를 믿는 신자로 자처하는 사람은 아무도 없었다. 사실 한 사람이 자신의 취향과 필요에 따라 여러 신전과 다양한 신들을 후원하는 경우가 많았다. 회중으로 조직된 종교생활과 같은 것은 존재하지 않았다. 공통된 종교적 구심점과 소속감을 가지고 정기적으로 모이는 회합이라는 뜻에서 회중이라고 할 만한 것이 없었기 때문이다. 더욱이 이교 사제들은 회중의 후원을 필요로 하지 않았고 그러한 것을 원하지도 않았다. 이들은 자신들의 봉사에 대해 상당한 요금을 청구했고, 대개는 어떻게 해서든 곧잘 국가로부터 재정적 후원을 받아냈다.

　그렇다면 신들에 대해 무엇을 말할 수 있을까? 신들은 그들이 지닌 모든 결점에도 불구하고 대단히 매력적인 존재였다. 왜냐하면 신들은 너무나도 인간적이었기 때문이다. 유일신교에서 말하는 신이 멀리 떨어져 있어, 신비스럽고, 경외감을 주며, 요구하는 것이 많고, 이해하기 어려운 데 비해,[2] 이교의 신들(희생제물을 가지고 손쉽게 달랠 수 있는 신들)은 경외감이 덜하고, 보다 인간적이며, 요구하는 것도 적으면서, 더 쉽게 다가갈 수 있었다. 그래서 사람들은 종종 이러한 신들에 대해 편안한 느낌을 가졌던 것처럼 보인다. 이교의 신들이 이러한 인기를 누린 것을 감안할 때, 우리는 고대 이스

2　　Baly 1957; Eliade [1958] 1974.

라엘과 페르시아에서 반복되었던 것처럼, 사람들이 매우 빈번하게 유일신 신앙을 버리고 "우상숭배"로 "전락"하곤 했던 이유를 알게 된다. 가까이 있으면서, 손에 잡힐 듯한, 너무나 인간적인 신들은 사람들에게 확신을 주면서 마음을 사로잡는 무언가가 있는 것 같았다.

조로아스터교도와 마고스들

최초로 유일신교를 신봉했던 주요 집단이 유대인들이었는지 아니면 조로아스터교도들이었는지 확정할 수는 없지만, 분명한 것은 그들이 서로 영향을 주고받았다는 사실이며, 특별히 유대인 지도층이 바빌로니아에 포로로 잡혀갔던 당시에 조로아스터교는 그 초기 단계에서 최고의 활력을 지니고 있었다.[3] 현재 대부분의 역사학자들은 조로아스터(Zoroaster)가 기원전 6세기에 지금의 이란 동부 지방에서 태어나 성장했다고 본다.[4] 그는 15세쯤 되었을 때 그 지역의 이교 사제 집단에 입문하였고, 5년 후 시작한 유랑 생활을 통해 심오한 영적 명상과 구도에 집중했다. 그리고 나서 30세쯤 되었을 때, 그에게는 아후라 마즈다(Ahura Mazda)가 유일한 참된 신이라는 계시가 주어졌다.

모든 유일신교는 악의 존재를 설명해야 할 필요에 직면한다. 만약에 신이 악의 존재를 포함한 모든 일에 대해 책임이 있다고 한다면, 그러한 신은 우리에게 극히 이해하기 어렵고 끔찍한 존재로 여겨질 것이다. 그러한 결론을 피하기 위해, 유일신교에서는 아주 멀리 떨어져서 아무런 활동도 하지

---

3   더 자세한 논의를 위해서는 다음을 보라. Stark 2007a.
4   Gnoli 2000.

않으며, 따라서 아무것도 책임질 필요가 없는 그러한 신을 상정하거나, 아니면 열등하고 악한 피조물, 즉 일종의 하급신(godling)과 같은 존재를 상정하는데, 신은 그 하급신이 자유의지를 포함한 다양한 이유로 인해 악을 일으키는 것을 허용한다. 이러한 하급신으로 유대교와 기독교는 사탄의 존재를 상정한다. 조로아스터는 아후라 마즈다가 "사악한 영"(Fiendish Spirit), 곧 열등한 하급신인 앙그라 미아뉴(Angra Mianyu)와 전투를 벌이고 있다고 계시했다. 그는 또한 모든 인간이 선과 악 사이에서 선택을 해야 하며, 그 전투의 결과는 "인간에게 달린 것으로서, 인간은 자신이 선택한 편을 지지함으로 인해 그편에 영속적인 힘을 더해준다"고 가르쳤다. "따라서 이는 결국 사람의 행위로 인해 이쪽 편이든 저쪽 편이든 어느 한쪽으로 저울이 기울어진다"는 말이다.[5] "자유의지"와 그것이 함의한 바에 대해 이보다 더 강력한 내용을 진술한 교리는 없었다. 악에 대한 설명과 더불어서 조로아스터는 고결한 사람들의 영혼은 황홀한 천국으로 올라가는 반면에 악을 행하는 자들은 지옥으로 떨어질 것이라고 가르쳤다.

조로아스터교는 급격히 퍼져나갔으며, 얼마 지나지 않아 코라스미아(Chorasmia, 현재의 우즈베키스탄) 왕국의 공식 종교가 되었다. 기원전 6세기 키로스 대제(Cyrus the Great)가 자신이 새롭게 이룩한 페르시아 제국에 코라스미아를 병합함에 따라 조로아스터교는 처음에는 그간 누렸던 공식적 지위를 상실하게 되었다. 그러나 키로스의 아들인 다레이오스(Darius)가 조로아스터교로 개종하였고, 그가 마침내 왕위를 얻게 되자, 조로아스터교는 세력을 되찾았다.[6] 세월이 흘러 새로운 황제들이 차례로 페르시아의 왕위를 계승하는 가운데, 특히 오래된 역사를 지닌 종교를 신봉하던 다른 사회들이

---

5   Gershevitch 1964, 14.
6   Gershevitch 1964.

제국에 편입되면서 조로아스터교의 영향은 쇠퇴하기 시작했다. 기독교가 발생하기 오래전에 페르시아는 마고스들(Magi)을 제외하고는 과거의 이교 신전 사회로 되돌아가 있었다.

마고스는 페르시아의 전문 사제로서 페르시아 제국의 모든 이교에서 사제로 봉직했다. 그들은 또한 유명한 점성술사로서 그리스인들에게 그 기예를 전수하였으며, 그리스인들은 이들을 칼데아인(Chaldeans)이라고 지칭했다. 어느 때부터인가 이들은 조로아스터교의 사제로 활동하기 시작했고, 결국에는 그 종교로 개종하게 되었다.[7] 수 세기에 걸쳐 마고스들은 조로아스터교를 신봉하는 주요 세력으로 자리 잡았고, 그 종교의 경전을 보존하는 책무를 맡게 되었다. 그들의 위상은 고대 세계에서 널리 인정받았는데, 심지어 플라톤이나 플리니우스(Pliny)를 비롯한 유명한 작가들조차도[8] 이들에게 징조를 해독하고 미래를 예측하는 능력이 있다고 보았으며, 이 점은 이들이 베들레헴을 방문한 이야기와도 관련되어 있는 것으로 보인다.

로마의 종교들

로마인들은 그리스인이나 페르시아인, 또는 이집트인이나 그 시대의 다른 이교도들보다 훨씬 더 종교적이었다. "원로원의 회기마다 처음 다뤄지는 의제가 종교적 사안일 정도로 모든 공적 활동이 종교적 의례에서 시작되었다."[9] 로마에서는 어떤 중요한 일을 할 때마다 반드시 적절한 종교 의식을 수행했다. 징조나 전조가 좋지 않은 경우에는 원로원도 모이지 않았고, 군

---

7   Nock 1949

8   Gnoli 1987

9   Liebeschuetz 1979, 1.

대도 진군하지 않았으며, 크고 작은 결정도 연기되었다. 점괘를 대단히 중시하였으므로, 예를 들어 어떤 공공 단체의 회합 도중에 번개가 관찰되면, "회의를 해산하고, 설령 투표를 마쳤을 경우라도 역술인 집단이 그것을 무효로 선언할 정도였다."[10]

공적인 의례나 축제나 공휴일을 포함해서 공공 생활의 시간표가 "신들의 기분"에 맞추어 재조정되는 일이 다반사였기에, 종교는 로마의 지배층만이 아니라 일반인들의 일상생활에서도 유별나게 중요한 부분을 차지하고 있었다.[11] 다른 이교 사회와는 대조적으로 로마에서는 일반인도 신전에 접근할 수 있었으며, 신상도 누구나 볼 수 있도록 공적 공간에 전시되어 있었다. 신전은 모든 이들을 환영했고, 그들로부터 후원을 얻어냈다. 그 결과, 다수의 가난한 사람들과 노예들까지도 신전 건축을 위해 기부금을 각출했는데, 이 점은 신전에 새겨진 기부자 명단을 통해 확인할 수 있다.[12]

예수가 탄생할 무렵, 로마는 폭군 황제가 통치하고 있었고, 종교들은 비교적 자유로운 경쟁 상태를 유지하고 있었다. 로마가 공식적으로 인정하는 종교가 존재하긴 했으나, 이 종교는 주로 자발적 기부에 의존하고 있었으며, 이 점은 특이하게도 제국 전역뿐 아니라 로마시 자체 안에 존재했던 여타의 종교 집단도 마찬가지였다. 이들 종교 가운데 다수가 이집트와 중동에서 로마로 유입되었던 "동양"(Oriental) 종교들이었다. 또한 로마와 로마 제국 내의 대도시들 가운데 대규모의 유대인 거류지도 있었다.

로마에는 국가로부터 보조를 받는 국교가 없었다는 사실이 주목할 만한데, 로마의 사제집단을 살펴보면 이것을 알 수 있다. 로마의 전통적인 신전들조차 전문적인 전임 사제를 두지 않았다. 물론 사제가 축전을 인도하거

---

10   Liebeschuetz 1979, 3.
11   Liebeschuetz 1979, 8.
12   MacMullen 1981, 109.

나 주요한 희생제사를 주관하기 위해 등장하곤 했다. 그러나 대부분의 경우 로마의 신전은 어떤 종교적 의무나 권한을 지니고 있지 않은 소수의 후원자들로부터 봉사를 받았던 것으로 보인다. 게다가 아주 극소수의 사제들(원로원의 자문역을 맡거나 점괘를 보는 일을 했던 이들)을 제외하면, 거의 모든 사제들은 유력한 시민들로서 단지 일시적으로 사제 역할을 맡아 봉사하는 것에 불과했다. 추정컨대 이러한 아마추어 로마 사제들은 그러한 임무를 수행하기 위해 모종의 훈련을 받았을 것이다. 하지만 그것은 그리스나 이집트 내지 페르시아에서 볼 수 있는 전문적인 전임 사제에 비하면 대단한 것은 아니었을 것이다.[13] 그렇다고 해서 로마의 사제가 다른 이교 사회의 전임 사제보다 성실성이 부족했다고 할 수는 없다. 오히려 반대로, 조소와 불신의 주된 대상이 되었던 것은 바로 폐쇄적이고 세습적인 사제 계급이었다.[14] 게다가 로마의 사제는 사제 노릇이 그의 주된 역할이 아닌, 다시 말해 아마추어였기 때문에, "로마의 신전은 권력이나 영향력 내지 부가 모이는 독자적 중심이 될 수 없었다.…신전에 배속된 사제들이 없었기 때문에 신전은 사제들에게 권력의 기반을 제공하지 않았다."[15] 그러한 연유에서 로마의 신전을 운영하는 비용은 다소 저렴한 편이었다. 반면에 다른 곳에서는 전문적 사제 집단을 후원하는 금액이 신전 운영비용의 주요 항목을 차지했었다.

로마의 이교 신앙은 별도의 재정적 후원이 필요했다는 점을 제외하고 나면, 신들의 수와 성격과 특화된 역할에 있어 다른 신들과 별반 다르지 않았다. 그 까닭은 로마의 신들이란 거의 모두 그리스에서 온 것이었고, 그리스의 신들 역시 이집트에서, 그리고 이집트의 신들은 수메르에서 유래했기

---

13   Beard 1990, 27.
14   Stark 2007a, 98.
15   Beard, North, and Price 1998, 1:87.

때문이다. 신들이 이동하면서 그냥 이름만 갈아치웠던 것이다.[16]

　　로마의 공화정이 수립되기 전에 로마의 일곱 주신(主神)이 제정되었다. 그 첫머리를 차지한 것은 신들 가운데 최고의 아버지로 간주되었던 유피테르(Jupiter, 이오비스[Jove]라고도 함)로서, 이 신은 결국 제우스(Zeus)와 동등한 것으로 간주된다. 공화정이 수립되고 나서 신들의 수효가 급격히 늘어났다. 그러나 로마가 공식적으로 인정하는 종교가 로마시를 비롯해 제국의 모든 도시에 다수의 신전을 보유하고 있었음에도 불구하고 이들 신들은 로마인들의 종교심을 채우기에 무언가 부족한 것처럼 보였다. 따라서 새로운 종교들이 제국의 동부와 이집트로부터 계속 유입되었는데, 이것들이 이른바 "동양 종교들"(Oriental faiths)이었다.

동양 종교들

동양 종교들은 대중으로부터 괄목할 만한 정도로 열렬한 호응을 불러일으켰다. 이들 모두가 "이교"(pagan) 신앙이었지만 아주 중요한 차이점을 가지고 있었다. 한 가지 예를 들면, 동양 종교들은 단순히 또 다른 신에게 또 하나의 신전을 제공하는 식이 아니었다. 동양 종교들은 다른 신들의 존재를 인정했지만 그럼에도 불구하고 한 신에게만 열정적으로 집중했다. 이러한 열정적인 집중으로 인해 이교 신앙에서는 찾아볼 수 없던 새로운 요소, 곧 **신도단**(congregations)이 생겨났다.

　　이러한 새로운 종교 중 하나는 그리스에서 유래한 것인데, 그것은 로마인들이 바쿠스(Bacchus)라고 알고 있던 디오니소스(Dionysus)를 숭배하는 움

16　　Stark 2007a.

직임으로 발전했다. 디오니소스의 숭배자들은 개종주의의 열정을 지닌 신비 종교가들이었는데, 로마 원로원은 그들이 술에 취해 부도덕한 짓을 자행한다는 그럴듯한 이유를 들어 악의에 찬 핍박을 가했다.

또 다른 동양 종교는 로마인들에게 마그나 마테르(Magna Mater, 위대한 어머니)라고 알려진 키벨레(Cybele)와 그 여신이 사랑했던 비범하게 잘 생긴 프리기아(Phrygia) 출신의 목동 아티스(Attis, 그의 출생에 초자연적 기원이 있다고 보는 기록도 있다)를 숭배하는 제의였다. 불행하게도, 이 젊은이가 요정과 성관계를 맺은 것이 키벨레에게 발각되었다. 키벨레는 분노가 머리끝까지 치밀어 올라 아티스를 미쳐버리게 하였고, 그는 미쳐 발광한 상태에서 스스로 거세를 하고 소나무 아래에 누워 피를 흘리며 죽어가고 있었다. 키벨레는 슬퍼하며 결국 아티스를 다시 살려내고, 이후에 그를 자신의 동반자로 삼는다. 아티스는 자기의 연인을 보조하는 조연의 역할로 그칠 뿐이며, 결코 주연급 인물이 되지 못했다. 하지만 그가 스스로 거세하는 장면은 키벨레 제의의 주요 특징으로 자리 잡았다. 한 가지 예를 들면, 키벨레 제의의 가장 장엄한 의식은 아티스의 거세를 기념하기 위해 거행하던 "황소봉납 예식"(*taurobolium*)이다. 이 의식에서는 수소를 나무로 된 제단 위에서 도살하고, 그 아래에 있던 신참 입문자들은 황소의 피를 온 몸에 뒤집어쓴다. 그 피가 입문자들의 과거를 씻어주고, 그들에게 새 생명을 준다는 믿음이 있었기 때문이다. 그러나 어쩌면 아티스 이야기 가운데 키벨레 제의와 관련되어 가장 주목할 만한 측면은 키벨레의 사제들이 전부 고자였으며, 무아지경에서 스스로 거세하는 일이 [그들의] 입문 과정에 포함되어 있었다는 사실이다.[17] 이러한 키벨레 신화와 사제들의 자기 거세는 그리스에서 발전했음에 틀림없다. 왜냐하면 이 모신 숭배가 로마에 도입될 당시에 이 두 가지 요

---

17   Ferguson 1970, 27.

소가 이미 원숙한 상태로 발달되어 있었기 때문이다.

그다음으로 로마에 들어온 동양 종교는 이시스(Isis) 여신에 대한 제의였다. 이 여신은 결국엔 다신교로부터 유일신교로 이행하려는 진지한 노력을 대표하는 구심점으로 부상하기에 이른다. 이시스는 이집트의 자연을 신격화한 여신으로서, 해마다 일어나는 나일강의 범람을 책임지고 있었으며, 추후 그리스 세계 전역에 걸쳐 상당한 추종자를 확보했는데, 이는 프톨레마이오스 1세(Ptolemy I, 알렉산드로스 대왕의 동료이자 이집트를 다스린 최초의 그리스인 통치자)가 이시스를 구원의 여신, "즉 단도직입적으로 말해서 '인류의 구원자'"로 승격시킨 것에 힘입은 바 크다.[18] 이시스 역시 신도단을 거느리고 있었는데, 이 여신의 숭배자들은 자기들만 참여하는 별도의 모임을 정기적으로 가졌다. 이들이 다른 신이나 신전을 무시한 것은 아니지만 그러한 곳에 참석하지도 않았다. 서방 최초의 이시스 신전은 기원전 100년경 폼페이(Pompeii)에 건립되었다. 곧이어 로마에도 최초의 신전이 세워지더니, 그다음부터 많은 신전들이 뒤를 이었다.

미트라교(Mithraism)도 동양 종교의 목록에 추가할 수 있다. 하지만 오랜 전승과는 달리, 미트라(Mitra) 신을 중심으로 한 페르시아 종교와는 관련이 없다. 오히려 그 기원은 로마에서 찾을 수 있다. 미트라교의 존재를 보여주는 증거는 기원후 90년경으로 추정되는 역사 기록에 갑작스럽게 등장한다. 미트라의 기원에 대한 혼동은 미트라교 자체가 조로아스터 내지 페르시아에 기원을 둔 지혜로부터 비롯되었다는 사실과 어느 정도 관련된 측면이 있다. 하지만 이것은 신뢰와 명망을 얻기 위해 날조된 것으로 보이며,[19] 현대의 숱한 사이비 종교 집단들이 자신들의 기원을 드루이드(Druids)와 같

---

18   Bailey 1932, 258.
19   Beard, North, and Price 1998, 1:280.

은 고대의 다양한 종교 집단에서 찾는 것과 매우 유사하다.

어쨌든 미트라교는 주로 로마의 병사들로부터 추종자를 얻었는데, 그 중에는 간혹 고위 장교들도 있었다. 미트라교는 사후의 매력적인 삶을 약속하는 밀의 종교(mystery cult)로서 남성만이 신도가 될 수 있었고 서로 간에 깊은 헌신의 분위기를 고취하였다. 이들은 자신들만의 비밀 서약을 아주 철저히 지켰으므로 미트라교의 교리나 그들의 비밀 의식 내지 비밀 모임에서 어떤 일들이 있었는지에 대해 알려진 것이 거의 없다. 알려진 사실은 이들이 모임을 위해 만든 작은 동굴에서 모였다는 것과, 그 모임이 15명 정도를 수용할 수 있는 소규모였다는 것이다. 이러한 동굴 수백 기가 발견되었는데, 그 소재지를 표시한 지도를 보면[20] 이 동굴들이 로마 제국의 국경지대를 따라 오래된 군대 야영지나 요새의 폐허 근처에 위치해 있음을 알 수 있다. 로마에서는 미트라교 동굴이 단 하나도 발견되지 않았다.

표 1.1은 기원후 100년경 로마시에 소재한 주요 신들에게 헌정된 신전들의 숫자를 기록한 것이다. 이 중에서 이시스가 가장 많은 신전(11곳)을 갖고 있고, 키벨레(6곳)가 그다음으로 강세를 보이고 있다. 그다음으로 베누스와 유피테르가 각각 네 곳의 신전을 갖고 있으며, 포르투나(Fortuna)가 세 곳, 아폴로와 솔 인빅투스(Sol Invictus)가 각각 두 곳의 신전을 보유하고 있다. 나머지 아홉 신들은 로마에서는 단 한 곳의 신전만을 가졌다. 물론 다른 많은 신들이 만신전(Pantheon)의 한 귀퉁이를 차지하고 있었고, 도시 전역에 다양한 신들을 위한 작은 사당들이 넘쳐났다. 또한 수많은 신전들이 "신성한" 황제들에게 봉헌되기도 했다.

---

20   Clauss 2000, 2627.

표 1.1: 주요 신들에게 봉헌된 로마 신전들의 숫자 (기원후 100년경)

신의 이름	신전 숫자
이시스(Isis)	11
키벨레(Cybele)	6
유피테르(Jupiter)	4
베누스(Venus)	4
포르투나(Fortuna)	3
아폴로(Apollo)	2
솔 인빅투스(Sol Invictus)	2
아이스쿨라피우스(Aesculapius)	1
케레스(Ceres)	1
디아나(Diana)	1
야누스(Janus)	1
유노(Juno)	1
리베르(Liber)	1
마르스(Mars)	1
넵투누스(Neptune)	1
퀴리누스(Quirinus)	1

출처: Beard, North, and Price, *Religions of Rome* (로마의 종교들, 1998), 1: 지도 1, 2.

여기서 근본적인 질문을 던져보자. "왜 동양 종교들이 그토록 인기가 있었던 것일까?" 한 세기 전 벨기에의 위대한 역사가였던 프란츠 퀴몽(Franz Cumont, 1868-1947)이 로마에서 이러한 새로운 종교들이 대중적으로 대단한 성공을 거둔 원인에 대해 아주 통찰력 있는 분석을 내놓은 적이 있다.[21]

---

21   Cumont [1906] 1956, 20-45.

퀴몽은 동양 종교들이 성공한 것은 그것들이 더 큰 만족을 주었기 때문이라고 주장한다. 그는 그것을 세 가지 면에서 고찰하였는데, 나는 여기에 두 가지를 더 추가하려고 한다.

첫째로, 퀴몽에 따르면, "동양 종교들은 더 강하게 감각에 호소했다." 특별히 제의 활동 가운데 아주 고도로 감정에 호소하는 내용을 가지고 있었다. 로마의 전통 종교들이 주로 담당한 것은 따분한 공적 의례나 연례행사로 거행하는 축제들이었다. 그러한 의례에서는 전통적인 신들을 호명하면서 개인과 공동체를 위한 보호와 번영을 빌었다. 대부분 이러한 행사는 사제들이 주관하는 공적 의식을 포함하고 있었고 거기에 신들에게 바치는 기도문과 희생제물이 곁들여지는 정도였다. 이러한 식으로 로마의 전통적인 이교 신앙은 종교적 감정을 "종교생활의 부수적인 것으로" 치부했다.[22] 이와는 대조적으로 새로운 종교들은 경축과 환희 및 황홀경과 열정을 강조했다. 음악이 그 제의에서 주된 역할을 맡았으며 플루트와 호른이 사용되었을 뿐 아니라, 집단적으로 노래하거나 춤추는 일들이 다반사였다. 이들 종교의 몇몇 제의에 참가한 자들이 보여주는 행동 중 무아지경에 빠진 모습은 현대의 오순절주의와 매우 흡사한 것 같다. 사람들은 황홀경의 상태에서 알아들을 수 없는 말을 지껄이곤 했다. 한마디로 퀴몽은 동양 종교들이 "모든 감정의 심금을 울리면서, 로마 종교의 엄격한 기풍으로는 만족시킬 수 없던 종교적 감흥을 향한 갈증을 채워주었다"고 요약한다.[23]

퀴몽이 언급하지는 않았지만, 로마의 전통 종교에 가장 결여되어 있던 감정적 요인은 **사랑**이었다. 로마인들은 신들이 와서 자신들을 도와준다고 생각하기는 했지만 자신들을 사랑한다고 믿지는 않았다. 실제로 유피테르

---

22   Burkert 1985, 109.
23   Cumont [1906] 1956, 30.

는 인간사에 대해 상당히 냉담한 태도를 지닌 것으로 묘사되었다. 결과적으로 로마인들은 종종 신들을 두려워했고, 어떤 신들에 대해서는 경외심을 갖기도 했고, 신들 모두에 대해서는 부러움의 감정을 갖고 있었지만, 신들을 사랑하지는 않았다.

퀴몽에 따르면, 동양 종교들이 가진 두 번째 장점은 "개인주의와 미덕"을 강조하는 것이었다. 로마의 전통 신들은 "우선적으로 국가의 신들"이었지 개인의 신이 아니었다. 이집트나 페르시아의 신전 종교와 마찬가지로, 로마의 전통 종교는 개인이 아닌 도시나 국가의 구원을 추구했다.[24] 더욱이 로마의 신들은 사람들에게 자신들을 제대로 숭배하라고 요구하면서도, 정작 인간의 행위가 도덕적이든 비도덕적이든 개의치 않는 것처럼 보였다. "사람들의 도덕적 비행이 신들을 대적하는 범죄로 간주되지 않았다." 설상가상으로, 앞에서 언급했던 것처럼, 이러한 신들은 개인의 도덕성에 대해서도 좋지 않은 사례를 남겨주었다.[25] 이와 대조적으로 동양 종교들은 도시가 주관하는 행사를 축복하는 일에 관여하지 않았다. 그 대신에 개인의 영적 삶을 지향하면서, 개인의 도덕성을 강조하고 다양한 속죄의 수단을 제공했다. 도시 공동체가 징벌을 받거나 구원을 받아야 할 우선적 대상이 아니었다. "영혼의 불결함을 씻어버리고…잃어버린 정결함을 회복"해야 할 주체는 개인이었다.[26] 이러한 새로운 종교들의 입문 의례 속에 속죄를 위한 길이 마련되어 있었으며, 이들 종교는 정화와 죄씻음을 강조했고, 여기에 흔히 다양한 형태의 침수예식(baptism)이 수반되었다. 게다가 이시스나 키벨레의 숭배자들은 형식을 갖춘 고백 행위를 실천하기도 했는데, 이러한 행위

---

24 Pettazzoni 1954, 208.
25 Liebeschuetz 1979, 40.
26 Cumont, [1906] 1956, 39.

는 전통적인 신전 종교에서는 찾아볼 수 없는 것이었다.[27] 속죄가 종교적 의례를 통해서만 얻어지는 것은 아니었다. 새로운 종교들은 자기부인과 결핍, 어떤 때는 육체적 고난을 감내할 것을 요구하기도 했고, 이러한 행위는 용서에 관한 교리에 신뢰성을 부여해주었다.

세 번째로, 퀴몽은 역사서도 넘쳐나고 철학에 관한 글도 넘쳐났던 당시 사회에서 로마의 전통 종교가 "경전"을 갖지 않은 점에 주목한다. "로마의 종교는 그 신봉자들을 위해 교의나 교리를 정해주거나 종교 의례 내지 도덕 규례에 대해 해설해주는 그 어떤 성문화된 경전도 갖고 있지 않았다."[28] 이와 대조적으로 동양 종교는 책의 종교였다. 디오니소스나 키벨레, 이시스나 미트라를 숭배하는 종교들은 "교양인의 지성을 사로잡는" 성문화된 경전을 제공했다.[29] 더욱이 새로운 종교들은 신들에 대해 훨씬 더 그럴듯한 모습을 제시해주었는데, 키벨레, 이시스, 디오니소스와 미트라를 숭배하는 많은 사람들은 심지어 "자신이 믿는 신 외에 다른 신을 인정하지 않았으며",[30] 자신이 믿는 신이 **유일한** 신이라고 주장하지는 않았지만, 그 신을 최고의 신으로 생각했다.

퀴몽이 요약해주었듯이, "[새로운] 종교들은 감각과 지성과 양심에 동시적으로 작용했으므로, 한 사람의 인격 전체를 장악할 수 있었다. 고대의 신앙에 비하면, 이들 종교는 더 심미적인 의례와 더 진리다운 교리와 우월한 도덕성을 제공하는 것처럼 보였다.…로마의 신들을 숭배하는 것은 시민의 의무였지만, 타지에서 들어온 신들을 숭배하는 것은 개인적인 믿음의 표

---

27   Pettazzoni 1954, 62.
28   Beard, North, and Price 1998, 1:284.
29   Cumont [1906] 1956, 44.
30   Beard, North, and Price 1998, 1:286.

현이었다."[31]

그러나 퀴몽이 인식하지 못한 두 가지 요인, 즉 "젠더"(gender)와 "조직화"(organization)는 적어도 그가 주목했던 세 가지 요인 못지않게 또는 그 이상으로 중요한 것이었다. 여성들은 "대체로 [이교의] 종교 행사"에 참여하는 것이 허용되었지만, 로마의 전통 종교 내에서 "적극적인 종교적 역할을 수행할 기회가 별로 없었다."[32] 전통 종교에 속한 여러 신전에 여성 사제들이 있었지만, 그러한 경우는 여신에게 봉헌된 신전에 국한되었다. 설상가상으로 여성 사제들은 남성 사제들에게 부과되는 것과는 전혀 다른 엄격한 규제를 받아야 했다. 심지어 베스타를 섬기는 처녀가 죄를 범하면 생매장을 당하기도 했다. 이와 대조적으로 동양 종교들은 여성들에게 좀 더 나은 안전장치와 가정 안에서의 지위를 보장했을 뿐 아니라 실질적인 종교적 기회를 제공하기도 했다.

그러나 새로운 종교들이 그러한 우위를 누리게 된 것은 단지 성문화된 경전이나 도덕적 관심을 지니고 있고, 노래를 부르고 방언을 말하며, 심지어 성역할에 대한 보다 평등한 관점을 갖고 있었기 때문만은 아니었다. 무엇보다도 이들 종교가 사람들을 **신도단**, 즉 **활동적인 신도 공동체** 안으로 통합함으로써 평신도 추종자들을 동원하는 능력을 갖고 있었기 때문이다.

로마의 이교 신앙은 공동체적인 면에서 제공하는 것이 거의 없었다. 로마인들은 대부분 이따금씩 아주 불규칙하게 신전을 방문할 뿐이었다. 그러나 동양 종교는 신자들이 매일 자발적으로 예배를 드릴 것과, 예배를 위해 매주 또는 보다 빈번하게 모일 것을 기대했다. 이러한 모임이 얼마나 강렬했는가는 차치하고라도, 이들이 모이는 빈도만으로도 이러한 종교 집단은

---

31   Cumont [1906] 1956, 43-44.
32   Beard, North, and Price 1998, 1:297.

그 신자들의 생활에서 중심을 차지했던 것이다. 이것은 이전에 없던 현상이었다. "적어도 공화정 중반기까지 로마에서 종교적 선택에 근거하여 결성된 남성과 여성으로 구성된 종교 집단이 존재했다는 표시가 없다.…자율적 종교단체가 존재하지 않았던 것이다."[33] 다른 말로 해서, 로마의 신들은 그저 고객과 축제만 있었을 뿐, 신도나 정기적 예배를 갖고 있지 않았다. 이와는 대조적으로 동양 종교는 "새로운 공동체 의식과…훨씬 더 강력한 형태의 소속감을 제공했다."[34] 존 노스(John North)의 말마따나 "새로이 가입하는 신자에게 요구하는 헌신의 정도가 분명히 훨씬 더 높았고…신격과의 접촉이라는 직접적인 개인적 체험을 강렬하게 자각하도록 [유도하였다]. 이러한 새로운 구조는 종교생활이 강화되는 것과 아울러 신자의 삶에서 종교적 체험이 새로운 위상을 차지하게 된 정황과 일치한다."[35]

이로써 새로운 종교의 추종자들은 독특한 종교적 정체성을 지니게 되었다. "그들은 자신이 속한 도시와 가족에 의해서만이 아니라 자신이 신봉하는 종교에 의해서도 자신의 정체성을 확인할 수 있었고 또한 실제로 그렇게 했다. 이것은 이전 세기에 살았던 사람들로서는 전혀 이해할 수 없는 방식이었다.…이러한 변화가 지닌 중요성은 결코 과장된 것이 아니다."[36] 비록 유대교만큼 배타적인 것은 아니었지만, 디오니소스 제의나 미트라교나 이시스 제의나 키벨레 제의에 가담한 초신자들은 여러 신전을 기웃거리는 것을 그만두고 그들이 믿는 신에게만 온전히 헌신할 것이 기대되었다. 이러한 헌신을 진작시키기 위해 동양 종교는 분명한 종교적 정체성을 채택했고, 이것을 유지하기 위해 긴밀하게 결속된 매우 활동적인 종교 공동체, 즉 고객

---

33   Beard, North, and Price 1998, 1:42.
34   Beard, North, and Price 1998, 1:287.
35   North 1979.
36   North 2004, 231.

이 아닌 신도단을 필요로 했다. 유대인과 마찬가지로, 동양 종교의 신자들도 자신이 속한 종교 집단을 사회생활의 구심점으로 삼았다. 그렇게 함으로써 자신들의 종교적 헌신을 강화했을 뿐 아니라, 헌신의 자세를 통해 훨씬 더 큰 보상을 얻었는데, 그것은 동료 신자들이 그들의 헌신에 대해 보답으로 베풀어주는 것이었다. 종교 집단이 최고 수준의 헌신과 충성을 이끌어내는 것은 바로 신자들을 따로 모아서 친밀한 상호 교제를 가능케 하는 기회를 제공할 뿐 아니라 이들 간에 끈끈한 사회적 유대를 형성하는 것이다.[37] 그러나 이러한 방식은 바로 로마의 통치자들과의 쓰라린 갈등을 초래하게 한 요인이기도 했다.

신도단에 대한 두려움

대부분의 로마 황제들은 거의 모든 사람이 자신에 대해 반역을 꾀하고 있다고 의심했다. 사실 그렇기도 했다. 아우구스투스(Augustus)의 치세부터 콘스탄티누스(Constantine)의 즉위 때까지 제위를 차지했던 76명의 황제들 중 오직 19명만이 자연사했다. 7명은 전사했고, 42명은 살해당했으며, 다른 2명도 필시 살해당했을 것이고, 6명은 강압에 못 이겨 자결했다. 결과적으로 황제들은 모든 공식적 조직이 정치적 반역의 기회를 제공한다고 보고 두려워했다. 이에 따라 기원전 1세기 말에 모든 사적 모임을 규제하는 칙령을 내리기도 했다. 아우구스투스 때 "모든 회합은 원로원이나 황제의 인가를 받을 것을 규정하는, 보다 광범위한 회합에 관한 법이 제정되었다."[38] 그

37   Stark and Finke 2000, chap. 6.
38   Beard, North, and Price 1998, 2:275.

런데 그러한 인가를 내준 경우를 거의 찾아볼 수 없었다.[39] 기원후 210년대에 니코메디아(Nicomedia)에서 화재가 연속해서 발생한 후에 플리니우스 2세(Pliny the Younger)는 그 도시에 의용 소방대를 설립할 것을 허락해 달라는 내용의 서신을 트라야누스(Trajan) 황제에게 보낸 적이 있다. 황제는 그의 요청에 대해 답신을 보내면서 다음의 이유를 들어 거절했다. "바로 이러한 협회들이 정치적 소요에 대해 책임을 져야 한다.…만약에 사람들이 공동의 목적을 가지고 모인다면, 그것이 어떤 이름을 갖든지 또 어떤 이유로 모이든지 간에 그것은 곧 정치적 클럽으로 전환되기 마련이다."[40]

주지한 바대로, 동양 종교들이 로마의 전통 신앙과 가장 뚜렷하게 구별되는 특징은 바로 그 종교들이 신도단을 조직해내는 능력을 가지고 있었다는 점이다. 신전이 단지 사람들이 방문하는 곳에 불과했다고 한다면, 동양 종교는 사람들이 소속된 단체였다고 하겠다. 로마 제국이 의용 소방대 조직마저 반대하는 분위기에서, 매주 1회 이상 모여 신도들에게 비밀 엄수를 맹세하게 할 뿐 아니라, 자신들의 신성한 제의에 외부인의 참석을 불허하는 종교 집단이 주목받지 않고 그냥 넘어갈 리가 만무했다. 대체로 종교사 연구자들의 주목을 받지는 못했지만, 동양 종교들이 종종 혹독한 핍박을 받았던 것은 사실이다. 물론 미트라교는 예외였다. 아무리 무모한 황제라 하더라도 군대의 비위를 건드리는 일은 엄두를 내지 못한 까닭이다. 하지만 황제들을 주로 살해한 것은 오히려 황제를 보호할 임무를 맡고 있던 근위대(Praetorians)였다. 그럼에도 디오니소스와 이시스와 키벨레를 믿는 신자들은 모두 신도단을 결성했다는 "죄" 때문에 제국의 탄압을 받아야 했다.

---

39 Gierke 1977.

40 Pliny, 1969, 271-72.

디오니소스 숭배자에 대한 진압

오늘날 "디오니소스 숭배자"(Bacchanalian)라는 용어는 "난잡한 술판"에 빠진 사람을 지칭하는 말이다. 이것은 로마의 원로원이 기원전 186년에 디오니소스 제의를 혹독하게 진압하면서[41] 고발했던 내용이지만, 그러한 고발은 아마도 허위였을 것이다.[42] 아쉽게도 이에 관한 자료가 두 편 정도밖에 남아 있지 않은데, 그나마도 만족스럽지 못한 것들이다. 첫째 자료는 리비우스(Livy)의 보고서인데, 그것은 역사적 사실이라기보다 허구의 이야기처럼 보인다. 즉 사악한 어미가 선량한 소년을 어떻게 이렇게 끔찍한 집단으로 끌어들였는지에 대한 이야기다.[43] 둘째 자료는 원로원이 실제로 작성한 포고령으로서, 그 집단을 단죄하면서 그들이 준수하는 규례를 제시하고 있다. 리비우스의 보도를 토대로, 역사가들은 이 집단이 온갖 만행(인신 제사, 강간, 무절제한 성행위, 음주)에 관여했다고 추정했다. 리비우스에 따르면, "남녀 불문하고 귀족들을 포함해서" 적어도 7천 명의 사람들이 연루되었다. 그 결과 남성 주동자들은 일망타진되어 처형당했고, 어떤 이들은 자결했으며, 여성들은 친척들에게 인계되어 처벌을 받았다.[44] 그러나 이러한 정도의 판결이 실제로 언도되었다고 한다면, 그리고 이 집단에 대한 고발이 사실이었다고 한다면, 원로원의 포고령에 따라 이들에게 가해진 제재는 턱없이 가벼운 편이었다.

　　원로원의 포고령은[45] 디오니소스 사당을 금지하는 것으로 시작한다. 이

---

[41]　Beard, North, and Price 1998, 1:92.

[42]　Beard, North, and Price 1998, vol. 1; Klauck 2003.

[43]　관련된 발췌문에 대해서는 다음을 보라. Beard, North, and Price 1998, 2:288-90; Warrior 2002, 99-105.

[44]　Hopkins 2004, 573; 또한 Warrior 2002.

[45]　Beard, North, and Price 1998, 2:290-91.

어서 포고령을 수령한 후 열흘의 말미를 주고 자체 해산할 것을 명했다. 그렇지만 그 집단 자체를 불법으로 규정했던 것이 아니라 그 모임의 규모와 기능에 대해서만 제한을 둔 것이었다. 원로원은 그들이 5인 이상의 모임(이 중에 남성이 2인을 초과해서는 안 됨)을 가져서는 안 된다고 규정하면서, 공동 기금을 모으지 말 것과, 상호 의무를 규정하는 맹세를 하지 말 것을 명령했다. 이에 더하여 비밀 의식의 거행을 금지했으며, 남자들이 사제가 되는 것을 불허했다. 이러한 내용이 과연 포고령의 전부일까? 그 가운데 강간, 음주, 집단 성행위, 인신 제사를 금하는 어떤 내용도 찾을 수 없다. 그렇다면 이러한 주장은 "상상의 산물"임이 분명하다. 적어도 몇몇 원로원 의원들이 이러한 사정을 알면서도 "논란이 될 만한 결정을 정당화하기 위해서" 일부러 지어낸 것이다.[46]

이 집단이 갑자기 출현했고 그 기원이 로마에서 비롯된 것처럼 추정하는 것도 신빙성이 없다. 원로원이 제재를 가하기 훨씬 전부터 상당한 기간 동안 디오니소스 숭배자들은 활동하고 있었고, 이탈리아 전역에 상당한 규모의 추종 세력을 구축할 정도로 꽤 오래된 연원을 갖고 있었다.[47] 더욱이 디오니소스 제의는 로마가 발원지가 아니었다. 그리스에서 도입된 동양 종교였다. 리비우스조차 익명의 그리스 사제이자 선교사였던 누군가가 그 종교를 로마에 들여왔다고 비난한다.[48] 따라서 이 집단의 기원과 그 교리 및 실천의 내용, 그것이 매력적이었던 이유, 원로원이 실제로 두려워했던 이유 등을 알아내기 위해 리비우스의 보고서와 원로원의 칙령을 꼼꼼히 들여다볼 필요는 없다고 하겠다. 우리에게 필요한 것은 그리스 종교사에 대한 기존의 여러 연구 성과를 살펴보는 것이다. 그 가운데 디오니소스

---

46   North 1979, 87.
47   North 1979; Beard, North, and Price 1998, 1:92-96; Burkert 2004.
48   North 1979, 86.

비의(Dionysiac mysteries)에 대한 광범위한 문헌자료를 찾아볼 수 있는데, 여기에는 새롭게 발견된 여러 중요한 사실에 관한 최근의 보고서도 포함되어 있다.[49]

이러한 문헌을 보면 다음과 같은 두 가지 근본적인 질문, 곧 "그 운동의 실제 모습은 어떠했는가? 그리고 그것은 왜 원로원으로부터 그렇게 격렬하면서도 제한된 반응을 유발했는가?"에 대한 통찰을 얻게 된다.

구체적으로 말하자면, 디오니소스 제의는 초심자들에게 그들이 사후에 복된 삶으로 들어가 다른 동료 신자들과 더불어 교제를 누릴 것을 약속했다. 최근에 발견된 담쟁이 잎 모양의 금 쟁반에는 죽은 자에게 "디오니소스가 너를 해방시켰다고 페르세포네(Persephone)에게 말하라"고 지침을 주는 내용이 새겨져 있다.[50] 로마의 전통 종교에서 보여주는 끔찍한 사후세계를 피하면서 영원한 복락을 얻기 위해 보통 사람에게 요구되는 것은 단지 디오니소스교에 입문하여 헌신하는 것뿐이었다. "이제 그대는 죽었고, 이제 그대는 삼중의 축복을 받아 오늘 태어났도다."[51] 이러한 괄목할 만한 혁신성이야말로 빈부를 막론하고 모든 이들이 그 종교에 귀의하도록 한 요인이었다.

만약에 사후의 복락을 약속하는 것만이 디오니소스교의 특징이었다면, 로마 원로원은 그 신도들을 대수롭지 않게 여겼을 것이고, 실제로 여러 세대가 지나는 동안 그 신도들을 그렇게 취급했었다. 그러나 디오니소스 제의가 개종자들을 확보해가는 과정에서 훨씬 더 중요하게 부각되었던 것은 그 신도들을 아주 강력한 집단생활로 엮어 놓았다는 점이었다. 원래 그리스에서 디오니소스 제의는 여성들에게만 국한된 집단이었다가, 나중에 남성 집

---

49   Burkert 2004, chap. 4.
50   Burkert 2004, 77.
51   Burkert 2004, 80.

단과 여성 집단으로 구분되었고, 이탈리아로 이식되면서 남녀가 함께 모이는 것으로 바뀌었다. 게다가 그리스에서는 다른 전통적인 이교 신을 섬기는 집단에서 전형적으로 나타나는 것처럼 일 년에 수차례 모이던 것이 전부였지만, 이제 로마에서는 적어도 매주 모임을 가졌다. 일상생활에 지장을 주지 않으면서 정기 모임을 지속하기 위해 그들은 모임을 위해 지은 신전이나 사당에서 밤 시간에 회합을 가졌다. 신자가 되기 위해서는 그 집단의 비의에 입문해야 했고, 헌신과 충성에 대한 엄숙한 서약을 해야 했다.[52]

이 모든 사실을 통해 우리가 알 수 있는 것은 디오니소스교의 신도들이 어쩌다 열리는 희생제사에 부정기적으로 참석하는 이들이 아니었다는 사실이다. 그들은 강렬한 자의식을 지닌 신도단으로 긴밀하게 조직되어 있었고, 바로 이 점 때문에 원로원이 그들에 대해 반기를 들었던 것이다. 이들의 야단스러운 활동에 대한 소문이 확산됨에 따라 원로원의 경각심이 촉발되었던 것은 분명하다—기독교와 유대교를 포함한 "비인기" 종교에 대해서도 비슷한 소문이 퍼지곤 했다. 그러나 로마 원로원이 실제로 탄압했던 것은 그 집단이 신도단으로서 지닌 특징들(정기 모임, 잘 짜인 조직 구조, 신자들 간의 강한 유대감, 혼성 집단 내에서의 여성의 독보적 역할, 그리고 무엇보다도 신자들의 높은 헌신도)이었다. 모임의 소란스러움이 아니라 바로 이러한 특징이야말로 원로원이 위협적이라고 파악하고서 "일차적으로 파괴하려고 획책했던" 핵심 요소였다.[53]

---

52 North 1979.
53 Beard, North, and Price 1998, 1:95.

이시스교에 대한 반대

이시스교도 신도단을 거느리고 있었다. 이시스교의 신자들은 별도의 모임을 만들어 정규적으로 만났다. 그들은 다른 신들이나 신전들을 비하하지는 않았지만 그렇다고 해서 그러한 신전에 드나들지도 않았다. 이러한 독특한 면이 당국의 시선을 피할 수는 없는 노릇이었다. 기원전 58년에 원로원은 이시스교를 불법으로 규정하고 이시스의 제단과 신상을 모두 파괴하라는 명령을 내렸다.[54] 10년 뒤 다시 금지령을 내렸고, 로마의 집정관들은 제국 곳곳에 산재한 이시스 제단이 "역겹고 무가치한 미신"[55]이라는 이유로 그것들을 파괴했다. 그 후에도 이시교는 아우구스투스의 맹렬한 탄압을 받았다.[56] 티베리우스(Tiberius)는 로마에 있던 이시스 신전을 파괴했고, 이시스 여신상을 테베레(Tiber)강에다 집어 던졌으며, 그 사제들을 십자형에 처했다.[57] 마르스 광장(Campus Martius)에 이시스에게 봉헌된 신전을 짓는 것을 처음으로 허락한 사람은 칼리굴라(Caligula) 황제였는데, 그는 관용과는 거리가 먼 인물이므로, 이는 그의 이국적 취미에서 비롯된 것이라고 하겠다. 3세기 초 카라칼라(Caracalla) 황제의 치세에 이르러서야 비로소 이시스 신전이 카피톨리움 언덕에 세워지는 것이 허락되었다.[58] 그런데도 주지하다시피 이후로 그 어떤 신들보다도 더 많은 이시스 신전이 로마에 건립되기에 이른다.

로마 당국이 이렇게 빈번하게 이시스교에 대한 탄압을 시도했음에도

---

54 Bailey 1932, 186.
55 Grant 1986, 34.
56 Bailey 1932, 186.
57 Josephus, Jewish Antiquities 3.18.
58 Bailey 1932, 186.

불구하고 해당 사안에 대한 자세한 기록이 남아 있지 않다. 이시스교에 대한 공격을 촉발시킨 것은 신전과 연관된 성적 문란함 때문이었다는 암시가 있다.[59] 그러나 이것은 반대를 촉발시킨 모든 종교 집단에게 가해지던 일반적인 비난이었으므로 그 말을 믿어야 할 이유는 없다. 이 경우에도 로마인들의 비위를 건드린 것은 신도단의 존재였다. 퀴몽은 이에 대해 다음과 같이 평이하게 진술한다. "그 비밀스러운 모임들이 쉽사리 선동가들의 동호회나 첩자들의 소굴이 되었을 수 있다."[60] 더욱이 푸블리우스 클로디우스 풀케르(Publius Clodius Pulcher, 기원전 92-52)가 모집했던 이시스 특공대에 관해서는 감춰진 것이 전혀 없다. 이들은 기원전 58년에 원로원이 이시스 신전을 허물어버리자 거리를 점거하고 투쟁을 벌였다. "이시스 숭배자들의 끈질긴 압력과 고집 때문에 원로원은 잠시도 쉴 틈이 없었다. 그들[이시스 추종자들]은 자신들의 예배처가 파괴되고 나면 다시 복원하곤 했다.…후대의 기독교 신앙과 마찬가지로, 이시스교가 보여준 끈질김은 박해를 통해 생겨났고 박해를 거치면서 강화되었다."[61]

키벨레의 고립

기독교가 밀비오(Milvian) 다리에서 벌어진 전투에서 콘스탄티누스에게 승리를 가져다주었다고 알려짐에 따라 엄청난 영향력을 얻었던 것처럼, 키벨레(로마인들에게는 마그나 마테르, 곧 위대한 어머니로 알려짐)가 기원전 204년 원로원의 명령으로 로마로 도입된 것(별똥별 하나가 떨어진 것이 키벨레의 도착

---

59 Cumont [1906] 1956, 81.

60 Cumont [1906] 1956, 82.

61 Turcan 1996, 86-87.

을 나타낸다고 믿었다)은 시빌라의 예언서(Sibylline Books)가 암시하고 델포이 (Delphi)의 신탁이 확인해주었던 예언, 곧 키벨레가 로마에게 한니발에 대한 승리를 가져다줄 것이라는 예언 때문이었다. 이시스가 로마에 도착한 지 몇 달 안에 그 예언이 성취되었다. 즉시 키벨레 신전이 팔라티노 언덕 위에 건 립되었고, 별똥별 조각이 여신의 은신상 안에 있는 얼굴에 새겨졌으며, 이 제 그 여신은 공식적으로 로마의 신들 가운데 하나로서 인정되었고, 그때 부터 500년 이상 숭배 받게 되었다. 매년 3월 27일에 사제들은 행렬을 지 어 키벨레의 은신상을 인근에 있는 테베레강의 지류로 운반해가서 목욕시 켰다가 신전으로 다시 옮겨왔다.

로마인들은 곧 키벨레를 자기편으로 삼은 것이 매우 혼란스러운 축복 임을 알게 되었다. 키벨레 숭배에는 거칠고 소란스러운 행위가 동반되었다. "키벨레 숭배가 지닌 열정적인 황홀함과 음산한 광신주의는 로마의 전통 종교가 지닌 조용한 위엄 내지 고결한 절도와는 현저하게 대조되었다."[62] 갈 리(*galli*)라고 알려진 사제들은 황홀한 광란의 도가니에 들어가는 데 탁월 했다. 그들은 입문 과정에서 스스로 거세했을 뿐 아니라, 그다음에는 여성 의 복장을 입고, 분칠을 하고, 머리도 곱슬곱슬하게 하고, 향수를 온 몸에 뿌 리는 등 여자처럼 행동했다. 로마인들은 동성애에 대해 혐오감을 갖지는 않 았지만, 여성스러운 유약함에 대해서는 질색을 했다. 그렇지만 그들은 키 벨레 여신이 가진 능력에 대해서는 의심하지 않았다. 그 여신이 카르타고 의 위협을 종식시켰기 때문이다. 따라서 그 종교가 대중에게 악영향을 끼치 기 전에 그것을 대중으로부터 분리시키면서도, 그 여신을 위한 "야만적" 의 식은 계속하도록 허용하는 결정을 내리게 되었다. 해마다 한 차례, 모든 로 마인들이 키벨레를 숭배했다. "키벨레의 사제들은 알록달록한 의상을 입고,

---

62   Cumont [1906] 1956, 52.

보석들을 주렁주렁 매달고, 탬버린을 치면서 대열을 이루어 거리를 행진했다."[63] 남은 일 년 내내, 사제들은 "로마인들로부터 격리되어서 접근할 수 없었고, 그들의 제의 행위는 신전 안으로만 제한되었다."[64] 더욱이 법은 로마시민이 키벨레의 사제가 되는 것을 금하였다.

유대인에 대한 핍박

고대 세계에서 반유대주의(anti-Semitism)는 병독처럼 광범위하게 퍼져 있었다. 로마의 위대한 철학자이자 정치가였던 루키우스 아나이우스 세네카(Lucius Annaeus Seneca, 기원전 4-기원후 65)는 유대인을 "저주받은 민족"[65]이라고 폄하하면서 그들의 영향력을 비난했다. 존경받는 로마의 역사가인 코르넬리우스 타키투스(Cornelius Tacitus, 기원후 56-117)는 유대인들이 신들을 멸시한다고 꾸짖으면서, 유대인들의 종교적 관행이 "음험하며 반역적"이라고 말했다. 타키투스에 따르면, 유대인들은 "자신들의 사악함으로 아성을 쌓고서" 자기들끼리만 "고집스럽게 충성을" 지키면서 악착같이 "부를 축적했다"고 한다. "그러나 자신들 외의 세상의 모든 사람들에 대해서는 마치 원수를 대하듯 증오심을 품고 맞선다."[66] 다른 동양 종교를 대할 때와 마찬가지로, 로마인들은 "유대교의 회당이 창녀들의 집합소"라고 오비디우스(Ovid)가 주장했던 것처럼 유대인의 부도덕에 대한 근거 없는 이유를 들어

---

63   Cumont [1906] 1956, 53.
64   Beard, North, and Price 1998, 1:97.
65   다음에서 인용함. Augustine, City of God 6.11.
66   Tacitus, The Histories 5.1-13 (The Jews).

그들에 대한 탄압을 정당화하곤 했다.[67]

아무튼 유대인들은 로마인들에게 "자신들의 종교 의식을 소개"하려고 하였고, 그 결과 "로마의 기풍을 오염시켰다"는 고발을 담은 기원전 139년 칙령에 의해 로마로부터 추방되었다.[68] 그 후 기원후 19년에 티베리우스(Tiberius) 황제는 유대인과 이시스 추종자들에게 로마를 떠날 것을 명령했다. 유대인에게 그들의 종교 예식에서 착용하는 모든 복장을 소각하라는 명령이 하달되었고, 군대 갈 나이가 된 모든 유대인 남자는 산적을 진압하기 위해 사르디니아(Sardinia)에 가서 복무할 것을 명령 받았다. 타키투스에 따르면, "만약에 그들이 전염병에 쓰러진다고 해도, 그 정도 손실은 감내할 만한 것"으로 여겨졌다고 한다.[69] 게다가 파울리누스 수에토니우스(Paulinus Suetonius)의 보도에 따르면, 나머지 유대인들은 모두 "명령에 따르지 않으면 노예살이의 고통을 당할 것"이라고 위협 받으면서, 로마시뿐 아니라 이탈리아 전역에서도 추방당했다.[70] 기원후 70년에 베스파시아누스(Vespasian) 황제는 로마 제국에 거주하는 모든 유대인에게 특별세를 부과하여 그들이 매년 예루살렘 성전에 납부하던 기부금을 강제로 몰수했다. 그리고 디오 카시우스(Dio Cassius)의 기록에 따르면, 기원후 97년에 도미티아누스(Domitian) 황제는 자신의 조카인 플라비우스 클레멘스(Flavius Clemens)와 다른 많은 이들을 유대인의 방식에 물들었다는 이유로 처형했다.[71]

특히 흥미로운 것은, 수에토니우스가 보도하듯이, 기원후 49년경 클라우디우스(Claudius) 황제가 유대인들을 로마시에서 추방했는데, 이는

---

67 Moehring 1959, 296.
68 Smallwood 1981, 129.
69 Tacitus, Annals 2.85.
70 Suetonius, Tiberius 36.
71 Cassisu Dio, Historia Romana 67.14.

"크레스투스"(Chrestus)가 일으킨 소요 때문이었다는 것이다. 크리스투스 (Christus)라는 이름이 종종 알파벳 i 대신에 e 철자를 사용하기도 했으므로, 이 보도는 그리스도와 관련된 소요를 가리키는 것으로 볼 수 있다. 이 점은 사도행전 18:2에서도 확인할 수 있는데, 이 구절은 바울이 로마를 억지로 떠나야 했던 그리스도인 두 사람을 고린도에서 만났다고 보도한다. 하지만 역사학자들은 당시 로마에 거주하던 유대인의 전체 인구가 수만 명 정도였다고 추산하면서, 이들이 모두 추방되었다고 가정한다면, 그 당시의 다른 작가들이 적어도 그 일에 대해 언급했을 것이라고 추정한다. 하지만 이 사건에 대한 언급을 찾아볼 수 없다. 따라서 보다 개연성 있는 이야기는 다음과 같을 것이다. 즉 소요에 연루된 자들(이들 가운데는 바울이 종종 그랬던 것처럼 지역 회당에서 전도활동을 하던 그리스도인들이 포함될 것이다)은 모두 로마를 떠나라는 명령을 받았는데, 이들은 기껏해야 수백 명에 불과했을 것이다.[72]

로마인들은 유대인들이 로마의 신들을 헛것으로 취급하며, 신들에게 바쳐진 신전을 신성모독으로 폄하한다고 해서 몹시 분개했던 것이 사실이다. 하지만 로마의 당국자들 편에서 유대인들에 대해 반대할 수밖에 없었던 불가피한 요인은 아마도 유대인에게 가해지는 흔한 내용의 고발 때문이었을 것이다. 즉 유대인들의 주된 죄목은 그들이 강고하고도 잘 조직된 별개의 공동체를 이루고 있었고, 이에 더하여 다른 동양 종교와 마찬가지로 개종자들을 찾고 있었다는 것이다. 아마도 이러한 이유로 인해 로마의 신전들이 그들에 대해 반감을 품게 되었을 것이다. 왜냐하면 유대교나 혹은 다른 동양 종교로 개종했던 자들은 신전에 대한 후원을 끊었기 때문이다. 신전이 국가로부터 넉넉한 후원을 받는 사회에서라면 이것이 별 문제가 되지 않았을 것이다. 그러나 로마에서는 유피테르 신전조차도 자발적 후원에 기

---

72   Leon [1960] 1995, 23-27.

대어 생존해야 하는 형편이었다. 따라서 원로원이 핍박의 이유로 들었던 성적 문란함에 관한 이야기는 아마도 이교 사제들이 조작해서 유포했을 가능성이 높아 보인다.

예루살렘에서 로마로 들어온 새로운 종교에 대해 로마가 면밀한 주의를 기울이게 되자 이러한 모든 현상은 곧 다시 반복되게 된다.

이교의 "유일신교화"

그리스와 로마의 철학자들 가운데 적잖은 이들이 유대교의 사례를 목도하거나 조로아스터교와 접촉함으로써 유일신교 사상을 받아들이게 되었고, 여러 이교 집단은 그들이 섬기던 신들 중 하나를 다신교의 제한된 틀 안에서 가능한 대로 유일신교와 유사하게 변형하려고 하였다. 이러한 방향으로 가장 광범위한 노력을 기울인 것이 바로 이시스교였다.

이시스 여신은 서쪽으로 진출하면서, 이집트에서 나일강의 수위를 조절하던 역할을 즉시 그만두게 되었다. 그 대신에 이시스는 지존의 여신이자 하늘의 여왕이며 별들의 어머니로 추앙되었고, 종종 구원의 여신으로 지칭되었다. 플루타르코스(Plutarch)에 따르면, "이시스는 자연(모든 창조 행위의 수용체)에 존재하는 여성적 원리이므로, 플라톤은 이시스를 '만유를 수용하고 돌보는 존재'라고 부른다. 그리고 사람들은 대체로 이시스를 '수만 개의 이름을 가진 여신'이라고 부른다."[73]

이시스에 대한 찬양을 기록한 현존하는 수많은 비문과 경전에서는 다

---

[73]   Bailey 1932, 258.

음과 같이 주장한다.[74]

> 하늘과 땅을 나누고, 별들에게 갈 길을 보여주고, 태양과 달의 경로를 정해준
> 이는 바로 이시스 여신이다.
> 나[이시스]는 "유일한 영원의 통치자"이며, "모든 자가 나를 하늘에 있는 모든
> 신들 가운데 최고의 신"이라고 부른다. 따라서 "나를 떠나서는 아무것도 생겨
> 나지 않는다."
> 이시스는 세계의 지배자다.…신들 가운데 가장 위대하고, 측량할 수 없는 천상
> 의 것들을 다스리는 자다.…당신은 영원한 만물의 지배자다.

그러나 아무리 이시스를 "유일하게 참되고 살아 있는 신"으로 부른다고 해
도,[75] 이시스교가 이교주의에 속한 태생적 한계를 벗어날 수는 없었다. 이시
스를 최고의 신으로 격상시키는 것은 가능했지만 유일한 신으로 인정할 수
는 없는 일이었다. 왜냐하면 이시스의 아들인 호로스를 포함하여 여러 신들
로 구성된 만신전(pantheon)의 존재를 이교주의의 맥락에서 부정할 수는 없
었기 때문이다. 더욱이 명백한 역사성을 지닌 유대교에 비하면, 이시스 신
화는 온통 저세상에 관한 이야기였다. 즉 이시스 "설화"는 죄다 신들의 영
역인 비가시계에서 일어난 것이다. 이시스가 자신의 쌍둥이 오빠인 오시리
스(Osiris)와 성관계를 가진 것은 그들의 어머니인 하늘의 여신 누트(Nut)의
자궁 속에서였다. 마찬가지로 오시리스의 악한 동생 세트(Seth)가 오시리스
를 살해하고 그의 몸을 열네 토막을 내어 우주 곳곳에 던져버린 것도 바로
동일한 비가시계에서 일어난 일이다. 이시스가 오시리스의 신체 조각을 모

---

74   Grant 1986, 103.
75   Witt 1997, 129.

아 하나로 연결하려고 헤매고 다닌 것도 바로 그러한 저승에서 일어난 일이었는데, 오시리스의 성기 외에 다른 부위들은 다 찾았다고 한다. 이야기는 이런 식으로 흘러간다. 시릴 베일리(Cyril Bailey, 1871-1957)의 말마따나 "한편에는 비역사적이고 단지 이야기 속 꼭두각시에 불과한 전설적 인물들이 있었다. 반면에 유대교에는 참으로 역사적인 인물들이 포진해 있었다."[76] 하나님이 자신을 도덕적인 유대인들에게 계시하였다는 믿음이 있었고, 성경은 실제 사람들의 역사와 이 세상에서 일어나고 있는 일에 대해 얘기하고 있었다.

결론

그리스도의 탄생 직전에, 로마 제국의 서부 지역에서 유대교만이 유일하게 온전한 유일신교의 형태를 지니고 있었다. 로마의 기독교화를 위한 길을 마련하는 데 유대인들이 중요한 역할을 한 것은 잘 알려져 있다. 그러나 그 길을 마련하는 데 동양 종교들이 어느 정도 기여했는지에 대해서는 거의 알려진 것이 없다. 초기 기독교가 로마 제국 전역에 확산되어간 경로와 키벨레와 이시스에게 봉헌된 신전들이 퍼져나갔던 경로가 거의 일치하고 있음을 알게 된다.[77] 동일한 맥락에서, 동양 종교와 유대인에 대한 로마의 박해는 훗날 기독교에 대한 로마의 말살 정책을 예견하게 한다.

---

76 Bailey 1932, 271.
77 Stark 2006.

제2장

수많은 유대교들

유대교가 로마 제국 내에서 온전한 유일신교의 형태를 지닌 유일한 종교였지만, 설령 모든 사람이 유대인이라고 자처하는 경우일지라도, 로마에서와 마찬가지로 팔레스타인에서도 숱한 종교적 다양성과 갈등이 존재했었다. 사마리아인들도 자신들이 유대인이라고 자처했지만 다른 유대인 집단은 이들의 주장을 인정하지 않았다. 이들 유대인 집단은 모두 사마리아인을 경멸했는데, 이들과 사마리아인들 간에 이따금씩 잔혹한 유혈사태가 발생하기도 했다. 알렉산드로스 대제의 정복 이후에 그리스인들이 팔레스타인에 건설한 그리스풍의 도시에 거주했던 유대인들도 다른 유대인들과의 지긋지긋한 싸움에 사로잡혀 있었다. 유대교 집단 가운데 어떤 집단은 율법의 엄격한 준수를 요구했고, 다른 집단은 율법 준수에 있어 꽤 느슨한 편이었다. 어떤 이들은 로마의 통치에 협력했는가 하면, 다른 이들은 반란을 획책했고, 또 다른 이들은 유대인의 독립과 권세를 회복시켜줄 메시아를 간절히 기다렸다.

그리스도의 탄생 직전에 대략 900만 정도의 유대인이 로마 제국 안에 살고 있었다(당시 로마의 전체 인구는 약 6,000만 명 정도였다). 이 중 약 90퍼센트 정도가 팔레스타인을 중심으로 서쪽에 위치한 로마의 대도시들에 거주했다. 이에 더해서, 적어도 수백만 명의 유대인이 팔레스타인을 중심으로 동쪽에 위치한 비로마계 도시들에 거주했는데, 그중 바빌론에는 대규모의 유대인 공동체가 있었다. 이러한 공동체들이 흔히 "유대인 디아스포라"(the Jewish Diaspora)로 알려진 집단을 구성하였고, 이들이 기독교의 전파에 매우 중요한 역할을 담당했다. 하지만 기독교 이야기의 출발점은 팔레스타인이다.

그리스도가 탄생한 때를 기원전 6년이라고 본다면,[1] 이때는 헤롯 대왕의 잔인한 통치가 거의 끝나갈 무렵이었다. 2년 후 그의 죽음이 도화선이 되어 유대교 열심당은 유혈 반란을 일으켰다. 이에 대응하여, 로마는 수천 명의 유대인을 십자가형에 처하고 유대를 로마 총독의 지배하에 두었다. 결국 이 총독직에 본디오 빌라도(Pontius Pilate)가 부임하게 된다.

헤롯왕

로마인들이 당대의 역사를 대부분 기록했으므로, 헤롯왕(기원전 73-4)은 헤롯 대왕(Herod the Great)으로 기억되고 있다. 로마인들은 그가 벌인 대규모 사업에 주목하면서 그가 로마를 얼마나 충성스럽게 섬겼는지에 대해 언급한다. 반면에 유대 민족의 역사는 헤롯이 얼마나 잔혹하고 부도덕했는지, 로마에 대해 얼마나 굴종적이었는지, 그리고 그가 비록 성전을 중건했음에

---

[1]   만일 우리가 헤롯이 예수가 태어났을 때도 아직 통치하고 있었다는 것을 받아들이면, 예수의 탄생시기는 늦어도 기원전 4년 정도가 될 것이다. 예수의 출생 연도에 관한 사실에 입각한 논의에 관심이 있으면 다음을 보라. Thorley 1981 and Zeitlin 1964.

도 불구하고 성전을 얼마나 더럽혔는지를 기억하고 있다.

헤롯은 유대인으로 출생한 것이 아니다. 그의 모친은 아랍 족장의 딸이었고, 그의 부친인 안티파테르(Antipater)는 에돔인으로서, 현재 요르단에 해당하는 지역에 살았던 이방인이었다. 안티파테르는 수완이 좋은 기회주의자였다. 그는 왕위 계승 투쟁의 와중에 하스몬 왕가의 왕자를 지지했었고, 이 일로 인해 하스몬 왕가의 공주와 결혼하고 궁궐에서도 한자리를 차지할 수 있었다. 다음으로 로마에서 내전이 일어나 율리우스 카이사르(Julius Caesar)가 폼페이우스(Pompey)와 싸우는 상황에서 안티파테르는 카이사르를 지지하는 탁월한 정치적 판단력을 보여주었다. 카이사르를 지지한 대가로 안티파테르는 25세 된 자신의 아들 헤롯을 위해 갈릴리의 총독 자리를 확보할 수 있었다. 헤롯은 총독에 임명되자마자 헤제키아(Hezekia, 또는 Ezekias)가 일으킨 봉기를 진압하고 그를 따르던 많은 사람을 죽였다. 그는 "자기 마음대로 법을 주물렀기 때문에 예루살렘의 유대교 공회(Jewish Council)와 심각한 어려움에 봉착했으며"[2] 유대 종교지도자들과의 이러한 갈등은 평생토록 지속되었다.

카이사르가 살해된 후, 그를 암살했던 브루투스(Brutus)와 카시우스(Cassius)는 제국의 동부 지역을 장악하고 지방 통치자들에게 재정 부담을 요구했다. 헤롯은 순응했지만, 결국 로마로 피신하여 그곳에서 마르쿠스 안토니우스(Mark Antony)를 비롯한 제2차 삼두체제(the Second Triumvirate)의 호의를 얻어내었고, 로마 원로원으로 하여금 자신을 "유대인의 왕으로 선출하게끔 하였다. 이러한 지지를 등에 업고서 헤롯은 기원전 37년에 유대의 왕위에 올랐다. 왕위에 대한 자신의 입지를 견고히 하기 위해서 그는 아내와 아들을 버리고 자신의 십대 조카딸과 결혼하기도 했다.

---

2   Grant 1973, 64.

헤롯은 자신이 유대인이라고 주장했지만, 많은 유대인들은 그를 유대인으로 인정하지 않았다. 헤롯은 유대교 전통주의자들의 지지를 얻기 위한 노력의 일환으로 이전보다 훨씬 큰 규모로 예루살렘 성전에 대한 대대적인 중건에 착수했다. 하지만 나중에 성전 정문 위에 거대한 금빛 독수리 상을 설치함으로써 이러한 업적을 크게 훼손시켰다. 바리새인 지도층은 이것이 로마의 우상숭배를 상징한다고 보고 격하게 단죄하였고, 몇몇 젊은 열심당원들은 야음을 틈타 그것을 부숴버렸는데, 헤롯은 이들을 체포하여 화형에 처하였다.

헤롯은 왕으로서 대제사장에 대한 임명 권한을 갖고 있었다. 그가 처음으로 임명한 자는 "바빌로니아 출신의 무명 유대인"이었다. 이는 가능한 한 경쟁자를 만들지 않으려고 경계했던 까닭이다.[3] 하지만 이것은 그의 장모를 격분하게 하였으므로, 결국 헤롯은 이 지명을 철회하고 장모의 17세 된 아들인 아리스토불로스(Aristobulus)에게 이 자리를 넘겨주었다. 얼마 후 헤롯은 여리고에서 목욕 연회를 주최했는데, 여기서 그는 아리스토불로스를 익사시켜버렸다. 그 후에 헤롯은 반대파의 분노를 극복하기 위한 노력의 일환으로 사두개인들(Sadducees, 세습적인 제사장 계층)을 대제사장직에 임명하기 시작했다. 이들은 단기간 그 직을 수행하였고, 임기를 마친 후에도 대제사장으로서 예우를 받았다. 이것은 영향력 있는 종교 지지층의 기반을 세우는 데 일조했다. 그러나 종교적 적대감으로부터 헤롯을 지켜주는 데 이들이 큰 도움이 되지는 못했다. 그러한 적대감은 상당 부분 그의 엽기적인 가정생활로 인한 것이었기 때문이다.

헤롯은 자신의 치세 동안 무려 열 명의 아내를 갈아치웠는데, 이전 결혼생활을 통해 태어난 아들들에게는 상속권을 주지도 않았을 뿐 아니라, 이

3　Grant 1973, 69.

들 가운데 적어도 세 명을 살해하기까지 하였다. 그의 치세 후반에 메시아에 대한 대망과 예언이 봇물처럼 터져나왔으며, 그는 이에 대해 극도로 경계하면서 누구든지 메시아라고 의심 되는 인물은 죽여버렸다. 자신의 아내가 메시아를 기다리는 집단과 연루되었다는 의심이 들자 아내를 죽이기도 했다.[4] 마태복음 2:16에는 예수를 제거할 요량으로 헤롯이 베들레헴에 사는 두 살 이하의 아이를 다 죽일 것을 명령했다고 나온다. 이러한 일이 실제로 일어났는지 알 수는 없지만, 헤롯은 그러한 일을 명령하고도 남을 인물이었다.

어쨌든 헤롯은 폭군인 동시에 의심쩍은 이방인이었으므로, 그의 긴 치세 동안 유대의 여러 종교 집단 간에 갈등이 격화되었고 로마에 대한 반감도 더욱 불거졌다.

사마리아인들

남부의 유대와 북부의 갈릴리 사이에 사마리아가 위치해 있었다. 거의 이백 년 동안 사마리아는 북왕국 이스라엘의 수도였고, 그 주변 지역은 유력한 가문들의 근거지였었다. 그러다 기원전 720년경 아시리아가 침공하여, 유력한 사마리아인 수천 명을 포로로 잡아 아시리아 여러 지역으로 끌고 갔다. 이 시기에 아시리아가 다른 민족을 사마리아 지역에 정착시켰던 것 또한 분명해 보인다. 이들 정착민들이 이스라엘의 제사장들에게 자신들을 지도해줄 것을 요청하면서, 이때부터 이들은 이전부터 사마리아에 남아 있었던 유대인들과 마찬가지로 자신들도 유대인이라고 생각하게 되었다. 하

---

4   Grant 1973, 8081.

지만 바빌로니아로 끌려갔던 유대인의 후손들이 팔레스타인으로 귀환하자, 이들은 사마리아인을 유대인으로 인정하기를 거부했고 제2성전 건축에 참여하는 것도 허락하지 않았다. 이에 대응하여, 사마리아인들도 그리심산(Mount Gerizim) 어귀, 곧 나불루스(Nābulus)에 자신들의 성전을 건축했다.

기원전 128년에 하스몬(마카비) 왕조의 왕인 요안네스 히르카노스(John Hyrcanus)가 사마리아 성전을 파괴하자 원한이 더욱 증대되었다. 이 일이 있고 난 후 서로 간에 보복의 악순환이 오래도록 이어졌다. "증오가 너무 심해서 사마리아인이라고 부르는 것 자체가 심한 모욕이 되어버렸다.…어떤 랍비들은 사마리아인들의 빵을 먹는 것은 돼지고기를 먹는 것과 같고, 사마리아인과 결혼하는 것은 짐승과 같이 눕는 것과 매한가지라고 말하기도 했다."[5] 따라서 예수가 들려준 "선한 사마리아인"(눅 10:30-37)이 등장하는 비유는 가시 돋친 역설이라고 하겠다.

헬라파 유대교

유대교의 수용 가능한 영역 바깥에 있다고 간주된 것은 사마리아 종파만이 아니었다. 팔레스타인의 그리스어권 도시에 거주하던 헬라파 유대인에게 가해진 공격도 결코 만만치 않았다. 이들은 이교의 신들과 어울리면서 율법을 무시한다고 비난받았다. 더군다나 헬라파 유대인들은 자신들이 문화적으로 우월하다고 생각했는데, 이들이 전통적 유대인들에 대해 보여준 오만함과 공공연한 차별 및 이들이 유대교 말살 운동에 공모했다는 의심으로 인해 마카비 반란(Maccabean Revolt)이 촉발되었던 것이다.

---

5   Evans 2002b, 2.

유대교를 그리스에 동화시키려는 운동은 알렉산드로스 대제가 중동 전체를 정복하면서부터 시작되었는데, 결과적으로 팔레스타인은 이집트의 프톨레마이오스 왕조(실제로는 그리스 혈통)의 통제하에 놓이게 되었다. 이에 따라 팔레스타인에 그리스풍 도시 29개가 건설되었으며, 이 중 일부는 갈릴리 지역에 있었고, 그 가운데 최대 규모의 것이 갈릴리 호수 연안에 위치한 티베리아스(Tiberias)와 나사렛에서 단지 6.5킬로미터 정도 떨어진 세포리스(Sepphoris)였다.[6] 기원후 2세기 초가 되면 예루살렘도 그리스풍의 도시로 변모되었으므로 "예루살렘에 있는 안티오키아"(Antioch-at-Jerusalem)라는 이름으로 알려지게 되었다.[7]

헬라파 유대인들은 알렉산드로스 대제가 정복한 지역의 일부로서 팔레스타인을 포함하고 있었던 시리아 제국(Seleucid Empire)의 통치자였던 안티오코스 에피파네스(Antiochus IV Epiphanes, 기원전 215-164)의 지지를 등에 업고서 대제사장직을 장악했다. 안티오코스는 대제사장에 대한 임명권을 거머쥐었는데, 누가 차기 대제사장이 될 것인가를 놓고 헬라파 파벌 간에 분쟁이 일어나자, 안티오코스는 유대교에 대한 숙청을 단행했다. 그는 "자녀들에게 할례를 베풀거나 안식일을 지키는 유대인들에게 사형을 언도하였다. 심지어 당국은 유대인들에게 이교 예식에 참여하여 금지된 음식, 특히 돼지고기를 먹도록 강요했고, 성전에 난입하여 그것을 올림포스의 주신 제우스(Olympic Zeus)에게 봉헌하기까지 했다."[8] 이러한 조치들로 인해 유혈을 동반한 마카비 반란이 일어나게 되었는데, 이에 유대교 전통주의자들이 팔레스타인의 그리스풍 도시들에서 학살을 자행하면서 헬라파 공동체들에게 유대교 전통을 따르도록 강제한 것도 하등 놀랄 일이 아니다. 예를 들어

---

6   Batey 1991.
7   Feldman 1981, 310.
8   Stern 1976, 204.

헬라파 유대인의 자식이 "억지로 할례를 받기도" 했던 것이다.[9]

마카비 왕조의 통치는 폼페이우스가 예루살렘을 점령하여 팔레스타인을 로마의 지배하에 두게 된 기원전 63년까지 지속되었다. 로마의 치하에서 그리스의 영향이 재차 강화되었으며, 이는 순전히 종교적 측면에만 국한된 것이 아니라 압도적으로 정치적인 측면에서도 그러했다. "그리스의 영향은 헤롯왕의 치하에서 최고조에 달했다.…그는 [성전을 중건했을 뿐 아니라] 예루살렘 안팎에 그리스식의 극장과 원형경기장 및 전차경주장(hippodrome)을 건설했다."[10]

"누가 진정한 유대인인가"를 둘러싼 이러한 논쟁들로 인해 원한이 발생했음에도 불구하고 유대교로의 개종 방식에 관한 논쟁들 때문에 이 모든 것들이 다소 가려진 측면이 있다.

유대교가 처한 다종교적 상황

다종교적 상황(religious pluralism)은 어떤 사회에서나 찾아볼 수 있는 자연스러운 상태이며(물론 과거에는 그러한 상태가 통상적이지 않은 경우도 있었다), 이 점은 로마 제국이나 유대 사회를 보아도 알 수 있다. 다시 말해서 국가가 종교적 다양성을 허용할 경우 수많은 종교 집단이 생겨나서 다양한 분포도를 보여줄 것이다. 그리스, 이집트, 페르시아처럼 이교 신전이 중심이 된 고대 사회의 경우에서 알 수 있듯이, 국가가 공식적으로 후원하는 종교 기관을 제외한 여타 종교를 탄압한다고 해도 비인가 종교 집단이 주변부에 침투하여

---

9   Feldman 1981, 310.
10   Feldman 1981, 310.

은밀하게 암약하기 마련이다. 모든 사회마다 개인의 종교적 취향에 따른 다양성이 존재하기 때문에 이러한 현상이 발생하는 것이다. 이러한 다양한 취향에 따라 종교에 관심이 없는 집단으로부터 아주 열렬한 종교적 관심을 지닌 집단에 이르기까지 일련의 잠재적 틈새시장이 형성된다. 이러한 취향의 다양성은 심지어 원시 사회에서도 관찰된다.[11] 단 하나의 기관이 이렇게 다양한 종교적 틈새시장의 전 영역을 다 포괄할 수는 없다. 왜냐하면 하나의 종교 기관이 현세적이면서 동시에 내세적이거나, 느슨하면서 동시에 엄격할 수는 없기 때문이다. 따라서 종교적 독점이 존재하게 되는 것은 오로지 강제력을 발동해 종교적 반대파들을 단속하고 감시하는 정도에 달려 있으며, 강제력이 약화될 때마다 경쟁하는 종교 집단들이 발흥하기 마련이다.

그전에 독점적 지위를 누리던 종교들은 어쩔 수 없이 상대적으로 느슨하고, 나태하고, 현세적인 성격이 되기 때문에, 그 반대 세력은 대부분 이보다 강렬한 신앙을 추구하는 집단 곧 "소종파"(높은 헌신도를 지닌 종교단체를 지칭하는 명칭)로부터 나오게 된다. 독점적 종교가 처음에는 강렬한 신앙에 헌신된 이들에 의해 창설되었을지라도, 점차 주변의 사회적 환경에 적응하기 마련이다. 독점적 종교가 점점 태만해지는 한 가지 이유를 들자면, 그것은 종교적 강렬함이 결코 한 세대로부터 다음 세대로 물 흐르듯 전달되지 않기 때문이다. 소종파를 이끌던 교인 자녀 중 대다수가 그 부모들보다 긴장감이 덜한 신앙을 선호하는 것은 불가피한 현상이다.[12] 소종파 내에서 지도력을 행사하는 자리가 원래의 기준에 부합하게 헌신적인 이들에게만 제한된다면, 그러한 종파는 상대적으로 높은 수준의 헌신도를 유지할 수 있다. 그러나 이러한 자리가 세습되고 또한 그에 대한 보수가 좋을 경우 (따

---

11   Stark 2007b.
12   Stark and Bainbridge 1985, chap. 7.

라서 종교적 헌신도가 낮은 이들도 다른 직업을 찾아 떠나지 않게 된다면), 이러한 종교 기관은 머잖아 낮은 수준의 종교적 헌신도를 선호하는 이들이 주도하게 될 것이다.

이러한 과정은 오랫동안 "종파의 변화"(the transformation of sects), 즉 성공적인 종파들이 보다 온건한 종교 집단으로 변모되어가는 과정이라고 지칭되었다.[13] 종교 지도자들이 정치나 경제와 같은 현세적 활동에 관여하면서 그 변화의 속도가 빨라진다. 마지막으로, 만일 그러한 종교 기관이 경쟁적 충동을 억누를 만한 강제력을 결여하고 있을 경우, 그 종교는 곧바로 긴장도 높은 신앙을 원하는 이들이 출범시킨 소종파 운동에 의해 포위당하게 될 것이다. 유대인들이 바빌로니아 포로기를 거쳐 돌아왔을 때 이스라엘에서 바로 이러한 일이 일어났었다.

유배지에서 귀환한 유대 지도자들이 내세운 유대교는 철저한 율법 준수와 다신교에 대한 절대적 불관용을 요구했다. 그러나 이러한 새로운 정통주의에 대한 지도 권한이 예루살렘에 집중되었고 전문화된 세습 제사장 계층에 의해 장악되었으며, 이에 따라 성전도 재건되었다. 성전을 유지하고 세습 제사장직을 후원하기 위해 전체 유대인을 대상으로 십일조가 부과되었다.[14] 어쩌면 이보다 훨씬 더 중요한 점은 성전이 재정 기관으로 부상하게 되었다는 사실이다. 즉 성전이 국가의 금고, 심지어 투자 은행 같은 역할을 했을 뿐 아니라 환전상들을 유치하기도 했다. 여기서 투자 은행이란 "자본의 예치 장소를 말한다. 과부와 고아 또는 부유층은 당시의 불안정한 환경으로 인해 자신들의 자금을 잃어버릴까 두려웠기 때문이다."[15]

당시 이스라엘이 거대 제국의 한 지방으로 편입되어 지배받던 상황

---

13 이 이론에 대한 최근 설명을 보려면 다음을 보라. Stark and Finke 2000.
14 Stevens 2006, 9396.
15 Stern 1976, 194.

을 감안한다면, 제사장들이 "예루살렘의 유대인들 가운데 가장 부유한 계층이자 가장 강력한 정치적 집단"이 되었다고 하겠다.[16] 그 결과 대제사장은 "종교의 수장일 뿐 아니라 한 나라의 정치 지도자"로서의 역할도 맡게 되었다.[17] 제사장직을 얻는 것은 순전히 세습에 의한 것이었고, 대제사장직마저도 종종 아버지에게서 아들로 세습되었다. 제사장들은 대체로 다른 제사장의 딸과 결혼하는 경향을 보이기도 했다. 제사장들이 사회적으로 고도의 존경을 기대했을 뿐 아니라 실제로 누리기도 했다는 사실은 하등 놀라운 일이 아니다. 예루살렘에 거주하던 제사장이 많지는 않았지만, 제사장들은 "삼대 절기인 유월절과 오순절과 장막절"뿐 아니라 자신의 순번이 돌아오면 예루살렘 성전에 올라와서 직무를 감당했다.[18] 이렇듯 유대의 공식 종교는 중앙집권적 성전 종교였고, 성전 이외의 장소에서 종교 의식을 치르는 것을 못마땅하게 여겼다. 중앙집권화가 이루어졌다는 것은 십일조가 예루살렘으로 모였다가 그곳에서부터 분배되었다는 사실을 통해서도 알 수 있었다.

이것은 두 집단이 결합된 형태로서, 한편에는 국가로부터 보조를 받으며 성전을 관장하는 부유하고 상대적으로 현세적인 제사장 계층이 있었고, 다른 한편에는 종교적 순응을 강요하길 꺼려했던 "외부인들"인 정치적 지배자들이 있었는데, 이로 인해 다양한 범위의 유대교 종교 집단들(탈무드에서는 24개의 종파를 언급한다)이 생겨나게 되었다.[19] 아쉽게도 대부분의 종파에 대해서 알려진 것은 그들의 이름 정도인데, 그마저도 없는 경우가 있다. 논쟁에 휩싸인 유대교 종교 집단들 중에는 뭔가를 기록으로 남기는 경우가 거

---

16 Feldman 1981, 310.
17 Stern 1976, 192.
18 Stern 1976, 194.
19 Cohen 1987; Georgi 1995.

의 없었기 때문에 그나마 알려진 것은 대부분 외부인들이 작성한 것이며, 이것들은 대부분 상당히 비우호적인 면모를 띠고 있다.[20]

　가장 중요한 자료는 1세기의 유대인 모험가이자 역사가였던 요세푸스 (Josephus, 약 37-100)였는데, 그는 자기가 적어도 유대교의 세 주요 집단, 곧 사두개파(Sadducees)와 바리새파(Pharisees)와 에세네파(Essenes)에 가담해서 활동했었다고 말한다.[21] 이들 집단의 구성원들은 자기 자신을 다른 유대인들로부터 구별하였는데, 전체 인구가 백만 명 정도였으므로, 이들 집단에 속한 사람들의 수는 모두 합해 2만 명을 넘지 않았을 것이다.[22] 하지만 이들 집단은 사람들의 종교생활에 결정적인 영향을 주었는데, 이는 이 세 집단이 그 종교적 강도에 있어 낮은 수준에서 높은 수준에 이르기까지 다양한 종교적 취향을 망라하고 있었기 때문이다. 이들 세 집단 모두 주로 부유한 특권층으로부터 추종자를 모집했다.[23]

　사두개파는 "공식적인" 성전 유대교를 대변하였으며 주로 귀족계층, 즉 일차적으로 세습 제사장 가문들로부터 후원을 받아냈다.[24] 더 강한 세력을 갖고 있던 바리새인들과 충돌하기도 했지만, 사두개인들은 성전에서 제사장으로 봉직하는 권한을 독점할 수 있었다(예수를 심판했던 것도 사두개파 대제사장이었다).[25] 그리고 이러한 성전 제사장 계층의 전형적인 모습은 하나같이 그들의 신학이 대단히 현세적이라는 점이다. 예를 들어 그들은 영혼의 불멸과 몸의 부활을 부인했으며, 하나님의 상급은 현세의 삶에서만 얻을 수 있다고 가르쳤다. 어쩌면 그들의 입장 가운데 가장 논란이 된 부분은 "오경

20　Baumgarten 1997.

21　Josephus, Jewish Antiquities.

22　Baumgarten 1997, 4243.

23　Baumgarten 1997, 4748.

24　Rivkin 1987a, 563.

25　Rivkin 1987a, 564.

에 기록된 율법만이 구속력이 있을 뿐이고, 기록되지 않은 것[단지 구전으로 내려온 전승]은 준수하지 않아도 된다"는 주장이었을 것이다.[26]

바리새파는 영혼 불멸과 선한 자의 부활, 그리고 악인이 정죄를 받아 "영원한 고통"을 당하게 될 것을 믿었다.[27] 이들이 보기에 선한 사람이란 성문화된 율법이나 구전된 율법 모두를 지키는 사람이다. 바리새파는 필시 성전 종교가 수복된 후에 점차 세속화하고 현실에 적응함으로써 발생한 소종파 운동에서 유래하였을 것이다. 그렇다면 이들 역시 비교적 긴장이 덜한 운동, 곧 "주류" 교파와 동급이 되면서, 유대 종교 집단의 분포도 상에서 큰 비중을 차지하는 온건한 세력을 대변하게 되었다. 요세푸스에 따르면, 이들은 "다수를 자기 편"으로 확보하고 있었다.[28] 바리새인들은 온건한 입장을 견지하면서 "국가에 관해서, 세속과 신성이라는 두 영역의 교리를 만들어 내었다." 그 결과 제1대 로마 총독이 유대인들의 세금 액수를 산정하기 위해 인구조사를 시행했을 때, "바리새인들은 백성들에게 협조를 촉구했는데, 그 까닭은 로마인들이 종교적 영역에는 간섭하지 않았기 때문이었다."[29] 이 대목에서 우리는 "가이사의 것은 가이사에게 [돌리라]"는 예수의 말을 예견하게 된다.

바리새파의 공헌 가운데 아마도 가장 중요한 것은 이스라엘에 회당을 세운 일일 것이다. 회당(synagogue)이라는 말은 지역에서 예배를 드리기 위해 사용하는 건물 혹은 예배를 위해 그곳에 모이는 회중 둘 다를 지칭한다. 회당은 필요로 인해 바빌로니아에서도 존재했었다. 하지만 이스라엘에 회당이 세워진 것은 중앙집권적 성전 유대교에 대해 직접적인 도전장을 내민

---

26 Rivkin 1987a, 563.
27 Rivkin 1987a, 269.
28 Antiquities of the Jews 13.10.7.
29 두 인용의 출처는 다음을 보라. Rivkin 1987b, 271.

것이나 마찬가지였다. 바리새파는 회당이란 10명의 남자들로 구성되는 "정족수를 충족하기만 하면 어디서든 설립될 수 있다"고 주장했다.[30] 처음에는 사두개파가 이 관행에 대해 반대했지만, 다수를 확보하고 있던 바리새파가 승리하였고, 성전이 (이번에는 로마인들에 의해 70년에) 재차 파괴된 후 회당은 유대교의 종교생활에서 핵심 기관으로 자리 잡았다.

에세네파는 이스라엘에 넘쳐났던 높은 긴장도를 지닌 금욕적 소종파 운동의 전형을 보여주었다. 요세푸스는 에세네파가 "쾌락을 악으로" 정죄하면서 결혼을 거부하고, 금욕을 실천하였으며, 그들의 경건은 "아주 예외적"이었다고 보도한다.[31] 사해 문서는 쿰란(Qumran)에 있던 문서 보관소에서 나왔는데, 많은 학자들은 이 쿰란 공동체가 에세네파였을 것으로 추정한다.[32] 에세네파에 속한 요한(John the Essenes)이라는 사람은 로마에 대항하여 일어난 대반란(66-74)을 이끈 유대인 장군들 중 한 명이었으며, 요세푸스에 따르면 반란을 일으켰던 에세네파 사람들은 로마인들에 의해 고문을 당했다고 한다. 반란이 진압된 후 "에세네파는 역사의 무대에서 사라져 버렸다."[33] 하지만 이들의 뒤를 이어 종교적 열성이 강한 집단이 많이 나타났다.[34]

대부분의 유대인들에게 있어 민족주의와 종교적 경건은 불가분의 것이었다. 그들의 생각에 유대인은 하나님의 선민이므로 로마인들과 같은 외지인들이 왕으로 임명한 유대인을 포함해서 외지인들의 지배를 받을 수는 없는 것이었다. 경건한 유대인이라면 그러한 모든 불의에 맞서 폭력적 저

---

30   Cohen 1987, 210.
31   Josephus, *Jewish War* 2.8.25.
32   Rivkin 1987b, 163.
33   Schiffman 1987, 164.
34   Baumgarten 1997.

항도 불사할 것이다. 예컨대 엘리야의 경우에서 알 수 있듯이 이러한 정서가 고대 유대인의 역사 가운데 두드러지게 나타났는데, 헤롯에 대항해서 그러한 민족주의적 정서가 훨씬 더 격렬하게 조직화되었으며, 기원전 4년 그의 사망 이후 공백기 동안 더 크게 끓어올랐다. 따라서 바로 이 시기에 경건한 유대인 반란자들을 가리켜 "열심당"(Zealots)이라고 부르게 되었으며, 이들은 오직 하나님만이 이스라엘을 다스린다고 주장하는 "네 번째 사상"(the Fourth Philosophy)의 주창자들이었다.[35]

아마도 최초의 열심당원은 갈릴리의 유다(Judas of Galilee)였을 것이다. 하지만 그는 기원후 6년에 갈릴리가 아닌 예루살렘에서 반란을 일으켰다. 반란의 구체적인 표적은 로마 당국이 세금을 거둘 목적으로 실시했던 인구조사였다. 열심당은 그 어떤 통치자에게도 세금 내는 것을 거부하였는데, 그 이유는 그것이 첫 번째 계명에 저촉되기 때문이라는 것이었다. 게다가 로마 황제들이 신성을 참칭하는 것이 대부분의 유대인들에게 격분에 찬 반대를 촉발하였으며, 그러한 참칭자를 후원하는 것은 신성모독이었던 것이다. 유다가 일으킨 반란은 로마인들에 의해 무참하게 진압되었다. 요세푸스의 주장에 따르면, 로마의 사령관은 2,000명을 십자가형에 처했다고 한다.[36] 그럼에도 불구하고 유다의 반란은 불굴의 용기를 보여주었으며, 유다의 두 아들은 아버지의 활동을 이어가다가 기원후 46년에 유대 총독에 의해 처형되었다. 열심당이 기원후 66-73년에 발발한 대반란(the Great Revolt)에서 주도적 역할을 맡은 것은 당연한 사실이다. 로마에 맞서 벌였던 이 유혈 전투는 결국 예루살렘의 완전한 파괴와 더불어 종결되었다.

열심당 중에서도 가장 극단적인 집단은 시카리(Sicarii)라고 알려져 있

---

35   Baumgarten 1997; Smith 1971.
36   Josephus, *Jewish Antiquities* 17.10.10.

는데, 이는 이들이 작은 단검(sicae)을 외투 속에 숨기고 다니다가 로마의 지배에 제대로 반대하지 않는 유대인들, 곧 주로 사두개파 제사장 귀족들을 죽이는 데 사용했기 때문이다.[37] 요세푸스의 보도에 따르면, 시카리는 "백주 대낮에 사람들을 살해했는데…특히 축제 기간에 군중들 사이에 섞여 있다가…은밀하게 숨어서 반대자들을 칼로 찔렀다. 이때 피해자가 쓰러지면, 살인자들은 분노하는 군중 사이로 재빠르게 사라져버렸다.…첫 번째로 목에 자상을 입고 쓰러진 사람은 대제사장 요나단이었다. 그리고 그의 뒤를 이어 많은 이들이 매일 살해당했다."[38] 주목할 것은 시카리를 구성하는 "대원들과 지도자들이 아마도 교사들로 이루어진 집단"이었다고 추정된다는 점이다.[39] 이는 대중에게 영합하는 그들의 방식과도 일치한다. 그들은 "66년에 예루살렘에 입성하자 채무기록이 들어 있는 문서보관소를 불태웠다."[40] 어쨌든 이러한 살해 사건들이 빈발하면서 결국 대반란으로 이어졌으며, 그 마지막 국면은 (아내와 자녀를 포함하여) 약 1,000명이나 되는 시카리가 73년에 마사다(Masada)에서 순교하는 것으로 마무리된다.

요세푸스는 또한 자신이 16세 때부터 3년 동안 떠돌이 성자 바누스(Bannus/Banus)와 함께 광야 생활을 했다고 말한다. 바누스에 관해서는 그가 나무 열매나 식물만 먹고 살면서 "자신의 정결을 지키기 위해"[41] 수시로 냉수욕을 했다는 사실 말고는 알려진 것이 별로 없었다. 광야에는 그렇게 금욕수행을 하는 유대인들로 가득했다. 이 중 가장 유명한 사람은 물론 세례 요한이었다. 하지만 예수가 탄생하기 직전에 요한은 아직 어린 아기에 불과

---

37   Horsley and Hanson 1985, 205.
38   다음에서 인용함. Horsley and Hanson 1985, 205.
39   Horsley and Hanson 1985, 202.
40   Bauckham 2007b, 62.
41   The Life of Falvius Josephus 2.

했다. 바누스와 같은 이들은 그냥 광야에 정착해서 살고 있었지만, 다른 유대인들은 (남녀를 포함해서) 모세가 시내산에 머물렀던 시간을 기념하기 위해 종종 40일 동안 광야로 단기 피정을 다녀오기도 했다.[42]

하지만 이러한 모든 다종교적 상황의 와중에도, 상당수의 유대인들은 이스라엘의 미래가 오랫동안 고대하던 메시아의 도래에 의해 보장된다는 생각을 품고 있었다.

메시아 운동

메시아라는 말은 아람어 "마쉬아흐"(*mashiah*)에서 유래하는 것으로, "기름 부음 받은 주님"(그리스어로 *christos*)이라는 뜻이다.[43] 수 세기 동안—특히 강력한 적들로부터 괴롭힘 당하던 시기에—유대인의 사고 속에 변함없이 자리 잡고 있던 주제는 하나님께서 메시아를 보내어 "이스라엘의 충만한 영광이 회복되고 하나님의 공의가 세상을 다스리는 지복의" 시대를 시작하신다는 것이었다.[44] 이 점에 대해서는 모두가 동의하고 있었다. 그러나 이 지점을 넘어서면, 제이콥 뉴스너(Jacob Neusner)의 말마따나 유대교는 "메시아에 대한 깔끔한 교리를 제시하지 못했다."[45] 실제로 쿰란 문서를 기록했던 유대인들은 심지어 두 명의 메시아, 곧 "기름 부음 받은 제사장과 기름 부음 받은 왕"의 출현을 예견하기도 했다.[46]

---

42 Daniel-Rops 1962, 397.

43 Daniel-Rops 1962, 424.

44 Daniel-Rops 1962, 425.

45 Neusner 1984, ix.

46 Kee 1987, 190.

따라서 유대교의 메시아 대망은 "혼란스럽고, 복잡하며, 심지어 모순되기까지 한 관념들의 거대한 덩어리"[47]였다고 하겠다. 어떤 이들은 메시아의 지상 통치가 60년 동안 지속될 것이라 생각했고, 또 어떤 이들은 1,000년, 또 다른 이들은 그것이 낙원으로 이어지는 영원의 시간 속으로 돌입할 것이라고 말했다. 사실 메시아의 강림은 종종 종말 곧 "죽은 의인들의 부활 및 과거와 현재를 막론하고 악을 행한 자들에 대한 심판"과 연결되곤 했다.[48] 어떤 이들은 기적적인 방식으로 자신의 사명을 완수하는 조용하고 영적인 메시아를 기대했다. 하지만 더 많은 사람들은 이방 나라를 멸망시키는 용맹한 불굴의 전사와 같은 메시아를 기대했다. 외경에 속한 『솔로몬의 시편』(*Psalms of Solomon*)은 하나님께서 메시아를 보내시어 "예루살렘을 이방인들로부터 깨끗하게 하시고…죄인들의 교만을 토기장이의 그릇처럼 부수시고…불법한 나라들을 그 입의 말씀으로 무너뜨려주실 것"을 기도한다.[49] 외경에 포함된 다른 책들에는 "훨씬 더 잔혹한 단락들이 등장한다. 그것들은 메시아 왕이 전사 같은 성격을 지닌 것을 강조하면서, 이방 나라들의 멸망, 짓밟힌 머리들, 쌓인 시체들, 적들의 심장에 박힌 날카로운 화살들에 대해 자세하게 묘사하면서…굴욕 당한 이스라엘을 위한 복수자, 세상 가운데 이스라엘의 원래 자리를 회복시켜줄 해방자를 기다리고 있었다."[50]

열심당이 두각을 나타내며 로마에 대항하는 반란을 계속 일으킴에 따라 여러 지도자들이 혹시라도 메시아일지 모른다는 생각이 퍼져나갔고, 그들 중 어떤 이는 자신이 메시아임을 주장하기도 하고, 다른 이들은 그러한 주장을 하지 않기도 했다. 로마인들을 몰아내고자 하는 유대인의 결기에 비

---

47   Daniel-Rops 1962, 425.
48   Goldstein 1987, 69.
49   Collins 2007, 12.
50   Daniel-Rops 1962, 427‑28.

해 정작 군사적 자원이 충분하지 못했던 것을 고려해보면 사태가 이러한 식으로 전개되어 나간 것도 충분히 있을 수 있는 일이었다고 하겠다. 요세푸스의 설명에 따르면, "유대인으로 하여금 전쟁에 나가도록 자극했던 것은 유대교의 성경에서 발견되는 것과 같은 애매모호한 내용을 지닌 신탁의 말이었으며, 그 의미는 때가 되면 유대민족 가운데 한 사람이 나와 세상의 통치자가 될 것이라는 뜻이었다."[51]

메시아 대망에 대해 여러 다른 의견들이 있었음에도 불구하고 대부분의 유대인들은 메시아의 나라가 지상의 왕국이 될 것을 기대했던 것 같다. 그리스도에 대한 이야기가 현세적 통치에 대한 예언으로부터 상당히 멀어지게 된 것이 유대인들에게는 걸림돌이 되었고, 이 점이 바로 유대인들이 예수를 거부했던 이유로 제시되곤 했다.[52] 최근의 연구는 유대교에도 정복자 메시아가 아닌 고난당하는 메시아에 대한 예언이 있었음을 보여준다.[53] 심지어 메시아가 죽었다가 사흘 만에 다시 살아날 것이라는 예언도 있을 수 있다. 메시아의 부활에 대한 이러한 예언은 새롭게 발견된 약 1미터 높이의 비석 위에 먹물로 기록된, 현재 "가브리엘의 계시"(Gabriel's Revelation)[54]라고 불리는 비문에 대한 해석에 기초한다. 학자들은 비문의 내용이 기록된 연대를 대략 기원전 1세기 내지 기원후 1세기로 잡는다.[55] 만약에 전자라면, 그것은 예수에 의해 성취된 예언으로 해석될 수 있을 것이다. 만약에 후자라면, 그것은 그리스도 이야기에 의해 영감을 받아 기록되었을 것이다.

---

51 다음에서 인용. Collins 2007, 19.
52 탁월한 최근의 요약으로는 다음을 보라. Klinghoffer 2005.
53 Knohl 2000; 2008.
54 Yardini 2008. 일인칭으로 쓰여 있고, 77번째 줄에 나 가브리엘이라고 적혀 있다.
55 Yardini 2008.

결론

바로 이러한 유대교의 세계 속에서 예수가 태어나 성장하고, 자신의 사역을 수행하다가 십자가 처형을 당하였다. 이 세계는 성경의 중요성을 지키기 위해 헌신된 유일신교도들로 이루어진 사회였다. 이곳은 상당수의 학자와 교사를 확보하고 있던 것에 더하여, 예언자들과 과격분자들도 넘쳐나던 세계였다. 이러한 까닭에, 로마 제국의 한 귀퉁이에 위치한 이처럼 보잘것없던 유대인 사회가 다른 어떤 지방보다 로마에 훨씬 더 많은 골칫거리를 안겨주었다. 티투스(Titus)가 기원후 70년에 예루살렘을 초토화시켰음에도 불구하고 결국 로마를 정복한 것은 예루살렘이었다고 말할 수 있다.

제 2 부

로마 제국의 기독교화

제3장

예수와 예수운동

세계 최대의 종교는 야웨교(Jehovahism)가 아니라 기독교(Christianity)다. 왜나하면 그리스도의 이야기가 다른 모든 이야기의 중심에 있기 때문이다. 따라서 그리스도인들은 언제나 예수의 지상 삶에 대해 가능한 한 많이 알고 싶어 한다. 그러므로 예수운동의 초창기를 살펴보기 전, 먼저 인간 예수에 대해 우리가 알 수 있는 것이 무엇인지 헤아려보는 것이 필요할 것이다.

예수

아쉽게도 예수 당시의 세속 역사가들은 예수에 대해 거의 주목하지 않았다. 92년경에 요세푸스가 글을 쓰면서 예수를 한두 번 정도 언급한 것이 전부다. 첫 번째는 대제사장 아나누스(Ananus)가 "그리스도라 불렸던 예수의 형제"인 야고보를 돌로 쳐서 죽게 만든 사건에 대해 언급하는 대목이다.[1] 두 번째 단락은 후대의 필사자가 삽입했을 수도 있는데, 그리스도에 대한 이야기를 그의 십자가 죽음과 부활을 포함해서 다섯 문장으로 요약하고 있다.[2] 이 두 가지를 요세푸스가 기록한 진정성 있는 본문으로 인정한다고 해도, 그가 기독교의 전승과 구별되는 별개의 자료, 예컨대 로마의 기록이나 비망록 같은 것을 갖고 있었다고 추론할 만한 증거는 없다. (아마도 117년에 기록되었을 것으로 보이는) 타키투스의 보도, 즉 "그리스도는 티베리우스 치하에서 로마의 총독 중 한 명이었던 본디오 빌라도의 처분에 따라 극형을 당했다"는 기록에 대해서도 동일한 평가를 할 수 있다.[3] 고대 작가들이 그리스도에 대해 거론한 다른 자료들도 상당히 후대에 작성된 것들이며 독자적인 역사전승에 대해 보도하는 증거로 간주될 수 없다.[4]

따라서 역사적 예수를 찾고자 했던 이들은 대부분 추론에 의지해왔다. 말하자면, 예수가 성장하고 사역했던 시간과 장소를 감안해서 예수가 이러했음에 틀림없다는 식으로 추정하는 것이다. 하지만 "이러했음에 틀림없다"(must have been)는 말이야말로 학문적 어휘로서는 가장 의심스러운 용어임을 명심하자. 대개 이러한 표현은 "우리가 실제로 잘 알지는 못하지만 아마도 그럴 것이다"로 해석하는 것이 좋겠다.

예수의 경우에, 이제껏 대체로 해왔던 방식은 갈릴리의 생활에 대해서 일반적인 것들을 설정한 다음 그것을 예수에게 적용하는 것이었다. 예를 들어 갈릴리 사람들은 대부분 문맹이었다. 그러므로 예수도 문맹이었음에

---

1   Josephus, *Jewish Antiquities* 20.9.1.
2   Josephus, *Jewish Antiquities* 18.3.3.
3   Tacitus, *Annals* 15.44.3.
4   Evans 2006.

"틀림없다"고 추론하는 것이다.[5] 이러한 접근법은 명백한 사실 즉 대부분의 사람에게 해당된다고 해서 그것이 어떤 특정 개인에 대해 확정적인 것을 말해주지 않는다는 사실을 간과한다. 어떤 갈릴리 사람들은 글을 읽을 수 있었다. 예수도 그들 중 하나였을까? 그가 글을 읽지 못했다고 추정하는 것은 예수가 종종 글을 읽는 것으로 등장하는 복음서의 광범위한 증거들과 상반된다.[6] 예수가 유대인이었다는 사실 때문에 학자들이 예수가 "어떠했음에 틀림없다"고 추정할 경우에도 유사한 문제가 발생한다. 저자가 예수를 어떤 종류의 유대인으로 추정하는가에 따라서 결과물이 판이하게 달라지므로,[7] 예수는 이러한 유대인 중 누구와도 같지 않았을 가능성이 매우 크다.

결국 우리가 예수에 대해 아는 지식은 복음서로 귀착된다. 정말이지 다른 데서 찾을 수 있는 길이 없다. 마태복음, 마가복음, 누가복음, 요한복음은 그리스-로마의 전기문 형식으로 기록되어 있다.[8] 현대의 전기와는 달리, 이러한 장르는 종종 한 사람의 생애 중에서 주요 측면에 초점을 맞춘다. 그렇기 때문에 실제적으로 다른 주제들은 비껴가기 마련이다. 복음서가 딱 그러한 경우였다. 복음서는 예수가 요한에게 세례 받기 이전의 삶에 대해 거의 언급하지 않는다. 각 복음서의 거의 모든 본문이 그의 사역에 집중한다. 실로 각 복음서의 절반을 넘는 분량이 그의 생애 가운데 마지막 주에 일어난 일에 할애되어 있다.[9] 어쨌든 우리는 그의 출현에 대해 아는 바가 없고, 그의 개인적 취향에 대해서도 별로 아는 것이 없지만, 한 가지 분명한 것은 그가 사마리아인이나 세리나 "윤락" 여성이나 걸인이나 이러저러한 이

---

5   Craffert and Botha 2005; Crossan 1994; Funk 1996.
6   Gamble 1995.
7   결론부에서 지극히 다른 경우에 대해서는 다음을 보라. Vermes 1983; 1984; Casey 1991.
8   Burridge and Stanton 2004.
9   Witherington 1997, 92.

유로 따돌림 당하는 이들 같이 사회적으로 낙인찍힌 국외자들과 기꺼이 어울리면서, 당대의 사회적 차별을 인정하지 않았다는 사실이다. 또한 우리가 아는 것은 예수가 일부 현대 작가들에게 인기가 많은 온순하고 유순한 평화주의자가 아니었다는 점이다. 이들은 "한 쪽 뺨을 맞으면 다른 뺨도 돌려대라"는 예수의 권면을 지나치게 강조하지만, "내가 세상에 화평을 주러 온 줄로 생각하지 말라. 화평이 아니요 검을 주러 왔노라"(마 10:34)는 말씀은 절대 거론하지 않는다. 그리고 이러한 모든 말을 제쳐두고라도, 온순함의 이미지는 예수와 전혀 맞지 않는다. 왜냐하면 예수는 복음서에서 "그들의 마음이 완악함을 탄식하사 노하심으로 그들을 둘러 보셨다"(막 3:5)고 보도되고 있으며, 종종 말을 가지고 바리새인들을 꼼짝달싹 못하게 만들었고, 성전에서 환전상들을 쫓아내기도 했다.

그렇다면 우리가 인간 예수에 대해 실제로 알고 있는 것은 무엇인가? 무엇보다도 그의 가족은 그를 예슈아(Yeshua)라고 불렀다. 예수는 이 이름의 그리스어 표기다. 예수는 아마도 기원전 6년이나 늦어도 기원전 4년에 헤롯 대왕의 치세 말엽에 출생했다. 그는 나사렛이란 촌락에서 성장했다. 그는 마리아라는 이름을 가진 여인의 아들이었고, 그녀의 남편 요셉은 아마도 목수였을 것이다. 어쩌면 요셉은 오늘날 하청업자와 같은 일을 하는 처지였을지도 모른다.[10]

예수도 목수였을까? 마가복음 6:2-3의 본문 때문에 일반적으로 그렇게 추측해왔다. 그 구절에 따르면, 예수가 회당에서 가르치는 일을 시작하자, "많은 사람이 듣고 놀라 이르되 '이 사람이 어디서 이러한 것을 얻었느냐?…이 사람이 마리아의 아들 목수가 아니냐?'고 반문하였다고 한다. 하지만 마태복음 13:55에 나오는 병행 본문에서는 예수를 목수라고 부르지

---

10   Edwards 2005, 29.

않는다. 대신에 사람들이 이렇게 묻고 있다. "이는 목수의 아들이 아닌가?" 따라서 예수가 목수였다는 생각은 마태복음의 본문과 부합하지 않는, 마가복음에 나오는 단 한 구절에 기초한 것이다. 예수가 목수라는 말은 복음서의 다른 곳에서 나오지 않으며, 그가 어떤 교육을 받았는지에 대해서도 아무런 이야기가 없다. 하지만 복음서 전체에서 예수는 랍비 내지 교사로 지칭되고 있다. 이 두 용어는 동의어로서 율법 공부를 한 사람을 가리킨다. 주목할 것은 당시 유대인의 관습에 따르면 "율법 연구자가 언제나 자신의 생계를 꾸려나갈 수 있는 직업을 가졌다"는 것이다.[11] 랍비였던 예수가 그러한 뜻에서 목수였다고 가정하는 것은 아주 솔깃한 이야기다. 다른 견해로, 게자 버미스(Geza Vermes)는 "탈무드의 격언에서는 목수 내지 장인을 가리키는 아람어 명사 나가르(naggar)가 학자 내지 식자를 의미한다"고 주장한다.[12] 두 가지 가능성을 모두 고려할 때, 예수가 성장기에 톱질을 하면서 보냈다기보다는 그가 율법을 잘 알고 있었다고 보는 편이 더 일관성이 있다. 그렇다면 랍비 예수는 누구로부터 교육을 받았을까? 이 모든 지식을 어디서 얻은 것일까? 그가 하나님의 아들이므로 굳이 공부할 필요가 없었다고 말하는 것은 적절치 않다. 인간 예수는 당연히 교육을 받아야 했다.

어떤 이들은 예수가 세례 요한의 문하생이었다고 주장한다.[13] 사실 그들은 사촌 간이었는지도 모른다(눅 1-2장). 그러나 요한이 랍비와 같은 교사 역할을 감당할 만한 자질이 있었는지는 확실치 않다. 예수는 갈릴리 밖에서는 그다지 알려지지 않은 그 지역의 랍비 밑에서 수학했을 가능성이 더 크다. 그래서인지 바울을 가르쳤던 유명한 가말리엘(Gamaliel)과는 달리 이 랍비에 대한 기억이 복음서 저자들에게 전달될 만큼 남아 있지 않았을 것

---

11   Nock 1938, 21.
12   Vermes 1981, 21.
13   요약을 위해서는 다음을 보라. Baldet 2003.

이다. 그러나 어떻게 목수의 아들이 랍비의 문하생이 될 수 있었을까? 예수의 가정이 그를 후원할 수 있을 만큼 풍족했던 것 같다. 예를 들어 그 가정은 해마다 유월절을 지키기 위해 예루살렘으로 올라가곤 했다(눅 2:41). 이 정도는 대부분의 가정이 감당할 수 없는 것이었다. 나중에 예루살렘 교회의 수장이 된 예수의 형제 야고보도 랍비로서 훈련받았을 수 있다. 야고보가 예루살렘의 바리새인들 가운데서 명성을 얻고 있었고, 이들 바리새인들이 그가 처형당할 때 항의의 표시로 소요를 일으킨 것을 감안하면 그럴 가능성이 크다.[14] 그러나 설령 예수의 가정이 그가 랍비 교육을 받는 동안 그를 후원할 능력이 없었거나 실제로 후원하지 않았다 하더라도, 탁월한 재능을 보이는 젊은이들은 출신배경과 상관없이 랍비의 학생으로 선발하는 것이 유대 문화의 중요한 일면이다. 어쨌든 유명한 랍비였던 아키바(Akiva, 기원후 약 50-135)도 목동 출신이었다. 어쩌면 12세의 예수가 성전에서 장로들을 놀라게 한 이야기(눅 2:42-51)는 사람들이 어떻게 해서 그의 재능을 알아보고 그것에 대해 적절한 보상을 하게 되었는지 알려주기 위해 삽입되었는지도 모른다.

물론 이 모든 것은 추측에 불과하다. 우리가 확실히 아는 것은 예수의 추종자들을 비롯한 많은 이들이 그를 랍비라고 불렀다는 것과[15] "유대 사회의 배경에서 일자무식인 랍비가 제자들에 둘러싸인 채 다른 랍비나 서기관들과 성경 및 할라카(halakhah)에 관해 논쟁을 벌이는 장면은 거의 있을 수 없는 일"이라는 점이다.[16] 예수가 받은 교육에 대해 우리가 그 이상 알지 못하는 것이 참으로 아쉽다.

예수는 형제들과 자매들이 있었고, 결혼을 하지 않았다. 30세 정도 되

---

14   Bütz 2005, 53-54; Crossan 1994, 135.
15   Evans 2001, 19.
16   Evans 2001, 19.

었을 때 세례 요한에게 세례를 받았고, 현시(vision)를 보았다. 이때 바로 자신의 신적 정체성과 사명을 처음으로 깨닫게 되었던 것 같은데, 이것은 인간 예수에 관한 교리와 전적으로 부합한다. 복음서에 따르면, 예수는 그다음에 광야로 가서 40일을 보낸 후 갈릴리로 돌아가 사역을 시작했다. 마태복음, 마가복음, 누가복음에 따르면 그의 사역은 단지 1년 정도 지속되었던 반면에, 요한복음은 그 기간을 최소한 2년, 어쩌면 3년까지 늘려 잡고 있다. 그는 보통 아람어로 설교했지만 식자층에게는 히브리어로 설교하기도 했다.[17] 어떤 학자들은 예수가 그리스어를 말할 수 있었다고 추정한다.[18] 왜냐하면 나사렛이 당시 갈릴리의 수도이자 그리스어권에 속한 세포리스에서 불과 8킬로미터 정도밖에 떨어져 있지 않았기 때문이다.[19] 하지만 복음서 어디에서도 예수가 자신의 사역 기간 동안 세포리스나 갈릴리에 있는 또 다른 그리스풍 도시인 티베리아스를 방문했다고 암시하는 단서를 찾아볼 수 없다.[20] 추정컨대 예수는 마을이나 시골을 더 좋아했던 것 같다.

그렇다고는 해도, 예수와 그의 제자들이 정처 없이 돌아다녔다고 강조하는 것은 지리적 지식을 결여한 것으로 보인다.[21] 요한복음은 예수가 유대와 예루살렘에서 상당 시간을 보낸 것으로 소개하지만, 또한 예수가 대부분의 시간을 갈릴리에서 보냈다는 것에 동의한다. 나머지 세 복음서도 예수가 갈릴리 연안을 따라 전도활동을 하면서 그 지역에서 대부분의 시간을 보냈음을 시사한다.[22] 갈릴리는 "팔레스타인에서 가장 부유하고 인구가 많은 지

---

17 Tresmontant 1989.
18 Witherington 1997, 26-27.
19 Batey 1991.
20 Evans 2002b, 23.
21 Crossan 1991.
22 Sanders 1995, 12.

역"²³이었지만, 매우 협소한 지역이었으므로 이틀 걸음이면 북쪽에서 남쪽까지 넉넉히 갈 수 있었고, 가장 긴 횡단축의 경우에도 하루 걸음이면 동쪽에서 서쪽까지 답파할 수 있었다. 구체적으로 말해서, 나사렛에서 가버나움까지는 40킬로미터가 채 안 되는 거리였다. 특별히 가버나움은—마태복음 9:11에서 "본 동네"(his own town)라고 부를 정도로—예수가 대부분의 선교 사역을 진행했던 곳이다. 가버나움에서 고라신까지는 고작 3킬로미터 정도였고, 가버나움에서 시몬 베드로와 안드레의 고향인 벳새다까지는 갈릴리 연안 길을 따라 가면 8킬로미터가 채 되지 않았다. "바다"라고 불리는 갈릴리는 요단강의 물이 들어오는 호수인데 "남북 거리가 20킬로미터이고 동서 길이는 그 최대 폭이 13킬로미터"에 불과했다.²⁴ 남쪽으로 방향을 돌리면, 나사렛에서 가나까지는 고작 11킬로미터였고, 나인은 이보다 더 가까웠다. 복음서에서 보도하는 유일한 장거리 여행은 가버나움에서 두로 지역에 이르는 48킬로미터 정도의 여정과, 나사렛에서 예루살렘까지 이르는 113킬로미터 정도의 여정이 몇 차례 있었을 뿐이다. 따라서 복음서에서는 예수가 "나사렛이나 가버나움을 벗어나 하루 종일 이동해야 하는 여행지를 방문했다"는 기록을 거의 찾아볼 수 없다. 그러므로 여행을 마친 다음에는 규칙적으로 그의 본거지가 있던 나사렛이나 가버나움으로 돌아오는 것이 가능했을 것이다.²⁵ 실제로 베드로는 가버나움에 집이 있었는데,²⁶ 어쩌면 예수도 그러했을 것이다(막 2:1-2). 어쨌든 샌더스(E. P. Sanders)는 "어디서 전도활동을 했든 간에 예수는 [가버나움으로] 돌아왔다"²⁷고 보았다.

---

23 Frend 1984, 57.
24 Sanders 1995, 102.
25 Witherington 1997, 90-91.
26 Sanders 1995, 98.
27 Sanders 1995, 98.

요약하자면, 사복음서에서 예수는 젊은 교사이자 기적을 일으키는 자로서 그의 짧은 사역 기간을 대부분 갈릴리에서 보냈다. 우리는 그의 외모에 대해 아는 바가 없고, 그가 요한에게 세례받기 전에 어떤 삶을 살았는지에 대해서도 거의 알지 못한다. 그가 실제로 목수였던 것 같지는 않고, 추정컨대 그는 아마도 랍비 교육을 받았을 것이다. 하지만 그가 언제, 어디서, 누구에게 그러한 교육을 받았는지에 대해서는 아는 것이 전혀 없다. 우리는 예수에 대한 격렬한 반대가 일어나서, 그가 본디오 빌라도의 명령에 따라 십자가형에 처해진 것을 알고 있다. 우리는 그의 제자들이 그가 죽은 자 가운데서 부활했다고 증언한 것을 알고 있다. 우리는 그의 가르침과 모범이 세상을 변화시킨 것을 알고 있다. 하지만 그것 말고 우리가 그에 대해 아는 것은 많지 않다.

복음서는 과연 신뢰할 만한가?

지난 수 세기 동안 복음서에서 제시하는 "역사적" 내용이 지닌 신뢰성을 폄하하는 움직임이 오랫동안 공격적으로 진행되어왔다. 어떤 학자들은 복음서를 "후대의 그리스도인들이 지어낸 허구에 불과한 것으로, 믿을 만한 내용이 전혀 없다"[28]고 무시해버렸다. 이러한 흐름을 주도한 사람은 한스 콘첼만(Hans Conzelmann, 1915-1989)인데, 그는 예컨대 사도행전은 처음부터 끝까지 지어낸 이야기에 불과하다고 주장한다.[29] 바울의 선교 여행은 결코 일어난 적이 없다. 바울이 탔던 배가 파선한 이야기는 순전히 허구에 불과

---

28   Hill 2007, 45.
29   Conzelmann 1987.

하다.[30] 콘첼만을 비롯한 이들은 바울의 항해와 파선에 관한 사도행전의 보도를 묵살하면서, 그 배가 상식적으로 전혀 말이 안 되는 "불가능한" 항로를 따라 항해하고 있음을 보여줌으로써 그 이야기가 공상에 불과한 것임을 "입증"하려고 했다. 이들 역사학자들이 여러 가지 심오한 주제에 대해 아는 것이 많을지는 모르겠으나, 항해에 대해서는 도통 아는 바가 없었나 보다. 그들에겐 지중해가 실내 수영장쯤이었는지, 해류라든가 바람에 맞서 항해하는 것이 불가능하다는 사실 등에 대해 개의치 않은 채로, 그저 당연히 목적지를 향해 나아가기만 하면 된다고 본 것이다. 나중에 사도행전의 보도가 기상학이나 항해술의 조건 및 원칙과 완전히 맞아떨어진다는 것이 밝혀지게 되었을 때[31] 그들이 보인 반응은 사도행전의 보도가 정확하다는 점을 마지못해 인정하면서도, 그러한 일이 바울에게 일어나지는 않았다고 주장하는 것이었다. 도리어 그것이 항해술과 맞아떨어진다는 이유를 들어, 사도행전의 보도는 성경 외의 미지의 출처에서 가져왔음에 "틀림없다"고 말한다.[32]

앞에서 살펴본 것처럼, 신약성경의 역사적 신뢰성에 대해 줄기찬 공격을 퍼부었던 학자들이 얻은 주요 성과란 것이 결국은 자충수를 두는 꼴이 되고 말았다. 왜냐하면 성경은 거듭해서 그러한 도전에 잘 맞서왔기 때문이다. 한 가지 사례를 들자면, 신약성경은 이스라엘만이 아니라[33] 로마 제국에 대해서도 아주 정확한 지리적 정보를 제공한다. 지명들이 틀림없이 맞아떨어진다. 여행시간에 대한 기록도 해당되는 거리와 일치한다. 지형도 정확하게 묘사되어 있고, 아주 세세한 것들, 예컨대 우물이나 하천이나 온천, 절

---

30   Gasque 2000, 249; Hanson 1968.
31   Hanson 1968; Hirschfeld 1990; White 2001.
32   White 2001.
33   Baly 1957.

벽이나 성문 같은 것의 위치까지도 알려준다.[34]

신약성경이 제공하는 다채로운 인물(유명인이든 그렇지 않든 간에)에 대한 신상과 성격 묘사도 곧잘 확증되고 있다. 저명한 학자인 프레더릭 F. 브루스(Frederick Fyvie Bruce, 1910-1990)는 누가의 문서에 대해 논평하면서, 누가의 글쓰기가 지닌 정확성을 보여주는 주목할 만한 사례로서 "그가 자신의 글에서 언급하는 주요 인물들에 해당하는 적절한 직함에 대해 아주 친숙하며, 이것이 결코 쉬운 작업이 아니었다"는 사실에 주목한다.[35] 사실 누가는 데살로니가에 있는 관리들 내지 행정관을 지칭하기 위해 "읍장들"(*politarchēs*: 행 17:6-8)이라는 용어를 사용한다. 누가의 보도가 맞다면, 이 용어는 다른 고대 문헌의 어디에서도 그 용례가 발견되지 않는 것으로 미루어볼 때, 이 도시에서만 사용되었을 것으로 추정되었다. 그런데 실제로 그러했다는 것이 판명되었다. 누가의 보도가 정확하다는 사실이 데살로니가에서 발견된 "비문들에 의해 완벽하게 증명되었기" 때문이다.[36] 이와 비슷한 사례들이 많이 보고되고 있다.

구체적인 신원과 관련된 사례를 좀 더 살펴보자면, 1905년 델포이(Delphi)에서 출토된 한 비문은 철학자 세네카(Seneca)의 형제인 갈리오(Gallio)가 실제로 51년 7월부터 52년 8월까지 아가야(Achaia)의 총독이었음을 밝혀주었는데, 사도행전 18:12-17은 바로 그 기간에 바울이 고린도에 체류하던 중에 갈리오 앞에 끌려갔다고 보도한다.[37] 사도행전 19:22은 에라스도(Erastus)를 고린도에 있던 바울의 조력자 중 한 사람이라고 밝히고 있으며, 로마서 16:23은 그를 "그 도시의 재무관"이라고 소개한다. 초기 그리

---

34   Baly 1957; Bruce 1981.
35   Bruce 1981, 82.
36   Cadbury 1955, 41.
37   Edwards 2005, 40-43.

스도인들이 최하층 계급으로부터 모집되었을 것이라고 (그릇되게) 확신했던 학자들은 그러한 신원확인을 미덥지 않은 것으로 보았다. 그러나 1929년에 고린도에서 1세기의 거리 유적을 발굴하던 고고학자들은 다음과 같은 글이 적혀 있는 비문을 발견했다. "재무관(Procurator)이며 조영관(Aedile)인 에라스도가 자신의 비용을 들여 이 도로를 포장했다." 조영관의 임무에는 그 도시의 재무를 관리하는 것이 포함된다.[38] 예상했던 대로, 이 발견의 결과를 어떻게든 설명하기 위한 시도가 많이 있었는데, 예를 들어 저스틴 메기트(Justin J. Meggitt)는 아마도 두 사람의 에라스도가 있었을 것이라고 제안했다.[39]

최근에 발견된 고대 매장지는 복음서와 요세푸스에 나오는 것처럼 산헤드린 공회가 예수에 대해 유죄 판결을 내렸던 당시에 가야바(Caiaphas)가 그 회의를 주재한 대제사장이었음을 밝혀준다. 1961년에 카이사레아 마리티마(Caesarea Maritima, 이스라엘 서북부에 위치한 고대 항구도시)에서 발견된 비문은 본디오 빌라도가 신약성경에 나오는 바로 그 시기에 유대 지방의 총독이었음을 밝혀준다. 더군다나 유대인 역사가인 요세푸스와 유대인 철학자였던 필론(Philo)이 남긴 보도가 모두 빌라도를 성경에서 묘사된 것처럼 냉담한 인물로 소개하고 있다.[40] 마지막 사례로, 사도행전 18:2은 바울이 고린도에서 브리스길라와 아굴라를 만났는데, 이들 부부는 클라우디우스(Claudius) 황제가 유대인들을 모두 로마에서 추방했기 때문에 방금 로마를 떠나왔다고 말한다. 이 구절은 앞의 1장에서 논의했던 것처럼 그리스도로 인해 유대인들 간에 분쟁이 일어나면서 유대인들이 이때 로마로부터 추방되었다고 보도하는 로마측의 기록과 완전히 일치한다.

---

38 Bruce 1982; Cadbury 1955; Hemer 1990; White 2001.
39 Meggitt 1998.
40 Edwards 2005, 42.

성경의 내용이 정확하다는 것에 대해 이러저러한 구체적인 사례들이 많이 반복해서 나타나고 있으며, 이것이 보다 일반적인 양상임을 하버드의 위대한 학자인 헨리 캐드버리(Henry J. Cadbury, 1883-1974)도 잘 지적해주고 있다. 그는 사도행전에 대해 언급하면서 이렇게 말한다. "사도행전이 그 자체로서 제시하는 고유한 증거는 대체로 정확하고, 관련 주제에 대한 명석한 파악을 가능하게 할 뿐 아니라 충분한 정보를 제공하기도 한다. 그 안에 들어 있는 이야기들은 빈약하고 무미건조한 내용이 아니며 다채롭고 풍부한 내용으로 가득 차 있다."[41] 그러나 비록 신약성경이 당시의 환경과 그 속에서 살아가던 사람들에 대해 제대로 된 느낌을 전달해줄 뿐 아니라, 그것이 제공하는 지리와 지형 및 로마와 유대의 역사에 대한 정보가 상당히 신뢰할 만하다고 하더라도, 그것이 예수의 생애에 대해서도 반드시 정확한 내용을 전달한다고 볼 수는 없다. 그러나 한 가지 분명한 것은 복음서를 단지 비역사적 공상으로 폄하하는 콘첼만을 비롯한 "비판적" 학자들의 노력은 그저 자신들이 바라는 희망사항에 불과하다는 것이다.

예수의 사역에 관한 기록으로는, 예수를 눈으로 보고 그의 말을 들었던—예수의 가족들을 포함한—그리스도인들이 아직 살아있을 동안에 적어도 바울 서신과 초기 복음서들이 출현했다. 예수가 십자가 처형을 당했을 때 20대였던 추종자들은 마가복음이 회람될 당시에 아직 60대에 불과했을 것이다. 복음서들은 저술되자마자 곧바로 회람된 것이 아니라 여러 해 동안 초안이 작성되고 그 사이에 내용 중 일부가 먼저 회람되었던 것 같다. 사실 초기 교부 중 어떤 이들은 베드로가 마가복음을 저술하는 데 중요한 역할을 했다고 보도하기도 한다.[42] 게다가 복음서 저자들이 주로 구전에 의

---

41   Cadbury 1955, 3.
42   Eusebius, *Ecclesiastical History* 8.2-4.

존했다는 주장은 현재 그다지 신빙성이 없어 보인다. 사도들 가운데 어떤 이들은 글을 읽고 쓸 수 있었다. 그렇다면 이들이 예수의 가르침을 꾸준히 접하면서 아무런 기록도 남기지 않았다고 믿어야 할까? 리버만(Saul Lieberman, 1898-1983)이 지적했던 것처럼, 제자가 스승의 가르침을 받아 적는 것이 당시 "랍비 교육의 일반적인 관행"이었다.[43] 실제로 에세네파 사람들은 그들의 스승인 "의의 교사"(Teacher of Righteousness)가 하는 말을 밀랍판(waxed tablets)에 받아 적은 것으로 보인다.[44] 그렇다면 그리스도인들이라고 해서 그런 일을 하지 말라는 법이 있었겠는가? 그러한 생각이 어불성설이라고 보는 클로드 트레몽텅(Claude Tresmontant, 1927-1997)의 견해에 나 역시 동의한다.[45] 이 쟁점에 대해서는 제5장에서 자세히 다룰 것이다. 여기서 확실하게 결론적으로 할 수 있는 말은 복음서가 그리스도 이야기에 관한 매우 신뢰할 만한 보도라는 사실이다. 현재 예수운동으로 알려진 운동에 가담한 구성원들, 곧 예수를 만났던 최초의 목격자들이 믿고 전한 내용이 여기에 담겨 있기 때문이다.

예수운동

예수가 십자가에서 처형되었을 때 예수를 알고 있고 그 말씀을 들었던 사람들 중 그를 하나님의 아들로 믿었던 이들이 어쩌면 수백 명은 되었을 것이다.[46] 이들 신자들 중 일부는 "기쁜 소식"을 전파하기 위해 조직적으로 움

---

43   Lieberman 1962, 203.
44   Barnett 2005, 114.
45   Tresmontant 1989, 4.
46   Hurtado 2003.

직이면서, 오늘날 예수운동이라고 알려진 단체를 형성하였다.[47] 주요 집단은 예루살렘에 포진해 있었고, 아마 갈릴리에도 부차적인 모임들이 여럿 있었을 것이다.[48] 첫 해가 지나기 전에 소규모 회중이 다메섹에서 형성되었고, 또 다른 회중이 로마에서도 모였을 가능성이 있다.[49]

20세기에 활동했던 신약학자들은 대부분 우리가 예수운동에 대해 아는 것이 거의 없다는 사실을 이 운동과 관련된 가장 주목할 만한 사실로 꼽는다. 존 도미니크 크로산(John Dominic Crossan)은 이 시기(기원후 33-70)를 "잃어버린 세월" 또는 "텅 빈 세월"[50]이라고 부른다. 이러한 주장을 할 수 있는 것은 학자들의 연구 결과가 사도행전을 비롯한 신약성경의 보도를 역사적 관점이 아니라 신학적 목적에서 작성된 믿을 수 없는 허구로 보기 때문이다.[51] 사실 신약성경의 여러 저자들을 제외하고 나면 예수운동의 구체적 양상에 대해 관심 가졌던 이들이 거의 없게 되며, 따라서 만약에 신약성경의 보도를 신뢰할 수 없는 것으로 치부한다면 예수운동도 역사적 사실이 아니게 되는 셈이다.

그러나 신약성경의 역사 자료가 신뢰를 회복함에 따라 다시금 분명해진 사실은 비록 우리가 초기 기독교에 대해 알고 싶은 것에 비해 실제로 아는 것이 훨씬 적지만(예컨대 동방에서의 기독교의 성장과 같은 주제에 대해 알려진 것이 극히 적다), 다행히도 예수운동의 초창기에 대해 알려주는 상당한 정보가 남아 있다. 이러한 자료를 통해서 우리는 예루살렘에 있었던 초기 기독교에 대해, 즉 그 운동의 지도자들과 그 모임의 예배 방식 및 그들에게 가해

---

47   Stegemann and Stegemann 1999.
48   행 9:31.
49   Barnett 2005, 31.
50   Crossan 1998, ix.
51   Crossan 1998, 470.

진 부당한 박해에 대해 조금이나마 엿볼 수 있다.

동방에서 전개된 선교활동에 대해서 조금이라도 알 수 있으면 얼마나 좋을까! 예수운동이 팔레스타인의 경계를 넘어 퍼져나갈 때 그 초창기 활동 영역은 주로 동방의 시리아와 페르시아였다. 이것은 바울이 회심 이후 십 년 이상을 그 지역에서 선교사로 보냈다는 사실과도 일치한다. 바울이 이 기간에 무엇을 성취했으며 그가 실제로 어디로 갔었는지조차 우리가 알지 못한다는 사실은 이 부분에 대한 우리의 무지를 반영한다. 실로 2세기에 이 지역에서 있었던 기독교의 괄목할 만한 확장 사례로부터 결론적으로 이 동방 지역에서 그 이전 시기부터 활발한 선교활동이 전개되었다는 사실을 유추할 뿐이다. 이렇듯 유추만이 가능한 것은 어떠한 과정을 통해, 그리고 어떤 인물들에 의해 이러한 성공을 거둘 수 있었는지를 말해주는 자료가 거의 아무것도 남아 있지 않기 때문이다.

다른 한편으로 사도행전 덕분에 바울이 서방에서 어떻게 선교활동을 수행했는지에 대해 주목할 만한 상세한 정보가 남아 있다. 안타깝게도 우리는 초기 기독교가 로마 제국 내에서 급속도로 확대된 과정 중에 바울과 관계되지 않은 부분에 대해서는 별로 아는 바가 없다. 우리는 예수의 십자가 처형과 바울의 서방 도착 사이의 이십여 년 간 무슨 일이 있었는지 거의 아는 것이 없다. 예를 들어 우리는 기독교가 어떻게 로마에 도착했는지에 대해 결코 알 수 없을 것이다. 저명한 학자인 아서 다비 노크(Arthur Darby Nock, 1902-1963)는 로마를 포함한 서방에서 최초로 교회가 어떻게 형성되었는지에 대해 아는 것이 전혀 없다고 말한다. 왜냐하면 서방에서 교회의 설립은 조직화된 선교에 의한 것이라기보다 "개인들의 이주"[52]에 따른 결과였기 때문이다. 우리가 확실히 아는 것은 "크레스투스" 때문에 소요가 일어

---

[52] Nock 1938, 90.

나자, 기원후 49년에 로마인들이 유대인들을 로마에서 추방했을 정도로 로마인들은 그리스도인들을 유대인으로 여겼다는 사실이다. 수에토니우스에 따르면, 이러한 소요는 만성적인 것이었다.[53] 우리가 또한 아는 것은 이러한 위기가 지난 다음 그리스도인들이 회당에 참석하기를 중단하고 가정 교회로 모였다는 사실이다. 바울이 로마서를 쓸 무렵(기원후 약 57), 로마에는 "적어도 일곱 개의 가정 교회"가 있었다.[54] 그중에는 고린도에서 체류한 후에 귀환했던 브리스길라와 아굴라의 가정에서 모인 교회도 포함된다.

어쩌면 예수운동의 초창기 역사 가운데 가장 소홀히 취급받아온 것은 예수의 가족들이 수행했던 역할일 것이다. 이것에 대해서는 기대 이상으로 훨씬 더 좋은 정보를 찾을 수 있다.

예수의 가족들

모든 종교의 예언자나 창시자가 직면하는 일차적 난관은 신뢰성의 문제, 곧 사람들이 자신의 주장을 믿도록 어떻게 해야 하는가에 관한 문제다. 따라서 성공적인 종교 혁신가들은 고립된 외톨박이가 아니었다. 자기를 사랑하고 신뢰하는 사람을 설득하는 것이 낯선 사람을 설득하는 것보다 훨씬 더 수월하다는 단순한 이유 때문에라도 그들은 자신이 속한 일차 집단에서 매우 존경받는 일원이었다. 그래서인지 "선지자가 자기 고향과 자기 친척과 자기 집 외에서는 존경을 받지 못함이 없느니라"는 마가복음 6:4의 말씀과는 반대로, 가장 유명한 종교 혁신가들은 가장 가까운 가족과 친구들을 개종시키

---

53 Hvalvik 2007, 182-83.
54 Hvalvik 2007, 191.

는 일부터 시작했다.[55] 모세는 자신의 아내와 장인으로부터 시작해서 형과 누나에게로 갔다. 조로아스터가 개종시킨 첫 번째 사람들은 그의 아내와 처삼촌이었다. 무함마드가 맨 처음 개종시킨 사람은 그의 아내였고, 그다음으로 아내의 사촌과 그가 입양한 아들과 네 딸들, 그리고 여러 부류의 가신들이 뒤를 이었다.

전통적인 가르침과는 정반대로, 바울이나 많은 초기 교부들이 한 말을 살펴보면, 동일한 사례가 예수에게도 적용된다. 마태복음 13:55-56 및 마가복음 6:3과 15:40-47은 예수에게 네 명의 형제(마가복음에 따르면, 이들의 이름은 야고보, 요셉, 유다, 시몬이다)와 몇 명인지 알 수는 없지만 자매들이 있었다고 보도한다—이 중 한 명의 이름이 살로메(막 15:40; 16:1)였다. 바울은 이렇게 묻는다(고전 9:5). "우리가 다른 사도들과 주의 형제들과 게바와 같이 믿음의 자매 된 아내를 데리고 다닐 권리가 없겠느냐?" 여기서 분명히 암시하는 바는 예수의 형제들이 예수와 함께, 적어도 얼마 동안이나마 같이 여행을 했다는 것이다. 사도행전 1:14이 이 사실을 뒷받침해준다. 예수의 십자가 처형 후 얼마 지나지 않아 사도들이 예루살렘에 모여서 "예수의 어머니 마리아와 예수의 아우들과 더불어 마음을 같이하여 오로지 기도에 힘쓰더라." 이 구절과 다른 곳, 즉 예수의 사역에 대해 말하는 복음서의 보도 가운데 요셉에 대한 언급이 없는 것에 주목해야 한다. 추정컨대 요셉은 예수가 12세 때 성전에서 그를 찾았던 사건(눅 2:41-46)이 있고 난 이후부터 예수가 사역을 시작하기 이전 어느 시점 사이에 사망했던 것 같다. 어쩌면 요셉을 대신한 후견인이었던 예수의 삼촌 글로바(Clopas) 역시 그의 아내 마리아와 마찬가지로[56] 비록 열두 제자단에 속하지는 않았지만 그럼에도 예

---

55 Stark 2004.
56 Bauckham 2002.

수의 제자 가운데 하나였던 것 같다.[57]

예수의 가족이 예수와 여행만 같이 한 것은 아니었다. 그들은 사도들과 동등하다고 여겨졌고 초기 교회에서도 명망이 있던 활동적인 인물들이었다.[58] 알렉산드리아의 클레멘스(Clement of Alexandria, 약 160-215)에 따르면, 예수의 승천 이후 사도들 중 어느 누구도 교회의 지도력을 주장하지 않았고, 주님의 형제였던 "의인 야고보"(James the Righteous)[59]의 의견을 따랐다. 야고보가 산헤드린 공회에 의해 돌에 맞아 순교한 후에는 예수의 사촌이자 글로바의 아들인 시므온(Simeon)이 예루살렘에서 지도력을 계승했다. 예수의 종손(grandnephews)인 조케르(Zoker)와 야고보(James) "역시 1세기 말경에 팔레스타인 유대 기독교 공동체를 이끌었다."[60] 이 모든 것을 감안하건대, 초기 예수운동은 상당히 가족 중심이었다고 하겠다.

마가복음 3:33에는 예수가 자신의 가족을 거부하는 대목이 나오는데, 이에 대해 초기 교회의 교부였던 테르툴리아누스(Tertullian)는 그것을 잘못된 해석이라고 간주한다. 예수는 "당신의 어머니와 동생들과 누이들이 밖에서 찾나이다"라는 말을 듣고, "누가 내 어머니이며 동생들이냐?"라는 말로 반응했다고 한다. 그다음으로 그의 말을 듣기 위해 둘러앉아 있던 자들을 보고 예수는 다음과 같은 말을 덧붙였다고 한다. "내 어머니와 내 동생들을 보라. 누구든지 하나님의 뜻대로 행하는 자가 내 형제요 자매요 어머니이니라"(막 3:32-35). 테르툴리아누스는 예수가 이러한 수사적 장치를 사용하여 신앙의 유대를 강조하려 한 것뿐이지, 가족 간의 유대를 부정하려 한

---

57   Bauckham 2006, 130.
58   이에 대한 훌륭한 요약으로는 다음을 보라. Bauckham 1990.
59   다음에서 인용함. Eusebius, *The Ecclesiastical History* 2.1.
60   Bauckham 2007b, 68.

것은 아니었다고 설명한다.[61] 이에 더하여, 오리게네스(약 185-251)도 "선지자는 자기 고향과 자기 친척과 자기 집 외에서는 존경을 받지 못함이 없다"는 주장을 비유적인 것이라고 일축해버린다. 오리게네스는 설령 그것을 문자 그대로 일반적인 의미로 받아들인다 해도 "그것은 역사적 사실이 아님"을 지적한다. 그러면서 구약에 등장하는 여러 예언자들이 자신의 고향에서 존경받았던 사례를 인용한다. 그리고 나서 오리게네스는 "비유적으로 해석하자면, 그 말은 절대적으로 사실"이라고 덧붙인다. "왜냐하면 유대가 바로 그 예언자들의 나라이고, 이스라엘이 바로 그들의 친족이기 때문"이라는 것이다.[62] 그러면서 만약에 이스라엘이 예언자들을 진정으로 존중했다면 이스라엘의 역사는 상당히 달라졌을 것이라고 지적한다.

초기 교회에서 예수의 가족이 유력한 지위를 갖고 있었음에도 불구하고 그들에 대한 기억은 곧 퇴색되었는데, 그 이유는 마리아가 예수를 낳을 때 동정녀였을 뿐 아니라, 평생토록 동정녀로 남아 있었다는 전승이 퍼져나갔기 때문이다. 2세기에 들어 마리아가 평생 동정이었다는 교리가 등장하면서,[63] 예수의 형제자매들은 먼저 사촌으로 강등되었고, 결국엔 모두 무시되기에 이르렀다. 그러나 그들이 피를 나눈 친족이건 아니건 간에 그리스도를 믿는 "성가족"(the holy family)의 표상은 초기 교회의 삶에서 유의미한 역할을 담당했었는데, 처음에는 예루살렘 교회에서, 그리고 나중에는 주로 동방지역의 교회에서 그러했을 것이다.

---

61   Tertullian, *Against Marcion* 4.19.
62   Origen, *Commentary on Matthew* 10.18.
63   Gambero 1991.

예루살렘 교회의 박해

예수를 따르던 첫 세대는 자신들의 정체성을 "나사렛사람들"(Nazarenes)[64]이라고 생각했지만, 다른 이들이 보기에는 예루살렘에 있던 회중이 "모 교회"(mother church)였다.[65] 이러한 판단이 과히 틀리지 않는데, 이는 성전이 자리한 예루살렘이 유대교의 권위 있는 중심지였을 뿐 아니라, 나사렛사람들도 경건한 유대인으로 자처하면서 율법을 계속 준수했기 때문이다. 교회의 지도자들은 성전에서 매일 드리는 기도회에 참석했고, 그 후에 성전 바깥뜰에서 전도 모임을 열었다. 이것은 다른 유대인들과 갈등을 초래하는 고질적 요인이 되었으며, 바울을 비롯한 선교사들 역시 디아스포라에 속한 회당을 기독교 메시지를 전하는 장소로 계속 이용함으로써 자주 충돌을 야기했다. 이러한 행위 때문에 바울은 심한 매질을 여덟 번이나 당했었고 한 번은 돌에 맞기도 했다고 한다(고후 11:24-25).

일반 교인의 관점에서 보자면, 예수운동의 활력은 "공동 식사를 핵심으로 삼아" 가정집에서 함께 모이는 것에 중점을 두고 있었다.[66] 이것은 필시 "최후의 만찬"을 상기시키는 측면을 지니고 있었으며, 당연하게도 모든 사람이 그 거룩한 공동체 생활에 참여할 수 있었다. 그 단체의 사명 가운데 가장 중요한 부분은 예수의 가르침과 활동에 대한 기억을 보존하고 전달하는 것이었으며, 따라서 "복음서의 전승을 구성하는 문서자료를 최초로 수집하는 일이 아마도 예루살렘에서 이루어졌을 가능성이 크다고 하겠다."[67] 이 점은 바로 복음서들이 때때로 유대인들에 대한 두려움과 반감을 나타내

---

64   Bauckham 2007b, 58.
65   Schaff 1910, 247.
66   Bauckham 2007b, 61.
67   Bauckham 2007b, 65.

는 이유를 밝혀준다. 맨 처음 복음서를 기록한 저자들은 팔레스타인에서 예수운동이 처한 전투적 상황에 직접적으로 노출되어 있던 이들이었다.[68]

로마의 박해에 대해서는 엄청난 양의 기록이 있지만, 팔레스타인이나 디아스포라를 막론하고 유대교가 초기 교회를 핍박한 것에 대한 기록은 모두 합해도 한두 줄 정도에 지나지 않는다. 이 사안을 다루는 몇 안 되는 연구서들 가운데 어떤 것들은 유대인들이 그리스도인들을 박해했다는 주장을 공상이자 허위라고 묵살해버린다.[69] 제임스 에버레트 시버(James Everett Seaver)에 따르면 "교부들을 비롯한 수많은 사람들이 기독교에 대한 유대인들의 증오가 일반적이고 집요하고 악의적이었다고 말하는데, 그러한 증오는 역사적 사실로서 존재하지 않는다."[70] 다른 이들은 유대인들이 초기 그리스도인들을 핍박했다고 하는 주장이 도리어 기독교의 반유대주의(anti-Semitism)를 입증한다고 고발한다.[71] 또 다른 이들은 이러한 갈등이 유대교 내부에서 벌어진 일이기 때문에 유대인들이 그리스도인들을 학대했다고 볼 수 없다고 투덜댄다.[72] 그러나 대부분의 작가들은 이 문제 전체를 단순히 무시해버린다. 그러한 자세가 정치적일지는 모르지만 확실히 무책임한 것이다.

가장 초기에 있었던 이러한 박해는 단지 발생하기만 한 것이 아니다. 이러한 박해가 일어났을 당시에 그리스도인의 수효가 극히 적었다는 점을 감안하면, 어쩌면 로마인들이 가한 박해보다 이 박해가 기독교 신앙의 존속에 더 큰 위협을 가져다주었을 것이다. 심지어 1세기 말까지도 지구상에 존

---

68 Hurtado 1999.
69 Parkes [1934] 1969; Seaver 1952; Williams 1935.
70 Seaver 1952, 7.
71 Jones 2006; Musurillo 1972.
72 Jones 2006; Setzer 1994.

재하는 그리스도인들의 총 수효는 겨우 7천명 정도였을 것이며(제9장을 참조하라), 40년대와 50년대 예루살렘에 있던 그리스도인의 숫자도 몇 백을 넘지 않을 것이다. 수적으로도 열세인 데다가 신성모독으로 십자가에서 죽은 자를 약속된 메시아로 선포한 것을 감안할 때 그들이 박해당하는 것은 불가피했다고 하겠다.[73] 그리고 그 박해는 거의 한꺼번에 시작되었다.

예수의 재판을 주재했던 가야바는 기원후 37년까지 대제사장으로 있었는데, 그는 예수에 대해 적대적이었던 것처럼 예수운동에 대해서도 적대적이었다. 그 결과, 기원후 34/35년에 그 운동의 유력한 일원 중 하나였던 스데반이 모세와 하나님에 대해 신성모독을 저질렀다는 죄목으로 산헤드린에 의해 유죄 판결을 받고 돌에 맞아 죽는 사태가 벌어졌다. 사도행전 8:1에 따르면, 바울(사울)은 그 현장에 있으면서 스데반을 사형에 처하는 것에 대해 찬성표를 던졌다고 한다. 당시 바울은 바리새인이었고, 기독교를 반대하는 극단적인 입장에 서 있었다. 결과적으로 사도행전 8:1-3에 보도된 사태("그날에 예루살렘에 있는 교회에 큰 박해가 있어 사도 외에는 다 유대와 사마리아 모든 땅으로 흩어지니라.…사울이 교회를 잔멸할새 각 집에 들어가 남녀를 끌어다가 옥에 넘기니라")가 일어나게 되었다. 바울은 회심하고 나서 오랜 시간이 지난 후에 갈라디아서에서 다음과 같이 고백한다. "내가 이전에 유대교에 있을 때에 행한 일을 너희가 들었거니와 하나님의 교회를 심히 박해하여 멸하고"(갈 1:13). 아울러 사도행전 22:4-5에서는 바울이 다음과 같이 말한 것으로 묘사되고 있다. "내가 이 도를 박해하여 사람을 죽이기까지 하고 남녀를 결박하여 옥에 넘겼노니, 이에 대제사장과 모든 장로들이 내 증인이라."

우리는 이러한 박해가 어느 정도였는지 또는 예수운동이 박해로부터 회복하는 데 얼마만큼의 시간이 걸렸는지에 대해 그 이상 아는 것이 없다.

---

[73]   Hultgren 1976.

우리가 아는 것은 바울의 회심이 예루살렘에 있는 그리스도인들의 상황을 개선하는 데 아무런 작용도 하지 않았다는 것이다. 현존하는 보도들은 특별히 중요했던 처형들에 대해서만 기록하고 있지만, 흩어진 단서를 맞춰보면, 유대 그리스도인들에 대한 반감은 수그러들 기미가 없었고, 단지 무질서를 막기 위해 로마인들이 취한 강압적인 조치 덕분에 그리스도인들은 완전히 멸절되는 것을 피할 수 있었다.[74] 바로 이 시기가 유대교의 다양한 종파를 총망라하여 격렬한 분쟁과 폭력이 빈발했던 때인 것을 명심할 필요가 있다 (제2장을 보라). 시카리들은 군중이 모인 곳으로 잠입해서, 그들이 못마땅하게 여기던 대제사장들을 살해하기까지 했다. 그리스도인이라고 해서 살해를 면했으리라고 추측하는 것은 어리석은 생각이다.

그다음 순교자는 야고보인데, 그는 세베대의 아들로서 예수님의 첫 번째 제자들 중 하나였다. 그는 기원후 44년에 헤롯 아그리파(Herod Agrippa) 왕의 명령에 따라 처형되었는데, 아마도 대제사장이 그에 대한 처형을 요청했을 것이다. 사도행전 12:1 ("그때에 헤롯 왕이 손을 들어 교회 중에서 몇 사람을 해하려 하여")의 보도로 미루어보건대, 야고보의 처형을 필두로 대규모의 박해가 휘몰아쳤을 것이다. 이 당시에 베드로도 체포되어 투옥되었는데, 그 즉시 베드로는 감옥을 탈출하여 (아마도 안디옥으로) 도주하였을 것이며, 헤롯 아그리파가 죽고 난 다음에야 예루살렘으로 복귀하였다.

56년경 바울은 마지막으로 예루살렘을 방문했다. 그가 이방인들의 선교사로 활동하면서 개종자들에게 율법의 준수를 요구하지 않는다는 사실이 알려지게 되었으므로, 유대인들만이 아니라 예루살렘에 있는 대부분의 유대 그리스도인들에게서도 공분을 사게 되었다. 따라서 다음과 같은 일이 벌어졌다.

74　Bammel 1995; McKechnie 2001, 49.

아시아로부터 온 유대인들이 성전에서 바울을 보고 모든 무리를 충동하여 그를 붙들고 외치되 "이스라엘 사람들아, 도우라. 이 사람은 각처에서 우리 백성과 율법과 이곳을 비방하여 모든 사람을 가르치는 그 자인데, 또 헬라인을 데리고 성전에 들어가서 이 거룩한 곳을 더럽혔다 하니"⋯온 성이 소동하여 백성이 달려와 모여 바울을 잡아 성전 밖으로 끌고 나가니⋯그들이 그를 죽이려 할 때에 온 예루살렘이 요란하다는 소문이 군대의 천부장에게 들리매, 그가 급히 군인들과 백부장들을 거느리고 달려 내려가니, 그들이 천부장과 군인들을 보고 바울 치기를 그치는지라(행 21:27-28, 30-32).

천부장은 바울을 쇠사슬로 결박해서 막사로 데려갔다. 결국에는 당연하게도 바울은 재판을 받기 위해 로마로 압송되었으며(이것은 바울과 같은 모든 로마 시민이 가진 권리였다), 종국에 바울은 로마에서 처형되었는데, 이는 아마도 네로의 명령에 따른 것으로 보인다.

끝으로, 기원후 62년에 대제사장 아나누스(Ananus)는 예수의 형제이며 교회의 수장(때때로 제1대 교황으로 여겨지기도 한다)이던 야고보를 산헤드린 공회 앞으로 소환했다. 때는 로마의 총독이 죽고 그의 후임자가 아직 도착하지 않았던 공백기였다. 로마 총독의 부재를 틈타서 아나누스는 야고보를 유죄로 판결한 다음 그를 탑에서 밀쳐 떨어뜨렸다. 하지만 그가 떨어졌는데도 죽지 않자, 결국은 돌아 맞아 절명하게 되었다. 요세푸스의 기록에 따르면,[75] 몇몇 유력한 바리새인들이 야고보의 죽음에 대해 격렬하게 항의했지만, 야고보만이 아니라 "다른 몇 사람"도 이때 유죄 판결을 받고 돌에 맞아 죽게 되었다. 우리는 이 박해의 규모에 대해서도 알지 못한다. 다만 에우세비오스(Eusebius)는 "다른 사도들에 대해서도 그들을 죽이려는 무수한 음모

가 있었고, 따라서 그들은 유대 땅에서 쫓겨나지 않을 수 없었다"[76]고 주장
한다. 또한 우리는 열심당이 60년대말에 일어난 대반란의 초기에 예루살렘
과 기타 도시들을 점거하고 숙청을 단행했던 공포의 시기 동안 예수운동이
어떤 운명을 맞았는지에 대해서도 알지 못한다. 다만 한 가지, 에우세비오
스에 따르면,[77] 이 시기에 예수운동에 속한 자들은 대부분 요단강 동편 데가
볼리(Dacapolis)에 속한 펠라(Pella)로 피난을 떠났던 것으로 추정된다.[78]

우리가 알고 있는 것은 반란이 장기화하면서 유혈 사태가 심화되었다
는 것과, 기원후 70년에 로마의 사령관 티투스가 마침내 예루살렘을 그 기
초가 드러날 정도로 철저히 파괴하고, 성전의 보물을 로마로 실어갔으며,
로마 병사들 외에는 누구도 폐허가 된 그 도시에 얼씬거리지 못하게 했다
는 것이다. 이러한 사건이 예수운동에 어떤 영향을 주었든지 간에 팔레스타
인에는 아직도 그리스도인들이 정착해서 살고 있었으나, 이들마저도 제2차
반란(132-135) 동안 바르 코크바(Bar Kokhba)로부터 핍박을 받게 된다.[79]

세계 선교

35년경에 회심을 겪고 난 후 바울은 여러 해 동안 동방에서의 선교활동에
전념했던 것으로 보인다. 하지만 우리는 그 결과에 대해 알지 못한다. 우리
가 모른다는 것이 역설적으로 상황의 전모를 말해준다. 초창기부터 예수운

---

76   Eusebius, *The Ecclesiastical History* 3.5.2.

77   Eusebius, *The Ecclesiastical History* 3.5.3.

78   펠라로의 피난이 허구라고 주장하는 Brandon(1951)의 견해는 설득력이 없다. 다음을 보라.
     Pritz 1988.

79   Bauckham 2007b, 79.

동은 동방에 주력했었던 것 같다. 이 점은 동방 기독교가 한때 시리아에서 중국으로까지 뻗어나갈 정도로 급속한 성장과 확산을 보여준 사실에 반영되어 있다. 그러나 동방 기독교가 수 세기 동안 존속하기는 했어도, 아시아 교회가 소멸함에 따라, 기독교의 역사 가운데 중요한 한 장(章)을 차지했던 동방 기독교에 대한 지식도 대부분 소멸되어버렸다. 최근에 이러한 상실의 시기를 복원하기 위한 노력이 경주되고 있다.[80] 그렇지만 관련된 보도들은 2세기 말이나 3세기에서 시작한다. 왜냐하면 그 이전 시기의 선교활동에 관한 전설 같은 이야기들조차 많이 사라져버렸기 때문이다.

우리는 다른 사도들의 활동보다 바울이 서방에서 벌인 선교사역에 대해 훨씬 많은 것을 알고 있다. 왜냐하면 바울의 선교 여행 중 두 번이나 유능한 역사가가 동행했기 때문인데, 그는 나중에 바울이 로마에서 가택연금 상태에 있을 때 바울과 함께 그곳에서 2년을 보내기도 했다. 그는 바로 회심한 이방인인 누가였다. 누가는 사도행전을 기록했을 뿐 아니라 자신의 이름을 딴 누가복음의 저자이기도 하다. 사실 성서학자들은 대부분 누가복음과 사도행전이 전·후편으로 구성된 단일한 작품이라고 생각한다. 두 책이 모두 로마의 관리였을 것으로 추정되는 데오빌로(Theophilus)에게 헌정되어 있다(눅 1:3; 행 1:1).[81] 누가가 사도행전의 서두에서 누가복음을 언급하는 것으로 미루어볼 때, 그가 누가복음을 먼저 쓴 것을 알 수 있으며, 그 시기는 아마도 60/61년경일 것이다. 사도행전은 그 직후에 작성된 것이 분명한데, 왜냐하면 사도행전에는 바울이 66년경에 다시 체포되어 처형당한 이야기가 포함되어 있지 않기 때문이다.

---

80 Atiya 1968; Jenkins 2008; Moffett 1992.
81 누가는 그를 데오빌로 각하라고 부르고 있는데, 이것은 그가 로마의 고위 관리였음을 강하게 시사해준다. 어떤 이들은 누가가 저술하는 동안 그에게서 후원을 받은 것을 그에 대한 헌사가 암시한다고 추정한다.

바울은 선교여행을 많이 다닌 것으로 유명하지만, 사실은 한 곳에 꽤 오래 정착해 있었다. 그가 서방에서의 선교활동을 활발하게 전개하기 시작한 것은 기원후 47년경이며, 그 활동은 56년에 예루살렘에서 체포되면서 종결되었다(그 후 카이사레아와 로마에서는 가택연금 상태에 있었다). 이 9년간의 선교활동 기간 중 2년 이상은 에베소에서 보냈고, 3년은 고린도에서, 그리고 적어도 1년은 안디옥에서 보냈다. 이 말은 결국 세 차례에 걸친 장거리 선교여행에 약 3년에 해당하는 시간이 남는다는 것이다.

바울의 선교 여행에 대해서는, 비록 여행 중에 무슨 일이 어디서, 언제 일어났는지에 대해 약간의 혼란이 있기는 하지만, 비교적 잘 알려진 편이다. "예루살렘 회의"도 마찬가지인데, 이 회의에서 바울은 이방인이 그리스도인으로 개종할 때 율법의 준수나 할례를 요구하지 않아도 된다는 허락을 받았다. 이 결정을 예루살렘의 유대 기독교 공동체가 만장일치로 수용하지는 않았으며, 이로 인해 바울의 입장을 따르던 헬라파 유대인들(바울 자신도 물론 다소 출신의 헬라파 유대인이었다)과 보다 전통적인 파당 간에 분열이 있었던 것 같다—매우 전통적인 입장에 있던 야고보가 이때는 바울을 지지했었다. 이 결정은 유대인의 민족적 특성을 채택해야 한다는 요구로부터 그리스도인들을 해방시켜주었는데, 그 때문에 격한 논쟁을 촉발하기도 했지만, 결과적으로 기독교의 성공을 위해 매우 중요한 역할을 했다. 이 모든 일들이 매우 잘 알려진 것이어서 여기서 다시 다룰 필요는 없다. 그러나 바울이 선교 여행을 어떻게 진행했는지에 대해서는 그다지 알려진 것이 없다.

처음에는 바울과 바나바가 조력자 몇 사람을 데리고 마을로 그냥 걸어 들어간 다음, 회당에 들어가 설교를 시작했을 수 있다. 그렇게 해본 후에 바울이 즉각 배운 것이 있는데, 그것은 세밀한 사전 준비와 후원에 대한 약속을 미리 확보하지 않고서는 어디든 가지 말아야 한다는 것이다. 그때부터 전형적으로 바울은 새로운 공동체를 방문할 때마다 "유력한 인사들이 자신의 식솔로 이루어진 청중을…바울에게 데려오고…이들 유력자들의 후원 하에 친밀하게 결성된 모임"을 미리 확보하고서 시작하였다.[82] 바울은 혼자 여행하는 법이 없었다. 소수의 조력자들만을 대동하고 여행하는 법도 없었다. 도리어 많을 때는 40명이나 되는 신자들을 수행단으로 삼아 동행하였다. 이 정도 규모면 초기 "회중"[83]을 구성하기에 충분했으므로, 이를 통해 믿음직한 예배 분위기를 유지하고 새 신자를 맞이하여 이들과 더불어 유대 관계를 형성하는 것이 가능했다.

바울의 수행원 가운데는 틀림없이 필경사(scribes)가 있었을 것이다. 이렇게 책을 제작하기 위해 손으로 받아쓰고, 한 번에 하나씩 옮겨 적는 방식을 사용했던 당시에는 필경사를 대동하는 것이 일반적이었다. 초기 교부들 가운데 다수의 작품을 남긴 이들에게는 그들이 구술하는 말을 받아쓰고 옮겨 적는 일을 하던 커다란 규모의 지원팀이 있었다.[84] 우리는 바울의 필경사 가운데 한 사람의 이름을 알고 있다. 왜냐하면 그가 로마서의 말미에서 자신이 누구인지 밝히고 있기 때문이다. 거기서 그는 바울이 여러 사람에게 보내는 개인적인 문안인사를 나열한 다음에 "이 편지를 기록하는 나 더디오(Tertius)도 주 안에서 너희에게 문안하노라"(롬 16:22)는 말을 덧붙이고 있다. 바울은 어떤 지역에 도착하자마자 "그 도시에 살고 있던 그리스도인들을 모이게" 하고서 거기에 자신이 "대동하고 온" 회중을 붙여놓곤 했다.[85] 그러한 다음 그들의 사회적 연결망을 기반으로 삼아 새로운 신자들을 더 불러 모으곤 했다(아래를 보라). 끝으로, 회합이 어느 정도 정착되고 그 지역 출신의 지도자들이 적절한 훈련을 거쳐 세워지고 나면 바울은 다른 곳으로 이

---

82 Malherbe 2003, 47. 또한 다음을 보라. Judge 1960a; 1960b.
83 Judge 1960a; 1960b, 134; Malherbe 2003, 47.
84 MacMullen 1997, 5.
85 Koester 1982b, 110.

동했는데, 그러면서도 인편이나 서신을 통해, 때로는 바울 자신의 재방문을 통해 긴밀한 연락을 주고받았다. 헬무트 쾨스터(Helmut Koester)는 다음과 같이 요약한다. "따라서 바울의 선교사역은 외로운 선교사 한 사람이 벌인 소박한 활동이었다고 생각해서는 안 된다. 그것은 도리어 치밀하게 준비된 대규모의 조직적 활동이었다."[86]

사실 대개의 경우 바울이 새로운 그리스도인 회중을 세우는 데 직접적인 역할을 맡았는지는 분명치 않다. 앞에서 언급했던 것처럼, 바울이 방문했던 여러 도시마다 이미 그리스도인들의 모임이 존재했었다. 그리고 바울이 했던 것과 같은 선교 방문을 통해 개인이 영향을 받아 새로운 종교운동으로 개종하는 경우는 별로 없었다. 개종은 그런 식으로 일어나는 것이 아니기 때문이다.

개종이 일어나는 기전

지난 수십 년 동안 종교적 개종이란 교리적 호소의 결과라는 생각이 자리잡고 있었다. 즉 종교적 가르침이 유별나게 호소력이 있거나, 특히 이러한 가르침이 자신들을 괴롭히는 문제나 불만족에 대한 해결책을 제시하는 것처럼 보일 경우, 사람들은 새로운 신앙을 수용한다는 것이다. 하지만 사회학자들이[87] 애써서 현장으로 나가 개종이 일어나는 현상을 관찰하는 가운데 발견한 것은 놀랍게도 교리는 개종을 결심하는 초기 과정에서 겨우 부차적인 중요성만을 띠고 있다는 사실이다. 물론 우리는 바울이 다메섹 도상에서

---

86   Koester 1982b, 110.
87   Lofland and Stark 1965.

제2부 로마 제국의 기독교화

겪었던 것처럼 신비적 체험을 통해 회심에 이르는 흔치 않은 경우에 대해서도 여지를 남겨둬야 한다. 하지만 그러한 사례를 제외하고 나면, 개종은 그럴듯한 교리와의 만남이 아니라, 일차적으로 개종자가 자신의 종교적 행위를 자신과 가까운 친구들이나 친척들에게 맞추는 것이다. 좀 더 공식적으로 표현하자면, **사람들이 어떤 종교적 집단으로 개종하려는 경향을 보이는 것은 그들이 그 집단에 속한 구성원들과 맺은 사회적 유대가 그들의 개종을 반대하는 외부인들과의 유대보다 더 크게 작용할 경우다. 그리고 이러한 일은 종종 개종자가 그 집단이 공유하는 신념에 대해 잘 알기 전에 발생한다.**

당연히 교리가 너무 이상해서 대부분의 사람들이 입회를 꺼리는 경우도 쉽게 상상할 수 있다. 또한 성공적인 종교일수록 광범위한 호소력을 지닌 교리가 있는 것도 사실이다. 그러한 뜻에서 교리가 개종을 촉진하거나 방해할 수도 있다. 하지만 보통의 경우 개종은 일차적으로 순응(conformity)의 행위다. 그렇다면 반대로 개종이 일어나는 않는 경우도 마찬가지다. 결국 그것은 한 개인을 한 집단으로 이끌어가는 구심력 내지 원심력이 상대적으로 얼마나 강한가 하는 문제와 연결된다. 이러한 원칙이 현재까지 개종에 대한 수십 건의 밀착 연구를 통해 검증되었는데, 그러한 연구는 사회적 연결망이야말로 개종을 가능케 하는 기본적 기전임을 확인해준다.[88] 어떤 사람을 개종시키려면, 먼저 그와 가까운 믿음직한 친구여야 하거나 적어도 그러한 친구가 되어야 한다. 따라서 한 사람이 새로운 종교로 개종하고 나면, 그는 대개의 경우 자신의 친구들과 친척들도 개종시키려고 한다. 그러므로 개종은 사회적 연결망을 통해 진행되는 경향이 있다.

확실히 바로 이러한 이유로 인해 우리는 서방에서 기독교 회중이 다채로운 형태로 나타나기 시작할 때 이들이 과연 어디에서 비롯되었는지 그 기

---

88   Kox, Meeus, and t'Hart 1991; Smilde 2005; Stark and Finke 2000.

원에 대해 알기 힘든 것이다. 대부분의 경우, 교회는 평범한 사람들이 기독교 신앙을 받아들이고 그것을 가족 및 친구들과 나누면서 확대되었으며, 이와 같은 방식으로 기독교 신앙은 한 공동체에서 다른 공동체로 전달되었다. 아마도 대개의 경우 상인과 같은 정기적 방문자들이 이러한 확산에 크게 이바지하였을 것이다. 그런데 이러한 과정은 흔적을 거의 남기지 않는다. 우리가 브리스길라와 아굴라(행 18:2) 같은 이들의 이름을 알게 된 것은 아주 흔치 않은 일이며, 그나마도 우연히 그렇게 된 것일 뿐이다. 초기 교회는 물리적 흔적을 많이 남기지 않았다. 고고학자들은 1세기부터 존재했던 회당의 유적을 발굴해낼 수 있다. 하지만 교회건물은 훨씬 후대에 가서야 찾아볼 수 있다. 그 당시에 그리스도인 회중들은 모두 규모가 작았고, 바울의 서신에서 분명히 알 수 있듯이, 대부분 개인 가정에서 모였다.[89]

교리가 개종 과정에서 겨우 부차적인 역할을 맡는다고 해서 그것이 언제나 부차적이기만 하다는 뜻은 아니다. 종교단체에 일단 들어가고 나면, 교리가 함축하는 의미에 대해 교육 받기 마련이다. 그러고 나면 개종자들은 즉시 자기의 친구들과 마찬가지로 대부분 그 교리에 대해 아주 강한 애착을 품게 된다.

개종이 실제로 어떻게 일어나는지를 감안한다면, 바울의 방문이 한 선교사가 어떤 공동체를 방문하는 것보다는 오히려 빌리 그레이엄(Billy Graham)의 순회 집회 같은 전도 활동과 유사하다는 결론이 도출된다. 그레이엄은 교회를 세우지 않았으며, 종교가 없는 사람들을 신앙으로 인도한 것도 아니었다. 그가 한 것은 집회에 참석한 지역교회 교인들의 헌신을 강화함으로써 지역 교회를 크게 활성화시킨 것이다. 그리고 그 결과는 보통 기존 교인들이 새 신자들을 인도하는 일로 이어졌다. 바울의 선교적 방문도

---

89   Meeks 1983, 75.

마찬가지였다. 그는 아테네(Athens)와 루스드라(Lystra)에서 불신자들에게 연설했지만, 그 결과는 초라하기 그지없었다. 그러나 그가 보통 때 하듯이 이미 개종한 사람들이나 개종 과정 중에 있는 이들에게 설교했을 때, 그는 기독교 신앙에 대한 보다 깊은 헌신과 이해를 향해 그들을 각성시켰던 것이다.

바울의 선교가 지닌 이러한 측면을 인식한다고 해서 그것이 결코 그의 명성을 깎아내리는 것은 아니다. 그는 많은 회중에게 힘을 북돋아주는 일만 한 것이 아니었다. 그의 수행원으로 함께했던 사람들 가운데 많은 이들이 나중에 출중한 선교사가 되었다. 그러나 무엇보다도 바울이 기독교 신학에 이바지한 것이 그를 진정한 거장으로 만들어주었다.

결론

이렇게 전후 사정을 다 살펴보았지만, 여전히 우리는 1세기 예수운동에 대해서 아는 것이 별로 없다. 우리는 예수의 가족이 예루살렘 교회에서 주도적인 역할을 한 것을 알고 있다. 바울은 분명히 예수의 형제였던 야고보의 권위를 인정했으며, 야고보는 62년에 순교하기까지 예루살렘 교회를 이끌었다. 제1차 유대 반란에 대한 반응으로, 또는 이 사건을 예상하면서, 교회의 지도자들은 60년대말 어느 시점에 예루살렘을 떠나 아마도 펠라에 정착했던 것 같다. 이들이 동방에서 기독교가 급속하고도 괄목할 만하게 성장하도록 하는 데 적극적인 역할을 맡았을 것이라고 추정하는 것은 일리가 있지만, 어쨌든 이 시점에서 이들의 역사는 끝났다. 서방에서의 기독교의 확장이라는 주제에 대해, 사도행전과 바울 서신을 토대로, 우리는 이 일의 발생에 대한 상당한 정보를 확보하고 있다고 하겠다. 그러나 자세히 살펴보면,

여기서도 이야기의 세부 내용이 상당히 결여된 것이 드러난다. 왜냐하면 종교운동의 확산이란 것이 극적인 사건이나 설득력 있는 설교자에 의해 달성되는 것이 아니라, 평범한 신자들이 자기들과 마찬가지로 익명인 친구들과 친척들과 이웃을 개종시키는 것을 통해 이루어지는 것이기 때문이다.

유대인과 이방인을 향한 선교활동

바울이 이방인들에게 유대인이 될 것을 강요하지 않고도 전도할 수 있는 허락을 받았으며, 게다가 상당한 규모의 유대인 공동체가 지금까지도 남아 있기 때문에, 유대인에 대한 선교는 실패했다는 생각이 오랫동안 자리 잡아왔다. 그러나 이러한 생각에 반하는 증거가 많이 있다. 바울의 선교활동이 일차적으로 디아스포라 유대인을 대상으로 했다는 사실도 이에 포함된다. 물론 유대인을 대상으로 한 초기 전도활동의 성공 여부와 상관없이 기독교의 궁극적 운명은 이방인 선교의 성공 여부에 달려 있었다. 참으로 의아한 것은 유대인 선교라는 이러한 주요 측면에 대해 그동안 별로 관심을 기울이지 않은 점이다. 이교도인 이방인들은 이처럼 유대교적 성격을 강하게 지니고 있던 새로운 종교에 대해 어떻게 인식하고 반응했을까? 그리고 이 종교가 어째서 그들에게 친밀하고도 매력적으로 다가왔을까? 이러한 주제에 대해 이번 장에서 살펴보려고 한다.

디아스포라 유대인

기원전 597년에 이스라엘은 바빌로니아의 느부갓네살 왕에게 멸망당했다. 정복지의 반란을 방지하기 위해 느부갓네살은 8,000명에서 1만 명 정도에 달하는 고관들과 군대 사령관들과 제사장들 및 기타 유대 상류층 사람들을 그들의 가족들과 함께 인질로 삼아 바빌로니아로 데려갔다. 하지만 느부갓네살은 그들을 노예로 삼기보다 도리어 "유배자들을 동화시켜 새로운 정착지에 뿌리를 내리게 하려고" 온갖 노력을 기울였다.[1] 따라서 이스라엘 사람들은 곧 "왕궁에서 일하게 되었고, 고위직을 얻을 수도 있었다."[2] 참으로 많은 유배자들이 즉시 동화되었다. 그들은 자기 자녀들에게 바빌로니아 식의 이름을 지어주었고[3] 히브리어를 가르치지도 않았다.[4]

바빌로니아로 끌려간 후 70년이 지났을 때, 페르시아 제국의 창시자였던 키로스 대제(Cyrus the Great)가 바빌로니아를 정복하고 모든 유배자에게 고향으로 돌아가도 좋다는 허락을 내렸다. 이스라엘 출신 유배자의 후손 가운데 대부분은 돌아가지 않았다. 경건한 유대인들 가운데 상당수가 그곳에 머물렀는데, 이는 그들이 바빌로니아의 생활에 너무나 익숙해 있던 나머지 이스라엘로 돌아가려는 마음이 전혀 들지 않았던 것이다.[5] 바빌로니아에 남아 있던 유대인들 중 다수는 유대인으로써의 정체성에 대해 아주 미온적이었거나 더 이상 유대인이라고 할 수조차 없는 이들이었다.[6]

---

[1] Kaufmann 1970, 7.

[2] Kaufmann 1970, 9.

[3] Tadmor 1976, 163-64.

[4] Kaufmann 1970, 14.

[5] 이 유대인 집단이 훌륭한 바빌로니아 탈무드(Babylonian Talmud)를 편찬해낸 바빌로니아 유대인 공동체로 발전하였다.

[6] Tadmor 1976, 168.

서력기원(the Christian Era)이 시작될 무렵 디아스포라에 흩어져 살던 유대인들 가운데 다수가 과거에 바빌로니아에 머물며 귀환하지 않았던 유배자들과 매우 흡사했다. 그들은 바빌로니아의 유배자들보다 훨씬 더 오랜 기간 동안 이스라엘을 떠나 살고 있었고, 이방인과의 통혼이 만연해 있었다.[7] 더욱이 이들은 그리스어로 읽고, 쓰고, 말하고, 생각하고, 심지어 예배를 드리기까지 했다. 로마에 소재한 유대인 지하묘실(catacombs)에서 발견된 비문 가운데 히브리어로 표기된 것은 2퍼센트가 채 되지 않는다. 74퍼센트는 그리스어로 적혀 있고, 나머지는 라틴어로 되어 있다.[8] 디아스포라 유대인의 대부분은 그리스식 내지 로마식 이름을 가지고 있었으며, 이들 중 다수는 "아폴로니오스(Apollonius), 헬라클레이데스(Heracleides), 디오니소스(Dionysus)와 같이 그리스의 신명에서 유래한 이름을 채택하는 데 조금도 주저하지 않았고, 심지어 이집트의 신명(이 중에서 호로스[Horus]의 이름이 디아스포라 유대인들 사이에서 특별히 인기가 높았다)을 채택하기도 했다.[9] 일찍이 기원전 3세기 초 디아스포라 회당에서는 예배의식도 그리스어로 진행하였다. 디아스포라 유대인들 가운데 극소수만이 히브리어를 읽을 수 있었으므로 토라를 그리스어로 번역해야 했으며, 그 결과물이 바로 70인역(Septuagint)이었다. 그 과정에서 그리스의 어휘뿐 아니라 그리스식 개념이 종교적 본문 속으로 슬그머니 들어왔다. 예를 들어 출애굽기 22:28이 "너희는 **신들을** 모독하지 말라"(You shall not revile *the gods*)는 말로 번역되었다. 캘빈 로첼(Calvin Roetzel)은 이것을 이교도들에 대한 적응의 제스처로 해석한다.[10] 이러한 현상은 이집트의 엘레판틴(Elephantine)에 소재한 유대교 성전의 상황과도 일

---

7   Tcherikover [1959] 1999, 353.
8   Finegan 1992, 325-26.
9   Tcherikover [1959] 1999, 346.
10   Roetzel 1985, 52.

제4장 유대인과 이방인을 향한 선교활동

치한다. 즉 이곳에서는 사람들이 야웨만 예배한 것이 아니라 두 여신도 예배했는데, 이들은 야웨의 배우자로 간주된 전쟁의 여신 아나트(Anath)와 태양의 여신 에쉠(Eshem)이었다.[11]

이교의 영향에 더하여, 그리스 철학 역시 디아스포라 유대인들의 종교관에 깊은 영향을 주었다. 당대에 가장 존경받고 영향력 있던 유대인 지도자이자 저술가였던 알렉산드리아의 필론(약 기원전 20-기원후 50)은 하나님을 "완벽하게 순수하고 무구(無垢)한 우주의 지성으로서 덕을 초월하고 지(知)를 초월하며 선 자체와 미 자체도 초월하는 분"으로 묘사하였는데,[12] 이러한 방식은 플라톤에게는 친숙할는지 모르나 예루살렘에서는 비난받기 십상이었을 것이다. 또한 필론은 율법을 합리적 설명에 근거하여 정당화하는 데 매우 관심이 많았다. 하나님께서 유대인들에게 죽은 새의 고기나 육식동물의 고기를 먹지 말라고 명령하신 것만으로는 그에게 충분한 설명이 되지 않았다. 그는 하나님께서 그것을 금지하신 이유는 평화의 미덕을 강조하려는 것이었다고 설명한다. 필론은 자신이 합리화할 수 없는 성경 구절에 대해서는 그것을 알레고리(allegory)로 재해석하였다. 이렇듯 필론은 율법을 "전적으로 그리스 철학의 관점을 통해" 해석했던 것이다. 그 결과, 토라의 상당 부분에서 지시하는 명백히 종교적이고 역사적인 의미들이 우주의 조화와 합리성을 논증하기 위해 필론이 끼워 넣은 영적이고 도덕적인 정감들 사이에서 사라지고 말았다."[13] 필론 혼자 그런 목소리를 낸 것이 아니었다. 그는 당대에 디아스포라에서 가장 저명한 지도자였다. 따라서 디아스포라의 유력한 유대인이 지지하는 하나님의 이미지는 권위적인 야웨에서 다소 초연하고, 추상적이며, 비간섭적인 절대 존재로 전환된 셈이다.

---

11   Grant 1986, 45, 104.
12   Corrigan et al. 1998, 88.
13   Frend 1984, 35.

사회적 측면에서 디아스포라 유대인은 대부분 그리스인들 가운데 거주하며 그리스 문화를 수용하면서도 "영적인 게토에 갇힌 상태에서 '야만인'(barbarians)으로 취급당하는 것"에 모멸감을 느꼈다.[14] 따라서 많은 유대인들이 율법을 온전히 준수하지 않았으며, 특히 이방인과 식사를 나누는 것에 대한 금령이 그 대상이 되었다. 비슷한 상황에 직면해 있던 중국에서도 유대인 공동체들이 서서히 유교에 흡수된 것에 주목할 필요가 있다. 이와 유사하게, 19세기 말과 20세기 초 유럽에서 유대인에 대한 제약이 많이 사라지게 되었을 때, 이들 가운데 기독교로 개종하는 비율이 매우 높게 나온 적이 있었다.[15] 디아스포라 유대인들에 대해 말하자면, 어떤 유대인들은 이교 신앙을 수용했지만, 대다수의 유대인들에게 이교 신앙은 진정한 대안이 되지 못했다. 이는 그리스 철학자들조차 대부분 이교 신앙을 하찮게 취급했기 때문이다. 이렇듯 디아스포라에 속한 많은 유대인들은 "유대인으로서의 정체성을 지키면서도" 여전히 "그리스인들의 상류 사회"에 당당히 들어갈 수 있도록 해주는 "절충(compromise) 내지 종합(synthesis)"을 갈망했던 것으로 보인다.[16] 유대교에 깊이 뿌리박고 있으면서도 율법에서 자유로운 새로운 유일신교가 출현한다면 광범위한 호소력을 지니게 될 터였다.

문화적 연속성

사회적인 연결망이 개종에서 중요한 역할을 담당하기는 하지만, 교리 또한 흔히 생각하는 것과 다른 면에서 중요하다고 하겠다. 그것은 교리가 신

---

14   Tcherikover 1958, 81.
15   Stark 2001, chap. 4.
16   Tcherikover 1958, 81.

제4장 유대인과 이방인을 향한 선교활동

도들에게 무엇을 약속하는지에 관한 문제가 아니라, 교리 자체와 교리를 둘러싼 종교 문화가 일체가 되어 신자들에게 시간과 노력과 감정을 **투여** (investments)할 것을 요구한다는 점이다. 말하자면, 어떤 종교든지 신자에게 상당한 소양을 익힐 것을 요구하는데, 여기에는 다채로운 의례 내지 예배 활동에 필요한 어휘와 동작을 배우는 것, 특정한 교리와 이야기와 음악과 상징과 역사를 익히는 것 등이 포함된다. 시간이 경과함에 따라 신자들은 점차 그러한 종교 문화에 결속된다―이것은 마치 크리스마스트리 꼭대기에 천사가 달려 있지 않은 것을 나로서는 상상할 수 없는 것과 마찬가지다. 사회과학적 개념을 빌려 표현하자면, 어떤 사람이 가진 **종교적 자본**(religious capital)은 그가 어떤 특정 종교 문화에 얼마나 익숙하며 또 그것에 애착을 지니는지에 좌우된다고 하겠다.[17]

따라서 다른 조건들이 동일하다면 **사람들은 자신에게 친숙한 종교적 자본을 유지하려고 하기** 마련이다. 이러한 논제는 여러 가능성을 함축한다. 한 가지 예를 들면, 사람들은 자신의 종교를 바꾸려 하지 않는 경향이 있으며, 그들의 종교적 자본이 크면 클수록 종교를 바꾸는 일은 쉽게 일어나지 않을 가능성이 더 크다. 많은 연구 문헌이 이 점을 뒷받침하는데, 이에 따르면, 개종자들의 압도적 다수가 다른 종교에 대한 헌신도가 매우 약한 집단에서 나오는 것을 알 수 있다. 미국의 경우, 새로운 종교운동으로 개종할 가능성이 가장 큰 집단은 반종교적(irreligious) 내지 비종교적(nonreligious)인 가정에서 성장한 이들로 구성된다.[18] 게다가 사람들은 가능하면 자기의 종교적 자본을 대부분 그대로 가져가는 조건하에서 종교를 바꾸려는 경향이 있다. 이것을 통해서 우리는 왜 기독교 문화 속에서 사람들이 힌두교보다는 몰몬교로

---

17 Stark 1987; 1996a; Stark and Finke 2000.
18 Leatham 1997; Stark 1996b; Stark and Finke 2000.

개종하는지에 대한 이유를 찾을 수 있다. 기독교적인 배경을 가진 사람이라면 몰몬교도가 되기 위해 (크리스마스트리 장식을 포함해서) 자기에게 친숙한 종교적 자본을 하나도 버릴 필요가 없을 뿐 아니라 오히려 거기에 뭔가를 더 보탤 수 있다. 반면에 힌두교도가 되기 위해서, 그리스도인은 자기가 가진 종교적 자본을 모두 버리고 새롭게 출발해야만 한다.

이러한 원리를 새로운 종교 집단에 적용하게 되면 그것은 "문화적 연속성"(cultural continuity)의 원리와 관련된다. 다른 조건이 동일하다면, 어떤 새로운 종교가 성장할는지의 여부는 그것이 선교 대상자들의 종교적 연속성을 얼마나 보장하는가에 달려 있다.

많은 디아스포라 유대인들이 이교 신앙의 주변을 잠시 기웃거렸을는지 모르지만, 그들이 이교로 개종하는 지경까지 가는 경우는 거의 없었다. 그렇게 했다면 상당한 정도로 종교적 재교육 과정을 거쳐야 했을 것이고, 또한 자신이 갖고 있던 유대교의 종교적 자본을 포기해야 했을 것이다. 그래도 실제로 이교도가 된 유대인이 있었다고 한다면, 사실상 그에게는 군이 내버려야 할 유대교의 종교적 자본이 별로 많지 않았을 것이며, 아마도 기껏해야 명목상으로 유대교에 속한 부모들 밑에서 양육 받았을 것이다.

이교 신앙과 달리 기독교는 디아스포라 유대인들에게 그들의 종교적 자본을 사실상 거의 그대로 가져가면서, 그것에 뭔가를 보태는 정도만을 제시하였다. 왜냐하면 기독교는 구약의 유산 전체를 지니고 있었기 때문이다. 아울러 기독교는 유대교의 율법 가운데 많은 부분이 불필요하다고 보았지만, 그렇다고 해서 새로운 율법 체계를 익힐 것을 요구하지도 않았다. 게다가 그리스도교 모임에서 드려지는 예배는 회당 예배를 본떠 만든 것이었으며, 초기 기독교 예배에서는 그리스어를 사용하였는데, 이 때문에 헬라파 유대인들은 고향에 온 것 같은 편안한 느낌이 들었을 것이다. 끝으로 기독교는 구원에 관한 기독교의 핵심 메시지가 바로 정통 유대교에서 말하는 메시아적 대망의 성취임을 세심하게 강조했다.

바울과 디아스포라 유대교

일차적으로 문화적 연속성 때문에 기독교가 디아스포라에 속한 헬라파 유대인들을 대상으로 선교활동을 전개한 것은 아니었다. 선교의 계기로 작용한 것은 사회적 연결망이었다. 예루살렘을 출발한 선교사들에게 제기된 첫 번째 중차대한 질문은 어디로 갈 것인지, 누가 그들을 맞아줄 것인지에 관한 것이었다. 답은 꽤나 명백해 보였다. 그리스-로마 세계 전역에는 이들 선교사들과 관계된 사람들로 이루어진 비교적 부유한 공동체가 산재해 있었다. 이들은 (비록 먼 친척일지 모르지만) 어쨌든 선교사들의 친척뻘 되는 사람들 내지 친구의 친구쯤 되는 사람들이었다. 실로 기원후 70년에 성전이 파괴되기 전까지는 적어도 디아스포라 공동체들이 예루살렘으로부터 오는 종교 지도자들의 예방을 받는 데 익숙해 있었다. 따라서 이들 디아스포라 공동체로 초기 기독교 선교사들이 진출하였고, 바울도 그들의 선례를 따랐던 것이다.

　바울이 이방인들로 하여금 유대인이 되지 않고서도 그리스도인이 될 수 있도록 돌파구를 열었던 것에 대한 연구가 많이 진행된 것에 비해, 그가 유대인 그리스도인도 더 이상 율법을 지킬 필요가 없다고 주장한 것(갈 3:15-29)이 끼친 영향에 대한 연구는 매우 빈약하다.[19] 이것이 이방인들에게 가져다준 것은 아무것도 없었지만, 율법에 따른 사회적 제약으로부터 벗어나기를 원했던 헬라파 유대인들에게는 굉장한 호소력을 지녔을 것이다. 더

19　이에 대한 탁월한 논의로는 다음을 보라. Hagner 2007.

군다나 바울의 선교가 이방인을 겨냥한 것에 대해 그토록 많은 방점이 주어졌음에도 불구하고 사실상 바울이 수행한 거의 모든 선교활동은 디아스포라 유대인 공동체 내에서 이루어졌다. 바울을 수행했던 사람들도 누가를 제외하면 대부분 유대인이었다. 그를 환대했던 이들도 유대인이었으며, 바울이 설교한 곳도 유대인 가정과 회당이었다. 아울러 바울 서신에서 문안 인사를 보냈던 이들도 대부분 유대인이었다. 바울이 이교도들에게 자신의 모든 노력을 기울인 것이 사실이라면, 왜 그는 계속해서 해당 지역의 유대인들로부터 그렇게나 심한 매질을 여러 번 당해야만 했을까?[20] 만약에 바울이 이교도들만 상대했다고 한다면 디아스포라 유대인들은 분명히 그를 무시하고 지나쳤을 것이다.

이러한 사실은 다음과 같은 가능성을 제기한다. 즉 비록 이방인에 대한 선교를 강조했음에도 불구하고 바울의 선교활동에 따라 실제로 거둔 열매는 유대인 회심자인 경우가 더 많았다는 것이다. 분명한 사실은 바울이 율법을 거부함으로써 기독교와 정통 유대교 간에 한층 더 심한 간극이 발생했다는 점이다. 하지만 현실적 측면에서 보자면 독실한 정통파 유대인이라면 어쨌든 기독교로 회심할 리가 만무했다. 그러한 까닭에 팔레스타인 지역에서는 선교의 열매가 별로 없었다. 노크(Nock)의 말마따나 이들 헬라파 유대인들이야말로 "전통적 경건을 상실했기에…새로운 믿음을 열린 태도로 수용할 수 있었다."[21]

더욱이 프렌드(W. H. C. Frend, 1916-2005)는 바울이 이방인에 대한 사역이라고 말했던 것이 실은 "하나님을 경외하는 자들"(God-fearers)을 대상으로 한 전도활동에 국한되었을 수 있음을 지적한다. 이들은 이방인이기는 하

20　고후 11:24-25.
21　Nock 1938, 121.

지만 이미 회당에 자주 드나들면서 회당 건축을 지원하는 등 후원을 아끼지 않았다. 하지만 유대교로 완전히 개종하는 경우는 결코 없었는데, 이는 그들이 율법을 완전히 수용하는 것을 내켜하지 않았기 때문이다. 프렌드는 다음과 같이 말한다. "고린도에서 바울이 지금 이후로는 이방인들에게로 가겠다고 선언하고서 그가 기껏 간 곳은 회당 옆에 살고 있던 '하나님을 경외하는 자'(worshipper of God)인 디도 유스도(Titus Justus)라는 사람의 집이었다 (행 18:7). '하나님을 경외하는 자'에 대한 선교라는 측면에서 바울의 선교활동과 그의 성공을 이해하는 것이 일리가 있다."[22] 이것은 물론 진짜 이교도들, 즉 유대교에 대해 사전에 교감이 없는 이들을 대상으로 사역하는 것과는 천양지차다. 실제로 바울이 아테네 같은 곳에서 그러한 시도를 했을 때, 그는 아무것도 이루지 못했다. 그러나 하나님을 경외하는 자들을 온전한 그리스도인이 되게 함으로써 바울에게는 새로운 전도의 기회가 크게 열리게 되었고, 이로 인해 비유대계 그리스도인들의 비중이 급격히 확대되기에 이르렀다.

유대인의 개종이 끝난 시기는 언제인가?

거의 모든 사람들이 유대인에 대한 선교가 오래지 않아 실패로 귀착되었다고 생각한다. 어떤 사람들은 유대인 반란(기원후 66-74) 기간 동안에 디아스포라 유대인들이 반란군을 지지한 반면에 그리스도인들은 지지하지 않은 것으로 인해 유대인의 개종을 막는 철통같은 장벽이 생겨났다고 추측한다. 다른 이들은 바르 코크바의 반란 때(기원후 132-135)까지 유대인들의 개종

---

22   Frend 1984, 100.

이 상당히 이어졌음을 수긍한다. 하지만 그 반란으로 인해 교회와 회당이 더욱 소원해졌고, 그때 이후로 유대인의 개종은 종결되었다고 추정한다. 어쩌면 그럴지도 모른다. 하지만 이러한 결론에 반하는 증거와 추론이 상당히 다양한 형태로 존재한다.

헬라파 유대인에 대한 선교가 일찍이 실패로 종결되었다는 주장에 대한 첫 번째 반론은 유대인에 대한 초기 선교를 성공으로 이끌었던 근본 환경이 변하지 않았다는 것, 즉 유대교 문화와 율법에 대한 애착이 약화된 상황이 여전히 그대로였다는 사실이다.

이보다 훨씬 중요한 것으로, 기독교 내에 유대교가 지속적 영향을 미치고 있었다는 증거가 풍부하게 존재한다. 누가복음과 사도행전을 제외하면 신약성경은 모두다 유대인들이 기록했다는 사실을 생각해보라. 더욱이 영지주의로 판명이 난 숱한 문헌들뿐 아니라 마르키온주의(Marcionism)와 같은 초기 이단운동도 현저하게 반유대주의적 성격을 띠고 있었다. 그들을 손쉽게 이단이라고 거부하긴 했지만, 이들의 이러한 공격은 바로 교회 내부에 유대인의 영향력이 강한 지속성을 지니고 있었음을 추론하게 한다. 후대로 눈을 돌리면, 5세기 말 기독교 지도자들 가운데 다수는 교회가 유대교화하는 것에 대해 크게 염려했는데 이러한 사실을 어떻게 이해해야 할까? 역사학자들은 이 시기에 너무나 많은 그리스도인들이 유대인의 문화에 대해 친근함을 보여주었던 나머지, 그러한 현상을 "유대교에 대한 심취가 만연된 것"[23]으로 부를 수 있을 정도라는 데 동의한다. 이것이 단지 일시적으로 사람들을 매료시킨 것처럼 보이지는 않는다. 만일 유대인의 개종이 중단된 지 정말로 수백 년이 지났다고 한다면 더더군다나 있을 수 없는 일이다. 다른 한편으로 이러한 것을 기독교 공동체들 가운데서도 찾아볼 수 있다. 즉 그

---

23   Meeks and Wilken 1978, 31.

들 중 많은 이들이 상대적으로 얼마 전까지 유대인 가문 출신이었고, 따라서 비그리스도인 유대인들과 가족적 유대관계 및 친교를 맺고 있었다. 그러므로 그들은 자기들이 믿고 있는 기독교에 더해서 명백히 유대교적인 면들을 보존하고 있었다. 게다가 이것은 4세기 초 콘스탄티누스 황제가 내린 명령과도 일치한다. 말하자면 "유대인들은 그 공동체 구성원들 가운데 기독교로 개종한 자들에 대한 공격을 자제해야 한다"는 내용이다.[24] 이뿐 아니라, 로마는 그리스도인과 유대인 간의 통혼을 거듭 금지했다. 기원후 388년 경에는 그와 관련한 법령이 반포되기도 했다.[25] 발생하지 않은 일에 대해 정부가 금지하는 경우는 거의 없다.

따라서 쟁점이 되어야 할 것은 기독교의 유대교화가 아니라, 여러 곳에서 상당한 규모의 유대 기독교가 존속하고 있었다는 점이다. 그리고 만약 이것이 사실이라면 유대인 그리스도인들이 자신의 가족과 친구들로 구성된 연결망을 통해 새로운 회심자를 충원하는 능력을 상실했다고 가정할 이유가 없다. 그러므로 관련 증거를 유대교화가 갑작스럽게 터져 나온 것으로 이해하기보다는 유대인의 회심이 결코 중단된 적이 없음을 나타내는 증거로 해석하는 것이 더 개연성 있어 보인다. 요안네스 크리소스토모스(John Chrysostom, 기원후 349-407)가 회당을 자주 드나드는 그리스도인들에 대한 비난을 쏟아낼 때, 그는 자신의 말이 진리인지 아닌지 알고 있던 청중을 대상으로 말하고 있었다. 따라서 우리는 이러한 일이 실제로 진행되고 있었다고 추정할 수 있다. 크리소스토모스가 쏟아내는 비난에 대한 가장 합리적인 해석은 그가 아직도 서로 얽혀 있던 교회와 회당을 분리시키려고 했다는 것이다—5세기 초까지도 이러한 상태였음은 의외라고 하겠다.

---

24 Leadbetter 2000, 1077.
25 Rutgers 1992, 115.

제2부 로마 제국의 기독교화

그러나 필시 유대인 선교가 실패했다고 추정하는 가장 근본적인 이유는 기독교가 로마를 지배하고 난 후에도 상당수의 디아스포라 유대인 인구가 존속하면서 회당을 유지하고 있었고, 그렇기 때문에 유대인들이 기독교의 선교활동을 거부했음에 틀림없다고 결론짓는 까닭이다. 그러나 이러한 추정은 디아스포라 유대인들이 수백만에 이른다는 사실을 간과하고 있다. 이 정도의 인구라면 회당을 유지하면서도 다수의 그리스도인들을 배출하기에 충분한 규모였다. 만약에 본서의 제9장에 제시된 예측이 어느 정도 근사치에 가깝다면, 250년경에 그리스도교 인구가 100만 명 정도였을 것으로 추정할 수 있다. 이 통계가 의미하는 바는 이방인들의 회심이 전혀 없었다고 가정할 때, 디아스포라 유대인 가운데 다섯 명 중 한 명이나 적어도 아홉 명 중 한 명꼴로 기독교로 개종을 했어야 한다는 뜻이다. 그런데 물론 이방인 개종도 많이 있었다.

인구 통계자료는 아주 많은 수의 유대인들이 개종했었으리라는 추정을 더욱 뒷받침한다. 이미 살펴본 것처럼 디아스포라 유대인들은 로마 제국의 전체 인구 중 적어도 10퍼센트를 점하고 있었으며, 어쩌면 15퍼센트 정도까지 되었을지도 모른다. 중세 역사가들은 10세기경 서유럽의 전체 인구 중 유대인은 1퍼센트에 불과했다고 추산한다.[26] 이렇듯 인구 비율의 상당한 감소가 초래된 것은 유대인 인구가 상당히 많았던 지역이 이슬람에 의해 정복되었기 때문일 것이다. 그럼에도 불구하고 통계수치는 중세 천년 동안 유럽의 디아스포라 인구가 상당히 감소했음을 시사한다. 그리고 이것은 기독교로 개종하는 비율이 상당했다는 사실과도 일치한다. 최근의 연구에 따르면, 대략 7세기까지도 유대인의 개종 비율이 계속 높았던 것을 알 수 있다.[27]

26 Baron 1952; Stow 1992.
27 Botticini and Eckstein 2006.

그렇지만 회당들이 강력하게 존속하고 있었다는 사실이 그러한 추측과 불일치하는 것도 아니다. 실로 기독교로의 회심은 미온적이었던 헬라파 유대인들을 모두 솎아냄으로써 점차로 보다 정통적이고 매우 헌신적인 유대교 공동체가 생겨나게 하였고, 이러한 공동체는 기독교에 맞서 결연한 저항을 감당하기에 매우 이상적인 공동체로 조직되었다.

끝으로, 이탈리아(특별히 로마와 베노사)에서 다량으로 발굴된 고고학적 유적(유대인과 그리스도인의 집단 매장지)은 "유대인과 그리스도인이 상호의존적이며 긴밀한 관계를 맺고 있던 공동체였으며, 기원후 3, 4세기까지도 이 두 집단 간의 경계가 분명치 않았음을 보여준다."[28] 이와 유사하게, 갈릴리 연안에 위치한 가버나움에서 발굴된 유적지를 살펴보면 "유대인 회당과 유대인 그리스도인의 가정 교회가 같은 거리의 맞은쪽에 자리 잡고 있었으며…발굴된 지층과 건물구조로 미루어 볼 때 이 두 공동체가 7세기까지는 분명히 서로 간에 조화롭게 공존했던 것"을 알 수 있다.[29]

3세기 전반에 오리게네스가 가끔 "심판관"(umpires)을 앞에 두고 유대인들과 신학적인 논쟁을 벌인 사실을 언급하는 것도 주목할 가치가 있다.[30] 이것은 교회와 회당이 분리된 지 오래되었다는 추정과 잘 맞지 않는다. 또한 4세기까지도 기독교 신학자들이 "난해한 성경 구절을 해석할 때 랍비들에게" 문의했다는 증거도 있는데, 이 역시 그러한 추정과 잘 들어맞지 않는다.[31]

이 모든 증거들로 미루어볼 때, 유대인에 대한 선교는 흔히 생각했던 것보다 훨씬 더 오랫동안 지속되었고 보다 더 성공적이었던 것으로 보인다.

28　Meyers 1988, 73-74.
29　Meyers 1988, 76.
30　Weiss [1937] 1959, 2:670.
31　Rutgers 1992, 118.

이방인들의 갈망

디아스포라 공동체는 팔레스타인에서 이주해온 유대인들이 세운 것이다. 그러나 1세기 초에 이러한 도심 주거지에 수백만의 유대인들이 거주했던 것은 지속적인 이주와 높은 출산율로 인한 것만은 아니었을 것이다. 아돌프 폰 하르나크(Adolf von Harnack)가 말했듯이, "디아스포라 유대인의 전체 인구가 그렇게 많은 것을 단지 유대인 가구의 출산율에 따른 증가로 설명하는 것은 전적으로 불가능하다. 상당히 많은 수의 이교도들이 야웨에게로 무리지어 넘어왔다고 추정할 수밖에 없다."[32] 따라서 요세푸스의 다음과 같은 주장이 아마도 틀리지 않았던 것으로 보인다. "그들[유대인들]은 자기들의 예배에 항시 그리스인을 많이 끌어들여서, 이들을 사실상 자기 공동체의 일원으로 삼았다."[33] "사실상"(virtually)이란 말을 삽입함으로써, 요세푸스는 유대교의 유일신 신앙을 수용한 이교도들이 많았지만 그럼에도 이들이 여전히 유대교적 삶의 주변부에만 머물러 있었음을 인정하고 있다. 이는 이들이 유대인의 민족적 관습(성인 남성의 할례뿐 아니라 율법의 기타 측면들)에 대한 완전한 수용을 내켜하지 않았기 때문이다.[34] 앞에서 언급했듯이, 이러한 "사실상의" 유대인을 가리켜 "하나님을 경외하는 자"(God-fearers)라고 부른다.

그러나 그리스-로마 사람들이 유일신교에 대한 갈망을 표현한 통로는 단지 유대교로의 개종이나 하나님을 경외하는 자가 되는 것만이 아니었다. 이들의 이러한 갈망은 기독교 도래 이전에 로마 제국을 휩쓸었던 동양 종교들이 괄목할 만한 성공을 거두는 토대로 작용하기도 했다. 선행 연구들을 검토하다가 나는 참으로 동양 종교가 실질적으로 기독교의 선구적 형태로

---

32 Harnack 1904, 1:10-11.

33 Josephus, *Jewish War* 7.44.

34 Reynolds and Tannenbaum 1987; Zetterholm 2003.

작용했음을 보여주는 통계적 증거를 찾아낼 수 있었다. 예를 들어 이시스 여신에게 바쳐진 1개소 이상의 신전을 보유한 그리스-로마 지역의 17개 주요 도시 가운데 11개 도시에서 기원후 100년경에 기독교 회중의 존재를 확인할 수 있었다. 반면 이시스 신전이 존재하지 않은 비슷한 규모의 14개 도시 가운데는 단 2개 도시에서만 100년까지 기독교 회중이 존재했었고, 7개 도시에서는 180년까지도 기독교 회중을 찾아볼 수 없었다.[35] 이와 마찬가지로, 키벨레 여신에게 바쳐진 신전을 보유한 10개 도시 가운데 8개 도시에서 기원후 100년까지 기독교 회중이 존재한 반면에, 키벨레 신전이 존재하지 않은 21개 도시 가운데는 5개 도시에서만 같은 시기에 기독교 회중을 찾아볼 수 있었다.[36] 본서의 제1장에서 언급한 것을 상기해보면, 이시스 및 키벨레 제의와 기타 신앙을 신봉하던 이들이 다신의 존재를 인정한 것은 사실이지만, 자기들이 믿는 신만을 최고의 신(Supreme God)으로 섬기면서 그 신앙에만 배타적으로 헌신하는 현상을 창출해냈다. 그리고 이 모든 현상의 배후에는 신을 사랑과 신뢰와 전능의 신으로 이해하는 새로운 신관이 핵심을 차지하고 있었다.

교리가 개종자들을 끌어들이는 데 주요한 역할을 하지 않는 것은 사실이지만 **개종**이라는 용어가 종교적 성향의 변화에 적용 가능한지의 여부를 결정하는 것이 바로 교리임을 잊지 말아야 한다. 다신교가 지배적인 환경에서 새로운 신들을 추가하거나 여러 신들을 전전하는 것은 그리 어렵지 않은 일이다. 반면에 개종이란 말은 어떤 특정한 신에게 배타적 헌신을 바치는 것을 의미하기도 한다. 말하자면 개종은 유일신교에(또는 그것에 매우 근접한 것에) 주로 해당하며, 그렇기 때문에 그것은 교리에 의존한다고 할 수 있다.

---

35   Stark 2006, table 4.7.
36   Stark 2006, chap. 5.

자신의 신앙을 위해 행동할 태세가 갖춰진 사람들을 가지고 강고한 조직체를 만들어낼 수 있는 유일신교의 능력은 실로 그 교리가 지닌 탁월한 성격에 달려 있다고 하겠다. 즉 유일신교의 신은 최대치의 활동영역과 권세와 능력을 지닌 의지할 만한 존재로서, 종종 그 의도마저도 확신할 수 없는 하급신들과 대비되는 훨씬 더 큰 교환가치 및 신뢰성을 보증해주었던 것이다. 이러한 격차가 분명했기에 처음부터 동양 종교들이 전례 없던 성공을 거둘 수 있었고, 또한 같은 이유로 인해 이시스와 같은 강력한 여신이 결국 자신이 누리던 최고신의 지위를 유일하고 참된 하나님께 내어주게 된 것이다. 유일신교는 목숨을 걸고 믿을 만한 가치가 있는 하나님, 실로 영생을 약속하는 하나님을 제시했기에 널리 확산되었던 것이다. 그리고 이것이 바로 기독교가 이교도들 가운데 승리하게 된 이유이며, 속속들이 기독교화된 환경 속에서 유대교가 존속할 수 있었던 이유이기도 하다.[37] 만약에 유대교가 유대인의 민족적 특징과 그토록 긴밀하게 결부되지 않았더라면, 아마도 예수의 탄생이 있기 훨씬 전에 유대교가 이교 세계를 휩쓸어버렸을는지도 모른다.

이교와의 문화적 연속성

그리스도 이야기 전반에 대해 종종 제기되는 심각한 반론은 그것이 너무나 근본적으로 이교와 닮아 있다는 점이다. 무슨 목적을 이루려고 십자가 희생이 필요했던 것일까? 기적을 일으키는 능력의 하나님이라면 모든 믿는 자에게 큰 자비를 베푸셨을 것이고, 그렇게 함으로써 굳이 "피의 희생"을 요

---

37 해당 주제에 대한 보다 확대된 논의에 대해서는 다음을 보라. Stark 2001.

구할 필요도 없으셨을 것이다. 십자가의 희생이 이교도들에게는 그럴 듯하게 보였을지 모르겠으나, 오늘날과 같이 계몽된 시대에는 아주 잘못된 것처럼 들린다.

그러나 이것이 바로 핵심 중의 핵심이다. 그리스-로마의 이교도들에게 십자가 희생이 전하는 메시지는 "그리스도가 우리의 죄를 위해 죽으셨다"는 것이다. 수백 혹은 수천 마리의 소를 제물로 드릴 필요가 없다! 기독교의 하나님은 "세상을 이처럼 사랑하사 독생자를 주셨으니, 이는 그를 믿는 자마다 멸망하지 않고 영생을 얻게 하려" 하셨다(요 3:16). 희생, 특별히 피로 드리는 희생제사를 신들을 달래기 위한 기본 요건으로 여겼던 문화에서는 기독교의 이러한 메시지가 강력한 감동을 주었다. 일부 동양 종교는 희생제물인 동물의 피를 입문자들의 죄를 "씻어버리는"데 사용하기도 했었다.

동일한 방식의 해석이 그리스도 이야기가 지닌 다른 측면(이방종교로부터 유래했다고 종종 비난받는 요소)에도 적용된다. 마리아의 수태는 이교 신들의 아이를 잉태했다고 전해지는 여러 여인들의 이야기와 매우 유사한 면이 있다. 제우스는 "(늘 그러한 것은 아니지만 대부분 처녀인) 인간 여성들을 통해 백 명이 넘는 자녀를 낳았다"고 전해진다.[38] 헤시오도스(Hesiod, 기원전 약 700)는 이들 신의 자녀를 "반신"(half-gods)이라고 불렀으며, 그중에는 페르세우스(Perseus)와 디오니소스(Dionysus)만이 아니라 트로이의 헬레네(Helen of Troy)도 포함된다. 이와 유사하게, 어떤 유명 인물의 출생이나 새로운 신의 도래에 앞서 늘 극적인 징조와 전조가 나타나기 마련이었다. 알렉산드로스 대제와 카이사르 아우구스투스가 탄생할 때도 숱한 경이로운 징조와 전조가 동반되었다고 한다. 여인에게서 태어난 어떤 이들이 피의 죽음을 겪고 난 후에 승천하여 신이 되었다는 믿음이 널리 퍼져 있었다. 프레이저(Fraser)

---

[38]   Riley 1997, 39.

는 『황금 가지』(*The Golden Bough*)에서 그러한 "신화"에 대해 자세히 다루고 있다.

그러나 이런 이교 신화와의 유사점 때문에 기독교의 신뢰성이 떨어진다는 주장은 이런 특징이 이교 세계에서 실제로 어떻게 작용했는지를 제대로 보지 못하고 있다. 거기서는 이러한 신화적 요소가 그리스도의 신성을 보여주는 강력한 증거로 받아들여졌다. 그리스도 이야기는 고대 영웅 설화의 모든 요소, 곧 어떻게 한 인간이 신의 경지에 오르게 되었는지에 대한 이야기의 완결판이었다.[39] 초기 교부들은 이 점을 충분히 인식하고 있었다. 테르툴리아누스(약 160-?)는 로마의 관헌에게 그리스도 이야기를 들려준 후에, "당신들의 신화와 비슷하니, 이 이야기를 받아들이라"고 권면하였다.[40] 초기 교부들이 이 점을 깨닫고 있었다면, 이러한 유사점을 "신적 적응"(divine accommodation: 하나님이 인간의 수준에 맞추어주심 — 옮긴이)의 사례로 해석하는 것도 무리가 아닐 것이다.

신적 적응의 교리가 주장하는 바에 따르면, 하나님이 인간과 소통하는 방식은 인간의 현재 이해 수준에 늘 제한된다고 한다. 4세기에 활동한 니사의 그레고리오스(Gregory of Nyssa)의 말마따나 하나님은 지극히도 "우리의 본성을 넘어서 계시며 어떤 식으로도 다가갈 수 없는 분이시므로" 그분이 우리에게 말씀하실 때 실제로 갓난아기 수준의 언어를 사용하시며, 그럼으로써 "우리에게 수용 가능한 것을 우리의 인간 본성에" 전달해주신다고 한다.[41] 그러므로 그리스도 이야기가 이교의 신화적 언어에 습합된 것처럼 보인다고 한다면, 그것이야말로 하나님께서 그리스-로마인들이 이해할 수 있는 한계 내에서 소통하기 위해 채택하신 가장 효과적인 방식이라고 해

---

39 Riley 1997.
40 Tertullian, *Apology* 21.15.
41 다음에서 인용함. Benin 1993, 52.

석할 수 있다. 그리스도의 신성을 보여주는 이러한 증거들이야말로 이교도들이 가장 쉽게 인식할 수 있는 것들이었다. 시릴 베일리(Cyril Bailey, 1871-1957)의 예리한 시선은 이 점을 다음과 같이 잘 표현해준다. 기독교가 발흥했을 때 "사람들은 어떤 방향을 찾고 있었고, 자신들의 종교적인 갈망과 믿음을 특정한 관점에서 표현하고 있었다. 기독교는 그들이 이해하는 언어를 사용하여 말을 건넸고, 기독교의 신학과 예배를 그 세대가 보기에 자연스러운 형태로 정립했다.…만약에 복음이 당대의 종교적 탐색과 심지어 종교적 믿음 안에서 공명의 요소를 찾아내지 못했다면 그것은 성공을 거두지 못했을 것이다."[42]

더욱이 그리스도 이야기가 지닌 "이교적 요소"는 그리스-로마의 이교 신앙과 기독교 간의 문화적 연속성을 극대화시켰다. 이교도 출신의 개종자들은 자기들에게 친숙한 신들과 기적들에 대한 개념들 가운데 많은 것들을 그대로 가져갈 수 있었으며, 그러면서도 훨씬 더 강한 수준의 헌신과 더 포괄적인 도덕성 및 훨씬 더 강력한 구원의 메시지를 수용할 수 있었다. 유대교로 개종한 이들과는 달리, 그리스도인이 된 사람들은 그들이 전에 섬기던 신들이 지닌 보다 친숙하고 이해가능하고 심지어 "인간적인" 측면들을 모조리 포기하는 대신, 더 멀게 느껴지고 이해하기 힘들고 험상궂은 모습을 한 야웨(Yahweh)를 받아들여야 했던 것은 아니다. 그 대신에 그리스도인들은 두 가지 방식을 모두 취할 수 있었다. 그래서인지 유대인들과 무슬림들은 종종 기독교가 유일신교가 아니라고 주장한다. 기독교가 예수를 그 자체로 신으로 인정하기 때문이라는 말이다. 어쨌든 그리스도는 기독교를 안온하고 믿음직할 뿐 아니라 보다 이해하기 쉬운 것으로 만들어준다. 이것은 유대교나 이슬람에서 찾아볼 수 없는 측면이다. 그리스도는 모든 사람

---

42   Bailey 1932, 270-71.

의 구원을 위해 자신을 죽음에 넘겨줄 정도로 이해심이 많고 용서하는 인물일 뿐 아니라, 우리를 위해 중보 기도자의 역할을 계속하는 인물로도 그려진다. 더욱이 야웨나 여호와나 알라는 인간의 눈으로 볼 수 없고 따라서 묘사할 수도 없는 존재이지만, 그리스도를 묘사하는 것은 얼마든지 가능하다. 이와 관련하여 기독교 미술이 지닌 놀라운 영향력을 생각해보라![43] 그리스도인들에게서 다신교로 퇴행하는 경향을 찾아보기 힘든 것은 바로 예수가 신성을 너무나도 완벽하게 인간화하고 있기 때문이다. 하지만 물론 그 때문에 기독교는 유대교와 되돌릴 수 없이 갈라진 사이가 되고 말았다.

결론

기독교의 초기 성공은 주로 디아스포라 유대인의 회심에 기인한 것처럼 보인다. 로마에 있던 그리스도인들에 관해 우리가 알고 있는 최초의 내용은 유대인 공동체 안에 그리스도로 인해 소요가 일어났다는 것이다. 바울은 그리스도를 받아들인 유대인들을 징벌하기 위해 다메섹으로 파견되었었다. 바울의 선교사역 이전에도 많은 그리스도인 회중들이 있었는데 이들은 분명히 대부분 유대인들이었다. 왜냐하면 이교도들이 회심하는 경우에 그들은 예외 없이 먼저 유대인이 되었기 때문이다. 의심할 여지없이, 이방인이 회심할 때 유대인이 될 필요가 없다는 새로운 정책을 바울이 널리 알리면서, 이방인들의 수가 크게 늘어나기 시작했다. 그 결과 "하나님을 경외하는 자들"이 아마도 곧장 집단적으로 회당을 떠나 교회로 몰려들었을 것이다. 하지만 바울은 선교활동을 디아스포라 공동체들 안에서 지속했기 때문에,

---

43   Pelikan 2005.

틀림없이 유대인 그리스도인들이 교회에서 지배적인 위치를 계속 차지했을 것이다. 이것이 내가 앞선 연구를 통해 상당한 규모의 디아스포라 공동체가 있던 그리스-로마의 도시들에 다른 도시들보다 더 일찍이 기독교 회중이 존재하고 있었다는 분명한 통계적 증거를 찾아낸 것과 부합한다. 디아스포라 공동체를 보유한 9개의 대규모 그리스-로마 도시들에서 모두 1세기 말에 기독교 회중을 찾아볼 수 있다. 디아스포라 공동체가 없었던 같은 규모의 그리스-로마 도시 24개 중에는 단지 4개 도시에서만 같은 시기에 교회를 찾아볼 수 있었다. 그중 삼분의 일은 180년까지도 교회가 존재하지 않았다.[44]

물론 기독교의 부흥은 궁극적으로 이방인 선교에 의해 성취되었다. 그리스도 이야기 가운데 이교도들에게 친숙하고 설득력 있던 많은 측면이 그러한 성취를 가져오는 데 크게 기여하였다. 예를 들어 동방의 별, 동정녀 탄생, 동방 박사들의 방문, 기적들, 십자가를 통한 피의 희생, 부활 및 승천이 이에 해당한다.

---

44   Stark 2006, table 5.8.

제5장

기독교와 특권층

기독교는 그 시초부터 지지자의 대부분을 고대 사회에서 가장 가난하고 비참한 집단으로부터 끌어왔다고 하는 이야기가 이어져왔다. 초창기부터 많은 금욕적 그리스도인들은 가난을 "초기 교회"의 주요 덕목 가운데 하나로 내세웠고, 19세기가 되자 이러한 견해가 극단적 좌파에 의해 재확인되었다. 카를 마르크스(Karl Marx)의 동료였던 프리드리히 엥겔스(Friedrich Engels, 1820-1895)는 그것을 다음과 같이 표현했다. "초기 기독교의 역사는 근대 노동자 계급 운동과 눈에 띄게 닮은 점이 있다. 후자와 마찬가지로 기독교는 본시 억압당하는 민중의 운동이었다. 그것은 처음에 노예와 해방 노예의 종교, 모든 권리를 박탈당한 빈민의 종교, 로마에 의해 복속당하고 쫓겨난 민족들의 종교로서 출현했다."[1] 독일어판 마르크스 전집의 편집자였던 카를 카우츠키(Karl Kautsky, 1854-1938)도 같은 생각을 품고 작업을 하면서, 예수야말로 최초의 사회주의자 중 하나였을지도 모르며, 따라서 초기 그리스

---

1   Engels [1894] 1964.

도인들은 짧은 기간이나마 진정한 공산사회를 이룩했었다고 주장하였다.[2]

성서학자들이 대부분 카우츠키의 주장을 거부하기는 하지만 그럼에도 기독교가 하층 계급의 원한과 저항에서 유래했다는 견해는 신학의 모든 스 펙트럼을 망라하는 일반적 통념으로 자리 잡아 왔다. 예일 대학교의 어윈 구디너프(Erwin Goodenough, 1893-1965)는 그의 유명한 대학 교재에서 이를 다음과 같이 요약한다. "기독교가 로마인들의 눈에 탐탁지 않게 보였던 이 유 중 보다 분명한 것은 기독교로 회심하는 자들의 압도적 다수가 사회의 최하층 계급 출신이었다는 사실이다. 지금처럼 당시에도 지배 계급은 사회 의 종복들과 노예들을 모아서 비밀 조직으로 결성해낸 운동을 혐의의 눈으 로 바라보았다."[3]

이러한 견해를 한층 더 발전시킨 사람은 독일의 사회학자인 에른스 트 트뢸치(Ernst Troeltsch, 1865-1923)인데, 그는 **모든** 종교운동을 하층 계급 의 작품으로 보았다.[4] 트뢸치의 주장에 공명한 사람은 미국의 개신교 신학 자이자 사회학자인 리처드 니버(H. Richard Niebuhr, 1894-1962)인데, 그는 큰 반향을 일으킨 자신의 저서에서 새로운 종교운동은 늘 "소외된 소수자 가 만들어내는 것으로, 가난한 자들이 일으키는 종교적 반란의 형태로 나타 난다"고 말한다.[5] 이에 따라 민중이 새로운 종교운동을 일으키는 이유에 대 한 가장 인기 있는 설명 방식을 가리켜 "결핍 이론"(deprivation theory)이라고 부르게 되었다. 이에 따르면, 민중은 그들의 물질적 곤궁을 해결하기 위한 직접적인 행동이 실패하거나 그것이 명백히 불가능할 때 초자연적 해결책

2   Kautsky [1908] 1953.
3   Goodenough [1931] 1970, 37.
4   Troeltsch [1912] 1931, 1:331.
5   Niebuhr 1929, 19.

을 채택한다고 가정한다.[6]

최근 들어 결핍 이론이, 다 그런 것은 아니지만, 대부분의 새로운 종교운동에, 특히 이에 관한 기록이 많이 남아 있는 경우에 잘 들어맞지 않는다는 사실이 분명해졌다. 이 점은 기원전 6세기에 발생한 불교에 해당할 수도 있고[7] 아니면 21세기에 출현한 뉴에이지 운동에 해당할 수도 있다.[8] 현재 널리 퍼져 있는 사회학적 도그마와는 정반대로, **종교운동은 전형적으로 특권계층에 의해 시작된다.** 왜 이러한 일이 일어나는지에 대해 이번 장의 후반부에서 살펴볼 예정이다. 먼저는 초기 기독교가 하층 계급의 운동이었다는 주장에 대한 자세한 반박을 취급할 것이다. 그러한 주장에 맞서, 나는 기독교가 아주 초창기부터 특권층 사람들에게 특별히 매력적이었다는 점을 제시할 것이다. 예수 자신이 부유층 출신이든지 아니면 적어도 유복한 배경을 가졌을 가능성이 있다.

특권층 출신의 그리스도인들

맨 처음 그리스도인들의 사회적 신분에 관한 논의는 "반박할 수 없는" 바울의 증거 본문을 들이대기만 하면 다 해결될 것처럼 보인다. 여기서 그는 자신의 추종자들에 대해 "형제들아, 너희를 부르심을 보라. 육체를 따라 지혜로운 자가 많지 아니하며 능한 자가 많지 아니하며 문벌 좋은 자가 많지 아니하도다"라고 주목해서 말한다(고전 1:26).

미묘한 감식안을 가진 사람들이 여러 세대를 거치면서도 이 구절에 함

---

6   Glock 1964; Stark and Bainbridge 1987.

7   Stark 2007a.

8   Stark 2008.

축된 명백한 의미를 감지하지 못했다는 것은 놀랍기 그지없다. 1960년이 되어서야 호주의 학자인 저지(E. A. Judge)[9]가 소장 학자 시절에 이 구절에 대해 바울이 "너희 중 **아무도** 능한 자가 없고, 너희 중 **아무도** 문벌 좋은 자가 없다"라고 말하지 않았음을 지적하였다. 그 대신에 바울은 능하거나 문벌 좋은 자들이 "많지 않다"고 말하였는데, 이 말은 능하거나 문벌 좋은 자들도 일부 있었다는 뜻이다. 로마 제국에서 문벌 좋은 자들이 차지하는 비율이 극소수였음을 감안할 때, 미미한 집단에 지나지 않는 초기 그리스도인들 가운데 어떤 이들이 문벌 좋은 계층 출신이라는 사실은 매우 주목할 만한 점이다. 이 말은 다른 많은 종교운동처럼 기독교 역시도 특권층의 운동에서 시작했을 가능성을 제기한다. 사실 여러 저명한 역사학자들은 저지가 그 명백한 사실을 지적하기 오래전에 이미 그러한 견해를 피력했었다. 지대한 영향력을 지닌 독일의 역사가 아돌프 폰 하르나크(Adolf von Harnack, 1851-1930)는 기독교가 상류계층 여성들에게 특별히 호소력이 있었다고 말했으며,[10] 저명한 스코틀랜드의 고전학자 램지(W. M. Ramsay, 1851-1939)도 "기독교는 처음부터 무식한 계층보다 식자층에서 훨씬 더 빠르게 확대되었고, 특히 황제의 가정이나 궁정에서 가장 든든한 근거지를 마련했다"[11]라고 주장하였다. 그렇지만 소수의 전문가들을 제외하고 나면, 이러한 이견은 초기 그리스도인들이 대부분 사회의 하층 출신이었다는 일반적인 통념에 별다른 영향을 주지 못했다. 그러면 이제부터 우리는 예수와 그의 제자들과 바울 및 초기 그리스도인들이 지닌 사회적 위상이 과연 어떠했는지에 대해 보다 면밀히 살펴보도록 하자.

많은 성서학자들은 고린도후서 8:9 때문에 골머리를 썩어왔다. 왜냐하

9　Judge 1960a; 1960b.
10　Harnack 1905, 227.
11　Ramsay 1893, 57.

면 그 구절에서 바울이 "우리 주 예수 그리스도의 은혜를 너희가 알거니와 부요하신 이로서 너희를 위하여 가난하게 되심은 그의 가난함으로 말미암아 너희를 부요하게 하려 하심이라"라고 말하기 때문이다. 예수가 한때 부요했었다는 이 말씀이 사실일 수 있을까? 혹자는 바울이 예수의 실제 삶에 대해 아는 것이 전혀 없음을 "증명"하기 위해 이 구절을 사용하기도 한다.[12] 하지만 이러한 주장은 어불성설이다. 다른 사람들은 대부분 그것을 은유적으로 해석하면서, 이 말은 영적인 부유함을 가리킨다고 주장한다. 그러나 이러한 해석은 그 구절을 둘러싼 맥락, 곧 바울이 고린도 교인들에게 예루살렘에 있는 가난한 사람들을 위해 기도가 아닌 돈의 기부를 요청하고 있다는 사실과 잘 맞지 않는다. 그는 또한 돈의 기부를 위한 기준으로 마케도니아 교인들의 사례를 인용하면서, 고린도 교인들에게 하나님의 축복은 관대하게 베푸는 자에게 돌아간다고 확언하고 있다. 이러한 맥락에서 예수의 예를 인용하는 것은 바울이 예수가 영적 부요함이 아니라 물질적 부요함을 포기한 것에 대해 이야기하고 있음을 강하게 시사한다. 예수가 자신의 가르침에서 즐겨 인용했던 사례뿐 아니라 예수의 전기까지도 면밀하게 살펴보면, 바울 스스로가 자신이 무슨 말을 하는지 잘 알고 있었음을 짐작할 수 있다.

앞의 제3장에서 살펴본 것처럼, 예수가 만일 유대인의 전통적인 관습, 즉 랍비가 자신의 생계를 위해 전문직을 갖는 그러한 관습을 따라서 목수라는 직업을 가진 것이면 모를까, 그러한 것이 아니라면, 예수는 아마도 목수는 아니었을 것이다. 왜냐하면 예수는 학식 있는 랍비였을 가능성이 매우 크기 때문이다. 예수의 부모는 지역 유지 정도는 될 정도로 나사렛뿐 아니라 가버나움에도 재산을 소유한 꽤 넉넉한 집안이었던 것처럼 보인다.[13] 그

---

12 이것에 대한 요약으로는 다음을 보라. Buchanan 1964.
13 Frend 1984, 57.

들은 유월절을 지키기 위해 매년 예루살렘으로 올라갈 수 있었는데, 그것은 보통 가정에서는 감당하기 힘든 수준이었다(눅 2:41).[14]

게다가 예수가 복음서에서 이야기하는 엄청난 양의 비유와 은유 가운데 "건물"이나 "건축"에 대한 언급은 단 세 차례만 등장하는데,[15] 그것들마저도 예수가 목공일에 조예가 있었는지를 알려주기에는 너무 모호하다. 모래 위에 집을 짓는 것보다 반석 위에 집을 짓는 것이 더 낫다는 것(눅 6:46-49) 정도는 목수가 아니어도 충분히 알 수 있는 내용이다. 반면에 예수는 토지소유, 투자, 대부, 종과 소작인의 고용, 유산상속 등 재산과 관련된 예화를 계속 사용한다. 달란트의 비유는 예수가 은행 업무에 대해 친숙했음을 보여준다.[16] 이러한 수사법이 지시하는 바가 곧 예수가 특권층 출신임을 반영하는 것은 아니겠지만, 그것이 암시하는 바는 확실히 예수가 특권층에 속한 청중에게 말하고 있다는 사실이다. 조지 웨슬리 뷰캐넌(George Wesley Buchanan)의 말마따나 예수가 사용한 이미지와 비유 중 다수가 "손님을 접대하고 종들을 부리고 기부를 할 정도로 부유한 이들을 향해 말한 것이 아니라면 의미가 없었을 것이다. 예수의 말을 들은 청중은 대체로 부유한 사람들이었을 것이다.…상류층 사람들이 자기들과 같은 상류층의 성장 배경을 가진 랍비가 아닌 하류층 출신의 랍비가 하는 말을 그토록 열심히 경청했을 것 같지는 않다."[17] 사실 복음서의 행간에는 예수가 특권층을 대상으로 설교했을 뿐 아니라, 주로 그들로부터 후원자를 찾아냈음을 암시하는 단서가 가득하다.

열두 사도 내지 제자들을 생각해보라. 대개 그들이 모두 비천한 출신으

---

14   Bütz 2005, 53.
15   Buchanan 1964, 203.
16   Theissen and Merz 1998, 166.
17   Buchanan 1964, 205.

로 보잘것없는 사람들이었으리라고 짐작하는데, 그것이 사실일까? 이들 중 어떤 이들에 대해서 우리가 아는 것이라고는 이름 정도밖에 없다. 그러나 이들 말고 다른 사람들에 대해 복음서가 전하는 이야기는 이러한 비천한 이미지와 잘 맞지 않는다. 예를 들어 야고보와 요한이 자기들의 고깃배를 버리고 예수를 따랐다고 말하는 대목에서, "그 아버지 세베대를 품꾼들과 함께 배에 버려 두고 예수를 따라 가니라"(막 1:20)는 말씀이 나온다. 여기서 이들이 품꾼을 고용하고 있었다는 것은 놀라운 일이 아니다. 고기 잡는 일은 꽤 돈벌이가 되는 사업이었고, 따라서 상당한 투자를 요구했던 것이다. 누가복음 5:10에 따르면 베드로(시몬)와 안드레도 야고보와 요한의 동업자였다. 따라서 이들 형제도 어느 정도는 부자였으리라고 짐작할 수 있다. 사실 베드로는 집을 두 채나 소유했을 가능성이 높다. 이 중 한 채는 벳새다에, 나머지 한 채는 가버나움에 있었을 것이다. 마가의 어머니가 예루살렘에 소유하고 있던 가옥은 가정 교회를 섬길 수 있을 정도로 충분히 넓은 집이었다(행 12:12). 더욱이 안드레의 경우는 그전에 세례 요한의 제자가 될 정도로 여유가 있었다. 그다음으로 마태(레위)는 세리였다. 세리들은 사람들의 미움을 샀지만, 그들에게는 권력과 부가 있었다.

복음서에 등장하는 예수와 연관된 사람들 가운데 상당수가 부유한 상류층 출신인 것으로 파악된다. 삭개오는 세리장이었으며 큰 부자였다. 그는 예수를 자기 집에 모시는 영예를 누렸다(눅 19:1-10). 회당장 야이로는 자기 딸을 살려달라고 부탁하기 위해 예수를 찾아왔다(눅 8:40-56). 아리마대 요셉은 일찍이 예수를 따른 제자였는데, 큰 부자로 소개되고 있다(마 27:57). 갈릴리의 분봉왕 헤롯 안티파스의 청지기인 구사의 아내 요안나 역시 일찍이 예수를 따른 제자로서 예수와 제자들을 크게 후원하였고, 수산나도 예수를 재정적으로 후원한 부유한 여성이었다(눅 8:3).

마태복음 26:6-11에는 예수가 어느 바리새인 지도자의 집에 저녁식사

초대를 받아 자리에 앉았을 때(참조 눅 7:36), "한 여자가 매우 귀한 향유 한 옥합을 가지고 나아와서 식사하시는 예수의 머리에 부으니"(7절)라는 말씀이 나온다. 제자들이 그것을 보고 분개하여 "이것을 비싼 값에 팔아 가난한 자들에게 줄 수 있었겠도다"(9절)라고 말하는데, 예수는 그들에게 "너희가 어찌하여 이 여자를 괴롭게 하느냐? 그가 내게 좋은 일을 하였느니라. 가난한 자들은 항상 너희와 함께 있거니와 나는 항상 함께 있지 아니하리라"(10-11절)고 말씀한다. 여기서 향유의 가치가 대략 당시 보통 일꾼의 일 년치 급료에 해당하였음에 주목할 필요가 있다.[18]

뷰캐넌의 말을 다시 한번 인용하자면, "예수의 가르침은 대부분 경제적 상류층을 대상으로 하였고, 예수는 이들과 교제를 나누었다.···이는 예수 자신도 사회의 상류층 출신이었을 가능성을 지지한다."[19]

많은 이들은 예수가 재산은 구원에 장애가 되므로 가난한 자들에게 재산을 나누어주어야 한다는 충고를 종종했다는 사실을 갖고 이의를 제기할 것이다. 그러나 이것을 어떤 가난한 사람이 부자에 대해 던지는 불평으로 해석하기보다, 오히려 "내가 한 것처럼 너희도 하라"는 말을 할 만한 위치에 있는 사람의 발언으로 보는 것이 더 타당하다고 하겠다.

이제 십자가 사건 이후의 그리스도인 세대와 특히 바울에 대해 살펴볼 차례다. 바울을 쓸데없이 허세나 부리지만 실제로는 천막 제조업자에 불과한 사람으로 간주하려는 흐름이 강고하게 지속되었음에도 불구하고[20] 노크(A. D. Nock)의 말마따나 바울이 어느 정도 "재산과 지위가 있는" 가정 출신이었음은 확실하다.[21] 그는 태어날 때부터 로마시민이었는데, 그것은 당시

---

18   Trebilco 2004, 406.
19   Buchanan 1964, 209.
20   Meggitt 1998, 75-97.
21   Nock 1938, 21

동방에서 아주 흔치 않은 조건이자 특별한 신분을 의미하는 표식이었다. 그만이 아니라 그의 아버지도 바리새인이었다(행 23:6). 바울은 다소라는 이름의 그리스 도시에 있던 자신의 집을 떠나 예루살렘으로 와서 유명한 랍비였던 가말리엘의 문하에 들어갔다. 그는 빠르게 두각을 나타내었으므로 기독교로 넘어간 유대인들을 처벌하는 임무를 맡게 되었다. 모든 랍비가 "자신의 생계를 위해" 한 가지 직업을 익히는 유서 깊은 전통에 따라 바울은 천막 제조법을 배웠다.[22] 바울은 나중에 실제로 이따금씩 이 직종에 종사했는데, 거기에는 약간의 가식적인 면이 있었던 것 같다. 도드(C. H. Dodd, 1884-1973)의 말마따나 "육체노동을 할 수밖에 없도록 태어난 사람은 '자기 손으로 벌어먹는다'는 말을 일부러 하지는 않는다."[23] 부연하자면, 바울은 대중에게 설교한 것이 아니라 "자기처럼 그리스어를 말하고 쓰는 사람들, 70인역 성경을 해득할 수 있는 사람들에게" 설교했으며, "하나님의 목적이 지닌 비밀과 같은 개념을 이해할 수 있는 소수의 사람들을 위해 그러한 개념을 풀어주려고 했고, 로마 속주의 여러 도시에 거주하는 상류층 사이에서 왕래하곤 했다."[24]

따라서 바울이 특권층 출신의 사람들, 특히 특권층 여성들에게서 많은 추종자들을 얻은 것은 전혀 놀라운 일이 아니었다. 질리언 클로우크(Gillian Cloke)에 따르면, "이미 분명하게 밝혀진 사실은 로마 제국에서 유복한 상인 계층에 속한 여성들이 기독교 운동이 확산된 초기부터 그 운동에 가담했다는 점이다.…[초기 기독교는] 이러한 계층으로부터 사도들과 그 후계자들의 후견인이 될 수 있는 인적 자원을 상당수 확보해 두었던 것이다."[25] 그 가

---

22 Nock 1938, 21
23 다음에서 인용함. Nock 1938, 21-22.
24 Frend 1984, 93.
25 Cloke 2000, 427.

141
제5장 기독교와 특권층

운데 한 명이 바로 자색 옷감을 취급하는 부유한 포목상이던 루디아(Lydia)였다. 그는 가족 및 종들과 더불어 자기의 가정에서 모이던 빌립보 교회를 지도했다. 그는 바울의 데살로니가 선교를 후원하기 위해 여러 차례 자금을 보냈다(빌 4:16). 상당한 정도로 "기독교는 피후견인을 거느린 지역 후견인들의 지원을 받던 운동이었다."[26] 사실 바울은 새로운 도시에 도착하자마자 대개의 경우 부유한 가정에 머물면서 그곳을 선교사역의 본부로 삼았었다.[27] 저지는 바울의 후원자였던 40명의 신원을 파악했는데, 이들은 모두 "상당한 자산과 더불어 교양을 갖춘 사회적 엘리트였다."[28] 고린도의 재무관이었던 에라스도(Erastus)는 바울을 도왔으며, 어쩌면 바울은 그의 집에 머물렀을 수 있다. 가이오(Gaius)도 "바울에게 숙소를 제공했을 뿐 아니라 고린도 교회의 모든 성도들이 한꺼번에 모일 수 있을 만큼 널따란 집을" 가지고 있었다. 이 점은 그리스보(Crispus)도 마찬가지였다. 그는 "유대인 공동체에서 명망이 높았을" 뿐 아니라, 그 역시 "부유한" 사람이었던 것 같다.[29] 이에 더하여, 누가복음과 사도행전의 수신자였던 데오빌로(Theophilus)는 로마의 관원이었을 가능성이 대단히 높은데,[30] 어쩌면 바울이 로마에서 가택연금 상태로 장기 체류하는 동안 바울을 후원했던 것 같다.

바울이 특권층과 교분을 가진 것에 대한 괄목할 만한 증거는 저지의 계산을 통해 도출된다. 이에 따르면, 신약성경에서 바울과 관련된 91명의 사람들 가운데 삼분의 일이 로마시민임을 암시하는 이름을 가지고 있다. 저지는 비문에 근거하여 이 수치가 "통제집단의 경우보다 열 배나 높은 비율"

---

26   Judge 1960b, 8.
27   Malherbe 2003; Judge 1960a; 1960b.
28   Judge 1960a, 130.
29   Meeks 1983, 57.
30   Green 1997, 44.

임을 지적한다.[31] 이것으로 충분치 않다면, 또 다른 증거는 바울 서신에 등
장하는 상당수의 그리스도인들이 황실에서 복무하고 있었다는 사실이다.
바울은 빌립보서를 다음과 같은 말로 끝맺고 있다. "모든 성도들이 너희에
게 문안하되 특히 가이사의 집 사람들 중 몇이니라"(빌 4:22). 그리고 로마
서에서 바울은 "아리스도불로(Aristobulus)의 권속에게"와 "나깃수(Narcissus)
의 가족"에게 문안하고 있다(16:10-11). 하르나크만이 아니라 그의 권위에
필적하는 라이트푸트(J. B. Lightfoot, 1828-1889)도 나깃수를 클라우디우스
(Claudius) 황제의 개인비서로 보고 있으며, 아리스도불로는 황제의 측근이
었다고 추정한다.[32]

끝으로 디모데전서가 있다. 바울이 실제로 이 서신을 작성했는지 여부
는 여기서 다루는 내용과 상관이 없다. 모두가 동의하는 것은 이 서신이 바
울의 사역이 마무리된 후에 즉시 작성된 것이며, 서신의 수신자인 디모데가
에베소에서 사역하고 있었다는 사실이다. 따라서 이 서신이 부유한 교인들
에게 무엇을 설교해야 하는지("네가 이 세대에서 부한 자들을 명하여 마음을 높이
지 말고", 딤전 6:17)에 대해 많은 조언을 하고 있다는 사실은 우리에게 무언가
를 가르쳐준다. 디모데에게 주는 조언은 부유한 교인들로 하여금 부자 되는
것을 그만두라는 말이 아니라, "선을 행하고 선한 사업을 많이 하고 나누어
주기를 좋아하며 너그러운 자가 되게 하라"(딤전 6:18)는 것이다. 게다가 디
모데전서 2:9에서는 "또 이와 같이 여자들도 단정하게 옷을 입으며 소박함
과 정절로써 자기를 단장하고 땋은 머리와 금이나 진주나 값진 옷으로 하지
말라"고 충고한다. 그런데 만약에 에베소 교회에 상당수의 부자 교인이 없
었다고 한다면 이러한 조언은 터무니없는 말이 되었을 것이다.

---

31   Judge 2008, 142-43.
32   Harnack 1905, 195-97.

초기 기독교에 하층 계급 출신의 개종자들도 있었을까? 물론이다. 한 부유한 가정의 식솔 전체가 세례를 받는 경우, 그들 중 대다수는 하인과 노예들이었을 것이다. 그리고 분명히 일부 하층 신분의 사람들은 제 발로 교회를 찾아왔을 것이다. 내가 말하고자 하는 요지는 초기 기독교가 실제로 특권층으로부터 상당한 교인들을 충원하였고, 이렇게 모집된 사람들은 또한 부유했다는 것이다. 이것은 게르트 타이센(Gerd Theissen)이 고린도 교회의 회중을 재구성한 것과 완전히 일치한다. 즉 고린도 회중 가운데는 하층 계급 출신의 교인들도 많았지만, 비록 그 수는 적었어도 그 도시의 상류층 출신 교인들도 상당수 존재했다는 것이다.[33]

기원후 110년경, 안디오키아의 감독인 이그나티오스(Ignatius)는 로마인들에게 체포되어 열 명의 병사들과 함께 로마를 향한 길고 지루한 여정을 떠났다. 여정 중에 그는 각 지역의 교회들에게 일련의 편지를 써서 보냈다. 그의 편지에 언급된 인물이나 수신자들 가운데는 행정장관의 아내나 경찰 관리의 아내인 알케아(Alce)와 같은 고위층 인물이 포함되어 있었다. 그러나 그리스도인들 가운데 높은 신분을 가진 이들이 있었음을 보여주는 가장 분명한 증거는 이그나티오스가 로마 교회에 보낸 편지 가운데 나타난다. 그는 이미 재판을 통해 사형을 언도받았고 따라서 경기장에서 죽을 각오를 하고 있었다. 다만 그가 가장 크게 염려했던 것은 로마에 있는 선의의 그리스도인들이 이 일에 개입해서 자신이 사면이라도 받게 하면 어쩌나 하는 것이었다. 따라서 그는 편지에서 다음과 같이 밝힌다. "저는 여러분이 저를 사랑해서 잘못된 일을 할까 두렵습니다.…여러분 모두에게 분명히 말씀드립니다. 여러분이 간섭하지만 않으신다면, 저는 하나님을 위해 기꺼이 죽을 것입니다. 여러분에게 간청합니다. 제발 합당하지 않은 호의를 베풀지 마십

---

33   Theissen 1982.

시오. 저로 하여금 야수들의 먹이가 되게 해주십시오."[34]

핵심 요지는 이것이다. 이그나티오스는 로마 교회의 어떤 교우들이 그에 대한 사면을 청원할 수도 있다고 추정했는데, 그것이 가능했다면 그들이 상당히 영향력 있는 고위직이었음에 틀림없다. 이그나티오스가 이들 교우들에 대해 제대로 알고 있었다고 믿을 만한 이유는 충분하다. 폼포니아 그라이키나(Pomponia Graecina)라는 원로원 신분에 속한 여인이 기원후 57년에 "외래의 미신"에 가담했다는 죄목으로 고발당했다는 타키투스의 기록으로 미루어볼 때, 그가 그리스도인이었다는 주장을 사실로 받아들이는 역사학자들이 많다. 폼포니아의 사례가 드문 경우가 아니다. 저명한 이탈리아의 역사학자인 마르타 소르디(Marta Sordi)의 말마따나 "신뢰할 만한 자료들을 통해 1세기 후반에 로마 귀족들 가운데 아킬리우스 글라브리오(Acilius Glabrio)와 플라비우스 가문(the Christian Flavians) 등 그리스도인들이 존재했었고, 어쩌면 바울이 로마에 도착하기 전인 1세기 전반부에도 그러했었다고 말할 수 있다."[35]

기원후 112년에 플리니우스 2세는 트라야누스 황제에게 편지를 보내어 자신이 입안하고 있는 그리스도인에 대한 박해 정책을 승인해줄 것을 요청했다. 그러면서 그는 황제에게 "이러한 가증스러운 사교"가 모든 연령과 계층을 막론하고 많은 사람들에게 퍼져나가고 있다고 보고하였다.[36]

2세기경에 테르툴리아누스는 궁전과 원로원을 비롯한 로마의 여러 계층에서 그리스도인들을 찾아볼 수 있다고 주장했다.[37] 15년 후 테르툴리아누스는 스카풀라(Scapula)에게 보낸 편지에서 "사회의 최고위층에도 그리스

34　St. Ignatius, *To the Romans*.

35　Sordi 1986, 28.

36　*The Letters of the Younger Pliny* 10.96.

37　Tertullian, *Apology* 37.4.

도인으로 알려진 사람들이" 많이 있음을 언급했다.[38] 같은 시기에 귀족 여성인 페르페투아(Perpetua)가 카르타고에서 순교했다. 에드몽 르 블랑 (Edmond Le Blant)은 순교자들 가운데 많은 이들이 부유하다는 사실에 주목했다.[39] 하르나크에 따르면, 코모두스(Commodus)의 치세 동안(180-192) "로마에서는 부유한 이들 가운데 다수가 가족과 식솔을 대동하고 기독교에 귀의했다"고 한다.[40]

보다 체계적인 증거로 제시할 수 있는 3세기 말 로마 원로원 계층에 대한 표본 조사에서 그중 10퍼센트가 분명히 그리스도인이었음이 확인되는데, 이것은 적어도 로마 제국 전체에서 그리스도인이 차지하는 비율의 2배에 해당하는 것이었다.[41] 같은 시기에 프리기아(Phrygia)에 있던 묘비명에는 14명의 그리스도인 시의원들, 그리고 어떤 그리스도인 시의원 한 아들이 포함된 명단이 확인된다. 시의원직은 공적으로 부과되는 직책인데다 시민들을 위한 무상혜택의 비용을 충당하기 위해 시의원 개인의 자금을 지출해야 했으므로, 시의원들은 대체로 상당한 자산가였다.[42]

그렇다면 바울이 그리스도인들 가운데 권세가 있거나 문벌이 좋은 자들이 많지 않다고 말하면서도 그러한 자들이 일부 있었다고 암시한 것은 실제 사실을 반영하고 있음에 분명하다. 그런데 로마 제국의 전체 인구 구성과 비교해보면, 실제로 그리스도인들 가운데 특권층이 많았음을 알 수 있다. 그렇다면 분명한 것은 초기 그리스도인들이 소수의 사회적 약자들은 아니었다는 사실이다. 이 점은 복음서를 읽어보아도 분명할 뿐 아니라, 과

---

38   Tertullian, *To Scapula* 4.1-4; 5.1-3.

39   Le Blant 1880.

40   Harnack 1905, 180.

41   Salzman 2002, table 4.3.

42   McKechnie, 근간.

연 어떻게 또 무슨 이유로 일자무식인 집단이 당시 유대인들에게나 가능한 그러한 정교한 종교 문서를 만들어낼 수 있었을까를 질문한다고 해도 역으로 추론할 수 있는 사실이다. 동양 종교들 가운데 몇몇은 간략한 경전을 가지고 있긴 했다. 그러나 당시를 지배하고 있던 그리스-로마의 이교도세계는 이에 필적할 만한 것을 갖고 있지 않았다.

그리스도인의 "문자해득력"

학자들은 복음서와 초기교회의 역사적 신빙성에 대해 공격하면서, 예수는 문맹이었고, 바울의 그리스어는 "저속한" 문체였으며, 복음서들은 조악하고 투박한 문체로 쓰였다는 주장을 펼쳤다. 19세기 말에서 20세기 초에 걸쳐 독일 학자들을 필두로 이러한 주장이 나왔는데, 이 중 가장 저명한 사람은 아돌프 다이스만(Adolf Deissmann, 1866-1937)이었다. 그는 기독교가 "예수가 '아이들'(babes)이라고 부를 정도로 지치고 힘에 겨운, 능력도 지위도 없는 사람들, 가난한 사람들, 비천한 사람들, 그리고 어리석은 사람들이 일으킨 운동"[43]이라는 가설을 가지고 연구를 시작했다. 이러한 가설의 토대 위에서 다이스만은 **소문학**(*Kleinliteratur*)이라는 용어를 사용하여 기독교 문서를 박식한 고대 작가들의 **고문학**(*Hochliteratur*)과 구분하려고 하였다. 다이스만에 따르면, 초기 기독교 문서는 로마 제국의 단순하고 무식한 부류가 일상적으로 사용하던 그러한 종류의 그리스어로 기록되었다는 것이다.[44] 그러므로 바울 서신을 살펴보면 "기독교가 그 형성 초기에는 하층 계급과 밀

---

43   Deismann 1927, 466.
44   Deismann 1927, 62.

접하게 연결되어 있었고, 권력과 문화를 소유한 소수의 상류 계급과는 아직 효과적으로 연계되지 않았음"을 알게 된다고 한다.[45] 다이스만의 동료였던 마르틴 디벨리우스(1883-1947)가 요약하듯이, 초기 기독교는 "문학적이고 세련된 글쓰기를 위한 예술적 장치나 조류에 신경 쓸 여력이 없었다.…[그리스도인들은] 무식자들로서…도서를 제작할 역량이나 의도조차 갖고 있지 않았다"는 것이다.[46] 안타깝게도 20세기 대부분의 시기 동안 독실한 그리스도인 학자들조차 이러한 주장을 무비판적으로 받아들였다.[47]

그러나 이 시기 독일 학계가 초기 기독교에 대해 가했던 여타의 공격과 마찬가지로, 이러한 공격도 대체로 교만에 찬 궤변이었다. 바울은 편지를 쓴 것이지, 희곡이나 서사시를 창작한 것이 아니었다. 만약 그의 편지가 (다른 이들의 편지와 마찬가지로) 고도로 문학적인 작품이었다고 한다면, 그것은 매우 기괴한 것이 되었을 것이다. 흔히 제임스 조이스(James Joyce)의 서간이 그의 소설 작품 『피네건의 경야』(*Finnegans Wake*)보다 문학적이지 않다고들 한다. 바울의 그리스어로 말할 것 같으면, 최근에 그가 사용한 그리스어가 70인역(Septuagint)의 그리스어와 매우 가까운 "유대교식 그리스어"였다는 사실이 인정되고 있다. 게다가 바울이 아테네 사람이 아니라 유대인이었음을 부인하는 사람은 아무도 없다. 노크는 다이스만의 주장을 일축하면서 다음과 같이 말한다. "바울은 농민이나 병사들 사이에서 통용되던 그리스어를 가지고 글을 쓴 것이 아니다. 그는 70인역의 언어가 온몸에 배어 있는 이들에게 친숙한 방식의 그리스어를 가지고 글을 쓴 것이다."[48] 복음서의 언어가 문학적 가치를 결여하고 있다고 하지만, 그 문체는 사실 그리스

---

45   Deismann 1927, 247.
46   Dibelius 1934, 1,9.
47   예컨대 다음을 보라. Latourette 1937, 75.
48   Nock 1933b, 138.

의 위대한 과학 저술(예컨대 프톨레마이오스의 천문학)에서 사용된 문체와 같은 종류다. 이러한 작품은 일차적으로 정보전달을 위한 것이므로 "직설적이고 사실적인 산문"의 형태로 제시되어어야 한다.[49] 복음서 저자들은 소설과 같은 문학작품을 창작한 것이 아니었다. 그들에게는 전달해야 할 정보가 있었으므로 자신들의 문체를 "당시의 전문가들이 사용하던 산문체"에 맞춘 것이었다.[50]

그리스도인들 가운데 일자무식인 대중이 큰 비중을 차지하고 있었다는 식의 독일 학자들의 주장으로부터 학계의 의견이 마침내 돌아섬에 따라, 초기 기독교의 문서와 기록이 역사적으로 특별히 세련된 작가군 및 독자층을 전제하고 있다는 사실이 점차로 분명해지게 되었다. 이렇듯 "그리스도인 청중이 특권층에 속해 있었다"는 논지를 최초로 주창한 이들 가운데 예일 대학교의 교수였던 저명한 에이브러햄 맬러비(Abraham J. Malherbe)가 있다. 그는 초기 교회 저자들의 언어와 문체를 분석한 후에, 이들이 글을 아는 식자층을 대상으로 말하고 있다는 결론을 내렸다.[51] 참으로 그러한 이들이 아니라면 이들이 누구를 대상으로 글을 썼겠는가? 당시에 가난한 사람과 천한 사람과 어리석은 사람들이 글을 읽을 줄 몰랐다는 사실을 다이스만은 망각했던 것 같다.[52]

맬러비의 책이 출간된 이래로 초기 그리스도인들의 글쓰기와 문자해득력(literacy)에 대한 훌륭한 연구들이 진행되었다.[53] 이들 학자는 모두 기독교가 유대교에서 기원한 것을 강조하면서 이에 따라 초기 그리스도인들도

---

49 Gamble 1995, 33.

50 Gamble 1995, 34.

51 Malherbe 2003.

52 Harris 1989.

53 Bauckham 2006; Gamble 1995; Gerhardsson 2001; Millard 2000; Stanton 2004.

고대 유대인의 특징이라고 할 수 있는 고도의 문자해득력뿐 아니라 종교생
활에서 경전을 중시하는 태도도 갖고 있었을 것이라고 말한다.

초기 그리스도인들이 유대교 경전에 엄청난 중요성을 부여했던 것은
분명하다. 해리 갬블(Harry Y. Gamble)의 설명처럼, "기독교 운동이 이제 막
걸음마를 떼던 시기에 가장 시급하게 다가왔던 과제는 기독교가 유대교 성
경의 내용과 일치됨을 보여줌으로써 기독교 신앙을 뒷받침하는 것이었다.
[따라서 그들은] 반드시 성경에 대한 논증을 발전시켜야 했다."[54] 갬블은
그들이 이러한 목적을 위해 "유대교 성경에서 발췌한 증거 본문 모음집
(anthologies of proof texts)"을 편찬했을 것이라고 암시한다.[55] 쿰란에서 발견된
두루마리 중에도 그러한 모음집이 있는데, 그리스도인들도 실제로 그와 비
슷한 모음집을 갖고 있었던 것으로 보인다. 초기 기독교 저술 가운데 등장
하는 유대교 성경의 인용 구절이 대부분 70인역 내지 마소라 본문과도 상
이하다는 사실은 그러한 모음집이 존재했을 가능성에 무게를 더해준다. 갬
블의 말마따나 "초기 교회에서 증거 본문을 수집하는 것이 유행이었으므로
이러한 종류의 문서가 초기 기독교 문헌 중 유실된 항목에 해당될 가능성이
높다"고 하겠다.[56]

앨런 밀러드(Allan Millard)도 갬블과 마찬가지로 기독교가 초창기부터
성문화된 경전을 가진 종교였다는 의견에 동의하면서 다음과 같이 말한다.
"이 말이 복음서 저자들이 예수 생전에 복음서 작성에 착수했음을 의미하
는 것은 아니지만, 그들이 이용한 자료 가운데 일부 또는 상당수(특히 예수의
독특한 가르침과 행적에 대한 보도)가 이미 그 시기부터 문서로 기록되어 보존

---

54   Gamble 1995, 23.

55   Gamble 1995, 25.

56   Gamble 1995, 27.

되었을 가능성이 있음을 의미한다."[57] 그레이엄 스탠튼(Graham N. Stanton)은 그리스도인들이 한두 세대가 지나고 난 다음에야 예수의 행적에 대해 기록했다고 보는 것은 어불성설이라고 생각한다. "지금까지 광범위하게 지지받던 견해, 즉 예수를 따르던 자들이 문맹이었다거나 예수에 대한 전승을 간직하고 전파하는 일에 메모나 필기장을 사용하는 것을 일부러 피했었다는 생각은 이제 그만 내려놓아야 한다."[58] 리처드 보컴(Richard Baukham)은 이 시대에 필기장이 널리 사용된 사실을 분명하게 검증하면서 다음과 같이 논증한다. "이러한 필기장이 고대 세계에서 꽤나 광범위하게 사용되었다. 디모데후서 4:13은 바울이 여행 중에 '가죽종이'(parchment)로 된 필기장을 휴대하고 있었음을 언급한다. 초기 그리스도인들도 그러한 도구를 사용했을 가능성이 그 반대의 경우보다 더 높다."[59]

따라서 현존하는 증거들은 복음서가 신앙의 최종 산물로서 그 발생 초기부터 문서로 기록되었다는 사실을 강력히 시사한다. 적어도 예수의 말씀 가운데 일부는 그것이 발설된 즉시 기록된 것이 거의 확실하다. 더욱이 바울을 비롯한 초기 전도자들에게는 문서화된 자료가 있었고, 그들이 이러한 자료를 종종 인용하기도 한 것은 분명해 보인다. 이들 자료는 단지 가설적인 Q자료보다 훨씬 더 풍부했을 것으로 추정되며, 이것이 복음서들 간의 다양성과 차이점을 설명할 수 있는 근거가 된다. 굳이 말하자면, 복음서는 새롭게 부상하고 있던 성직자들만이 아니라 평범한 그리스도인들도 읽을 수 있도록 저술되었던 것이다.

끝으로 예수가 문맹이었다고 주장하는 끈질긴 견해를 검토해보자. 이러한 모멸적인 주장은 복음서 전체에 걸쳐 예수가 유대교 경전에 정통한 모

---

57   Millard 2000, 223-24.
58   Stanton 2004, 189.
59   Bauckham 2006, 288.

습으로 그려지고 있다는 사실과[60] 그가 전문적 훈련을 받은 랍비였다는 거의 확실한 사실에 비추어볼 때 그 타당성을 상실한다. 이러한 주장은 누가복음 4:16-17에 나오는 "예수께서 그 자라나신 곳 나사렛에 이르사 안식일에 늘 하시던 대로 회당에 들어가사 성경을 읽으려고 서시매, 선지자 이사야의 글을 드리거늘 책을 펴서 이렇게 기록된 데를 찾으시니"라는 명백한 진술마저 무시하는 것이다. 게다가 아주 빈번하게 예수는 "너희가 읽지 않았느냐?"와 같은 수사적 질문으로 대화의 말문을 열고는 한다.[61] 이러한 증거가 복음서에만 등장한다는 점을 감안하더라도, 그것은 우리가 예수에 대해 알고 있는 **모든 것**과 부합한다.

종교적 혁신이 주로 특권층의 작품이라는 법칙에 대해 초기 기독교도 예외가 아니라는 사실을 외면할 수 없을 것이다. 최근 들어 이러한 인식이 확대됨에 따라 초기 교회를 연구하는 학자들에게 상당한 걱정거리가 생겨났다. 그들은 거의 믿지 못하겠다는 투로 다음과 같은 질문을 던진다. "왜 하필이면 특권층에 속한 사람들이 새로운 종교운동을 만들고 수용하게끔 내몰리는 것일까?" 이 질문에 대해 많은 이들은 "지위 불일치"(status inconsistency)라든가 "인지 부조화"(cognitive dissonance)와 같은 다양한 사회과학적 개념을 가지고 혼잡스럽고 경직된 논의를 이어가고 있다.[62] 그러나 특권층이 종교로 귀의하게 되는 이유는 그렇게 복잡하지도 않고, 난해하지도 않다.

---

60   Evans 2001.

61   Evans 2001.

62   Gager 1975; Meeks 1983; Theissen 1978; 1982.

특권층과 종교적 혁신

본격적인 논의를 시작하기에 앞서 다음의 사례들을 살펴보자. 부처가 왕자였고, 그가 처음으로 얻은 60명의 개종자 중 55명이 귀족 출신이었으며, 나머지 5명도 귀족이었을 것으로 추정된다—우리는 다만 그 다섯 명의 출신 배경에 대해서는 잘 알지 못할 뿐이다.[63] 또 다른 주요 사례로, 조로아스터가 수년간의 수고에도 불구하고 얻은 것은 고작 2명의 개종자에 불과했는데, 그러던 그가 이웃 왕국의 국왕과 왕비를 비롯하여 왕실 전체를 개종시킨 후에는 성공의 발판을 마련할 수 있었다. 유가(儒家)뿐 아니라 초기의 도교 사상가들도 중국의 지배층 출신이었다. 물론 모세도 왕자였다. 그 밖에도 고대 그리스에 출현했던 두 개의 소종파, 곧 오르페우스교(Orphics)와 피타고라스학파(Pythagoreans)를 살펴보자. 플라톤에 따르면, 이 두 종파는 모두 상류층에 기반을 두고 있었으며, 그 사제들은 "부자들을 찾아다니며… 그들에게 책을 한 보따리씩 안겨주었다"고 한다.[64]

모두 그런 것은 아니라고 해도, 기독교 역사상 대부분의 기독교 소종파 운동이 하층 계급에서 시작되었다는 말은 사실이 아니다. 재침례파 운동 가운데 일부는 예외가 될 수 있겠지만, 그 밖에 수 세기에 걸쳐 나타났던 기독교 내의 위대한 신앙운동들은 분명히 상당한 재산과 권력을 가진 사람들, 즉 귀족신분이나 성직자집단 내지 부유한 도시민에 기반을 두고 있었다.[65] 예를 들어, 카타리파(Cathars)에는 귀족의 참여 비율이 매우 높았고,[66] 이 점

---

63   Lester 1993, 867.
64   다음에서 인용함. Burkert 1985, 297.
65   Costen 1997; Lambert 1992; 1998; Russell 1965; Stark 2003.
66   Costen 1997, 70.

은 초기의 발도파(Waldensians)도 마찬가지였다.[67] 루터의 종교개혁을 지지한 것은 가난한 자들이 아니라 군주들과 상인들과 교수들 및 대학의 학생들이었다(제18장을 보라). 1562년 프랑스에서 제1차 종교전쟁이 발발했을 때, 프랑스 귀족의 50퍼센트가 칼뱅주의를 받아들인 것으로 추산된다.[68] 반면에 농민이나 도시빈민 가운데 칼뱅주의를 받아들인 것은 극소수였다.[69] 실로 금욕수행으로 명성이 높은 중세 로마 가톨릭 성인 482명 가운데 사분의 삼이 귀족 출신이고, 22퍼센트는 왕족 출신이었다.[70]

사회학자들 중에는 감리교를 고전적 프롤레타리아 운동으로 보는 이들이 적지 않은데,[71] 이들은 존 웨슬리(John Wesley)와 그의 동료들이 영국 교회를 떠나지 않았다는 사실과 그들이 감리교를 창시한 이유가 그들이 하층 계급에게 위안을 주는 신앙을 찾던 반체제 인사들이었기 때문은 아니라는 사실에 대해 무지한 것 같다. 감리교의 창시자들은 특권층에 속한 청년들이었고, 옥스퍼드에 재학하는 동안 자신들이 보다 열정적인 신앙을 추구하고 있음을 공언했었다. 같은 맥락에서, 구약의 예언자들도 모두 "토지 귀족층"에 속해 있었으며,[72] 대부분의 사회학자들의 주장과는 정반대로, 에세네파로 알려진 유대교 종파의 구성원들도 대체로 그러했다.[73] 물론 감리교와 마찬가지로, 이러한 소종파 운동이 번창하면서 하층 계급의 사람들을 대거 끌어들이기 마련이다. 그러나 감리교와 마찬가지로 이러한 운동은 하층 계급의 불만에서 시작된 것이 아니라 특권층의 종교적 관심에서 비롯된 것이다.

---

67   Lambert 1992.
68   Tracy 1999.
69   Ladurie 1974.
70   Stark 2004.
71   Niebuhr 1929.
72   Lang 1983.
73   Baumgarten 1997.

그렇다면 종교운동이란 "가난한 자들의 반란"이 아니라 특권 계층의 영적 모험이라고 보는 것이 역사적 사실에 근거한 올바른 일반화라고 할 것이다. 그렇지만 그 이유는 무엇일까?

특권층의 불만과 기회

특권층으로 태어나는 것은 고사하고 부자로 살아본 적도 없는 대부분의 학자들은 사회라는 피라미드 구조의 최정상에서 사는 것이 어떤 것인지에 대해 전혀 근거도 없는 숱한 착각을 엄청난 다수의 사람들과 나눈다. 재산과 신분의 중요성을 최소치로 폄하하는 격언들이 대중적 수사에 넘쳐나지만, 대부분의 사람들이 실제로 그러한 생각을 하는 것은 아니며, 그들의 인식도 만연된 물질주의뿐 아니라 시기심에 의해 흐려져 있다. 아, 록펠러(Rockefeller)로 태어날 수만 있다면! 그런데 록펠러가 에설런(Esalen)과 같은 뉴에이지 그룹을 설립하고 재정적으로 지원하는 일에 적극적 역할을 했다는 사실은 우리를 헷갈리게 하는 면이 있다.[74] 하지만 부와 권력이 인간의 모든 욕망을 만족시킬 수 없음은 사실이다. 에이브러햄 매슬로(Abraham Maslow, 1908-1970)는 자기실현(self-actualization)의 필요성에 대해서 상세히 서술했고,[75] 노벨상 수상자인 경제학자 로버트 윌리엄 포우걸(Robert William Fogel)은 이것을 특권과 연결시켜 이야기한다. "역사를 통틀어 보면…자신의 물질적 필요를 충족하기 위한 노동에서 해방된 이들, 곧 [부자들이] 자기실현을 추구해온 것을 알 수 있다."[76]

---

74 Kripal 2007.
75 Maslow 1971.
76 Fogel 2000, 2.

과거에는 자기실현의 길이 명백히 영적인 여정이었다. 그러하기에 특권층이 종교운동을 창시하거나 거기에 가담하는 경향이 눈에 띄게 나타났던 것이다. 현대에는 이러한 성향으로 인해 특권층이 종종 좌파 정치에 이끌리기도 했다. 19세기 말 영국의 페이비언협회(Fabian Society)에 참가했던 이들이나, 1960년대 미국의 급진 운동을 지지했던 수많은 특권층 출신 젊은 세대의 사례가 그러하다.[77] 그렇지만 많은 이들이 보기에 이 두 가지 사례에 있어 현세적이고 물질적인 추구는 만족스럽지 못한 것으로 판명 났으며, 그 결과 상당수가 떨어져 나가 종교적 운동으로 전환하였다. 즉 60년대 급진파들은 종교집단에 가담하였고,[78] 페이비언 사회주의자들은 심령주의자들(Spiritualists)이 되었던 것이다.[79] 서구를 공격하는 무슬림 테러분자 중 상당수가 특권층 출신이다. 이것은 현세적 유토피아는 구원을 가져다줄 수 없지만,[80] 영적 구원은 그렇지 않음을 반영한다. 부처는 왕궁에서 살 때 만족할 만한 목적이나 의미를 찾지 못했지만, 보리수 밑에서 그것을 찾았던 것이다.

확실히 결핍 이론의 원래 형태에 근본적으로 확대된 설명을 추가할 필요가 있다. 그것은 사람들이 단지 좌절된 물질적 욕구를 해결하기 위해 초자연적 해결책을 취하려 한다는 말이 아니라, 사람들이 좌절된 실존적·도덕적 욕구를 해소하기 위해 초자연적 해결책을 추구하거나 창안하려 한다는 것이다. 이러한 상황에 대해 특권층에 속한 사람들이 민감하게 반응하는 경향이 있다. 왜냐하면 그들은 당장의 물질적 필요로 인해 마음이 흔들리지

---

77   McAdam 1988; Sherkat and Blocker 1994.
78   Kent 2001.
79   Barrow 1980; MacKenzie and MacKenzie 1977; Nelson 1969.
80   Stark and Bainbridge 1996, chap. 9.

않기 때문이다.[81]

특권층도 영적인 불만족과 욕구로 인해 행동하지만 그 방식은 빈민층과는 다르다는 사실을 인식할 필요가 있다. 그들에게는 지명도, 영향력, 경험 및 재력이 있다. 예언자 예레미야와 에스겔이 모두 부유한 가문에서 태어났을 뿐 아니라 제사장이란 신분 자체가 그들에게 처음부터 신뢰성을 부여했다. 발도파의 창시자인 발도(Waldo)는 리옹의 부유한 상인이었으므로 복음서를 프랑스어로 번역하는 데 필요한 자금을 갖고 있었고, 그가 상인으로서 쌓아온 경험은 다른 동료 부자들을 끌어들여 금욕운동을 조직하는 것을 가능케 했다. 존 위클리프(John Wycliff)는 옥스퍼드에 있는 자신의 숙소에 머물러 있으면서도 롤라드(Lollard) 운동을 일으켰다. 영문으로 된 성경 번역본을 출판하고 교회가 "사도적 가난"(apostolic poverty)을 추구해야 한다고 주장하는 것만으로 충분했다. 상인들과 귀족들이 성경 번역본을 옥스퍼드에서 가져갔던 것이다.[82] 얀 후스(Jan Hus)는 보헤미아에서 왕비의 개인 신부(chaplain)였기에, 귀족 출신 추종자들을 한 사람씩 면담하면서 선발할 수 있었다. 마르틴 루터는 신학교 교수였고 교회 행정에 커다란 두각을 나타냈기 때문에, 아우구스티누스 수도회의 총장대리(Vicar-General)를 대신해서 항소하기 위해 로마로 파견되었다. 홀드리히 츠빙글리(Ulrich Zwingli)의 부모는 그를 위해 순례성당의 주임사제직을 구입해주었다. 장 칼뱅(John Calvin)은 젊은 시절 누아용(Noyon)에 있을 때 지방 귀족의 후원을 받을 수 있었고, 파리에서 학생 신분으로 있을 때에는 몇몇 교회의 성직록을 통해 수입을 얻기도 했다.[83] 파리 대학에서 칼뱅은 신학교육을 받았을 뿐 아니라 수사법 기술을 연마하기도 하였고, 나중에 그는 제네바에서 정치권력을 확보하고 난

---

81 Stark 2003; 2004, chap. 3; Stark and Finke 2000.
82 Dickens 1991, 128.
83 Stark 2007a; 2003.

후 그곳을 중심으로 유럽 전역에 걸쳐 종교개혁운동을 일으킬 수 있었다. 종교운동이 지향하는 세계관이 제 아무리 내세적이라고 하더라도, 성공을 위해서는 복잡다단한 세상사를 효과적으로 다룰 수 있어야 한다.

끝으로, 특권층에서 성장한 사람은 종종 자신이 세상을 변화시키는 데 필요한 탁월한 지혜만이 아니라 그럴 수 있는 권리와 어쩌면 그렇게 해야 할 의무도 가지고 있다는 확신을 품는 법이다.

결론

"종교는 압제당하는 피조물의 탄식이고…민중의 아편이다"[84]라는 카를 마르크스의 말은 그저 당대의 통념을 반영할 뿐이었다. 하지만 그가 다음과 같이 말했더라면 더 좋았을 것이다. "종교는 종종 불만족스런 상층 계급의 아편이고, 물질주의에 눌려 의기소침해진 부자들의 탄식이다." 물론 그가 개인적으로나 지적으로 물질주의를 끈질기게 추구한 것을 감안하면, 그에게는 그러한 생각을 하는 것이 불가능했을 것이다. 이러한 생각을 하지 못하기는 다수의 사회학자들도 마찬가지다. 하지만 다행히도 대부분의 신약성경 연구자들은 더 이상 초기 그리스도인들이 노예와 하층민과 같은 어중이떠중이가 모인 집단이라고는 생각하지 않는다. 정말로 그랬었다면, 기독교가 발흥하기 위해 분명히 엄청난 기적들이 필요했을 것이다.

---

84   Marx [1844] 1964, 42.

제6장

고통과 긍휼

새로운 종교운동을 시작하는 것은 대체로 부유층이지만 그럼에도 부자와 빈자를 막론하고 똑같이 기독교에 귀의하는 것은 삶의 고통, 즉 가난과 질병과 사랑하는 이들의 죽음, 그리고 인간이 마주하는 모든 불행과 좌절로 인해 위로가 필요한 상황에 대한 반응에서 기인하는 것이 분명하다. 물론 기독교 신앙은 "먼저 된 자로서 나중 되고 나중 된 자로서 먼저 될 자가 많으니라"(마 19:30)는 말씀처럼 다음 세상에서의 완전한 보상을 약속함으로써 현세의 고통을 진정시켜준다는 생각이 중심을 차지하고 있기는 하다. 무신론자들은 이러한 신앙의 측면을 두고서 "뜬구름 잡는 이야기"(pie in the sky)라고 조롱하기를 좋아한다.[1]

그런데 거의 매번 놓치는 것이 있다. 기독교가 종종 그러한 뜬구름 잡는 이야기를 현실로 가져온다는 것이다. 기독교는 지금 이곳에서의 삶을 개

---

[1] 이 말은 스웨덴계 미국인으로서 세계산업노동자조합(Industrial Workers of the World)을 창설했던 조 힐(Joe Hill[Joel Hägglund])이 지은 노래 "설교자와 노예"("The Preacher and the Slave," 1911)에서 인용한 것이다.

선시켜준다. 이는 황홀한 내세에 대한 믿음이라는 심리적 측면에서만 그런 것이 아니라, 구체적이고 현세적인 유익을 주는 측면에서도 그렇다는 말이다. 고대 묘비명에 대한 연구를 살펴보면[2] 초기 그리스도인들이 그들의 이웃이었던 이교도들보다 오래 살았던 것을 확인할 수 있다. 이러한 사실은 그리스도인들이 양질의 삶을 누렸음을 증명한다. 그럴 수 있었던 것은 그리스도인들이 고대 시대에 보기 드문 미덕에 헌신했기 때문인데, 『베니스의 상인』(*The Merchant of Venice*)에 등장하는 포르티아(Portia)의 말마따나 "긍휼의 자질"(the quality of mercy)이 초기 기독교의 성장에서 주요한 역할을 맡았던 것이다.

도시 생활에 따른 고통

예수의 사역은 주로 갈릴리의 시골 지역을 중심으로 하였지만, 그의 제자들은 곧 예수운동을 도시적 현상으로 변모시켰다.[3] 교회는 예루살렘에 본부를 두었을 뿐 아니라, 다른 지역에 최초로 설립된 교회들도 대도시에 자리 잡았다.[4] 물론 당시의 대도시들이라고 해도 오늘날의 기준에서 보면 매우 작은 규모였지만, 그렇다고 해도 이들 도시는 오늘날 세계에서 최악의 도시로 분류되는 곳보다 훨씬 더 붐볐고, 범죄가 만연했으며, 오물투성이였고, 질병이 기승을 부리는 끔찍한 곳이었다.

---

2   Burn 1953.
3   Meeks 1983.
4   Harnack 1905; Stark 2006.

규모와 밀도

고대사는 오랫동안 원 사료가 제공하는 극히 과장된 수치 때문에 어려움을 겪어왔다.[5] 만 명 정도 되는 군대를 수십만 또는 심지어 백만 명으로 헤아리는 경우가 비일비재했다.[6] 도시의 규모에 대해서도 이와 비슷하게 과장된 수치를 찾아볼 수 있다. 예를 들어 요세푸스는 기원후 1세기에 갈릴리에 204개 이상의 촌락이 있었고, 이들 중 가장 작은 곳은 인구가 1만 5,000명이었다고 보도한다.[7] 사실 갈릴리에서 가장 큰 도시였던 세포리스는 거주민이 5,000명 정도 되었을 것이고, 대부분의 촌락은 아마도 주민이 100명 이하였을 것이다. 로마 군대를 피해 도망 온 피난민들로 북적이던 시기에 예루살렘의 인구가 유일하게 2만 5,000명을 초과한 것을 생각해보라. 당시에도 예루살렘이 4만 내지 5만 명 이상의 사람을 수용할 수는 없었을 것이다. 그런데도 고대 기록은 기원후 70년에 예루살렘이 티투스에게 정복되었을 때 백만 명의 유대인이 살해되었다고 주장한다.[8]

고대 도시의 인구는 대체로 많지 않았다. 바울이 고린도를 방문했을 때, 그곳에는 아마도 5만 명 정도의 거주민이 있었을 것이다. 데살로니가는 3만 5,000명, 아테네는 7만 5,000명 정도가 거주했을 것이다. 세계 최대의 도시였던 로마(당시 세계에서 두 번째로 큰 도시는 중국의 뤄양이었다)의 인구도 대략 45만 정도에 불과했을 것이다.[9] 그런데도 많은 역사학자들은 여전

---

5   고대 인구에 대한 통계 자료는 주로 Tertius Chandler, Gerald Fox 및 Josiah Cox Russell의 연구에 막대한 빚을 지고 있다.
6   Stark 2009.
7   Josephus, *Jewish War* 3:2; Broshi 2001, 110; Schnabel 2004, 182.
8   Broshi 2001, 110.
9   Chandler 1987, 463.

히 백만 명이 넘는다고 과장하는 과거의 수치에 매달리고 있다.[10] 그러나 비록 인구는 적었어도, 고대 도시는 엄청나게 붐볐다. 왜냐하면 아주 작은 면적에 많은 인구가 거주했기 때문이다. 로마는 아마도 최고의 인구밀도로 인해 어려움을 겪었을 것이다. 존 스탬바우(John Stambaugh)는[11] 로마에서 에이커 당 302명이 살았다고 추산한다(현재 캘커타가 122명이고, 뉴욕 맨해튼이 100명인 것과 비교해보라). 내가 추산해보니, 안티오키아의 인구밀도는 에이커 당 195명이다.[12] 당시 대부분의 주요 도시들은 안티오키아에 비견할 만한 인구밀도를 가졌다. 그러한 인구밀도가 어느 정도인지 체감하려면, 여러분이 한여름에 사람들로 북적거리는 해변에 있다고 상상하면 된다.

모든 사람을 도시 안에 다 수용하려면, 건물을 모두 오밀조밀하게 짓되, 안전은 일단 차치하고서라도 가능한 한 높이 올리는 것이다. 게다가 대부분의 거리가 너무 협소해서 우리 눈에는 그냥 골목길로 보일 것이다. 로마법에 따라 모든 거리의 최소 폭이 3미터는 되어야 했지만 실제로는 대부분 이보다 협소했다.[13] 사실 로마시의 간선도로 가운데 아피아 가도(*Via Appia*)나 라티나 가도(*Via Latina*)와 같은 유명한 도로들도 그 폭이 고작 4.5에서 6미터에 지나지 않았다. 안티오키아의 주요 간선도로는 고대 세계에서는 아주 넓은 것으로 유명했지만 그것도 폭이 고작 9미터에 불과했다.[14] (현대의 주거지에 있는 도로는 그 폭이 보통 12미터 정도다.) 고대 도시는 대부분 도로가 너무 협소했기 때문에 사람들이 창밖으로 머리를 내밀고 큰 소리를 지르지 않아도 거리 맞은편에 사는 사람들과 수다를 떨 수 있을 정도

---

10   다음을 보라. Africa 1971, 4n9.
11   Stambaugh 1988.
12   Stark 1996, 150.
13   Carcopino 1940, 45-46.
14   Finley 1977.

제2부 로마 제국의 기독교화

였다. 도시는 그렇게 사람들로 밀집되어 있었고, 몇몇 신전과 궁전을 제외하고는 모든 건물이 (치장벽토로 외벽을 바른) 목재로 건축되어 있었으며, 난방과 요리는 개방된 화로를 가지고 해결했다. 사실 이러한 것들을 보면 "부자와 가난한 사람을 막론하고 사람들이 화재에 대해 공포 증세를 가졌던" 이유가 설명이 된다.[15]

이와 마찬가지로 사람들은 건물 붕괴에 대해서도 공포 증세를 가지고 있었다. 로마에서는 높이가 19미터 이상 되는 건물을 짓는 것이 불법이었다. 그럼에도 불구하고 건물 붕괴는 다반사로 발생하곤 했다. 로마는 "건물들이 붕괴되는 굉음과 건물 붕괴를 방지하기 위해 건물을 해체하는 소음으로 늘 가득했다. 그리고 공동주택(insula)에서 거주하는 세입자들은 언제나 그들의 머리 위로 건물이 무너져 내릴지 모른다는 불안 속에 살았다."[16] 공동주택은 너무나 날림으로 지어져서 쉽게 붕괴되곤 했다.[17] 게다가 (당시에는 승강기가 없었으므로) 인기가 없던 위층에는 주로 가난한 자들이 거주했는데, 그 공간을 더 작게 나누다보니 위층이 아래층보다 더 무거워져서 서까래와 토대가 그 무게를 감당할 수 없을 지경이었다.

주거환경

건물들만 밀집해 있던 것이 아니었다. 건물 내부의 작은 방마다 사람들로 꽉 들어차 있었다.[18] 개인 주택은 매우 드물었다. 로마에는 "임대주택 단지

---

15 Carcopino 1940, 33.
16 Carcopino 1940, 31–32.
17 Africa 1971, 4.
18 Stambaugh 1988, 178.

26개 구역당 한 채의 개인 주택"이 있을까 말까 하는 정도였다.[19] 공동주택에는 화로와 벽난로도 부족했다. 이미 말했듯이, 취사는 화로 위에서 목재나 석탄을 가지고 했는데, 이 화로가 유일한 난방 도구이기도 했다. 당시에 굴뚝 같은 것은 전혀 없었다(굴뚝은 수백 년이 지난 후에야 발명되었다). 그 때문에 방들은 겨울철만 되면 연기로 가득했다. 창문은 "천이나 가죽을 드리워 가리는" 수밖에 없었기 때문에[20] 빈번한 질식사를 방지하기 위해 공동주택의 공기를 충분히 순환시켰다. 하지만 이렇게 통풍이 잘되는 주택은 화재 시에 불이 갑자기 번질 위험이 컸다. 이러한 생활환경을 고려해서 사람들은 공공장소에서 일상생활을 영위하는 경향이 있었다. 보통 사람들에게 "가정"이란 "그냥 잠만 자거나 물건을 보관하는 장소 정도의 역할을 했음에 틀림없다."[21]

오물

비누가 아직 발명되지 않았다. 물은 공중 식수대에서 항아리에 담아 집으로 가져와야 했다. 그러므로 마루를 닦는다거나 세탁을 하기에는 물이 부족할 수밖에 없었다. 많은 사람들이 공중목욕탕에 가기는 했지만 목욕물조차도 넉넉히 확보할 수 없었다. 공중목욕탕의 물조차 상당히 오염되어 있었다. 왜냐하면 수도관을 통해서 오는 것이든 마을 우물에서 길어 오는 것이든 간에 그리스-로마의 대도시에서는 물을 수조에 보관해야 했는데, "이렇게 정수처리를 하지 않은 물을 그대로 방치하면 그 속에 자연히 녹조나 다른 유기물이 생겨나고, 결국 물에서 고약한 냄새가 나고, 맛이 변해서 얼마 지나

---

19 Carcopino 1940, 23.

19   Carcopino 1940, 23.
20   Carcopino 1940, 36.
21   Packer 1967, 87.

면 마실 수도 없게 되었다."[22] 플리니우스(기원후 23-79)가 "모든 물은 끓여 먹는 것이 더 낫다"고 충고한 것도 전혀 무리가 아니다.[23]

한 가지는 분명하다. 인구밀도가 높은 곳에서는 다급한 위생 문제가 발생한다. 로마의 주요 목욕탕과 동네 공중화장실로부터 오물이 하수도를 통해 도시 밖으로 빠져나가서 테베레강에 버려지는데, 정수처리를 하지 않았기 때문에 수 킬로미터 밖에서도 악취가 진동할 정도였다. 더욱이 볼 일을 보고 싶을 때마다 공중화장실을 이용할 수 있는 사람들은 그리 많지 않았다. 그때까지도 모든 도시에서 요강과 간이 화장실(pit latrine)을 사용하는 것이 보통이었다. 빈 땅이 부족했으므로 그리스-로마 도시는 대개 요강에 전적으로 의존했다.[24] 물론 요강이란 것은 차면 비워줘야 하는데, 요강을 비울 수 있는 유일한 방법은 도로를 따라 흐르는 (하수도로 사용하는) 도랑에 투기하는 것이었다. 위층에 사는 사람들이 밤중에 창문을 통해 요강을 비우는 일이 다반사였다. 위대한 프랑스 역사가인 제롬 카르코피노(Jerome Carcopino, 1881-1970)는 이에 대해 다음과 같이 묘사한다.

위층에서 내려가는 계단이 너무 가파르고, 오물 웅덩이까지 가는 길은 너무 멀고, 그래서 이러한 고생을 덜어보겠다는 심사로 자기 요강 속에 있는 오물을 위층에서 그냥 길거리로 투척해버리는 못돼먹은 놈들이 있었다. 지나가던 행인이 어쩌다 이러한 날벼락이라도 맞게 되면 정말로 재수 없는 일이었다. 유베날리스(Juvenal)의 풍자문에서처럼 이렇게 오물을 뒤집어쓰기도 하고, 또 어떤 때는 부상을 당해도, 이러한 알지 못하는 오물 투척자에 대해 투덜거리는 것 말고는 달리 보상받을 길이 전혀 없었다. 『로마법 요약집』(the Digest)에는 로마

---

22 White 1984, 168.
23 다음에서 인용함. White 1984, 168.
24 Stambaugh 1988.

의 법률가들이 이러한 범칙행위를 무시하지 않고 잘 인지하고 있었음을 보여주는 대목이 많이 있다.[25]

물과 위생 수단의 공급이 제한적이었고, 사람과 동물이 믿기 어려울 정도로 밀집해 있던 상황을 감안할 때(거리가 협소했는데도 도살장으로 가는 양들을 비롯해서 말과 나귀와 소가 계속해서 밟고 다니고 있었기 때문에 그 혼잡함이란 이루 말할 수 없을 지경이었다), 도시의 삶이란 너무나도 불결했음에 틀림없다. 공동주택의 작은 방들은 연기로 자욱했고, 어둡고, 축축했으며, 항상 더러웠다. 땀과 분뇨의 냄새와 부패한 악취가 사방에 진동했다. 건물 밖은 진흙과 하수와 동물의 배설물, 그리고 우글대는 사람들로 넘쳐났다. 사실 (어른이나 신생아나 할 것 없이) 사람의 시신이 이따금씩 개방 하수구에 그냥 버려지는 경우도 있었다.[26] 최고 부유층에 속한 가정은 충분한 공간과 개인적 청결함을 누릴 수 있었지만, 부자들도 도시 전체에 퍼져 있는 악취가 집 안으로 들어오는 것을 막을 방도는 없었다. 사람들이 모두 향 피우는 것을 좋아했던 것도 하등 놀라운 일이 아니었다. 설상가상으로 파리와 모기를 비롯한 해충들이 물이 고여 있고 오물이 모여 있는 곳에 번식하면서 악취뿐 아니라 해충도 사람들 사이에 퍼져나갔다.

범죄와 무질서

현대 도시는 새로운 사람들과 낯선 사람들로 가득하기 때문에 공동체적인 면이 부족하다고 많이들 걱정하지만, 이 점에 있어서는 고대 도시가 훨

---

25   Carcopino 1940, 42.
26   Stambaugh 1988.

씬 더 심했다는 것을 잊고 있다. 새로 유입되는 인구가 없었다면 고대 도시는 즉시 텅 빈 폐허가 되고 말았을 것이다. 고대 도시는 사망률이 극도로 높았기 때문에 이를 메우기 위해서라도 새로운 사람들이 지속적으로 유입되어야 했다.[27] 이에 따라 고대 도시는 최근에 이주해온 거주민의 비율이 대단히 높았으며, 따라서 이들 그리스-로마의 도시는 낯선 이들의 거류지가 되었다. 이러한 환경이 지배적인 곳은 어디나 범죄가 우글거린다. 왜냐하면 사람들은 일차적으로 타인과 친밀한 관계가 있는 경우에라야 도덕적 질서를 지키기 때문이다. 따라서 최악의 현대 도시들보다 그리스-로마의 도시에서 범죄가 훨씬 더 기승을 부렸다. 카르코피노는 로마에 대해 다음과 같이 묘사한다.

> 커다란 위험의 그림자가 스산하고 음험하게 위협을 가하듯 야음이 도시를 덮쳤다. 사람들은 모두 자기 집으로 피해 들어가서는 집안에 몸을 숨긴 채 대문을 잠가버렸다. 상점들은 정적에 감싸였고, 상점의 문은 안전을 위한 쇠줄이 외문 뒤로 채워져 있었다.…부자들이 행차할 경우 횃불을 들고 불을 밝히면서 노상에서 그들을 지켜줄 수 있는 노예들을 대동했다.…유베날리스는 유서를 쓰지 않은 채로 저녁식사를 위해 외출하는 사람들이 조심성이 없다고 책망을 들을 정도였다고 한탄한다.…『로마법 요약집』의 몇 장만 읽어봐도 도시가 범죄자들로 얼마나 들끓었는지 알 수 있다.[28]

좀 더 구체적으로 살펴보자면, "로마의 범죄자들은 대부분 흔한 범죄를 저지르곤 하였다. 따라서 도시는 절도범, 소매치기, 좀도둑, 강도로 들끓

---

27 Wrigley 1969.
28 Carcopino 1940, 47.

었다."²⁹ 아울러 사람들 간의 폭행도 대단히 심각한 수준이었는데,³⁰ 심지어 전문적인 청부살인도 있었다.³¹

범죄에 더해서, 그리스-로마의 도시에는 낯선 사람들의 유입이 끊이지 않았는데, 이로 인해 폭동을 비롯한 무질서가 많이 야기되곤 했다. 그중 일부는 민족 집단 간의 충돌이나 정치적 분쟁으로 이어지기도 했다.³² 폭동에 따른 인명 피해가 적지 않았고 (종종 대화재의 결과로 인한) 재산 손실도 엄청났을 뿐 아니라, 무엇보다도 정치적 폭동이 지배층에게 극도의 불안감을 안겨준 나머지 비밀경찰의 수를 늘리고 정보원을 통한 거대 감시망을 조직하도록 했다. 이에 따라 "지위고하를 막론하고 누구도 이들의 감시를 피할 수 없게 되었다.…이들 정보원에게는 정치적 암살의 임무가 주어지기도 했다."³³ 일상의 고통에 이 모든 난맥상이 더해졌다.

질병

오물과 해충 및 인구과밀에 늘 동반되는 것은 질병이다. 따라서 겨울보다는 한여름에 사망률이 훨씬 높았다. 왜냐하면 겨울에는 추위로 인해 오물과 해충의 작용이 경감되었기 때문이다.³⁴ 그럼에도 질환과 육체적 고통이 일상의 다반사를 차지하고 있었다. 고대 예루살렘의 오수구덩이에서 발견된 부패한 인분 잔류물을 최근에 분석한 결과 그 속에 촌충과 편충이 우글거리고 있었는데, 이는 그 당시 모든 사람들이 이러한 기생충을 가지고 있었음

---

29   Africa 1971, 5.

30   Lintott 1968.

31   Cassius Dio, *The Roman History* 67.11.

32   Africa 1971.

33   Sinnigen 1961, 68.

34   Shaw 1996, 114.

을 보여준다.[35] 이러한 기생충 가운데 한두 가지에 감염된다고 해도 그다지 치명적이지는 않았겠지만, 두 가지 기생충이 함께 작용해서 빈혈이 올 수도 있었고, 다른 질병에 걸릴 위험은 훨씬 더 높았다. 당시의 생활조건이 열악했고 의약품도 부족했음을 감안할 때 그리스–로마의 도시에 거주했던 사람들은 대부분 고질적인 건강 문제를 갖고 있었음에 틀림없고, 이에 따라 상당한 고통과 장애를 겪거나, 그로 인해 즉시 사망하는 경우도 많이 있었을 것이다. 현대 도시의 상황과 비교해보면 고대 도시에서는 다음과 같은 질병이 확실히 눈에 띄었다. "사료들 가운데는 도시의 흔한 장면으로, 부푼 안구, 피부 발진, 사지 절단에 대한 언급이 계속 등장한다."[36] 로저 배그놀 (Roger Bagnall)은 사진과 지문날인이 없었던 당시에 사람들의 신원은 그들의 인상을 묘사한 문서 기록을 통해 파악했으며, 따라서 이러한 기록은 "주로 흉터와 같은 흉한 몰골"에 주목하기 마련이었다고 보도한다.[37] 배그놀은 채무자의 명단을 기록한 4세기의 파피루스를 인용하는데, 거기에 등재된 자들은 모두 흉터가 있는 것으로 나온다.[38] 끝으로, 본서의 제7장에서도 다루겠지만, 여성들은 특히 비위생적이고 조악한 수단에 따른 출산과 만연한 유산으로 인해 야기된 건강 문제에 취약하게 노출되어 있었다.

---

35 Cahill et al. 1991, 69.
36 Stambaugh 1988, 137.
37 Bagnall 1993, 187.
38 Bagnall 1993, 185.

기독교의 긍휼

고대 도시에 만연한 불결함과 고통과 질병 및 익명성의 한복판에서 기독교는 긍휼을 베풀고 안전을 보장하는 섬과 같은 역할을 했다.

가장 중요한 것은 그리스도인에게는 이웃의 곤궁과 고통을 덜어주어야 할 의무가 있었다는 사실이다. 그것은 "내가 주릴 때에 너희가 먹을 것을 주었고, 목마를 때에 마시게 하였고, 나그네 되었을 때에 영접하였고, 헐벗었을 때에 옷을 입혔고, 병들었을 때에 돌보았고, 옥에 갇혔을 때에 와서 보았느니라.…내가 진실로 너희에게 이르노니 너희가 여기 내 형제 중에 지극히 작은 자 하나에게 한 것이 곧 내게 한 것이니라"(마 25:35-36, 40)는 말씀처럼 예수에게서 비롯된 것이다.

야고보서 2:15-17도 비슷한 생각을 전한다. "만일 형제나 자매가 헐벗고 일용할 양식이 없는데, 너희 중에 누구든지 그에게 이르되 '평안히 가라, 덥게 하라, 배부르게 하라' 하며 그 몸에 쓸 것을 주지 아니하면 무슨 유익이 있으리요. 이와 같이 행함이 없는 믿음은 그 자체가 죽은 것이라."

이와 대조적으로 이교 세계에서, 특히 철학자들 사이에서는, 긍휼을 "성격적 결함"으로, 동정을 "병적 감정"으로 간주했다. 왜냐하면 긍휼이란 무상의 도움이나 구호를 제공하는 것이므로 정의에 위배된다고 생각했기 때문이다. 저지의 설명에 따르면, 그리스 철학자들은 "긍휼은 이성의 지배를 전혀 받지 않으므로" 사람들은 반드시 "충동을 제어하는 법"을 배워야 할 것과 "받을 자격도 없는 자가 긍휼을 간청할 때" 철저히 "외면할" 것을 가르쳤다고 한다. 저지는 계속해서 "동정은 현자들에게는 합당하지 않은 성격적 결함이므로 아직 미성숙한 자들에게만 용납 가능한 것"이었다고 말

한다.[39]

이러한 도덕적 분위기 속에서도 기독교는 긍휼이 가장 중요한 덕목 가운데 하나이며, 자비하신 하나님께서는 사람들에게 긍휼을 베풀 것을 요구하신다고 가르쳤다. 더욱이 하나님께서 인간을 사랑하시므로 그리스도인들이 서로 사랑하지 않고서는 하나님을 기쁘시게 할 수 없다고 보는 이러한 기독교적 추론은 이교의 신념과는 더더욱 양립할 수 없는 것이었다. 그러나 참으로 혁명적인 원리는 그리스도인의 사랑과 자비가 자기 가족뿐 아니라 심지어 신앙의 경계를 넘어서 도움이 필요한 모든 이들에게 뻗어나간다는 점이다. 3세기 카르타고의 주교이자 순교자였던 키프리아누스(Cyprian)는 다음과 같이 말한다. "우리 자신에 속한 이들을 적절한 사랑의 관심을 갖고 돌보는 것은 그리 대단한 것이 아니다. 따라서 [그리스도인은] 단지 믿음의 권속들만이 아닌 모든 이에게 선을 베풀었다."[40]

이것은 그저 말로만 하는 이야기가 아니었다. 251년에 로마 주교는 안티오키아의 주교에게 편지를 보냈는데, 이 편지에서 그는 로마 교회가 1,500명에 달하는 과부들과 곤궁에 처한 이들을 돕고 있다고 언급한다. 하지만 이것 역시 유별난 일이 아니었다.[41] 기원후 98년경 안티오키아의 주교인 이그나티오스(Ignatius)는 서머나의 주교인 폴리카르포스(Polycarp)에게 과부들을 향한 특별 지원을 베풀 것을 분명히 하라고 권고했다.[42] 저명한 학자인 폴 존슨(Paul Johnson)의 말마따나 "로마 제국에서 대부분의 경우 사회적 부조가 취약했던 상황에 그리스도인들은 소규모의 복지국가를 운영한

---

39 Judge 1986, 107.
40 다음에서 인용함. Harnack 1904, 172-73.
41 Eusebius, *The History of the Church* 6:43.
42 Schoedel 1991, 148.

셈이었다."[43] 테르툴리아누스(155-222)는 이러한 복지 체계가 어떻게 작동하는지에 대해 다음과 같이 설명한다.

> 하나님께서 주신 것은 아무것도 사고 팔 수 없다. 우리에게 보화가 담긴 상자가 있다고 해도 신앙에 가격을 매길 수 없는 것처럼, 그 상자가 돈으로 채워지는 것은 아니다. 매달 사람들은 각자 원하는 대로 조금씩 기부금을 낸다. 다만 기꺼운 마음으로, 할 만한 능력이 있을 때에만 그렇게 한다. 강제적인 것은 전혀 없다. 모든 것이 자발적이다. 이러한 기부금은 사실 적선을 예치하는 것과 같다. 왜냐하면 이러한 기부금은 그렇게 모아진 후에 흥청망청 먹고 마시는 데 쓰려는 것이 아니라, 가난한 이들을 돕고, 장례를 치러주고, 극빈자인 부모를 둔 아동들과 집안에만 갇혀 있는 노인들에게 필요한 것을 공급하기 위한 것이다. 또한 난파당한 사람들, 광산에 팔려간 사람들, 또는 섬으로 유배되었거나 수감된 이들을 돕기 위한 것이다. 오로지 하나님의 교회가 가르치는 대의에 대한 충성으로 말미암아 이들은 자신의 신앙고백에 따른 소중한 열매가 되었다.[44]

이러한 긍휼 사역이 가능했던 것은 기독교가 회중, 곧 종교적 연대를 중심으로 자신의 삶을 세워나간 신자들을 중심으로 참된 공동체를 창출해냈기 때문이다. 그리고 다른 무엇보다도 바로 이 점이 고대적 삶의 양식에 만연된 여러 결핍으로부터 기독교를 막아주었다. 새로 온 이들이라도 나그네가 아니라 그리스도 안에서 형제와 자매가 되었다. 재난이 닥쳤을 때에도 반드시 돌보는 사람들이 있었는데, 사실 이들은 특별히 돌봄의 책임을 맡

---

43 Johnson 1976, 75.
44 Tertullian, *Apology*, chap. 39.

은 이들이었다. 교회마다 집사를 세워서 이들로 하여금 주로 병자와 연약한 자, 가난한 자와 장애자를 돕는 일을 담당하게 했던 것이다.『사도 헌장』(*Apostolic Constitutions*)에 나와 있는 것처럼, 집사는 "선한 일을 행하고 모든 사람을 밤낮으로 살피면서, 가난한 자라고 멸시하거나 부자라고 해서 존경하는 일이 없어야 한다. 그들은 누가 고통 중에 있는지 확인하고, 그들이 교회의 기금에서 제외되는 일이 없도록 살펴야 하며, 여유 있는 이들에게는 선한 일을 위해 따로 돈을 떼어둘 것을 강권해야 한다."[45]

기독교적인 삶에 따른 엄청난 유익을 가장 잘 보여주는 사례로는 대규모의 역병이 두 차례나 로마 제국을 덮쳤을 때 그리스도인들이 보여준 반응을 살펴보는 것이다.

역병과 신앙

마르쿠스 아우렐리우스(Marcus Aurelius)의 재위 기간이었던 165년에 끔찍한 역병이 로마 제국을 휩쓸었다. 의학사 연구자들 중 일부는 이것이 서방에서 천연두가 최초로 발발한 사례라고 추정한다.[46] 이것이 실제로 무슨 질병이었든 간에, 다른 여러 전염병들처럼 이것도 그전에 이 질병에 한 번도 노출된 적이 없던 사람에게 매우 치명적이었다. 이 전염병이 15년간 지속되면서 인구의 사분의 일 내지 삼분의 일이 사망하였다.[47] 전염병이 최고조에 달했을 때 여러 도시에서는 사망자가 너무나 많다 보니, 마르쿠스 아우렐리우스 황제(그도 나중에 이 병으로 사망했다)가 망자들을 실어 나르는 마차와 짐차

---

45   Harnack 1904, 161.
46   Zinsser [1934] 1960.
47   Gilliam 1961; McNeill 1976; Russell 1958.

의 행렬에 대해 기록하기까지 했다.[48] 그러고 나서 한 세기가 경과한 후 또다른 대 역병이 찾아왔다. 그리스-로마 세계는 다시금 공포에 떨었다. 사방에서 가족과 친구와 이웃이 처참하게 죽어나갔던 것이다.

감염자들을 어떻게 조치해야 하는지 아는 사람이 아무도 없었다. 대부분 치료를 할 생각조차 하지 못했다. 첫 번째로 역병이 창궐했을 때, 고대에 이름난 의사였던 갈레노스(Galen)는 로마를 떠나 시골 영지로 피신했고 위험이 잦아들 때까지 그곳에 머물렀다. 하지만 피신하지 못한 사람들에게서 나타난 전형적인 대응은 감염자와의 접촉을 피하는 것이었다. 그 병이 전염성이라는 사실을 알았기 때문이다. 상황이 이러했으므로 일차 증상이 나타난 환자들을 종종 길거리에 내버리곤 하였다. 따라서 거리마다 죽은 자들과 죽어가는 자들로 가득 차 있었다. 두 번째로 역병이 창궐했을 때(약 251), 알렉산드리아의 주교 디오니시오스(Dionysius)는 그곳에서 벌어진 사건들에 대해 다음과 같이 묘사했다. "역병이 처음 발발했을 때, 그들[이교도들]은 환자들을 내쳐버렸고, 가족들에게서도 피신하였다. 아직 죽지도 않은 환자들을 도로에 내다버렸고, 매장하지 않은 시신들을 오물처럼 취급했다. 그들은 그렇게 해서라도 끔찍한 질병의 확산과 감염으로부터 달아나려고 했지만, 별 짓을 다해도 역병을 피하는 것이 역부족임을 깨닫게 되었다."[49]

이러한 식으로 사랑하는 이들을 내버리는 것이 대부분의 사람에게는 상당한 고통과 슬픔을 안겨주었음에 틀림없다. 하지만 달리 무엇을 할 수 있었겠는가? 기도는 할 수 있었을까? 만약에 신전에 기도하러 갔다 해도 거기서 사제들이 신들의 도움을 비는 모습을 발견하지 못했을 것이다. 사제들도 모두 도시를 떠나 피신해버렸기 때문이다. 이교 신앙에서는 신들이 인

---

48 Zinsser [1934] 1960, 135.
49 Eusebius, *History of the Church* 7.22.

간사를 돌본다는 믿음이 전혀 없었기 때문에 신들에게 기도를 드릴 필요가 없었던 것이다. 자기의 소원을 성취하기 위해 가끔씩 신들을 "매수"한다는 생각은 있었다. 그러나 자비로운 하나님께서 사람들을 돌보신다는 생각과 같은 것은 전혀 찾아볼 수 없었다. 투키디데스(Thucydides)는 예전에 아테네를 강타했던 역병에 대해 다음과 같이 서술한다.

> 신전에서 기도를 드리거나 신탁을 구하는 것이 다 소용이 없었다. 막판에 너무나 심한 고통이 엄습했던 나머지 이러저러한 것에 더 이상 신경 쓸 겨를이 없었다.…그들은 돌봐주는 사람도 없이 죽어갔다. 실로 온 집안 식구가 지켜보는 사람도 없이 사망하는 경우도 많았다.…죽어가는 자들이 겹겹이 쌓여 있었고, 거의 죽은 목숨처럼 보이는 자들이 비틀거리면서 거리를 배회하거나 갈증을 해결하기 위해 식수대 근처에 모여들곤 하였다. 신전은 그곳의 한 귀퉁이를 차지하다가 죽어버린 환자들의 시체로 가득했다. 재앙이 너무나 엄청났던 나머지 사람들은 자기 옆에서 무슨 일이 일어날지도 알지 못하는 판에 종교라든가 법에서 요구하는 규율에 대해서는 무심할 수밖에 없었다.…신에 대한 경외심이나 법에 대한 두려움도 아무런 통제력을 발휘하지 못했다. 선인이나 악인이나 아랑곳없이 무차별적으로 죽어나가는 모습을 보면서 사람들은 신들을 섬기든 말든 다 마찬가지라고 생각하게 되었다.[50]

마찬가지로 고대 철학자들도 모든 것을 운명의 탓으로 돌리는 것 외에 달리 할 말이 없었다. 캐나다의 역사학자인 찰스 노리스 코크레인(Charles Norris Cochrane, 1889-1945)의 말마따나 "치명적인 역병이 제국을 초토화시키는 동안…궤변론자들은 낡아버린 세상에서 미덕을 찾아볼 수 없다는 등 부질없

---

50   Thucydides, *Peloponnesian War* 2.47, 2.51, 2.52.

는 말만 지껄이는 형국이었다."[51]

그러나 그리스도인들은 자기들에게 해답이 있다고 선언했으며, 무엇보다도 그들은 적절한 행동을 취할 줄 알았다. 그리스도인이 가진 해답이란 죽음이 끝이 아니며 현세의 삶은 시험을 치르는 시간이라는 믿음이었다. 이에 대해 제2차 대 역병 기간 동안 카르타고의 주교였던 키프리아누스도 같은 말을 하는데, 그가 덕 있는 자들은 아무것도 두려워할 필요가 없다고 말하는 대목을 살펴보기로 하자.

끔찍하고 치명적인 역병에도 불구하고 각 사람이 공정한 대우를 받고 있는지 낱낱이 살피면서 인간의 마음을 성찰하는 것이 참으로 적절하고도 필요한 일이라고 하겠다. 건강한 자들이 병든 자들을 돌보고 있는지, 친족들이 자기의 피붙이들을 마땅한 본분을 다해 사랑하고 있는지, 주인이 병든 종들에게 자비를 베풀고 있는지, 의사들이 혹시라도 환자들을 내버리고 있는 것은 아닌지… 이러한 사망이 우리에게 보탬을 준 것은 하나도 없었지만, 그리스도인들과 하나님의 종들을 위해 특별히 이루어 준 것은 있었다. 우리는 죽음을 두려워하지 않는 법을 배우면서 기꺼이 순교적 삶을 구하게 되었던 것이다. 이는 단지 죽음이 아니라 우리에게는 인내의 훈련이다. 이는 우리 마음에 강인함의 영광을 더해주며, 죽음에 대한 멸시를 통해 우리에게 면류관을 예비해준다.…앞서 간 형제들로 말할 것 같으면, 주께서 이들을 부르셔서 이 땅으로부터 자유하게 하셨으니 우리는 이들을 위해 애곡하지 말아야 한다. 우리는 그들을 잃은 것이 아니라 단지 먼저 보낸 것임을 알기 때문이다. 그들은 이 세상을 떠나면서 우리가 갈 길을 앞서 인도한다. 여행자들이나 항해자들을 대하듯이, 우리는 그들을 그리워해야 하겠지만, 그들에 대해 애곡하지는 말아야 한다.…우리가 그들

51 Cochrane [1940] 1957, 155.

에 대해 살아 있다고 말하면서 또한 애곡한다는 것 때문에 이교도들이 우리를 책망할 만한 그럴듯한 빌미를 주어서는 아니 된다.[52]

그리스도인들의 행동으로 말할 것 같으면, 이들은 아픈 자를 유기하지 않고 돌보는 책무를 감당하였으며 이를 통해 엄청나게 많은 목숨을 구했던 것이다.

제2차 역병이 끝나갈 무렵에 알렉산드리아의 디오니시오스 주교는 교우들에게 보낸 목회서신에서 환자들을 간호했던 사람들, 특히 그 일을 하다가 자신의 목숨을 바쳤던 이들을 칭송했다.

대부분의 우리 형제들은 무한한 사랑과 충성심을 보여주었다. 이들은 결코 자신의 몸을 사리지 않고 서로에 대해서만 생각했다. 위험을 무릅쓰고 환자들을 돌봤다. 그리스도 안에서 이들의 필요를 살피면서 그들을 섬겼다. 그러고는 그들과 함께 이생을 조용히 행복하게 하직했다. 이웃의 질병을 자신이 짊어지고 그들의 아픔을 기쁘게 받아주다가 이들도 환자들로부터 병이 전염되었던 것이다. 다른 사람들을 간호하고 돌보다가 많은 사람들이 그들의 죽음을 자신에게 돌리고, 그들 대신 자신들이 죽었다.…우리 형제들 가운데 가장 훌륭한 형제들이 이러한 식으로 자신의 목숨을 잃었다. 수많은 장로들과 집사들, 평신도들이 위대한 경건과 강인한 신앙의 결과로써 이러한 모습으로 죽었을 때, 이것은 모든 면에서 순교의 죽음에 필적한다는 칭송을 얻었다.[53]

우리가 이 주교의 말을 믿어야 할까? 당연한 믿어야 한다. 왜냐하면 그는 지

---

52 Cyprian, *Mortality* 15-20.
53 Dionysius, *Festival Letters,* in Eusebius, *The History of the Church* 7.22.

금 이러한 일들에 대해 나름대로 잘 알고 있던 자기 교구의 교인들을 대상으로 말하고 있기 때문이다. 그러나 그러한 섬김의 행동으로 인해 실제로 어떤 차이가 생겨났는가? 그 답은 사망률의 현격한 감소에서 찾을 수 있다.

윌리엄 맥닐(William H. McNeill)이 그의 유명한 책 『역병과 민족들』(*Plagues and Peoples*)에서 지적했듯이, 당시의 지배적인 여건하에서는 "아주 기본적인 간호만으로도 사망률을 크게 줄일 수 있었다. 예를 들어 음식과 물만 공급해주어도 잠시 약해졌던 이들이 비참한 죽음을 겪지 않고 스스로 기력을 회복하게 되었을 것이다."[54] 그리스도인의 간호가 사망률을 많게는 삼분의 이까지 감소시킬 수 있었다는 추산은 전적으로 타당하다. 전염병에 걸렸던 그리스도인들 대부분이 생존했다는 사실을 외인들이 결코 모르고 지나칠 리가 없었으므로, 이것은 "기적을 일으키는" 종교로서 기독교에 커다란 신뢰를 더해주었다. 물론 기적은 이교를 믿는 이웃들이나 친척들에게도 일어났다. 그리스도인의 간호를 받아서 건강을 회복한 사람들 가운데 기독교로 개종한 사례도 분명히 있었을 것이다. 첨언하자면, 그리스도인이 이교도를 간호한 사례가 반드시 있었을 것이지만, 이교도의 수가 월등히 많았기 때문에 그리스도인들이 이들을 모두 돌볼 수 없었던 것은 분명하다. 반면에 그리스도인들은 거의 모두 간호를 받았을 것이다. 그래서인지, 그리스도인들 전체로는 다른 집단보다 훨씬 더 높은 생존율을 보였을 것이다. 이러한 이유만으로도, 두 차례에 걸친 역병의 결과로 그리스도인들이 전체 인구에서 차지하는 비율이 상당히 증가했을 것이다.

전염병이 창궐하는 동안 그리스도인들이 실제로 한 일은 그들이 매일 하던 일을 더 열심히 한 것뿐이다. 기독교는 긍휼과 자조(self-help)의 공동체였으므로 그리스도인들은 실로 더 나은 삶을 더 오래도록 살 수 있었다. 이

---

54   McNeill 1976, 108.

것은 명백한 사실이었기에 그만큼 커다란 호소력을 지녔던 것이다. 그리스도인의 긍휼이 지닌 영향력이 분명했던 나머지, 4세기에 율리아누스(Julian) 황제가 이교 신앙을 복원시키려 할 때 이교도 사제들에게 기독교의 긍휼 사역과 경쟁할 것을 권할 정도였다. 율리아누스는 갈라티아의 최고 사제에게 보낸 서신에서 가난한 자들에게 곡물과 포도주를 분배할 것을 명하면서 다음과 같이 말했다. "불경한 갈릴리교도들(그리스도인들)은 자기들만 아니라 우리도 돕는다. 우리의 빈자들이 우리의 도움을 받지 못하는 것은 수치스러운 일이다."[55] 그러나 율리아누스의 제안에 대한 호응은 거의 없었다. 왜냐하면 이교의 사제들에게는 그러한 사역을 세워나가는 데 토대가 되는 교리나 전래의 관행이 전혀 없었기 때문이다. 이 말은 로마인들이 긍휼 사역에 대해 전혀 아는 바가 없었다는 것이 아니다. 그들이 볼 때 그것은 신들을 섬기는 일에 근거한 것이 아니었다는 말이다.

이교의 신들은 오직 자신들만을 달래어줄 것을 요구했고, 그것 말고는 인간이 하는 일에 대해 아무런 관심도 없었기 때문에 이교의 사제는 긍휼의 정신을 결여한 자는 구원받지 못한다고 설교할 수조차 없었다. 아예 구원이란 개념 자체가 존재하지 않았던 것이다. 신들은 죽음을 벗어나는 길을 제공하지 못했다. 우리가 죽음에 대한 그리스도인의 반응과 이교도의 것을 비교할 때에 이 사실을 유념해야 한다. 그리스도인은 영생을 믿었던 반면에, 이교도들은 기껏해야 저승에서의 사후잔생 정도를 믿었던 것이다. 그러므로 갈레노스가 제1차 대 역병 기간 동안 로마에 남아 환자들을 치료하고자 했다면 그에게는 그리스도인 집사나 장로보다 더 큰 용기가 필요했을 것이다. 결국 신앙이 중요했다.

---

55   다음에서 인용함. Ayer [1913] 1941, 332–33.

결론

기독교로의 개종에 있어 현실적이고 현세적인 유익이 지닌 중요성을 강조하는 것은 기독교 발흥의 주요 동기로 작용했던 종교적 요인을 평가절하하는 것이라는 이유를 들어 반대하는 이들도 있을 것이다. 그러나 이러한 반대 견해는 현세적 유익이 실제로는 가장 참된 의미에서 **종교적**이라는 점을 간과하고 있다. "내가 진실로 너희에게 이르노니 너희가 여기 내 형제 중에 지극히 작은 자 하나에게 한 것이 곧 내게 한 것이니라"(마 25:40). 그리스도를 닮아감으로써, 그리스도인들은 더 오래 살면서 더 안정된 삶을 누릴 수 있었다.

제7장

여성들을 향한 호소력

예수와 열두 사도를 비롯하여 바울과 초기 예루살렘 교회의 유력한 지도자들이 모두 남성이었다. 이 때문에 초기 기독교는 일차적으로 남성들이 주름잡던 영역이었으리라는 인상이 지배적이다. 하지만 결코 그렇지 않다. 매우 이른 시기부터 여성들이 압도적으로 많았다.

바울은 로마서에서 로마 교회의 유력한 교인들 중 15명의 여성과 18명의 남성에게 개인적인 문안을 전하고 있다.[1] 성적 불평등으로 인해 남성이 여성보다 지도적 위치를 차지할 가능성이 많았다고 가정한다면, 로마 교회의 성비가 이렇게 대등하다는 사실은 그 교회가 아주 비대칭적으로 여성 중심이었음을 암시한다. 실로 바울이 전도한 이들 가운데 "우리에게 잘 알려진 이들은 여성"이었으며, 이 여성들 가운데 많은 이들이 "지도력을 발휘했다."[2] 이러한 까닭에 케임브리지의 걸출한 교회역사가인 헨리 채드윅

---

1   Harnack 1905, 220.
2   Frend 1984, 99.

(Henry Chadwick, 1920-2008)은 다음과 같이 말한다. "기독교는 특히 여성들 사이에서 큰 성공을 거둔 것으로 보인다. 기독교가 첫 단계에서 사회의 상층 계급에 침투할 수 있었던 것은 종종 아내들을 통해서였다."[3] 이 점에서 그의 말은 아돌프 폰 하르나크(1851-1930)의 다음과 같은 말에 공명한다. "기독교의 메시지는 특히 여성들을 사로잡았다.…그리스도인 여성의 비율이, 그것도 특별히 상층 계급에서, 남성보다 월등히 높았다."[4] 최근에 실시한 기원후 283년부터 423년 사이에 생존했던 원로원 신분(senatorial class)에 대한 표본조사도 이 점을 확인시켜주는데, 이에 따르면 원로원에 속한 사람들 중 남성의 50퍼센트와 여성의 85퍼센트가 그리스도인이었다.[5]

당연히 "왜"라는 질문이 제기된다. 대답은 두 부분으로 구성된다. 첫째로, 만약에 여성이 종교에 참여하는 것을 금지하거나 적어도 억제하지만 않는다면 종교운동은 언제나 남성보다 여성을 더 많이 끌어들이기 마련이다. 참으로 세상 어디서든지 신앙의 측면에서나 참여도의 측면에서 여성이 남성보다 더 종교적이라는 점을 보여주는 통계자료가 많다.[6] 최근에 그 이유를 둘러싸고 논쟁이 벌어진 적이 있다.[7] 물론 그것은 여기서 다룰 만큼 중요한 문제는 아니다. 훨씬 더 중요한 것은 그 대답의 두 번째 부분에 해당하는 것으로, 그것은 통상적인 젠더 차이의 수준을 넘어서서 기독교가 여성들에게 매력적이었음을 시사한다. 여성들이 특별히 기독교에 끌렸던 것은 기독교가 여성들에게 통상적인 여성의 삶보다 더 탁월한 삶을 제공해주었기 때

---

3 Chadwick 1967, 56.
4 Harnack 1905, 227.
5 Salzman 2002. 이 조사 결과에 따라 Salzman은 여성이 남성보다 기독교를 받아들이는 경향이 더 많았던 것은 아니라고 주장하는데, 이것은 그다지 개연성 있는 주장이 되지 못한다.
6 Stark 2004.
7 Liu, 근간; Miller 2000; Miller and Stark 2002; Roth and Kroll 2007; Stark 2002; 2004; Sullins 2006.

문이다. 본 장에서는 이 문제를 자세히 살펴본 후에, 그리스도인 여성들이 처한 상황이 기독교의 급속한 성장에 있어 어떤 중요한 결과를 초래했는지에 대해 검토할 것이다.

이교도 여성과 유대인 여성

고대 사회의 어디서도 여성이 남성과 동등한 곳은 없었다. 하지만 그리스-로마 세계에서 여성들이 경험하는 불평등의 정도에는 실제로 차이가 많았다. 초기 기독교 공동체의 여성들이 처한 상황은 이교도나 심지어 유대인 여성들보다 상당히 양호한 편이었다.

　　고대 서방에 살았던 이교도 여성의 형편을 일반화하기란 쉽지 않은 일이다. 왜냐하면 그리스인과 로마인 간에 현격한 차이가 있었기 때문이다. 그리스의 여성은 반쯤은 격리된 상태로 살았다. 상류층 여성은 다른 여성들보다 더 심했지만, 그리스의 여성들 모두가 대단히 제한적인 삶을 살았다고 할 수 있다. 특권층의 가정에서는 여성이 집안의 응접실에 접근하는 것조차 허용되지 않았다. 로마의 여성들은 그 정도로 격리되지는 않았지만, 여러 다른 방식으로 그에 못지않게 남성의 통제에 종속되어 있었다. 그리스와 로마의 여성들 모두 자신의 결혼에 대해 발언할 수 있는 처지가 아니었다. 일반적으로 여성들은 아주 어릴 때 결혼했다. 종종 사춘기가 되기도 전에 자기보다 훨씬 나이 많은 남성에게 시집을 갔다. 남편은 마음대로 이혼할 수 있었으며 그로 인해 아무런 처벌을 받지 않았다. 하지만 아내는 친족 남성이 그녀를 대신해서 이혼을 청구해야만 겨우 이혼할 수 있었다. 하지만 그리스에서 아내의 아버지나 오빠는 그녀가 원하지 않아도 이혼시킬 수 있었다. 로마나 그리스의 남편들은 원하지 않는 아이는 죽일 수도 있었고, 아내에게 강제로 유산을 시킬 수 있을 정도로 절대적인 힘을 가졌다. 하지만 로마인 남편에게 아내를 죽이는 것은 허락되지 않았다. 로마에서는 아내에게 제한된 재산권이 주어졌지만, 그리스에서는 아내에게 이 정도의 권한조차도 주어지지 않았다. 그리스와 로마에서 아내들은 계약의 당사자가 될 수 없었다. 로마의 상류층 여성은 읽고 쓰는 것을 배웠지만, 그리스의 여성은 그러한 배움의 기회조차 얻지 못했다.[8] 이러한 차이점이 기독교가 로마보다는 그리스의 도시에서 훨씬 더 빠르게 성장하는 데 중요한 역할을 했는지도 모른다(본서의 제9장을 보라). 끝으로 로마나 그리스의 여성들이 종교생활에서 중요한 역할을 맡도록 허용된 경우는 여신들에게 바쳐진 소수의 신전에서나 찾아볼 수 있는 일이었다.

유대인 여성의 상황은 디아스포라와 팔레스타인 공동체들 간에 서로 달랐을 뿐 아니라, 디아스포라 공동체들 안에서도 상당히 다양했다. 어떤 디아스포라 공동체에서는 많은 여성이 거의 격리된 상태로 있었다. 디아스포라에서 가장 높은 권위를 인정받았던 알렉산드리아의 필론에 따르면, "여성들은 집밖으로 절대 나돌아 다니지 말고 집안에 있는 것이 최선이다. 집안에서 가운데 문은 하녀에게 허용된 영역이고, 바깥 문은 완전히 성인이 된 여성만이 드나들 수 있었다. 그렇기 때문에 여성은 가정사 외에 다른 일에 참견해서는 안 되었고, 은둔의 삶을 살아야 했다."[9] 팔레스타인에서는 여성들이 격리되었다는 증거가 없다. 그리고 디아스포라의 많은 유대인 여성들도 분명히 격리되지는 않았다. 그럼에도 불구하고 어디에서나 유대인 여자 아이는 유년 시절에 아버지가 골라준 사람에게 시집을 갔다. 물론 많은 경우 사춘기 때까지는 집에 있게 해달라고 요청할 수도 있었다. 신

---

8   Lefkowitz and Fant 2005; Osiek and MacDonald 2006; Pomeroy 1975; Shelton 1988.
9   다음에서 인용함. Scroggs 1972, 290.

명기 22:13-21에 따르면, 처녀가 아닌 것으로 판명 난 신부는 아버지 집의 문 앞에서 투석형을 당할 운명이었지만, 그러한 일은 비교적 드물게 발생했다. 다른 한편, 유대인 아내가 남편에 의해 이혼당하는 것은 매우 쉽고도 흔히 볼 수 있는 일이었는데, 아주 특별한 사정들, 예를 들어 남편이 불임이든지 혹은 한센병에 걸렸든지 하는 경우가 아니라면 아내는 이혼을 청구할 수 없었다. 유대인 여성은 남자 상속자가 없는 경우에 한해 재산을 상속받을 수 있었다. 그들은 "증언을 할 권리가 없었고, 여성이 보고한 내용에 대해 사람들이 믿을 것이라는 기대조차 할 수 없었다."[10] 『바빌로니아 탈무드』 (Babylonian Talmud, 기원후 약 90)에는 랍비 엘리에제르(Rabbi Eliezer)의 다음과 같은 말이 인용되어 있다. "여성에게 토라를 가르치려거든 차라리 토라를 태워버리는 것이 낫다." 참으로 탈무드의 여러 곳에서는 이러한 충고를 한다. "여성과 너무 많은 말을 하는 사람은 자신에게 악을 불러온다."[11]

그럼에도 출애굽기 20:12은 이렇게 명령한다. "네 아버지와 어머니를 공경하라." 레위기 19:3은 순서를 바꿔서 말한다. "너희 각 사람은 어머니와 아버지를 공경하라." 더욱이 유대인 여성에게 "성적 쾌락을 누릴 권리가 있다"는 말도 나온다.[12] "자기 딸에게 율법에 대한 지식을 가르쳐야 한다"[13]고 말하는 랍비 벤 아자이(ben Azaai)의 의견에 따라, 유대인 여성 가운데 일부는 교육을 받기도 했고, (팔레스타인의 가부장적 문화를 벗어난) 디아스포라 공동체에서는 여성이 회당에서 "장로"나 "회당장"이나 "회당의 어머니" 내지 "감독관"과 같은 지도적 역할을 담당한 경우도 있었는데, 이러한 사실은

---

10   Frend 1984, 67.
11   다음에서 인용함. Bell 1973, 72.
12   Witherington 1990, 5.
13   Witherington 1990, 7.

스미르나 등지에서 발견된 비문을 통해 확인된다.[14] 그렇지만 회당에서 남녀는 구별된 자리에 앉았고, 여성이 집회 중에 토라를 읽는 것은 허용되지 않았다. 일반적으로 유대인 여성이 이교도 여성보다 훨씬 더 나은 상황이었지만 그럼에도 그 자유와 영향력에서는 그리스도인 여성에 미치지 못하였다.

그리스도인 여성들

그리스도인 작가들은 여성에 대한 예수의 태도가 혁명적이라는 점을 오랫동안 강조해왔다. 예수에게 있어 남녀는 평등했다는 말이다.[15] 많은 페미니스트 비평가들은 성차별적이지 않은 예수의 말이나 행동이 성차별이 만연했던 초기 기독교 공동체의 실제 젠더 관계에 별다른 영향을 주지 못했다고 무시해버리곤 한다.[16] 그러나 최근에 밝혀진 객관적 증거에 따르면, 의심할 여지 없이 초기 기독교 여성이 이교도 여성이나 유대인 여성에 비해 남성과의 관계에 있어 훨씬 더 평등한 권리를 누렸음이 분명하다. 로마시의 지하에 위치한 지하묘지 중 기독교 구역에 있는 3,733기의 묘실에 대한 연구는 그리스도인 여성에 대한 추모 비문이 그리스도인 남성에 대한 추모 비문과 그 길이에서 차이가 거의 없음을 밝혀냈다. 이렇듯 "추모비문에서 남녀 간에 차이가 없다는 사실은 유독 그리스도인들에게만 해당되는 특징이었고,

---

14   Brooten 1982; Kraemer 1992.
15   Frend 1984, 67.
16   다음의 훌륭한 요약을 보라. Heine 1988. 이교도에 비해 그리스도인들 사이에서 양성 평등이 보다 현저했다는 여성주의적 분석에 대해서는 다음을 보라. McNamara 1976.

이 점은 그들을 도시의 비그리스도인들로부터 구별해주었다."[17] 이 점은 성인들에게만 해당되는 것이 아니라 아동들의 경우에도 마찬가지였다. 그리스도인들은 딸을 잃었을 때도 아들을 잃을 때만큼이나 슬퍼했는데, 이것은 로마에 있는 다른 종교 집단과 비교해보면 특히 예사롭지 않은 것이다.[18]

물론 아주 초창기부터 그리스도인 여성들이 종종 교회 안에서 지도력을 발휘했고, 결혼생활에서도 더 큰 안정성과 평등함을 누렸다는 증거가 압도적으로 많다.

교회의 지도력

초기교회 내에서 여성의 역할에 대한 우리의 인식은 바울의 말이라고 전해지는 다음의 구절로 인해 오랫동안 왜곡되어왔다. "여자는 교회에서 잠잠하라. 그들에게는 말하는 것을 허락함이 없나니, 율법에 이른 것 같이 오직 복종할 것이요"(고전 14:34). 이 구절은 바울이 다른 곳에서 여성들에 대해 말한 내용과 도무지 일치하지 않으므로 이것을 묵살해도 될 만한 탄탄한 근거가 있다. 바울이야말로 "신약성경에서 유일하게 여성의 해방과 평등을 확실하고 일관성 있게 주장한 사람"[19]이었다. 로빈 스크로그스(Robin Scroggs)는 여성에게 잠잠할 것을 명령한 구절이 후기 바울 서신이나 목회 서신을 편집했던 이들에 의해 삽입된 것임을 잘 보여주었다. 이들 서신을 바울의 저작으로 돌리는 것은 잘못이다.[20] 로렌스 이아나콘(Laurence Iannaccone)은

---

17 Shaw 1996, 107; 또한 Shaw 1991.
18 Shaw 1996, 110.
19 Scroggs 1972, 283.
20 Scroggs 1972; 1974.

여성에 대한 이러한 구절은 바울을 반대했던 고린도 교회 교인들이 끼워 넣은 것이었는데, 어쩌다가 이 사실이 망각되고 말았다는 흥미로운 가능성을 제시한다.[21] 이유야 어쨌든, 이 구절은 종교적 지도력을 발휘하는 지위에 있던 여성들을 인정하고 격려하며 승인했던 바울의 입장을 감안할 때 어불성설임이 분명하다.

로마서 16:1-2에서 바울은 겐그레아교회의 집사인 "우리 자매 뵈뵈"를 로마 교회에 소개하고 천거하면서 "너희는 주 안에서 성도들의 합당한 예절로 그를 영접하고 무엇이든지 그에게 소용되는 바를 도와 줄지니, 이는 그가 여러 사람과 나의 보호자가 되었음이라"고 말하고 있다. 집사는 초기 교회에서 중요한 지도자에 해당한다. 이들은 특별히 재정을 모으고 분배하는 책임을 맡고 있었다. 여성이 그러한 역할을 맡는 것을 바울이 이례적인 경우로 보지 않은 것이 분명하다. 이 점은 제1세대 그리스도인들에게만 해당되는 제한된 사례도 아니었다. 112년, 플리니우스 2세는 트라야누스 황제에게 보내는 편지에서 자신이 "여집사라고 불리는" 두 명의 젊은 그리스도인 여성을 고문했다고 적고 있다.[22] 알렉산드리아의 클레멘스(150-216)는 "여성 집사들"에 대한 기록을 남겼고, 오리게네스(185-254)는 바울의 로마서에 대한 주석에서 다음과 같이 적고 있다. "이 본문은 사도의 권위를 가지고 다음과 같이 가르친다.…우리가 앞에서 말했던 것과 마찬가지로, 교회에는 여성 집사들이 있다는 것과 여성도 집사 직분에 받아들여져야 함을 가르친다."[23] 451년에 개최된 칼케돈 공의회(the Council of Chalcedon)에서는 추후로 여집사는 적어도 40세가 되어야 하고 결혼하지 않은 조건이어야 한다고

---

21 Iannaccone 1982.
22 *The Letters of the Younger Pliny* 10.96.
23 다음에서 인용함. Gryson 1976, 134.

결정 내리게 된다.[24]

최근 들어 저명한 역사학자들도 여성이 초기 기독교에서 영예롭고 권위 있는 직분을 맡았다는 것에 동의한다. 따라서 피터 브라운(Peter Brown)은 그리스도인들이 이 점에서 이교도들만이 아니라 유대인들과도 달랐다고 말한다. "기독교 성직자들은 팔레스타인의 랍비들과 자신들을 구별시키는 조치를 취했다.…그들은 여성을 후원자로서 환영했고, 여성에게 동역자로서 활동할 수 있는 역할을 부여하기도 했다."[25] 웨인 믹스(Wayne Meeks)는 다음과 같이 요약한다. "여성들은 바울의 동역자가 되어 복음전도자와 교사로 활약했다. 사회에서 여성이 점하는 위치와 그리스도인 공동체에서 여성이 보여준 참여라는 두 가지 측면에서 볼 때, 상당수의 여성이 여성적 역할에 대한 통념상의 기대를 정면으로 돌파해버렸던 것이다."[26]

영아살해

이교도 여성과 비교할 때 그리스도인 여성은 태어날 때부터 월등히 나은 처지였다. 로마 제국에서는 원치 않는 영아를 유기하는 일이 만연해 있었다.[27] 이 경우 여아가 남아에 비해 유기될 가능성이 훨씬 더 높았다. 법적으로나 관습적으로, 영아를 유기할 것인지에 대한 결정은 전적으로 아버지에게 달려 있었다. 한 남자(그는 먼 곳에서 일하고 있었다)가 임신한 아내에게 보낸 유명한 사랑의 편지에도 이러한 정황이 잘 반영되어 있다. 편지 내용은 이러

---

24   Ferguson 1990.
25   Brown 1988, 144-45.
26   Meeks 1983, 71.
27   Harris 1994, 1.

하다. "당신에게 행운이 있기를 바라오. 당신이 아이를 낳게 되면, 그 아이가 남자아이면 살게 하고, 만일 여자아이면 그냥 유기하시오. 당신이 아프로디시아스(Aphrodisias)에게 '나를 잊지 말아요'라고 [나에게 전해달라고] 말했다면서요. 내가 어떻게 당신을 잊는단 말이요? 그러니 부디 걱정하지 마시구려."[28] 대가족의 경우에도 "딸을 한 명 이상 키우는 일은 극히 드물었다."[29] 비문에 대한 연구를 통해 당시의 가족구성을 재구성할 수 있는데, 이에 따르면 600가구 중에서 오직 6가구만이 한 명 이상의 딸을 양육했다.[30]

유대교 전통에 뿌리를 둔 기독교에서는 영아유기를 살인으로 단죄했다.[31] 순교자 유스티누스(Justin Martyr, 100-165)는 다음과 같이 말한다. "신생아를 유기하는 것은 죄악이라고 우리는 배웠다.…그것은 결국 우리를 살인자가 되게 하기 때문이다."[32] 따라서 실질적으로 그리스도인과 유대인의 여자아이가 더 많이 살아남았다.

결혼

결혼 적령기에 가까이 갈수록 그리스도인이 누리는 혜택이 더 커졌다. 이교도 소녀는 아주 이른 나이에 시집을 갔다. 대개는 자기보다 훨씬 더 나이 많은 남자에게 시집을 갔으며, 결혼에 대해서는 거의 선택권이 없었다. 이에 대한 통계적 증거와 문헌적 증거가 존재한다. 먼저 후자(문헌적 증거)

---

28 다음에서 인용함. Lefkowitz and Fant 1992, 187.
29 Lindsay 1968, 168.
30 Lindsay 1968.
31 Gorman 1982.
32 *First Apology.*

의 경우, 별다른 증거가 없는 것이 역으로 로마의 소녀들이 대개 사춘기 이전의 어린 나이에 결혼했다는 강력한 증거가 된다. 케임브리지의 역사가인 키스 홉킨스(Keith Hopkins, 1934-2004)는 유명한 로마의 여성 중 많은 이들이 어린 신부였음을 계산을 통해 밝혀낼 수 있다고 보았다. 즉 옥타비아(Octavia, 클라우디우스 황제의 딸)는 11세에 결혼했고, 네로의 어머니인 아그리피나(Agrippina)는 12세에 결혼했다. 유명한 수사학자였던 퀸틸리아누스(Quintilian)는 12세가 넘지 않은 소녀와 결혼했음에 틀림없다. 왜냐하면 그녀가 13세에 퀸틸리아누스에게 아들을 낳아준 것을 우리가 알기 때문이다. 역사가 타키투스는 13세의 소녀와 결혼했다. 이러한 사례는 계속된다. 그러나 이러한 사례 가운데, 이와 같은 사실이 여성의 전기적 관점에서 다루어지는 경우는 찾아볼 수 없다. 이러한 침묵을 깨고 역사가인 플루타르코스(Plutarch, 46-120)가 "로마인들은 자기 딸이 12세가 되면, 또는 그보다 어린 나이에 결혼을 시킨다"[33]고 보도한다. 로마의 역사가인 디오 카시우스(Dio Cassius, 155-229)도 "소녀가 12세가 되면 결혼 적령기에 달한 것으로 여겨졌다"고 맞장구를 친다.[34]

로마인들의 묘비명을 근거로 결혼 연령을 분석한 선구적 연구가 있는데, 이에 따르면 그리스도인 여성과 이교도 여성을 이 점에서 구별하는 것이 가능하다. 분석 자료는 그 차이가 매우 현격했음을 보여준다. 이교도 여성의 20퍼센트는 결혼 당시에 12세이거나 그보다 어렸었다(그중 4퍼센트는 10세밖에 되지 않았다). 반면에 그리스도인 여성 가운데 단지 7퍼센트만이 13세 이하였다. 이교도 여성 중 절반은 15세 이전에 결혼했는데, 이에 대한 그리스도인 여성의 비율은 20퍼센트 정도였다. 그리고 그리스도인 여성 가운

---

[33] 다음에서 인용함. Hopkins 1965, 314.
[34] *The Roman History.*

데 거의 절반(48퍼센트)은 18세 이전에 결혼하지 않았다.[35] 이러한 통계자료만을 가지고 결론을 내릴 수는 없다. 왜냐하면 모집단에 해당하는 여성들의 수가 수백 명에 불과하기 때문이다. 그러나 그러한 통계수치가 광범위한 문헌 증거를 확실하게 뒷받침하는 것을 감안할 때, 로마의 이교도 소녀들이 매우 어린 나이에 결혼했을 뿐 아니라 대부분의 그리스도인 소녀들보다는 훨씬 더 어렸던 것이 분명하다.

어린 신부와의 결혼이 그저 명목상의 결혼이 아니었다는 것에 주목해야 한다. 어린 신부가 아직 사춘기에 도달하지 않았는데도 결혼과 동시에 첫날밤을 치러야 했다. 7세밖에 되지 않은 아내와 잠자리를 가졌다는 보고도 있다.[36] 이러한 관행 때문에 플루타르코스는 로마인의 결혼 관습은 잔인한 것이라고 비난하면서 "자연에 반해 강요되는 이러한 풍습이 소녀들에게 증오와 공포를 유발했다"[37]고 보도한다. 그리스도인 소녀들 중에는 극소수만이 이와 유사한 운명을 겪었다. 이들 대부분은 육체적으로나 정서적으로 성숙했을 때 결혼했고, 대부분 자신의 결혼 상대에 대해 의견을 말할 수 있었으며, 따라서 훨씬 더 안정된 결혼생활을 영위했다.

이혼

이혼에 대한 기독교의 입장은 "내가 너희에게 말하노니 누구든지 음행한 이유 외에 아내를 버리고 다른 데 장가드는 자는 간음함이니라"(마 19:9)는 예수의 말씀에 의해 규정되었다. 이것은 과거 관습과의 급진적인 단절을 의

---

35 Hopkins 1965.
36 Clark 1981, 200.
37 다음에서 인용함. Hopkins 1965, 314.

미했다. 고대 바빌로니아 시대로 거슬러 올라가는 결혼 계약서를 살펴보면, 거기에 포함된 이혼 조항이 위자료와 재산분배를 구체적으로 명시하지만, 이혼 사유에 대해서는 남편의 변덕 이상의 것을 요구하지 않음을 알게 된다.[38] 유대교의 율법은 이혼한 아내가 이제 "자신이 원하는 아무 유대인 남자와 결혼할" 자유가 있다고 적시한다.[39] 그러나 초기 교회는 예수가 세운 기준을 확고히 따랐고, 이것은 이혼 이후에 재혼을 허락할 근거가 없다는 입장으로 발전했다.[40] 게다가 초기 그리스도인들 역시 다른 사람들처럼 여성의 정절을 칭송하기는 했어도, 그들과는 달리 남성에게 성적 방종을 허용하는 이중 잣대는 거부했다. 헨리 채드윅의 말마따나 그리스도인들은 "남편의 부정을 아내의 불륜 못지않게 충절과 신의에 대한 심각한 위반으로 간주했다."[41]

성생활

이혼과 이중 잣대를 거부하는 기독교의 성윤리가 종종 폄하되어 왔는데, 그 이유인즉 그것이 성생활에 대한 반감과 독신에 대한 선호를 특징으로 하는 기독교적 편견에서 비롯되었기 때문이라는 것이다. 기독교의 이러한 성윤리를 예시하는 사례로 "정욕이 불 같이 타는 것보다 결혼하는 것이 나으니라"(고전 7:9)는 바울의 말이 흔히 동원된다—이 말은 성적 충동을 마지못

---

38 Geller 1994, 83.
39 Geller 1994, 83.
40 결혼이 무효이므로 이혼이 필요하지 않다는 판결을 내림으로써 이 성경 구절을 비껴가곤 했다.
41 Chadwick 1967, 59.

해 인정하는 의미로 간주되었다. 사실은 바울조차도 결혼을 통한 성생활에 대해 확고한 지지를 보내고 있으며, 이 점은 방금 인용한 구절 직전에 매우 분명하게 나타나 있다. 즉 "남편은 그 아내에 대한 의무를 다하고, 아내도 그 남편에게 그렇게 할지라. 아내는 자기 몸을 주장하지 못하고 오직 그 남편이 하며, 남편도 그와 같이 자기 몸을 주장하지 못하고 오직 그 아내가 하나니 서로 분방하지 말라. 다만 기도할 틈을 얻기 위하여 합의상 얼마 동안은 하되 다시 합하라. 이는 너희가 절제 못함으로 말미암아 사탄이 너희를 시험하지 못하게 하려 함이라"(고전 7:3-5).

사실상 독실한 그리스도인 부부가 평균적인 이교도 부부보다 훨씬 더 왕성한 성생활을 했을 것이다. 왜냐하면 신부가 보다 성숙한 상태에서 결혼을 했고, 남편이 다른 여자와 외도를 할 가능성이 더 낮았기 때문이다.

남녀 성비와 출산율

로마의 남성이 흔히 매우 어린 소녀와 결혼을 했던 이유 중 하나는 처녀를 확보하기 위한 것이었다. 그러나 이보다 훨씬 더 중요한 이유는 "여성의 부족"이었다.[42] 상당수의 여아를 꾸준히 유기하는 사회에서 남녀 간 성비의 극단적 불균형이 야기되지 않을 수 없었으며, 모든 고대 사회에서 출산시의 유아 사망률이 높았음을 감안할 때 문제는 더욱 심각했다고 하겠다. 사정이 이러했으므로, 2세기에 활동했던 역사가 디오 카시우스는 로마의 여성 인구가 극도로 부족한 것에 대한 기록을 남기기도 했다. 한 괄목할 만한 논문에서 질리언 클라크(Gillian Clark)는 로마인 가운데 결혼하지 않은 여성이

---

42   Brunt 1971, 137-38; 또한 Harris 1982.

매우 드물었기 때문에 "노처녀를 화제로 삼는 경우가 없었을 뿐 아니라⋯ 노처녀라는 말조차 없었다"[43]는 점을 지적한다. 여성이 극도로 부족했음을 알려주는 상세한 증거는 통상적으로 결혼을 여러 차례 반복했다는 사실에서 찾을 수 있다. 남편이 죽었기 때문에 결혼하고, 남편에게 이혼당했기 때문에 다시 해야 했다. 사실 국법에 따르면 50세 이하의 여성이 결혼을 하지 않은 상태로 있으면(재혼하지 않으면) 벌금을 물어야 했다. 그러니 두 번, 세 번 결혼하는 것이 비일비재했다.[44] 이러한 현상이 가능했던 것은 여성들 대부분이 자기보다 훨씬 나이 많은 남성과 결혼했기 때문이었다. 키케로의 딸인 툴리아(Tullia)도 이와 다르지 않았다. "그는 16세에 결혼했는데 22세에 과부가 되었고, 23세에 재혼했다가 26세에 이혼당했다. 29세에 다시 결혼했는데 33세에 또 이혼 당했다. 그리고 34세에 출산을 한 직후에 사망하였다."[45] 또 다른 여성은 5년 동안 여덟 번이나 결혼했던 것으로 알려졌다.[46] 분명한 사실은 항상 결혼할 만한 남자들이 남아 돌았다는 것이다.

근사치로 추산해보건대 로마시에는 여성 100명당 남성 131명이 있었고, 이탈리아의 기타 지역과 소아시아 및 북아프리카에서는 이 비율이 여성 100명당 남성 140명으로 증가한다.[47] 반면에 성장세에 있는 기독교 공동체에서는 여아살해에 따른 성비의 불균형을 찾아볼 수 없었고, 이 밖에도 여성의 개종 비율이 높았으므로 여성의 숫자가 남성의 수를 초과했다.

이러한 요인으로 인해 이교도 집단과 그리스도인 집단 간에 전반적인 출산율에 있어 현격한 차이가 초래되었으며, 이 점은 각 집단을 대표하

---

43   Clark 1981, 195.
44   Balsdon 1963, 173.
45   Clark 1981, 195.
46   Balsdon 1963, 173.
47   Russell 1958.

는 평균적인 여성이 동일한 수의 자녀를 가졌다고 가정해도 마찬가지였을 것이다. 만약에 (여성 100명당 남성 131명의 비율을 가정했을 때) 로마의 이교도 인구 가운데 여성이 43퍼센트를 점하고 있고, 이들 각자가 네 명의 자녀를 출산했다고 한다면, 그것은 이교도 100명당 172명의 자녀가 있음을 의미한다—이는 영아유기나 유아사망률을 고려하지 않았을 때의 수치다. 그러나 만약에 그리스도인 인구 가운데 여성이 55퍼센트를 점한다고 가정한다면, 그리스도인 100명당 220명의 자녀가 있음을 의미한다. 두 집단 간에는 48명의 자녀가 차이난다. 모든 조건이 동일하다고 해도, 이러한 차이는 결국 기독교 인구가 매년 상당한 비율로 증가하는 결과로 귀결될 것이다.

그러나 고대의 역사가들과 철학자들과 원로원 의원들과 황제들의 증언으로 미루어볼 때, 모든 조건이 동일하지 않았다는 사실을 받아들여야 할 강력한 이유가 있다. 즉 이교도 여성의 평균 출산율이 너무 낮았기 때문에 인구 감소가 초래되었고, 이로 인해 야만인들을 정착시켜 제국의 빈 땅을 경작하고 군대의 빈자리를 채울 수밖에 없었다.[48] 로마인의 출산율이 낮았던 일차적 원인은 남자들이 가족 부양의 의무를 짊어지지 않으려고 다음과 같은 행동을 일삼았던 것이다. 곧 많은 남성이 아내 대신 창녀와 관계를 하거나[49] 항문성교를 하면서[50] 출산을 회피했다. 아내에게 다양한 피임 수단을 사용하도록 강요하는 남성들도 많았는데, 이러한 방법은 최근까지 사람들이 생각했던 것보다 훨씬 더 효과가 있었다.[51] 그리고 이에 더하여 수많은 영아를 유기했던 것이다.[52]

---

48 Brunt 1971; Boak 1955.
49 Pomeroy 1975.
50 Sandison 1967, 744.
51 Riddle 1994.
52 Harris 1994.

이교도 남편이 자신의 아내에게 낙태를 강요하는 것은 흔한 일이었으며, 이로 인해 여성의 사망률이 증가했을 뿐 아니라 종종 불임이라는 결과가 초래되기도 했다.[53] 1세기 로마의 유명한 의학 관련 저술가인 아울라스 코르넬리우스 켈수스(Aulas Cornelius Celsus)가 외과의사에게 제공한 낙태시술법을 살펴보자. 그는 낙태가 극도의 주의와 청결함을 요구하며 극히 커다란 위험을 초래할 수 있음을 경고한 다음, 외과의사에게 먼저 태아를 긴 바늘이나 뾰족한 것으로 죽이고는 "기름을 묻힌 손"을 산도를 거쳐 자궁 안으로 집어넣으라고 조언했다―당시에는 마취법이 없었다. 만일 태아의 머리가 앞을 향해 있으면, 의사는 매끄러운 갈고리를 삽입해서 그것을 태아의 눈이나 귀 또는 입에 고정시키거나 때로는 이마에 고정시킨 다음, 그것을 잡아 당겨서 태아를 추출해낸다. 만일 태아가 옆으로 누워 있거나 거꾸로 누워 있으면, 칼날을 이용해서 자궁 내의 태아를 여러 개로 절단한 다음 그것을 끄집어내야 한다고 조언한다. 그런 다음, 켈수스는 의사에게 여성의 허벅지를 한데 동여매고 음부를 "식초와 장미기름에 적신 기름기 있는 양모"로 덮어주라고 지시한다.[54]

이러한 낙태시술법이 감염에 대한 효과적인 조치는 고사하고 비누조차 없던 시대에 사용했던 방식이었음을 감안한다면, 낙태로 인해 수많은 여성이 사망하거나 불임이 되었던 것도 하등 놀랄 일이 아니다. 그런데 왜 이러한 일을 자행했던 것일까? 아마도 임신한 여성이 아닌 남성이 낙태에 대한 결정권을 가졌던 것이 주된 이유일 것이다. 남편에게 영아를 유기할 권리를 주는 문화에서 남편에게 낙태를 명령할 권한까지 주어졌다는 것은 그다지 놀랄 일이 아니다. 로마법은 남편에게 정당한 사유 없이 아내에게

---

53   Gorman 1982; Riddle 1994.
54   Aulas Cornelius Celsus, *De medicina* 7.29.

낙태를 명하지 말 것을 충고한다. 하지만 위반에 대한 구체적 형벌이 적시되어 있지 않다. 더군다나 고대의 철학자들마저 낙태를 지지하는 쪽에 무게를 실어주었다. 플라톤은 『공화국』(*The Republic*)에서[55] 40세 이상의 여성이 임신했을 경우 낙태시술을 의무조항으로 규정하고 있다—이는 물론 인구 증가를 억제하기 위한 것이다. 아리스토텔레스도 『정치』(*The Politics*)라는 저서에서 이에 동의하면서 "자손의 생산에는 반드시 제한을 두어야 한다. 만일 혹자가 이러한 규정에 반해 임신을 한다면 낙태 조치가 반드시 실행되어야 한다"고 밝히고 있다.[56]

반면에 유대교 전통에 뿌리를 둔 초기 교회는 낙태를 단죄했다. 『디다케』(*Didache*, 1세기에 기록된 것으로 추정되는 초기 기독교 문서) 제2장에서는 "당신들은 낙태를 통해 아이를 살해하거나, 아이가 태어났을 때 아이를 살해해서는 안 된다"고 명령한다.

플라톤과 아리스토텔레스 모두 낙태에 찬성하는 자신들의 입장을 인구과잉에 따른 위험과 연관시킨다. 하지만 초기 기독교 시절 로마 제국의 상황은 그러한 것과 거리가 멀었다. 로마는 인구 감소의 위험에 시달리고 있었으며, 이에 따라 출산율을 높이는 데 많은 관심을 기울이고 있었다. 기원전 59년, 율리우스 카이사르는 3명 이상의 자녀를 둔 아버지에게 토지를 수여하는 법령을 만들었다. (그 자신도 서자는 많았지만 적자는 클레오파트라와의 사이에서 태어난 아들 하나뿐이었다.) 키케로는 독신을 불법으로 만들자고 제안했지만 원로원은 그를 지지하지 않았다. 기원후 9년 아우구스투스는 3명 이상의 자녀를 둔 아버지에게는 정치적 혜택을 주는 반면, 자녀가 없는 부부와 20세 이상의 미혼 여성과 35세 이상의 미혼 남성에게 정치적 불이익

---

55   Plato, *Republic* 5.9.
56   Aristotle, *Politics* 7.14.10.

내지 금전적 벌금을 부과하는 법을 선포했다. 이후 대부분의 황제들이 이러한 정책을 유지했다. 트라야누스 황제는 심지어 자녀를 위한 상당액의 보조금을 제공하기도 했다.[57] 그러나 아무것도 효과를 발휘하지 못했다. 기원 원년이 시작될 무렵에 로마 제국의 출생률은 감당할 수 없는 수준으로 떨어졌고,[58] 기원후 3세기가 되면 서방에서 도시들의 숫자가 줄어들었을 뿐 아니라 인구도 감소하는 추세가 확연해졌다.[59]

최근에 브루스 프라이어(Bruce Frier)는 근대 이전에 대중들 사이에서 일반적인 출산율 제한이 나타난 적이 없었다고 단언하면서 로마의 출산율이 저조했다는 주장에 대해 이의를 제기했다.[60] 하지만 그러한 주장은 상당수의 인류학적 증거에 반할 뿐 아니라, 로마인들이 출산율을 높이려고 부심했던 사실 및 인력 부족을 토로하는 주요 증거를 간과한 것으로서 결국에는 핵심을 놓치고 있다. 아마도 가장 압권은 프라이어가 코알리-트러셀(Coale-Trussell) 모델이나 곰퍼츠 성장 함수(Gompertz relational fertility) 모델과 같은 강력한 인구조사 방식을 왜 도입해야 하는지에 대한 논의를 장황하게 진행한 다음에, 이러한 복잡한 기법을 "기원후 첫 3세기 동안" 이집트 촌락지역에 거주했던 172명의 여성들로부터 얻은 자료를 분석하는 데 적용한 것이다. 프라이어는 해당 여성들의 출산율이 높은 것을 발견하고서 이 사례를 로마 제국 전체로 과감하게 확대했던 것이다.

설령 이것이 사실이었다고 해도, 설령 로마의 여성들이 많은 자식을 가졌다고 해도, 로마 제국의 여성 인구가 부족했다는 사실은 인구 감소가 초래된 이유를 설명하기에 충분하다고 하겠다. 그리고 그것은 분명히 기독교

---

57   Rawson 1986.
58   Boak 1955; Devine 1985; Parkin 1992.
59   Collingwood and Myres 1937.
60   Frier 1994.

에 유리한 국면(출산율의 증가만이 아니라 결혼을 통한 개종 비율의 증가)을 제공했다.

결혼을 통한 개종

앞의 4장에서 설명했던 것처럼, 개종은 사회적 연결망을 통해 진행된다. 대부분의 사람은 자기 친구들이나 친지들 때문에 새로운 종교로 개종하는데, 이때 종교집단과의 사회적 유대관계가 다른 이들과의 사회적 유대보다 훨씬 더 비중 있게 다가온다. 그러한 사회적 유대관계 중 하나는 물론 결혼이다. 어떤 사람은 자신의 배우자가 먼저 개종했기 때문에 그를 따라 개종하거나, 그 종교집단에 이미 속해 있는 사람과 결혼했기 때문에 그 배우자를 통해 개종하게 된다. 그러므로 결혼관계에 따른 특별한 친밀함을 근거로 삼아 일차적 개종과 이차적 개종을 구별할 수 있다. 일차적 개종을 한 이들은 비교적 능동적으로 자신의 종교적 정체성을 바꾼 자들이다. 이들이 이러한 결정에 이르기까지 기존의 종교집단에 속한 다른 이들과 맺은 밀착된 관계가 영향을 주었는지는 모르지만, 결국에 이들의 최종 선택은 비교적 자발적인 결정에 따른 것이다. 반면에 **이차적** 회심에는 상당한 압력에 대한 굴복이 수반되므로 개종을 주저하는 양상이 나타나기도 하므로 이러한 선택은 자발적 선택에 따른 것이 아닌 경우가 많다. 이차적 회심은 오늘날 라틴아메리카에서 매우 흔한 현상이다. 아내가 오순절 계통의 개신교회에 출석하게 되면, 결국 많은 노력을 기울인 끝에 대부분 남편도 출석시키는 데 성공한다. 이러한 남성들이 바로 이차 개종자다. 그렇지만 일단 오순절교회의 활동 교인이 되고 나면 그들 중 다수가 새로운 신앙에 깊이 헌신하게 된다. 하지만 변하지 않는 사실은 아내들이 먼저 출석한 후에 남편들을 데리고 오

지 않았다면 남편들이 개종했을 리가 만무했다는 것이다.[61]

남편들이 이차 개종을 하는 경우가 초기 기독교에서도 매우 흔한 현상이었다. 주된 원인은 이교도 사회에서 신부감이 부족한 터에 그리스도인 여성이 엄청나게 더 많았으며, 따라서 비그리스도인과 그리스도인 간의 결혼이 성행했기 때문이다. 그리스도인 소녀들은 많은 경우 이교도 남성들과 결혼하거나 아니면 독신으로 살아야 했다. 그리고 이교도 남성들도 많은 경우 그리스도인 신부를 얻거나 아니면 홀아비로 지내야 했다.

베드로와 바울 모두 비신자와의 통혼을 받아들였다. 베드로는 믿지 않는 남편을 둔 여성들에게 다음과 같이 조언한다. "아내들아, 이와 같이 자기 남편에게 순종하라. 아는 혹 말씀을 순종하지 않는 자라도 말로 말미암지 않고 그 아내의 행실로 말미암아 구원을 받게 하려 함이니 너희의 두려워하며 정결한 행실을 봄이라"(벧전 3:1-2). 바울도 이와 같이 말한다. "어떤 여자에게 믿지 아니하는 남편이 있어 아내와 함께 살기를 좋아하거든 그 남편을 버리지 말라. 믿지 아니하는 남편이 아내로 말미암아 거룩하게 되고, 믿지 아니하는 아내가 남편으로 말미암아 거룩하게 되나니, 그렇지 아니하면 너희 자녀도 깨끗하지 못하니라. 그러나 이제 거룩하니라"(고전 7:13-14). 바울이 그리스도인 남편과 아내를 대상으로 말하고 있지만 그럼에도 하르나크의 말마따나 "남편이 그리스도인이고 아내가 이교도인 경우는…흔치 않았을 것이다."[62] 게다가 두 본문이 모두 어느 한 배우자가 개종하기 전에 맺어진 결혼을 암시하지만, "그리스도인과 이교도 간의 결혼이 흔한 일이었고, 교회 역시 처음에 이러한 관행을 막지 않았는데, 그것은 그 나름의 유익이 있었기 때문이다. 즉 다른 배우자를 교회로 인도해 올 수 있었던 것이다."[63]

---

61   Martin 1990.
62   Harnack 1905, 234.
63   Walsh 1986, 216.

그런데 설령 배우자가 개종하지 않는다 해도 자녀들이 있지 않는가! 개종하지 않고 꿋꿋하게 버티던 남편들도 대체로 자녀가 신앙으로 양육 받는 것에 대해서는 동의했던 것 같다. 제6장에서 언급했던 귀족 출신의 초기 개종자인 폼포니아 그라이키나(Pomponia Graecina)가 대표적인 경우다. 그의 남편인 플라우티우스(Plautius, 브리타니아의 제1대 로마 총독으로 복무함)는 자기 아내가 구설에 휘말리지 않게 신경 써서 지켜주었지만, 그 자신이 그리스도인이었던 적이 있는지 여부는 분명치 않다. 하지만 폼포니아의 자녀들이 그리스도인으로 양육된 것에는 의심의 여지가 없다. 마르타 소르디에 따르면, "2세기에 폼포니아의 가족은 신실한 그리스도인이었으며 가족 중 한 사람은 성 칼릭스투스(St. Callixtus)의 지하묘실에 장사되었다."[64]

만약에 교회가 비신자와의 통혼을 반대했더라면 교회는 두 가지를 감수해야 했을 것이다. 하나는 결혼을 위해 기꺼이 신앙을 포기하려는 여성들로 인해 교회를 떠나는 여성의 비율이 상당히 높았을 것이다. 다른 하나는 자식을 낳지 않는 미혼 그리스도인 여성들이 점차 증가했을 것인데, 이들은 교회의 성장에 아무런 기여도 하지 못했을 것이다. 더군다나 통혼을 통해 개종하는 경우, 이러한 이차 개종은 모두 이교가 아닌 기독교로의 개종이라고 확신하는데, 이러한 확신은 그리스도인들이 순교를 목전에 두고서 투철한 믿음을 견지했음을 보여주는 넘치는 증거로 인해 정당화되는 것 같다. 그것은 또한 강렬한 종교집단에 속한 배우자와 결혼한 후에 그 결과가 어떻게 되는지를 보여주는 현대의 여러 증거와도 일치한다. 예를 들어 여호와의 증인에 속한 여성 신도는 대체로 비신자 남성과 결혼하는데, 이러한 통혼으로 인해 여성 신도가 신앙을 떠나는 것이 아니라 오히려 대개의 경우 배우

---

64   Sordi 1986, 27.

자의 개종으로 이어진다.[65] 미국에서는 사실상 여러 종교 집단 간의 통혼이 많이 일어나기 때문에, 앤드류 그릴리(Andrew Greeley)는 이 경우 종교적 열심히 덜한 사람이 이차 개종을 통해 종교적으로 더 열심 있는 배우자의 신앙으로 귀의하게 될 것이라는 법칙을 제안한 바 있다.[66] 동일한 원칙이 자녀들을 종교적으로 양육하는 경우에 더 뚜렷하게 적용된다. 즉 자녀들은 종교적으로 더 열심 있는 부모의 신앙으로 양육될 것이다.

높은 출산율이라는 한 가지 요인에만 근거하여 기독교의 발흥을 예상하는 것은 지극히 복잡한 계산을 필요로 할 것이다. 하지만 그러한 계산 결과는 쉽게 예측할 수 있다. 다시 말해서 모든 조건이 동일하다면, 궁극적으로 기독교가 주요 신앙으로 부상하는 것은 불가피했을 것이다.

결론

기독교의 발흥은 여성들에게 달려 있었다. 기독교 신앙이 여성들에게 특별한 호소력을 지녔기 때문에 이에 대한 반응으로 초기 교회는 남성보다 여성 개종자들을 더 많이 끌어왔는데, 이것은 특히나 여성 인구가 부족한 사회에서 일어난 일이었다. 따라서 교회 내에 여성들이 넘쳐남에 따라 괄목할 만한 이점을 가져다주었고, 이로써 그리스도인 집단의 출산율이 더 높아지고, 이에 따라 상당수의 비신자 남성들이 결혼을 통해 개종하는 사례가 늘어나게 된 것이다.

---

65   Heaton 1990.
66   Greeley 1970.

제8장

박해와 헌신

네로(Nero) 황제는 64년 여름에 의식이 또렷한 그리스도인들 몇 명의 몸에다 왁스를 잔뜩 바르게 하고는 장대로 그들의 배를 찔러 높이 매달은 채 이들에게 불을 붙여 밤에 자신의 정원을 밝히는 짓을 이따금씩 자행하곤 했다. 네로는 또한 그리스도인들을 원형경기장에서 야수에 물려 죽게 했고, 몇몇은 십자가에 매달기까지 했다. 로마의 역사가인 타키투스에 따르면, 네로가 이러한 극악무도한 짓을 자행한 것은 대 화재가 발생하여 로마시의 여러 곳이 파괴된 것에 대한 비난을 모면하기 위함이었다. "네로는 대중의 혐오를 받고 있던 그리스도인들이라고 불리는 집단에게 그 죄를 돌리면서 그들에게 가장 극악한 고문을 가했다."[1] 희생자들 가운데는 사도 바울뿐 아니라 사도 베드로와 그의 아내도[2] 있었을 것이다.

　이번 장에서는 로마 시대에 발생한 주요 박해에 대해 간략히 소개하면

1　　Tacitus, *Annals* 15.44.

2　　Clement of Alexandia, *Stromata* 7.11.

서 그러한 박해가 일어난 이유를 설명하고자 한다. 이어서 그렇게나 많은 그리스도인들이 자신의 신앙을 부인하지 않고 오히려 자발적으로 처참한 순교를 받아들인 이유를 살펴보려고 한다. 끝으로 로마의 박해가 교회를 파괴하거나 그 성장을 지연시키기는커녕 도리어 (순교자들의 기개가 이교도들뿐 아니라 머뭇거리던 그리스도인들에게 놀라움과 감명을 줌으로써) 기독교의 발흥을 촉발하게 된 이유와 방식에 주목할 것이다.

간헐적 박해

네로의 박해는 수년 동안 지속되었으며 또한 제국의 다른 지역에까지 확대되었을 것이다[3] 마르타 소르디는 당시 그리스도인의 전체 숫자가 미미했으므로(본서의 제9장을 보라) 희생자는 고작해야 "수백 명"[4] 정도였을 것이라고 추산하지만, 결국엔 그 박해로 인해 사망한 사람이 거의 천 명에 육박할 수도 있다.[5] 어쨌든 그 사건은 로마인들이 그리스도인들에 대해 간헐적으로 공격을 가한 최초의 사례였으며, 이러한 일들이 이후 여러 곳에서 발생하게 된다—"64년에서 250년 사이에는 단지 국지적이고 산발적인 박해만이 발생했었다."[6]

네로의 광기가 지나고 난 후 30여 년 동안 도미티아누스(Domitian, 재위 81-96)황제는 자신의 가족을 포함하여 수많은 그리스도인을 살해했다. 트라야누스(재위 98-117) 황제 치하에서 기독교는 불법 집단으로 간주되었는

---

3   Mattingly 1967, 31-36.
4   Sordi 1986, 31.
5   Frend 1984, 109.
6   de Ste. Croix 1963a, 7.

데, 우리가 아는 것은 적어도 여러 명의 지방 총독이 박해에 가담했다는 사실이다. 이와 관련해서, 112년에 비티니아(Bithynia)의 총독인 플리니우스 2세는 트라야누스 황제에게 다음과 같은 서신을 보냈다.

일단은 이것이 제가 그리스도인이라는 죄목으로 제 앞에 끌려나온 모든 자들에게 취하고 있는 방침입니다. 저는 그들에게 그리스도인이냐고 직접 물었습니다. 그런데 만일 그자들이 그렇다고 시인하면 저는 두 번 세 번 같은 질문을 반복하면서, 계속 그렇게 시인하면 처벌을 받게 될 것이라고 경고하였습니다. 그런데도 그자들이 계속 고집을 피우면, 저는 그들을 끌어내어 처형할 것을 명령했습니다. 그들이 어떻게 말하든 간에, 그들의 완고함과 확고한 태도를 그대로 놔두어서는 아니 되겠기 때문입니다. 제가 이 문제를 다루기 시작하니까, 종종 있는 일이기는 합니다만, 이들에 대한 고발이 점점 늘어나는 형국입니다.…남녀를 불문하고 모든 연령과 계층에 속한 수많은 사람들이 재판을 받기 위해 끌려오고 있는데, 이러한 일이 상당 기간 지속될 것 같습니다.[7]

황제는 플리니우스가 절차대로 잘하고 있다고 응답하면서, 하지만 "그리스도인을 일부러 색출하는 일은 없어야 하고 그들이 끌려와서 그들에 대한 고발이 소명될 경우라야 그들을 처벌할 것이며" 익명의 고소는 무시해도 된다는 식의 답장을 보냈다.[8]

분명히 플리니우스가 트라야누스에게 보낸 보고서에서 그리스도인들의 죄목은 단지 불법단체 금지법을 위반했다는 정도가 아니었다. 도리어 플리니우스는 그리스도인이 되는 것만으로도 중죄에 처할 수 있는 구체적 법

---

7   *The Letters of the Younger Pliny* 10.96.
8   *The Letters of the Younger Pliny* 10.97 (Trajan to Pliny).

령 내지 제국의 정책을 당연시하고 있었으며, 이에 대해 트라야누스도 동의했던 것이다. 확실히 이 법은 260년경 갈리에누스(Gallienus) 황제에 의해 철회되기 전까지 효력을 발휘하고 있었겠지만, 이것이 언제 공포되었는지에 대해서는 아무것도 알려진 바가 없다. 우리가 분명히 아는 것은 도미티아누스의 박해가 있던 95년에 이미 이 법이 시행 중이었다는 사실이다. 해럴드 매팅리(Harold Mattingly, 1884-1964)는 기독교에 대한 금지령을 시작한 것은 네로였으며, 그 후로도 그것이 계속 시행된 까닭은 "덕망과 지위를 지닌 로마인들이 계속해서 기독교를 끔찍한 미신으로 간주하면서 기독교를 신봉하기만 해도 사형에 처하는 것이 마땅하다는 것에 대해 조금도 의심하지 않았기" 때문이라고 밝힌다.[9] 이에 대해 드생트크루아(G. E. M. de Ste. Croix, 1910-2000)도 동의하지만, 그는 그리스도인이 되는 것을 금지하는 법은 실제로 결코 존재하지 않았으며, 다만 네로 치하에서 시작된 하나의 선례가 거의 특별법에 준하는 것으로 간주되었을 것이라고 시사한다.[10]

철학자이자 황제였던 마르쿠스 아우렐리우스(재위 161-180)를 숭상하는 학자들은 그가 그리스도인을 상대로 한 박해에 직접 관여한 것을 부인한다.[11] 사실 그는 지방 행정관들에게 그리스도인에 대한 처형을 직접 지시한 적이 있다. 물론 그의 치세 중 끔찍한 역병이 제국을 휩쓸면서 수백만의 목숨을 앗아간 것에 주목해야 한다(본서의 제6장을 보라). 그 원인을 찾던 중 황제는 신들이 모독과 무시를 당했기 때문에 이러한 역병을 보냈거나 적어도 이를 묵과한 것이라는 주장에 동조하게 되었다. 하필이면 이때 신들에 대한 제사를 거부하는 악명 높은 집단에 속하게 된 것은 매우 불행한 일이었다.

---

9   Mattingly 1967, 39.

10   de Ste. Croix 1963a,

11   그 사례를 다음에서 찾아볼 수 있다. Keresztes 1968.

이리하여 177년 리용(Lyons)에서 지독한 박해가 일어났다. 일부 역사학자들은 이 박해가 부분적으로 행정관들이 경기장에서 살육당할 희생자를 얻는 데 들어가는 비용을 줄이기 위해 조장되었을지도 모른다고 생각한다.[12] 어쨌든 그리스도인에 대한 폭도들의 공격이 발발하여 많은 이들이 폭행을 당하고 관헌 앞으로 끌려갔다. 고발된 자들 가운데 어떤 이들은 로마시민이었으므로 경기장에서 동물에게 물려죽는 것을 면제받기도 했는데, 이 때문에 지방 행정관들은 아우렐리우스에게 지침을 내려달라고 서신을 보냈던 것이다. 아우렐리우스는 기독교를 계속 고집하는 자는 처형하되, 이들 중 로마시민은 참수형에 처하고 나머지는 경기장에서 야수들에게 넘겨주라고 지시했다.[13] 이리하여 "리용의 순교자들"에게 죽음이 닥치게 되었다. 이들 가운데 블란디나(Blandina)라는 이름의 젊은 여성이 유명하다. 처음에는 그를 "말뚝에 매달아 짐승의 밥이 되게 할" 생각이었으나, 짐승들이 그를 본체만체 하자 그를 끌어내린 후에 "갖은 고문을 쉬지 않고 가했다." 이어서 "채찍질을 하고, 끓는 기름을 붓고, 마지막으로 광주리에 담아 황소에게 내주었다.…그렇게 해서 블란디나는 희생되었다. 이교도들조차 한 여인이 그렇게 많고도 처참한 고통을 견뎌내는 것을 본 적이 없다고 말했다."[14]

202년 카르타고에서는 젖먹이 아이를 가진 22세의 귀족 여성이 셉티미우스 세베루스(Septimius Severus, 재위 191-211) 황제가 내린 칙령의 희생자가 되었다. 그 칙령은 기독교나 유대교로 새롭게 개종하는 자들에게는 관용을 베풀지 말고 사형에 처하도록 했던 것이다. 페르페투아(Perpetua)는 다른 네 명의 순교자와 함께 경기장으로 끌려가서 채찍질을 당한 후 짐승들에게

---

12   Keresztes 1968.
13   Keresztes 1968.
14   Eusebius, *The Ecclesiastical History* 5.1.41-56.

넘겨졌는데, 여전히 목숨이 붙어 있었으므로 칼에 죽임을 당하게 되었다.

　하지만 이러한 박해들은 248년 알렉산드리아에서 일어난 반기독교 유혈 폭동에 비하면 그다지 대단한 것이 아니었다. 알렉산드리아에서는 수백 년 전부터 폭동이 일어나 수많은 유대인들이 죽음을 맛보아야 했었는데, 이번에 발생한 폭동은 이 도시의 역사상 적어도 세 번째 발생한 것으로, 이교도 폭도들은 "거리를 날뛰고 다니면서 그리스도인들이 가진 재산을 약탈하고 방화와 파괴를 자행했다."[15] 이 폭동은 한동안 계속되었으며, 그리스도인들이 발각되기만 하면 밤낮을 가리지 않고 체포와 고문과 죽음에 처해질 처지였다.[16] 로마의 행정관들이 무질서를 막기 위해 취한 조치는 아무것도 없는 것 같았다. 그다음으로 제국 차원의 박해가 나타나게 되었다.

제국 차원의 박해

흔히 역사학자들은 이교 신앙인들의 신실함을 무시하면서, 판에 박힌 그들의 예배 형식을 냉담함의 증거라고 잘못 해석하곤 했다. 그러나 로마는 고대 세계의 다른 어떤 사회보다 훨씬 강한 종교성을 지니고 있었으며, 다수의 로마인들, 특별히 정치적 지배층을 구성하는 이들 가운데는 신들이 로마를 현재와 같은 위대한 제국으로 만들어주었다는 믿음이 자리 잡고 있었다. 사정이 이러하므로, 기독교는 엄연히 신들에게 가하는 모욕으로 여겨졌다. 왜냐하면 기독교는 신들의 존재를 부정했을 뿐 아니라 신들에게 드리는 예배를 신성모독으로 간주했기 때문이다. 로마가 기독교를 용납함으로써 신

15　Frend 1984, 318.
16　Oost 1961, 4.

들의 비위를 거스르는 위험을 자초했다는 생각이 논리적으로는 맞는 말이었다. 제국의 전성기에는 (역병과 같은 재난의 시기를 제외한다면) 이러한 것이 그다지 다급한 일은 아니었을 것이다. 하지만 로마에 경기 침체와 정치적 불안 및 군사적 불운과 같은 불행한 일들이 이어지자, 기독교의 문제는 지각이 있는 황제라면 도저히 무시할 수 없는 사안으로 대두되었다. 그렇기는 하지만 3세기 중반에 처음으로 로마 제국 전역에 걸쳐 기독교에 대한 박해가 발발하였을 때, 처음에 이 박해를 촉발시킨 동기는 단지 기독교를 용납하지 않으려는 것만이 아니라, 이교 신앙을 보편적으로 드높여야 할 필요성을 자각하게 된 데서 비롯된 것이었다.

데키우스와 발레리아누스의 박해

249년에 가이우스 메시우스 데키우스(Gaius Messius Decius)는 자기 군대의 환호를 받으며 로마 황제가 되었다. 그리고 나서 그의 전임자인 필리푸스(Philip)를 전투에서 패퇴시키자(필리푸스는 이 전투에서 사망했다) 원로원은 데키우스를 황제로 비준하였다. 이때는 황제의 자리에 오르기에 가장 좋지 않은 시기였다.[17] 유럽의 모든 국경을 넘어 침략자들이 진격해오고 있었으며, 군대는 더 이상 로마의 시민들로 편성되지 않았으므로 늘어나는 비용에 비해 효율이 떨어지고 있었다.[18] 로마 군대가 무기나 갑옷과 같은 것에서 월등했던 적은 결코 없었다. 그러나 그들이 승리했던 것은 오로지 전투경험을 통해 다져진 탁월한 훈련과 규율 덕분이었다.[19] 그런데 "야만족"(barbarian)

---

[17] Oborn 1933.
[18] Ferrill 1986; Jones 1948; Luttwak 1976; MacMullen 1963.
[19] Jones 1948, 23-24.

부대를 통해 병력이 충원됨에 따라 이러한 이점이 거의 사라져버렸다. 게다가 경제도 무너지고 있었다. 무역이 붕괴되고, 생필품의 가격이 폭등했으며,[20] 세금도 치솟았다.[21] 도대체 무엇이 잘못되었고, 어떻게 해야 이 상황을 타개할 수 있었을까?

데키우스는 이 모든 문제의 근원이 종교에 있다는 결론에 도달했다. 그가 이렇게 생각하게 된 이유는 다음과 같다. 수 세기 동안 신들은 로마에 호의를 베풀면서 로마에게 확장과 불굴의 승리가 가능하도록 지켜주었다. 그러나 새로운 종교들이 대거 유입됨에 따라 전통 신들이 무시당하는 일이 적잖이 초래되었는데, 이로써 신들이 역으로 로마를 무시하게 된 것이었다. 따라서 해결책은 분명했다. 로마를 위대하게 해주었던 신들의 총애를 되찾기 위해 종교적 부흥을 일으키는 것이다.

방법 또한 분명했다. 전례 없는 방식으로 신앙심을 현시하는 것이다. 이로써 그 유명한 칙령이 내려졌고, 이에 따라 "제국의 모든 거민은 신들에게 제사를 드려야 하고, 제물로 바친 고기를 먹어야 하며, 자기들이 늘 제사를 드려왔음을 맹세해야 했다."[22] 아니면 자신들이 과거에 제사를 소홀히 했던 것을 뉘우치며 앞으로 성실한 자세를 보일 것을 약속해야 했다. 신들의 도움을 구하는 것 외에도, 데키우스는 전통 신들에게 귀의함으로써 애국심과 시민정신을 새롭게 할 수 있는 종교적 토대를 재확립할 수 있기를 희망했다. 그는 이를 통해 백성들이 더 자발적으로 세금을 납부하거나 기타 여러 가지 방법으로 국가를 후원하도록 설득되리라고 보았다.

데키우스는 원로원에게 메시지를 보내거나 각 속주의 총독들에게 칙령을 회람시키는 것만으로 만족하지 않았다. 그는 기존의 방식을 과감하게

---

20 Rostovtzeff 1926.
21 Abbott 1911.
22 Rives 1999, 137.

탈피하여, 자신의 칙령을 제국의 모든 백성에게 직접 하달했던 것이다. 그는 또한 자신의 희망을 피력하는 것에 만족하지 않고, 자신의 명령을 수행했다는 증거로 지방 관헌들이 모든 개인과 가정에 관헌의 면전에서 의무 제사를 수행했음을 보여주는 증명서를 제출할 것을 요구하도록 했다. 데키우스가 백성들에게 기도하라거나, 금식하라거나, 혹은 죄를 고백하라거나, 찬양 집회에 참석하라고 요구한 것이 아님을 주목하라. 그가 생각한 것은 로마의 전통적 종교 관념에 부합하는 방식으로 (비록 마음이 실리지 않은 것이라도) 의례를 신속히 행하는 것만으로도 종교의 부흥이 가능하리라는 것이었다. 이 점은 이러한 의무 제사를 확인하는 증명서의 내용을 훑어보기만 해도 알 수 있는데, 수십 장의 증명서가 로마 시대 이집트에서 발견되곤 한다.[23]

    수신- 제사 감독관 귀하

    발신- 데아델피아(Theadelphia) 마을 출신의 아우렐리우스 아키스(Aurelius Akis) 및 데아델피아 마을 출신인 그의 자녀 아이온(Aion)과 헤라스(Heras).

    내용- 신들에게 제사 드리는 것은 우리가 늘 해왔던 일이며, 지금 당신이 보는 앞에서 규례에 따라 우리는 제사를 드리고, 신주(神酒)를 바쳤으며, 제사 음식을 맛보았으니, 우리는 당신께서 이 사실을 증명해주실 것을 요청하는 바입니다.

    [아래]

    우리들 아우렐리우스 세레누스(Aurelius Serenus)와 아우렐리우스 헤르마스(Aurelius Hermas)는 그대들이 제사 드리는 것을 보았노라.

    [서명과 날짜]

---

23   Boak and Sinnigen 1965, 415.

제2부 로마 제국의 기독교화

기독교에 대한 금지령이 아직 효력을 발휘하고 있었지만 그럼에도 데키우스에게 처음부터 그리스도인들을 박해할 의도는 없었던 것으로 보인다. 그는 교회의 재산을 몰수하지 않았고, 예배를 금지하지도 않았다. 심지어 그리스도인들이 수감되어 재판을 기다리는 동안 기독교 예식을 행하는 것을 허용하기까지 했다. 그는 단지 "그리스도인들이 자기들 방식대로 자기들의 신에게 예배하는 것에 더해서 공적 희생제사를 드릴 수 없는 이유를 이해할 수 없었던 것이다."[24] 박해가 시작된 것은 바로 그리스도인들이 이러한 "간단한" 요청을 거부했을 뿐 아니라 그러한 거부를 아주 요란하게 공개적으로 표명한 것이 발단이 되었다. 이 점에서 데키우스가 그리스도인들을 미워하게 된 것은 당연한 일일 수 있다. 다음은 교황 파비아노(Fabian)를 처형한 후에 데키우스가 한 말이라고 전해진다. "로마에서 다른 주교가 그를 계승했다는 소식보다 차라리 제위를 노리는 경쟁자가 나타났다는 소식을 듣는 것이 훨씬 낫겠다."[25]

유대인들도 칙령을 준수하지 않은 것이 확실함에도 불구하고 이들이 겉보기에는 박해를 받지 않았다는 점에 주목할 필요가 있다. 로마인들은 자기 조상이 물려준 종교를 평생토록 존중해야 할 의무가 있다고 믿었다. 그렇기 때문에 유대인들은 대체로 자기 조상의 믿음에 위배되는 행위에 대한 면책을 받았던 것이다. 그러나 로마인들은 자기 조상의 신앙을 저버린 자들을 경멸했으며, 거기에 그리스도인들이 해당되는 것은 당연했다. 게다가 이들은 황제의 칙령을 따르기를 거부했으므로 그 죄가 가중된 것이었다. 이리하여 그리스도인들에 대한 일망타진이 시작되었다.

확실히 박해자들은 교회 지도자들을 우선적으로 지목하였다.[26] 로마의

---

24 Rives 1999, 142.

25 다음에서 인용함. Frend 1965, 405.

26 Rives 1999, 141.

213

제8장 박해와 헌신

주교와 안티오키아의 주교가 거의 동시에 고문을 당하고 처형되었다. 예루살렘의 주교와 안티오키아의 주교는 수감된 상태에서 사망했다. 알렉산드리아의 디오니시오스(Dionysius)와 카르타고의 키프리아누스(Cyprian)를 체포하려고 하였으나 실패하고 말았는데 이는 두 사람이 모두 행방을 감췄기 때문이다. 그러나 일반 신자들도 체포되었는데 그중에는 알렉산드리아의 아폴로니아(Apolonia)와 같은 연약한 노인 여성들도 포함되어 있었다. 박해자들은 아폴로니아의 남은 치아를 모두 박살낸 후 그를 산 채로 불태워버렸다.[27]

그러나 로마의 관리들과 이교도 구경꾼들이 보여준 광포함에도 불구하고 박해는 주먹구구식으로 진행되었는데, 그 이유는 아마도 부분적으로 데키우스가 고트족의 침입을 막기 위해 군대를 이끌고 출정해야 했기 때문일 것이다. 이어지는 전투에서 데키우스는 죽임을 당하고, 그의 군대는 전멸하였다. 데키우스를 계승한 발레리아누스(Valerian)는 다시 기독교 지도자들에 집중하여 박해를 이어갔다. 황실 소속의 몇 사람이 그리스도인이라는 것이 발각되어 사슬에 묶인 채 강제노역장으로 보내지기도 했다. 식스토(Sixtus) 교황은 로마의 지하묘실에서 예배를 인도하던 중 발각되어 사형에 처해졌다. 많은 주교들이 처형당했으며, 카르타고의 키프리아누스도 발각되어 순교하였다.[28] 그러나 발레리아누스 자신보다 더 비참한 최후를 맞이한 그리스도인 희생자는 없었다. 그는 에뎃사를 향해 군대를 이끌고 동진하다가 전투에서 패하여 페르시아인들의 손에 사로잡히고 말았다. 페르시아인들은 그에게 갖은 굴욕을 주면서 아주 오래도록 고문을 가했고, 그가 죽고 난 다음에는 그의 몸속에 지푸라기를 채워 마치 트로피처럼 만들어 신

---

27   Eusebius, *The Ecclesiastical History* 6.41.7.
28   Eusebius, *The Ecclesiastical History* 7.12.

전에 보관했다.

발레리아누스 사후에 그의 아들이자 공동 황제(co-emperor)로서 아버지를 보좌했던 갈리에누스(Gallienus)가 제위에 올랐다. 역사학자들 사이에서는 갈리에누스가 유능한 황제였는가에 대해 의견이 갈린다—다른 여러 황제들과 마찬가지로 그도 군대에 의해 살해되었다. 그러나 그는 반기독교적인 정책을 모두 폐기함으로써 역사상 중요한 위치를 차지하게 되었다. 그런데 초기 교회를 연구하는 현대 역사학자들이 이 조치에 대해 많은 이야기를 쏟아내었지만, 놀랍게도 정작 그 이유에 대해서는 아무런 설명도 제공하지 않는다. 그의 아내인 황후 살로니아(Salonia)가 그리스도인이었다는 사실을 미처 알지 못했던 것 같다.[29] 어쨌든 갈리에누스는 장기간 이어지는 관용의 시대를 개시했으며, 이 기간 동안 교회는 급속도로 확대되었고 많은 그리스도인들이 권력의 자리로 진출했다. 이 시기에 대해서 에우세비오스는 다음과 같이 말한다. "모든 사람이 교회에 부여했던 자유와 영예의 정도와 성격에 대해 적절한 방식으로 기술하는 것은 우리로서는 불가능하다."[30] 그 이후에 "296년경 그리스도인들을 군대와 공직에서 숙청하는 일이 시작되었다—이것은 미래에 대한 불길한 조짐이었다. 마침내 303년에 대 박해가 발발했다."[31]

---

29   Mattingly 1967, 54: 당시에 주조된 동전들은 이 점을 명확히 보여준다.
30   Eusebius, *The Ecclesiastical History* 8.1.
31   Mattingly 1967, 56.

대 박해

역사학자들(여기에는 필자도 포함된다)은 오랫동안 "대 박해"를 일으킨 인물로 디오클레티아누스(Diocletian) 황제를 지목해왔다. 그런데 그것은 다소 근거가 없는 말일 수 있다. 디오클레티아누스 황제의 아내와 딸 모두 그리스도인이었다.[32] 게다가 그는 그리스도인들이 자신의 궁전 바로 맞은편에(그는 니코메디아에 상주했었다) 큰 교회를 신축하는 것을 허용하기도 했다. 끝으로 그가 재위하던 첫 20년 동안 "갈리에누스의 평화"를 뒤집는 어떤 일도 벌이지 않았다.

여러 증거를 살펴보건대, 이 최후의 유혈 박해가 시작된 것은 갈레리우스(Galerius)가 권좌에 오르게 된 때라는 결론을 내릴 수 있다. 갈레리우스는 305년에 디오클레티아누스를 계승했다. 그는 "광신적인 이교도"였으며, 디오클레티아누스도 "그를 두려워할" 정도였다.[33] 어쨌든 디오클레티아누스는 그리스도인들이 제국에 닥친 재난에 대해 배상할 것을 주장하는 요구에 굴복했다. 실로 이때는 데키우스 때보다 훨씬 더 빠른 속도로 제국이 쇠락해가고 있었고, 훨씬 더 커다란 위험에 처해 있었다. 이방인 침략자들에 의해 넓은 영토가 침탈되었다. 로마 제국의 내부적 문제에 대해 마이클 로스토브체프(Michael Rostovtzeff, 1870-1952)는 다음과 같이 간결한 말로 잘 요약해서 제시하고 있다.

증오와 시기가 어디를 가나 지배하고 있었다. 농민들은 지주들과 관리들을 미워했다. 도시의 프롤레타리아는 도시의 부르주아를 미워했다. 군대는 모든

---

32   Barnes 1981, 19; Mattingly 1967, 56.
33   Barnes 1981, 19.

사람들의 미움을 받았다.…일은 체계가 없었고, 생산성은 하락하고 있었다. 바다와 도로가 위험해지면서 상업이 황폐하게 되었다. 생산물을 파는 시장이 꾸준히 위축되고 사람들의 구매력이 줄어들었던 까닭에 산업이 번창할 수 없었다.…물가가 계속해서 상승했고, 통화 가치는 유례없는 비율로 하락하였다.…국가와 세납자들의 관계는 거의 조직적인 강탈 수준이었다. 강제 노역, 강제 징발, 강제적인 부채와 조공이 시대의 질서가 되었다. 행정관들 사이에 부패와 부도덕이 만연했다.…이렇듯 끔찍한 무질서가 황폐한 제국 전역을 횡행하고 있었다.[34]

이러한 상황에서 무슨 일을 할 수 있었을까? 데키우스 때처럼 디오클레티아누스도 로마의 구원이 신들의 손에 달려 있다고 결론지었다. 그리고 로마의 부흥을 위한 데키우스의 처방을 참고하여, 그 역시 "공적 희생제사"(general sacrifice)를 요구하는 칙령을 내렸다. 당연히 그리스도인들은 거절했다. 이에 따라 303년 2월 23일, 황제의 병사들이 니코메디아 궁의 맞은편에 있는 교회로 진격해 들어가 성반과 성작을 약탈하고, 성경을 모두 불태운 다음, 교회 건물을 허물어버렸다.[35] 그다음에 디오클레티아누스의 이름으로 칙령이 포고되었는데 이를 주도한 것은 아마도 갈레리우스였을 것이다. 이 시기에 디오클레티아누스는 "심각한 신경쇠약으로 인해" 무기력한 상태였기 때문이다. 이 "신경쇠약증은 자신의 여러 근친들에게 가한 조치로 인한 중압감 때문에 발생한 것이 분명하다."[36] 이 칙령은 기독교의 모임을 일절 금지할 것과, 모든 교회를 몰수 내지 파괴할 것과, 기독교의 모든 문서를 소각하고, 그리스도인의 공직취임과 법정출입을 막고, 그리스도인

---

34   Rostovtzeff 1926, 453-54.
35   Frend [1965] 1981, 491.
36   Mattingly 1967, 57.

노예 해방을 금지할 것을 명령했다. 디오클레티아누스 자신이 이 칙령을 기초한 것은 아니라고 하더라도 결국 그는 "여러 재판과 고문을 직접 관장했었다."[37] 황실의 일원 중에 페트루스라는 이름을 가진 자가 그리스도인으로 밝혀지자, 디오클레티아누스는 그를 "발가벗기고 높이 매달아 온몸에 채찍질을 가했다." 이어서 그의 상처부위에 소금과 식초를 뿌렸으며 그를 산 채로 "서서히 구워버렸다."[38]

모두 합해서 대략 3,000명의 지도자들과 유력한 교인들이 처형되었고, 나머지 수천 명은 노예로 만들어 광산으로 보내버렸다.[39] 그럼에도 어떤 도시에서는 반기독교 칙령이 무시되기도 하였으며, 한층 더 놀라운 사실은 이 와중에도 기독교의 급속한 성장이 지속되었다는 점이다. 사실 이 당시가 되면 기독교 인구가 이미 상당한 규모가 되었기 때문에 기독교에 대한 박해가 대중의 지지를 거의 받지 못할 지경이었다. 폭도들도 등장하지 않았고, 그리스도인에 대한 제보가 쇄도하는 일 따위도 없었다. 기독교는 이미 "존중받는" 종교로 자리 잡았던 것이다.[40]

311년, 갈레리우스는 임종 시에 자신이 기독교에 대적하여 발효시켰던 모든 칙령을 철회했다. 그는 박해가 아무런 효과도 없었다고 넋두리를 늘어놓았다. 그는 또한 그리스도인들에게 자신의 회복을 위해 기도할 것을 명령했다. 박해는 이제 종식되었다.

로마의 박해로 인해 발생한 그리스도인의 전체 사상자 수는 알려지지 않았다. 프렌드(Frend)는 반기독교 박해로 인한 전체 사망자 수가 "수천

37 Barnes 1981, 24.

38 Barnes 1981, 24.

39 Grant 1978, 308.

40 Barnes 1981, 31.

이 아니라 수백"[41]에 지나지 않는다고 주장하지만 이는 확실히 그릇된 추산이다. 에우세비오스의 『팔레스타인의 순교자들』(*Martyrs of Palestine*)을 가지고 해당 지역의 사망자 수를 추산하는 것은 신빙성이 없다. 왜냐하면 그 주요 내용은 에우세비오스가 자신의 사망한 친구들을 위해 작성한 추도사이기 때문이다. 그 지역에서 전해오는 전승에 따르면, 303년부터 312년 사이에 알렉산드리아에서 순교한 그리스도인의 수는 660명에 이른다.[42] 전체 합계가 얼마이든지 간에, 확실한 것은 사망자 수가 기독교 인구의 급속한 성장에 저해 요인이 될 정도로 대단한 것은 아니었다는 사실이다. 데키우스의 박해가 시작되었던 250년에 이미 기독교 인구는 주요 도시 인구의 거의 20퍼센트를 점하였을 것이다. 그리고 303년 대박해가 시작되었을 때 로마 제국 전체 인구 가운데 최소한 10퍼센트는 그리스도인이었을 것이며, 아마도 주요 도시에서도 기독교 인구가 다수를 차지하고 있었을 것이다. 따라서 교회를 파괴하기 위해서는 엄청난 유혈 사태가 필요했을 것이다.

그리스도인의 비타협적인 태도

가장 초기부터 현재에 이르기까지 박해에 대한 보도는 순교자에 초점을 맞추고 있다. 이들이야말로 가장 극악무도한 고문을 겪으면서도 기독교 신앙에 확고히 서는 비상한 용기를 보여준 자들이었다. 본서에서도 이들 순교자가 논의의 중심이 될 것이다. 그러나 먼저 상당수의 그리스도인들이 이러한 시련에 직면했을 때 자신의 신앙을 부인하거나 포기했다는 사실 또한 인

---

41 Frend 1965, 413.
42 Barnes 1981, 201.

정할 필요가 있다.[43] 에우세비오스의 말마따나 "어떤 이들은 지나친 두려움으로 인해 공포에 압도되어 무너졌으며, 주저앉아 굴복했다."[44] 달리 어찌할 도리가 없었을 것이다. 이렇듯 데키우스 박해기 동안 수많은 그리스도인들이 당국이 요구하는 희생제사를 드렸고, 나머지 많은 이들은 제사 증명서를 얻기 위해 뇌물을 바치기도 했다. 대 박해 기간 동안에는 더 많은 이들이 똑같은 일들을 행했다.

교회 지도자들이 보기에 두 가지 행동은 별반 다르지 않았을 것이며, 따라서 이 중 하나라도 범한 사람은 기독교 공동체로부터 출교를 당했던 것이다. 그러나 비록 그들에게 신앙을 지키는 데 필요한 용기가 부족했다 하더라도, 압도적 다수는 천국에 다시 들어가기를 원했고, 따라서 자신들을 다시 받아들여달라고 부탁하곤 했다. 이러한 재입회는 "엄격함과 자비로움을 잘 조화시키는 가운데" 실행되었는데, "무거운 참회행위를 통해 회개의 여부가 증명된 연후에야 사면이 선언되는 것이 원칙이었다."[45]

어쨌든 우리가 우선 관심을 기울여야 할 대상은 믿기 어려울 정도로 불굴의 굳건함을 보여주고, 그럼으로써 후대의 그리스도인들에게 귀감이 된 순교자들이다. 하지만 지금까지 여기서 소개된 잔혹한 사례들을 고려할 때, 순교에 관한 사례를 더 나열하는 것은 의미가 없다. 이 정도만 지적하면 족할 것이다. 즉 몇몇은 참수형을 당했는데 이것은 그래도 인간적인 처분으로 간주된다. 나머지 사람들은 너무나 끔찍한 고문을 당했으며, 누구라도 이러한 고문들을 이겨냈다는 것 자체가 믿기 어려울 정도로 놀라운 일이다. 특히 대부분의 경우 단지 신앙을 포기하기만 하면 고문을 당하는 중일지라도 언제든 피할 수 있었기 때문이다. 그러나 이들 순교자들은 계속해서 이 모

---

43   de Ste. Croix 1963a; Frend 1984; Mattingly 1967.

44   Eusebius, *The Martyrs of Palestine* 1.

45   Mattingly 1967, 45.

든 것을 견뎌냈다. 사실 교부들은 열성적인 교인이 당국자들 앞에 자진 출두하는 것을 막기 위한 노력의 일환으로 자발적 순교를 금지하기도 했다. 그럼에도 현존하는 문서자료를 통해 밝혀진 사실은 "놀라울 정도로 많은 사람들이 자발적으로 순교했다는 것"이다.[46]

순교의 토대

지난 수 세기 동안 기독교 순교자들은 그 신앙과 용기로 인해 존경받아 왔다. 그러는 차에 사회과학자들이 등장하여 정상인이라면 결코 그러한 일을 할 수 없었을 것이며, 순교자는 정신 질환자로서, 겉으로 드러나는 그들의 엄청난 용기는 고통에 대한 사랑 곧 **피학증**(masochism)에 근거한 것이었음을 설파하였다. 이렇듯 그들이 "지극히 고통스러운 고문을" 견뎌내는 능력은 "오로지 병적으로 강렬하고 몽환적인 정신상태를 구축한 결과로밖에 설명할 수가 없다. 피학적 현상은 초기 순교자들에게서 엿보이는 가장 괄목할 만한 특징이다."[47] 이에 따라 시카고 대학교 신학대학에서 나온 연구결과는 다음과 같은 주장을 통해 매우 호의적인 반응을 이끌어냈다. "순교를 갈망하는 병적 욕구를 구성하는 요소 중 하나는 그것에 동반되는 고통을 비정상적으로 즐기는 것이었다. 이러한 현상은 "피학증"이라고 알려져 있다.… 분명히 아주 잔혹한 고문이 기다리고 있음을 알면서도 자신을 순교라는 경험에 기꺼이 내어주었다면 그것은 피학증적인 경향이 있음을 보여주는 충분한 증거가 된다."[48] 다른 심리학자들과 정신과의사들은 순교에 대해서 자

---

46   de Ste. Croix 1963a, 22.
47   Edwards 1919, 21.
48   Riddle 1931, 64.

기최면(self-hypnosis)과 감각과부하(sensory overload)와 같은 설명을 내놓기도 한다.[49] 그러나 이들 모두가 견지하는 것은 자발적 순교란 말 그대로 정신병은 아니더라도 비합리성의 증거로 보아야 한다는 것이다. 그러나 이러한 주장을 함으로써, 이들은 순교에 실질적 보상이 뒤따랐다는 점을 인식하지 못한다. 이러한 보상이 대부분의 그리스도인들에게는 고문을 견딜 만한 충분한 동기가 되지 못했지만, 고문을 감내했던 그리스도인들에게는 일차적 동기로 작용했을 것으로 보인다.

기독교가 부상하던 초기부터 "성인 숭배"(cult of saints)가 발전하였는데, 이는 순교자들에게 놀라운 보상을 제공해주었으며, 그중 어떤 것은 내세까지 기다릴 것도 없이 현세에서 주어지는 것이었다. 즉 순교자들이 비상한 명성과 영예를 누리게 된 것이다. 그들은 종종 죽음의 시험은 고사하고 심지어 재판에서 형이 확정되기도 전에 이미 명사가 되어 있었다. 안티오키아의 이그나티오스를 예로 들어보자. 그는 기원후 110년경에 체포되어 로마의 경기장에서 처형되는 형을 선고 받았다. 그런 다음에 그는 로마 병사 10명의 수행을 받으며 로마를 향한 길고도 다소 여유로운 여정에 올랐다. 로마로 향하는 여정마다 각 지역의 그리스도인들이 이그나티오스를 마중 나와서 그를 "승리자인 영웅"[50]처럼 맞아주었고, 그에게 음식과 선물을 베풀어주었으며, 그가 타협하지 않고 불굴의 용기를 보여준 것에 대해 칭송을 아끼지 않았다. 따라서 제6장에서 이미 살펴보았듯이, 이그나티오스가 실제로 유일하게 두려워했던 것은 로마에 있는 영향력 있는 그리스도인들이 그가 사면받도록 조치를 취하는 것이었다. 이 때문에 그는 편지를 보내어 그들에게 간섭하지 말 것을 요청했던 것이다. "나를 짐승의 밥이 되도록 내

---

49 McBroom 1966.
50 Schoedel 1991, 135.

버려두십시오. 그것이 나를 하나님께로 인도하는 길입니다."[51]

그러나 하나님께로 가기 위한 그 모든 열정에도 불구하고 이그나티오스는 이생에서의 영광도 기대하고 있었다. 사람들은 순교자들을 세심하게 기억했고, 그들이 보여준 엄청난 인내에 대해 산 자들 사이에서 끊임없이 이야기하고 기념했던 까닭이다. 스미르나의 주교였던 폴리카르포스의 사례를 살펴보자. 그는 156년에 산 채로 화형을 당했는데, 나중에 그의 불탄 몸에서 나온 뼛조각들을 지역의 그리스도인들이 수거하였고, 이들은 그 이후로 해마다 그의 뼈가 묻힌 곳에 모여 "그가 순교한 날을 대단한 열성과 기쁨 가운데 기념한다."[52] 참으로 우리는 초기 교회 순교자들의 이름을 숱하게 알고 있다. 그것은 바로 그들의 이야기가 후손들을 위해서 세심하게 기록되었기 때문이다.

끝으로 순교자들은 대개 공개된 장소에서 고난을 당했는데, 이 역시 기독교 신앙에 불후의 공헌을 하고 싶어 하는 그들의 소망을 충족시켜주었다. 유진 비너(Eugene Weiner)와 애니타 비너(Anita Weiner)는 순교에 뒤따르는 "보상"에 대해 다음과 같이 설득력 있게 묘사한다.

순교로 이어지기까지의 과정을 목격할 수 있게끔 모든 세심한 노력이 기울여졌다. 동료 그리스도인들이 구속 중인 순교 후보자를 방문하여 수감생활을 잘 견딜 수 있도록 음식과 의복을 전달하는 것도 드문 일이 아니었다. 심지어 다가올 믿음의 시험에서 극적인 승리를 거둘 수 있도록 축복하는 예식도 있었다. 이러한 지지와 후원은 몹시 힘든 상황 속에서 적잖은 위로와 도움이 되었고, 순교 후보자에게 "당신이 행한 것과 말한 것이 관찰되고 기록될 것"이라는 암

---

51   Ignatius, *Epistle to the Romans.*
52   Fremantle 1954, 191.

묵적인 메시지로 다가갔다. 한마디로 순교자의 행적은 중요한 의미를 부여받게 될 것이고, 예배문과 기념예식을 통해 후대에 전승될 것이었다.

모든 순교자는 무대 위에 서 있는 셈이었다. 어떤 이들은 후회하면서 신앙을 포기하기도 했다. 그러나 중압감을 견뎌낸 이들은 영원에 대한 확신을 품을 수 있었다. 적어도 남은 자들의 기억 속에서 영원하리라는 것을 기대할 수 있었다. 순교가 지닌 독특한 면은 그것이 내세에서의 상급을 약속할 뿐 아니라 이 세상에서도 기억될 것이라는 확신을 더해주었다는 점이다. 순교자는 죽기 전이라도 자기가 남은 자들의 기억 속에 그리고 교회의 예배의식 가운데 한 자리를 얻게 될 것을 알았다.[53]

수많은 그리스도인들이 순교를 앞둔 이들을 찾아가 만나거나 그들을 섬기는 것을 통해 자신의 신앙적 정체성을 확인했다는 것과, 그런데도 로마의 당국자들은 이들을 무시했다는 점에 유의할 필요가 있다. 이것은 물론 (트라야누스가 플리니우스에게 말했던 것처럼) 그리스도인을 일부러 색출하지 않는다는 로마의 통상적인 정책과 부합할 뿐 아니라 교회의 고위층부터 핍박하는 로마의 일차적 전략과도 일치하는 것이었다. 로마의 지배자들은 주교를 비롯한 성직자들을 교회의 활동적 요원으로 간주하고서, 이들만 제거하면 평범한 그리스도인 대중은 그냥 흩어져버릴 것이라고 추정했다. 이것은 이교 신전의 경우에 틀림없는 사실이었고, 어쩌면 동양 종교의 경우에도 해당되었을 것이다. 그러나 이것은 기독교를 제대로 알지 못하고 하는 말이었다. 기독교에는 감독과 장로 및 집사 뒤에 이들을 대신할 능력과 열의가 넘치는 평신도들이 줄지어 있었다. 실로 교회는 하나의 독립된 사회 영역

---

53   Weiner and Weiner 1990, 80-81.

이었다. 교회 안에서는 바깥 사회에서의 신분과 상관없이 그 자체의 직분에 따라 높은 지위가 부여되었다. 그곳은 도시의 고위직 정무관과 노예가 서로를 "형제"라고 진정성 있게 부를 수 있는 별개의 세상이었다. 그리고 이러한 기독교의 지위 체계 내에서 "거룩한 순교자"에게 부여되는 반열보다 더 높은 것이 있을 수 없었다.

순교가 주는 신뢰성

이제 우리의 관심을 순교자들로부터 청중에게로 옮겨보자. 모든 종교가 직면한 근본 문제는 신뢰성을 확보하는 것이다. 궁극적으로 모든 종교는 믿음의 행위를 요구한다. 즉 신자들은 직접 보이지는 않더라도 초자연적 영역이 있음을 기꺼이 믿어야 한다. 이러한 까닭에 많은 종교는 초자연적인 것의 존재를 뒷받침하는 개인적 체험을 가진 이들의 증언을 중요하게 여긴다. 이러한 증언에는 전형적으로 초자연적 도움을 요청했더니 응답을 받았다는 식의 이야기가 들어 있다. 기적적인 생존 이야기, 부상이나 질병으로부터 회복된 이야기, 이따금씩 전투에서 승리한 이야기도 들어 있다. 이런 식으로 사람들은 타인에게 자신이 믿는 종교가 "효력이 있다"는 증거를 제시하면서, 그렇기 때문에 그 종교의 근본 명제들도 참되다고 주장한다.

이러한 모든 증거와 증언들 가운데 순교가 가져다주는 신뢰성에 근접할 만한 것은 없다. 어떻게 죽을 인생에 불과한 사람들이 피부가 벗겨지고 그 위에 소금이 뿌려지는데도 끝까지 저항할 수 있었던 것일까? 어떻게 사람이 꼬챙이에 꽂힌 채로 서서히 구워지는 데도 신앙을 지킬 수 있었던 것일까? 이러한 행위는 그 자체로 사실상 초자연적인 것으로 보였다. 그리고 그것을 지켜보던 사람들에게 종종 그러한 영향을 끼쳤던 것이다. 그것을 지켜본 그리스도인들은 하나님의 손이 순교자들 위에 함께하는 것을 "볼" 수 있었다. 많은 이교도들 또한 놀랍다는 반응을 보였다. 고대의 유명한 의사였던 갈레노스는 그리스도인들에 대해 "그들이 죽음을 경멸하고 있음은 우리 눈에 너무나도 명백하다"고 적고 있다.[54] 순교에 관한 보도를 살펴보다 보면, 순교자들의 고문 장면을 지켜보거나 또는 고문에 직접 가담했던 이교도들이 그들의 신앙에 대해 존경심을 품게 된 사례가 자주 언급되는 것을 보게 된다. 이교도들은 자기들의 종교를 위해 그러한 고초를 견디지 않을 것을 너무도 잘 알고 있었다. 그런데 왜 그렇게 많은 그리스도인들이 그것을 자원하는 것일까? 이 낯선 새로운 신앙에 대해 무언가 놓친 것이 있었나? 이러한 종류의 불편함과 경이로움이 종종 새로운 개종자들을 위한 길을 열어주었던 것이다.

결론

에우세비오스는 『팔레스타인의 순교자들』이라는 제목으로 대 박해 중에 고난당했던 이들에 대한 보도를 남겼는데,[55] 그 책의 서문에서 한두 문장을 인용하는 것이 좋을 것 같다. "이들 하나님의 거룩한 순교자들은…끔찍한 죽음을 덧없는 목숨보다 소중하게 여겼으며, 모두 믿음의 덕을 통해 승리의 월계관을 얻었다.…이들 순교자의 영혼은 하늘왕국에 들어가기에 합당하므로 예언자들의 무리 가운데 머물며 존귀히 여김을 받고 있다." 이렇듯 로마의 당국자들은 순교자들에 의해 제압당했던 것이다.

---

54   다음에서 인용함. Benko 1984, 141.
55   Eusebius [ca. 325] 1927.

제9장

기독교의 성장에 대한 평가

수 세기에 걸쳐 많은 역사학자들은 기독교가 4세기에 보여준 그 정도의 규모가 되기 위해서는 믿기 힘들 만큼 경이적인 비율로 성장했었음에 틀림없다고 추정했다. 독일의 권위 있는 역사학자인 아돌프 폰 하르나크(1851-1930)는 아우구스티누스(354-430)의 다음과 같은 말에 동의한다. 즉 "기독교는 기적을 통해서 재생산된 것이 분명하다. 왜냐하면 세상에서 가장 위대한 기적은 여타의 기적과 달리 그 기독교라는 종교가 비범하게 확대되어온 것이기 때문이다."[1] 이 말이 과연 사실일까?

기독교의 성장을 논하는 거의 모든 경우와 마찬가지로 하르나크도 실제 수치를 밝히지 않는다. 그는 이러한 "기적"이 가능하기 위해 실제로 어느 정도의 성장률이 필요한지를 계산하려고 하지도 않았다. 만약에 그가 이러한 계산을 해보았다면, 그는 굳이 기적이 필요치 않음을 알았을 것이다. 사실 이러한 형태의 산수에 익숙하지 않은 이들에게는 기하급수적인 성장

---

1   Harnack 1905, 466n.

곡선이 종종 기적처럼 보이기도 한다.

어쨌든 여기서 잠시 멈추어 로마 제국 내 기독교의 성장에 대한 개연성 있는 통계 모델을 구성해볼 필요가 있을 것 같다. 그런데 이 모델을 확대하여 동방지역 기독교의 성장을 반영하는 것은 불가능하다. 왜냐하면 그것에 대한 관련 증거가 거의 없기 때문이다. 그러나 무슬림의 정복(제12장을 보라)이 있기 전까지 내내 **서방보다 동방에 실질적으로 더 많은 그리스도인들이 있었으리라는 것을** 염두에 두어야 한다. 먼저 로마 제국 내 기독교의 성장을 가늠하는 모델이 과연 타당한지에 대해 여러 방식으로 검증한 다음에, 기독교의 성장과 관련된 지리적 분포(기독교는 어떻게 제국 전역으로 확대되었을까?)에 대해 검토할 것이다. 성장 모델을 지리적 분포와 결합하면, 시간의 경과에 따라 확대 가능한 로마시의 기독교 인구 규모를 산출하는 것이 가능해지고, 이로써 기독교가 강력한 정치 세력으로 부상하게 된 과정을 충분히 이해할 수 있다.

고대의 통계학

고대 혹은 중세 역사에 대해 서술할 때 주요 장애물로 등장하는 것 중 하나는 믿을 만한 통계가 부족한 것이다. 자료 가운데 수치가 제공되는 경우가 매우 드물뿐더러 어쩌다 등장하는 수치도 대체로 터무니없는 것들이다. 예를 들어 요세푸스(기원후 37-100)는 기원후 70년 로마의 예루살렘 정복에 대해 보도하면서 그곳에 살았던 110만 명의 주민이 살해당했고 나머지 9만 7,000명은 노예로 사로잡혔다고 주장한다.[2] 실은 당시 예루살렘 주민은

---

2   Josephus, *Jewish War* 6.9.3.

기껏해야 4만 명에도 미치지 못했을 것이고, 그중 다수는 도주했다고 전해진다. 그런데 문제를 더 복잡하게 만드는 것은 고대 자료에 나타난 일부 수치가 상당히 정확하다는 것이다. 요세푸스가 유대인 남성과 여성 및 자녀를 포함하여 960명의 열심당원이 마사다(Masada)에서 전사한 것에 대해 보도하는 대목은 꽤나 정확한 편이다.[3]

고대의 통계를 찾아보기 힘들고 그 신뢰성도 떨어지는 첫 번째 이유는 "관리들은 실제로 통계에 관심이 있었지만, 역사를 기록하는 문학적 성향의 사람들은 통계에 관심이 없었기 때문이다."[4] 두 번째 이유는 근대 이전의 저자들은 자신이 언급하는 숫자를 말 그대로 받아들일 것이라고 기대하지 않았고, 단지 "많다" 내지 "적다"를 암시하기 위해 사용한 것뿐이기 때문이다. 예를 들어 푸세 드 샤르트르(Fulcher of Chartres, 1059-1127)는 제1차 십자군에 참전한 프랑스 기사가 600만 명(이는 프랑스 인구 전체보다 많다)이 아님을 잘 알고 있었다. 얼마나 많은 사람이 실제로 예수를 알고 있었으며 그가 설교하는 모습을 보았는지 우리는 알 수 없다. 어떤 저명한 학자는 예수가 그의 사역 기간 동안 팔레스타인에 있는 모든 사람들, 곧 80만 명 이상의 유대인에게 복음을 전했다고 주장하지만,[5] 그 실제 인원은 전체 인구 가운데 극히 적은 일부가 될 수밖에 없다. 왜냐하면 예수의 전체 사역은 주로 갈릴리 지역의 작은 촌락들과 그 주변에 한정되어 있었기 때문이다. 물론 관건은 예수의 설교를 듣거나 적어도 예수에 관해서 전해들은 사람이 얼마나 되는가 하는 것이 아니라, 그를 그리스도로 받아들인 이들이 얼마나 많은가 하는 것이다. 다행히도 십자가 사건 직후 그리스도인의 전체 숫자가 얼마인지에 대해 꽤 믿을 만한 보도가 있다. 사도행전 1:15은 "모인 무리의 수

---

3   Josephus, *Jewish War* 7.9.1.
4   Grant 1977, 9.
5   Barrett 1982, 23.

가 약 120명이나 되더라. 그때에 베드로가 그 형제들 가운데 일어서서 이르되"라고 보도한다.

120명이라는 숫자는 새로운 종교운동이 대체로 보여주는 초기 양상과 일치한다. 왜냐하면 개종이란 인격 대 인격의 만남을 통해 일어나는 현상이므로 사회적 연결망을 통해서 서서히 동력을 얻기 때문이다. 갑작스러운 집단 개종이란 현상은 실제로 발생하지 않는다. 한 세대 전에 많은 사회과학자들은 집단 개종이 실제로 존재한다고 믿었고, 이들이 "집단 히스테리"(mass hysteria), "무리 본능"(herd instincts), "군중 심리학"(mob psychology), "집단적 광기"(collective madness)에 관해 저술을 남긴 것도 사실이다. 그러나 아무도 그러한 현상을 보여주는 확실한 예시를 제시하지 못했다. 이에 따라 사회과학자들마저도 그러한 생각을 쓸모없는 개념으로 간주하고 쓰레기통에 내동댕이쳐버렸다.[6] 그러므로 베드로가 공중 앞에서 행한 설교에 대한 반응으로 사람들이 그날 세례 받고 그리스도인 공동체에 약 "삼천이나 더하더라"는 사도행전 2:41의 기사는 과장이라고 보아야 한다. 그 결과 3천 명이나 되는 유대인과 이방인이 세례를 받았다고 한다면, 그에 앞서 아주 많은 사람들이 설교를 들으러 나왔어야 한다(그러한 일은 발생하기 극히 어렵다). 진정한 그리스도인이 되는 것은 설교 한 번 듣고 강물에 몸을 한 번 담그는 것보다 훨씬 더 많은 조건이 필요하다. 이러한 집단 세례에 대한 기사를 젖혀두고, 사도행전 1:15에서 언급하는 숫자(120명)만을 신빙성 있는 것으로 받아들인다면, "첫 세대에 해당하는 기간 동안 이방 도시들에서 예수운동에 가담한 사람들의 숫자는 각 도시마다 십여 명이나 아무리 많아도 수십 명 정도였을 것"이라고 보는 하워드 클라크 키(Howard Clark Kee)의 추

---

6   Turner and Killian 1987.

산과 일치한다.[7] 필자는 로마 제국 내 그리스도인들의 총합계는 기원후 40년에 약 1,000명을 헤아렸을 것으로 추정한다.

여하튼 신약에는 다른 구체적인 숫자가 등장하지 않는다. 그렇지만 2세기 말까지 교회건물의 존재를 보여주는 확실한 증거가 없다는 사실로 미루어볼 때, 적어도 그때까지 그리스도인의 전체 숫자가 완만히 증가했으리라는 추론이 가능하다.[8] "로마시에 존재한 최초의 교회건물은 그 조성 시기를 3세기 중반으로 추산할 수 있다."[9] 그리스도인들은 교회건물이 아니라 서로의 가정에서 모였다. "각 회중이 모이는 장소가 넓었을 리 없으므로, 한 도시에 여러 모임 장소가 있었을 수 있다."[10] 그러므로 저명한 로버트 윌컨(Robert Wilken)은 150년경에 "로마 제국 내의 40-50개 도시에서 기독교 단체를 찾아볼 수 있었다. 이들 집단은 대부분 매우 작았는데, 어떤 곳은 수십 명에 불과한 반면, 다른 곳은 수백 명을 헤아리기도 했다. 로마 제국 내 그리스도인의 총합계는 필시 **5만**에 미치지 못했을 것이다"라고 추정한다.[11]

한 세기가 지난 후 기독교 인구는 로마 제국 전체 인구의 약 2퍼센트, 또는 로버트 레인 폭스(Robert Lane Fox)의 추산에 따르면 **100만**을 약간 상회했을 것이다.[12] 많은 역사학자들이 300년에 기독교 인구를 추산해보곤 했는데, 이들 모두는 그 숫자가 약 **600만**에 달할 것이라는 견해에 근접하고 있다.[13] 아울러 350년이 되면 그리스도인이 과반을 점하는 경우도─드물기는 하지만─있었으므로, 명목상의 그리스도인을 포함해서 기독교 인구가

---

7   Kee 1990, 6.
8   Grant 1977, 146.
9   Schnabel 2004, 815.
10 Fox 1987, 269.
11 Wilken 1984, 31.
12 Fox 1987, 317.
13 Goodenough [1931] 1970; Grant 1978; MacMullen 1984. Gibbon ([1776-1788] 1994)은
    당시 그리스도인의 숫자가 300만에 불과했을 것으로 추산한다(1: chap.15).

3,000만 명 이상이 되었으리라는 점에 역사학자들의 견해가 일치한다. 이렇듯 기준점이 되는 수치들이 표 9.1에 제시되어 있다.

성장 모델

기독교의 성장을 보여주는 모델 가운데 앞에서 제시된 기준 수치들(**5만 미만, 100만, 600만, 3,000만 이상**)에 잘 들어맞는 간단한 모델을 발견하는 것이 가능할까? 가능하다. 기원후 40년에 1,000명의 그리스도인이 있었다는 전제에서 출발해서 기독교가 매년 3.4퍼센트의 비율로 성장했다고 가정하면, 그러한 성장 모델에 따른 계산 결과는 표 9.1에서처럼 각 기준 수치와 거의 정확하게 맞아떨어진다.

표 9.1: 로마 제국 내 기독교의 성장 (매년 3.4퍼센트의 비율로 예상된 성장)

연도	기독교 인구	기준 수치	전체 인구 중 백분율 (추정치)
40	1,000	—	—
50	1,397	—	—
100	7,434	—	—
150	39,560	5만 미만	0,07
180	107,863	—	0.18
200	210,516	—	0.35
250	1,120,246	100만	1,9
300	5,961,290	600만	9,9
312	8,904,032	—	14,8
350	31,722,489	3,000만 이상	52,9

* 로마 제국 인구가 6,000만으로 안정되어 있다는 추정치에 근거한 계산 결과

이 모델이 각 시기마다 다양하게 나타나는 수치와 깔끔하게 맞아떨어질 것이라고 상상하기는 힘들다. 물론 정확한 통계수치가 남아 있었더라면 기독교의 실제 성장 곡선에 어느 정도 굴곡이 있는 것으로 나타났을 것이 분명하다. 즉 어떤 해는 성장률이 3.4퍼센트 이하로 떨어지기도 했을 것이고, 어떤 해는 약간 초과하기도 했을 것이다. 그러나 특이하게도 전반적인 수치가 잘 들어맞는다는 사실은 기독교의 출발 국면이 매우 미미했음에도 불구하고 그러한 상태가 오래 지속되지 않았음을 시사한다. 위의 도표에 제시된 백분율은 개종의 비율이 아니라 성장률임을 염두에 두어야 할 것이다. 따라서 이 성장률은 개종과 출산에 의한 증가분에 사망과 이탈에 의한 감소분을 차감함으로써 얻어진다.

이러한 추정치는 기독교의 성장에 기적이라고 할 만한 것이 굳이 필요치 않았음을 보여준다. 도리어 여호와의 증인과 몰몬교를 위시한 현대 종교단체 중 다수는 수십 년간의 통계 자료가 보여주는 것처럼 매년 3.4퍼센트 내지 그 이상의 성장률을 유지해오고 있다.[14] 만약에 기원후 40년에 기독교 인구가 1,000명을 넘었을 것이라는 반론을 제기한다면,[15] 그에 따라 해당 성장률을 상당히 낮추어 잡아야 할 것이다. 예를 들어 만약 40년에 기독교 인구가 1만이었다고 가정한다면, 단지 2.65 퍼센트 정도의 성장률로도 350년에는 3,000만이라는 목표점을 통과하기에 충분했을 것이다. 그러나 이러한 성장률에 기초한 모델은 중간에 자리한 기준 수치들과 너무나도 맞지 않기 때문에 2.65 퍼센트는 개연성이 많이 떨어진다. 어쨌든 기독교가 흔히 관찰되는 관계망의 확장 과정을 통한 성장을 달성하기에 필요한 시간은 충분했었다고 하겠다.

---

14   Stark and Iannaccone 1997; Stark 1996.
15   McKechnie 2001, 57.

3.4퍼센트의 성장에 기초한 이 모델은 기준 수치를 충족할 뿐 아니라, 실제로 구할 수 있는 몇몇 데이터들과도 아주 잘 들어맞기 때문에 여러 부분에서 상당히 신뢰할 만하다고 하겠다. 예를 들자면, 관련된 구체적 자료들이 로저 배그놀(Roger S. Bagnall)의 추산과 아주 근접하게 일치한다. 그는 이집트 문서에 등장하는 그리스도인 이름의 백분율을 분석한 것을 토대로 239년에서 315년 사이에 전체 인구에서 그리스도인이 차지하는 비율을 계산했다.[16] 두 번째 비교 대상이 되는 토대는 훨씬 더 흥미롭다. 카를로스 갈바오-소브리뇨(Carlos R. Galvao-Sobrinho)는[17] 로마시의 묘비에 나타난 그리스도인의 비문들 개수를 25년 단위로 묶어 놓은 자료를 출간했었다.[18] 200년에 시작해서 375년 종료되는 것으로 해서, 로마의 자료와 제국 내의 그리스도인 인구에 대한 통계치를 사용한 시계열분석(time-series analysis)은 놀라울 정도로 근접하게 일치된 결과로 나타났다. 도형 9.1에 나타난 그래프의 표준 점수(Z scores)에서 알 수 있듯이, 두 개의 곡선이 사실 거의 일치할 뿐 아니라 99.6퍼센트의 거의 완벽한 상관관계를 나타내고 있다.

물론 이러한 곡선이 무작정 계속해서 상승할 수는 없을 것이다. 잠재적 개종자의 수가 줄어들면서 곡선은 머지않아 꺾였을 것이다. 더군다나 인구 중의 100퍼센트 이상을 개종시키는 것은 불가능할 뿐 아니라, 이 경우 로마 제국 주민 중 상당한 수는 결코 기독교로 개종하지 않았다. 많은 유대인들도 개종하지 않았다. 신전 조직을 근간으로 한 이교 신앙도 수 세기 동안 잔존했었다. 시골 지역에 거주하는 수백만 명의 사람들은 만신전에 예수를 위한 자리를 더하는 것 이상으로 나아가지 않았던 것 같다(제15장을 보라). 따라서 완벽한 성장 곡선은 각종 인구 현상에 전형적으로 적용되어온 S자 형

---

16   (r = .86) Bagnall 1982; 1987.
17   Galvao-Sobrinho 교수가 자신의 원 자료를 내게 제공한 것에 대해 감사드린다.
18   Galvao-Sobrinho 1995.

태의 곡선에 근접하게 될 것이다.

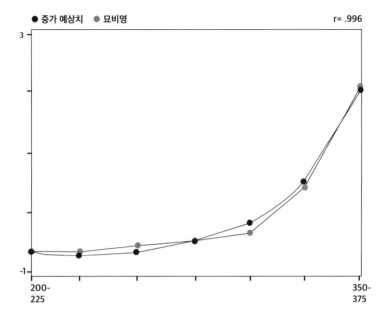

그래프 9.1: 로마시의 기독교 묘비명과 기독교 인구 증가 추정치 표준 점수(Z Score)

● 증가 예상치　● 묘비명　　　　　　　　　　　r= .996

기독교 성장의 지리적 분포

예수는 갈릴리 지역의 촌락과 구릉지대에서 설교했지만 그가 십자가에서
처형된 후 20년이 경과하자 초기 기독교는 압도적으로 도시 운동으로 변
모되었다. 바울은 수차례의 선교여행을 통해 안디옥·고린도·아테네 등의
대도시에 발을 들여놓았고, 이따금씩 이고니온이나 라오디게아 등의 소도
시를 방문했다. 그러나 그가 벽촌에서 설교했다는 언급은 전혀 찾아볼 수
없다. 사실 수 세기가 흐른 다음에야 기독교는 지방의 농민층을 개종시키기
위한 노력을 기울이게 된다. 그때가 되어 지방민의 다수가 기독교를 받아들

이게 된 것은 도시에 머물면서 그리스도인이 되었다가 고향에 돌아온 친지와 이웃에 힘입은 바가 크다. 그렇지만 처음 수 세기 동안 기독교의 성장 곡선이 도시지역에 집중되었던 사실을 제대로 평가하는 것이 중요하다. 왜냐하면 그러한 도시 집중성으로 인해 기독교 공동체가 지닌 가시성과 지역적 영향력도 극대화되었기 때문이다. 기독교가 지닌 강렬한 회중적 성격(교인 수가 얼마가 되든지, 정기적으로 모이고 도시의 공공 생활에 함께 참여하는 측면)이 이 두 가지 요인을 모두 강화시켜주었을 것이다.

기독교의 성장 모델은 로마 제국 전반에 적용되지만, 도시지역 어디서나 기독교의 확산이 동일한 성장률에 따라 진행되지는 않았다. 기원후 34년 이전에 다메섹에 기독교 집단이 존재한 것을 알 수 있는데, 이는 바울이 그곳에 있는 그리스도인들을 핍박하기 위해 그곳으로 가던 도중에 회심을 체험한 것을 보면 알 수 있다. 그러나 2세기까지도 카르타고에 기독교 회중이 존재하지 않았고, 밀라노와 카푸아에서는 3세기까지도 그리스도인을 찾아볼 수 없었다. 이러한 차이점을 살펴보면 예루살렘에서 출발한 기독교의 확산 정도가 그 중심지로부터 얼마나 멀리 떨어져 있는가에 크게 좌우됨을 알 수 있다. 물론 예외는 있다. 로마시의 경우 다메섹과 같은 시기에 이미 그리스도인들이 존재했을 것이다(제4장을 보라).

앞서 말한 대로 동방지역에서 기독교의 확장을 가늠할 만한 자료가 거의 남아 있지 않다. 다행히 하르나크는 엄청난 노력을 들여 서방에 기독교가 도착하기까지의 과정을 추적하고, 각 지역과 각 도시 별로 로마 제국 내에서 기독교의 활동을 입증해줄 만한 모든 자료를 수집하였다. 그는 두 가지 목록을 준비했는데, 그 첫 번째 것은 1세기 말까지 기독교 공동체가 존재했던 지역들을 망라한다. 두 번째 것은 기원후 180년까지 기독교 공동체가 존재했던 지역들을 포함한다. 그는 모든 자료를 면밀하게 검토하여 이 각각을 목록에 반영하였다. 하르나크의 작품은 타의 추종을 불허할 뿐 아니라, 기독교의 확산을 보여주는 모든 지도가 그에게 의존하고 있다. 흔히 예상하듯이 하르나크의 목록은 대도시에 대해서는 꽤나 완벽하지만 소도시에 대해서는 훨씬 더 모호할 수밖에 없다. 이에 따라 지도 9.1은 기원후 100년을 기준으로 인구가 3만 명 이상으로 추산되는 총 31개의 도시에 국한되어 있다[19] (예루살렘은 70년 로마에 의해 초토화되었으므로 이 시기가 되면 지도에서 찾아볼 수 없게 된다). 각 도시에 처음으로 그리스도인 회중이 생겨난 시기와 관련하여 다음과 같은 특징이 우세하게 나타난다.

너무나 분명하게도 **도시가 예루살렘**(지도상에 **X**로 표시함)**에 가까울수록** 그렇지 않은 도시보다 이른 시기에 기독교 회중이 존재하는 경향을 나타낸다. 예루살렘에서 반경 1,600킬로미터 이내에 위치한 17개의 도시 가운데 12개 도시(71퍼센트)에 100년까지 교회가 생겨났고, 이들 17개 도시 모두에 180년까지 교회가 있었다. 반면에 예루살렘으로부터 반경 1,600킬로미터를 벗어난 곳에 위치한 14개의 도시 가운데 오직 1개 도시(7퍼센트)에서만 100년까지 교회를 찾아볼 수 있었고, 이 중 8개의 도시(57퍼센트)에서는 180년까지도 교회를 찾아볼 수 없었다.

기독교 집단은 **항구 도시**에서 가장 먼저 생겨나는 경향을 보인다. 그 이유는 당시 지중해를 통한 해상 여행이 육로 여행보다 빨랐고, 이 점에서 항구 도시가 내륙 도시보다 예루살렘에 훨씬 가까웠기 때문이다. 이에 따라 14개의 항구 도시 가운데 9개 도시(64퍼센트)에서 100년까지 교회가 생겨났고, 180년까지도 교회가 존재하지 않던 항구 도시는 2개에 지나지 않는다. 반면에 항구가 아닌 17개의 도시 가운데 오직 4개 도시(24퍼센트)에 100년까지 교회가 생겨났고, 180년까지도 교회가 존재하지 않던 내륙 도시가 6개나 되었다.

---

[19] 각 도시의 자세한 인구 수치에 대해서는 다음을 보라. Stark 2006.

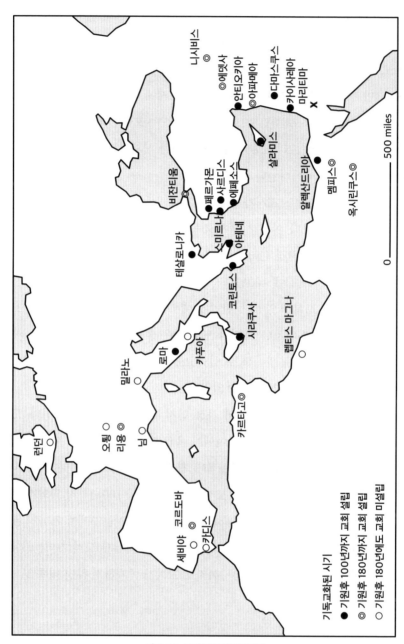

지도 9.1: 로마 제국의 기독교화

제2부 로마 제국의 기독교화

제7장에서 살펴본 것처럼 기독교의 성장은 로마계 도시보다는 **그리스계**
(Hellenic) 도시에서 더 빠르게 진행되었다. 그 이유는 부분적으로는 그리스
도인이 됨으로써 얻어지는 유익이 로마의 여성보다 그리스 여성에게 더 많
았기 때문이다. 19개의 그리스계 도시 가운데 12개 도시(63퍼센트)에서 100
년까지 교회가 생겨났고, 이들 19개 도시 모두에서 180년까지 교회를 찾아
볼 수 있게 된다. 반면에 12개의 비그리스계 도시 가운데 오직 1개 도시(8
퍼센트)에서만 100년까지 교회를 찾아볼 수 있었고, 180년까지도 교회를 찾
아볼 수 없던 비그리스계 도시가 8개(67퍼센트)나 되었다. 그리스계 도시가
예루살렘에 보다 가까이 위치해 있던 것도 사실이다. 그러나 그러한 요인을
통계학적으로 조절한다고 해도 그리스적 영향이 매우 강력했음을 배제할
수 없다.

　제4장에서 주목했던 것처럼, 동양 종교가 길을 닦아줌에 따라 키벨레
여신 내지 이시스 여신에게 봉헌된 신전이 위치한 도시에서 훨씬 이른 시기
에 기독교 회중이 생겨났다. 제4장에서도 살펴본 것처럼 기독교는 실질적
으로 유대 디아스포라 공동체가 있던 도시에서 더 이른 시기에 지역 교회를
세운 것을 알 수 있다.

　끝으로 대도시일수록 더 이른 시기에 기독교 회중이 존재할 가능성이
있다. 8개의 대도시 가운데 6개 도시(75퍼센트)에서 100년까지 교회가 생겨
났고, 180년까지 이들 대도시 모두에서 교회를 찾아볼 수 있게 되었다. 23
개의 소도시 가운데 7개 도시(30퍼센트)에서만 100년까지 교회를 찾아볼 수
있었고, 이 중 8개의 도시(35퍼센트)에서는 180년까지도 기독교 회중을 찾
아볼 수 없었다.

로마시의 기독교화

도시적 기독교의 성장을 가장 잘 예시하는 것은 바로 로마시의 사례다. 로마는 단연코 로마 제국 내에서 가장 큰 도시였고, 기독교 회중이 가장 먼저 생겨난 도시 중 하나였다. 몇 가지를 더 가정해본다면, 표 9.2에서 볼 수 있는 것처럼, 로마시에 거주하던 그리스도인들의 수를 아주 대략적이긴 해도 산출해낼 수 있다. 로마 제국의 인구 중 절대 다수가 농촌에 거주한 것을 염두에 두어야 한다. 아무리 최대치로 추정하더라도, 로마 제국의 전체 인구 6,000만 명 가운데 단지 450만 명(7.5퍼센트)만이 인구 1,000명 이상인 곳에 살았다.[20] 로마시의 인구를 약 45만 명으로 추산한다면[21] 이것은 제국 내 도시 인구의 10퍼센트가 로마시에 거주한 것을 의미하는데, 이 점은 로마의 주요 대도시들조차 인구가 5만 이하였다는 사실과 부합한다. 역사학자들은 한결같이 기독교 형성 초기에 모든 그리스도인들이 도시민이었다고 본다. 도표에 나타난 수치에 따르면, 기원후 200년까지 그리스도인의 90퍼센트가 도시민이었고, 250년까지는 75퍼센트가 도시민이었던 것으로 추정되며, 300년의 인구 수치에 따르면 50퍼센트가 도시민이었던 것으로 추산된다. 따라서 로마시에 거주하는 그리스도인 인구는 이러한 가정 하에 표 9.1에서 제시된 그리스도인의 적정 비율을 할당해서 계산한 것이다. 수치들이 정확하다는 그릇된 인상을 주지 않기 위해 합계는 반올림하여 처리했다. 이러한 통계수치들은 전반적인 성장 곡선보다 그 신뢰도가 훨씬 떨어지므로, 단지 예시를 보여주기 위해 제시한다고 이해하면 좋겠다.

---

20   Nolan and Lenski 2006, 155.
21   Stark 2006.

연도	기독교 인구	기준 수치	기독교 인구가 차지하는 백분율
100	700명	1,000명 미만	0.15
150	3,600명	—	0.8
200	19,000명	20,000명	4.2
250	78,000명	—	17.3
300	298,000명	—	66.2

역사학자들은 로마시의 기독교 인구와 관련해서 2개의 추정치만을 제공하고 있으며, 이 수치를 표 9.2에서 기준 수치로 이용하였다. 윌리엄 컨추리맨(L. William Countryman)은 1세기 말 로마에 거주하는 기독교 인구가 "1,000명에 훨씬 미치지 못했을 것"이라고 암시한다.[22] 이 수치는 위의 도표에 제시된 기독교 인구 추정치인 700명과 완전히 일치한다. 로버트 그랜트(Robert M. Grant)는 200년에 로마시에 약 2만 명의 그리스도인이 있었을 것이라고 제시한다.[23] 이 수치는 19,000명으로 추산되는 그해의 기독교 인구에 거의 근접하는 수치다. 더 중요한 것은 표 9.2에 제시된 추정치들을 반으로 축소한다고 해도, 로마시의 기독교 인구는 300년이 되면 매우 큰 비중을 점하게 될 것이라는 사실이다.

기원후 200년경에 활동한 초기 교부였던 테르툴리아누스는 "도시마다 거의 모든 시민이 그리스도인이 되었다"고 자랑스러워했다.[24] 이것은 물론 과장된 말이었지만, 불과 1세기도 지나지 않은 300년이 되자 그리스도인

---

22 Countryman 1980, 169.
23 Grant 1977, 7.
24 Tertullian, *Apology* 37.8.

들이 로마시에서 실제로 다수가 되었고, 다른 도시들에서도 마찬가지였다. 그러나 200년경에도 기독교는 로마시에서 그저 그런 시시한 종파가 아니었다. 이교도들과는 달리 로마시에 거주하던 19,000명의 그리스도인들은 잘 조직된 단체를 이루고 있었다. 이들은 규모는 작지만 열정적인 교회에 소속되어 있었을 뿐 아니라 자기들끼리 동네를 이루고 살았을 수도 있다. 지역 사회의 일에 그리스도인들이 단체로 동원되는 경우가 많았고, 이것이 그리스도인의 수를 크게 증대시키는 요인이 되기도 했다. 이렇듯 기독교 공동체가 지닌 규모와 효율성이 기원후 250년과 그 후 반세기만에 다시 그들에게 닥쳤던 박해의 빌미가 되었을 수 있다. 이른바 대 박해(the Great Persecution)가 주로 동부지역(디오클레티아누스 황제의 수도인 니코메디아는 동부지역, 곧 현재 터키의 북서부인 이즈미트[Izmit]에 위치해 있었다)에서 발생한 사실을 염두에 두어야 한다. 이 말은 그때가 되면 그리스도인이 로마시의 인구 가운데 이미 과반수를 점하고 있었을 것이므로 감히 이들에 맞서려는 시도가 거의 없었음을 의미한다.

결론

이번 장의 기본 목적은 기독교의 성장이라는 주제를 위해 필요한 기준들을 설정하는 것이었다. 다시 말해서 근거도 없는 추측과 억측을 개연성과 가능성에 근거한 계산법으로 대치하려는 것이다. 기독교가 매년 3.4퍼센트의 비율로 성장했다는 것은 확실하게 "증명된" 사실이 아니다. 그러나 그러한 성장률을 근거로 얻어진 성장 곡선은 매우 개연성이 높다. 왜냐하면 이 곡선이 보여주는 추세는 그 사안과 관련하여 확보 가능한 신뢰성 있는 기준 수치들과 잘 들어맞을 뿐 아니라, 로마시에서 기독교 묘지석이 점차 증가하는 추세와 같이 잘 알려진 측정치와도 매우 근접하게 일치하기 때문이다. 그러한 성장률이 꽤 가능성이 있는 것은 오늘날에도 매우 정확한 통계자료를 구할 수 있는 일부 종교운동이 바로 그러한 비율로 성장하거나 심지어 그 이상으로 성장하고 있기 때문이다.

첫 300년의 기간 동안 기독교 인구에 대한 이러한 추정치를 확보하는 것은 이 시기를 다루는 역사 분야에서 꼭 필요한 기준을 확립하는 것이다. 그것이 아니더라도 이러한 추정치는 교회가 그토록 오랜 기간 동안 얼마나 작고 연약한 존재였는지를 새삼 깨닫지 않을 수 없게 해준다. 그러므로 예컨대 복음서에 나타난 "유대인들"을 향한 염려와 반감은 다 합해도 고작 3,000명에 불과한 집단이 가질 수밖에 없는 감정이라고 보아야 한다. 초기 교회가 수적으로 수백만 명에 이르는 집단을 두려워한 것은 지극히 당연한 일이다. 그럼에도 비평가들이 시대착오적으로 이 두 집단의 상대적 크기를 뒤집어 놓는 경우가 너무도 많았던 것이다.

정반대로, 3세기 말과 4세기 초 로마의 정치사를 다루는 연구에서는 주요 도시에서 이토록 커다란 규모로 급속하게 성장하고 있던 기독교 공동체의 존재(이것은 지배집단에게 근심거리가 되기도 했고, 강력한 정치적 지지를 위한 잠재적 기반이 될 수도 있었다)를 무시하는 경향이 너무나 많았다. 이러한 까닭에 교회가 콘스탄티누스의 호의로 인해 얼마나 유익을 얻었는지에 대한 글은 엄청나게 많이 저술되었지만, 반면에 수백만에 달하는 그리스도인의 지지가 콘스탄티누스의 권력을 얼마나 공고하게 해주었고, 수십 년간 지속되어온 정치적 혼란의 시기를 종식시킴으로써 그에게 얼마나 큰 유익을 주었는지에 대한 저술은 너무나도 적은 편이라고 하겠다.

제3부

기독교화된 유럽의 성장

제10장

콘스탄티누스가 가져다준 축복의 명암

일반적으로 콘스탄티누스 1세(Constantine I)로 알려진 플라비우스 발레리우스 아우렐리우스 콘스탄티누스(Flavius Valerius Aurelius Constantinus)는 306년부터 337년에 사망할 때까지 로마의 황제로 재위하였다. 동방 정교회는 콘스탄티누스를 성자로 인정하지만, 로마 가톨릭교회는 그렇지 않다. 이 점은 그에 대한 평가에 있어서 동방 정교회와 서방 가톨릭 간에 실질적 차이가 있음을 반영하지만, 양 교회가 공히 기독교의 안전과 번영 및 세력 확대에 그가 기여한 업적을 오랫동안 높이 평가해온 것은 사실이며, 따라서 동방 교회와 서방 교회의 작가들 모두 그를 가리켜 "콘스탄티누스 대제"(Constantine the Great)라고 부르는 것이 일반적이다.

하지만 근세기에 들어 보다 회의적인 풍조가 확산됨에 따라, 배교자 율리아누스(Julian the Apostate, 331-363)가 콘스탄티누스에 대해 퍼부었던 비난을 많은 역사가들이 답습하는 경향이 나타났다. 율리아누스는 비록 짧은 기간이긴 하였으나 무모한 방식으로 이교주의를 재확립하려고 노력하면서 콘스탄티누스를 불성실하고 방종한 군주로 폄하했었다. 그로 인해 학자들은 여러 세대 동안 콘스탄티누스의 개종을 진정성 없는 것으로 치부했으며, 그가 기독교에 제공한 후원도 정치적 이익을 위한 것으로 간주했고, 그가 교회에 부과하려 했던 통일성에 대해서도 비판했다. 이러한 비판적 흐름을 주도한 것은 야코프 부르크하르트(Jacob Burckhardt, 1818-1897)인데, 그는 콘스탄티누스에 대해 다음과 같이 평가한다. "콘스탄티누스가 품고 있던 종교 의식을 투시하면서 그 자신의 종교적 신념에서 어떤 변화를 겪었는지를 가설적으로라도 재구성하려는 시도들이 있었다. 하지만 그러한 시도는 전부 허사였다. 정치적 야망과 권력욕에 끝도 없이 휘둘리는 천재에게 종교성이란 것이 애초부터 있을 리 없다. 그러한 사람은 그 근본부터 비종교적이다. 설령 자신이 교회 공동체 안에 있는 양 처신한다고 해도 마찬가지다.…그는 자신의 모든 육체적·정신적 정력을 '지배'라는 원대한 목표에 쏟아 붓는다."[1] 이어서 부르크하르트는 "콘스탄티누스는 자신과 자신의 통치를 유지하려는 목적을 위해 가용한 모든 물리적 자원과 정신적 힘을 교묘하게 활용했던 계산적 정치가"라는 말로 요약한다.[2]

이번 장에서는 최근 들어 역사학자들이 어떤 이유로 콘스탄티누스의 개종과 기독교에 대한 그의 믿음에 대해 보다 긍정적인 견해로 회귀하게 되었는지를 먼저 살펴보려고 한다. 이어서 콘스탄티누스가 교회에 베풀었던 시혜에 대해 평가하고자 한다. 그중에는 성직자들이 받았던 특권과 권력만이 아니라 제국 전역에 걸친 대규모의 교회건축 사업이 포함된다. 그다음으로 콘스탄티누스가 기독교에 교리적 통일성을 강요함으로써 교리적 이견에 대한 불관용의 전통을 창출해낸 것을 살펴볼 것이다. 한 가지 주목할 것은 그가 기독교 내부적으로 종교적 불관용을 줄곧 추진하면서도, 이교주의

---

1   Burckhardt [1880] 1949, 281.
2   Burckhardt [1880] 1949, 292.

에 대해서는 의외로 관용적인 정책을 장려했다는 사실이다. 끝으로 콘스탄티누스가 기독교를 수용한 것이 때마침 로마와 교전 중이던 페르시아로 하여금 자기 지역 내의 모든 그리스도인을 잠재적 반역자로 간주하게 하는 빌미로 작용했으며, 이로써 페르시아에서 수십 년에 걸친 유혈 박해가 촉발되기에 이르렀다.

콘스탄티누스

콘스탄티누스의 개종의 진정성을 의심하는 태도가 오랫동안 자리 잡았으나, 작금에 들어 그가 밀비오 다리(Milvian Bridge) 전투를 앞두고 기독교의 하나님에게 진정으로 도움을 요청했다고 보는 견해가 다시금 광범위하게 받아들여지고 있다. 당시 그는 자신의 경쟁자인 막센티우스(Maxentius)와 제위를 다투고 있었다. 그 직후에 콘스탄티누스가 개종한 것에 대해서도, 숱한 역사가들이 오랫동안 주장했던 것과는 달리, 그것이 짐짓 가장한 것이 아니라 진짜 회심이었던 것으로 받아들여지고 있다.[3] 콘스탄티누스가 사망 직전까지 세례를 받지 않고 미룬 것에 대해서도 그것이 신앙이 없었다는 증거가 아니라고 본다. 심지어 암브로시우스조차도 주교가 될 때에야 세례를 받을 정도로 세례를 연기하는 것이 당시의 흔한 관행이었다는 것이다. 그렇게 세례를 연기한 까닭은, 세례는 과거의 모든 죄를 씻어주는 것인데 죽음이 임박해서 세례를 받게 되면 새로운 죄들을 쌓아갈 시간이 없을 것이기 때문이다―이 죄들에 대해서는 사후 장기간에 걸친 속죄가 요구된다는 믿음이 있었다. 그러나 콘스탄티누스의 신실함이 복권되었다고는 하지만, 그

---

3   Drake 2000; Pohlsander 1996.

가 유피테르를 비롯한 로마의 전통 신들이 아니라 하필이면 기독교의 하나님에게 우선적으로 도움을 청하게 된 이유에 대해 역사학자들은 별로 궁금해 하지 않았다.

콘스탄티누스가 그렇게 했던 한 가지 이유는 당시가 되면 모든 사람들이 기독교에 대해 아주 잘 알고 있을 정도로 기독교가 필시 로마시를 비롯한 주요 도시에서 다수의 시민이 신봉하는 신앙으로 자리 잡았기 때문일 것이다. 기독교가 비약적 성장 곡선을 그리며 빠른 속도로 확대됨에 따라 수천 명이 개종하게 된 상황을 모르고 지나치는 일은 없었을 것이다. 그렇지만 어쩌면 이보다 훨씬 더 중요한 요인은 콘스탄티누스의 어머니 헬레나(Helena)가 오래전부터 그리스도인이었다는 사실이다. 그는 어머니와 아주 가까운 사이였고 종종 같은 집에서 살기도 했다. 엘리어트(T. G. Elliott)는 헬레나가 실제로 콘스탄티누스를 그리스도인으로 양육했다는 주장을 펴기도 하지만,[4] 이러한 주장을 받아들이는 역사학자들은 별로 없다. 콘스탄티누스가 헬레나를 개종시켰다는 에우세비오스의 주장 역시 대부분의 역사학자들이 더 이상 수용하지 않는다.[5] 헬레나가 언제 그리스도인이 되었는지는 아무도 알지 못한다. 하지만 콘스탄티누스가 밀비오 다리에서 승리하기 훨씬 전이었다. 왜냐하면 콘스탄티누스가 아직 트리에르(Trier)에 주둔해 있을 때, 헬레나가 자신의 집을 교회로 사용해달라고 대주교에게 헌납했기 때문이다. 오랫동안 학자들은 이 기부가 역사적 사실임을 인정하지 않았지만, 최근의 고고학적 성과는 이 사실을 확증해주었다.[6] 더욱이 자기 아들의 치세 동안 기독교와 관련하여 헬레나가 보여준 주목할 만한 활동에 비추어보면, 콘스탄티누스가 자기 병사들에게 그리스도를 뜻하는 결합문자

---

4   Elliott 1996.

5   Eusebius, *Life of Constantine*.

6   Pohlsander 1996, 19-20.

(monogram)인 "키-로"(Chi-Rho) 표식을 방패에 부착하도록 결정했을 때, 그는 이미 기독교에 대해 아주 잘 알고 있었다고 추론해야 할 것이다. 전투에서 혁혁한 승리를 거두게 된 것이 이러한 신념을 더 공고하게 해주었다.

전투가 시작되기 전에 콘스탄티누스의 군대가 가까이 진격함에 따라 로마의 시민들이 "흥분한 상태에서 적대적"이 되었고 이로 인해 막센티우스는 반역을 두려워하게 되었다고 한다.[7] 만약에 본서의 제9장에 나오는 계산이 사실에 가깝다고 하면, 로마시의 그리스도인들이 "흥분한 상태"가 된 것은 그들이 콘스탄티누스를 지지한다는 표현이었을 것이다. 그들은 콘스탄티누스의 어머니가 그리스도인임을 필시 알고 있었을 것이고, 그들 대부분은 콘스탄티누스가 자신이 지배하는 지역에서 오래전에 대 박해를 종식시켰을 뿐 아니라 그리스도인들에게 발생한 손해를 보상해준 것에 대해서도 분명히 알고 있었을 것이다.[8] 어쩌면 이러한 것들보다 더 놀라운 것은 콘스탄티누스가 기독교가 얼마나 강력한 정치적 후원을 제공할 수 있는지를 깨달은 첫 번째 황제라는 점이다.

이 모든 것은 콘스탄티누스가 승리를 거두고 로마에 입성했을 때 일어난 일들과 부합한다. 군중이 거리로 물밀듯이 몰려나와 "진심이 담긴 환호 소리와 함께" 그를 맞아주었다. 이들이 그렇게 한 것은 그가 단지 승리자로서 입성했기 때문이 아니라 "그리스도인으로서" 진주했기 때문이었다.[9] 더욱이 콘스탄티누스가 예전의 관례대로 유피테르 신전에 올라가 이교의 신들에게 제사 드리기를 거부하자, 로마시에 거주하던 그리스도인들은 틀림없이 흥분을 가라앉히기 힘들었을 것이다.

콘스탄티누스가 나중에 기독교의 사안에 개인적으로 관여하는 모습을

7 　Pohlsander 1996, 21.
8 　Pohlsander 1996.
9 　Barnes 1981, 44.

보면, 그는 하나님께서 자신에게 특별한 사명을 주셨다고 신실하게 믿고 있었음이 분명하다.[10] 이러한 확신이 얼마나 지나칠 정도로 깊었는가 하는 것은 그의 장례식에서 전적으로 드러난다. 콘스탄티누스는 자신이 직접 모든 장례 문구를 주의 깊게 작성했는데, 건강이 나빠지면서 "온 세상 사람이 구세주의 사도들을 영원히 기억하도록" 하기 위해 특별한 경당을 만들 것을 지시했다.[11] 그 경당 안에 그는 열두 사도를 위한 열두 개의 기념비를 각각 만들게 하고는, 그 기념비들로 둘러싸인 한 가운데 자신의 관을 안치하는 공간을 마련할 것을 지시했다. 그렇게 해서 그의 장례식 때는 자신의 유해를 담은 관을 중심으로 좌우에 각각 여섯 사도들에게 바치는 기념비가 배치되게끔 하였다. 이것은 콘스탄티누스가 자신을 13번째 사도로 인식하고 있었음을 상징적으로 나타내는 일이었다.[12]

콘스탄티누스에 대해 기억해야 할 아주 중요한 점이 두 가지 있는데, 하나는 그가 가장 강력한 황제들 중 하나였다는 사실이고, 다른 하나는 하나님께서 자신에게 기독교를 살피는 책무를 주셨기 때문에 자신이 혼신을 다해 지도력을 발휘할 필요가 있다고 보았다는 점이다.

교회건축 사업

콘스탄티누스가 교회를 "건축했다"는 말은 액면 그대로 받아들여야 한다. 왜냐하면 그는 즉시 로마 제국 전역에서 교회건축 사업을 진척시켰기 때문이다. 콘스탄티누스가 권좌에 올랐을 무렵에는 교회다운 교회가 거의 없

---

10   Barnes 1981, 275.

11   Eusebius, *Life of Constantine* 4,60.

12   Odahl 2004.

었다. 당시에 교회가 소유하던 교회건물의 대부분은 교회 용도로 쓰기 위해 개량한 개인주택이었고, 그중 다수는 공동주택이었다.[13] 밀비오 다리의 전투가 종결된 지 2주도 채 지나지 않았을 무렵 콘스탄티누스는 로마시 외곽에 있는 황제의 별장을 교회에 기증하고서 그것을 거대한 예배장소로 바꾸는 작업을 시작했는데, 이 건물은 훗날 성 요한 라테라노 교회(the Church of St. John Lateran)라고 불리게 된다. 곧이어 황제의 "대전"(throne hall)을 본으로 삼아 웅장한 교회들이 로마시 전역에 세워졌으며 성 베드로 대성전(St. Peter's Basilica)도 여기에 포함된다.[14] 콘스탄티누스가 처음으로 건설했던 이 성 베드로 대성전은 16세기에 들어 재건축된다. 전승에 따르면, 콘스탄티누스는 베드로의 무덤이 있다고 알려진 장소에 이 교회를 세웠다고 한다. 이른바 "계몽주의" 시대에는 이러한 주장이 묵살되기도 했지만 최근 들어 그것이 사실인 것으로 판명되었다.[15]

콘스탄티누스는 보스포로스(Bosporus) 해협에 위치한 비잔티온(Byzantium)이라는 옛 도시의 자리에 새로운 수도를 건설하고서 그곳에 대규모 교회를 많이 건축했다. 그러나 헬레나가 예루살렘을 탐방한 이후 그는 다른 어느 곳보다 성지에서 가장 활발한 교회건축 사업을 전개하였다. 헬레나는 팔십의 나이에 접어든 326년경 예루살렘으로 성지순례를 떠났다. 그곳에서 헬레나는 지역 주민들을 통해 주요 성지들의 위치에 관해 전해져온 이야기를 들었다. 그러던 중 헬레나는 그리스도의 무덤이 130년에 하드리아누스(Hadrian) 황제가 건설한 베누스 신전 밑에 묻혀있다는 이야기를 듣게 되었다. 그 즉시로 최초의 고고학적 발굴이라고 할 만한 작업이 진행되

---

13   Leadbetter 2000, 1077.
14   그것은 종종 성 베드로 주교좌성당(St. Peter's Cathedral)이라고 불리지만, 전문용어로는 바실리카(basilia, 대성전)이지 주교좌가 있는 교회가 아니다.
15   Walsh 1982.

었고, 이에 대해 교회사가인 에우세비오스(약 263-339)는 『콘스탄티누스의 생애』(*Life of Constantine*)에서 자세하게 다루고 있다.[16]

에우세비오스의 이야기는 다음과 같이 시작한다. "건설 기술자들은 하드리아누스의 명령에 따라 그 무덤을 사람들의 시야에서 가려버리기로 결정하고서…엄청난 노동력을 투입하여 외지로부터 토양을 가져온 후에 그 장소 전체를 덮어버렸다. 이어서 그 지대를 높이 올리고, 그것을 석재로 덮어씌운 다음, 거대한 봉분 아래에 있는 신성한 동굴을 완전히 은폐해버렸다." 이 위에 로마인들은 "죽은 우상들을 위한 음산한 신전"을 건설했던 것이다.

에우세비오스의 이야기는 다음과 같이 이어진다. "콘스탄티누스는 그 장소를 정화할 것을 명하였고…그의 명령이 떨어지자마자 이러한 위장 건축물이 철거되었다.…신상을 비롯한 모든 것이 전복되고 완전히 파괴되었다.…한 층 아래에 또 다른 층이 드러나더니…모든 사람의 예상과는 달리, 갑자기 구세주의 부활을 기리는 거룩한 기념물이 신성한 동굴과 함께 시야에 나타나는 것이었다." 발굴자들이 찾아낸 것은 신약성경의 묘사에 딱 들어맞는 바위 무덤이었다.

이 발견에 대해 콘스탄티누스가 보인 반응은 그 지점에 즉시 대규모의 "성묘교회"(the Church of the Holy Sepulcher)를 세우는 것이었다. 당시 카이사레아(Caesarea)의 주교였던 에우세비오스는 성묘교회의 봉헌식에 참석했었다. 아울러 콘스탄티누스는 베들레헴과 감람산에도 대규모의 교회들을 건축하였다. 이 모든 것에 대한 반향으로 곧 제국 전역에서 예루살렘을 향해 성지순례를 가는 것이 유행하였고, 이에 따라 헬레나는 정교회와 로마 가톨릭에서 모두 공경하는 성인이 되었다.

---

16   Eusebius, *Life of Constantine* 3.26-28.

콘스탄티누스의 건축 사업은 로마와 콘스탄티노플 및 성지에만 국한되지 않았다. 그는 이탈리아에서도 오스티아(Ostia), 알비눔(Albinum), 카푸아(Capua), 나폴리(Naples) 등에 대규모 교회들을 건축하였고, 키르타(Cirta, 아프리카 소재), 트리에르(Trier), 안티오키아(Antioch), 니코메디아(Nicomedia)에도 교회를 세웠다.[17]

이렇듯 웅장한 교회들을 건축하는 것 외에도 콘스탄티누스는 교회에 "엄청난 양의 재산"을 기증하였다.[18] 이를테면 "대규모의 토지와 부동산과…산더미 같은 귀금속이 들어왔다."[19] 예를 들어 콘스탄티누스는 로마시에 소재한 여러 교회에 각지의 토지로부터 나오는 임대료를 수여하였는데, 그 금액이 "일 년에 금 400파운드 이상"에 달하였다.[20] 결국 콘스탄티누스가 교회에 기부한 액수가 너무나 엄청난 나머지 "교회가 이후로도 계속해서 재산을 확보하는 토대"가 되었다.[21]

그러나 콘스탄티누스가 교회에 기여한 주요 업적은 성직자들을 부와 권력과 신분이 보장된 고위층으로 끌어올린 것이었다. 여기서 한 가지 명심할 것은 일반적인 통념과 달리 콘스탄티누스가 기독교를 로마 제국의 공식 종교로 삼은 것은 아니라는 사실이다. "그가 실제로 한 것은 기독교를 황제의 총애를 받는 수혜자로 만들어 제국의 재화를 거의 무제한적으로 누리도록 한 것이었다."[22] 법률상의 특권과 권력이 성직자들에게 아낌없이 하사되었다. 주교가 주관하는 교회 법정이 공식적 지위를 얻게 되었다. 성직자들은 세금을 비롯한 공적 의무를 면제받았다. 아울러 주교들은 "이제 가장 부

---

17   Grant [1970] 1990, 246.
18   Leadbetter 2000, 1078.
19   Duffy 1997, 18.
20   Frend 1984, 487.
21   Frend 1984, 487.
22   Fletcher 1997, 19.

유한 원로원 의원들과 동급의 고위층이 되었으며…이에 따라 그들은 국가를 위한 재판관과 지사와 정무관의 역할을 맡아야 하는 처지가 되었다."[23] 그 결과 귀족 가문 출신의 사람들이 사제가 되기 위해 쇄도하는 현상이 나타났으며, 이로 인해 교회는 한층 더 세속적으로 변질되면서 이전의 활력을 상실한 기관으로 전락하게 되었다(이에 대해서는 제17장에서 살펴볼 것이다). 기독교가 지배 종교가 된 이상 그러한 변질이 언젠가는 초래될 수밖에 없었을 것이다. 그러나 콘스탄티누스는 이러한 전환을 매우 신속하게 일으켰으며 그 범위 또한 괄목할 정도였다.

교리적 통일과 순응

기독교는 초창기부터 유달리 신학적 논쟁이 많았고 그중 일부는 분파(schismatic) 운동으로 발전할 정도였다. 예를 들어 마르키온(Marcion)은 기독교 신앙에서 모든 유대교적 측면을 일소할 것을 주장하였기 때문에 144년경 교회로부터 축출되었고, 그 후 하나의 분파 교회를 조직하는 데 성공하였다. 이들 마르키온파 교회는 이후 약 300년 동안 존속하였다. 이와 거의 동시대에 몬타누스(Montanus)는 전통적 기독교 신앙에서 출발한 극단적 금욕주의 계열의 종파를 설립했다. 몬타누스파 교회는 동방지역에서 상당한 추종자들을 얻었으며 8세기에 가서야 완전히 소멸된 것으로 보인다. 이러한 분파 운동 가운데 또 다른 부류로는 마니교(Manichaeism)가 있었는데, 이것은 예언자 "마니"(Mani)가 3세기 중반에 창시한 것이었다. 마니교의 독특한 면은 전통적 기독교뿐 아니라 페르시아의 국교인 조로아스터교에 의

---

23   Duffy 1997, 27.

해서도 이단으로 선고되었다는 점이다. 이러한 세 부류의 주요 분파집단 외에도 발렌티누스파(Valentinian)를 비롯한 소규모의 "영지주의" 집단이 다수 존재했었다. 그러나 비록 이들 집단이 주류 기독교로부터 거부되긴 했어도, 당시에 어떤 핍박을 당했던 것은 아니었다. 다만 예외적으로 로마 관리들이 이들을 통상적인 기독교 집단으로 오인해서 박해한 경우는 있었다. 그렇지만 영지주의자들이 신들에게 바치는 의무적 희생제사를 거부한 적은 없었다.

초기 교회가 이단에 대해 박해를 가하지 않았던 것은 아마도 그렇게 할수 있는 방도가 없었기 때문일 것이다. 그러한 상황에서, 이제 콘스탄티누스가 교회 내에 통일성을 창출하기 위한 부단한 노력을 기울이는 가운데 그러한 방도를 제공하게 되었다. 에우세비오스의 기록에 따르면, "그는 하나님의 교회에게 특별한 관심을 기울였다. 어떤 이들이 각 지역에서 서로 의견을 달리할 때 그는 마치 하나님이 임명한 보편적 주교(a universal bishop)인것처럼 처신하면서, 하나님의 종들이 모이는 공의회를 소집했다. 그는 회기가 진행되는 동안 몸소 친림하기를 주저하지 않았다.…그는 논쟁을 통해 분위기를 압도할 수 있었고, 침착하게 회유하는 태도를 취하면서 아주 온화한 방식으로 자신이 만장일치를 선호한다는 것을 보여주었다. 그러나 그는 완고한 자들은 거부하였다."[24] 이들에게는 이제 박해가 가해질 판이었다. 이모든 것이 콘스탄티누스가 밀비오 다리에서 대승을 거둔 지 6개월도 지나지 않았을 때 시작되었다.

---

24   Eusebius, *Life of Constantine* 1.44.1-3.

도나투스파 논쟁

치세 초기에 콘스탄티누스는 "그리스도인들은 하나로 연합된 몸"이라고 생각했다.[25] 하지만 그러한 생각은 이내 북아프리카에서 일어난 사건으로 인해 도전받게 되었다. 쟁점이 된 것은 주교를 포함한 성직자들의 지위에 관한 것이었는데, 이들 성직자들은 대 박해 기간에 신앙을 저버리고 로마 관리에게 협력했던 자들이다. **트라디토레스**(*traditores*)라는 명칭이 말해주듯, 많은 이들이 성경 필사본을 불태우도록 넘겨주었고, 심지어 어떤 이들은 압제자들에게 동료 그리스도인을 밀고하기도 했다. 북아프리카 주교들 가운데 주류파는 이러한 성직자들을 교회에서 추방할 것과 이들이 집례한 모든 성례전은 적법하지 않음을 주장했다. 여기서 관심의 초점이 된 것은 신임 주교의 서품에 대한 것이었다. 이 당파의 지도자는 카르타고의 주교였던 도나투스(Donatus, 315-355)였으며, 따라서 이들은 그의 이름을 따라 도나투스파(Donatists)라고 불리게 되었다. 교회의 지도자들(이 중에는 **트라디토레스**도 포함되어 있었다)은 이에 반대하였는데, 이들의 주장은 모든 죄에는 그에 합당한 참회가 요구되므로 **트라디토레스**가 적절한 참회 행위를 치렀다면 이들의 죄가 사면될 뿐 아니라 성례전에 참여하는 자격도 회복되므로, 이들이 성직에도 복귀할 수 있다는 것이었다.

이 분쟁을 해결하기 위해 콘스탄티누스는 아를(Arles)에서 회의를 소집했다. 이때까지도 콘스탄티누스는 서방 지역만을 통치하고 있었으므로, 브리타니아에서 온 3명의 주교를 포함하여 서방 교회의 주교들만이 이 회의에 출석하였다. 참석한 주교들은 검투 경기에 대한 금지를 비롯한 여러 법령을 통과시킨 것 외에 도나투스에 대해서도 파문을 선고하였다. 그러나 도

---

25   Grant [1970] 1990, 236.

나투스파가 계속 지배하고 있던 아프리카에서는 이 조치가 묵살되었다. 그러자 317년 콘스탄티누스는 아를 회의의 결정을 시행하기 위해 카르타고에 군대를 파견했다. 하지만 도나투스파는 굳세게 저항하였고, 321년에 콘스탄티누스는 병력을 철수시켰다. 결국 로마의 병력을 초치하여 도나투스파를 진압하는 일은 훗날 히포(Hippo)의 주교가 된 아우구스티누스의 몫으로 남게 되었다. 그럼에도 도나투스파 공동체는 7세기까지 외딴 지역에 존속했었다.

도나투스파의 사례에서 찾아볼 수 있는 단연코 가장 중요한 측면은 그것이 국가가 교회를 대신하여 강압적 공권력을 사용한 첫 번째 사례로 자리매김 된다는 것이다. 콘스탄티누스는 그리스도인들에 대한 박해에 반대한다고 선포했지만, 이러한 정책이 이제는 일부 그리스도인들에게만 해당하게 되었다. 이 사건을 통해 국가는 교회의 방침에 간섭할 수 있는 합법적 조정자로 인정받게 되었다. 콘스탄티누스는 교회 내부의 분쟁을 해결함으로써 통일성을 유지하고자 했다. 그러나 그가 자신의 정치적 지배에 복종하지 않는 자들에 대해 관용하지 않았던 것처럼, 자신이 옹호하는 종교적 입장에 반대하는 자들도 응당 제거해버릴 태세였다. 교회와 국가 간에 수립된 새로운 관계에 따른 이 모든 부정적인 측면이 아리우스주의(Arianism)를 둘러싼 싸움에서 크게 확대되어 나타난다.

아리우스주의

오랫동안 교회의 지성인들 사이에서 신학적 논쟁이 달아오르고 있었는데, 이러한 움직임은 특별히 북아프리카와 동방 지역에서 두드러졌다. 예수는 하나님과 동등한 자로서 항상 존재해왔을까? 아니면, 하나님이 예수를 창조하였으므로 그가 존재하지 않던 때가 있었을까? 기독교 전통은 성자

(the Son)가 항상 존재해왔음을 지지하였다. 그러나 이에 대해 다른 의견을 가진 이들도 적지 않았는데, 이들의 주축이 된 주교들은 주로 안티오키아의 루키아노스(Lucian of Antioch, 240-312) 밑에서 신학공부를 한 사람들이었다. 루키아노스는 저명한 신학자로서 대 박해 시에 순교한 인물이었다. 결국 알렉산드리아의 사제였던 아리우스(Arius, 250-336)가 예수가 피조물임을 믿고 있던 이 집단의 신학적 지도자로서 두각을 나타내었고, 이 문제가 교회 내에서 주요한 논란으로 부상함에 따라, 그 교설은 그의 이름을 따라 아리우스주의(Arianism)라고 불리게 된다. 이 논란을 둘러싼 대립이 너무나 격화됨에 따라(박해 기간 중에 변절했던 성직자들에 대한 반감 때문에 격화된 측면이 있다) 결국에는 콘스탄티누스가 나서서 이 문제를 처리하게 되었다.

325년, 콘스탄티누스 황제는 (콘스탄티노플에서 멀지 않은) 니케아에서 공의회를 소집하였다. 콘스탄티누스의 강권에 따라, 공의회는 정통 신앙을 요약한 신조 내지 선언문을 채택하였다. 니케아 신조(the Nicene Creed)라고 알려진 이 문서는 아직도 기독교 교회에서 많이 암송하고 있으며, 다소 난해한 문구로 표현되기는 했지만 그 핵심은 아리우스주의에 대한 거부를 분명히 나타낸다. 아울러 아리우스와 그를 지지하던 여러 사람이 정죄되어 유배에 처해졌으며, 아리우스가 쓴 글을 모두 소각하라는 명령이 떨어졌다. 336년, 콘스탄티누스의 동의하에 교회 당국자들이 아리우스를 복권시키기로 결정했지만, 그는 콘스탄티노플로 가던 도중에 사망했다(그가 독살당했다고 믿는 이들도 있다).

이로써 교리에 대해 이견이 있을 수 없고 오직 하나의 기독교만이 존재한다는 입장이 채택되었다. 이것은 사회적이라기보다는 사법적인 입장이었다. 왜냐하면 사회적 입장에서는 종교 문제에 대해 완벽한 일치란 결코 있을 수 없고, 사람들이 지닌 종교적 취향의 다양성에 따라 이견도 있을 수밖에 없기 때문이다(제2장을 보라). 이렇듯 콘스탄티누스의 개입으로 기독교 내에서 이견을 가진 자들을 가차 없이 박해하는 암울한 미래가 열리게 된 것이다.

이교주의와의 공존

콘스탄티누스가 기독교 내의 모든 이견을 진압하는 데 핵심 역할을 한 것은 맞지만, 그는 치세 동안 이교주의에 대해서는 눈에 띌 정도로 관용적이었다. 콘스탄티누스는 이교주의를 불법화하지 않았고, 비그리스도인에 대한 박해도 용인하지 않았다. 사실 콘스탄티누스는 교회에 보조금을 지급하고 공식적 지위를 부여하기도 했으나, 이교 신전에 대한 재정지원도 어느 정도 지속하였다.[26] 그가 그리스도인 무리가 이교 신전을 파괴하는 일을 부추겼다는 혐의에 대해서 먼저 이야기해보겠다. 우선 그것은 고대 기독교 역사가인 에우세비오스가 처음 꺼낸 주장인데, 그가 그러한 주장을 폈던 것은 "부패한 이교주의 체제"가 송두리째 빠르게 무너져 내린 것이 하나님의 계획에 의한 것임을 말하려는 것이었다. 그러나 "에우세비오스가 신전 파괴에 대해 자신이 알고 있는 모든 것을 기록했을 가능성이 아주 큼에도" 불구하고 정작 그가 제시한 사례들은 네 가지밖에 없었으며,[27] 그중 단 한 사례만이 정당한 것으로 보였다. 다른 세 가지 사례는 제의적 매춘을 특징으로 하는 아프로디테(Aphrodite) 신전과 관련된 것이었다.

콘스탄티누스가 이교 신전을 용인한 것보다 더 중요한 점은 그가 계속해서 이교도들을 집정관이나 지사를 비롯한 최고 고위직에 임명했다는 사

---

26 Geffcken [1920] 1978, 120.
27 두 인용문 모두 다음에서 인용함. Bradbury 1994, 123.

실이다(제11장을 보라). 뿐만 아니라 이교도 철학자들이 그의 궁정에서 중요한 역할을 맡았고,[28] 태양신을 묘사한 그림이 그가 주조한 동전에 새겨져 있기도 하다. 실로 "콘스탄티누스가 가장 신랄한 언사를 내뱉은" 대상은 이교도가 아니라 도나투스파와 아리우스파 같은 이단들 및 발렌티누스파 마르키온파 같은 영지주의 분파들이었다.[29] 이러한 이유로 인해, 기번(Gibbon) 이래로 주요 역사학자들은 콘스탄티누스의 개종을 신실성이 결여된 정치적 꼼수로 격하해왔다. 그러나 최근 들어 역사학자들은[30] 콘스탄티누스의 개종을 진정성 있는 것으로 간주하면서, 그의 치세 동안 이교적 요소를 존치시킨 것을 종교적 화합을 추구하는 그의 의중이 반영된 사례로 인용한다. 이와 관련하여 매우 중요한 것은 콘스탄티누스가 리키니우스(Licinius)를 격퇴한 후에 제국의 재통합을 위해 포고한 두 편의 칙령인데, 그 내용은 모두 평화로운 다원주의에 방점을 두고 있다.

"팔레스타인인들에게 보내는 칙령"(*Edict to the Palestinians*)은 그 언어적 표현에 배어 있는 다원주의로 유명하다. 거기서 콘스탄티누스는 하나님을 거듭해서 언급하지만, 그리스도에 대해서는 결코 언급하지 않는다. 다만 "그의 종교 정책의 특징이라고 할 수 있는 종교 간의 공통분모를 찾는 것에 부합하게끔 그리스도인과 이교도 모두에게 해당하는 일반적인 용어를 사용"하고 있다.[31] 그러나 "동부의 속주민들에 보내는 칙령"(*Edict to the Eastern Provincials*)에는 강압적 형태의 개종이 아니라 적절한 수용을 선호하는 콘스탄티누스의 의중이 잘 표현되어 있다. 콘스탄티누스의 칙령은 다음과 같은 기도로 시작한다. "가장 능하신 하나님, 세계와 온 인류의 공통된 유익을

---

28 Drake 2000, 247.

29 Drake 1996, 29.

30 Brown 1995; Drake 2000.

31 Drake 2000, 244.

위하여 비오니, 당신의 백성이 분쟁에서 벗어나 평화로이 살기를 갈망하나이다." 그의 기도는 다음과 같이 이어진다. "오류에 젖어 있는 자들도 믿는 자들과 마찬가지로 평화와 안녕이 주는 유익을 누리게 하소서.…서로가 서로를 훼방치 말게 하소서. 각 사람이 자기 영혼의 소원을 확고히 붙잡게 하시고, 이것을 온전히 사용하게 하소서." 그의 기도는 계속된다. "각 사람이 자신의 믿음으로 선택한 것을 가지고 다른 이를 해치지 않게 하소서.…이는 영원불멸을 위한 경합을 스스로 벌이는 것과 징벌의 위협을 통해 그것을 강요하는 것은 전혀 별개인 까닭입니다." 끝으로 콘스탄티누스는 "그릇된 오류에 대해 폭력을 통해서라도 반대하는 태도는…일부 사람들의 정신 속에 과도할 정도로 뿌리박힌 것으로, 우리 모두의 안녕에 해로운 것"이라고 지적한다.[32]

이렇듯 콘스탄티누스는 자신이 기독교에 귀의하고 있음을 밝히면서도 말과 행위를 통해 종교적 다원주의를 지지하고 있음을 분명히 한다. 실제로 콘스탄티누스의 치세 동안 "기독교의 주교들과 이교도 고위인사들 간에 친분이 있었음"은 잘 알려져 있으며, "이교 사상과 기독교 사상 간의 평화로운 연합"을 보여주는 숱한 증거는 "[콘스탄티누스]가 지향하는 합의(consensus)와 다원주의(pluralism) 정책이 성공적이었음을 보여주는 증거로 간주될" 수 있다.[33]

---

32 다음에서 인용함. Drake 2000, 244-87.
33 Drake 2000, 247.

페르시아에서 벌어진 대학살

지금까지의 논의는 로마 제국 내의 기독교와 이교주의에 관해서 콘스탄티누스가 맡았던 역할(여태껏 학자들의 지대한 관심의 대상이 되었던 주제)에 초점을 맞추어왔다. 그러나 페르시아에서 벌어진 그리스도인에 대한 유례없는 학살에 대해 콘스탄티누스가 어떤 영향을 끼쳤는지에 대해서는 별다른 관심이 주어진 적이 없었다. 매우 이상하게도, 이 대학살에서 희생된 숫자가 필시 로마 제국의 박해로 인해 사망한 숫자를 모두 합친 것을 크게 상회함에도 불구하고 기독교 역사에서 이 국면은 거의 완전히 무시되고 있다.『브리태니커 백과사전』(*Encyclopedia Britannica*)은 페르시아 대학살에 대해 페르시아의 통치자인 샤푸르 2세(Shapur II)의 전기를 다루는 항목에서 단 한 문장으로 언급하고 있으며, 이란의 역사와 관련된 항목에서는 두 문장으로 취급하고 있다. 프렌드(W. H. C. Frend)도 자신의 걸작인『초기 교회의 순교와 박해』(*Martyrdom and Persecution in the Early Church*)에서 페르시아 순교자에 관해 전혀 언급하지 않는다. 존 폭스(John Foxe, 1517-1587)는『순교자 열전』(*The Book of Martyrs*)에서 반 페이지 정도를 "페르시아 그리스도인에 대한 박해"에 할애하기는 하지만 관련 사건에 대해서는 아무 말도 하지 않고, 단지 콘스탄티누스가 페르시아 왕에게 보낸 것으로 추정되는 서신, 즉 콘스탄티누스가 페르시아 왕에게 그 땅의 그리스도인들을 포용할 것을 촉구하는 내용으로 지면을 채우는 것에 만족하고 있다. 만약에 그 서신이 진짜라면, 콘스탄티누스가 그러한 서신을 보냈다는 것 자체가 매우 이상한 일일 것이다. 왜냐하면 로마와 페르시아는 여러 세기 동안 철천지원수였기 때문이다. 어쨌든 콘스탄티누스의 기독교 공인은 페르시아로 하여금 그리스도인에 대한 대학살을 자행하도록 부추긴 주된 요인이었다. 대학살은 이러한 이유로 발생했던 것이다.

샤푸르 2세는 출생했을 때(309년)부터 페르시아의 왕으로 선포되었으며, 섭정 기간이 지난 후부터 379년에 사망할 때까지 전권을 잡고 페르시아를 통치했다. 337년 콘스탄티누스가 사망하자 샤푸르는 병력을 파견하여 티그리스강 너머의 아르메니아와 메소포타미아를 로마로부터 재탈환하려고 했다. 샤푸르는 콘스탄티누스가 기독교에 특별한 지위를 부여한 것을 잘 알고 있었으며, 이에 따라 그는 로마와의 분쟁 시에 페르시아 기독교가 잠재적 반란 세력이 될 것을 두려워했다. 조로아스터교의 사제들은 샤푸르가 가진 두려움을 교묘하게 이용해서 그에게 기독교 주교들이 로마에 "기밀을 누설하지 않을 리 없다"는 말을 속삭였다.[34]

이에 대한 조치로 샤푸르는 그리스도인들에게 이중 과세를 부과하였다. 하지만 그가 기대했던 대로 이탈자들이 대량으로 발생하는 일은 나타나지 않았다. 그리하여 344년 성금요일에 샤푸르는 수사(Susa)시의 성벽 밖에서 다섯 명의 주교들과 백 명이나 되는 기독교 사제들을 참수하였으며, 이것이 대학살의 발단이 되었다.[35] 그 후로 수십 년 동안 "페르시아 한 쪽 끝에서 다른 쪽에 이르기까지 그리스도인들에 대한 압수 수색과 체포가 진행되었다."[36] 샤푸르의 사망으로 이 대학살이 종결되기까지 수만 명의 사람이 살해되었다. 어떤 자료는 3만 5,000명이 순교했다고 추정하며,[37] 다른 자료는 "19만 명이나 되는 페르시아 그리스도인들이 사망했다고 추산한다.[38] 그럼에도 불구하고 상당수의 페르시아 그리스도인들이 살아남았으며, 얼마 지나지 않아 기독교 신앙을 재정립하여 주요한 입지를 확보하기에 이른다.

---

34 Moffett 1992, 140.
35 Montgomery 2002, 44.
36 Moffett 1992, 140.
37 Bundy 2007, 132.
38 Moffett 1992, 145.

결론

부와 권력을 소유한 비관용적 기독교가 출현한 것이야말로 콘스탄티누스의 개종이 남겨놓은 주요 유산이었다. 그런데 만약에 그가 기독교로 개종하지 않고 이교도로 남아서, 종교적 박해에 대해 반대하면서도 기독교 내의 다양성을 장려하는 정책을 취했더라면 상황은 훨씬 더 좋았을 것이다.

제11장

이교주의의 종언

근자에 들어 과거의 이교주의를 숭상하면서 이교가 기독교의 득세를 어떻게든 잘 견뎌냈으면 어땠을까 하고 상상하는 것이 유행이 되었다. 조너선 커쉬(Jonathan Kirsch)는 최근에 출간한 『신들을 대적하는 신』(*God Against the Gods*)이라는 책에서 종교적 불관용의 예시가 되는 끔찍한 에피소드들을 간략히 소개한 후에, 이어서 율리아누스 황제가 콘스탄티누스의 기독교 진흥 정책을 무효화하여 로마 제국을 이교주의로 되돌리는 일에 실패한 것에 대해 안타까워하면서 다음과 같이 말한다. "율리아누스가 로마의 통치, 즉 서구 문명의 기초 내에 존중과 관용의 정신을 되살리기 직전까지 갔었던 것을 생각하면 안타깝기 그지없다. 그리고 만약에 그가 성공했더라면 지금의 무지몽매한 세상이 얼마나 달라졌을까를 생각하니 더 안타까울 따름이다."[1]
마찬가지로 글렌 바우어삭(Glen Bowersock)은 헬레니즘에 대한 연구로 수상하기도 한 학자인데, 그의 연구에서 "다신교는 그 자체로 관용적이고 수용

---

1   Kirsch 2004, 18.

적"이라고 말하고 있다.[2] 아울러 램지 맥뮬런(Ramsay MacMullen)도 이교주의 란 "관용과 전통을 한가득 담고 있는 보따리"라고 주장한다.[3]

종교사에 대한 이러한 견해가 처음 시작된 것은 이른바 계몽주의 시대였고, 이를 처음 개진한 사람은 에드워드 기번(Edward Gibbon, 1737-1784)이었는데 그는 기독교의 승리란 "불관용의 열정"이 만들어낸 것이라고 주장했다.[4] 이교가 이러한 전투적 기독교의 공격을 버텨낼 수 없었던 것은, 기번에 따르면 이교가 "고대의 온순한 정신"[5]으로 충일해 있었기 때문이다. 만일 누군가 이러한 주장에 맞서 이교가 기독교를 박해했었다고 말한다면, 볼테르(Voltaire, 1684-1778)는 기독교에 대한 박해가 결코 그렇게 많은 것이 아니었다고 응수할 것이고,[6] 기번도 이에 동의하면서 "4-5세기의 기독교 작가들"이 박해에 대해 과장했다고 비난할 것이다. 이들 기독교 작가들은 로마 관헌의 무자비하고도 가차 없는 행태를 비판했지만, 실은 그들 자신도 기독교 이단을 동일한 태도로 대하였다고 한다. 기번은 로마 관헌이 실제로는 "세련된 품위를 갖춘 사람답게 행동했고…정의의 원칙을 존중했다"고 이야기한다.[7] 여기서 네로의 정원에 불을 밝히기 위해 그리스도인들을 장작더미 위에서 불태웠다는 식의 이야기는 찾아볼 수 없다.

에우세비오스(275-339)를 비롯해서 과거의 여러 기독교 작가들조차 교회가 국가 공권력의 후원을 얻은 즉시로 모든 이교 신전을 박살내고 반대 세력을 진압한 것을 자랑스럽게 떠벌여왔다. 최근까지도 유력한 기독교 역사학자들조차 기번의 다음과 같은 결론에 이의를 제기하지 않았다. 즉 로마

---

2   Bowersock 1990, 6.
3   MacMullen 1997, 2.
4   Gibbon [1776-1788] 1994, 1: 15.447.
5   Gibbon [1776-1788] 1994, 1: 2.57.
6   In *Toleration and Other Essays*.
7   Gibbon [1776-1788] 1994, 1: 16.539.

의 기독교회는 "로마 황제들의 불가항력적 권력"[8]과 로마 가톨릭교회의 억압적 성격이 연합하여 이루어졌다는 것이다. 걸출한 역사학자인 피터 브라운(Peter Brown)은 이러한 견해를 다음과 같이 요약한다. "기번과 부크하르트로부터 현재에 이르기까지, 확고한 불관용을 표방하는 기독교와 대결하게 된 이상 이교주의의 종말은 불가피했다는 생각이 자리 잡아왔다. 거기에 그리스도인 황제들이 개입하여 이교를 억압한 것이 결정적이었다고 생각한다."[9] 그러나 이것은 사실이 아니다!

피터 브라운이 계속해서 말하는 것처럼, 대규모의 활발한 이교 공동체는 "여러 세대를 지나도록 비교적 평화롭게…존속해올 수 있었다." 현실에서 실제로 일어난 일은 이교주의가 서서히 "역사의 현장에서 자취를 감추어갔다"는 것이다.[10]

지난 수십 년 동안 저명한 역사학자들 다수가[11] 이교도들이 그리스도인들에게 가했던 박해의 실상을 재확인했을 뿐만 아니라, 그리스도인들이 이교도들에게 강제력을 행사했다는 주장에 대해서도 대단히 제한적으로 해석하거나 그 범위를 최소화하였다. 여기에―드레이크(H. A. Drake)의 괄목할 만한 연구를 통해―콘스탄티누스의 통치가 지닌 정치적 성격에 대해 새로운 관심이 기울여졌다. 이에 따라 우리가 현재 알기로는, 콘스탄티누스의 치세 동안 기독교와 이교 간에 상대적으로 관용과 평온의 시기가 나타났었다는 것이다. 기독교가 이 시기에 급속하게 성장한 것은 사실이지만, 그러한 성장이 실제로 강압적 방법에 의존한 것은 아니었다. 배교자 율리아누스의 시대로 되돌아가서 그가 시도했던 반기독교적 정책을 살펴본다면, 이

---

8   Gibbon [1776-1788] 1994, 1: 20,750.

9   Brown 1998, 633.

10   Brown 1998, 641.

11   이들 중에는 Peter Brown, Jean Delumeau, H. A. Drake, Ramsay MacMullen이 있다.

로 인해 그리스도인들의 마음속에 박해가 다시 시작될지도 모른다는 두려움이 재점화되었고, 이에 따라 과거 초기 교회에 있었던 전투적 요소가 다시 힘을 얻게 되었던 것을 알게 된다. 율리아누스의 시대가 끝나고 일부 그리스도인들 가운데 이교도들에 대한 "과거의 원한"을 해결하려는 시도가 있기는 했어도, 그것은 그저 간헐적으로 종교를 강요하거나 보복하는 형태로 나타났을 뿐, 흔히 생각하는 것처럼 그다지 광범위하거나 심각한 정도는 아니었고 실제 효과도 거의 없었다. 이교도에게 종교를 강요하는 것을 국가가 지지하지도 않았다. 유스티니아누스(529-534)가 편찬한 법전의 한 조항은 다음과 같이 규정한다. "특별히 진실로 그리스도인이라고 자처하거나, 그리스도인이라고 일컬어지는 사람들에게 명령한다. 그대들은 종교의 권위를 남용해서는 아니 되며, 무질서나 불법을 획책하지 않은 채로 그저 조용히 살아가려는 유대인과 이교도에게 감히 폭력을 행사해서는 아니 된다."[12] 이 조항이 암시하듯 그리스도인이 이교도를 공격하는 경우가 일부 있었다. 하지만 역사 기록이 전반적으로 보여주는 것은 같은 시기에 이교도 군중이 그리스도인을 공격하는 경우도 이따금씩 있었다는 사실이다. 그런데 이보다 더 놀라운 것은 양자 간에 폭력사태가 발생한 빈도가 극히 미미해 보인다는 점이다.[13]

따라서 통념적인 역사관과는 달리 이교주의는 즉시 소멸하지 않았다. 그 대신에 그것은 아주 서서히 종적을 감추었다. 아테네의 아카데미아는 529년에 가서야 문을 닫았다. "기독교 인구가 다수를 점하고 있던 에뎃사(Edessa)에서도…이교도 공동체들이 조직되어 있었고, 심지어 6세기 말까지도 제우스-하다드(Zeus-Hadad)에게 바치는 제사를 지속하고 있었다."[14] 초

---

12   다음에서 인용함. Brown 1998, 641.
13   Brown 1998; MacMullen 1997.
14   Harl 1990, 14.

기 무슬림 군대가 639년 하란(Haran)을 공격할 당시 그 도시에서는 아직도 이교도가 그리스도인보다 우세했기 때문에, 아랍인들과 협상하기 위해서 파견된 대표단은 모두 이교도였다.[15] 사실 10세기 말까지도 그리스를 포함하여 그보다 더 동쪽에 위치한 지역에서는 다수의 이교도들이 여전히 활동하고 있었고, 이교의 신들에게 바쳐진 신전도 나름의 기능을 하고 있었다.[16] 게다가 상당한 시기 동안 로마의 몇몇 주요 도시를 포함하여 제국의 여러 지역에서 유행하던 종교적 관점과 관행은 이교주의와 기독교가 습합된 형태로 이루어져 있었다. 끝으로 염두에 두어야 할 것은 이교주의가 유럽에서 결코 완전히 소멸한 적이 없으며 기독교에 동화된 형태로 존속했다는 사실이다. 예를 들어 수많은 이교의 축제들이 매우 얄팍한 기독교적 외피를 입고 계속되었으며, 이교의 신들도 그런 식으로 많이 살아남았다. 중세 기독교는 카타리파(Cathars)와 같이 여러 기독교 이단을 박멸하는 데 총력을 기울인 반면에, 끈질기게 남아 있던 이교주의에 대해서는 사실상 신경 쓰지 않았다. 이제 그 내용을 자세하게 살펴보기로 하자.

공존

콘스탄티누스가 기독교의 승리에 원인을 제공한 것은 아니었다. 그가 제위에 오를 무렵 기독교의 성장세는 이미 기하급수적 증가를 앞둔 변곡점에 있었다.[17] 실상을 말하자면, 콘스탄티누스의 승리에 결정적 역할을 한 것이 기독교였고, 그에게 실질적으로 잘 조직된 도시 후원 세력을 제공한 것도 기

---

15   MacMullen 1997, 28.
16   Trombley 1985.
17   Stark 2006, 3장.

독교였다. 비록 오랫동안 역사가들은 콘스탄티누스가 기독교를 후원한 것에 대해 이교도들이 고통스런 소리를 내질렀다고 보도했지만, 최근 들어 학자들은 한목소리로 이교들이 그런 식의 저항을 한 것에 대한 증거를 찾을 수 없으며,[18] 이와 관련하여 자주 언급되는 이교도들조차도 황제가 교회를 총애하는 것을 "감내해야 할 악"[19]정도로 간주했었다는 견해를 밝히고 있다.

당연히 그러했을 것이다. 왜냐하면 앞 장에서 밝혔듯이 콘스탄티누스는 이교주의에 대해 매우 관대한 태도를 취했기 때문이다. 그는 이교의 신전을 억압하지 않았을 뿐 아니라, 종교적 관용을 거듭 주장하면서, 이교도 가운데 어떤 이들은 계속 고위직에 임명하기도 했다(제11장 표 11.1을 보라). 이러한 정책은 그의 후계자들도 이어갔는데, 이들은 "거의 50년 동안 이교적 관행에 반대하는 형식적인 조치 외에 아무것도 하지 않았다."[20] 그리하여 기독교와 이교주의의 요소가 습합된 공공 문화가 등장했으며, 이러한 현상은 이교주의에 대한 가차 없는 탄압을 말하는 전통적인 보도를 감안할 때 놀라운 것이라고 하겠다. 최근 들어 새롭게 각광받는 사례로는 로마의 상류층을 위해 354년에 제작된 책력(calendar)을 들 수 있다.[21]

그 책력은 뛰어난 미술가(그는 나중에 교황 다마소[Damasus]의 주문을 받기도 했다)가 제작한 것인데, 당시에 그러한 책력이 많이 유통되었던 것으로 보인다. 후대에 나온 가톨릭 달력들과 마찬가지로 이 책력은 교회의 모든 축일을 표시하고 있으며, 주요 교황들의 별세일도 기념하고 있다. 그러

---

18 콘스탄티누스가 재빨리 이교주의를 파괴하였다는 전통적 견해를 가장 강력하게 주장하는 이들 중 한 명은 그에 대한 이교도의 저항들이 있었다는 증거가 없음을 인정했다: "기독교에 대한 반대는 논증이 아니라 단지 추측의 대상이 될 뿐이다"(Momigliano 1963, 94).

19 Winkelman, 다음에서 인용함. Drake 2000, 246.

20 Drake 2000, 249.

21 Salzman 1990.

나 이 책력에는 "월별로 로마의 공공 제의와 관련된 종교적 상징물"을 보여주는 삽화도 들어 있다. 따라서 이 책력을 자세히 살펴보면 기독교적 요소와 이교적 요소가 불협화음을 내는 것이 아니라, 피터 브라운의 말마따나 "서로 혼연일체를 이루면서 서로에게 조금씩 다가가고 있음"을 확인하게 된다.[22]

참으로 일종의 "기독교적 이교주의"(Christo-paganism)가 5세기 내지 그 이후까지도 유행하고 있었다. 440년대에 라벤나(Ravenna)의 주교는 "신년 축제가 낡아빠진 우상숭배 행위와 더불어 거행되는 것"에 대해 당혹감을 감추지 못했다. 그 이유인즉 라벤나시의 "가톨릭 고관들"이 "로마의 신들" 복장을 한 채로 이교의 종교의식에 참여하거나 전차경기장에 운집한 군중들 앞에 공공연히 모습을 드러내곤 했기 때문이다.[23] 마찬가지로 아우구스티누스조차도 풍성한 수확과 건강의 축복이 한 분이신 참 하나님으로부터 이교 신들을 거쳐 주어지는 것이 아님을 자신이 치리하는 히포 교구의 교인들에게 납득시킬 수 없었다.[24] 이런 식으로 히포의 교구민들은 이교 의식을 거행하는 것이 당연하고도 필요한 일이라고 여겼기 때문이다. 유럽의 여러 지역에서 이교주의는 근대에 이르기까지 주술의 형태로 지속되었던 것이다.[25]

안타깝게도 초기 기독교 작가들은 콘스탄티누스 치하에서 지속되었던 관용의 시대를 제대로 대변하지 못했다. 특별히 에우세비오스가 그러했다. 그는 황제가 하나님의 뜻을 성취하는 선택된 도구임을 보여주고자 하였으며, 이 하나님의 뜻은 이교주의의 모든 흔적을 신속히 색출해내어 승리한

---

22 두 인용문 모두 다음에서 인용함. Brown 1995, 12.
23 Brown 1995, 15,
24 Brown 1995, 18.
25 요약을 위해서는 다음을 보라. Stark 2004, chap. 3.

교회(the Church Triumphant) 안에 유일하고 참된 신앙을 확립하는 것이라고 보았다. 이러한 논리가 변증으로서는 효과적이었는지 모르겠으나, 실상은 날조된 역사였고, 앞에서 살펴보았듯이, 최악의 경우에 그것은 교회를 극도로 펌하하려는 의도를 가진 자들에 의해 손쉽게 이용되기도 했다. 진실을 말하자면, 종교적 박해를 재개한 것은 콘스탄티누스나 그의 뒤를 이은 후계자들이 아니라 조너선 커쉬가 성공을 기원했던 마지막 이교도 황제인 율리아누스였다.

율리아누스의 어리석음

현재 배교자 율리아누스(Julian the Apostate)라고 불리는 플라비우스 클라우디우스 율리아누스(Flavius Claudius Julianus)가 황제로서 재위했던 기간은 매우 짧았지만, 그의 통치는 상당한 재난을 초래했었다. 그럼에도 불구하고 그는 반종교적 지성인들 사이에서 사실상 성자로 추앙받고 있다. 에드워드 기번은 율리아누스에게 장점이 많았음에도 불구하고 그를 대적하는 그리스도인들의 "완강한 적대감"으로 인해 그것이 가려지고 있다고 불평했다.[26] 이들 그리스도인은 율리아누스가 "아테네와 로마의 신들에 대해 충직하고 신실한 애착을 가졌다"는 이유로 그를 경멸했다는 것이다.[27] 2세기 후에 고어 바이달(Gore Vidal)은 율리아누스의 생애를 한 편의 영웅 소설로 탈바꿈해놓았다. 이 소설은 율리아누스가 이교주의의 활력을 되살리려고 한 것이 관용의 정신에서 말미암은 것이었다는 주제로 점철되어 있다. 하지만 실상

---

26 Bowersock 1978, 18.
27 Gibbon [1776-1788] 1994, 2: 23,864

은 전혀 달랐다.

율리아누스는 겉으로는 그리스도인으로 양육 받았지만 그를 가르쳤던 유명한 교사들 가운데 몇몇은 이교도였고, 그들은 그를 그리스 고전에 심취하도록 만들었다.[28] 그들의 지도하에 율리아누스는 엄격하고[29] 금욕적이며 광신적인[30] 이교도가 되었고, 엘레우시스의 비의(Eleusinian mysteries)[31]와 어쩌면 미트라교(Mithraism)[32]를 포함한 여러 밀의 종교(mystery cults)에 입문하기도 했다. 율리아누스는 "이교도 신들을 숭배하면서도" 제위에 오르기 전까지는 "공적으로 그리스도인인 양" 신중하게 처신했다.[33] 그러나 황제로 즉위하자마자, 율리아누스는 그가 "갈릴리인들"이라고 부르던 자들에 대한 경멸을 노골적으로 드러냈다. 기번에 따르면, 그는 기독교의 "교만한 성직자들"이 자신들의 종교를 이해하지 못하고 믿지도 않는다고 했다고 한다.[34] 그러면서 그는 이교주의를 국가의 지원을 받는 지배적 종교로 복원하기 위한 시도에 착수했다.

율리아누스는 새로운 순교자들을 만들어내기를 원치 않았기 때문에 네로나 디오클레티아누스와 같은 식의 유혈 박해를 시도하지는 않았다. 하지만 그는 몇몇 주교들이 고문당하도록 내버려두었으며, 다른 주교들은 유배에 처했고, "그의 재위 기간 중 시리아 중부와 남부에서 대단위로 발생했던 즉결 처형"에 대해서는 모른 체했다.[35] 따라서 "헬리오폴리스(Heliopolis)에서 거룩한 동정녀들의 사지가 찢겨지고, 그 시신이 돼지들에게 던져졌을

28　Levenson 1990, 510.
29　Bowersock 1978, 79-93.
30　Bowersock 1978, 16.
31　Geffcken [1920] 1978, 139.
32　Levenson 1990, 510.
33　Bowersock 1978, 18.
34　Gibbon [1776-1788] 1994, 2: 23.866-67.
35　Chuvin 1990. 44.

때도"[36] 황제는 아무런 반응을 보이지 않았다. 이교도 황제가 등극했다는 소식이 알려지자 알렉산드리아의 이교도들은 그 도시의 주교를 고문하고 능지처참한 다음에 "많은 그리스도인들"을 십자가에 매달아 죽였는데, 그때에도 율리아누스는 그 사망한 주교가 소장했던 도서를 자기가 차지하는 것에 혈안이 되어 있었다.[37]

드레이크는 율리아누스를 "교사를 조롱하는 악동"[38]에 비유하기도 하는데, 그는 그러한 작태를 벌이면서 기독교의 영향으로 오래전에 불법화되었던 피의 제사를 복원하였고, 이를 위해 어떤 때는 한꺼번에 백 마리나 되는 소를 잡기도 했다. 율리아누스는 교회에 대한 국고지원을 중단하고 이교의 신전에 보조금을 지급했다. 그는 제국의 고위 관직을 그리스도인이 아닌 이교도들로 교체하였다(표 11.1을 보라). 그런데 율리아누스가 시행한 조치 가운데 훨씬 더 중요했던 것은 그리스도인들이 고전을 가르치는 것을 불법화한 것이다. 이것이 현대 독자들이 생각하는 것 이상의 의미를 지니는 것은, 이 법령에 따르면 상류층 부모가 자식을 이교도에게 보내어 배우도록 해야 하는데, 그렇지 않을 경우 고전 교육(paideia)의 커리큘럼 안에 무의식적으로 녹아들어 있는 언어 및 표정과 더불어 무수히 코드화된 기호체계를 습득할 기회를 박탈당할 처지였기 때문이다. 그러므로 그리스도인 자녀들이 이러한 교육을 받지 못한다면 고대 로마의 엘리트 문화 속에서 경쟁할 수 없을 것이며, 율리아누스도 이 점을 잘 알고 있었다.[39]

드레이크도 지적하듯이, "비교적 짧은 재위 기간에도 불구하고 율리아누스가 가한 가장 심한 상처"는 끔찍한 박해의 시대가 또다시 전개될지도

---

36 Geffcken [1920] 1978. 144.
37 Athanassiadi 1993, 13.
38 Drake 2000, 434.
39 Drake 2000, 435.

모른다는 염려를 그리스도인들에게 안겨준 것이다. "당시의 그리스도인들은⋯율리아누스와 같은 인물이 또다시 나오지 않으리라고 확신할 수 없었고, 어쩌면 더 나쁜 일이 닥칠지도 모른다는 것에 공포를 느꼈을 것이다."[40] 결과적으로 다원주의를 반대했던 그리스도인들에게 "율리아누스는 좋은 빌미가 되었다." 드레이크에 따르면, "율리아누스가 시행한 조치로 인해 그리스도인과 이교도는 양극으로 분리되었고, 전통 문화가 이전에 제공했던 중간 지대가 사라진 한편, 박해가 재개될 것을 두려워하는 호전적 공포감이 힘을 얻게 되었다."[41] 율리아누스의 친구이자 그의 예찬자인 리아비우스(Liabius)에 따르면 "율리아누스가 폭력의 사용을 거부했음에도 불구하고 두려움의 위협이 그리스도인들의 뇌리에서 여전히 떠나지 않았다. 그들은 자신들이 눈이 멀게 되거나 목 베임을 당할지 모른다고 생각했다. 대학살로 인한 유혈이 강물처럼 흘러넘칠 것이라고 예상했다. 이 새로운 폭군은 최신식의 고문 장치를 고안해낼 것이고, 불로 지지고, 칼로 찌르고, 생매장하고, 난도질하고, 사지절단을 하는 것이 그야말로 아이들의 장난처럼 여겨질 것이다. 이전의 로마 황제들이 이런 짓을 자행했는데 지금 그 일을 다시 겪는다고 생각하니 그것이 한층 더 끔찍하게 다가왔던 것이다."[42]

박해와 존속

율리아누스는 고작 18개월 동안 통치하다가 페르시아와 어리석은 전쟁을 벌이던 중 전사했다. 하지만 그의 이름은 한 세대가 지난 뒤에도 그리스도

---

40   Drake 2000, 434.

41   Drake 2000, 436.

42   *Oratio xviii*, 다음에서 인용함. Drake 1996, 34.

인들에게 여전히 공포의 대상이었다.[43] 그러나 또 다른 이교도 황제가 그를 계승하는 일은 발생하지 않았다. 율리아누스의 총애를 받던 프로코피우스 (Procopius)가 365년 콘스탄티노플에서 스스로를 황제로 칭하며 제위에 오르려고 하였다. 그러나 프로코피우스는 군대로부터 버림을 받아 반역죄로 처형되었다. 따라서 가까스로 제위를 차지한 것은 요비아누스(Jovian)였는데, 그는 그리스도인으로서 율리아누스의 반기독교적 조치 중 일부를 해제했다. 그러나 그도 고작 일 년밖에 통치하지 못했다. 서방의 제위는 발렌티니아누스(Valentinian)가 계승하였고, 동방에서는 그의 형제인 발렌스(Valens)가 통치했다. 비록 발렌티니아누스는 신실한 그리스도인이었지만, 그 역시 대단히 관용적이어서[44] 많은 이교도들을 고위직에 계속 임명했다. 발렌스는 다소 광신적 성격을 지닌 아리우스파 그리스도인이었는데, 아리우스에 반대하는 그리스도인들을 이따금씩 박해하곤 했으나, 그 역시 많은 이교도들을 등용했다.

그렇지만 율리아누스가 시행했던 이교 부흥운동의 여파가 남아 있는 와중에도 교회는 특정한 이교적 행동을 금지하는 법령을 제정할 수 있었다. 391년부터 392년 사이에 공포된 세 가지 칙령에서 테오도시우스 1세 (Theodosius I)는 이교의 신들에게 바치는 공적 제사와 사적 제사를 모두 금지시켰다. 이 중에는 피로 드리는 희생제사만이 아니라 "제단에 분향하는 행위, 나무에 살코기 제물을 매다는 것을 비롯한 이교의 종교 의식들"이 포함되어 있었다.[45] 그렇지만 이러한 금령들은 대체로 무시되었으므로, 그다음으로 즉위한 두 명의 황제 곧 아르카디우스(Arcadius)와 유스티니아누스 (Justinian)는 그 금지령을 재도입했다. 이교도들은 공개적인 장소에서 대규

---

43   Wilken 1984, 128.

44   Bloch 1963, 195.

45   Harl 1990, 7.

모로 동물을 도살하는 것을 중단하는 선에서 해당 법령에 복종했지만, 이교주의에 대한 헌신은 여전히 가능했고 광범위하게 남아 있었다.[46]

이교주의는 단지 외면적 종교 행위와 어중간한 신화의 결합체, 즉 락탄티우스(Lactantius)의 말마따나 "단지 손가락 끝이나 까딱하는 정도의 숭배행위"가 아니었음을 인식하는 것이 중요하다.[47] 초기 기독교를 다루는 대부분의 역사학자들처럼 필자도 이전의 연구에서 이교주의의 깊이를 과소평가하는 잘못을 저지른 적이 있다. 지금껏 4세기 말과 5세기의 이교도들을 종종 "과거의 좋았던 때를 그리워하는 골동품업자" 정도로 묘사해온 것이 사실이다. 그러나 실상 그들은 활동적 신앙을 가지고 있었는데, 그것은 세계가 신성으로 충만하여 적절한 제사를 통해 인간이 신들과 친밀한 교제를 나누는 것이 가능하다는 믿음을 바탕으로 하고 있었다.[48] 비록 제국의 기독교화가 급속하고도 광범위하게 확대됨에 따라 이교도들이 친지와 친척을 통해 기독교로 개종하게 될 가능성이 높아지긴 했지만, 기독교가 이교에 재갈을 물리는 법적 금지조치를 강제하지 못한 것을 보면, 법적 강제조치가 그전에 기독교의 유일신 신앙을 막지 못했던 것만큼이나 다신교 신앙을 제지하지도 못한 것을 알 수 있다. 더욱이 공권력을 통해 이교주의를 제지하려는 제국의 조치가 흔히 말하는 것만큼 지속적이지 않았고 강도 높게 시행되지도 않았다. 5세기에 들어와서도, 자신의 종교적 신념을 명확히 밝히지 않는 사람들이 집정관이나 지방행정관으로 임명되었을 뿐 아니라 자신이 이교도임을 공개적으로 밝히는 이들도 여전히 그러한 직위에 임명되고 있었다—따라서 그리스도인이라고 해서 특별히 자신의 신앙을 밝힐 이유도 없었다(표 11.1을 보라). 6세기 말까지도 제국의 여러 지역에서 문을 연 신전

---

[46] Harl 1990.

[47] Lactantius, *Divine Institutes* 5.23.

[48] Harl 1990, 27.

을 찾아볼 수 있었고,[49] 일부 신전들은 10세기까지도 존속했다.[50]

율리아누스의 치세가 끝난 후에도 이교주의가 여전히 살아남은 것은 이교에 대한 제국의 관용이 아니라 실리주의적 정책을 반영하는 것이다. 황제들은 자신이 내린 반이교주의 칙령이 제대로 시행되지 않는다고 종종 불평하곤 했다. 어떤 황제의 서신에서는 다음과 같은 불평을 찾아볼 수 있다. "속주의 총독들이 자신의 개인적인 친연관계 때문에 황제의 명령을 무시한다. 이들은 우리[황제들]가 마땅히 섬기는 종교[기독교]가 공개적으로 훼방받는 것을 방치한다. 이는 아마도 그들의 태만함에서 비롯되었을 것이다."[51] 호노리우스(Honorius) 황제는 반이교주의 법령이 제대로 시행되지 않는 것은 "총독들이 나태할 뿐 아니라⋯그 휘하의 행정관들도 방조하기" 때문이라고 비난하였다.[52] 그렇지만 법령대로 시행하지 않는 속주의 총독들을 황제들이 곧이곧대로 색출하지 않은 것은 나름대로 신중한 행동이었다고 하겠다. 총독들이 내세우는 이유인즉 반이교주의 칙령을 강제할 경우 공중의 불만을 증폭시켜 "해당 속주의 징세 납부에 심각한 지장이 초래되리라"는 것이었다.[53] 이런 까닭에 기원후 400년에 아르카디우스 황제는 가자(Gaza)의 이교 신전을 없애야 한다는 제안을 거부하면서 다음과 같이 말했던 것이다. "나는 그 도시에 우상이 가득한 것을 알고 있다. 그러나 세금을 납부하는 데 충심을 보고 있으니⋯만약에 이곳 주민들에게 갑자기 공포를 유발한다면 모두들 달아나버릴 것이고, 우리로서는 상당한 수입원을 잃고 말 것이다."[54] 로저 브라운(Roger Brown)은 이교주의의 존속이 황제에게 특

---

49   Harl 1990, 14.
50   MacMullen 1997; Trombley 1985.
51   다음에서 인용함. Bradbury 1994, 133..
52   Brown 1992, 23.
53   Bradbury 1994, 133.
54   다음에서 인용함. Brown 1995, 42.

별히 유익을 가져다주었을 것이라고 시사하는데, 왜냐하면 도시들이 제국의 간섭을 받지 않고 "조상 전래의 종교 의례를 지속하기 위해서라도 세금 납부를 한층 더 철저하게 수행하려고" 했을 것이기 때문이다.[55]

따라서 황제들은 자기들이 포고한 친기독교 내지 반이교주의 칙령들이 철저히 준수되기를 정말로 기대했을까 하는 의문이 들기도 한다. 예를 들어 주교들의 강력한 요청에 따라 콘스탄티누스는 검투 경기를 불법화하였지만, 움브리아(Umbria)의 몇몇 지역이 검투 경기가 포함된 축전을 곁들인 황제 숭배 의식을 윤허해줄 것을 청원했을 때 콘스탄티누스는 그 요청을 허락하였다. 비슷한 방식으로 콘스탄티우스(Constantius Ⅱ, 재위 351-361)는 모든 이교 신전을 즉각 폐쇄하라는 칙령을 포고하였지만, 그 직후에 로마시의 지사에게 주변의 신전들을 잘 돌보고 관리할 것을 당부하였다. 얼마 후 콘스탄티우스는 로마시를 방문하여 이 신전들을 둘러보고서는 그에 대한 찬사를 표현하기도 했다.[56] 그러므로 사실을 말하자면, 5세기 중반까지도 "로마 제국의 인구 가운데 상당 비율이 사회 계층을 불문하고 기독교의 영향력과 상관없이 살아가고" 있었다. "그들은 완고하게 다신교를 고수했다. 즉 과거의 모든 시대와 마찬가지로 당시의 종교적 상식에 따라 비가시적 신격들, 곧 무수한 신적 존재가 그들을 대신하는 천상적 중재자들과 더불어 북적거리는 형태로 영적 세계의 지형을 상상하고 있었던 것이다."[57]

물론 결국에는 이교 신전들이 다 폐쇄되었고, 그 후 수 세기가 지나자 기독교만이 유일한 합법 종교가 되었다. 그렇지만 농민과 도시 하층민이 결코 완전히 기독교화된 것은 아니었다. 유럽의 기독교화가 진전됨에 따라 이교의 몰락이 갑자기 닥쳤던 것도 아니고, 그로 인해 유혈 사태가 실제로 수

---

55   Brown 1995, 42.
56   Bradbury 1994, 135-36.
57   Brown 1998, 632.

281
제11장 이교주의의 종언

반된 것도 아니었다. 유혈 사태는 주로 기독교 내부의 분쟁에 국한되었는데, 이는 때때로 각종 이단운동을 저지하기 위한 군사적 행동으로 이어지기도 했다.[58]

이교주의의 몰락

기번은 이교주의의 최종적인 소멸 시기를 테오도시우스(379-395)의 재위 기간으로 보면서 다음과 같이 말했다. "이것은 아마도 고대의 대중적 미신이 완전히 박멸된 유일한 사례일 것이며, 그렇기 때문에 인류의 지성사(the history of the human mind)에서 독보적인 사건으로 간주될 만하다." 그리고 그러한 박멸이 일어난 이유는 "로마가 복음의 멍에에 복종"했기 때문이라고 말한다.[59] 물론 기번이 다른 이야기도 많이 하지만, 이교적 미신의 박멸이 단지 그것 때문만은 아니다. 한 가지 사실만 살펴보기로 하자. 기번에 따르면 이교주의를 박멸한 황제는 테오도시우스인데, 그가 집정관과 지방행정관의 자리에 그리스도인들을 임명했을 뿐 아니라 이교도임을 공개적으로 밝혔던 이들도 거의 동수로 임명했던 것을 표 11.1을 보면 알 수 있다.

　이 도표에 대해서 앞에서도 종종 언급하곤 했는데 여기서는 그 내용을 자세히 살펴보고자 한다. 최초의 통계 자료는 1978년 라반 폰 핼링(Raban von Haehling)에 의해 편집되었다. 그 후에 반즈(T. D. Barnes)는 콘스탄티우스의 치세(351-361) 중 동일 인물이 수차례 임명된 것을 한 번만 기입함으로써 핼링의 통계에 수정을 가했다. 반즈의 수치가 더 정확한 것은 두말할 필

58　　Brown 1998, 642.
59　　Gibbon [1776-1788] 1994, 3: 28,71, 77.

요가 없지만, 근본적 재해석을 시도한 것은 아니기 때문에, 율리아누스의 치세와 그 이후의 시기에 대해 핼링의 원래 자료를 사용하지 않을 이유가 없다.

표 11.1: 집정관이나 지방행정관에 임명된 이들의 종교, 317-455년

황제의 재위 기간	그리스도인	이교도	미상	합계
콘스탄티누스 (Constantine, 317-337)*	56%	18%	26%	55
콘스탄티누스 2세/ 콘스탄스 (Constantinus & Constans, 337-350)*	26%	46%	28%	43
콘스탄티우스 (Constantius, 351-361)*	63%	22%	15%	27
율리아누스 (Julian, 361-363)**	18%	82%	0%	17
발렌티니아누스 (Valentinian, 364-375)**	31%	38%	31%	32
발렌스 (Valens, 364-378)**	39%	25%	36%	36
그라티아누스 (Gratian, 375-383)	50%	11%	39%	44
발렌티니아누스 2세 (Valentinian II, 383-392)**	32%	32%	36%	19
테오도시우스 (Theodosius, 379-395)	27%	19%	54%	83
아르카디우스, 호노리우스 (Arcadius & Honorius, 395-423)**	34%	12%	54%	161
테오도시우스 2세/ 발렌티니아누스 3세 (Theodosius II & Valentinian III, 408-455)**	48%	4%	48%	157

* 표시의 출처는, Barnes, "Statistics and the Conversion of the Roman Aristocracy" (1995).
** 표시의 출처는, von Haehling (1978) in Barnes, 1995.

제11장 이교주의의 종언

도표를 대략 살펴보기만 해도 세 가지 주요 패턴이 드러난다. 첫째로, 콘스탄티누스의 치세 동안 임명된 그리스도인들이 과반을 조금 넘고, 콘스탄티우스가 임명한 그리스도인들이 과반을 훨씬 넘었던 것을 제외하면, 그리스도인으로 알려진 이들이 과반을 차지한 경우는 없었다. 그리고 이러한 추세가 5세기 중반까지 지속되었다. 둘째로, 율리아누스가 늘 그러했던 것은 아니지만 그럼에도 그리스도인을 차별한 것은 분명하다. 셋째로, 소속 종교를 밝히지 않은 이들이 대체로 그리스도인이 아니었을 것으로 추정한다면, 이교도의 영향과 세력의 쇠퇴는 실로 매우 서서히 나타났다고 하겠다.

이교주의가 하류층보다는 상류층과 식자층에게서 훨씬 더 오랫동안 지속되었다고 주장하는 이들이 많다.[60] 그러나 대체로 이러한 주장은 고위층 가운데 이교도로 알려진 이들이 많았다는 사실과 기독교가 주로 하류층에게 인기가 있었다는 가정으로부터 유추한 것이다. 하지만 현재 기독교가 하류층만큼이나 상류층에서도 (어쩌면 상류층에 좀 더) 인기가 있었다는 사실이 밝혀졌으므로 위와 같은 추론은 더 이상 타당하지 않다.[61] 도리어 표 11.1에 따른 보다 개연성 있는 논증은 이교주의가 모든 계층에서 서서히 소멸되어감에 따라 상류층은 자신의 종교적 정체성에 대해 신중히 처신하게 되었고, 이를 통해 자신이 가진 지위를 유지하고 황제의 총애를 얻는 길을 모색하였다는 것이다.

이로써 로마 제국의 기독교화에 작용한 주요 요인이 드러난다. 그것은 다름 아닌 **기회주의**(opportunism)다. 율리아누스의 짧은 치세를 제외하고 나면, 콘스탄티누스 때부터 황제의 제위는 줄곧 기독교의 수중에 있었고 이후로도 그렇게 될 가능성이 높았다. 비록 내로라하는 이교도가 계속해서 정무

---

60   Beugnot 1835; Bloch 1963.
61   Stark 1996.

284
제3부 기독교화된 유럽의 성장

직에 임명되고는 했지만 이들의 전망은 하향곡선을 그리고 있었다. 게다가 교회 내에 권력과 재력이 보장된 자리가 늘어감에도 불구하고 이들은 거기에 접근할 수 없었다. 성공을 추구하는 개인과 가문이 날이 갈수록 더 많이 기독교로 개종하게 된 것은 당연한 일이었다. 로저 브라운의 말마따나 "기독교를 통해 권력층에 접근할 수 있다는 확신이 고조된 것이 반이교주의 법령이나 신전의 폐쇄보다 다신교의 종언을 앞당기는 데 훨씬 더 효과적으로 작용하였다."[62] 심지어 적잖은 이교 철학자들도 이교주의를 이탈하였고, 그 가운데는 기독교의 지도급 주교가 된 이들도 있었다.[63]

동화

이교도(pagan)라는 말은 라틴어 **파가누스**(*paganus*)에서 유래했는데 그 본래 뜻은 "시골 사람" 또는 보다 구어체적으로 "시골뜨기"를 의미했다. 이 단어가 종교적 의미를 띠게 된 것은 기독교가 도시에서 승리를 거둔 후에도 시골 사람들은 대부분 이교도였기 때문이다. 그러나 앞서 살펴보았듯이 도시에서도 기독교와 교묘하게 습합된 형태의 이교주의가 수 세기 동안 성행했던 것처럼, 시골 주민 대다수가 완전히 기독교화한 적은 결코 없었다. 도리어 이들은 자신이 믿던 가정의 수호신 및 신성한 장소와 의례와 축제일 등을 기독교 안으로 가지고 왔다. 맥뮬런의 말마따나 "기독교의 승리는 전통 종교의 박멸과 같은 것이 아니라 그것에 대한 포용과 동화를 통해 외연을 확대하는 형태로 이루어졌던 것이다."[64]

---

62 Brown 1992, 136.
63 요약은 다음을 보라. Brown 1992.
64 MacMullen 1997, 159.

이교주의의 동화 과정에는 몇 가지 요인이 반영되어 있다. 첫째로, 기독교가 제국의 공식 종교로 확정되자 기독교 지도자들은 곧바로 "하향식" 개종 이론을 채택했다.[65] 한 지역의 상류층이 교회의 권위를 인정하는 것이면 충분했다. 그다음으로 상류층이 보인 본보기가 아래 계층으로 내려가기를 기다리기만 하면, 결국 농민들도 그리스도인이 되기 마련이었다. 그러나 농민들이 기독교에 대해 보인 반응은 그전에 이교주의 내에서 새로운 신이 출현했을 때 보였던 반응과 동일하게 전개되는 경향이 있었다. 즉 새로운 신으로 옛 신을 대치하기보다 추가하는 식이었다. 이로써 예수를 비롯한 여러 성인들이 각 지역의 만신전에 단지 추가되는 정도였다. 란드나나복(Landnanabok: 아이슬란드 정착에 관한 역사—옮긴이)에는 헬기 힌 마그리(Helgi hinn magri: 890년 아이슬란드에 최초로 정착한 노르웨이 출신의 바이킹—옮긴이)가 "그리스도를 믿었지만, 항해 때나 긴급한 경우에는 토르(Thor)에게 가호를 빌었다"고 나온다.[66]

이교주의의 동화를 촉진한 두 번째 요인은 교회의 공공연한 정책이었다. 가경자 비드(the Venerable Bede)에 따르면, 601년에 작성된 한 서신에서 그레고리오 대교황(Gregory the Great)은 영국 선교를 위해 출발하는 멜리투스(Mellitus) 수도원장에게 다음과 같이 조언했다고 한다. "백성들이 우상 숭배를 위해 세운 신전은 어떤 이유에서라도 파괴하지 말아야 한다는 결론에 이르게 되었노라.…모름지기 완고한 마음속에 자리 잡은 모든 오류를 단번에 뿌리 뽑는 것은 불가능한 까닭이니라."[67] 대신에 교황은 이교의 신전이 있던 자리에 제단을 만들고, 그 위에 성인의 유골(holy relics)을 안치하여 그 장소를 기독교의 예배처소로 성별할 것을 권고했다고 한다. 동일한 방침

---

65   Fletcher 1997, 236.
66   Brøndsted 1965, 306.
67   *Ecclesiastical History* 1. 30.

제3부 기독교화된 유럽의 성장

이 다른 이교 지역에서도 시행되었다. "여러 지역에 흩어져 있던 마법의 샘들이 성인과 연관된 '성스러운 우물'(holy wells)로 탈바꿈했지만, 사람들은 여전히 주술적 치유와 미래의 운명을 점치기 위해 그곳을 방문하였다."[68] 알렉산드리아 교외에는 치유의 효험으로 소문난 사당(본래 이시스 여신에게 봉헌되었던 장소)이 있었는데, 이 장소 역시 교묘한 변모의 과정을 거쳐 기독교의 치유 장소로 탈바꿈하였고, 그 안에 두 순교자의 유해가 안치되었다. 여러 곳에 흩어져 있는 신성한 숲(sacred groves)과 기묘한 형태의 바위 및 이교의 사당에서도 동일한 동화의 과정을 찾아볼 수 있다. 이러한 전통적 장소가 이제 기독교적인 색채를 띠게 되었음에도 불구하고 사람들은 계속해서 과거와 같은 이유 때문에 그곳을 방문하였고, 이들 방문자들 가운데 다수는 계속해서 과거의 신들에게 자신의 소원을 빌었던 것이다.[69]

이교에서 축제일을 지키던 전통 방식 역시 교회에 의해 신속하게 동화되었으며, 이런 식으로 상당수의 축제 무용과 타종과 촛불과 송가 등이 "기독교적인 것"으로 탈바꿈하였다. 맥뮬런에 따르면, "기독교에서 찬양은 유대교의 관습과 마찬가지로 시편에만 국한되어 있었다. 하지만 4세기 중반 이후에는 새로운 종류의 음악이 사적인 모임뿐 아니라…교회에서도 연주되기 시작하였다.…신성한 분위기에 음악을 도입하는 것은 분명 과거의 이교 제의로부터 비롯된 것이다."[70]

초기 교부들 역시 이교의 주요 축제일을 신중하게 동화시켜 기독교화하려고 시도하였다. 이와 관련하여 아우구스티누스(354-430)는 다음과 같이 말한다. "이교의 무리가 그리스도인이 되고자 하지만 자기들의 축제에서 흥청망청 주연을 벌이는 습관 때문에 그리스도인이 되지 못한다고 한다

---

68   Thomas 1971, 48.
69   MacMullen 1997, 123-24.
70   MacMullen 1997, 108.

면…우리 선조들도 차라리 어느 정도 양보하고…다른 방식의 축제를 지키도록 허용하는 것이 낫다고 생각하였을 것이다."[71] 이런 식으로 오월제(May Day)는 빌립과 야고보를 기념하는 축일이 되었고, 하지 전야(Midsummer Eve)는 세례 요한의 탄생일로 바뀌었다.[72] 부활절은 춘분 시기에 찾아오는데 그 명칭[Easter] 자체가 색슨족(Saxon)이 섬기던 에오스터(Eostre) 여신의 이름에서 유래했을지도 모른다.[73] 만성절 전야(All Saints Eve)는 전통적 추수제를 덧씌우기 위해 도입된 것으로 보인다. 마찬가지로 각 지역에서 공경하는 몇몇 하급 성인들도 해당 지역에서 섬기던 이교의 하급 신들을 대체하기 위한 것임이 일반적으로 인정되고 있다.

따라서 여러 저명한 역사학자들의 주장에 따르면 "기독교 이전의 제의적 행위"와 "끈질긴 이교적 심성"[74]이 시골과 소도시에 거주하는 유럽인들에게 아직도 살아 있었으며, 그들 가운데 "고대의 이교적 요소는…결코 소멸한 적이 없다"는 것이다.[75] "기독교 이전부터 유래하는 관행 중 대다수는 풍요로운 수확과 안전한 출산을 확보하고, 일기변화를 예언하고, 횡액을 물리치기 위한 것들로서…근대 시기에 들어서까지 결코 사라지지 않았다.[76] 1594년 비스바덴(Wiesbaden) 지방을 공식 방문한 루터교 시찰단의 지도자가 제출한 보고서에 따르면, "주술의 사용이 이곳 주민들 가운데 너무나도 만연된 나머지 남녀노소를 막론하고 무슨 일을 시작하거나 계속하거나 중단하거나 할 때…특별한 축문이나 주문 내지 기타 미신적 방편에 기대지 않

---

71 다음에서 인용함. MacMullen 1997, 115.
72 Thomas 1971, 48.
73 Wood 2008, 231.
74 Delumeau 1977, 176.
75 Seznec 1972, 3.
76 Wood 2008, 230.

제3부 기독교화된 유럽의 성장

는 경우를 찾아볼 수 없었다"고 한다.[77] 16세기에 나온 또 다른 루터교 시찰단도 동일한 사태에 대해 보고하면서 아주 극소수의 사람들만이 교회에 출석하고 있음을 강조하고 있다(제15장을 보라). 끝으로 과거의 이교주의가 현대의 뉴에이지 내지 심령술의 형태를 띤 채로 상당수 남아 있다는 사실을 덧붙이고자 한다.[78]

결론

기독교 수도사인 펠루시온의 이시도로스(Isidore of Pelusium)는 수천 통의 편지를 남겼는데 그중 420년에 작성한 서신에서 다음과 같이 말한다. "이교의 신앙이 그토록 오랜 세월 동안 맹위를 떨치는 가운데 숱한 고통을 안겨주고, 엄청난 재물을 낭비하며, 무력을 과시하기까지 하였건만, 결국은 지상에서 사라지고 말았다."[79] 그로부터 1,500년이 지난 후 저명한 옥스퍼드 역사학자인 도즈(E. R. Dodds, 1893-1973)도 비슷한 말을 한다. "4세기에 살아 있는 시체와 다를 바 없던 이교주의는 국가의 지원이 철회되는 순간부터 붕괴되기 시작하였다."[80]

하지만 이러한 평가는 사실이 아니다. 4세기와 5세기 초에도 이교주의는 여전히 건재했다. 그러나 이러한 사실을 인정하기 위해서라도, 피터 브라운의 말마따나 "사실과 매우 다른 이야기를 주장하는 증거의 무더기 가운데 작은 틈새를 통해 내비치는…감질나게 하는 단편"적인 역사적 증거

---

77 다음에서 인용함. Strauss 1975, 63.
78 Stark 2008; 2004.
79 다음에서 인용함. Brown 1998, 634.
80 Dodds 1965, 132.

에 귀 기울일 필요가 있다. 즉 "한 세기에도 못 미치는 그토록 짧은 기간 동안 '이교의 죽음'을 목도하게 되었으며…이를 위해 기독교 황제들이 연이어 등극하면서…하나님이 그들에게 맡겨준…옛 신들을 박멸하는 역할을 수행했다"는 것이야말로 허위의 이야기라는 말이다.[81]

초기 교부들은 기독교만이 유일한 참 신앙임을 확신하고 있었기에 종교적 자유의 이상을 품을 수도, 실천할 수도 없었다는 점을 감안하기로 하자. 그럼에도 불구하고 교회는 자신의 공식적 지위를 이용해서 이교주의를 신속히 박멸하려고 하지 않았고, 황제들이 새 종교를 대신해서 이 과업을 완수한 것도 아니었다. 도리어 이교주의는 콘스탄티누스의 개종 이후에도 수 세기 동안 비교적 크게 괴롭힘 당하지 않은 채로 존속하면서, 다만 서서히 퇴장하였고, 그러면서도 이교주의 전통 중 일부는 기독교 안에 틈새를 비집고 들어와 겨우 명목상으로만 기독교화된 유럽의 대중들 속에서 가까스로 살아남았다.

---

81   Brown 1998, 633.

제12장

이슬람의 대두와 동방 및 북아프리카 기독교의 파괴

기독교는 유럽의 종교운동으로 시작한 것이 아니었다. 초기에는 선교활동이 서방보다 동방지역에서 훨씬 더 큰 비중으로 진행되었다. 따라서 바울은 회심 후에 그의 초기 선교사역을 아라비아에서 진행하였던 것이다(갈 1:17).[1] 이후 유대 전쟁으로 인해 로마의 무력이 이스라엘에 집중되자, 예루살렘 교회의 지도자들은 동방지역에 피난처를 확보했던 것으로 보인다. 기독교가 어떻게 동방으로 퍼져나갔는지에 대해서는 별로 알려진 바가 없지만, 기독교가 그곳에서 커다란 성공을 거둔 것은 확실하다. 곧이어 시리아, 페르시아, 아라비아 일부 지역, 메소포타미아, 투르키스탄(중앙아시아), 아르메니아에서 주요 입지를 다졌으며, 인도로 진출하고, 심지어 중국에서도 몇 군데 전초기지를 세웠던 것이다.[2] 북아프리카에 대해 말하자면 그곳은 "로마 제국에서 가장 기독교화된 지역"이었으며,[3] "테르툴리아누스, 키프리아

---

1   바울은 "동방(the East)과 아라비아(Arabia)를 서로 혼용해서 사용했다"(Briggs 1913, 257).
2   Atiya 1968; Jenkins 2008; Moffett 1992; Stark 2009.
3   Löhr 2007, 40.

누스, 아우구스티누스와 같은 초기 교회의 위대한 지도자들"이 활동한 본거지였다.[4] 기원후 300년이 되면 전체 기독교 인구 가운데 반 이상이 동방과 아프리카 지역에 거주했었을 가능성이 크다. 325년 니케아 공의회에 참석한 주교들 가운데 55퍼센트가 동방지역 출신이었으며, 이들 가운데 몬타누스파, 마르키온파, 마니교도를 비롯한 기타 동방지역의 "이단적" 분파가 포함되지는 않았다. 500년이 되면 기독교 인구 가운데 삼분의 이 이상이 비유럽 지역에 거주하였을 것이다.[5] 만약에 당시 "기독교의 중심지"를 선정한다면 그곳은 "이탈리아가 아니라 시리아"였을 것이다.[6]

아시아와 북아프리카에서 기독교가 무너지자 기독교는 "자동적으로" 유럽의 종교로 부상하였다.[7] 이 지역에서 기독교가 무너진 것은 7세기와 8세기 초 이슬람이 이 지역에서 급속하게 세력을 확대했기 때문이다. 동방지역 주교들의 수를 (공의회 참석자에 근거하여) 헤아려보면 754년의 338명에서 896년에는 110명으로 급감한 것을 알 수 있다.[8] 그러나 무슬림의 정복 이후 처음 수 세기 동안 기독교는 탄압에도 불구하고 큰 규모를 지닌 다수파로 존속했었다. 그 후 14세기에 이르러 무슬림 측에서 기독교의 박멸과 강제 개종을 위한 움직임이 무자비하고 폭력적인 양상으로 진행되었다. 이로 인해 수 세기 동안 점진적 쇠퇴를 겪고 난 후 동방과 북아프리카 지역의 기독교 인구 비율은 1400년 전체 인구의 2퍼센트 미만으로 급감하였다.[9] 1453년 콘스탄티노플의 함락과 더불어 기독교는 기본적으로 유럽에 국한되기에 이르렀다. 이번 장에서 하고자 하는 이야기가 바로 이것이다.

---

4   Jenkins 2002, 17.
5   나의 계산은 다음의 자료를 근거로 했다. Barrett 1982, 796.
6   Jenkins 2002, 17.
7   Jenkins 2008. 3.
8   Noble 2008, 251.
9   나의 계산은 다음의 자료를 근거로 했다. Barrett 1982, 796.

무슬림의 정복

무함마드(Muhammad)가 출생했던 570년 당시에 아라비아에서는 기독교와 유대교를 믿는 부족들과 거류지들을 많이 찾아볼 수 있었다. 아라비아 북부의 광활한 지역은 완전히 기독교화되어 있었고, 아라비아 남부(지금의 예멘)에서도 기독교 마을이 여러 곳에 산재했었다. 유대인들은 메카와 메디나에 대규모의 거류지를 이루어 살고 있었을 뿐 아니라 아라비아 반도 전역에도 최소한 여섯 곳의 유대인 마을이 있었다.[10]

처음에 무함마드는 유대인과 그리스도인이 자신을 두 종교를 완성한 예언자로 받아줄 것이라 기대했었다. 자신의 기대가 좌절되자, 충분한 수단을 확보한 직후 그는 메카와 메디나의 유대인들을 공격하였고, 마침내 그는 메디나에 남은 마지막 유대인 부족의 남자들에게 그들 자신의 무덤을 파게한 후 이 거대한 집단 묘지 위에서 600 내지 900명이나 되는 남자들을 참수했고, 여자들과 아이들은 노예로 팔아버렸다.[11] 그다음에 무함마드는 군대를 보내 유대인 마을들을 점령하였다.

당시 아라비아에 거주하던 그리스도인들은 대부분 네스토리오스파(Nestorians)였으며, 이들의 명칭은 콘스탄티노플의 대주교였던 네스토리오스(Nestorius)에게서 유래한다. 그는 431년에 이단으로 정죄되었지만, 그의 추종자들이 곧바로 동방지역의 기독교 운동 전반을 지배하게 되었다. 한때 아라비아에 있던 기독교 공동체들은 쉽사리 정복할 수 없을 정도로 막강했기에, 무함마드는 그들이 매년 보호세를 지불하는 조건으로 그들의 존재를 용인했었다. 그렇지만 칼리프 우마르(Caliph Umar: 칼리프는 계승자를 뜻하는 말

---

10   Nicolle 2004, 25.
11   Kister 1986; Rodinson 1980.

로서 우마르는 무함마드의 제2대 계승자였다) 때가 되면 압도적 군사력을 확보하게 되었으므로 아라비아 반도에서 비무슬림을 손쉽게 추방할 수 있었다.

632년, 무함마드의 사망 직전에 무슬림 군대는 페르시아뿐 아니라 당시 비잔틴 제국의 영토였던 시리아에 대한 전초전을 개시하였다. 이러한 전투는 무함마드가 고별사에서 지시한 명령을 따르기 위한 것으로, 거기서 그는 "모든 사람이 '알라 외에 다른 신은 없다'고 선언할 때까지 그들과 싸우라는 명을 받았노라"고 선포한다.[12] 이러한 명령은 "어디서든 우상숭배자를 만나면 도륙하라. (포로로) 사로잡고, 포위 공격을 하고, 매복 공격을 감행할 태세를 갖추라"는 꾸란(9:5)의 내용과 전적으로 부합한다. 이러한 정신으로 무장한 무슬림 군대는 약 한 세기에 걸친 성공적인 정복전쟁을 감행했던 것이다.

636년에 시리아가 (3년 동안 항전한 끝에) 처음으로 함락되었다. 시리아에 주둔하던 비잔틴 군대는 아랍 용병들이 이탈함에 따라 패배할 수밖에 없었다—이들 아랍 병사들은 이따금씩 실제 전투의 와중에 무슬림 군대로 넘어가기도 했다. 비잔틴 군대와 대치하는 한편, 다른 아랍 군대는 오늘날 이라크로 알려진 메소포타미아 지역을 점령하고 있던 페르시아 군대를 향해 진격하였다. 비잔틴 군대와 마찬가지로 페르시아 군대도 아랍 출신의 용병 부대를 신뢰할 수 없는 문제 때문에 골머리를 썩었다. 주요 전투에서 아랍 용병으로만 구성된 페르시아 기병부대 전체가 무슬림 편으로 합류하는 경우가 종종 있었고, 그 결과 페르시아는 636년 알-카디시야(al-Qadisyyah) 전투에서 대패하고 말았다. 이후에 칼리프 알-만수르(al-Mansur)는 티그리스(Tigris)강 연안에 수도를 건축했다. 그 공식 명칭은 마디나 알-살람(Madina al-Salam: 평화의 도시)이었으나, 모두 그 도시를 바그다드(Baghdad: 하나님의 선

---

12   다음에서 인용함. Karsh 2007, 4.

물)라고 불렀다. 오늘날 이란에 해당하는 페르시아 동부 지역도 곧이어 무슬림의 침략자들에게 함락되었다. 페르시아를 점령한 다음 무슬림 군대는 북쪽으로 진격해서 아르메니아를 정복했고, 동쪽으로 나아가서 마침내 지금의 파키스탄에 해당하는 인더스 계곡(Indus Valley)을 점령했다. 이곳을 기지로 삼아 무슬림은 수 세기에 걸쳐 마침내 인도에까지 세력을 확대했다. 그러는 한편 무슬림 군대는 서쪽으로도 진출했다.

이들이 처음 도착한 곳은 성지(the Holy Land)였다. 당시 이곳은 비잔틴 제국의 시리아 영토 중 최서단에 위치한 지역이었다. 무슬림 군대는 636년 이곳에 발을 들여놓았고, 장기간의 포위전을 치른 후 638년 예루살렘은 칼리프 우마르에게 항복했다. 이듬해인 639년에 칼리프 우마르는 당시 기독교의 주요 중심지이자 비잔틴의 영토였던 이집트에 대한 침공을 개시했다. 이집트의 주요 도시들은 견고하게 요새화되어 있었으므로, 아랍 군대는 기독교 군대를 바깥으로 유인해내기 위해 촌락과 농촌 지역에서 대량학살을 자행하는 것 말고는 다른 수가 없었다. 기독교 군대는 이런 식의 도발에 가끔씩 응전하였으나, 전투가 끝날 때마다 전열을 갖추어 요새로 철수하곤 했다. 더욱이 알렉산드리아(기독교권에서 두 번째로 큰 도시)를 비롯한 이집트의 주요 도시들은 항구에 접해 있었고 해상을 통한 물자 공급과 병력 충원에 유리하였으므로 도시를 포위하는 것이 그다지 효과가 없었다. 그러던 중 641년 비잔틴 제국은 이집트에 새로운 총독을 임명했다. 그가 해상을 통해 알렉산드리아에 도착한 지 한 달 만에, 무슨 이유 때문인지 알 수 없지만, 그는 무슬림 사령관과 회동하더니 알렉산드리아와 이집트 전체를 무슬림에게 넘겨주고 말았다.

그러나 이것으로 끝이 아니었다. 4년 뒤 비잔틴 함대가 약 300척으로 구성된 선단을 거느리고 알렉산드리아 항구에 당도해서 상당수의 병력을 상륙시켰고, 이들은 약 1,000명이나 되는 무슬림 수비대를 신속하게 물리쳤다. 다시금 비잔틴 세력은 알렉산드리아의 성벽 안쪽에 난공불락의 진지를 구축했다. 하지만 교만하고 어리석은 사령관이 병력을 이끌고 나가서 아랍 군대와 교전을 벌이다가 완전히 궤멸당하고 말았다. 그럼에도 비잔틴 군대는 다시 알렉산드리아로 퇴각해서 요새마다 적절히 병력을 배치하고 적의 공격에 맞서 안전한 방어태세를 구축했다. 그러나 장교 중 하나가 내통하여 아랍인들에게 성문을 열어주었다. 어떤 보도에 따르면 그가 뇌물을 받았다고도 하고, 다른 기록은 그가 콥트 그리스도인으로서 자기의 동료 신자들을 핍박했던 비잔틴에 대한 보복을 감행한 것이라고도 한다(비잔틴 정통파는 콥트교회를 비롯한 단성론파에 대해 불관용의 태도를 견지하였다). 어쨌든 무슬림들은 알렉산드리아에 쳐들어와서 "학살과 약탈과 방화를 일삼았고…도시를 거지반 파괴시켰다."[13] 그리고 또한 같은 문제가 반복되는 것을 막기 위해서 도시의 성벽을 허물어버렸다.

알렉산드리아를 두 차례나 공략해야 했던 상황을 겪고 난 후에 무슬림들은 비잔틴의 해군력을 무력화시킬 필요를 철저히 인식하게 되었다. 그들은 여전히 가동 중이었던 이집트의 조선소에 눈을 돌려서 그들에게 함대를 축조하도록 주선했다. 그리고는 콥트교도와 그리스인들로 이루어진 용병대를 고용해서 함대의 운행과 항해를 맡겼다. 649년 이 새로운 함대는 키프로스에 대한 공격을 감행할 정도가 되었고, 곧 이어 시칠리아와 로도스까지도 약탈의 대상이 되었다. 이제 거대한 무슬림 제국이 중동 지역의 대부분을 지배하게 되었고, 북아프리카 해안을 따라 서쪽으로 영토를 확장하는 데 거침이 없었다.

그러나 이 시기에 들어 무슬림의 정복이 주춤했는데 그것은 이슬람 내에서 잔혹한 내전이 발발하여 수년간 지속되었기 때문이다. 무함마드의 적

---

13   Glubb [1963] 1995, 284.

통 계승자가 누구인지를 둘러싸고 일어난 분쟁이 문제의 발단이 되었으며, 이 분쟁에서 무함마드의 사촌이자 사위인 알리(Ali)가 직전에 살해된 칼리프 우트만(Uthman)의 사촌인 무아위야(Muawiyah)와 맞붙었다. 치열한 유혈 사태 후에 알리 역시 살해되었고, 무아위야가 칼리프 자리를 차지했으나, 이 분쟁으로 인해 이슬람은 영구히 수니파(Sunnis)와 시아파(Shiites: 알리를 지지하는 세력)로 분열되고 말았다. 이로써 670년이 되어서야 무슬림 군대는 북아프리카 해안을 따라 서쪽으로 진격할 수 있었다.

이집트와 마찬가지로 아프리카의 북부 해안지대 전체는 비잔틴의 통치하에 있었다. 모든 주요 도시가 항구 시설과 수비대를 갖추고 있었기 때문에 아랍 사령관은 사막 길을 거쳐 서쪽으로 이동하면서 내륙에 근거지를 설치했으며, 아울러 나중에 카이로우안(Kairouan)이란 도시로 발전하게 된 곳에 거대한 모스크를 건설하였다. 이곳은 현재 (메카와 메디나 다음으로) 무슬림의 세 번째 성지로 여겨진다.[14] 마그립(Maghreb: 아랍인들이 북아프리카를 부르는 명칭)에 자리한 이 근거지로부터 무슬림 군대는 오래전부터 유대교를 믿고 있던 사막의 유목민인 베르베르인들(Berbers)과 교전을 벌였다.[15] 카히나(Kahina)라는 이름의 유대교 여성 지도자가 이끄는 아틀라스 산악 지대의 부족들이 격렬한 저항을 벌였으나 무슬림 군대가 결국 승리하였고, 나중에 이들 베르베르인을 동맹군으로 삼는 데 성공한다.[16] 한편으로 약 4만 명을 헤아리는 또 다른 무슬림 군대가 연안 도시들을 휩쓸면서 698년에 카르타고를 점령했다. 그러나 알렉산드리아의 경우와 마찬가지로 이곳에서도 비잔틴 군대는 카르타고 항만에 상륙하여 도시를 재탈환했다. 이에 맞서 무슬림들은 함대를 구성하고, 다수의 베르베르인을 포함한 새로운 병력을 충원

---

14   Abun-Nasr 1971.
15   Brent and Fentress 1996.
16   Brent and Fentress 1996.

하여 대항하였으며, 마침내 705년 카르타고는 무슬림 군대에 의해 "초토화되고 대부분의 주민들은 살해되기에" 이르렀다.[17] 무슬림의 손에 적정 규모의 함대가 확보된 이상 아프리카 연안에 산재한 나머지 도시들의 운명은 그대로 굳어지고 말았다.[18]

중동 지역 전체와 소아시아의 일부 기독교 영토가 무슬림에 점령당했던 것처럼 이제 아프리카의 기독교 권역이 모두 무슬림의 지배하에 놓이게 되었다. 콘스탄티노플의 통치를 받고 있던 소아시아의 일부 지역만이 예외적으로 기독교의 수중에 남아 있었다. 이후 711년에 무슬림 군대는 모로코를 거쳐 스페인을 침공하였고, 곧이어 기독교 세력을 이베리아 반도 북부의 좁은 지역으로까지 내몰았다. 그러나 무슬림들은 이들 기독교 세력을 이곳에서 끝내 축출하지 못했다. 한 세기가 경과한 후에 시칠리아와 이탈리아 남부마저 무슬림 군대의 수중에 떨어지고 말았다.

이슬람으로의 개종

피정복민들이 이름만이 아닌 진짜 무슬림이 되기까지 매우 긴 시간이 걸렸다. 실상은 극소수의 무슬림 지배층이 오랫동안 피정복지의 비무슬림 주민(대부분 그리스도인)을 통치했던 것이다. 이는 무슬림의 정복에 뒤이어 이슬람으로의 집단 개종이 급격히 뒤따랐다고 보는 통념과는 정반대되는 이야기다.

급격한 집단 개종이 일어났다고 보는 이러한 통념은 부분적으로 "조약

---

17   Ye'or 1996, 48.
18   Becker 1926, 370.

에 따른 개종"과 개인적 신행(beliefs and practices)의 차원에서 진행되는 변화를 구별하지 못한 데서 기인한다. 무함마드 편에서 전투에 가담했던 부족들은 무함마드가 가르치는 교리를 수용한다는 뜻으로 조약을 맺고 이슬람으로 개종했을 뿐이며, 이러한 계약이 개개인에게 대단한 종교적 의미를 띠었던 것은 아니다. 이 점은 무함마드의 사후에 여러 부족들이 이탈한 사례를 통해 확인된다. 이에 준하는 "조약에 따른 개종" 정책은 무슬림의 정복 기간 중에 계속되었는데 그중 베르베르인의 사례가 특별히 주목할 만하다. 무슬림이 북아프리카를 침략했을 당시 베르베르인들 가운데는 이교도도 있었고, 유대인이나 그리스도인도 있었다. 그러나 카히나가 이끄는 저항군이 패배한 후에 베르베르인들은 스스로 무슬림이 되겠다고 선언하는 내용의 조약을 체결하였다. 어쩌면 그들 가운데 일부는 실제로 무슬림이 되었을 것이다. 그러나 베르베르인이 "집단으로 개종했다"는 마셜 하지슨(Marshall Hodgson)의 말에도 불구하고[19] 이들은 이어지는 정복 전쟁에 가담해서 그 결과 주어지는 노략물과 공물을 분배받을 수 있는 자격을 얻기 위해 조약을 맺고 개종했을 뿐이다. 개인적 믿음의 차원에서 베르베르인의 실제 개종은 수 세기가 걸릴 정도로 느리게 진행되었다.

집단 개종에 대한 그릇된 통념이 생겨나게 된 두 번째 요인은 강압적이고 기회주의적인 개종이 진정한 회심을 수반한 개종에 반하는 것임을 인식하지 못하는 데서 기인한다. 무슬림은 때때로 비신자들에게 개종을 하든지, 아니면 죽거나 노예가 되든지, 하나를 선택하라고 강박했다. 이렇듯 1292년 카이로에서 맘루크(Mamlūk) 왕조의 술탄을 섬기던 콥트 그리스도인 서기관들은 개종과 죽음 사이에서 선택해야 했다. 그들이 개종을 선택한 것은 그다지 놀랄 일도 아니다. 술탄조차도 이들의 개종이 "진지한 결단에서 비

---

19   Hodgson 1974, 1:308.

롯된 것이 아님"을 알고 있었다.[20] 이에 더하여 무슬림 사회에 거주하는 비무슬림들은 숱한 굴욕과 (과도한 세금 부담을 포함한) 어려움을 감내해야 했다. 더군다나 경제적이고 사회적인 혜택 때문에 과거에 이교도들이 대거 기독교를 수용했던 것과 마찬가지로, 유사한 동기로 말미암아 이슬람을 받아들인 이들도 많았다. 더 놀라운 것은 그로 인해 많은 이들이 개종했다는 사실이 아니라, 많은 사람이 변함없이 그리스도인이나 유대인으로 남는 길을 선택했다는 사실이다. 기독교나 유대교에 속하지 않은 이교도는 대개의 경우 전혀 관용의 대상이 아니었다.

이렇게 다양한 종류의 개종과 진짜 개종을 혼동하는 것 외에도, 역사학자들은 한 민족이 무슬림의 점령하에 들어가고 나면 반드시 집단 개종이 "있었음에 틀림없다"고 추정하는 식의 오류를 저질러왔다. 앞에서도 언급했듯이 "있었음에 틀림없다"와 같은 문구는 학자들이 가장 신뢰하지 않는 어휘에 해당한다. 이러한 사례와 관련하여 사회과학자들이 개종에 대한 연구를 수행한다면, 그들은 집단 개종이 "없었음에 틀림없다"고 응답할 것이다. 왜냐하면 집단 개종이 어디서든 한 번이라도 일어난 적이 있는지가 대단히 의심스럽기 때문이다. 개종의 사례를 관찰해보면, 개종이란 개인적인 행위로서 이전에 개종을 경험한 가족이나 친구로 이루어진 연결망을 통해 새로운 신앙에 이끌림에 따라 비교적 점진적으로 발생하는 현상이다.[21] 지금 취급한 사례들에도 연결망을 통한 개종의 모델이 신빙성 있게 적용된다고 하겠는데, 이는 피정복 사회에 속한 인구의 절반 정도가 무슬림이 되는 데 수백 년이 걸렸다는 사실에 기인한다.

리처드 불리에트(Richard W. Bullet)는[22] 여러 피정복지에서 이슬람으로

---

20 Little 1976, 554.
21 Lofland and Stark 1965; Stark and Finke 2000.
22 Bulliet 1979a.

개종한 사례에 대한 탁월한 자료를 제공한다. 어떤 이유에서든 아주 이른 시기부터 무슬림은 매우 방대한 인명사전을 많이 제작했는데, 거기에는 특정 지역에서 활동한 유명 인사들이 모두 망라되어 있으며, 수 세기를 거치며 새로운 개정판들이 속속 등장하였다. 불리에트는 최종적으로 100만 이상의 인명에 대한 자료를 수집할 수 있었다. 이들 자료의 가치는 그가 인명을 토대로 하여 무슬림과 비무슬림을 구별해냈다는 데 있다. 이어서 불리에트는 각 지역에서 발행된 사전들을 하나로 묶고 출생 연도별로 등재된 수만 명의 사람들을 분류함으로써 각 시기별로 전체 인구 중 무슬림이 차지하는 비율을 계산하고, 그럼으로써 5개 주요 권역별로 개종의 진전을 보여주는 그래프를 그려낼 수 있었다. 인명사전에는 어느 정도 지명도 있는 사람만 등재되었고, 또한 지배층 가운데 처음부터 무슬림의 비율이 높고 또 무슬림이 사회를 주도해나갈 것이라는 점에서 볼 때, 이러한 결과에 따라 전체 인구 중에서 개종의 확산 속도와 그 정도가 과대하게 계산되기 마련이다. 이에 따라 불리에트는 이러한 자료를 변환하여 전체 인구의 개종 그래프를 얻어낼 만큼 매우 설득력 있는 절차를 고안해 냈다.

다음의 도표(표 12.1)는 5개 주요 권역별로 인구의 50퍼센트가 이슬람으로 개종하는 데 걸린 햇수를 보여준다. 이란에서는 무슬림 군대의 정복 첫날부터 이란 인구의 절반이 무슬림이 될 때까지 200년의 시간이 걸렸다. 나머지 4개 지역의 경우, 시리아는 252년, 이집트와 북아프리카는 264년이 걸렸다.

이러한 일이 이란에서 다소간 더 급격하게 진행된 이유에 대해서는 이곳이 다른 지역과 구별되는 두 가지 특징이 있음을 지적할 수 있다. 아마도 가장 중요한 이유는 이란이 이슬람 침략자들에게 넘어간 뒤에도 한 세기가 넘도록 무슬림의 통치에 맞서 자주 반란을 일으켰을 뿐 아니라, 이러한 저항이 대단히 성공적이었던 나머지 숱한 유혈 사태가 이어졌고, 이로 인해 잔혹한 억압이 초래되었던 것이다. 이러한 분쟁으로 말미암아 비무슬림 인구가 크게 감소하는 결과가 나타났다. 이는 물론 이슬람으로의 개종과는 직접 관련이 없다. 두 번째로, 이러한 저항이 수포로 돌아감에 따라 공포 분위기가 압도하게 되었고, 이로 인해 이란인들 가운데 일부는 목숨을 부지하기 위해 개종을 하거나 다른 이들은 아예 타지역으로 도주하는 일이 많았을 것이다.

표 12.1: 인구의 50퍼센트가 이슬람으로 개종하는 데 필요한 햇수(추정치)

시리아	252년
페르시아 서부 (이라크)	253년
페르시아 동부 (이란)	200년
이집트와 북아프리카	264년
스페인	247년

출처: Bulliet, *Conversion to Islam in the Medieval Period*, (1979a); Bulliet "Conversion to Islam and the Emergence of Muslim Society in Iran," (1979b).

어쨌든 피정복민에 부과된 힘겨운 부담에도 불구하고 이슬람으로의 개종은 서서히 진행되었을 뿐이다. 13세기 말이 되었어도 아라비아(비무슬림은 이곳에 발을 들여놓을 수 없었다)를 제외한 나머지 무슬림 제국의 인구 가운데 상당수가 아직도 기독교나 유대교에 속해 있었다.

딤미(*Dhimmis*)와 무슬림의 "관용"

무슬림의 관용이라는 터무니없는 개념에 대해 상당히 많은 이야기를 들어왔다. 말하자면, 기독교가 유대교와 이단자들을 잔인하게 대했던 것과 정반대로, 이슬람은 피정복민에게 괄목할 만한 수준의 관용을 보여주었고, 그들을 정중하게 대우하였으며, 그들이 별다른 간섭 없이 기존의 신앙생활을 영위하도록 허용했다는 식으로 말한다. 이러한 주장은 아마도 볼테르와 기번을 비롯한 18세기 작가들에게서 비롯된 것으로 보이는데, 이들은 가톨릭 교회를 할 수 있는 한 최악의 모습으로 그리기 위해 그러한 주장을 폈던 것이다. 하지만 무슬림 지배하의 실제 생활은 전혀 다른 모습이었다.

꾸란이 강제 개종을 금하는 것은 사실이다. 그렇지만 그것은 점차 공허한 법률조항으로 퇴락해버렸으며, 이 점은 여러 피정복 민족에게 주어진 개종의 자유가 종종 죽음이나 노예화를 피하기 위한 대안에 불과했던 것을 보면 알 수 있다. 이러한 양자택일은 대체로 이교도들에게 해당하는 문제였으나, 유대교인과 그리스도인도 종종 이러한 문제에 직면해야 했거나 아니면 그보다 조금 덜 극단적인 조건을 부여받는 정도였다.[23] 유대인과 그리스도인은 "성서의 백성"(People of the Book)으로 간주되었으므로 원칙적으로 자신들의 신앙을 추구하는 것이 용인되었다고 여겨지지만, 이것마저도 상당히 억압적인 조건하에서 허용되었다. 무슬림이 유대교나 기독교로 개종할 경우 죽음의 운명을 피할 수 없었다. 교회나 회당의 신축은 허용되지 않았다. 유대인과 그리스도인은 큰 소리로 기도하거나 성경을 읽는 것이 금지되었다. 자기 집이나 교회 내지 회당에서도 마찬가지였다. 그러한 소리가 실수로라도 무슬림의 귀에 들려서는 안 되었다. 저명한 이슬람 역사학자인 마셜 하지슨(1922-1968)이 지적했듯이, 아주 이른 시기부터 무슬림 당국은 **딤미**(*dhimmis*, 이슬람으로의 개종을 거부한 유대인과 그리스도인)에게 굴욕을 주고 처벌을 가하기 위해 갖은 수단을 다 동원했다. 딤미들은 "열등감을 지녀야 하고 '자신의 위치'를 알아야 한다는 것"이 무슬림 당국의 공식적인 방침이

---

23   Hodgson 1974, vol. 1.

었다. 이에 따라 "그리스도인과 유대인은 예컨대 말을 타면 안 되고 기껏해야 노새를 이용할 수 있다는 식의 법규가 부과되었고, 심지어 그들이 무슬림과 함께 있을 때 자신들의 의복에 자기 종교의 표식을 붙여야만 했다."[24] 어떤 장소에서는 비무슬림이 무슬림의 복장과 같은 것을 착용하는 것이 금지되었고, 무기를 소지할 수도 없었다.[25] 게다가 비무슬림은 무슬림에 비해 예외 없이 혹독하게 무거운 세금을 납부해야만 했다.[26]

이러한 것들이 무슬림 국가의 백성으로 살아야 했던 유대인과 그리스도인들이 처한 일반적인 상황이었다. 그러나 앞으로 살펴보겠지만, 이들의 환경은 종종 더 악화되곤 했다. 이것이 물론 무슬림이 그리스도인이나 유대인에 비해 더 잔혹했다거나 혹은 덜 관용적이었다는 말이 아니다. 왜냐하면 그 당시는 잔혹함과 불관용을 특징으로 하던 시대였기 때문이다. 여기서 말하려는 것은 무슬림을 마치 다문화주의(multiculturalism)를 지지하는 계몽된 사람으로 묘사하는 것은 기껏해야 무지의 소치라는 점이다.

실상은 많은 무슬림 통치자들이 식자층 관료집단을 거의 전적으로 딤미로부터 충원했다는 사실이다. 정말이지 11세기 중반까지도 나시르-이 크루사우(Nasir-i Khrusau)라는 무슬림 작가는 다음과 같이 보도한다. "실로 이곳 시리아에서 활동하는 서기관들은, 이집트의 경우와 마찬가지로, 모두 그리스도인이다.…그리고 의사들도 대체로…그리스도인이다."[27] 모쉐 길(Moshe Gil)이 기록한 기념비적 역사서에 따르면, 무슬림 지배하의 팔레스타인에서 "그리스도인들은 엄청난 영향력을 행사하면서 권력의 요직을 차지하고 있었는데, 이는 그들이 유능한 행정가로서 두각을 나타냈기 때문

---

24   Hodgson 1974, 1:268.
25   Payne [1959] 1995, 105.
26   Hodgson 1974; Payne [1959] 1995.
27   다음에서 인용함. Peters 1993, 90.

이다. 그들은 무슬림 법에서 그리스도인을 공직에 기용하는 것을 금하고 있음에도 불구하고 정부의 요직을 차지했을 뿐 아니라, 걸출한 과학자, 수학자, 의사로서 당대의 지식인층에 속해 있었다."[28] 압둘-자바르(Abd al-Jabbār)도 그리스도인 관리들의 탁월함을 인정하면서 995년경 다음과 같은 말을 남겼다. "이집트, 알-샴(al-Shām), 이라크, 자지라(Jazīra), 파리스(Fāris)를 비롯한 모든 주변국의 왕들은 중앙행정과 재정업무 등의 공무를 처리함에 있어 그리스도인들에게 의존하고 있다."[29] 카이로를 비롯한 이집트의 도시와 소읍에서 14세기에 들어 그리스도인들에 대항한 폭동이 빈발했던 것은 콥트인들이 유별나게 재산을 많이 소유하고 있었기 때문이다. 이들은 술탄의 관료 조직을 지배하였으며, 반복적으로 숙청을 당했음에도 불구하고 항상 권력의 자리로 다시 돌아왔는데, 그것은 이들을 대신할 만한 무슬림을 찾을 수 없었기 때문이었다.[30]

"불신자들"에 대한 박멸 정책

동방에서 기독교가 확장된 과정에 대해 알려진 것이 거의 없는 것처럼, 동방 기독교에 속한 딤미 공동체가 마지막 단계에서 어떻게 파괴되었는지에 대해서도 상세한 내용이 남아 있지 않다. 십자군 때문에 그러한 파괴가 촉발된 것은 아니다. 본서의 13장에서 살펴보겠지만, 당시 무슬림은 십자군에 대해 그다지 신경 쓰지 않았다. 근자에 들어 십자군에 대해 분노를 표출하는 것은 20세기에 들어와서 생겨난 현상이다. 딤미에 대한 지속적 공격이

---

28 Gil 1992, 470.
29 다음에서 인용함. Gil 1992, 470.
30 Little 1976.

개시된 것은 1321년 카이로에서였으며, 당시에 무슬림 폭도들은 콥트 교회를 파괴하기 시작했다. 이러한 반기독교적 폭동은 "이집트 전역에서 주도면밀하게 진행되었으며" 이로 인해 다수의 교회와 수도원이 파괴되었다.[31] 결국 맘루크(Mamlūk) 당국이 개입하여 폭도들을 진압하긴 했지만, 소규모의 반기독교적 소요를 비롯하여 방화와 약탈 및 살인이 만성적 현상으로 확대되었다. 이어서 1354년에 다시금 폭도들이 "미쳐 날뛰면서 교회를 파괴하고…길거리에서 그리스도인과 유대인을 공격하면서, 이들이 (알라를 유일하고 참된 하나님으로 인정한다는 뜻의) **샤다다타인**(shadādatayn)이란 말을 하지 않으면 불길 속으로 집어던지곤 하였다."[32] 알-마크리찌(Al-Maqrizi, 1364-1442)의 보도에 따르면, "이로 인해 남부와 북부를 막론하고 이집트의 모든 지방에서 교회들이 남김없이 파괴되었으며…이리하여 이슬람은 이집트의 그리스도인들 가운데서 세력을 확대하였다."[33]

그리스도인에 대한 대량학살 및 교회와 수도원에 대한 파괴는 이집트에 국한된 것이 아니었다. 메소포타미아와 아르메니아 및 시리아를 지배했던 몽골의 지배자들은 이슬람으로 개종한 후 맘루크보다도 훨씬 더 혹독한 조치를 취했다. 가잔(Ghāzaān)은 1295년 일한국의 칸이 되자 대중의 지지를 얻기 위해 이슬람으로 개종했다. 그는 어린 시절에 그리스도인으로 양육 받았고, 그 후에 불교에 귀의하기도 했었다. 그는 "대중의 압력에 굴복하여 그리스도인들을 핍박하기에 이르렀다."[34] 네스토리오스 교회의 총대주교였던 마르 야발라하 3세(Mar Yabballaha III, 1245-1317)가 남긴 기록에 따르면, 가잔은 모든 그리스도인과 유대인을 무슬림으로 만들려는 자신의 목표에

---

31   Little 1976, 563.
32   Little 1976, 567.
33   다음에서 인용함. Little 1976, 568.
34   Browne [1933] 1967, 163.

따라 다음과 같은 내용의 칙령을 포고했다고 한다.

> 교회를 철저히 파괴할 것이고, 제단을 엎어버릴 것이며, 성찬의 집례를 금지할
> 것이다. 찬송을 부르는 것과 기도 시간을 알리는 소리도 철폐할 것이다. 기독
> 교의 수장들과 유대인 집단의 지도자들 및 이들 중의 유력자들을 처단해야 할
> 것이다.[35]

일 년도 채 지나지 않아 가잔의 마음이 바뀌어 그리스도인에 대한 박해를
끝내려고 하였으나, 이제는 폭도들이 통제 불능의 상태가 되었으며, 따라
서 "기독교를 포기하고 그 신앙을 부인하기를 거부하는 자는 모두 죽여야
한다"는 생각이 널리 퍼지게 되었다.[36]

한편으로 이와 유사한 사건들이 몽골 지배하의 아르메니아에서도 발
생하였다. 그리스도인을 이슬람으로 강제 개종시키기 위해 교회의 예배를
금지하였고 모든 그리스도인들에게 무지막지한 세금을 부과했다. 게다가
지방의 당국자들에게는 그리스도인 남자를 잡아다가 수염을 뽑고, 검은색
문신을 어깨에 새기도록 하라는 명령이 하달되었다. 이러한 조치에도 불구
하고 신앙을 저버리는 그리스도인들이 별로 나오지 않자, 칸은 모든 그리스
도인 남자를 거세하게 하고 눈 하나를 빼버리라고 명령했다. 당시는 항생제
가 없던 시기였으므로 사망자가 속출하였으나, 이러한 조치로 인해 개종자
가 크게 늘어나기도 하였다.[37]

1310년 메소포타미아에서는 끔찍한 "아르빌(Arbil)의 대학살"이 일어

---

35   다음에서 인용함. Foltz 2000, 129.
36   Browne [1933] 1967, 167.
37   Browne [1933] 1967, 169.

났다.[38] 시리아에서도 사정은 매한가지였다. 1317년, 아미드(Āmid)는 반기독교적 폭동의 현장이 되었다. 주교는 폭행을 당해 사망하였고, 교회는 전소되었으며, 그리스도인 남자들은 모두 살해되었을 뿐 아니라 1만 2,000명에 달하는 여자들과 아이들이 노예로 팔려갔다.[39] 비슷한 사건들이 동방지역과 북아프리카 전역에서도 발생했다.[40] 그리고 이어서 타메를란이 등장한다.

티무르(Timur)라고도 알려진 타메를란(Tamerlane)은 1336년 페르시아의 사마르칸드(Samarkand)라는 도시에서 태어났고, 1405년 중국 원정 도중에 사망했다. 타메를란은 사마르칸드를 수도로 삼았지만, 그 자신은 그곳에서 며칠 이상 체류한 적이 없을 정도로 평생을 유목민 출신의 정복자로 살았다. 타메를란은 몽골-투르크계의 무슬림으로서, 그 야만적 성품으로 인해 악명이 높다. 크리스토퍼 말로(Christopher Marlowe)가 1587년 자신의 희곡 작품에서 그를 "하나님의 채찍"(Scourge of God)이라고 불렀던 것이 그의 별명으로 굳어졌다. 타메를란은 엄청난 대학살을 반복해서 자행했으며(그가 델리로 진군하는 동안 아마도 남녀노소를 포함한 약 20만 명의 포로가 살육당했을 것이다),[41] 자기가 죽인 희생자들의 머리를 가지고 산더미 같은 피라미드를 쌓아올리기도 했다. 그는 무슬림과 힌두교도와 불교도를 가리지 않고 무수한 인명을 살해했는데, 사실상 그로 인해 동방에서 기독교와 유대교가 완전히 소멸하다시피 했다. 타메를란은 조지아(Georgia) 한 곳에서만 700곳이 넘는 마을을 파괴했고, 그 지역의 주민들을 전멸시켰으며, 기독교의 교회를 전부

---

38   Browne [1933] 1967, 170.
39   Browne [1933] 1967, 171.
40   Jenkins 2008.
41   Marozzi 2004, 264.

파괴하여 돌무더기로 만들어 버렸다.[42] 타메를란의 시대에 용케 살아남았던 기독교 공동체는 그의 손자인 울루그 베그(Ulugh Beg) 때에 가서 파괴당하고 말았다.[43]

결론

14세기 말이 되면 무슬림의 핍박으로 인해 동방과 북아프리카 지역에서 기독교가 거의 완전히 소멸하다시피 했으므로 아주 작은 기독교 공동체만이 여기저기에 산재해 있을 뿐이었다. 이리하여 필립 젠킨스(Philip Jenkins)의 말마따나 "기독교가 파괴되지 않은 곳은 유럽 대륙이"[44] 유일했으므로, 기독교는 유럽의 종교로 굳어지게 되었다.

---

42   Moffett 1992, 485.
43   Jenkins 2008, 138.
44   Jenkins 2008, 3.

제13장

유럽의 대응: 십자군 옹호론[1]

무슬림 테러리스트들이 세계무역센터를 파괴한 직후에, 이슬람이 서방에 대하여 품은 원한의 근본 배경으로 십자군을 지목하여 언급하는 경우를 흔히 볼 수 있었다. 그 내용인즉 서방의 그리스도인들이 자신들을 부당하게 취급하는 것에 대해 무슬림이 분개하게 된 연원은 제1차 십자군이 성지를 향해 원정을 떠났던 1096년으로까지 거슬러 올라갈 수 있다는 것이다. 십자군을 일으킨 동기는 경건한 소원도, 예루살렘의 성지와 순례자들을 지키기 위한 것도 아니었으며, 십자군은 단지 악명 높은 유럽 식민주의의 오랜 역사 가운데 유혈의 첫 장을 연 것일 뿐이라는 생각이 널리 퍼져 있다.[2] 좀 더 구체적으로 다음과 같은 말들이 떠돌고 있다. 십자군이 동방으로 진출한 것은 이상에 따른 것이 아니라 땅과 노략물을 얻기 위한 것이었고, 십자군을 도모한 것은 "권력욕에 미친 교황들"로서 이들은 무슬림의 집단 개

---

1   이 주제를 전체적으로 다룬 책은 다음을 보라. Stark 2009.
2   Prawer 1972. Prawer는 이 책 어디에서도 식민주의에 대해 정의하지 않는다. 심지어 그조차도 재물이 유럽으로부터 예루살렘 왕국으로 유입되었음을 시인한다.

종을 통해 기독교의 거대한 확장을 추구했던 것이다.[3] 따라서 십자군은 가톨릭교회의 역사에 지울 수 없는 오점을 남긴 셈이고, 유럽의 기사들은 그 여정에서 마주친 모든 사람에게 몹쓸 짓을 자행한 야만인들로서 "찬란한 이슬람 문화를 초토화"하였다는 것이다.[4] 워싱턴시에 소재한 아메리칸 대학교(American University)의 이슬람학과 학과장인 아크바르 아흐메드(Akbar Ahmed)는 "십자군은 현재 우리에게 남아 있는 역사적 기억, 곧 유럽이 장기간에 걸쳐 맹렬한 공격을 가한 것에 대한 기억을 만들어냈다"고 말한다.[5]

뉴욕시에 대한 공격이 있고 난 후 두 달이 지났을 무렵, 미국의 전임 대통령이었던 빌 클린턴은 조지타운 대학교(Georgetown University)에서 행한 연설 가운데 십자군이 이슬람에 대해 저지른 범죄와 관련해서 "우리들도 유럽의 여러 혈통을 이어받은 자들로서 결코 이로부터 자유로울 수 없다"는 말을 전하면서, 고드프루아 드 부용(Godfrey of Bouillon)과 그의 군대가 1099년 예루살렘 정복 때 자행했던 유혈 학살에 대한 중세 시대 이야기를 짧게 언급하였다. 십자군 원정이 엄청난 속죄가 요구되는 범죄행위였다고 보는 이야기는 이슬람 테러리스트가 피랍 여객기를 폭파시키기 훨씬 전부터 널리 회자되던 주제였다. 1999년 「뉴욕타임즈」는 십자군이야말로 히틀러의 극악무도함이나 코소보(Kosovo)의 인종 청소에 비견되는 일이었다고 침통하게 논평한 적이 있다.[6] 역시 1990년에 십자군의 예루살렘 점령 900주년을 기념하기 위해 수백 명의 경건한 개신교 신자들이 독일에서 출발하여 예루살렘 성지에서 마무리되는 "화해의 순례"(Reconciliation Walk)라는 행사에 참여하기도 했다. 이 여정 가운데 참가자들은 아랍어로 "저는 사죄합

---

3   Ekelund et al. 1996.
4   다음에서 인용함. Madden 2002a.
5   Curry 2002, 36.
6   *New York Times,* June 20, 1999, 4.15.

니다"라는 메시지가 적힌 티셔츠를 입고 있었다. 그들이 발표한 공식 성명서는 기독교의 사죄가 필요한 이유에 대해 다음과 같이 설명한다.

> 900년 전, 우리 조상들은 예수 그리스도의 이름으로 중동 지역에서 전투를 벌였습니다. 두려움과 탐욕과 증오심으로 불타올라…십자군은 십자가의 깃발을 여러분 위에 쳐들었습니다.…그 첫 번째 십자군을 기억하는 날…우리는 그들의 행위에 대해 사죄하면서 그들이 걸었던 길을 다시 되밟아보려고 합니다.… 우리는 우리 선조들이 그리스도의 이름으로 저질렀던 만행에 대해 진심으로 유감스럽게 여깁니다. 우리는 탐욕과 증오심과 두려움을 배격하며 예수 그리스도의 이름으로 자행된 모든 폭력을 고발합니다.[7]

이러한 고발이 그다지 새로울 것도 없다. 십자군에 대한 서구의 단죄는 계몽주의 시대에 이미 시작되었는데, 이 계몽주의라는 말 자체가 완전히 잘못된 개념이다. 왜냐하면 이 시기에 프랑스와 영국의 지식인들은 스스로를 미화하고 교회를 비방하기 위해 "암흑시대"(the Dark Ages)라는 말을 만들어냈기 때문이다(제14장을 보라). 볼테르(1694-1778)는 십자군을 "이백 년간 지속되었던 광기의 전염병"으로 부르면서, "이것은 인간 본성이 보여줄 수 있는 온갖 잔혹함과 배신과 방탕과 우매함을 그 불변적 특징으로 삼고 있다"고 말했다.[8] 데이비드 흄(David Hume, 1711-1776)에 따르면, 십자군은 "시대와 나라를 불문하고 이제껏 등장했던 인간의 어리석음을 가장 잘 보여주는 가장 기념비적인 사건"인 것이다.[9] 드니 디드로(Denis Diderot, 1713-1784)

---

7 종교적 관용에 관한 온타리오 컨설턴트(Ontario Consultants on Religious Tolerance), www.religioustolerance.org/chr_cru1.htm.)
8 다음에서 인용함. Richard 1999, 475.
9 다음에서 인용함. Riley-Smith 2005, 298.

는 십자군 시대를 "피 한 방울의 값어치도 안 되는 바위 봉우리를 얻기 위해 주민들의 목을 베고 세계에서 중요한 한 지역을 보잘것없는 불행한 나라로 전락시킨, 가장 깊은 어둠의 시간이자 가장 우매했던 시간"이라고 규정했다.[10] 이러한 신랄한 비난은 광범위하게 퍼져 있던 "개신교적 확신, 즉 십자군 원정은 가톨릭의 오만과 잔인함을 보여주는 또 하나의 사례일 뿐이라는 생각"을 강화시켰다.[11] 그러나 십자군이 종교적 신앙을 빌미로 땅과 약탈물을 찾아 나선 서구의 초기 제국주의자들이었다는 생각을 처음으로 표명한 사람은 에드워드 기번(1737-1794)이었다. 그는 십자군이 실제로 "보석과 금과 다이아몬드가 나는 광산, 대리석과 벽옥으로 된 궁전들, 계피와 유향의 향기가 진동하는 숲을" 찾아서 갔다고 주장했다.[12]

20세기가 지나는 동안 기번의 논지는 십자군의 발생 원인에 대한 정교한 "유물론적" 설명으로 발전되어갔다.[13] 한스 메이어(Hans Mayer)의 요약에 따르면, 십자군은 유럽의 "기사 계급"(knightly class)이 처해 있던 심각한 재정적 압박을 완화해주었다. 메이어와 그의 견해에 동조하는 이들에 따르면, 당시 귀족 가문 자제들 가운데는 유산을 상속받을 가능성이 희박하고 최소한의 수입조차 확보하기 곤란한 처지에 있던 "잉여"가 상당수 존재하였고, 이들의 수가 급격히 증가하고 있었다는 것이다. 그러므로 메이어의 말마따나 "십자군은 기사 계급에게 일종의 안전밸브로 작용하였다.···이들은 십자군을 자기 계급이 처한 물질적 문제에 대한 해결책으로 여겼다."[14] 미국 경제학자들 가운데 한 그룹이 최근에 내놓은 보고서를 보면 십자군은 밀려드

---

10   다음에서 인용함. Richard 1999, 475.
11   Riley-Smith 2003, 154.
12   *The Decline and Fall*, 6.58.
13   France 1997; Mayer 1972.
14   Mayer 1972, 2225.

는 순례자들로부터 돈을 벌려고 했으며(이는 예루살렘의 성지들을 현대의 놀이 공원에 비유하는 셈이다), 교황이 동방으로 십자군을 파견한 것도 교회를 위한 "새로운 시장"의 개척, 즉 사람들을 이슬람으로부터 개종시키는 것을 통해 유익을 얻기 위한 것이었다고 한다.[15] 많은 책을 저술한 것으로 유명한 제프리 배러클러프(Geoffrey Barraclough)는 "동방에 건립한 기사단의 정착지가 식민지 약탈의 중심이 되었다는 것이 우리가 십자군에 대해 내린 결론"[16]이라고 말한다. 따라서 서구 문명을 소개하는 인기 있는 대학 교재가 학생들에게 다음과 같이 가르치는 것도 그다지 놀랍지 않다. 즉 "교황과 유럽 군주들의 관점에서 볼 때, 십자군은 성가신 젊은 귀족들을 유럽에서 방출하는 통로를 제공했다.…이들 귀족은 영지와 부와 신분, 그리고 가능하면 작위와 심지어 구원까지도 확보할 수 있는 기회를 찾았던 것이다."[17] 인기 작가인 캐런 암스트롱(Karen Armstrong)도 십자군이 "우리의 맨 처음 식민지였다"고 거침없이 말한다."[18]

이렇듯 십자군 원정을 통해 **팽창주의적이고 제국주의적인 서구 기독교권이 관용과 평화의 상태에 있던 이슬람을 짐승 취급하고, 약탈하고, 식민지로 삼았다**는 이야기야말로 널리 통용되어온 신화인 것이다.[19] 근래에 들어 저명한 현대 역사학자들은 이러한 주장에 대해 전면적인 반박을 내어놓았다. 그들의 견해에 따르면, 십자군은 이슬람의 도발, 즉 서구를 식민지로 삼기 위해 수백 년 동안 유혈 사태를 일으키다가 어느 날 기독교 성지와 순

---

15   Ekelund et al. 1996. 이것은 지금껏 내가 접했던, 유추에 의해 경제 원칙을 적용하려는 사례 가운데 가장 부적절하고 무지한 경우라고 하겠다.
16   다음에서 인용함. Riley-Smith 2003, 159.
17   Spielvogel 2000, 259.
18   Armstrong [1991] 2001, xii.
19   이러한 이야기를 하는 이들은 다음과 같다. Alfred J. Andrea, Peter Edbury, Benjamin Z. Kedar, Thomas F. Madden, Edward M. Peters, Jean Richard, Jonathan Riley-Smith, Christopher Tyerman.

례자들에 대해 갑작스런 공격을 감행한 것 때문에 촉발되었다는 것이다. 교황의 탄원으로 인해 십자군 원정이 시작된 것은 맞지만, 이것은 이슬람을 개종시키려는 것과는 아무 상관도 없는 일이었다. 또한 십자군을 조직하고 지도한 것은 귀족 가문의 남아도는 자제들이 아니라 귀족 가문의 수장들이었으며, 이들은 이 원정에 소요되는 비용이 이를 통해 기대되는 변변찮은 물질적 보상을 훨씬 초과하리라는 것을 잘 알고 있었다. 이들 대부분은 막대한 개인 비용을 들여가며 출정했고, 어떤 이들은 파산할 줄 알면서도 참전하였다. 예를 들어 고드프루아 드 부용은 출정 비용을 조달하기 위해 베르됭(Verdun)에 있는 영지 전체를 매각하였고, 부용(Bouillon)에 있는 토지를 담보로 잡기도 했다. 더군다나 기사단이 성지에 건설하여 200년 동안 존속했던 십자군 왕국들은 그 지역에서 수탈한 재물이 아니라, 유럽에서 보내온 막대한 지원금으로 유지해나갔다. 한 가지 더 보태자면, 정당한 군사적 행동이라는 현대의 개념을 중세의 전투에 적용하는 것은 전적으로 불합리하다. 그리스도인이나 무슬림을 막론하고 모두 지금과는 전혀 다른 교전 수칙을 따랐다. 그리고 십자군 기사들은 흔히 묘사하는 것처럼 그렇게 잔인하거나 피에 굶주린 자들이 아니었다. 끝으로 무슬림이 1,000년 동안이나 십자군에 대해서 비통한 원한을 품고 살아왔다는 주장은 말도 안 되는 이야기다. 십자군에 대한 무슬림의 반감은 1900년경이 되어서야 나타났는데, 이는 오스만 제국(Ottoman Empire)의 쇠망과 중동지역에서 유럽의 식민주의가 본격화한 것에 대한 반작용에서 비롯된 것이다. 지금부터 이에 대해 자세하게 살펴보기로 하자.

이슬람의 도발

앞의 12장에서 서술했던 것처럼 무슬림은 무함마드 생전에 기독교 영토에 대한 원정을 개시하였다. 그다음으로 무함마드가 죽고 일 년이 지난 후에 무슬림 군대가 시리아를 비롯한 동로마 제국의 기독교 영토를 공격함으로써 무슬림의 침략이 본격화되었다. 곧이어 무슬림 군대는 일련의 전투에서 승리를 거두면서 635년 다마스쿠스(Damascus)와 인근 도시들을 점령함에 따라, 636년에 비잔틴 군대는 시리아를 포기해야만 했다. 그다음으로 아랍인들은 성지로 진격했다. 638년 예루살렘을 점령하였고, 640년 카이사레아 마리티마(Caesarea Maritima)를 빼앗았다. 거기서부터 무슬림 군대는 기독교 지역이었던 이집트를 침공해서 카이로를 점령했고, 마침내 642년에 알렉산드리아가 함락되었다. 이제 거대한 무슬림 제국이 중동의 대부분을 지배하게 되었으며, 당시까지도 기독교 지역이었던 북아프리카 해안지방을 따라 세력을 확장하고 있었다. 30년 후 무슬림 제국은 탕헤르(Tangier)를 지나 대서양에 이르렀다. 714년까지 스페인의 대부분이 점령되었다. 곧바로 프랑스를 주요 공격 목표로 삼았는데, 732년 프랑크 왕국은 투르-푸아티에(Tours-Poitiers)에서 무슬림 군대를 가까스로 물리쳤다. 831년 무슬림 군대는 시칠리아를 침공해서 1072년까지 그곳을 점령했으며, 846년에 로마를 습격했다가 퇴각한 후에는 이탈리아 남부를 2세기 동안 지배했다. 이렇듯 제1차 십자군 원정이 시작되기까지 서구 기독교권은 수세적 상태에서 이슬람에 대한 전쟁을 450년 이상 수행해왔던 것이다.

유럽인들이 과거 식민지 제국 시절에 가했던 고통과 불의에 대해서는 목청껏 성토하는 이들이 무슬림 제국주의가 저지른 유사한 결과에 대해서 인정하지 않는 것은 참으로 기이하다고 하겠다. 그러나 제12장에서 분명히 살펴보았듯이, 무슬림은 관용을 베풀 줄 모르는 잔인한 식민주의자들이었다. 따라서 결론은 십자군 원정이 그 본질에서 방어전이었다는 것이다. 그러므로 십자군을 촉발한 무슬림 측의 구체적 도발 사례를 살펴보려고 한다면, 이러한 장기간에 걸친 서구인들의 만성적 고뇌라는 배경을 염두에 두어야 할 것이다. 여기에는 예루살렘의 여러 순례성지에 대한 파괴와 위협만이 아니라 기독교 순례자들에게 자행하는 살인, 고문, 노예화, 강도짓을 비롯한 일상화된 괴롭힘도 포함된다.

1009년, 파티마조(Fatimid)의 칼리프였던 알-하킴((al-Hakim)의 지시에 따라 무슬림은 예루살렘의 성묘교회를 파괴했다. 이곳은 콘스탄티누스가 건립한 장엄한 바실리카로서, 그리스도가 부활하기 전에 누워 있던 무덤 자리라고 전해지던 장소에 자리 잡고 있었다. 설상가상으로 무슬림은 무덤 자체를 파괴하려고 하였고, 바위 속에 있던 빈 공간의 흔적만을 남겨두었다. 기독교 최고의 성지가 훼손되었다는 소식이 유럽에 도착하자 이 소식을 전해들은 지배층 가운데 분노와 염려가 촉발되었다. 그러나 위기는 곧 지나갔다. 왜냐하면 알-하킴이 암살되었고, 외관상으로나마 예루살렘에서 종교적 관용이 어느 정도 회복되었으며, 이에 따라 기독교 순례자들의 방문이 상당 부분 허용되었기 때문이다. 실로 이들 순례자들의 통행에 따른 금전적 가치야말로 수 세기에 걸쳐 무슬림이 장악하던 예루살렘에서 매우 관대한 정책이 시행될 수밖에 없었던 가장 주된 요인이었다. 예루살렘으로 향하는 순례여행은, 거리상으로도 엄청나게 멀고 교통수단도 제한적이었음에도 불구하고 놀라울 정도로 흔한 다반사가 되었다. 스티븐 런시먼(Sir Steven Runciman, 1903-2000)은 십자군에 대해 유명한 저서 세 권을 저술하였는데, 제1권에서 그는 다음과 같이 보도한다. "끝없는 여행자들의 물결이 동방으로 흘러갔다. 남녀노소, 지위고하를 막론하고 어떨 때는 수천을 헤아리는 사람들이 단체로 여행을 떠나…그곳에서 일 년이 넘도록 체류하는 것이 보통이었다."[20] 성지 여행의 주된 이유는 성지순례를 통해 가장 흉악한 죄까지도 사면 받을 수 있다는 믿음이 있었기 때문이다. 그리하여 많은 순례자들이 멀리 스칸디나비아와 심지어 아이슬란드에서도 왔다. 런시먼의 말마따나 노르만인들은 "난폭한 사람들이므로 살인죄를 흔하게 범하는 만큼, 참회의 행위도 자주 행할 필요가 있었다."[21]

그러던 중 11세기 말에 이르러 모든 상황이 다시 바뀌었다. 셀주크 투르크족(Seljuk Turks)이 최근에 이슬람으로 개종하고서 소아시아의 새로운 지배자가 되어 콘스탄티노플에서 160킬로미터에 해당하는 지경까지 밀고 들어왔다. 이들 투르크족은 이슬람교도가 된 지 얼마 지나지 않았던 때문인지, 아니면 도시생활에 길들여지지 않은 반유목적(seminomadic) 기질 때문이었는지 모르겠으나 타종교에 대해 한 치의 관용도 베풀지 않았다. 그들에게는 오직 유일한 참 하나님만이 있었고, 그 이름은 알라일 뿐 야웨나 여호와가 아니었다. 투르크족은 공식적으로 기독교의 순례여행을 금지하지는 않았지만, 기독교 순례자들이 자기들의 좋은 먹잇감인 것을 확실하게 보여주었다. 그리하여 아나톨리아 지역의 모든 통행로에서는 예루살렘을 향하는 그리스도인 여행객들에게 통행료를 징수하기 시작했다. 더 심한 경우 순례자들을 납치하여 노예로 팔기도 했고, 재미삼아 고문을 가하는 경우도 비일비재했다. 이러한 위험에서 가까스로 벗어난 사람들은 "기진맥진하고 빈털터리가 된 채, 서방으로 돌아와 끔찍한 이야기를 전하곤 했다."[22]

성지에 대한 분노와 근심은 계속 커져갔다. (간신히 기독교화되었던 대중이 아니라) 신실한 중세 그리스도인에게 성지의 이미지가 얼마나 생생하게 다가왔는지를 이해하는 것이 중요하다. 그곳은 그리스도와 사도들이 살았던 장

---

20 Runciman 1951, 1:49.
21 Runciman 1951, 1:47.
22 Runciman 1951, 1:79.

소이고, 그들이 아직도 거기서 살아 있는 것처럼 느껴질 정도였다. 로버트 페인(Robert Payne, 1911-1983)의 말마따나 그리스도인들은 팔레스타인에서 "눈에 보이고, 손으로 만질 수 있고, 입맞춤으로 공경할 수 있고, 심지어 고향에 가져갈 수도 있는 무언가 구체적인 형태를 지닌 거룩함을 찾고자 했다. 거룩함은 그리스도께서 밟으셨던 길 위에, 그리스도께서 굽어보셨던 산과 골짜기에, 그리스도께서 거니셨던 예루살렘 거리에서 만날 수 있었다."[23] 예루살렘에서 그리스도인이라면 하나님의 아들이 달리셨던 십자가가 있던 언덕에도 오를 수 있었다. 그러나 이제 더 이상 그렇게 할 수 없게 되었다.

이러한 이야기들이 한창 오고가고 있을 때, 비잔틴 황제였던 알렉시오스 콤네노스(Alexius Comnenus)는 전화에 휩싸인 콘스탄티노플에서 플랑드르 백작(Count of Flanders)에게 편지를 보내어 백작을 비롯한 서방에 있는 동료 그리스도인들이 속히 이곳에 와서 자기를 구해줄 것을 요청하였다. 그 편지에서 황제는 순례자들이 끔찍한 고문을 당한 것과, 교회와 제단과 세례반이 비참하게 훼손된 사실에 대해 자세히 기술했다. 만일 콘스탄티노플이 투르크족의 손에 떨어진다면 수천 명이 넘는 그리스도인들이 죽임과 고문과 강간을 당하게 될 뿐 아니라, 수 세기 동안 간직해온 "구세주의 신성한 성유물"을 잃게 될 것이라는 말과 더불어 다음과 같이 호소하는 것이었다. "그러므로 하나님의 이름으로…우리는 당신에게 간청합니다. 그리스도께 속한 모든 신실한 군병들을 거느리고 이 도시로 와주십시오.…당신이 이곳으로 온다면 천국의 상이 있을 것이고, 만약에 당신이 오지 않는다면 하나님께서 당신을 정죄하실 것입니다."[24]

교황 우르바노 2세(Urban II)는 이 편지를 읽고 나서 행동으로 응답해

Payne 1984, 18-19.

24 Payne 1984, 28-29.

야겠다는 결심이 서게 되었다. 그는 1095년 11월 27일 프랑스의 클레르몽 (Clermont)에서 성직자와 평신도가 모이는 대규모 회합을 주선하였다. 교황은 들판 한가운데 설치된 연단 위에 올라가서 가난한 농민으로부터 귀족과 성직자까지 포함한 엄청난 군중에 둘러싸인 채 역사상 가장 성공적인 연설의 포문을 열었다. 우르바노 교황은 다행히도 표현력이 풍부하고 드물게 우렁찬 목소리를 지니고 있었으므로 그의 말은 아주 멀리서도 잘 듣고 이해할 수 있었다. 회합이 끝나자마자 (프랑스어로 강연했던) 연설문의 사본이 만들어져 유럽 전역에 회람되었다.[25]

교황은 기독교 순례자들이 겪은 고문과 강간과 살인에 대해, 아울러 교회와 순례성지가 어떻게 더럽혀졌는지에 대해 아주 실감나게 설명하면서 연설을 시작했다.

> 수많은 하나님의 교회가 더럽혀졌습니다.…그들은 분뇨와 오물로 제단을 황폐하게 만들었습니다. 그들은 그리스도인들을 난도질한 다음 그 피를 제단에 바르거나 세례반에 부었습니다. 그들은 그리스도인을 죽이는 것을 재미로 삼았습니다. 배를 가르고 내장을 끄집어내어 말뚝에 묶었습니다. 그러한 다음에 희생자들을 채찍으로 때려서 말뚝을 빙글빙글 돌게 만들었고, 결국 내장이 다 흘러나와 땅바닥에 쓰러져 죽을 때까지 그러한 짓을 자행했습니다.…여인들을 끔찍하게 강간한 것에 대해서는 제가 무슨 말을 하겠습니까? 이것에 대해 언급하느니 차라리 입을 다물고 있는 것이 더 낫겠습니다.

이 대목에서 우르바노 교황은 그가 수년 전부터 공들여왔던 두 번째 쟁점을

---

25 우르바노 교황의 연설은 5개의 판본으로 존재하는데 각 판본은 다 완전하지 못하다. 각 판본에 대한 영어번역본이 여럿 있다. 나는 몇 가지 번역본에서 발췌문을 선정했다.

제기했다. 그것은 중세기 내내 지속되었던 만성화된 교전 상태에 관한 것이었다. 교황은 오래전부터 봉건 귀족들 사이에 "하나님의 휴전"(Truce of God)을 관철하고자 애쓰고 있었다. 이들은 단지 뛰어난 전사라는 명예를 얻기 위해 심지어 친구들과도 전투를 벌일 정도로 싸움에 길들여진 사람들이었다. 무엇보다도 이들은 이러한 싸움의 기술을 연마하기 위해 유년 시절부터 매일 훈련 받았던 것이다. 이제 이들에게 기회가 온 것이다. "그리스도인 전사들이여, 그대들은 전쟁을 위한 빌미를 계속해서 헛되이 찾아다녔으나, 오늘 그대들은 진정한 싸움의 명분을 찾았도다.…설령 그대들이 패한다 하더라도 그대들은 예수 그리스도께서 돌아가신 바로 그곳에서 죽는 영광을 누리게 될 것이다. 하나님은 그대들이 거룩한 군대에 속한 자임을 결코 잊지 않으실 것이다.…지옥의 군사들이여, 살아 계신 하나님의 군사가 될지어다!"

그러자 "하나님이 원하신다!"(*Dieu li volt*)는 함성소리가 군중들 가운데 퍼져나가기 시작했다. 남자들은 외투와 다른 천 조각을 잘라내어 십자가 모양을 만든 후 그것을 자기들의 어깨와 가슴에 꿰매어 달았다. 그리고 모든 이들이 이듬해 봄에 예루살렘을 향해 출정하겠노라고 약속했다. 그리고 그들은 정말 그렇게 했다.

성지에서 일어나는 일에 대해 교황이나 황제가 전하는 말을 믿지 말아야 한다는 이야기를 종종 듣곤 한다. 어쩌면 그들은 잘못된 정보를 들었을 수 있다. 어쩌면 그들은 자신들의 유익을 위한 군사적 모험을 선동하려는 의도를 품고 거짓을 획책했을 수도 있다. 심지어 제임스 캐롤(James Carroll)은 교황이 "공동의 적에 맞서" 유럽의 군주들을 연합시키기 위해 무슬림을 위험한 외부세력으로 묘사하는 등 사태를 악의적으로 왜곡했다고 시사하기도 한다.[26] 그러나 런시먼이 지적했듯이, 유럽인들(특히 귀족들)은 기독

---

26   Carroll 2001, 241.

교 순례자들이 당한 끔찍한 일에 대해 알려주는 별도의 믿을 만한 소식통을 (성지순례를 갔다가 간신히 살아 돌아온 친척이나 친구들 중에) 확보하고 있었다. 설령 교황과 황제가 악의적인 선동가들이었다 하더라도 그러한 것 때문에 십자군 참가자들의 동기가 바뀌지는 않았을 것이다. 왜냐하면 그들의 동기는 전적으로 자기들이 믿는 바에 달려 있었기 때문이다.

십자군 원정의 경제적 요인들

만일 기사 계층에 재정적 압박이 있었다면 그들이 절대로 하지 말아야 할 것은 바로 십자군에 가담하여 성지로 출정하는 것이었다. 피터 에드버리 (Peter Edbury)의 말마따나 "십자군 원정은 돈이 많이 드는 일이었고, 그 비용은 고스란히 십자군 자신과 가족 및 영주들이 부담하였다. 12세기 말부터는 점차 서방교회에 부과한 세금으로 충당했다."[27] 그리스도인들이 성지의 한 자락을 차지하기 위해 200년에 걸쳐 설치하고 주둔했던 십자군의 성채와 요새는 해당 지역에서 징수한 세금이 아닌 유럽에서 보내온 자금을 가지고 건설하거나 유지했었다. 십자군 원정에 참전한 기사단이 소유했던 엄청난 재화는 약탈을 통해서 얻은 것이 아니라 유럽에서 보내온 기부금과 유산을 통해 확보한 것이었다.[28] "막대한 양의 은괴가 서구로부터 십자군 주둔지로 흘러 들어갔다."[29] 십자군 원정이 가능했던 것은 그 당시가 경제적 쇠퇴가 아닌 **성장**의 시대였기 때문이다. 이러한 경제성장에 따라 더 많은 재

---

27   Edbury 1999, 95.
28   Edbury 1999; Read 1999.
29   Edbury 1999, 95.

화와 금전이 서구의 지배층 수중에 들어올 수 있었다.[30]

더욱이 십자군에 가담한 자들은 귀족 가문의 "잉여" 자제들이 아니었다. 십자군 원정에 드는 비용이 참으로 엄청났기 때문에[31] 상류층 가문의 수장들만이 원정을 위한 비용을 조달할 수 있었다. 따라서 십자군에 참전해서 기사단과 보병대를 이끌고, 이들에게 드는 비용을 지불했던 이들은 왕, 군주, 백작, 공작, 남작과 같은 이들이었다.[32] 그럼에도 이들은 엄청난 희생을 치르면서 필요한 자금을 조달했다. 많은 이들이 자기가 가진 것의 전부 내지 상당 분량을 처분했고, 친척들에게서 최대한 빌릴 수 있는 대로 빌렸다. 이들은 십자군에 참전하기 위해 자신과 가족들까지 빈곤해질 수도 있는 위험을 감내하였다.[33] 성지에서의 약탈과 식민 사업을 통해 자기들의 손실을 보충하겠다는 생각은 그들 대다수에게 있어 환상에 불과하였다. 전투를 마친 다음에도 동방지역에 남아 있으려는 계획을 가진 이들은 거의 없었다. 그리고 소규모의 수비대를 제외하고는 모두 고향으로 돌아갔다.

십자군 참전의 이유

유럽의 기사들이 가슴에 십자가 문양을 붙이고 동방으로 출정한 데는 두 가지 이유가 있는데, 하나는 일반적인 것이고, 다른 하나는 구체적인 것이었다. 일반적인 이유는 그들이 참회의 필요를 인식하고 있었기 때문이며, 구체적인 이유는 성지를 해방시키려는 것이었다.

---

30   Gillingham 1999, 59.
31   Madden 1999, 12.
32   Riley-Smith 1997.
33   Riley-Smith 1997.

오늘날도 마찬가지지만, 중세 교회는 폭력, 특별히 살인에 대해 대단히 유보적인 태도를 지니고 있었다. 이것은 기사들과 그들의 고해신부들에게 심각한 근심거리를 안겨주었다. 왜냐하면 중세 귀족들 가운데 전쟁은 다반사였고, 어떤 기사가 아주 오랫동안 살아남았다면 그것은 그가 누군가를 죽이는 일에 능수능란했음을 의미하기 때문이었다. 설령 희생자가 개전의 정이라고는 조금도 없는 악인이었다 하더라도 그를 죽이는 것은 죄가 된다고 여겨졌다.[34] 그리고 대부분의 경우, 살인자는 희생자에 대해 도덕적 우위성을 내세울 수도 없었다(때로 정반대인 경우도 있었다). 그 결과 기사들은 참회가 필요한 상황에 늘 처해 있었고, 고해신부들은 온갖 형태의 보속 행위를 그들에게 부과했다. 고해신부들은 이따금씩 유명한 성지로 순례를 다녀올 것을 주문했다. 특별히 끔찍한 죄악을 저질렀을 경우에는 예루살렘 성지로의 장거리 순례를 요구하기도 했다.

앞에서 살펴본 대로 예루살렘으로의 순례여행은 제1차 십자군이 발발하기 수백 년 전부터 드물지 않은 현상으로 자리 잡고 있었다. 해마다 수천 명의 사람들이 종종 단체를 이루어 순례를 떠났다. 예를 들어 1026년에 노르망디 출신의 순례자들은 700명이나 되는 단체를 결성하여 성지를 향한 순례길에 나섰다. 그들은 도중에 서방의 다른 지역에서 온 순례단과 합류하기도 했다.[35] 순례여행이 그토록 흔한 현상으로 자리 잡게 된 주된 이유는 유럽의 기사들이 매우 폭력적이면서도 동시에 매우 종교적이었기 때문이다. 따라서 트리에르(Trier)의 백작 티에리(Thierry)가 1059년 트리에르의 대주교를 살해하자, 고해신부는 그에게 성지순례를 다녀올 것을 요구했고, 그는 그렇게 했던 것이다.[36] 어쩌면 가장 악명 높은 순례자는 앙주 백작 풀

34   Riley-Smith 1997, 49.
35   Riley-Smith 1997, 29-30.
36   Riley-Smith 1997, 28.

크 3세(Fulk III, Count of Anjou)라고 하겠는데, 그는 예루살렘 성지순례를 네 차례나 다녀와야 했다. 첫 번째는 자신의 아내가 염소치기와 불륜을 맺었다는 이야기를 듣고 결혼식 드레스를 입힌 채 불태워 죽인 것을 참회하기 위한 것이었다. 모든 사정을 다 감안해보아도, 그에게는 네 차례의 성지순례조차도 턱없이 모자랐을 것이다. 그는 "약탈자, 살인자, 강도, 거짓 맹세하는 자, 정말 소름이 끼칠 정도로 악마적인 잔인한 성격의 소유자였으며…이웃과 조금이라도 의견이 다르면 이웃의 영지로 돌진하여 파괴와 약탈과 강간과 살인을 저지르곤 했다. 그를 막을 방도가 없었다."[37] 그럼에도 불구하고 그는 고해신부 앞에서는 "짐짓 경건한 태도로 대답하곤 했다."[38]

이렇듯 십자군 참전은 특별히 더 새로울 것이 없는 요구였다. 두말할 것도 없이 많은 기사들이 오랫동안 순례에 대해 생각하곤 했었다. 교황 자신도 그들에게 십자군에 참전하는 것이 그들의 모든 죄를 깨끗이 씻어줄 것이라는 확신을 더해주었다. 아울러 그들은 그리스도의 무덤을 포함한 성지를 구해냄으로써 그것이 더 이상 하나님의 원수들에 의해 훼손되거나 더럽혀지지 않도록 할 수 있을 것이다. 이것이야말로 완전히 존귀하고 거룩한 사명이었으며, 기사들도 그렇게 받아들였다. 이에 대해 부르고뉴 출신의 에티엔 드 뇌블랑(Stephen of Neublans)은 다음과 같이 말한다. "내 죄가 얼마나 많은지 생각해보고, 그리고 우리 주 예수 그리스도께서 자신은 부유하나 우리를 위해 가난하게 되셨을 때, 그의 사랑과 관용 그리고 자비가 어떠한지 생각해보면서, 나는 보잘것없지만 그분이 나에게 값없이 주신 모든 것들에 대해 조금이나마 갚음이 있기로 결단하였습니다. 그래서 나는 하나님께서 사람에게 보이셨고, 그분이 사람들과 이야기하셨던 예루살렘으로 가서, 그

---

37   Erdoes 1988, 26.
38   Riley-Smith 1997, 28.

제13장 유럽의 대응: 십자군 옹호론

분이 밟고 다니신 곳을 흠모하기로 결심했습니다."[39]

만약에 십자군에 참전한 동기가 종교적인 것이 아니라 토지와 약탈물을 얻기 위한 것이었다고 한다면, 유럽의 기사들은 그보다 이른 1063년에 교황 알렉산데르 2세(Alexander II)가 스페인으로부터 불신자인 무슬림을 몰아내기 위해 십자군을 일으킬 것을 제안했을 때 응답했을 것이다. 예루살렘 성지와는 달리 무어인들이 점령한 스페인은 매우 부유했고, 곳곳에 비옥한 토지도 많았으며, 손닿을 만큼 가까운 곳에 있었다. 그러나 교황의 요청에 응한 사람은 거의 없었다. 그렇지만 불과 30년이 지났을 때 수천 명의 십자군 기사들이 저 멀리 떨어진 팔레스타인의 척박하고 빈곤한 황무지를 향해 원정을 떠난 것이다. 무엇이 달랐던 것일까? 스페인은 성지가 아니었다! 그리스도는 톨레도(Toledo)의 거리를 거닐지 않았고 세비야(Seville)에서 십자가에 달린 것도 아니었다.

그리하여 마침내 1099년 6월 7일, 모든 악조건에도 불구하고 십자군 원정대가 예루살렘에 당도했다. 처음 출발했을 때는 아마도 13만을 헤아렸을 것이나 질병과 궁핍, 불운과 이탈 및 다툼으로 인해 병력이 크게 줄어든 나머지 십자군의 수는 (무슬림 역사가들은 30만으로 추산하지만) 고작 1만 5,000에 불과하였다.[40] 예루살렘에 도착한 이들은 굶주린 상태였다(오랫동안 말을 잡아먹으면서 연명해왔던 것이다). 그럼에도 불구하고 잠시 동안 예루살렘을 포위하더니, 수적으로는 크게 열세였음에도 아랑곳하지 않고 1099년 7월 15일에 도성 안으로 쳐들어갔다. 그리하여 약 460년에 걸친 무슬림의 지배를 끝내고 예루살렘이 다시 기독교의 수중에 들어왔다. 하지만 이 과정에서 예루살렘은 거의 파괴되고 인구는 격감하였다.

---

39 다음에서 인용함. Riley-Smith 1997, 72.
40 Hillenbrand 1999, 54.

십자군이 세운 왕국들

예루살렘을 장악하고 십자군을 몰아내기 위해 파견된 이집트의 대군을 격퇴한 다음, 십자군은 그들이 거둔 승리를 지키기 위해 다음 단계의 조치를 취해야 했다. 그들의 조치는 지중해 연안을 따라 독립된 네 개의 왕국을 세우는 것이었다(지도 13.1을 보라). 이 왕국들은 각각 에뎃사 백작령(the County of Edessa: 주요 도시인 에뎃사에서 유래함), 안티오키아 공국(the Princedom of Antioch: 오늘날 터키 남부에 위치한 안티오키아와 그 주변의 배후지), 그리고 이 공국의 바로 남쪽에 위치한 트리폴리 백작령(the County of Tripoli: 레바논의 해안에 자리한 트리폴리에서 유래함), 끝으로 예루살렘 왕국(the Kingdom of Jerusalem)이었는데, 후자는 팔레스타인 해안에서 시작하여 내륙으로 들어가 있는 고립된 영토였으며, 그 영역은 대체로 오늘날 이스라엘의 영토에 해당한다.[41]

다른 세 왕국과는 달리 에뎃사는 사방이 육지로 둘러싸여 있었다. 십자군 주력 부대가 안티오키아를 공격하기 위해 1098년 남쪽으로 진군할 당시에, 보두앵 드 불로뉴(Baldwin of Boulogne)는 소규모의 병력을 이끌고 동쪽의 에뎃사로 가서 그 도시를 통치하던 토로스(Thoros, 그는 그리스 정교회 신자였다)를 가까스로 설득해서 자신을 그의 아들이자 계승자로 삼도록 하였다. 토로스가 성난 백성들에 의해 암살되자 보두앵이 지배권을 가져왔다. 에뎃사는 1098년에 세워진 첫 번째 십자군 국가가 되었고, 이슬람에 의해 재탈환된(1149년) 첫 번째 국가이기도 했다.

---

[41]   Hamilton 2000; LaMonte 1932; Prawer 1972; Riley-Smith 1973; Runciman 1951; Tyerman 2006.

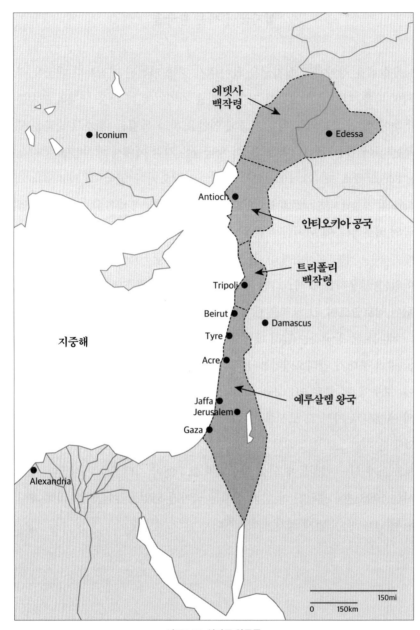

에뎃사
백작령

Iconium

Edessa

Antioch

안티오키아 공국

트리폴리
백작령

Tripoli

Beirut

Damascus

Tyre

지중해

Acre

Jaffa
Jerusalem

예루살렘 왕국

Gaza

Alexandria

150mi
0   150km

지도 13.1 십자군 왕국들

제3부 기독교화된 유럽의 성장

십자군은 오랜 포위 끝에 1098년 안티오키아를 빼앗았다. 포위 기간 동안 보급품이 너무나 부족했던 나머지 기사들은 말을 잡아먹기도 했다. 십자군이 그 도시를 점령하자마자 새로운 무슬림 군대가 나타나서 기사들을 포위했다. 천신만고 끝에 보에몽 드 타란토(Bohemond of Taranto)는 부대를 이끌고 나와서 어떻게든 무슬림을 격퇴시켰다. 나중에 전해진 이야기는 성자들의 군대가 기적처럼 나타나서 기사들을 도왔다고 한다. 그 지역은 독립된 국가로 남아 있다가 1119년 예루살렘 왕국에 편입되었다. 안티오키아는 1268년 이집트의 술탄인 바이바르스(Baybars)가 이끄는 군대에게 함락되었다. 이집트 군대는 그리스도인들을 눈에 띄는 대로 모두 죽였다고 한다(아래를 보라).

트리폴리 백작령은 십자군 국가 가운데 가장 늦은 시기(1102년)에 세워졌다. 그 연원은 제1차 십자군 지도자들 가운데 한 명이었던 툴루즈 백작 레이몽 4세(Count Raymond IV of Toulouse)가 항구 도시인 트리폴리를 포위했던 때로 거슬러 올라간다. 1105년, 레이몽이 갑자기 사망했을 때 그에게 남은 상속자는 어린 아들뿐이었다. 십자군 기사들이 마침내 그 도시를 점령하게 되자 트리폴리 백작령은 예루살렘 왕국에 속한 봉건 국가가 되었다. 이 도시는 1289년 이집트 맘루크 군대에 의해 함락되었다.

가장 중요하고 강력했던 십자군 국가는 단연코 예루살렘 왕국이었다. 이 왕국은 프랑스말로 "바다 너머"를 의미하는 **우트르메르**(*Outremer*)라는 말로 불리기도 했다. 처음에는 이 말을 가지고 십자군 국가 전부를 지칭했는데, 나중에는 주로 예루살렘 왕국을 가리키게 되었다. 다른 국가들과 마찬가지로 우트르메르는 결코 유럽의 식민지가 아니었다. 그것은 완전히 독립된 국가였다. 예루살렘의 공략을 이끌었던 고드프루아 드 부용이 "성묘의 수호자"라는 칭호와 함께 초대 통치자로 등극하였다. 고드프루아가 선택된 것은 그의 성실함때문만이 아니라 그의 군사적 지략으로 인한 것이기도 했다. 예루살렘을 점령한 지 얼마 지나지 않아 그는 이 도시를 재탈환하기 위해 들이닥친 이집트의 대군과 접전을 벌이게 되었다. 그는 수적으로 열세인 병력을 지키며 성벽 안에 숨어 있지 않고 도리어 야음을 틈타 군대를 이끌고 나와 잠자고 있던 이집트 군대를 공격해서 패퇴시켰고 적들에게 커다란 인명 손실을 안겨주었다.

이러한 처참한 패배로 인해 무슬림 지도자들은 오랫동안 예루살렘에 대한 새로운 작전을 감행하지 못했다. 무슬림 역사가인 이븐 자피르(Ibn Zafir)는 "원통해하면서" 다음과 같이 기록했다. "그[이집트의 통치자]는 시리아의 해안 지대를 무슬림의 손에 되찾아올 희망을 포기했으며, 이 일이 있은 다음 개인적으로 그들을 대적하여 전쟁을 벌이지 않았다."[42] 이것은 십자군에게 무척이나 다행스러운 일이었다. 왜냐하면 이집트 군대에 승리를 거둔 후 제1차 십자군 병력의 거의 대부분이 배를 타고 고향으로 돌아갔기 때문이며, 우트르메르에는 약 300명의 기사와 대략 2,000명 정도의 보병으로 구성된 작은 부대만이 남아 있었기 때문이다.[43] 마침내 기사 수도회(knightly religious orders)에 속한 두 단체에서 파견한 병력을 통해 전력을 보강할 수 있었다. 이들 기사단은 "기독교 세계에서 최초로 수도 규율과 군사 기술을 통합한 단체였다."[44] 병원기사단(The Knights Hospitaller)은 애초에 성지순례 중인 그리스도인 환자를 돌보기 위한 목적으로 설립되었다. 이 수도회는 끝까지 "의료와 관련된" 이름을 고수했지만, 청빈-정결-순명으로 구성된 이들의 수도서원에 팔레스타인에 있는 그리스도인들에 대한 군사적 보호의 소명을 포함시키게 되었다(약 1120). 성전기사단(The Knights Templar)은 1119년경에 군사적 수도회로 출범하였다. 병원기사단이 검은 외투를 걸

---

42 다음에서 인용함. Hillenbrand 1999, 77.
43 Tyerman 2006, 178.
44 Madden 1999, 49.

치고 왼쪽 소매에 백색 십자가를 새겼던 반면에, 성전기사단은 흰색 외투 위에 적색 십자가를 새긴 덧옷을 걸쳐 입었다. 두 기사 수도회는 서로에 대해 격심한 증오를 품고 있었지만 그럼에도 이들 모두 예루살렘 왕국에 정예 병사로 구성된 강력한 군사력을 제공해주었다. 이 기사 수도회들은 왕국의 국경을 따라 일련의 성채를 축조하고 적재적소에 자리 잡은 요새에 수비대를 배치하였다.

그렇지만 이들 왕국은 광대하고 사람들로 붐비는 무슬림 세계에 둘러싸여 있었기 때문에 존속 자체가 위태로운 상황이었다. 무슬림의 위협이 특별히 불거질 때마다 수년 동안 유럽에서 새로운 십자군 병력이 동방으로 파견되어 십자군 왕국들을 후원하였고, 그다음에는 귀환하곤 하였다. 종국에 가서는 유럽인들도 "성지"를 수호하고자 하는 열의를 상실하였고, 이슬람 군대가 십자군의 영토를 잠식하기 시작했다. 그렇지만 1291년 아코(Acre)의 마지막 요새가 맘루크의 대군에 함락되기까지 예루살렘 왕국은 지속되었고, 이것만 해도 대단한 업적이라고 하겠다.

앞서 살펴보았듯이, 성지의 수비 병력뿐 아니라 이 모든 것을 위한 대부분의 자금 역시 유럽에서 공급된 것이다.[45] 두 기사 수도회는 유럽에 수많은 수도원들을 건립했고, 이를 통해 젊은 지원자들을 파견했을 뿐 아니라 상당액의 현금을 계속 보내주기도 했다. 일부 기금은 수도원의 수익사업을 통해 조성되기도 했지만(수도원마다 소읍과 마을을 포함한 광활한 영지를 보유하고 있었다), 기금의 대부분은 부유한 유럽인들의 기부를 통해 모인 것이었다. 예루살렘이 정복된 지 약 70년이 지나자 아시아와의 교역로가 예루살렘 왕국의 항구를 경유하도록 변경되어 있었다. 이로 인해 제노바와 피사, 그리고 어쩌면 베네치아까지도 번영을 구가하게 된 것이 이들 이탈리아 도시가 지

---

45   Tyerman 2006, 179.

중해 해상무역에 대한 통제권을 확보했던 까닭이다. 그러나 이러한 번영이 예루살렘 왕국의 경제 전반에 특별히 영향을 준 것은 아니었고, 십자군 참가자들의 동기를 진작하는 데 별다른 역할을 한 것도 아니었다.[46] 이렇듯 이들 십자군 국가는 인력과 자금 면에서 서구 기독교권에 의존해 있었으므로, 이들의 존속 여부는 서구 세계가 지속적 관심을 갖고 지원을 계속하는지에 달려 있었다. 따라서 이러한 관심이 사라지자 이들 국가는 쇠퇴와 붕괴에 처할 수밖에 없었던 것이다.[47] 식민지란 일반적으로 본국에 의한 정치적 지배와 경제적 수탈이 이루어지는 곳을 의미한다. 이런 뜻에서 (영적인 유익에 고도의 물질적 가치를 부여하지 않는 한) 이들 십자군 국가를 식민지라고 볼 수는 없다.[48]

이 모든 상황에도 불구하고 십자군은 무슬림에게 기독교를 강요하지 않았다. 사실상 "십자군이 점령한 영토에 거주하던 무슬림은 대체로 자신의 재산과 생활을 유지할 수 있었고, 아울러 자신의 종교를 지킬 수 있었다."[49] 이로 인해 십자군 왕국의 주민 가운데는 언제나 그리스도인보다 무슬림이 더 많았다. 13세기에 프란치스코회 수도사들이 무슬림의 개종을 위한 전도활동을 시작했으나 이마저도 평화적 설득을 바탕으로 한 것으로, 전혀 성공을 거두지 못한 채 금방 사그라지고 말았다.[50] 사실상 교회도 십자군 원정과 개종 정책을 연결 짓는 것에 대체로 반대하였다. 다만 추후에 유럽에서 기독교 이단을 토벌하기 위해 "십자군"이 동원되던 기간에 이러한 쟁점이 수면 위로 부상하게 되었다(제17장을 보라).[51]

---

46 Riley-Smith 1997, 17.

47 Issawi 1957, 272.

48 Phillips 1995, 112.

49 Madden 2002a, 3.

50 Kedar 1984.

51 Kedar 1984.

십자군이 저지른 전쟁 범죄

앞에서 언급한 스티븐 런시먼의 세 권짜리 저서는 십자군 연구에 지대한 영향을 미쳤는데, 그 결론부의 마지막 문단에서 그는 이 십자군 원정을 "비극적이고 파괴적인 사건"이라고 부르면서, 십자군이 표방했던 "높은 이상"이 "잔인함과 탐욕 및 맹목적이고 편협한 독선으로 얼룩졌음"을 안타까워했다.[52] 그의 이 대작으로 인해 역사학자들 사이에 십자군을 야만적 서구와 세련되고 문명화된 동방이 맞붙었던 사건으로 바라보는 전승이 더 확고하게 자리 잡게 되었다. 이에 따라 십자군 참가자들이 잔인하고 피 흘리기를 좋아하는 종교적 광신도였음을 보여주는 증거가 부각되기에 이르렀다.

　이로 인해 예루살렘 함락 직후에 벌어진 학살이 십자군 참가자들의 잔인성(당시의 기준에서도 잔인했을 뿐 아니라 무슬림 대적과 비교해보아도 특별히 잔인했음)을 보여주는 확실한 증거로 간주되었다. 말하자면, 예루살렘에 대한 단기간의 포위 공격이 있고난 후 십자군 기사들은 마치 폭풍과도 같이 그 도시를 점령하였고, 곧이어 예루살렘 인구 전체에 대한 상상을 초월한 피의 학살이 자행되었다는 것이다. 안타깝게도 이러한 기사를 전하는 것이 다름 아닌 기독교 연대기 작가들이며, 그들은 이를 통해 "예루살렘이 정화 예식을 치렀다는 사실을 전하려 했던" 것이다.[53] 이런 일이 실제로 일어났던 것일까? 연대기 작가들의 보도(거리가 희생자들의 피로 무릎에 잠길 정도였다)는 과장된 것으로 보이지만, 어쨌든 대학살이 있었던 것은 분명해 보인다. 그렇지만 당시의 전쟁 규범에 따르면 예루살렘에 대한 학살이 정당화될 수 있음을 인식하는 것이 중요하다. 왜냐하면 그 도시가 항복하기를 거부했을 뿐

52　Runciman 1951, 3:480.
53　Madden 2002b; Tyerman 2006, xv.

아니라 기습 공격으로 인해 십자군 측에도 수많은 사상자를 냈기 때문이다. 만약에 십자군이 예루살렘 성벽에 대한 공격을 시작하기 전에 예루살렘이 항복했더라면 그와 같은 학살이 일어나지 않았을 가능성이 매우 크다. 그러나 무슬림은 자신들의 군사적 우위를 맹신한 나머지 끝까지 저항하였다. 이러한 경우 지휘관들(그리스도인과 무슬림을 막론하고)은 자신의 부대가 살인과 약탈과 방화를 자행하도록 내버려 둠으로써 추후에 다른 도시들이 끈질긴 저항을 하지 못하도록 본보기를 보여주는 것이 자신의 의무라고 생각했다. 따라서 비슷한 상황에서 무슬림이 승리를 했을 경우에도 전면적인 살육이 뒤따랐을 것이다.

십자군을 주제로 한 서구의 역사책을 읽어보면 분명한 편견이 드러나는데, 그것은 무슬림이 저지른 학살에 대해서는 거의 관심을 기울이지 않는다는 점이다. 로버트 어윈(Robert Irwin)은 다음과 같이 지적한다. "영국에서는 오랫동안 십자군을 야만적이고 고집스러운 전쟁광으로 비하하는 반면에, 아랍 무슬림을 기사도 정신에 충만한 영웅으로 칭송하는 전통이 자리 잡았다. 기사도가 동방의 무슬림에서 기원했다는 믿음마저 광범위하게 퍼져 있었다. 무슬림 기사도의 가장 완벽한 본보기는 다름 아닌 12세기 아읍조(Ayyubid)의 술탄 살라딘(Saladin)이었다."[54] 사실 이것은 최근에 영국에서 꾸며낸 이야기가 아니다. 계몽주의 시대 이래로 "희한하게도" 살라딘은 "어리숙하고 야만스러운 십자군과 대비되는 합리적이고 문명화된 인물"로 묘사되어왔다.[55] 예를 들어 1898년 독일의 빌헬름 황제(Kaiser Wilhelm)가 다마스쿠스를 방문했을 때, 그는 청동제 월계관을 살라딘의 무덤에 올려두었다. 월계관에는 "위대한 황제가 또 다른 위대한 황제에게"라는 명문이 새겨져

---

54   Irwin 2006, 213.
55   Tyerman 2006, 351.

있었다고 한다.[56]

1187년 살라딘이 예루살렘을 재탈환했을 때 그가 그리스도인들을 살해하지 않았다는 사실이 크게 부각되기도 하였다. 영국의 역사학자인 바버라 허튼(Barbara Hutton)은 1869년 그의 책에서 다음과 같이 주장하였다. "살라딘은 그리스도인을 미워했지만, 그들이 애원하면서 자비를 구했을 때 결코 잔인하게 앙갚음하지 않았다."[57] 그러나 허튼을 비롯하여 이슬람에 동조하는 현대의 서구 학자들은 무슬림 작가들도 인정하는 사실 즉 살라딘은 그의 원수들을 대개는 다 살육했지만 예루살렘에서만은 예외였다는 사실에 대해서는 일언반구도 언급하지 않는다. 실제로 살라딘은 예루살렘에 주둔하던 기사들을 다 죽일 요량이었으나 그들이 저항하지 않고 예루살렘을 내놓는다고 하자 그들에게 안전을 보장했던 것뿐이다(다른 무슬림 지도자들과는 달리 그는 자신의 약속을 지켰다). 그 밖에 많은 경우 살라딘은 기사도 정신과는 거리가 먼 인물이었다. 예를 들어 하틴(Hattin) 전투가 끝난 후에 그는 포획된 기사들 중 몇 명은 자신이 직접 처단하였고, 그다음에는 뒤로 물러나 앉아서 나머지 기사들이 처형되는 장면을 즐기기도 했다. 살라딘의 비서인 이마드 엣딘(Imad ed-Din)이 전하는 바에 따르면, "그[살라딘]는 포로들을 감옥에서 죽게 하니 차라리 처형하는 것이 낫다고 말하면서 그들을 참수하라고 명령하였다. 그는 일단의 학자들과 수피들, 상당수의 경건한 신자들과 금욕주의자들을 대동하고 있었는데, 이들은 자기들이 포로 중 한 명이라도 죽일 수 있게 해달라고 간청하면서 칼을 빼어 들고 소매를 걷어 붙였다. 살라딘은 얼굴에 희색이 만연한 채 단상에 앉아 있었고, 불신자들(비무슬림)은 암담한 절망 가운데 처해 있었다."[58] 제1차 세계대전 동안 투르크에 대항하

---

56   Siberry 1995, 368.
57   Siberry 1995, 115.
58   다음에서 인용함. Madden 1999, 78.

는 아랍인 게릴라 부대를 이끌었던 토머스 로렌스(Thomas E. Lawrence)의 무용담이 전해지는데, 그가 빌헬름 황제의 월계관을 살라딘의 무덤에서 치워버린 것은 적절한 행동이었다고 하겠다. 그 월계관은 현재 런던의 대영제국 전쟁 박물관(the Imperial War Museum)에 안치되어 있다.

서방의 많은 역사학자들은 살라딘의 진면목을 간과했을 뿐 아니라, 이집트의 술탄이었던 바이바르스(Baybars, Baibars)에 대해서도 거의 관심을 기울이지 않았다. 그는 당시의 무슬림 역사가들로부터 살라딘보다 더 많은 칭송을 받았다. 1266년 바이바르스는 사파드(Safad)에 있던 성전기사단의 요새를 점령하였는데, 그전에 협상을 통해 그곳의 주민들을 살려주기로 약속했음에도 불구하고 그들을 모두 살해하였다.[59] 같은 해에 그의 군대는 안티오키아를 탈환했다. 그 도시가 고작 4일을 버티고 항복했음에도 불구하고 바이바르스는 여자들과 아이들을 포함한 주민 전체를 처형하거나 노예로 삼을 것을 명령했다. 그 결과 십자군 시대 전체를 통틀어 단일 사건으로는 가장 커다란 학살이 벌어지고 말았다.[60] 7,000명의 남자들이 살해되고, 수만 명의 여자들과 아이들이 노예로 끌려간 것으로 추정된다.[61]

안티오키아 백작 베헤몽 4세(Behemund VI)는 이러한 재난이 그 도시를 덮쳤을 때 그곳을 떠나 있었으므로, 바이바르스는 그에게 편지를 보내 그가 보지 못한 장면들을 생생하게 전해주었다. "너는 너의 기사들이 말발굽 아래에 뻗어 있는 모습을 보았을 것이고, 가옥들이 약탈자들에게 털리는 것을 보았을 것이다.…너는 네가 미사를 드렸던 장소를 너의 무슬림 원수들이 짓밟으며, 제단 위에서 수도승들과 사제들과 부제들의 목을 베고, 총대주교를 급사시키고, 귀족들을 노예로 삼아 끌고 가는 것을 보았을 것이다. 너는 화

---

59   Madden 1999, 181.
60   Madden 1999, 181.
61   Madden 1999, 18.

마가 너의 궁전을 휩쓸고 가는 모습과 죽은 자들이 지옥 불에 떨어지기 전에 먼저 이승에서 불에 타 죽는 것을 보았을 것이다."[62]

안티오키아 대학살에 대한 보도는 십자군을 다룬 서구의 역사책에서는 좀처럼 찾아볼 수 없다. 캐런 암스트롱(Karen Armstrong)은 이 대학살에 대해 보도하기는 하지만, 그 원인을 십자군의 끔찍한 위협에 맞서 "어떻게든 생존하려고 발버둥 치는" 와중에 생겨나게 된 "새로운 이슬람"에서 기인하는 것으로 본다. 암스트롱은 또한 바이바르스가 예술을 후원할 정도로 안목이 있었으므로 "단지 파괴자이기만 했던 것이 아니라…위대한 건설자이기도 했다"고 논평한다.[63] 바이바르스에 대한 암스트롱의 긍정적 평가는 그에 대한 무슬림의 칭송에 비하면 하찮은 아첨일 뿐이다. 1266년경에 새겨진 한 비문은 바이바르스를 가리켜 "세계와 종교를 받쳐주는 지주, 이슬람 신앙과 무슬림을 주재하는 술탄, 불신자와 다신교도에게는 가차 없는 처단자, 반란자와 이단자를 길들이는 조련사…이 시대의 알렉산드로스"라고 부른다.[64] 다른 비문들도 종종 그를 알렉산드로스 대제와 비교한다.

대부분의 십자군이 신앙의 대의를 위해 상당한 개인적 희생을 감수하면서 전쟁에 임했던 것은 사실이지만 이들 가운데 경건한 생활방식을 따르는 자들은 찾아보기 힘들었다. 이들은 먹고 마시기를 탐했으며, 대부분 여러 계명(특히 살인, 간음, 남의 아내를 탐하는 것에 관한 조항)을 범하기 일쑤였다. 게다가 이들이 전리품을 꺼려했을 리도 없고 도리어 닥치는 대로 약탈을 일삼았다. (그렇다고 해도 십자군 원정에 들어간 비용에 비하면 아무것도 아니었다. 그들은 응당 잔인했을 뿐 아니라 피 흘리기를 마다하지도 않았다.) 여하튼 이들은 어려서부터 맨주먹으로든 칼을 들고서든 싸움을 하도록 훈련받았기 때문이다. 그

---

62   Madden 1999, 181-182.
63   Armstrong [1991] 2001, 448.
64   다음에서 인용함. Hillenbrand 1999, 230.

러니 교황 우르바노 2세가 이들을 가리켜 "지옥의 군사"라고 불렀던 것도 무리가 아니다. 이들 십자군에게서 전형적인 중세 전사를 기대하는 것도 확실히 "어불성설"이지만, 내가 볼 때 더 말이 안 되는 것은 십자군 병사들에게는 시대착오적으로 제네바 협약(the Geneva Convention)과 같은 기준을 부과하면서, 그들의 대적자인 이슬람 군대는 마치 유엔 평화유지군이나 억울한 피해자라도 되는 듯이 취급하는 것이다.

십자군에 대한 재평가

캐런 암스트롱이라면 우리로 하여금 십자군이 "오늘날 중동 분쟁을 초래한 직접적 원인"이라고 믿게 하고도 남을 사람이다.[65] 설령 그럴 수 있다고 해도, 그 이유로 거론되는 원인, 즉 무슬림 세계가 지난 긴 세월 동안 십자군에 대해 원한을 품고 살아왔다는 말은 사실이 아니다. 조너선 라일리-스미스(Jonathan Riley-Smith)의 말마따나 "무슬림이 조상들로부터 물려받은 십자군의 폭력에 대한 고통스러운 기억을 간직하고 있다는 소리를 종종 듣는데, 이것은 사실과 완전히 동떨어진 이야기다. 무슬림은 19세기 이전까지 십자군에 대해서 별 관심을 보이지 않았다.…그저 유유자적한 상태에서 무심하게 지나간 일을 회상하는 정도였다."[66] 십자군이 발발했던 당시에도 무슬림 연대기 작가들은 십자군에 대해 거의 관심을 기울이지 않았으며, 그것을 그저 "미개하고, 무식하고, 가난에 찌든 (따라서 무슬림 통치자들과 식자층이 그다지 아는 바도 없고 별로 개의치도 않았던) 비무슬림 종족"이 일으킨 침략 행위쯤

---

65   Armstrong [1991] 2001, xiv.
66   Riley-Smith 2003, 160-61.

으로 간주했었다.[67] 더욱이 대부분의 아랍인들의 입장에서 볼 때 십자군은 그들이 증오하는 투르크족에 대한 공격이었으므로 관심 가질 필요도 없는 하찮은 것에 불과했다.[68] 실로 12세기 말에 이븐 자피르(Ibn Zafir)가 남긴 기록에 따르면, 프랑크인들이 예루살렘 왕국을 점령한 것이 "투르크족의 세력이 이집트로 확대되는 것"을 막아주었으므로 오히려 더 잘된 일이라는 말을 했다고 한다.[69]

십자군에 대한 무슬림의 관심은 19세기에 시작된 것으로 보인다. 당시에 십자군이란 용어를[70] 처음 소개한 것은 프랑스 역사를 아랍어로 번역했던 아랍 그리스도인들이었다. 때마침 서구에서 19세기에 들어 십자군이란 말이 유행하면서 처음으로 재조명되었기 때문이다. 유럽과 미국에서는 월터 스콧(Sir Walter Scott)의 인기 소설에 들어 있는 것과 같은 "십자군 원정에 대한 무훈담"이 매우 각광받는 문학 주제가 되었다.[71] 이러한 변화로 인해 적어도 영국과 미국에서 십자군을 "탈가톨릭화"(de-Catholicized)해야 한다는 요구가 생겨난 것도 그다지 놀라운 일이 아니다.[72] 이 일은 부분적으로 성전 기사단과 교황 간의 갈등을 부각시키면서 전자를 용맹스러운 반가톨릭적 영웅들로 구성된 수도회로 탈바꿈시키는 작업을 통해 진행되었다. 이에 더하여 유럽의 제국주의적 충동과 십자군에 대한 낭만적 이미지를 강력하게 결합시켰고, "이로 인해 제1차 세계대전 중에 대중 언론과 설교단과 영국 전시 작전본부의 공식 선전물에서 전쟁과 전쟁 영웅을 십자군으로 미화하

---

67 Peters 2004, 6.
68 Hillenbrand 1999, 45.
69 다음에서 인용함. Hillenbrand 1999, 45.
70 "십자군"(Crusades)을 의미하는 아랍어 단어는 없다.
71 Knobler 2006, 310.
72 Knobler 2006, 310.

는 표현을 수시로 찾아볼 수 있게 되었다."[73]

한편 동방에서는 오스만 제국이 자신을 지키기 위해 필요한 무기조차 생산해내지 못하는 노쇠한 과거의 유물이자 "유럽의 병자"라는 것이 완전히 노출되고 말았다. 이에 따라 이슬람 문화의 전반적 후진성이 집중 조명을 받았고, 이것이 무슬림 지식인들 사이에서 서구에 대한 "들끓는 분노"를 촉발시켰으며,[74] 결국 이들에게 십자군에 대한 관심을 증폭시켰던 것이다.

이렇듯 현재 무슬림이 십자군에 대해 품고 있는 기억과 분노는 20세기의 산물이며,[75] 부분적으로는 제1차 세계대전 이후 영국과 프랑스의 제국주의 및 제2차 세계대전 이후 이스라엘의 건국에 의해 촉발된 것이다.[76] 유럽인이 일으킨 십자군에 대해서 언급하기 시작한 사람은 당시 절대 권력으로 오스만 제국을 통치하던 마지막 술탄 압둘하미드 2세(Abdulhamid II, 재위 1876-1909)였다. 이에 자극을 받아 무슬림 측에서 십자군의 역사를 다룬 최초의 서적이 1899년에 출간되었다. 이 책의 저자인 사이드 알리 알-하리리 (Sayyid Ali al-Hariri)는 서론에서 다음과 같이 말한다. "오늘날 유럽의 군주들이 우리 숭고한 제국을 공격하는 방식은 과거의 사람들[십자군]이 자행했던 방식과 대단히 유사하다. 우리의 영광스러운 술탄 압둘하미드 2세께서는 유럽이 지금 우리에게 맞서 또 하나의 십자군 전쟁을 수행하고 있다고 똑바로 지적하셨다."[77]

십자군은 무슬림 민족주의자들이 애용하는 단골 주제가 되었다. "혹자는 오직 무슬림이 단결할 때만 이러한 새로운 십자군에 대항할 수 있다고

---

73 Knobler 2006, 310.

74 Lewis 2002, 3.

75 Peters 2004; Riley-Smith 2003.

76 Amdrea 2003, 2.

77 다음에서 인용함. Sivan 1973, 12.

주장하였으며, 십자군의 위협은 범이슬람(pan-Islamic) 운동을 다루는 저술마다 중요한 주제로 부상하였다."[78] 무슬림이 현대 서구와 대면하면서 쇠약해진 상황 속에서도 이슬람 승리주의는 도리어 확산되어왔다. 즉 많은 이들은 십자군을 통해 "미개한 서방이 [이슬람의] 문명화된 가치관을 흡수함으로써 유익을 얻었다"는 식의 의견을 개진했던 것이다. 하지만 십자군이 이슬람에 미친 영향에 대해서는 "열등하고 후진적인 (서구) 문명과 접촉했다고 해서 이슬람이 무슨 유익을 얻었겠는가?"라고 질문할 뿐이다.[79]

십자군이 잔인한 식민주의적 이미지로 굳어지다 보니 결국 서구에 대한 무슬림의 적대감을 드러내는 이념적 어휘들 가운데 다른 것은 거의 다 사장되고 말았다. 예외가 있다면 이스라엘과 아랍의 대립 및 유대인의 음모에 대한 과대망상적 이야기 정도가 언급될 뿐이다.

결론

무슬림의 도발이 없었다면 십자군은 시작되지 않았을 것이다. 십자군이 유럽 식민주의의 첫 장을 연 것도 아니다. 땅이나 약탈물이나 무슬림 개종자들을 얻기 위해 동원된 것도 아니다. 이들은 교양 있는 무슬림을 희생시킨 야만인들이 아니다. 십자군은 기독교 역사에 오점을 남겼다고 할 수 없다. 그러므로 굳이 사과해야 할 필요는 없다.

---

78   Knobler 2006, 320.
79   다양한 무슬림들의 이러한 발언은 다음에서 인용한 것임. Riley-Smith 2003, 162.

제4부

중세의 흐름

"암흑시대" 그리고 다른 시대에 대한 신화들

이제 지금껏 다루었던 것보다 이른 시기, 즉 로마가 멸망하던 때로 돌아가도록 하자. 로마의 멸망에 뒤이어 "암흑시대"가 찾아왔으며, 그 긴 세월 동안 기독교가 부상함에 따라 유럽 전역에 무지와 미신이 만연했었다는 이야기가 지난 수 세기 동안 일반화된 상식으로 자리 잡아왔다. 중세 철학자들에 관한 앤 프리맨틀(Anne Fremantle, 1909-2002)의 연구는 오랫동안 찬사를 받아왔는데, 그 책의 첫머리에서 그는 이 시기를 가리켜 "어둡고 침울한 시기, 대략 1,000년에 달하는 지루하고 지저분한 덩어리가 그리스의 빛나던 황금기와 르네상스와 종교개혁이라는 두 개의 발광체가 내보내는 밝은 빛의 은하 사이에 끼어 있는 형국"이라고 묘사한다.[1]

이탈리아의 인문학자인 페트라르카(Petrarch, 1304-1374)가 아마도 최초로 "로마 제국의 멸망에서부터 자신이 살던 때까지의 시기를 '암

---

[1] Fremantle 1954, ix.

흑'(darkness)"[2]이라고 불렀던 것 같다. 이러한 반기독교적 사상은 수 세기가 흐르는 동안 반향을 불러일으켰으므로, 볼테르(1694-1778)는 이러한 장구한 시대를 "야만과 미신과 무지가 온 세상을 뒤덮었던" 시기로 묘사했다.[3] 루소(Rousseau, 1712-1778)는 "유럽은 오래전과 같은 야만의 시대로 회귀했다. 수백 년 전 이 지역의 사람들은 무지보다 더 열악한 환경에서 살았다"[4]고 말했다. 에드워드 기번(1737-1794) 역시 로마의 멸망은 곧 "야만과 신앙의 승리"라고 선언했다.[5] 가장 최근 들어 버트런드 러셀(Bertrand Russell, 1872-1970)은 자신의 권위에 힘입어 그의 유명한 대학 교재(도판을 넣은 판본)에서 다음과 같이 서술한다. "로마의 중앙 권력이 쇠퇴함에 따라 서로마 제국의 영역이 야만의 시대로 퇴락하게 되었고, 이 시기 동안 유럽은 전반적으로 문화적 침체를 겪었다. 이 시기를 가리켜 '암흑시대'라고 부르는데…이 시대를 두고서 '어둡다'고 묘사하는 것이 부적절하지 않다. 특별히 그 이전 및 그 이후의 시대와 비교해보면 그렇다."[6]

러셀의 말마따나 르네상스 시대와 대비해보면 암흑시대에 무지가 만연했던 것처럼 보인다. 프랑스어의 "재탄생"이라는 말에서 유래한 르네상스 시대는 14세기 말에 시작된 것으로, 그 시기에 유럽인들은 오랫동안 잊혔던 고전 학예를 재발견하였고, 이 새로운 빛으로 당시를 지배하던 지적 어둠을 깨뜨릴 수 있었다. 교과서적인 역사 서술에 따르면 르네상스의 발생 원인은 피렌체[7]와 이탈리아 북부의 주요 도시에 대한 교회의 통제가 쇠퇴하면서 그리스-로마 시대의 고전 문화가 부흥할 수 있는 여건이 조성되었기

---

2   Mommsen 1942, 237.
3   *Works* 12.
4   다음에서 인용함. Gay 1966.
5   Gibbon [1776-1788] 1994, vol. 6, 71.
6   Russell 1959, 142.
7   Burckhardt [1860] 1990, 19; Stark 2005.

때문이다. 이에 더하여 지식의 중요성에 대한 새로운 이해가, 특별히 신학의 간섭을 받지 않던 과학 지식의 분야에서 생겨나서 르네상스로부터 곧바로 계몽주의로 이어졌다. "이성의 시대"(Age of Reason)라고도 불리는 계몽주의 시대는 16세기에 시작되었는데, (때마침 일어난 종교개혁 덕분에) 세속 사상가들은 교회의 통제를 벗어나 과학과 철학에 혁명적 변화를 일으켰고, 이로써 근대 세계가 도래하였던 것이다. 러셀의 말을 한 번 더 인용하자면, "계몽주의는 그 본질에 있어 독립된 지적 활동이 지닌 가치에 대한 재평가이며, 말 그대로 여태껏 어둠이 지배하던 곳에 빛을 전파하는 것을 목표로 하고 있었다."[8]

요컨대 서구의 역사는 크게 네 시대로 구분된다. 첫째는 고전 고대이고, 둘째는 교회의 지배를 받던 암흑시대이며, 셋째는 르네상스-계몽주의 시대이며, 이 시대는 넷째 근대 시대로 이어진다. 수 세기 동안 이러한 시대 구분이 서구 역사를 다루는 모든 교과서에 적용된 기본 도식이었다.[9] 하지만 사실 신중한 역사학자들은 수십 년 전부터 이러한 도식이 순전히 날조된 것, 즉 "자화자찬에 빠진 르네상스 인문주의가 남겨놓은 견고한 화석"[10]에 지나지 않은 것임을 알고 있었다. 물론 미술사 분야에서 르네상스라는 용어를 사용하여 고전 양식에 대한 새로운 관심이 출현했던 특정 시기를 파악하고, 그럼으로써 해당 시기를 고딕 시대 및 바로크 시대와 구별하는 것은 적절하다고 하겠다. 그러나 이러한 용어를 적용하여 암흑시대 다음에 진보의 시대가 다시 출현했다는 식으로 주장하는 것은 적절치 못하다. 왜냐하면 **암흑시대란 것은 결코 존재한 적이 없기** 때문이다.

---

8   Russell 1959, 232.
9   Bouwsma 1979, 4.
10   Hollister 1992, 7.

"암흑시대"라는 신화

참으로 역설적이게도 서구문명이 발흥하는 데 가장 유익을 준 요인이 바로 로마의 멸망이었다. 모든 고대 제국과 마찬가지로 로마도 지배집단 가운데 만연한 권력투쟁에 시달렸으나, 그러한 권력투쟁과 상존하는 영토분쟁 및 몇몇 인상적인 공공건설 사업을 제외하고 나면 새로운 혁신은 거의 일어나지 않았다. 기술적 변화든 문화적 변화든 너무나 서서히 진행되었던 나머지 거의 감지하기도 힘들 정도였다. 이 때문에 로마의 걸출한 공학자인 섹스투스 율리우스 프론티누스(Sextus Julius Frontinus, 기원후 40-103)는 "발명은 오래전부터 한계에 도달하였다. 더 이상 발전에 대한 희망을 찾을 수 없다"고 언급했다.[11] 발전은 고사하고 수 세기가 지나는 동안 사람들은 대부분 예전부터 늘 살아오던 방식대로 "최소한의 생존조건을 약간 상회하는 정도로… 가축들과 별 차이 없는" 삶을 지속할 뿐이었다.[12] 물론 제국의 전체 인구 중 절반 정도는 노예로 구성되어 있었으며, 이들은 실제로 가축과 다름이 없었다. 그러나 심지어 로마의 자유민들조차 대부분 최소한의 생존수준에서 연명하고 있었는데, 이는 그들에게 보다 나은 생활수준을 성취할 만한 잠재력이 결여되어 있었기 때문이 아니라 약탈적 지배층이 "잉여" 산물을 다 빨아들였기 때문이다. 생존을 위해 필요한 최소한의 것을 넘는 모든 산물을 지배층이 다 수탈한다고 하면 그 누구도 굳이 더 많이 생산하려는 동기를 가질 수 없을 것이다. 그 결과 지배층은 엄청난 부를 누리고 있었음에도 불구하고 로마는 매우 빈곤하였다. 존스(E. L. Jones)의 말마따나 "황제들은 막대한 부를 축적했지만 그럼에도 그들이 지배하는 영토와 인구의 광대함에

---

11 *Wall Street Journal*, Dec. 28, 2009, A15.
12 Harris [1977] 1991, 235.

비해 상대적으로 적은 양의 수입을 얻었을 뿐이다."[13]

로마 제국의 붕괴 덕분에 "그 동안 세금을 갈취당했던 수백만의 인구가 그들을 마비상태로 몰아가던 억압에서 놓여남에 따라"[14] 새로운 기술이 다수 출현하기 시작했고, 그것이 신속하고 광범위하게 자리 잡음으로 인해 보통 사람들은 훨씬 더 나은 삶을 살 수 있게 되었으며, 로마 치하에서 수 세기 동안 감소하던 인구가 마침내 다시 늘어나기 시작했다. 생산계급의 고혈을 짜내어 로마 지배집단의 엄청난 낭비를 충당하거나, 황제의 자존심을 위해 거대 기념물을 축조하거나, 로마의 숱한 식민지를 통제하기 위해 막대한 군대를 지원하는 일이 더 이상 없게 되었다. 그 대신에 인간의 노력과 천재성이 농업과 해운과 교역과 상업과 교회건축과 전투기술과 교육과 심지어 음악 등을 발전시키는 쪽으로 전환되었다. 그러나 수 세기가 지난 후에도 고전기 그리스와 로마의 위대함을 보여주는 여러 유적이 여전히 눈길을 끌고 있었기 때문에 많은 지성인들은 이러한 "위대한 문명"의 상실을 애석히 여겨왔다. 많은 이들은 이러한 위대함이 얼마나 큰 인간의 고통을 필요로 하는지 잘 알고 있음에도, 노예제도를 "이러한 업적을 위해 감당해야 하는 희생" 정도로 아주 흔쾌히 치부해버리곤 하였다.[15] 쉽게 말하자면, 너무나 오랫동안 아주 많은 역사학자들이 관광객만큼이나 로마의 기념물과 궁전과 엄청난 소비에 입을 벌리고 감탄하면서, 이러한 "범세계적" 장소들을 중세의 교역 도시를 비롯한 "국지적" 거주지들과 불공정하게 비교하는 아둔한 일들을 벌여왔던 것이다.

어쨌든 "암흑시대"로의 "몰락"이란 것은 존재하지 않았다. 몰락하기는

---

13   Jones 1987, xxiii-xxiv.
14   Bridbury 1969, 533.
15   Vogt 1974, 25. 대중에 대한 관심에도 불구하고 Friedrich Engels는 동일한 입장을 취했다. 다음을 보라. Finley 1980, 12.

제14장 "암흑시대" 그리고 다른 시대에 대한 신화들

커녕 유럽은 로마의 속박에서 벗어나서 수백 개의 독립된 "소국들"(statelets)로 분리되었다.[16] 이러한 여러 사회들에서는 진보와 생산증대가 커다란 유익을 가져다 주었고, 또 이로 인해 "이전의 어느 문명에서도 경험하지 못했던 규모로" 기술의 발전과 실제 적용이 진행됨에 따라 "인류 역사상 손꼽히는 위대한 변혁의 시대"가 도래하게 되었다.[17] 사실상 유럽이 기술적으로나 지적으로 커다란 도약을 달성함으로써 세계의 여타 지역보다 앞서나가게 되었던 것은 바로 "암흑시대"에 일어난 일이다.[18] 어떻게 역사학자들이 이러한 실수를 범할 수 있었단 말인가?

유럽이 "암흑시대"에 떨어졌다는 생각은 부분적으로 볼테르나 기번을 비롯한 반종교적 지식인들이 날조한 속임수였다. 이들은 자신들이 살던 시기가 "계몽주의" 시대임을 과감하게 주장했던 것이다. 또 다른 요인은 지식인들에게는 종종 어문 이외의 것에는 아무런 관심도 기울이지 않는 습성이 있다는 점이다. 사실 로마의 몰락 이후 유럽의 식자층에서도 로마의 일류 작가들에 필적하는 수준의 세련된 라틴어를 구사하지 못했다. 여러 지식인들이 보기에, 이것은 그 시대가 낙후되었다고 간주하기에 충분한 요인이 되었던 것이다. 게다가 이 시기 동안 플라톤이나 아리스토텔레스와 같은 고전기 사상가들을 향한 관심이 극히 제한되어 있었으므로 이 역시 광범위한 무지의 증거로 여겨졌던 것이다.

"암흑시대"라는 신화를 만들어내는 데 작용한 또 다른 요인은 이 시기에 고대 로마나 알렉산드리아와 같이 수십만의 주민을 수용하는 거대 도시를 더 이상 찾아볼 수 없었다는 점이다.[19] 중세 유럽에 산재한 소규모의 마

16　Jones 1987, 106.
17　Gimpel 1976, viii, 1.
18　White 1940, 151.
19　Stark 2006.

을과 같은 곳에서 고급문화를 육성하기란 분명히 불가능하였을 것이다. 기원후 1,000년에 파리 주민은 2만 명에 불과하였고, 런던도 그보다 많지 않았으며, 로마의 경우는 3만 명 이하로 감소되어 있었다.[20] 그러나 "암흑시대"의 신화를 형성하는 데 어쩌면 가장 중요한 요소는 지식인들이 실생활을 영위하기 위해 필요한 기본적인 것에 대해 제대로 평가하거나 적어도 그것에 대해 주목할 만한 능력조차 없기 때문일 것이다. 따라서 농업, 무기제조, 전투기술, 무인 동력, 운송, 제조업, 그리고 상업 등에서 일어난 혁명적 변화를 제대로 평가할 수 없었다. 예를 들어 로마의 몰락기에도 유럽 전역에 노예제도가 광범위하게 자리 잡고 있었는데, "르네상스" 시대가 되면 노예제도는 이미 지나간 과거의 이야기가 되었다. 그러나 정말로 설명하기 힘든 것은 "암흑시대"의 신화를 만들어낸 사람들이 어떻게 자기들의 일차적 관심사였던 "고급문화"(high culture)마저 간과할 수 있었던가 하는 점이다. 문화에 대한 관심에도 불구하고 이들은 음악, 미술, 문학, 교육 및 과학 분야에서 일어난 거대한 진보를 보지 못했거나 묵살했던 것이다.

나는 "암흑시대"라고 불리는 신화적 시기 동안 실제로 무엇이 일어났는지에 대해 다른 저서에서 자세히 기술한 바 있다.[21] 여기서는 간단히 요약하는 것으로 충분할 것이다.

---

20   Chandler 1987.
21   Stark 2003; 2005.

기술의 발전

로마인들은 수력이나 풍력을 거의 활용하지 않았다. 그들은 노예들을 이용한 육체노동을 선호했다. 이와 대조적으로 9세기에 실시한 토지 실태 조사에 따르면, 파리 근교 센(Seine)강 연안에 있는 토지의 삼분의 일이 물방앗간을 보유하고 있었으며, 이 중 대다수는 교회 영지에 설치되어 있었다.[22] 수 세기가 지난 후 센강 연안을 따라 20미터마다 물방앗간 1개소가 자리하고 있었다.[23] 한편 영국으로 건너가 **둠즈데이북**(*The Domesday Book*: 1086년 정복자 윌리엄의 명령에 의해 편찬된 토지대장, 현대 인구조사의 선구적 형태)의 기록을 살펴보면, 영국에서는 이미 5,624개소의 물방앗간이 가동 중이었다. 이것은 50가구마다 한 대꼴로서 실제로는 이보다 더 많았다고 전해진다.[24] 다른 무엇보다 바로 이들 물방앗간이 모직물 제조업을 기계화시켜서 영국이 곧바로 유럽 시장을 지배하도록 했던 것이다.[25] "암흑시대"에 댐들도 많이 건설되었다. 1120년경 툴루즈(Toulouse)에 건설된 댐은 길이가 400미터가 넘었는데, 수천 그루의 거대한 참나무 목재를 강바닥에 쌓아서 앞뒤로 울타리를 만들고, 그 사이에 흙과 자갈을 채우는 방식으로 조성한 것이다.[26] 마찬가지로 "암흑시대" 유럽인들은 교량 건설에도 탁월했다. 최근 들어 수중 고고학자들은 아일랜드 샤넌(Shannon)강에서 150미터 이상의 교량을 지지하던 버팀목을 발견했는데, 나이테를 살펴본 결과 이 버팀목이 모두 803년에 벌목된 것을 확인할 수 있었다.[27]

---

22 Lopez 1976, 43.
23 Gimpel 1976, 16.
24 Gies and Gies 1994, 113.
25 Stark 2005, chap. 5.
26 Gies and Gies 1994, 117.
27 Duke 1998, 480.

이 시기 동안 유럽인들은 풍력도 이용하게 되었다. 그들은 물방앗간을 통해 동력을 공급하던 기구에 풍차를 사용했을 뿐 아니라, 현재 벨기에와 네덜란드에서 볼 수 있듯이 광활한 간척지를 개척하기 위해 바닷물을 배수하는 데 풍차를 활용하기도 했다. 이러한 과업에 투입된 수만 대의 풍차가 "암흑시대" 내내 밤낮없이 돌아갔다. 12세기 말이 되면 서유럽에 풍차가 너무 늘어나서 풍차 소유자들은 다른 풍차가 자기 풍차의 바람을 가로막는다는 이유로 서로 소송을 벌이기도 했다.[28] (이 당시 유럽에는 이미 법정이 잘 갖춰져 있었고, 법률가라는 직종도 성행했는데, 그렇다고 후자를 가리켜 진보라고 부를 정도는 아니었다.)

한편으로 농업에서도 혁명적 변화가 진행되었다.[29] 우선 삼포제(three-field system)로의 전환이 이루어져 해마다 경작지의 삼분의 일을 휴경하면서 (잡초를 제거하기 위한) 밭갈이와 거름주기 작업을 시행하였다. 이렇게 토지를 재생한 결과 더 많은 작황을 기대할 수 있었다. 게다가 더욱 견고한 쟁기가 발명되어 이탈리아 북부의 습하고 조밀한 토양을 경작할 수 있게 되었고, 말의 가슴걸이(horse-collar)를 도입하여 느린 소를 말로 교체함으로써 밭가는 속도를 최소한 두 배로 늘릴 수 있었다. 선별적인 작물 육종도 수도원에서 시작되어 생산성이 더 높고 내한성이 강한 작물이 도입되었다. "암흑시대"에 이룩한 모든 업적으로 인해 더 많은 인구에게 더 나은 식단이 제공되었다.

또한 대단히 중요했던 것 한 가지는 굴뚝의 발명이었는데, 이로 인해 건물이나 주택의 지붕에 연기 배출을 위한 구멍을 뚫지 않고서도 눈비와 찬 공기의 유입을 막아주어 실내를 덥힐 수 있었다. 또 다른 혁신은 안경의 개

---

28   Gimpel 1976, 25-27.
29   Stark 2005, chap. 5.

발이었다. 안경은 1280년경에 발명된 즉시 대량 생산으로 이어져 엄청난 수의 사람들에게 그전에는 도저히 누릴 수 없었던 생산적인 삶을 가능하게 해주었다.[30] 1492년 콜럼버스가 대서양을 넘어 첫 번째 항해를 떠났을 때만 해도 안경은 아직 유럽에만 보급되어 있었다.

"암흑시대" 이전에는 중무장 기병대라는 것이 존재하지 않았다. 기마 병들은 말 위에서 긴 창을 겨눈 채로 말과 기병의 전체 무게를 싣고서, 전속력을 내어 앞으로 돌진할 수 없었다. 그 까닭은 등자와 알맞은 안장이 없었기 때문이다. 발을 받쳐주는 등자도 없이 기병이 창을 겨누고 돌진하다가 방향을 돌리면 말 위에서 추락하기 일쑤였다. 기수가 갑작스러운 타격을 버틸 수 있으려면 높은 안마와 안미(기병의 둔부를 부분적으로 감싸는 형태로 굽어진 부분)를 지닌 안장이 필요했다. 중무장 기병대를 만들어낸 것은 로마나 기타 호전적인 제국이 아니었다. 고대의 기마병들은 가볍고 거의 평평한 방석 같은 안장을 사용하거나 아니면 안장도 없이 말을 타야 했다. 등자는 생각도 하지 못했다. 따라서 이들 기마 전사는 그저 활이나 쏘고, 단창이나 던지고, 칼이나 휘두르는 정도였다. 적들을 향해 돌진할 수 없었던 것이다. 흔히 "야만스럽다"고 하는 프랑크인들은 732년 투르(Tours)의 전장에 대규모의 중무장 기병대를 처음으로 출정시켜 침략해오는 무슬림 군대를 도륙하였는데, 이때 이들은 높이 받쳐진 노르만 안장에 몸을 고정한 채로 혁신적인 등자를 딛고 서서 긴 창을 겨누며 그들을 공격했었다.[31] 약 400년 후에 유럽의 기사들이 성지에서 무슬림 군대와 대면했을 때도 이러한 기본 형태는 바뀐 것이 없었다. 십자군은 아직까지도 등자와 편안한 안장을 갖춘 유일한 군대였다. 그들은 또한 석궁을 사용할 줄 아는 유일한 군대이기도

---

30   Landes 1998, 46.
31   Montgomery 1968; White 1962.

했다.

　　로마의 해군은 노를 저어 움직이며 여기에 돛을 보조적 용도로 사용하던 갤리선(galleys)을 기본으로 삼고 있었다. 처음에는 배들끼리 부딪히면서 싸우다가, 다음에는 칼과 창을 들고 육탄전을 벌이는 식이었다. 그러다 "암흑시대"가 끝나기 전에 유럽에서는 진짜 범선을 발명했고 거기에 대포를 장착하였다.[32] 화약이 서양의 발명품이 아니라는 사실은 대수로운 문제가 아니다. 정말 중요한 것은 중국으로부터 화약이 도입된 지 10년이 채 지나기도 전에 유럽 전역에서 교회 종을 제작하던 기술자들이 성능 좋은 대포를 주조했고, 육군과 해군이 이것을 채택함으로써 전쟁의 성격이 바뀌어버렸다는 사실이다.[33] 반면에 중국도 대포를 주조하긴 했지만 성능이 좋지 않았고, 대체로 화약을 가지고 불꽃놀이를 즐기는 데 만족하는 정도였다.[34] 이러한 것들은 "암흑시대" 동안 이루어진 중요한 기술적 혁신 가운데 일부에 지나지 않는다. 분명한 것은 이 시대에 대단히 중요한 기술적 진보가 일어났던 나머지 그리스와 로마의 고전기를 훨씬 능가하게 되었다는 사실이다. 1097년 성지로 출정했던 십자군 기사들의 수중에는 아직 화약이 없었지만, 그들이 만약 로마의 군단과 교전을 벌였다고 한다면 그 정도는 쉽게 제압하고 말았을 것이다.

32　Lane [1934] 1992, 35-53.
33　Barclay, Nelson, and Schofield 1981, 488.
34　Needham 1980.

자본주의의 발명

서구 문명의 발흥을 연구하는 역사학자들은 자본주의의 발달이 엄청난 중요성을 지닌다는 점에 동의한다. 카를 마르크스(1818-1883)도 이러한 견해를 지지하면서 다음과 같이 말한다. "자본주의는 이전의 모든 세대를 합한 것보다 더 거대하고 어마어마한 생산력을 창출해냈다."[35] 많은 사회학자들이 자본주의의 기원을 개신교 종교개혁에서 찾는 막스 베버(Max Weber, 1864-1920)의 주장을 아직도 되풀이하고 있지만, 자본주의는 실제로 "암흑시대"의 "심연" 속에서 출현하였다. 9세기에 들어 번영하던 거대 수도원들이 보유한 영지가 고도의 상업활동을 수행하는 잘 조직되고 견실한 기업으로 발전하게 되었다. 이에 따라 발전 도상에 있던 자유 시장에 복잡한 은행체계가 생겨났고, 그 속에서 시장경제의 총화라고 할 수 있는 자본주의가 출현하게 되었던 것이다.[36] 곧이어 세속적 성격의 자본주의적 회사들이 특별히 이탈리아의 주요 도시국가에서 많이 설립되었으며, 이에 따라 자본주의는 급속도로 확산되기 시작했다. 13세기가 되면 이탈리아의 주요 은행이 173개소를 헤아리게 되었고, 이들은 서유럽 전역에 수백 개의 지점을 보유하고 있었으며, 심지어 영국과 아일랜드에서도 이들의 지점을 찾아볼 수 있었다.[37]

자본주의는 대규모 수도회에 그 기원을 갖고 있으므로 기독교 신학자들은 이윤과 이자에 반대하던 기존의 교리를 재고해야만 했다. 알베르투스 마그누스(St. Albertus Magnus, 1206-1280)는 어떤 물건에 대해 지불하는 "공정 가격"(just price)이란 그 물건에 소요된 비용이 아니라 "그 물건을 판매할

---

35 In *The Communist Manifesto*, 1848.
36 Collins 1986; Stark 2005.
37 Stark 2005.

당시 시장의 평가에 따른 물품의 가치"라는 의견을 개진한다.[38] 다시 말해서 가격이란 구매자가 강요받지 않은 상태에서 흔쾌히 지불할 용의가 있는 금액이란 이야기다. 토마스 아퀴나스(St. Thomas Aquinas, 1225-1274)는 자기 스승의 의견에 공명하면서도 다른 어휘를 사용하여 "어떤 사람이 어떤 물건을 해당 가치 이상으로 판매하는 것이 과연 적법한가?"라는 질문을 제기하고, 공정 가격에 대한 분석을 시작한다.[39] 그는 이 질문에 대답하기 위해 우선 "싸게 사서 비싸게 팔고자 하는 것은" 자연스럽고 적법한 것이라는 아우구스티누스(354-430)의 말을 인용한다. 다음으로 아퀴나스는 사기를 정당한 거래에서 배제시킨다. 끝으로 그는 가치란 실제로 존재하는 객관적 실체가 아님을 인정한다. 즉 "재화의 공정 가격이란 절대적으로 정해진 것이 아니며", 구매자가 사기를 당하거나 강압에 의한 것이 아니라면 그것은 물건을 사고자 하는 구매자의 욕구와 물건을 팔고자 하는 (또는 그것에 대해 망설이는) 판매자의 의향 사이에 진행되는 작용이다. 공정성을 보장하기 위해 가격이란 일정 시점에 모든 잠재적 구매자들에게 동일해야 한다. 그러할 때에라야 가격의 차별을 막을 수 있다.

대출금에 붙는 이자에 대한 아퀴나스의 태도는 이례적으로 혼란스럽다. 어떤 글에서 그는 모든 이자를 고리대금에 해당하는 범죄로 단죄하는가 하면, 다른 글에서는 대부업자도 보상을 받을 자격이 있음을 수긍한다. 그러나 얼마를 받아야 하고, 왜 그러해야 하는지에 대해서는 모호한 입장이다.[40] 그렇지만 상업 경제의 급격한 팽창이라는 현실에 촉발되어 아퀴나스의 여러 동시대인들, 특별히 교회법학자들은 아퀴나스처럼 신중하기보다

---

38 Albertus Magnus, *Commentary on the Sentences of Peter Lombard.* 다음에서 인용함. de Roover 1958, 422.
39 나는 다음의 번역본을 사용하였다. Monroe (1975), Aquinas's *Summa Theologica*.
40 Little 1978, 181.

는 이자의 발생이 고리대금으로 간주되지 않는 예외적 상황을 많이 찾아내게 된다.[41] 예를 들어 토지와 같은 생산적 부동산을 대출에 대한 담보로 받았을 경우, 대출해준 사람은 대출 기간 동안 토지의 모든 생산물을 수취할 수 있고, 그것을 부채의 총액에서 공제하지 않아도 된다.[42] 다른 예외 조항은 대체로 대출자에게 발생하는 "비용"에 관한 것들이다. 예컨대 되팔기 위한 재화의 구입이나 새 전답을 구매하는 등 기타 상업 활동에 사용할 수도 있던 금액에 대해 보상을 하는 것이 당연하다고 하겠다. 이렇듯 수익활동을 위한 여타의 기회가 전적으로 합법적이므로, 그것을 하지 못한 것에 대해 대출자에게 보상하는 것 역시 합법적인 것이다.[43] 따라서 "고리대금의 죄"라는 조항이 책에는 남아 있었지만, 굳이 말하자면 "고리대금업"이란 용어는 사문화되고 말았다.

이렇듯 늦어도 13세기까지는 당시에 부상하고 있던 자본주의의 주요 측면들(이윤, 재산권, 신용, 대출 등)에 대해 지도급의 신학자들 간에 충분한 논쟁이 진행되었다. 레스터 리틀(Lester K. Little)이 요약하듯이, "각각의 경우에 대해 이들은 대체로 호의적이고 긍정적인 견해를 내놓았는데, 이는 그 직전 세대에 이르기까지 지난 600년 내지 700년간을 지배해왔던 태도와는 극명하게 대조되는 것이었다."[44] 이리하여 자본주의는 신앙의 모든 굴레로부터 마침내 완전히 해방되었다.[45]

이것은 괄목할 만한 변화였다. 무엇보다도 큰 변화는 스스로를 세상과 구별하였던 신학자들에게서 나타났다. 그들은 대부분 청빈의 서약에 묶여

---

41   Gilchrist 1969; Little 1978; Raftus 1958.
42   Gilchrist 1969, 67.
43   Hunt and Murray 1999, 73.
44   Little 1978, 181.
45   Southern 1970b, 40.

있었고, 그들보다 앞선 신학자들 대부분은 상인과 상업활동을 경멸했었다. 만약에 금욕주의가 수도회들을 실제로 지배했었다면 상업을 멸시하거나 반대하는 기독교적 자세에 근본적 변화는 고사하고 그러한 태도가 약화되는 것조차 나타나기 힘들었을 것이다. 이러한 신학적 변혁은 세속적 요구를 직접 겪음으로써 얻어진 결과였다. 수도원이 베풀어온 자선활동이 진정성에서 우러난 것이었지만, 그렇다고 해서 수도원의 책임자들이 수도원의 재산을 다 희사하거나 수도원의 생산물을 원가에 팔려고 하지는 않았다. 대수도원들이 자유 시장에 적극적으로 참여함에 따라 수도사 출신의 신학자들도 상거래에 요구되는 도덕성에 대해 재고하게 되었던 것이다. 이러한 일이 이슬람 신학에서는 발생하지 않았으며, 그로 인해 자본주의가 발달할 수 없었고, 이는 이슬람 경제의 진전에 분명한 한계로 작용하였다.

도덕적 진보

모든 고대 사회는 노예제 사회였다. 플라톤과 아리스토텔레스도 모두 노예를 소유하고 있었고, 그리스의 도시국가에 거주하던 자유민들 대부분도 이와 다를 바 없었다. 사실상 초기의 원시적 수준을 탈피한 모든 사회가 노예제 사회였다고 알려져 있다. 콜럼버스가 항해를 떠나기 오래전부터 미국 북서부에 살았던 인디언 부족들 가운데도 다수의 노예가 존재했었다.[46] 이렇듯 노예제가 보편화된 가운데 인간의 노예화를 거부한 유일한 문명이 있었으니, 그것은 바로 기독교 문명이었으며, 그 역사 가운데 노예제도를 거부했던 경우가 두 차례나 존재했었다.

---

46   Stark 2003, chap. 4.

나는 다른 책에서 노예제도가 어떻게 서반구에서 재등장했다가 금지되었는지에 대해 이야기한 적이 있다.[47] 그런데 역사상 노예제도가 최초로 폐지되었던 때는 "르네상스"나 "계몽주의" 시대가 아니라 "암흑시대"라고 불리던 중세기였다. 이 위업을 달성한 것은 명민했던 교회의 성직자들로서, 이들은 사제들에게만 유보된 성직서품 예식을 제외한 모든 성례전을 최초로 노예들에게도 베풀었다. 맨 처음엔 노예가 그리스도인이 된다는 것이 무슨 의미를 함축하는지 알아차리지 못했다. 그러나 얼마 지나지 않아 성직자들은 진정한 그리스도인이라면 (또는 유대인이라도) 그 누구도 노예가 될 수 없음을 주장하기 시작했다.[48] 노예들 중에도 그리스도인이 있었기 때문에 사제들은 노예 소유주에게 노예를 풀어줄 것을 촉구하면서, 이것이야말로 노예의 구원을 확실하게 하는 "무한히 칭송할 만한 일"이라고 권면하곤 했다.[49] 현존하는 유언장들에는 노예의 방면에 대한 기록이 많이 남아 있다. 곧이어 다른 요인이 생겨났는데 그것은 바로 통혼이었다. 대부분의 유럽에서 법으로 금지되어 있었음에도 불구하고 7세기까지 대체로 자유인 남성들과 노예 출신 여성들 사이에서 성사된 통혼에 대한 증거가 상당히 많이 남아 있다. 이러한 통혼 중 가장 유명한 사례는 649년에 프랑크의 왕이었던 클로비스 2세(Clovis II)가 영국의 노예였던 바틸다(Bathilda)와 결혼한 것이다. 657년에 클로비스가 사망하자 바틸다는 장남이 성년이 될 때까지 섭정으로서 통치하였다. 바틸다는 자신의 직위를 이용해서 노예 거래를 중단하는 운동을 벌였고 노예 신분에 속한 자들을 구제하였다. 바틸다의 사후에 교회는 그를 성녀로 시성했다.

8세기 말 샤를마뉴(Charlemagne)도 노예제도를 반대했다. 교황을 비롯

---

47 Stark 2003, chap. 4.
48 Bonnassie 1991, 30.
49 Bloch 1975, 14.

하여 기타 유력하고 유능한 성직자들 가운데 많은 이들이 바틸다를 지지하여 목소리를 내었다. 9세기가 시작되면서 리옹의 주교 아고바드(Agobard)는 다음과 같은 말로 규탄하였다. "모든 사람은 형제이며, 모든 사람은 한 분이신 하나님을 아버지로 부릅니다. 노예와 주인, 빈자와 부자, 무식한 자와 배운 자, 약한 자와 강한 자…어느 누구도 다른 사람 위에 높임 받지 않습니다.…노예와 자유인 간의 구별은 존재하지 않습니다. 만유 가운데 언제나 그리스도만이 계십니다."[50] 얼마 지나지 않아 "노예제가 하나님의 법에 어긋나는 것임을 의심하는" 사람을 한 사람도 찾아볼 수 없게 되었다.[51] 실로 11세기 내내 울프스탄(St. Wulfstan)과 안셀무스(St. Anselm)는 기독교권에서 노예제의 마지막 흔적을 제거하기 위한 운동을 성공적으로 수행했다.[52]

고급문화의 발전

볼테르와 기번을 비롯하여 기타 계몽주의 지지자들이 공학 분야의 성취나 농업 내지 전투기술에서의 혁신에 대해 감지하지 못했던 것은 변명의 여지가 있다고 하더라도, 중세 유럽이 음악, 미술, 문학, 교육 및 과학과 같은 "고급문화"에서 이룩한 괄목할 만한 성취를 무시하거나 묵살한 것에 대해서는 확실히 가차 없는 비판을 받아야만 한다.

음악: 그리스와 로마에서는 단성음악(monophonic music)을 노래하거나 연주했다. 성악곡과 기악곡이 모두 단 하나의 곡조만을 연주했다. 다성음악(polyphony), 곧 둘 이상의 곡조를 동시에 내어서 화음을 만드는 방식

---

50   Bonnassie 1991, 54.

51   Bloch 1975, 11.

52   Bloch 1975, 30.

제14장 "암흑시대" 그리고 다른 시대에 대한 신화들

을 개발한 것은 중세 음악가들이었다. 이것이 언제 출현했는지에 관해 알려진 바는 없다. 하지만 900년경에 출간된 "『무지카 엔키리아디스』(*Musica enchiriadis*)에 이에 대한 설명이 있는 것으로 보아 다성음악의 연주방식이 이미 확립되어 있었던 것"으로 보인다.[53] 그리하여 대략 10세기가 되면 적절한 기보법이 발명되고 보급됨에 따라 전에 들어본 적이 없는 음악도 정확하게 연주하는 것이 가능해졌다.

미술: 11세기 유럽에서 미술 분야의 괄목할 만한 성취가 이루어졌는데, 이 시기를 가리켜 "로마네스크"(Romanesque)라고 부르는 것은 안타까운 일이다. 왜냐하면 그것이 로마의 방식과는 무척 달랐기 때문이다. 19세기 미술사 교수들이 이런 식의 이름을 지은 것은 유럽이 로마 문화로의 **복귀**를 통해서 "암흑시대"로부터 벗어났다고 보았던 그들의 "인식"을 반영한다. 이들의 관점에서 볼 때, 이러한 예술적 성취는 그저 로마의 것에 대한 저급한 모방 정도로 비쳐졌던 것이다. 사실을 말하자면 로마네스크 시대의 건축과 조각과 회화는 "로마 시대 말기의 예술가들조차 결코 이해하지 못할 정도로 독창성과 역동성을 지니고 있었다."[54] 그다음으로 12세기에 접어들면서 로마네스크 시대는 훨씬 더 역동적인 고딕(Gothic) 시대로 이어진다. 고딕 건축과 회화는 참으로 놀라울 정도인데, "계몽주의" 시대의 비평가들은 그것이 "고전기 그리스와 로마의 표준"에 부합하지 않는다는 이유로 "그것을 발명한 자는 저주를 받을진저!"[55]라고 조롱하기까지 했다. 이들 비평가들은 그 양식이 "야만스러운" 고트족(Goths)에게서 유래했다고 생각했기에 "고딕"이라고 명명했던 것이지만, 유럽의 훌륭한 고딕 대성당 가운데 하나라도 본 적이 있는 사람이라면 이들 비평가들의 소위 예술적 판단이란 것이

53   Daniel 1981, 705.
54   Gardner and Crosby 1959, 236.
55   De la Croix and Tansey 1975, 353.

역사에 대한 그들의 무지에서 비롯된 것에 불과함을 알고 있다. 그러니 외연부벽(flying buttress: 대형 건물의 외벽을 지지하는 아치형태의 벽돌 내지 석조 구조물—옮긴이)을 포함한 고딕 건축의 발명품에 대한 그들의 무관심은 굳이 언급할 가치도 없다고 하겠다. 알다시피 외연부벽을 설치함으로써 역사상 처음으로 고층 건물의 얇은 외벽에 대형 창문을 내고, 그 창문을 멋들어진 색유리(stained glass)로 장식하는 것이 가능하게 되었던 것이다. 또한 최초로 유성 안료를 사용하여 나무판이나 회벽이 아닌 캔버스 위에 그림을 그린 것은 13세기 북유럽의 미술가들이었다. 이러한 혁신은 "화가로 하여금 시간을 가지고 놀랍도록 정교한 붓질을 통해…거의 기적에 가까운…탁월한 시각적 효과를 거둘 수 있게 해주었다."[56] 탁월한 회화 기법이 이탈리아 "르네상스"와 더불어 시작되었다고 믿는 사람은 누구나 판 에이크 형제(Van Eycks)의 작품을 한번 살펴보아야 한다. 로마의 몰락 이후 1,000년 동안이 미술사에서 공백기 내지 퇴조기였다는 말은 이제 그만할 때도 되었다.

문학: 기번은 『로마 제국 쇠망사』(*The Decline and Fall of the Roman Empire*)를 라틴어가 아닌 영어로 저술했다. 볼테르는 자신의 저술에 프랑스어만을 사용했고, 세르반테스(Cervantes)는 스페인어로, 마키아벨리(Machiavelli)와 다 빈치(Da Vinci)는 이탈리아어로 저술활동을 하였다. 이것이 가능했던 것은 오로지 단테(Dante)와 초서(Chaucer) 및 중세 무훈시(*chansons de geste*)를 남긴 무명의 작가들과 9세기부터 성인전("이 장르를 통해 프랑스 문학의 여명이 시작되었다"[57])을 기록했던 수도사들을 비롯한 중세의 거장들이 이들 토착어를 통해 문학 작품을 남겼기 때문이다. 이리하여 토착어로 산문이 작성되고 널리 읽히게 되었다. "암흑시대"가 문맹과 무지의 시기였다는 말도 이제 그만

---

56   Johnson 2003, 190.
57   Lopez 1967, 198.

하기로 하자.

교육: 대학 즉 "고등 학문"을 위해 설립된 기관이 출현한 것도 역사상 전례 없는 일이었다. 대학은 기독교의 발명품으로서, 사대부 관료를 훈련하기 위한 중국의 교육기관이나 선불교의 스승이 운영하던 학교와는 사뭇 다른 것이었다. 새로이 생겨난 대학은 기존의 지혜를 전수하는 것이 그 주된 관심사가 아니었다. 오히려 오늘날과 마찬가지로 교수진은 그들이 성취한 지적 혁신에 의해 명성을 획득했고, 이를 통해 교수진에 합류했다. 따라서 오늘날 "스콜라학자"(Scholastics)라고 불리는 대학교수는 자신의 일차적 관심을 지식의 추구에 두었다.[58] 이들은 괄목할 만한 결과를 많이 내놓았으며, 이에 대해서는 본서의 제16장에서 개략적으로 살펴볼 것이다. 세계 최초의 대학은 가톨릭 학자들이 1160년경 파리(Paris)와 볼로냐(Bologna)에 세운 것이다. 40년 후 옥스퍼드(Oxford)와 케임브리지(Cambridge)가 그 뒤를 이었고, 13세기 말까지 유럽 전역에 20개의 대학이 더 생겨나서 수천 명에 이르는 학생들을 수용하였다.

과학: 여러 세대에 걸쳐서 역사학자들은 이른바 "과학혁명"이 16세기 니콜라우스 코페르니쿠스(Nicolaus Copernicus)가 태양 중심의 지동설을 제시했을 때 시작되었다고 주장했었다. 그러나 최근 들어 과학사를 전공한 학자들은 16세기에 실제로 일어난 것은 단기간의 혁명이 아니라 점진적인 진화였다고 결론 내리고 있다.[59] 코페르니쿠스가 당시의 우주론에 토대하여 한 단계 진전된 의미 있는 걸음을 내디뎠던 것과 마찬가지로, 16세기에 과학이 크게 발전할 수 있었던 것은 이전 수백 년 동안 축적되어온 점진적 진보가 정점에 달했기 때문에 가능한 것이었다. 이러한 과학의 진화에 대해서도

---

58   Colish 1997, 266.

59   Cohen 1985; Gingerich 1975; Jaki 2000; Rosen 1971.

제16장에서 적절히 추적해볼 것이다.

중세기를 두고서 "계몽주의"를 주창했던 지식인들은 무지와 미신으로의 퇴락이 나타난 비극적 시대라고 묘사했었다. 최근의 역사학자들 가운데 많은 이들이 "암흑시대"라는 용어를 사용하는 것에 대해 분개하는 것도 놀랄 일이 아니다. 저명한 중세사가인 워런 홀리스터(Warren Hollister, 1930-1997)는 태평양연안 역사연구회(Pacific Historical Association)에서 행한 회장 취임 연설에서 다음과 같이 말한다. "내 생각에, 샤르트르 대성당(Chartres Cathedral)을 건설하고 의회와 대학을 발명했던 시대가 '암흑기'였다고 믿는 사람들은 지적으로 모자라든지, 아니면 아무리 좋게 이야기해도 심하게 무식한 것이 분명하다."[60]

"르네상스"라는 신화

분명히 "암흑시대"가 터무니없는 신화라면, "르네상스" 또한 엉터리 신화임에 틀림없다. 왜냐하면 이 신화는 이탈리아 북부의 여러 도시국가에서 지식인들이 교회의 통제로부터 벗어나 고전에 대한 지식을 "재생"(rebirth)시킴에 따라 유럽이 무지로부터 구출되었다고 주장하기 때문이다. 그런데 고전 지식으로 회귀하는 일이 실제로 있었다면 그것은 문화적 쇠퇴기를 초래하고 말았을 것이다. 왜냐하면 유럽의 기독교권은 이미 오래전부터 거의 다방면에 걸쳐 고전 고대를 능가하였기 때문이다. 르네상스 신화를 만들어냈던 많은 이들이 "암흑시대"에 일어난 엄청난 진보에 대해 전혀 알지 못한 채로 중세기의 학자들이 아리스토텔레스, 플라톤, 에우클레이데스(Euclid),

---

60   Hollister 1992, 8.

소포클레스(Sophocles), 아리스토파네스(Aristophanes) 내지 기타 고전 학예의 당사자들에 대해 얼마나 알고 있는지에 근거하여 이 시대에 대한 전반적인 평가를 내렸다는 점이 안타까울 따름이다. 그러나 이러한 고전 문화의 유산이 르네상스 훨씬 이전에 완전히 복원되었다는 사실을 놓치지 말아야 한다. 이들 고전 작가들의 글을 라틴어로 번역함으로써 중요한 발전이 이룩되었다. 왜냐하면 그리스어가 더 이상 기독교권의 지적 언어가 아니었기 때문이다. 더욱이 이러한 번역 작업은 르네상스 시대에만 국한된 것이 아니었다. 이미 수백 년 전부터 경건한 수도사들에 의해 시작된 일이었다. 실로 "1125년에서 1200년 사이에 믿을 만한 라틴어 번역본이 홍수를 이루었고, 13세기에는 그리스어로 된 작품을 더 많이 구할 수 있게 되었다."[61] 이러한 사실은 12세기까지 거슬러 올라가는 현존하는 수도원 도서 목록이 방대한 양의 고전 작품을 보유하고 있었다는 사실에 의해 뒷받침된다.[62]

그 유명한 "이탈리아 르네상스"로 말할 것 같으면 그것은 결코 고전 학예의 재생이 아니었다. 이때는 단지 문화적 모방의 시기로서, 당시에 유행을 따르던 사람들이 예의범절 및 미술과 문학과 철학의 분야에서 고전 양식을 본떴던 것뿐이다. 이탈리아 북부의 지식인들은 자신들의 영광스러운 고대 시대를 회상하면서, 근대 이탈리아의 위업을 강조하고 야만스러운 북유럽에 대한 자신들의 혐오와 경멸을 드러내기 위해 역사를 재구성했던 것이다.[63] 이를 위해서 그들은 자신들의 시대와 과거 사이에 "암흑시대"를 설정했다. 그러나 이것은 실제와 거리가 멀다. 고대 그리스와 로마의 작가들에 관해 스콜라학자들도 잘 알고 있었을 뿐 아니라 종종 더 많이 알고 있기도 했다.

---

61 Grant 1996, 23.
62 Pernoud 2000, 24.
63 Ferguson 1939, 8.

세속적 "계몽주의"라는 신화

"계몽주의"에 관해 가장 주목할 만하면서도 역설적인 것 하나를 들자면, 그것은 그것을 주창했던 이들이 실제로 인간 지식의 성취를 위해 기여한 것은 거의 없다는 사실이다. 반면에 이러한 진전을 실제로 이룩했던 이들은 과거와의 연속성을 강조했었다. 말하자면 볼테르, 루소, 디드로, 흄, 기번 등은 문필가였던 반면에, 그들이 "계몽주의"라고 부르며 환호했던 지적 혁명의 주요한 국면은 실제로는 과학혁명이었다. 마찬가지로 잘못 알고 있는 것은 "계몽주의"를 주창했던 문필가들이 반종교적 인물이었던 반면에, 당대에 과학적 성취를 이룩했던 핵심 인물들은 깊은 신앙심을 가진 사람들이었다는 사실이다.[64] 16세기에 불현듯 세속의 세력이 계몽의 빛을 받아 기독교 사상의 질곡을 끊어버리고 근대 시대를 위한 초석을 놓았다는 생각은 이제 그만 했으면 좋겠다. 계몽주의를 지지하던 자들이 실제로 시작한 것은 과학의 이름으로 종교에 대해 격앙된 세속적 공격을 가한 것이었다. 이것은 칼 세이건(Carl Sagan), 대니얼 데닛(Daniel Dennett), 리처드 도킨스(Richard Dawkins)와 같은 현대 무신론적 과학자들이 가하는 공격과 비슷하다. 정교한 논리, 합리성, 이성과 같은 첨단의 언어를 통해 제시되는 이러한 공격들은 그때나 지금이나 놀라울 정도로 어수룩하고 단순하다.[65] 실상을 말하자면, 과학의 발흥은 기독교 신학과 불가분의 관계에 있다. 왜냐하면 후자가 전자에 방향을 지시하고 확신을 더해주었기 때문이다. 이에 대해서는 제16장에서 살펴볼 것이다.

　"르네상스"와 "계몽주의"가 혁명적 성격을 띠고 있다는 주장이 솔깃하

64　Stark 2003, chap. 2.
65　Stark 2007a, chap. 1.

게 들리는 것은 이 시대에 괄목할 만한 진보가 이루어졌기 때문이다. 그러나 이 시대에 이루어진 성취를 과거에 대한 혁명적 단절로 보기보다는 로마의 몰락 직후 시작되었던 진보가 이 시대에 즈음하여 급격한 상승 곡선을 나타냈다고 보는 것이 더 타당하다. 따라서 역사학자의 과제는 15세기이래로 그렇게 많은 진보가 이루어진 이유를 설명하는 것이 아니다. 시점을 15세기로 잡는 것은 너무 늦은 것이다. 서구의 발흥과 관련해서 물어야 할 근본적인 질문은 바로 다음과 같다. "유럽인들은 급격한 진보에 힘입어 '암흑시대'가 끝날 때쯤에는 세계의 나머지 지역을 훨씬 능가하게 되었는데, 그들로 하여금 이러한 진보를 추동하는 비상한 시대로 진입하도록 하고 또한 그것을 지속하도록 한 요인은 무엇이었던가?" "연금술을 시도했던 문명권은 많이 있었지만, 연금술이 유럽에서만 유일하게 화학으로 발전하게 된 이유는 무엇이었던가?" 또는 "천체에 대한 탁월한 관찰을 통해 정교한 점성술 체계를 만들어낸 사회는 많이 있었지만, 유럽에서만 유일하게 과학적 천문학으로 발전하게 된 이유는 무엇이었던가?"

최근 들어 몇몇 작가들은 서구의 성공 비결을 지리적 요인에서 찾기도 한다. 그러나 유럽의 문화가 아시아에 비해 훨씬 뒤처져 있던 시기에도 동일한 지리적 요인이 작용했었다. 다른 작가들은 서구가 부상하게 된 원인을 강철이나 총포나 범선에서 찾기도 하며, 또 다른 작가들은 농업의 생산력에 돌리기도 한다. 문제는 이러한 대답들이 부분적인 설명만을 제공해준다는 점이다. "유럽이 야금술이나 선박제조나 농업기술에서 탁월했던 이유는 무엇인가?" 이 질문에 답하기 위해 나는 책 한 권을 저술했었고, 거기서 나는 서구가 부상하게 된 진짜 근본적인 토대를 이성과 진보에 대한 유별난 믿음에서 찾았다. 이러한 믿음은 다름 아닌 기독교 신학, 즉 합리적인 우주를 창

조한 합리적인 창조주 하나님에 대한 신앙에 확고하게 뿌리 내린 것이다.[66]

결론

서구 역사에 대한 통념적 개관을 살펴보다 보면 실제로 결코 존재한 적이 없는 "암흑시대", "르네상스 시대", "계몽주의 시대", "이성의 시대" 등으로 역사시대를 구분해 놓은 터무니없는 발명품과 조우하게 된다. 우리는 다음 장에서 이와 마찬가지로 허구적 시대구분에 불과한 "신앙의 시대"에 대해 살펴보기로 하자.

---

66   Stark 2005.

제15장

대중 신앙

중세는 흔히 "신앙의 시대"[1] 내지 "믿음의 시대"[2]라고 기술되곤 한다. 그 이유는 중세기에 살았던 "모든 이들이 종교적 권위가 명령하는 것을 믿었기 때문이다."[3] 『불에 의해서만 오로지 점화된 세상』(*A World Lit Only by Fire*)이라는 제목의 베스트셀러에서 윌리엄 맨체스터(William Manchester, 1922-2004)는 "중세의 지성에는 의심이 자리 잡을 여지가 없었다. 간단히 말해서 회의주의의 가능성은 존재하지 않았다"고 단언한다.[4]

역사에 대한 편견과 무지를 이보다 더 확연하게 드러내는 사례를 찾기 힘들 것이다. 앞으로 살펴보겠지만, 중세 유럽의 대중은 의외로 회의적이었을 뿐 아니라 모든 면에서 기독교에 대한 헌신을 결여하고 있었다(이러한 면모를 종종 노골적으로 드러내기도 한다). 이번 장은 중세 기독교가 농민층과 하

---

1   Durant 1950.
2   Freemantle 1954.
3   Murray 1972, 83.
4   Manchester 1993, 20.

층계급에 거의 진출하지 못한 이유를 설명하기 위해 지방의 성직자들을 살펴보려고 하는데, 이들 역시 대체로 무식하고, 나태하며, 방탕한 면모를 지니고 있었다. 그다음에 이어지는 논의는 거의 대부분이 농민이었던 시대에 어째서 교회가 농촌 주민들을 그토록 오랫동안 홀대했었는지, 그리고 초기 교회와는 대조적으로 가톨릭과 개신교의 성직자들 모두가 어째서 일반 대중에게 기독교적 삶의 바람직한 모본을 제시하는 데 실패하였는지를 다루려고 한다. 끝으로 이번 장에서는 중세 시대에 일반 대중이 실제로 믿고 있던 신앙의 양상을 살펴보면서, 그것이 기독교 신학자들에 의해 잘못 해석된 이유가 무엇이며, 그로 인한 비극적 결과가 무엇인지에 대해서도 논의하려고 한다.

기독교에 대한 대중의 헌신도

중세기의 신앙생활에 대한 통계보고는 극히 적지만, 여러 시대와 장소에서 전해지는 신빙성 있는 보도는 의외로 많이 있다. 그런데 이러한 보도의 내용 가운데 놀랍도록 일치하는 것은 보통 사람들 대부분이 거의 교회에 출석하지 않았다는 사실이다. 마이클 월처(Michael Walzer)의 말마따나 "중세 사회는 대체로 [교회에] 참석하지 않는 사람들로 구성되어 있었다."[5]

중세기 이탈리아인들의 신앙생활에 대한 알렉산더 머레이(Alexander Murray)의 평가는 이러한 사실을 거듭 확인해준다. "13세기 사회에서 상당수의 구성원이 교회에 거의 출석하지 않았다."[6] 도미니코 수도원의 원장이

---

5   Walzer 1965, 4.
6   Murray 1972, 92.

었던 윙베르 드 로망(Humbert of Romans, 1200-1277)은 이탈리아인들이 교회에 거의 나가지 않는다는 사실을 인정했다.[7] 조르다노 다 리발토(Giordano of Rivalto, 1260-1311)가 설교를 위해 피렌체에 도착했을 때, 그는 한 여인에게 적어도 축일에는 딸을 교회에 데리고 오라고 권면했으나 "여기서는 그렇게 하지 않는다"는 대답만 들었다고 한다.[8] 성 안토니오(St. Antonio)가 1430년경에 남긴 기록을 보면, 토스카나의 농민들은 미사에 거의 참석하지 않았고, "그들 중 대다수는 일 년에 한 차례도 고백성사를 하지 않았으며, 성찬을 받는 자들은 그보다 훨씬 적었다"는 것을 알 수 있다.[9] 베르나르디노 데 시에나(St. Bernardino of Siena, 1380-1444)도 미사에 왔던 소수의 교구민들조차 대개는 지각했고, 그나마도 성체거양 때가 되면 "그리스도가 아니라 마치 마귀라도 본 것처럼" 서둘러 빠져나갔다고 보도한다.[10] 한편 『부자와 거지』(Dives and Pauper, 약 1410)라는 작품을 남긴 익명의 영국 저자는 "요즘 사람들은 예배에 참석하기를 몹시도 꺼려할 뿐 아니라 [억지로라도 참석해야 할 경우에는] 늦게 왔다가 일찍 자리를 뜬다"고 불평한다.[11] 콜턴(G. G. Coulton, 1858-1947)에 따르면, 중세 시대의 교회출석은 "웨일즈나 스코틀랜드나 아일랜드에서 영국보다 훨씬 더 부정기적이었다"고 한다.[12]

독일 루터교회에는 대중의 종교생활 참여에 대한 보고서가 이례적으로 많은데. 이는 1525년부터 교회의 고위 행정가들이 지방 교회들을 정기적으로 방문했기 때문이다. 다음의 사례들은 미국의 저명한 역사학자인 제럴드 스트라우스(Gerald Strauss)가 발췌한 것인데, 그는 자기가 "100가지의

---

7   Murray 1972, 92.
8   Murray 1972, 93-94.
9   다음에서 인용함. Coulton 1938, 193.
10 다음에서 인용함. Coulton 1938, 188.
11 *Dives and Pauper* 1976, 189.
12 Coulton 1938, 194.

비슷한 경우 가운데 한 가지 사례들만을 선별했다"고 밝힌다.[13] 이 독일의 보고서들이 중세 시대 이후에 작성된 것은 사실이지만 이 가운데 종교생활의 참여가 이전 시대보다 하락했음을 보여주는 증거는 없다. 대중들의 낮은 관심과 참여의 원인이 되는 요인들은 변하지 않고 그대로였다. 스트라우스가 제시하는 저조한 출석률을 보여주는 보고서는 다음과 같다.

작센(Saxony, 1574): "예배에 참석한 사람보다 낚시하러 간 사람이 더 많다는 것을 알게 된다.…예배에 온 사람들도 목사가 설교를 시작하자마자 나가버린다."[14]

제그레나(Seegrehna, 1577): "한 목사는 교회에 갔다가 설교하지 않고 그냥 오는 일이 종종 있다고 말한다.…왜냐하면 설교를 들으러 온 사람이 한 명도 없기 때문이다."[15]

바룸(Barum, 1572): "이 근방의 모든 목사들이 가장 흔하게 내뱉는 불평은 사람들이 일요일에 교회에 오지 않는다는 것이다.…무슨 수를 써도 교회에 오지 않을 것이라고 한다.…그래서 목사들은 교회의 빈 좌석을 상대할 수밖에 없다."[16]

브라운슈바이크-그루벤하겐(Braunschweig-Grubenhagen, 1580년대): "많은 교회들이 일요일마다 비어 있다."[17]

---

13   Strauss 1975, 49.
14   Strauss 1975, 49.
15   Strauss 1975, 49.
16   Strauss 1978, 278.
17   Strauss 1978, 278-79.

바일부르크(Weilburg, 1604): "일요일에 교회 가지 않는 것이 너무나 만연한 나머지, 교구회의(synod)에서는 일요일 아침마다 도시의 출입구를 봉쇄하여 아무도 밖으로 나가지 못하게 해야 할는지에 대해 논쟁을 벌였다. 타지역의 사례를 보면 이러한 임시방편이 별로 도움이 되지 않음을 예상할 수 있다."[18]

그렇지만 주일 예배에 많이 참석하는 것이 바람직한 것인지는 확실치 않다. 그것은 교회에 출석하는 사람들 중 많은 이들이 비행을 일삼았기 때문이다. 뛰어난 역사학자인 키스 토머스(Keith Thomas)는 영국 교회법정의 보고서와 성직자들의 일기를 샅샅이 조사하였는데, 그 가운데 교회에 오는 사람들이 극히 적다는 하소연뿐 아니라 다음과 같은 어처구니없는 보고도 찾을 수 있었다.

교회에 오는 많은 사람들이 너무나 수준 이하여서 교회의 예배를 우스갯거리로 바꿔버리고…교인들은 서로 자리를 차지하려고 아귀다툼을 하고, 옆 사람을 밀어 제치고, 가래와 침을 뱉고, 뜨개질을 하기도 하고, 저질스러운 말을 해대고, 농담을 일삼고, 엎드려 자고, 심지어는 아랫도리를 벗어버리기도 했다.… 케임브리지셔(Cambridgeshire)의 한 남자는 교회에서 아주 지독한 방귀를 뀌고, 소리를 내고, 조롱하는 말을 내뱉어서, 선량한 사람들에게 불쾌감을 주고 불량한 자들에게 유희거리를 주었으므로, 1598년 이러한 비행으로 인해 고발을 당했다.[19]

독일 루터교회의 시찰 보고서에도 이와 유사한 비행에 대한 사례가 차고 넘

---

18 Strauss 1978, 283.
19 Thomas 1971, 161-62.

친다.

나사우(Nassau, 1594): "예배에 출석한 사람들이 대개는 술에 취해 있다.…그리고 설교시간에 잠을 자다가 이따금씩 장의자에서 떨어지면서 커다란 소리를 내기도한다. 여인들이 아기를 마루에 떨어뜨리는 경우도 있다."[20]

비스바덴(Wiesbaden, 1619): "[예배시간에] 너무나 큰 소리로 코고는 소리가 들려서 내 귀를 의심할 지경이었다. 이곳 사람들은 자리에 앉자마자 바로 머리를 팔에다 묻고는 곧바로 잠들어버린다."[21] 게다가 많은 사람들이 교회 안으로 개를 끌고 온다. "개들이 너무 크게 짖고 으르렁거려서 설교를 알아들을 수 없다."[22]

함부르크(Hamburg, 1581): "찬송을 같이 부르려는 교인들에게 버릇없는 몸짓을 하는 사람들이 있고, 심지어 개를 교회에 데리고 와서 그 짖는 소리가 예배를 방해하기도 한다."[23]

라이프치히(Leipzig, 1579-1580): "목사가 설교하는 동안 카드놀이를 하거나, 종종 목사를 매정하게 쳐다보면서 조롱하거나 흉내를 내기도 한다.…욕설과 저주와 깡패짓과 싸움질은 예삿일이다.…예배가 반이나 지났는데 교회에 들어와서는 곯아떨어지기 일쑤이며, 축도하기도 전에 다시 뛰어 나간다. 찬송을 같이 부르는 사람이 아무도 없다. 목사와 교회사찰 둘이서만 내내 노래하는 모습을

---

20 Strauss 1978, 284.
21 Strauss 1975, 56-57.
22 Strauss 1978, 284.
23 Strauss 1975, 59.

지켜보는 것이 내 가슴을 아프게 했다."[24]

게다가 지역주민들은 종종 교회건물 자체를 멋대로 이용했다. 1367년에 요크 대주교였던 존 토레스비(John Thoresby)는 교회 안에서 시장을 여는 행위, 특히 일요일에 그렇게 하는 것에 대해 맹렬히 비난했다. 실제로 "1229년에서 1367년 어간에 주교가 11회나 그것을 금지하는 명령을 내렸다는 기록이" 남아 있다. 주교들마다 "기도하는 집을 도둑의 굴혈로 만드는 자들을 질책했지만 허사였다."[25] 동일한 작태가 유럽 대륙의 곳곳에서 반복적으로 자행되었다. 그래서 교회의 고위 행정관들은 사람들이 교회건물 심지어 대성당을 곡물 보관소나 가축을 보호하는 장소로, 어느 때는 실내 장터로 사용하는 것에 대해 불만을 쏟아냈던 것이다.[26]

중세 유럽인들의 이러한 태도나 저조한 교회출석을 감안할 때, 이들 대부분이 기독교의 가장 기본적인 교리에 대해 전적으로 무지했던 것도 그다지 놀랍지 않다.[27] 14, 15세기 스페인에서 종교적 현시(대체로 마리아에 관한 것)를 볼 정도로 매우 경건한 신자를 대상으로 면담한 기록이 남아 있는데, 그 내용을 보면 이들 대부분이 십계명과 일곱 대죄에 대해 무지했던 것을 알 수 있다. 그것을 암송하는 것은 고사하고 아예 그 내용을 전혀 모르고 있었다는 말이다. 어떤 이들은 심지어 살인이 죄인 것을 적시하지도 못했다.[28]

작센(Saxony, 1577/1589): "일부 마을에서는 십계명을 알고 있는 사람을 단 한

---

24   Strauss 1978, 273.

25   Coulton 1938, 189-90.

26   Farmer 1991, 336; Hay 1977, 64.

27   Morris 1993, 232.

28   Christian 1981, 154.

명도 찾아볼 수 없었다."[29]

브란덴부르크(Brandenburg, 1583): "무작위로 선발한 사람들에게 십계명의 각계명을 어떻게 이해하는지 물어보았는데, 아무도 답을 하지 못하는 것을 보게 되었다.…그들 중 누구도 술 취함과 하나님의 이름으로 행하는 저주가 죄라고 생각지 않았다."[30]

노텐슈타인(Notenstein, 1570): "교회 원로들을 포함해서 교구민 중에 아무도 십계명을 기억하지 못했다."[31]

잘츠리벤할레(Salzliebenhalle, 1590): 아무도 "그들의 구세주가 누구인지 모른다."[32]

뉘른베르크(Nuremberg, 1626): 성금요일이 예수의 죽음을 기념하는 날인 것을 못 알아맞히는 사람들이 많다.[33]

가톨릭 지역인 잘츠부르크(Salzburg, 1607): 주교에 따르면 "일반 신자가 주기도문이나 성모송(Ave Maria)을 제대로 말하지 못할뿐더러, 십계명은 고사하고 사도신경도 알지 못한다."[34]

29　Strauss 1975, 50.
30　Strauss 1975, 51.
31　Strauss 1978, 270.
32　Strauss 1978, 278.
33　Strauss 1975, 58.
34　Strauss 1978, 291.

그라임(Graim, 1535): "사람들이 결코 교회에 가지 않기 때문에 대부분 기도조차 할 줄 모른다"고 목사가 말했다.[35]

영국에서는 14세기에 설교자로 활동한 존 브롬야드(John Bromyard)가 어떤 목동에게 성부와 성자와 성령이 누구인지 아느냐고 묻자 이렇게 대답했다고 한다. "성부와 성자는 제가 잘 압니다. 제가 그 양반들 양을 치고 있거든요. 그런데 세 번째 사람은 누군지 잘 모르겠습니다. 그런 이름을 가진 사람은 우리 마을에 없거든요."[36] 1606년에 니콜라스 바운드(Nicholas Bownd)는 성경 이야기를 "사람들에게 들려주면 마치 새로운 소식을 처음 듣는 것처럼 반색한다"고 말한다.[37] 실제로 영국의 모 주교는 사람들이 성경에 대해 아는 것이 하나도 없을 뿐 아니라 "성경이란 것이 **있다는 것조차** 모른다"고 한탄했다.[38]

중세기에 살던 보통 사람들의 생활방식이 현대의 기준에서 볼 때 지나치게 문란해 보이는 것은 어쩌면 놀라운 일도 아니다. 일반적인 비행에 대해 고발하는 자료가 넘쳐난다. 이 점은 1591년 브란덴부르크 백작(Margrave of Brandenburg)이 말한 것과 일치한다. 그에 따르면 "신성모독, 흑마술, 간음, 매춘, 만취를 비롯한 여러 악행이 만연해 있으며, 이 모든 비행을 보통 사람이 공개적으로 자행한다."[39] 이것은 네덜란드 농민의 생활상을 묘사한 피터르 브뤼헐(Pieter Breughel, 1525-1569)의 회화작품과 전적으로 맞아떨어진다. 그중 특히 "결혼식 춤"(*The Wedding Dance*, 1566)이라는 작품은 전면에서 춤추

---

35 Strauss 1978, 270.
36 다음에서 인용함. Thomas 1971, 165.
37 다음에서 인용함. Thomas 1971, 164.
38 다음에서 인용함. Thomas 1971, 164.
39 다음에서 인용함. Strauss 1978, 298.

는 모든 남자들의 중요 부분이 타이츠 밖으로 도드라져 있는 모습을 보여준다(대부분의 대학교재에 실린 도판에는 이렇게 돌출된 부분이 가려져 있다). 농민들에 대한 브뤼헐의 묘사가 유별난 것이 아니었다. 당시의 네덜란드 회화는 "농민들을 언제나 원초적인 충동과 연관시켰고"[40] 주색을 밝히는 외설적인 성격으로 묘사하곤 했다. 여러 세대의 가족이 사생활이라곤 전혀 없는 좁은 방 한 칸에서 북적거리며 살았다는 것을 감안한다면, 그들의 생활방식이 투박했고 그들의 감성이 다소 천박했다고 해서 그다지 놀랄 일도 아니다.

수준 낮은 성직자 집단

중세기에 기독교에 대한 낮은 헌신도를 나타낸 것은 일반 대중만이 아니었다. 이 점에 있어서는 하급 성직자도 마찬가지였다. 사실 성직자 집단이 얼마나 무식했는지를 감안한다면, 그들이 섬기던 교구민들이 그토록 무지했다는 것이 하등 놀랄 일도 아니다.

730년에 가경자 비드(the Venerable Bede)는 장차 주교가 될 에그버트(Egbert)에게, 영국의 사제들과 수도사들 가운데 라틴어를 아는 이가 거의 없으므로 "나는 수차례 사도신경과 주기도문을 영어로 번역해서 제공했었다"고 말했다.[41] 1222년에 옥스퍼드 회의(the Council of Oxford)는 교구 성직자들을 "귀 먹은 개들"이라고 묘사했으며,[42] 1287년에 대주교였던 페첨(Pecham)은 "사제들의 무식함으로 인해 사람들이 시궁창에서 뒹굴고 있

---

40   Franits 2004, 35.
41   Bede [730] 1955, 340.
42   Coulton 1938, 157.

는 셈"이라고 말했다.[43] 윌리엄 틴들(William Tyndale)이 1530년에 남긴 기록에 따르면, 영국에서는 주기도문을 알고 있는 사제를 찾아보기 힘들었다고한다. 1551년 글로스터(Gloucester)의 주교가 자기 교구의 성직자들을 체계적으로 시험해본 결과, 311명의 목회자들 가운데 171명이 십계명을 암기하지 못했고, 그중 27명은 주기도문의 저자가 누구인지도 몰랐다고 한다.[44] 그이듬해 후퍼(Hooper) 주교는 "교구 성직자들 가운데 수십 명 정도는 주기도문의 저자가 누구인지, 그것이 성경 어디에 있는지도 모른다"는 것을 알게되었다.[45] 같은 시기에 웨일즈에서는 "그리스도가 누구인지 전혀 알지 못하는 사람들이 수천 명이나 될 뿐 아니라 '이들 대부분은 그 명칭조차도 들어보지 못했다'"는 보고가 있었다.[46]

이탈리아라고 해서 사정이 더 나을 것도 없었다. 1471년, 볼로냐의 주교였던 니콜로 알베르가티(Niccolo Albergati)가 자신의 교구를 시찰하면서적잖은 사제들이 "일곱 대죄가 무엇인지 적시하지 못한다"는 사실을 알게되었다.[47] 베르나르디노 데 시에나(1380-1444)는 한 사제가 "성모송만을 알고 있어서, 심지어 미사에서 성체를 거양할 때도 그 문구를 암송하는 것"을 보았다고 한다.[48] 프랑스에서는 1617년에 뱅상 드 폴(St. Vincent de Paul)이 자신이 살던 지역의 사제가 라틴어도 모르고, 심지어 사죄선언을 어떻게하는 줄도 알지 못해서, 그저 의미 없는 소리를 되는 대로 중얼거리는 것을보았다고 한다.[49] 루터교회의 성직자들도 매한가지였다. 보케넴(Bockenem,

---

43 다음에서 인용함. Coulton 1938, 157.
44 Thomas 1971, 164.
45 Coulton 1938, 158.
46 Thomas 1971, 165.
47 Hay 1977, 56.
48 Duffy 1987, 88.
49 Delumeau 1977.

1568)에서는 "심사를 받던 14명의 목사들 중 단 한 명도 신약성경의 책 이름을 대지 못했다."[50] 칼렌베르그(Kalenberg, 1584)에서는 한 목사에게 "삼위 중 어느 위격이 사람의 모양을 취하셨는가?"라고 질문하니 대뜸 "성부"라는 답을 내놓았다고 한다.[51] 당시에 "사실상 신학교가 없었다"는 점을 감안한다면, 사제들 대부분은 견습생 시절에 자기가 섬기던 선배 사제(그 역시 제대로 훈련받은 적이 없었다)에게서 주워들은 것을 둘러댔던 것이다.[52]

성직자들이 평신도들과 다를 바 없는 것은 단지 무식하다는 면에만 국한되지 않았다. 앞 장에서 살펴보았듯이, 그들 역시 비슷하게 방종한 삶을 살고 있었다. 이몬 더피(Eamon Duffy)의 보고에 따르면, "성직자들 사이에도 축첩이 만연한 탓에 무일푼의 성직자라도 집안 가득히 자녀들을 거느리고, 일요일마다 허접한 방식으로 전례(liturgy)를 집전하는 꼴이…유럽 전역에서 다반사였다."[53] 하급 성직자들만이 방종한 삶을 살았던 것은 아니다. 본서의 제17장에서 상세히 다루고 있듯이, 교황들 중에도 알렉산데르 6세(Alexander VI, 재임 1492-1503)와 같이 악명 높은 인물들이 많았다. 그는 보르지아(Borgia) 가문 출신으로서 첩을 여럿 거느린 것을 자랑삼았을 뿐 아니라, 세 명의 여자로부터 아홉이나 되는 혼외자를 두기도 하였으며, 추기경 여러 명을 독살해서 그들의 재산을 탈취했다는 소문이 널리 퍼져 있었다.[54] 로마시 자체만 해도 1490년에 성인 여성 인구의 15퍼센트가 창녀로 집계되고 있었으며, 베네치아 대사는 로마시를 가리켜 "세계의 시궁창"이라고 묘사하기도 했다.[55]

50　Strauss 1975, 52.
51　Strauss 1975, 55.
52　Duffy 1987, 88.
53　Duffy 1987, 88.
54　Duffy 1997, 146.
55　Lea 1902, 672.

그렇지만 로마 가톨릭 역사학자인 루트비히 파스토르(Ludwig Pastor, 1854-1928)에 따르면, "성직자의 타락이 다른 곳보다 로마에서 더 심했을 것이라고 추정하는 것은 오산"이다. 파스토르는 계속해서 "사제들의 부도 덕에 대한 문서기록이 이탈리아 반도 거의 전역에 남아 있다"고 말한다.[56] 더피는 남부 이탈리아에 있던 한 수도원장에 대해 보도하는데, 그는 한 명의 첩과 다섯 자녀를 두었으며, 자신의 주교에게 자신이 그런 생활을 청산할 수 없는 이유는 "자기가 아이들을 너무 좋아할 뿐 아니라 의사가 담석 때문에 성생활을 처방했기 때문"이라고 말했다고 한다.[57] 윙베르 드 로망은 "오락과 쾌락과 '더 심한 행위'를 일삼는 데 시간을 낭비하는 나머지 교회에 거의 붙어 있지 않는" 성직자들이 너무 많다고 보고한다.[58] 스페인의 경우 브라가(Braga) 대교구의 사제들을 조사해보니 놀랍게도 그들이 낳은 자식이 무려 1,700명이나 되었다고 한다.[59] 16세기 초에 에라스무스(Erasmus)는 "여러 수도원이 공창과 조금도 다를 바 없다"고 고발하였다.[60] 실제로 교황대사인 암브로지오 트라베르사리(Ambrogio Traversari, 1386-1436)는 토스카나 지역의 수도원과 수녀원을 시찰한 후에 그중 한 수녀원은 공공연한 매음굴이었다고 보고한다.[61] 한편으로 영국에서 14세기 초까지 거슬러 올라가는 시찰 보고서에 따르면, 성직자 집단의 주취와 근무지 이탈이 만연했을 뿐 아니라[62] 여러 지방 사제들이 공공연하게 정부(이들 중 일부는 1명 이상)를

56   Pastor 1898, 5:475.
57   Duffy 1987, 88.
58   다음에서 인용함. Murray 1972, 93.
59   Swanson 1995. 그것이 한 교구에 너무 많은 사제들이 있는 것처럼 보일지 모르지만, 당시에 일부 도시들의 경우 인구의 10퍼센트가 사제들인 경우가 많았다(Ozment 1980, 211).
60   Epistle 94.
61   Hay 1977, 63.
62   Coulton 1938, 174.

두고 있다고 보고한다.[63]

시골 지역에 대한 방치

중세 유럽인이 대부분 교회에 출석하지 않았던 주된 원인은 수백 년 동안 귀족이나 도시 주민만이 출석할 교회가 있었기 때문이다. 농촌 지역에 소재한 교회들은 대부분 농민들이 거주하는 마을에 위치하지 않았으며, 대개가 토착 귀족이 자기 가족과 식솔들을 위해 관리하던 사적인 예배당이었고, 그 규모도 기껏해야 "현대 주택의 커다란 거실" 정도의 크기였다.[64] 13세기와 그 이후까지도 대부분의 농민은 세례나 결혼을 위해 상당히 먼 거리까지 여행을 해야 교회를 만날 수 있었고, 아니면 순회하는 탁발수도사의 부정기적 방문을 통해서만 교회와 접촉할 수 있었다. 이는 초기 기독교 운동이 농촌을 배타시하던 관점과도 일치하는 것이며, 여기에는 로마가 지니고 있던 도시적 우월의식도 반영되어 있었다—**이교도**(pagan)라는 용어는 시골뜨기 내지는 농촌거주자를 의미하는 **파가누스**(*paganus*)라는 라틴어에서 나온 것이다. 리처드 플레처(Richard Fletcher)의 말마따나 "시골의 농민 집단은 교회의 관심 밖"이었으며, 따라서 도시의 그리스도인들은 그들을 복음화하려는 노력을 거의 기울이지 않았다. 복음화는 고사하고 초기 그리스도인들에게 있어 "시골 지역은 선교활동을 위한 구역이 아니었다. 아무리 살펴보아도, 신약 어디서도 들판에 사는 짐승 같은 사람들에게 말씀을 전파했다는 기록을 전혀 찾아볼 수 없다."[65]

63   Duffy 1997.
64   Brooke and Brooke 1984, 116.
65   Fletcher 1997, 16.

시골에 교구교회(parish)가 생겨나기 시작했을 때에도 대부분 방치된 상태였고, 무식한 목회자조차 구하지 못해 비어 있는 경우가 태반이었다. 예를 들어 이몬 더피는 16세기 내내 제네바 교구에 속한 교회 중 80퍼센트가 목회자를 구하지 못했다고 추산한다. 심지어 목회자가 파송된 경우에도 설상가상으로 "임지를 이탈하는 경우가 비일비재했다."[66] 따라서 1520년 주교의 시찰 기록을 보면 옥스퍼드셔(Oxfordshire)에 소재한 교구교회 192개 가운데 58개에 목회자가 상주하지 않았다.[67] 이탈리아의 상황도 마찬가지였다. 성직자들은 임지를 지키지 않았고 "목회활동이 전혀 없는" 마을이 태반이었다.[68]

이러한 지경인데, 농민들에게서 기독교 문화를 기대하는 것이 어떻게 가능했겠는가? 농민들이 어디서 주기도문에 대해 배울 수 있었겠는가? 누가 주기도문에 대해 설교를 했겠는가? 설령 그 지역에 사제가 있었다고 하더라도, 그 역시 아무것도 모르기는 매한가지였을 것이다. 시골 주민들이 예수에 대해 그나마 알고 있던 것은 그가 축복을 빌기 위해 부르는 신적 존재들 가운데 하나라는 사실 정도였다.

물론 종교개혁이 있고 난 후에, 결국 북유럽의 개신교회 및 남유럽의 가톨릭이 (그리고 영국에서는 성공회가) 농민대중을 비롯하여 급격히 팽창하던 도시 하층계급을 교육하고 활성화시키기 위한 운동을 열정적으로 시작하였다. 이렇듯 마르틴 루터도 낙관적 전망을 품고서 독일 루터교회의 교구민들을 가르치고 부흥시키기 위한 대규모의 기획을 가동시켰다. 그러나 루터는 이러한 노력이 수포로 돌아갔음을 죽기 전에 깨달았다. 앞에서 인용한 루터교회의 시찰 보고서가 이 점을 역력히 증명해주었던 것이다.

---

66   Duffy 1987, 88.
67   Coulton 1938, 156.
68   Hay 1977, 56.

기대와 현실의 불일치

이렇듯 열정적인 노력을 기울였음에도 불구하고 교회가 농민층과 도시 하층계급에 다가가지 못한 주된 요인은 개신교와 가톨릭을 막론하고 목회자들이 보통 사람들에게 매력적으로 느껴지는 적절한 기독교적 생활방식을 제시하지 못한 데 있다.[69] 기독교의 교리를 복잡한 신학이 아닌 단순하고 직설적인 언어로 제시했어야 하는데 그렇게 하지 못했던 것이다.

많은 목회자들이 방탕한 삶을 살고 있었음에도 불구하고 중세 교회가 기독교적인 삶을 위해 제시한 단 하나의 모델은 바로 수도사와 봉쇄수녀가 추구하던 금욕적 생활방식이었다. 이것이 평신도에게 적합한 생활방식이 아니라는 것을 교회는 인정하지 않았다. 도리어 교회는 평신도들에게 "성직자적인 경건을 본받으라고 권면했을" 뿐이다.[70] 교부들은 평신도에게 독신을 기대해서는 안 된다는 것을 분명히 알고 있었으면서도, 그것을 하나의 이상으로서 계속 제시했고, 비록 결혼관계 안에서 갖는 성관계일지라도 항상 죄에 물들어 있다고 가르치면서[71] 사도 바울이 결혼한 부부에게 "서로 분방하지 말라"(고전 7:5)고 권면한 것은 결코 언급하지 않았다. 이와 마찬가지로 교회가 제시하는 기독교적 생활방식 가운데 금식과 오랜 기도와 청빈 등 수도원적 헌신의 요소가 두드러졌다. 그러나 금욕주의는 그것이 **선택**사항이 되는 사람들에게나 호소력이 있는 법이다. 굶주림의 위협에 처한 사람들에게 금식이 호소력이 있을 리가 없다. 장시간 기도에 전념하려면 상당한 여가 시간이 전제되어야 하는데, 가난한 사람들이 스스로 더 가난해지는 길을 선택했을 리가 만무하다. 그러므로 중세 유럽인들 대부분은 교회가 제

---

69   Ozment 1980, 219.
70   Ozment 1980, 219.
71   Bossy 1985, 37; Ozment 1980, 218-19.

시하는 도덕적 기대치를 무시하였고, 그 결과 기독교에 대한 신실한 헌신과는 동떨어진 삶을 살게 되었던 것이다.

이와 대조적으로 초기 기독교는 평신도들에게 매력적으로 다가왔다. 이는 기독교가 삶의 질을 개선시켜주는 기독교적 덕성의 모델을 제시했기 때문이다. 기독교는 분명한 구원의 메시지와 더불어 매력적인 가정 규범, 구체적인 이웃사랑 및 실현가능한 수준의 희생을 요구했던 것이다. 초기 기독교의 이러한 면모가 (종종 다양한 형태의 개혁운동과 이단운동을 통해) 중세기에도 선포됨으로써 지속적인 호소력을 발휘했다—적어도 몇몇 사람들에겐 그러했다. 여기서 (이단과 정통을 막론하고) 중세 기독교의 가장 중요한 측면을 목도하게 되는데, 그것은 중세 기독교의 호소력이 통했던 주요 대상은 적어도 어느 정도 특권을 지닌 사람들, 곧 귀족뿐 아니라 크고 작은 도시에 거주하던 도시민들이었다는 점이다. 키스 토머스의 말마따나 "설교는 식자층에는 인기가 있었지만, 다른 계층의 사람들에게는 짜증만 유발했다."[72] 그럼에도 농민들 대부분은 그 어떤 형태의 기독교든 접할 기회가 거의 없었다. 어쩌다 조금이라도 접하게 되는 경우 그것은 그들에게 그다지 맞지 않는 내세지향적 삶의 방식을 가르치며 십일조에 대한 철저한 납부를 요구하는 그런 기독교였다.

평신도의 무지와 관련해서 한 가지 빼놓을 수 없는 것은 종교개혁 이전까지 예배가 (어쩌다 간단한 설교가 있는 경우를 제외하면) 회중석에 있는 사람들은 하나도 알아듣지 못하고 강단에 있는 사람들이나 이해할 수 있는 라틴어로 진행되었다는 사실이다. 그러니 예배에 많이 참석한다고 해서 그것이 교육과 덕성함양에 기여하지 못했다는 것은 그다지 놀랄 일이 아니다. 이에 대해 토착 언어를 사용하는 개신교 설교가 수 세기에 걸친 이러한 무지

---

72   Thomas 1971, 161.

를 종식시켰을 것이라고 많이 기대하곤 했다. 그러나 그렇지 못했다. 그 이유는 그 당시에 제대로 교육받은 성직자 집단이 대거 등장하여 설교 시간에 "종종 대다수 청중의 이해 범위를 넘는 고차원적인 내용을 쏟아냈던" 까닭이다.[73]

영국의 철학자 존 로크(John Locke, 1632-1704)는 설교자가 성공회 성직자들이 선호하는 설교 주제에 대해 떠드느니 "차라리 가난한 날품팔이에게 아랍어로 지껄이는 것이 더 낫겠다"고 지적한다.[74] 마찬가지로 루터 역시 독일의 농민층과 도시 하층민들을 대상으로 종교교육을 시행하려고 노력했으나, 그것이 완전히 실패하고 만 것은 그가 기본적인 주제보다는 대학교수나 관심가질 만한 미묘한 신학적 의미에 더 천착했기 때문이다. 루터가 실시한 종교 교육의 핵심은 그의 『대교리문답』(*Luther's Catechism*)에서 찾아볼 수 있는데, 그 내용은 십계명과 주기도문을 비롯한 기독교의 기본 교리에 대한 장황한 해설로 구성되어 있다. 따라서 『대교리문답』 가운데 긴 분량을 차지하는 복잡한 단락들이 십계명의 각 조항의 의미를 해석하는 데 할애되어 있다. 루터교회의 성직자들은 주일 오후마다 이 교리문답의 내용을 가지고 설교를 해야 했으며, 주중에는 젊은이들을 대상으로 교리교육을 실시해야 했다. 하지만 대부분의 마을에서 이러한 모임은 거의 열리지 않았다. 오는 사람이 없었기 때문이다.

루터만 그러한 실수를 범한 것은 아니었다. 유럽 전역에서 국가교회는 대중을 회심시키고 부흥케 하는 데 실패했다. 그것은 이러한 과업이 대학교수가 아닌 설교자가 감당해야 하는 일임을 깨닫지 못했기 때문이다. 그러나 목회자들 역시 삼위일체의 신비에 대한 오묘한 설교가 사람들에게 가르

---

73 Thomas 1971, 163.
74 다음에서 인용함. Thomas 1971, 163.

침을 주거나 그들을 회심시키지 못한다는 사실을 파악하지 못했던 것 같다. 이에 대해 옥스퍼드의 신학자 윌리엄 펨블(William Pemble, 1591-1623)이 60세의 한 평신도 남성에 관한 사례를 전해주는데, 그는 주일마다 두 차례나 성실하게 예배에 참석하였고 주중에도 종종 교회에 출석하였으므로, 그는 평생 3,000번이나 되는 설교를 들은 셈이었다. 그런 그가 임종 때에 "하나님에 대해서 어떻게 생각하느냐는 질문을 받고서 하나님은 선량한 노인이라고 대답했고, 그리스도에 대해서는 전도가 유망한 젊은이라고 대답했다고 한다. 그의 영혼에 대해서 물으니, 그것은 자신의 몸 안에 있는 위대한 뼈라고 대답했고, 죽고 난 다음에 그의 영혼이 어떻게 될 것인지 물으니, 자기가 선한 삶을 살았다면 푸른 초장에서 즐겁게 지내게 될 것이라고 답했다고 한다."[75]

제임스 오벨케비취(James Obelkevich)의 말마따나 "평신도들이 기독교라고 알고 있던 것은 그들이 강단의 설교를 통해 들었거나 주일학교에서 배운 내용이 아니었다. 그들은 성직자에게서 들은 것을 자기들의 말로 이해했다.…기독교 신앙을 대중에게 보다 친숙한 형태로 전달할 능력이 목회자들에게 없었으므로, 그것은 시골사람들 스스로가 알아서 하도록 방치되어 있었던 것이다.[76]

---

75   다음에서 인용함. Thomas 1971, 163.
76   Obelkevich 1976, 279.

대중 신앙

유럽의 농민들과 하층민들이 비록 기독교에 대해 무지하고 지역의 성직자들로부터 동떨어져 지냈지만 그럼에도 이들에게는 마음만 먹으면 언제든 기댈 수 있는 종교적 관습의 보고(寶庫)가 지천으로 널려 있었다. 제럴드 스트라우스의 말마따나 "그들은 자기들만의 색깔을 지닌 종교를 수행했는데, 그것은 고래(古來)의 의식들, 시간에 따라 생겨나는 관습들, 복원불가능한 일종의 가톨릭 민간신앙, 그리고 다양한 주술이 복합된 형태로서 매일의 생존투쟁에 도움을 주고자 이러한 것들을 동원했던 것이다."[77] 스트라우스가 이교도와 기독교를 막론하고 인기 있던 신격들의 목록을 언급하지 않은 점에 주목하자. 대중 신앙에서는 하나님과 예수와 마리아 및 여러 성인들뿐 아니라 몇몇 이교의 신들과 여신들에게도 가호를 빌었지만(실제로는 요정이나 엘프나 악령과 같은 하급 신령들에게 비는 것이 더 흔했다), 그것은 단지 그들의 도움을 요청하려는 것이었을 뿐 삶의 의미나 구원의 토대와 같은 문제에 대해서는 거의 관심이 없었다. 대신에 강조점은 건강, 다산, 일기, 성생활, 작황과 같은 다급하고 피부에 와닿는 현세적인 사안들이었다. 따라서 늘 그렇듯이 대중 신앙의 핵심은 주술이었던 것이다.

주술과 불운

주술(magic)이란 용어는 처음에는 본서의 제1장에서 다루었던 페르시아의 조로아스터교 사제인 "마고스"(magus)가 가진 기예와 능력을 가리키는 말

---

77   Strauss 1988, 211.

이었다.[78] 마고스들은 특별히 그들이 가진 점성술에 능통한 것으로 인해, 또한 **원하는 결과를 얻기 위해 초자연적 세력을 소환하거나 동원하는 데**(이 말이 주술에 대한 일반적인 개념정의이기도 하다) 사용되는 여러 종류의 주문과 비밀 의식으로 인해 고대 세계에서 찬탄의 대상이 되었다. 주술은 그 목적에 있어 기술이나 과학과 동일하다. 즉 인간으로 하여금 불운으로 가득한 현실 속에서 자연과 사건을 통제하게끔 하는 능력이다.

다른 이들과 마찬가지로 중세의 농민들도 질병으로 인해 커다란 위협에 직면해 있었으므로 치료 주술(medical magic)이 가장 각광받았다. 실로 로마 시대의 학자였던 플리니우스(Pliny the Elder, 약 23-79)의 주장에 따르면, 주술은 "본래 의술에서 나온 것"이다.[79] 중세 시대에는 치료 주술과 비주술적 치료법 내지 처치가 분리되지 않은 채로 공존하였으므로, 치료사들도 이 둘을 거의 구별하지 않았다. 따라서 치료 성분이 있다고 여겨지는 약초를 처방할 때마다 거의 언제나 다채로운 주문을 함께 사용했고, 종종 부적이나 액막이가 추가되기도 했다. 마찬가지로 상처를 감싸면서 부적을 집어넣기도 하는 등의 기타 "치료법"에서도 동일한 발상을 엿볼 수 있을 뿐 아니라, 숙련된 산파도 "순산을 돕기 위해 여러 종류의 액막이를 함께 사용하곤 하였다."[80] 따라서 주술적 방식과 비주술적 처치를 막론하고 치료가 성공하기만 하면 그 효능을 인정받았던 것이다. 초기의 치료 주술에서 특히 중요한 측면은 악령과 같은 초자연적 세력이 질병과 관련된 대부분의 문제를 일으키는 원인이므로 치료를 위해서는 그것들을 내쫓아야 한다는 믿음이 널리 퍼져 있었다는 것이다. 이에 따라 악령을 내쫓기 위한 간구기도문 내지 명령문이 담긴 긴 목록이 편찬되기도 하였으며, 여기에 실린 문구 중 많은

---

78   Kieckhefer 1989, 10.
79   다음에서 인용함. Flint 1991, 240.
80   Kieckhefer 1989, 62.

것이 기독교 이전부터 비롯된 것이기도 했다. 나중에 살펴보겠지만, 이것은 결국 마녀사냥으로 귀결되었는데, 그 이유는 마을과 촌락마다 초자연적 작용에 호소함으로써 질병과 상처를 치료하는 "현자들"(Wise Ones)이 있었기 때문이다.

두 번째로 중요한 것은 폭풍을 잠재우고 작물에 비를 가져오는 데 사용했던 일기 주술(weather magic)이었다. 짐작하듯이 일기 주술을 행하는 전문가들이 많이 있었다. 그러나 우박이나 가뭄과 같은 악천후를 일으켜 이웃의 작물에 해를 입히는 일을 전문적으로 자행하던 자들에 비하면 이러한 일기 주술에 대한 자세한 내용은 남아 있는 것이 거의 없다.

사랑과 성에 관련된 주술은 아마도 세 번째로 가장 흔한 형태의 주술이었을 것이며, 그다음이 보복 주술이었을 것이다. 연애 주술(love magic)에는 여러 형태가 있었는데, 이것은 한 개인이 배우자를 얻기 위해 직접 주술을 행하거나 주술사를 고용하여 어떤 대상이 자기와 사랑에 빠지도록 하는 데 사용되었다. 하지만 그것은 너무나 자주 유혹의 목적에 사용되었다. 성 주술(sex magic)은 주로 당시에 발기 부전을 치료하기 위한 처치였는데, 발기불능으로 고통 받고 있는 남성 내지 그의 아내가 구입했다. 역으로 발기불능을 일으키거나 성욕을 억제하기 위한 주술도 아주 많았다는 것이 놀랄 일은 아니다. 실제로 힐데가르트 폰 빙엔(St. Hildegard of Bingen)은 성욕을 억제하기 위해 합환채 뿌리(mandrake root)를 어떻게 사용해야 하는지에 대한 자세한 지침을 제공하는데, 참으로 이상한 것은 창세기 30:14-16에 나오듯 합환채는 주로 성욕을 증진하고 다산을 가져오기 위해 더 자주 사용되었다는 사실이다.

보복 주술(revenge magic)은 보통 "사악한 행위"라는 뜻의 **말레피키아**(*maleficia*)라는 말로 널리 알려져 있으며, 죽음이나 상해를 통해 타인에게 위해를 가하는 직접적인 방식과 작물이나 가축에 피해를 입히는 간접적인 방식으로 구분된다. 고고학자들이 발굴해낸 아연판 위에는 다음과 같은 저주문이 새겨져 있다. "나는 트레티아 마리아(Tretia Maria)와 그녀의 생명과 마음과 기억과 간과 폐를 모두 합하여, 또한 그녀의 말과 생각과 기억을 저주한다." 이러한 저주문이 적힌 아연판에는 일곱 개의 못이 박혀 있었다.[81] 이러한 **말레피키아**를 자행한 자들에 대해 소송을 제기할 때에 종종 제출되는 증거물은 바로 원고의 문지방 밑이나 침대 밑에서 나온 "주술 부적들"로서, 피고가 원고에게 해를 입히려고 그곳에 가져다 놓은 것이었다.[82] 폭풍을 일으켜 이웃의 작물을 파괴했다는 죄목으로 벌어진 소송 사건에 대한 기록은 특히 중세기 스위스에서 많이 찾아볼 수 있다.

주술은 때때로 재물을 불러들이는 데도 사용되었다. 값싼 금속을 황금으로 바꾸려 했던 다양한 시도가 여기에 포함된다. 아울러 미래를 알아내기 위한 다양한 주술 행위들도 있었는데, 여기에는 점성술만이 아니라 유대교의 카발라(kabbalah)와 같은 고대문헌에 대한 연구도 해당된다. 하지만 일반 대중은 이러한 종류의 주술 활동에는 관여하지 않았다. 끝으로 단지 행운을 불러들이기 위해 모든 사람들이 사용했던 온갖 방식의 주술적 비책들도 있었다.

기독교적 주술

기독교의 성직자층은 대중이 사용하던 주술에 반대했다. 그것이 터무니없는 미신에 불과할 뿐 아니라(그런데 사실은 그들도 그 효력을 믿고 있었다), 그것이 이교 신앙에 뿌리를 둔 것으로서 대중의 지지를 얻기 위해 교회와 경쟁

---

81 다음에서 인용함. Kieckhefer 1989, 19.
82 Kieckhefer 1989, 82.

관계에 있었기 때문이다. 따라서 단지 그것을 억제하는 것만이 아니라 그것을 대체하기 위해 막대한 노력이 투입되었던 것이다.[83] 짐작하듯이, 기독교적 형태의 치료 주술을 제공하는 데 가장 큰 역점이 주어졌다.

앞의 11장에서 살펴보았듯이, 교회는 초기부터 수천 개에 달하는 치유의 샘과 우물과 사당을 성인이나 순교자와 연관된 기독교적 성지로 탈바꿈시켰다. 교회는 또한 구체적인 질환을 치유하기 위해 주술적 절차를 승인하고 공포하기도 했다. 하지만 마을의 현자가 사용하던 치료법과는 달리, 교회가 제공하는 치료 주술은 약초나 물리적 도구를 사용하는 것이 아니라 대개의 경우 기독교식의 주문이나 기도문으로 구성되어 있었다. 예를 들어 눈에 티끌이 들어간 사람을 위해 추천하는 조치는 사제가 다음과 같이 기도하는 것이다.

> 그러므로 나는 살아 계신 하나님, 거룩하신 하나님의 이름으로 너 티끌에게 명하노니, 네가 검은 것이든, 붉은 것이든, 흰 것이든, 하나님의 종 (아무개의) 눈에서 사라질지어다. 청컨대 그리스도께서 너를 쫓아버리실지어다. 성부와 성자와 성령의 이름으로, 아멘.[84]

여인이 월경통을 겪을 경우 치료책은 "주님의 힘으로, 주님과 더불어, 주님 안에서"라는 글귀를 종이에 써주는 것이었다. 그다음에 그 종이를 여인의 이마에 붙이는 식이었다.[85]

교회는 또한 일기와 관련된 주술을 많이 제공했다. 6세기부터 우박과

83 Flint 1991; Thomas 1971.
84 다음에서 인용함. Kieckhefer 1989, 3.
85 다음에서 인용함. Kieckhefer 1989, 4.

강풍을 막기 위해 지역 사제가 축성한 십자가를 들판에 세우곤 했으며,[86] 종종 교회의 종을 울려서 천둥을 쫓기도 했다.[87] 그리고 물론 필요한 경우 비가 내리게 해달라고 사제에게 기도를 부탁하는 것은 흔한 일이었다.

교회가 치료 및 일기와 관련된 주술을 제공하는 데는 열심을 내었지만, 연애나 복수에 관련된 주술은 전적으로 거부했다. 전자가 여성을 유인하기 위해 사용될 경우에는 강간에 준하는 것이자 남녀 개인의 자유의지에 저촉되는 것으로 강력하게 정죄되었다. 물론 정죄한다고 없어지는 것은 아니었다. 그러나 시장의 수요가 너무나 컸던 나머지 연애 주술의 기독교적 변종들이 (금지되었음에도 불구하고) 생겨나게 되었다. 심지어 기독교 성직자가 이러한 주술을 사용하는 경우도 있었다. 예를 들어 1585년에 모데나(Modena)의 한 사제는 자석 조각에 세례를 주어 자신의 남편이 난잡한 여인들로부터 떨어지게 해달라는 어느 귀족 여성의 부탁을 들어주었다고 고백했다.[88] 보복 주술 역시 **말레피키아**를 행하는 자에게 막강한 경쟁력을 주는 것으로, 비기독교적일 뿐 아니라 반사회적이라는 이유로 정죄되었다. 주술사가 누리는 또 다른 이점은 그가 늘 가까운 곳에 포진해 있다는 점이다. 많은 지역에서 사제들을 찾아볼 수 없던 때에, 현자들은 촌락과 마을마다 살고 있었다. 이들은 그 지역의 토착 주민이자 종종 산파이기도 했으므로, 이웃 사람들은 주술적 도움만이 아닌 치료적 목적을 위해서라도 그들에게 의존하곤 했었던 것이다.

대중적 주술이 즉시 기독교적 주술의 요소들과 결합되었다는 것은 놀랄 일도 아니다. 주문과 기도문을 암송하면서 교회의 샘물에서 길어온 성수를 사용하는 경우가 비일비재했다. "사람들은 점을 치기 위해 추를 내리

---

86 Flint 1991, 189.
87 Flint 1991, 189.
88 O'Neil 1981, 11.

면서 주기도문을 암송했다. 성부와 성자와 성령의 이름을 부르면서 매로부터 닭을 지켜주고, 사람들을 악한 것들로부터 보호해달라고 간구했다.…마을의 치료사는 벌레가 파먹은 소의 상처 부위에 침을 뱉고 치료하면서 성삼위의 가호를 빌었다.…야뇨증을 위해 세례반에서 가져온 물을 달이기도 했다."[89] 기독교적 주술과 비기독교적 주술의 혼합이 너무나 만연했던 나머지 영아에게 세례를 주기 위해 데리고 오면서 아기를 감싼 포대기 속에 사술을 막아주는 액막이를 넣기도 했다.[90]

신학이 초래한 비극

모든 주술은 이따금씩 효력을 보인다. 주술적 치료법이나 기타 기독교적 주술이 이따금씩 성공적인 것처럼 보였던 것은 결국 바라던 결과를 얻을 수 있었기 때문이다. 그러나 비기독교적 주술 역시 성공적이었기 때문에(그것은 아마도 더 성공적이었을 것이다. 왜냐하면 거기에 대체로 약초나 물리적인 조치가 수반되었고, 그중 어떤 것은 실제로 효과가 있었기 때문이다), 기독교적 주술이 그것을 대체할 수는 없었다. 따라서 이것은 위험한 질문을 제기했다.

　기독교는 신학의 종교다. 그것은 신비와 묵상으로 만족하지 않고 그 믿음의 체계 전체를 논리와 이성에 토대하기 위해 부단히 노력한다. 이것은 여러 면에서 기독교의 장점이라고 하겠는데, 그중에는 기독교가 합리주의에 충실한 결과 서구 과학의 발전을 위한 모델을 제공하게 된 것도 포함된다. 그러나 주술과의 대결에 있어 기독교의 이러한 측면은 비극적 결과를 낳게 되었다. 타문화권에서는 대체로 주술이 당연한 것으로 받아들여진다.

89　Strauss 1978, 304.
90　Strauss 1978, 304.

예컨대 고대 로마와 그리스에서는 왜 주술이 작용하는지에 대해 굳이 설명할 필요가 없었다(주술은 적어도 가끔은 효과가 있는 것처럼 보였다). 그러나 기독교 사상가들은 왜 주술이 작용하는지 알아내야만 직성이 풀렸다. 기독교적 주술에 대해서는 분명한 답을 제시하는 것이 어렵지 않았다. 하나님, 예수님, 성령, 때때로 마리아를 비롯한 여러 성인들과 천사들이 개입하기 때문이었다. 기독교의 주술이 실패할 경우 그것은 이러한 초자연적인 존재들이 어떤 경우에는 그것이 작용하면 안 된다고 결정했기 때문이다. 하지만 이러한 신성한 존재들이 비기독교적 주술에 개입하지 않는 것은 분명했다. 그렇다면 누가 개입한 것일까? 대답은 마찬가지로 명백해 보였다. 사탄을 비롯한 악한 초자연적 존재들이 일으킨 것이다. 여기서부터 다음 단계의 추론으로 넘어가는 것은 너무나 간단하고 뻔한 것이었다. 즉 유럽 전역에 있는 수천 명이나 되는 현자들은 사탄과 내통하는 자들이다. 마녀사냥은 이렇게 해서 탄생하였다.[91]

주술에 대한 유럽인들의 생각은 전적으로 신학적 숙고의 산물이었다. 대중의 주술 문화에서는 이에 대한 기반을 찾을 수 없다. 저명한 노먼 콘(Norman Cohn, 1915-2007)의 보고에 따르면, "현존하는 주술에 관한 책 어디서도 사탄주의에 대한 암시를 찾아볼 수 없다. 그 어디서도 주술사가 악령의 세력과 한통속이라거나 마왕의 환심을 얻기 위해 악을 행한다는 암시가 없다."[92] 또 다른 저명한 학자인 리처드 키에크헤퍼(Richard Kieckhefer)의 말마따나 "악마주의의 도입은⋯식자층이 주술을 이해하려는 욕구에서 기인한 것이다."[93] 따라서 유럽 전역에 몰아친 끔찍한 마녀사냥을 날조하고 지탱

---

91   Katz 1994, 417; Kieckhefer 1976, 79-80; Stark 2003, chap. 3.
92   Cohn 1975, 169.
93   Kieckhefer 1976, 79.

하는 데 주도적 역할을 했던 것은 대학교수들이었다.[94] 아울러 농민들과 도시의 하층민들이 계속해서 주술을 행했던 것도 마녀사냥의 빌미가 되는 소재를 제공한 측면이 있다.[95] 역설적이게도, 흔히 알고 있는 통념화된 믿음과는 정반대로, 마녀사냥을 가장 먼저, 왕성하게, 그리고 가장 효과적으로 반대한 것은 스페인의 이단심문 제도였다(제19장을 보라). 현자들이 선량한 동기에서 주술을 행하였고, 스스로 악마와 계약을 맺었다고 생각하지는 않았다는 사실을 결코 놓치지 않았던 이들은 바로 이들 이단심문관들이었다.

결론

중세는 "신앙의 시대"가 아니었다. 대다수 중세 유럽인들의 "종교적" 믿음 가운데는 이교와 기독교와 미신적 요소가 뒤죽박죽으로 혼합되어 있었다. 이들은 교회에 거의 가지 않았고, 성직자가 인도하는 예배보다 현자의 주술을 더 신뢰하였다. 오늘날 유럽에서 교회가 비어 있고 신앙 활동에 대한 참여가 저조한 것이 경건성의 급격한 퇴조를 반영한다고 보는 흔한 주장은 잘못된 것이다. 유럽은 언제나 그러했다. 마르틴 루터는 일반 대중을 교육하여 부흥을 꾀하려 했던 자신의 노력이 수포로 돌아갔음을 깨닫고 1529년에 다음과 같이 말했다. "하나님이여, 우리를 도우소서.…보통 사람들, 특별히 시골 사람들은 기독교의 가르침에 대해 전혀 아는 것이 없습니다. 그리고 많은 목사들이 실제로 부적격하고 가르칠 능력도 없습니다. 그런데도 이들 모두가 그리스도인이라고 합니다. 주기도문도 사도신경도 십계명도 암송하

---

94   Katz 1994; Midelfort 1981.
95   Stark 2003, chap. 3.

지 못하는데, 세례도 받고, 성찬에도 참여합니다. 그들이 사는 꼴은 짐승과 다를 바가 없습니다."[96]

---

96 다음에서 인용함. Parker 1992, 45.

제16장

신앙과 과학혁명

콜럼버스가 신대륙 발견을 위한 그 유명한 항해에 나서기 위해 수년간이나 필요한 자금을 모금해야 했다는 사실은 모두가 알고 있다. 왜냐하면 당시 교회의 신학자들과 행정관들은 모두 세계가 평평하다고 확신하면서 콜럼버스의 항해에 대해 만장일치로 반대했었기 때문이다. 따라서 만약에 누군가가 극동으로 가기 위해 서쪽으로 항해를 한다면 그는 세상의 끄트머리에서 추락하고 말 것이었다. 코넬 대학교(Cornell University)의 설립자이자 초대 총장이었고 『기독교권에서 과학과 신학 간에 일어난 분쟁의 역사』(*A History of the Warfare of Science with Theology in Christendom*)라는 매우 영향력 있는 책의 저자이기도 한 유명한 앤드류 딕슨 화이트(Andrew Dickson White, 1832-1918)는 다음과 같이 말한다.

콜럼버스가 [종교에 맞서] 전쟁을 벌인 것은 세상이 다 알고 있다. 포르투갈에서 세우타(Ceuta)의 주교는 그를 제압했으며, 스페인의 잡다한 현자들은 늘 하던 식으로 시편과 바울 서신과 아우구스티누스의 글을 인용하면서 그에게 맞섰으며, 심지어 콜럼버스가 항해에 성공하여 지구가 둥글다는 이론에 큰 힘을 실어준 후에도…가톨릭교회는 최고의 권위를 내세우며 근엄한 자세를 잃지 않았지만, 넘어진 채로 잘못된 길을 고수하였다.…신학적 장애물이 지리학의 진실에 굴복할 수밖에 없었지만, 그러한 변화는 서서히 진행되었다.…여러 고지식한 사람들은 [신앙심으로 말미암아] 그 후로도 200년 동안이나 그 이론에 반대했던 것이다.[1]

애석하게도 화이트의 설명은 거의 모두가 거짓말이다. 그가 종교와 과학 간의 분쟁을 다룬 책에서 언급했던 다른 이야기들도 이와 마찬가지다. 그의 책은 오랫동안 높은 평가를 받았지만 지금은 신뢰를 상실하고 말았다. 15세기가 시작되기 오래전부터 로마 가톨릭의 고위성직자를 포함하여 유럽의 모든 식자층 가운데는 지구가 둥글다는 사실이 잘 알려져 있었다.[2] **구체**(sphere)라는 용어는 13세기 초에 나온 중세 때 가장 인기 있던 천문학 교과서의 제목에서도 찾아볼 수 있다. 콜럼버스가 반대에 직면했던 것은 지구가 둥글다는 주장 때문이 아니라, 지구의 둘레와 관련해서 그가 매우 잘못된 주장을 했다는 사실 때문이었다. 콜럼버스는 카나리아 제도(Canary Islands)에서 일본까지의 거리가 약 4,500킬로미터라고 추산했는데 실제로는 약 22,400킬로미터에 달한다. 사람들은 지구의 둘레가 얼마나 큰지 알고 있었으므로, 그들이 콜럼버스의 항해 계획에 대해 반대한 것은 콜럼버스와 그의 선원들이 전부 해상에서 죽게 될 것이라는 이유 때문이었다. 아무도 서반구가 존재하는 것을 알지 못했지만, 만약에 그것이 실제로 존재하지 않았다고 가정한다면, 니냐(Nina), 핀타(Pinta), 산타 마리아(Santa Maria)라는 이름을

---

1   White 1896, 2:108-9.
2   Grant 1971; 1994; Hamilton 1996; Russell 1997.

가진 세 척의 선박이 차라리 세상의 끄트머리에서 추락하는 편이 더 나았을 것이다. 왜냐하면 모든 선원이 목마름과 굶주림으로 죽었을 것이기 때문이다.

정말 놀랍게도 콜럼버스의 항해일지와 그의 아들이 남긴『콜럼버스 제독 이야기』(*History of the Admiral*)를 포함하여 당시의 기록 어디서도 지구가 둥글다는 것을 콜럼버스가 증명해야 했다는 이야기를 찾아볼 수 없다. 있지도 않던 이야기가 300년이 지난 뒤 1828년에 출간된 콜럼버스의 전기에서 갑자기 등장한다. 이 전기를 쓴 사람은 목 없는 기수(Headless Horseman)가 등장하는 소설인『슬리피 할로우의 전설』(*The Legend of Sleepy Hollow*)로 유명한 워싱턴 어빙(Washington Irving, 1783-1859)이란 작가였다.[3] 콜럼버스와 평평한 지구에 대한 이야기는 허구였지만 어빙은 그것이 사실인 것처럼 소개했다. 이 이야기가 나오자마자 그것을 열심히 수용한 역사학자들은 대개 중세 교회가 사악하고 어리석었다고 확신한 나머지 그것이 사실인지 더 확인할 필요를 느끼지 못했다. 물론 이들 중 일부는 그 이야기가 전혀 출처가 없다는 것을 알고 있었을 것이다. 어쨌든 이러한 과정을 통해 지구가 둥글다는 사실을 콜럼버스가 증명했다는 이야기가 모든 교과서 안으로 들어오게 된 것이다.

이보다 훨씬 더 심각한 것은 계몽주의 시대 동안 볼테르나 기번과 같은 유명 작가들이 과학과 종교 간의 갈등과 비슷한 허위를 많이 날조하고(이들은 바로 "암흑시대"와 같은 용어도 조작해냈다), 그때 이후로 화이트, 버트런드 러셀, 리처드 도킨스 같은 호전적 무신론자들은 이러한 날조된 정보를 유포하면서 새롭게 추가하기도 했다는 사실이다. 사실 기독교는 과학의 발흥을 저해하지 않았을 뿐 아니라 도리어 과학의 발흥을 위해 꼭 필요했다. 기독교

---

3   Russell 1997.

를 신봉하는 서구에서만 과학이 발생한 것은 바로 이러한 이유 때문이다. 더군다나 갑작스러운 "과학혁명"(Scientific Revolution) 같은 것은 없었다. 코페르니쿠스와 뉴턴을 비롯한 16·17세기의 과학자들이 이룩한 위대한 업적은 과거 수 세기에 걸쳐 과학이 정상적으로 발전해온 것에 따른 결과물이었다. 그렇다면 먼저 과학이 무엇인지 분명한 정의를 내려보자.

과학은 무엇인가?

과학은 기술이 아닐뿐더러 단지 지식에 불과한 것도 아니다. 댐과 교량 건설에 대한 지식을 가진 사회는 많이 있지만, 그런 곳에서 물리학에 대한 이해는 전혀 찾아볼 수 없는 경우도 많다. 마찬가지로 동식물에 대해 광범위한 지식을 가진 사회는 많이 있지만, 생물학에 대해서는 전혀 모르는 경우도 많다. 예를 들어 가장 초보적인 수준을 제외한 모든 사회에서 여러 식물의 종자를 구별할 줄 알고, 또 그것을 파종해서 재배하는 방법도 알고 있다. 그러나 선진 과학을 가진 사회에서만 종자가 형성되는 원인 및 그것이 새로운 식물로 발생하는 과정에 대해 알고 있다.

과학은 **조직화된 방식**으로 **자연에 대한 설명**을 진술하기 위해 활용하는 **방법**(method)으로서, **체계적 관찰**을 통해 언제나 변경과 교정을 가하기 마련이다. 따라서 과학은 두 부분, 곧 **이론**(theory)과 **조사**(research)로 구성된다. 이론화는 과학의 설명적 측면에 해당한다. 과학이론은 자연의 일정 부문(인간의 사회생활도 포함된다)이 서로 결합하여 작동하는 이유와 방식에 대한 **추상적 진술**(abstract statements)이다. 물론 모든 추상적 진술이, 심지어 자연에 대한 설명을 제공하는 것들이라고 해서, 다 과학적 이론으로서 자격을 갖춘 것은 아니다. 모든 추상적 진술이 다 과학이라고 한다면 신학도 과학이 될 것이다. 다만 추상적 진술이 과학으로 자리매김 되는 경우는 오로지 그러한 진술로부터 장차 관찰 대상이 될 것이 무엇인지에 대한 분명한 예측이나 통제 방안을 도출하는 것이 가능한 경우다. 과학적 조사는 이론으로부터 도출된 예측이나 통제 방안과 관련된 관찰 작업으로 구성된다. 관찰의 결과물이 이론으로부터 도출된 것과 상충할 경우 이론이 잘못된 것이므로 폐기하거나 수정해야 한다. **조직화된 방식**(organized efforts)이란 말은 과학이 그저 무작위에 따른 우연한 발견이 아님을 가리킨다. 도리어 과학자들은 자신의 역량을 체계적이고 의도적이며 집단적인 방식으로 투여한다. 혼자서 작업하는 과학자일지라도 결코 고립된 채로 일하는 것이 아니다. 아주 옛날부터 과학자들은 서로 간의 연결망을 구성해서 매우 활발한 의사소통을 해오고 있다.

과학에 대한 이러한 개념정의를 채택할 경우 대부분의 인류 역사 가운데 자연세계를 설명하고 통제해온 노력들이 배제된다. 이러한 과거의 노력들은 대부분 과학이 아니었다. 그 이유는 마르크 블로크(Marc Bloch)의 말마따나 최근까지도 "이따금씩 상당한 수준을 보이기도 했던 기술적 진보라는 것이 단순한 경험주의(empiricism)"에 지나지 않았던 까닭이다.[4] 다시 말해서 기술적 진보는 관찰과 시험과 오류의 산물일 뿐이며 그 자체에 설명, 곧 이론화는 결여되었던 것이다. 이렇듯 과학 이전에 모아진 정보의 보고는 기껏해야 민담, 손기술, 지혜, 기예, 솜씨, 기술, 토목기술, 학예, 또는 단순히 지식이라는 말로 기술할 수 있다. 그러나 그러한 관찰 결과가 검증 가능한 이론과 연계되지 않는다면, 그때까지 그것은 단지 "사실"(facts)로 남을 뿐이다. 이 점에 대해 찰스 다윈(Charles Darwin)은 다음과 같이 잘 지적하고 있다. "30년 전까지는 지질학자들이 관찰해야 했지만 이론화하지는 않았던

---

4   Bloch [1940] 1961, 83.

많은 이야기들이 있었다. 나는 어떤 사람이 그런 식으로 할 거면 차라리 자갈 채취장에 가서 조약돌이나 세면서 색깔이나 설명하는 편이 낫겠다고 말했던 것이 또렷이 기억난다. 모든 관찰 결과는 그것이 쓸모가 있으려면 어떤 견해를 지지하든지 아니면 반대하든지 해야 한다는 것을 모른다고 한다면 그것은 참으로 희한한 일이다."[5] 물론 어떤 면에서 다윈은 지나치게 협소한 관심사를 갖고 있었다고 할 수 있다. 여러 관찰 결과가 어떤 과학적 의미를 함축하지 않더라도 그 자체로 커다란 가치를 지닐 수 있기 때문이다. 보름달이 현대의 천문학적 예측과 일치하는지 확인하기 위해서 기를 쓰고 달려들지 않아도, 그것을 자체로 음미하는 것이 가능하다. 그러나 과학적 관찰의 본질이 무엇인지를 적시한 점에 있어서는 다윈이 옳았다. 과학의 목적은 이론을 검증하는 것이다.

그렇다면 확실히 과학은 자연적이고 물질적인 실재에 관한 진술에 국한된다. 적어도 원칙적으로 관찰 가능한 사물들에만 해당된다는 말이다. 따라서 신의 존재와 같은 사안을 포함하여 과학이 발언할 수 없는 담론의 영역이 따로 있다. 기적을 물리학으로 설명할 수는 없다.

고대 그리스인들과 동방의 철학자들이 이룩한 모든 지적인 업적에도 불구하고 그들의 작업은 과학이 아니었다. 그들의 관찰은 이론을 고려하지 않았고, 그들의 이론화 작업은 관찰을 통한 검증을 무시했던 까닭이다. 예를 들어 아리스토텔레스(기원전 384-322)는 물체가 땅으로 떨어지는 속도는 무게에 비례하므로 무거운 물체가 가벼운 것보다 훨씬 더 빠르게 떨어진다고 가르쳤다. 만약에 그가 근처 절벽으로 산책을 갈 때 큰 돌덩이와 작은 돌멩이를 하나씩 가지고 가서 낙하 실험을 했다면 그는 자신의 가르침이 틀렸다는 것을 알 수 있었을 것이다. 그러나 아리스토텔레스는 과학자가 아니

5   Darwin and Seward 1903, 1:195.

었다. 중세 때 유럽인들 가운데 극소수가 과학적 방법을 서서히 발전시키기 전까지는 아무도 과학자가 아니었다.

중세 스콜라에서 시작된 과학

"암흑시대"가 없었던 것과 마찬가지로 "과학혁명"이란 것도 없었다. 더 정확히 말해서, 과학혁명이란 개념은 기독교의 세력이 약화되어 더 이상 과학을 억압하지 못하게 되었을 때 가서야 과학이 만개하게 되었다고 (그러므로 과학이 앞선 스콜라학자들에게는 빚진 것이 없다고) 주장함으로써 중세 교회에 대한 불신을 조장하려는 목적으로 날조된 것이었다. 이러한 주장을 뒷받침하기 위해 대체로 새로운 발견과 그에 대한 탄압의 이야기들을 실례로 드는데, 이는 콜럼버스와 평평한 지구 이야기만큼이나 거짓된 것이다. 그 첫 단계는 중세 스콜라학자들의 업적에 대한 불신을 조장하는 것이었다. 존 로크(1632-1704)는 스콜라학자들을 사소한 일에 골몰하면서 자신의 무지를 덮기 위한 방편으로 쓸데없는 용어를 만들어내는 위대한 "조폐국장"(mintmasters)과 같은 자들이라고 비난했다.[6] 다른 이들은 그들이 얼마나 많은 천사가 바늘 꼭대기에서 춤출 수 있는지와 같은 터무니없는 주제를 논한다고 조롱했다. 결국 "스콜라적"(scholastic)이란 어휘는 대부분의 사전에서 "진부하고 교조적"이라는 말로 정의되는 형용사가 되었다. 그러나 실제로 16, 17세기의 위대한 과학적 성과는 경건함으로 명망이 높은 일군의 학자들이 내놓은 것이었다. 이들은 기독교 대학에 터를 잡았고, 이들의 찬란한 업적은 수 세기에 걸쳐 내려온 찬란한 스콜라 학문의 값진 유산 위에

---

6 *Essay concerning Human Understanding* 3.9.

면밀하게 구축된 것이었다.[7]

코페르니쿠스와 정상 과학

"과학혁명"의 시작을 대체로 니콜라우스 코페르니쿠스(Nicholaus Copernicus, 1473-1543)에게서 잡고 있으므로, 그의 작업이 당시의 "정상"(normal) 과학의 범주에 해당하는 것이었음을 증명하기 위해 그와 그에게 지적으로 영향을 준 이전 시대의 사람들을 조사할 필요가 있다.

흔히 알고 있는 이야기에 따르면, 코페르니쿠스는 저 멀리 폴란드에 있는 가톨릭 대성당의 의전사제(canon)였는데, 어찌된 영문인지는 모르겠으나 모든 사람이 믿고 있었던 것과 반대로 지구가 태양 주위를 돈다는 것을 발견하게 된 고립된 천재였다. 거기에 보태서, 이야기가 꼬리에 꼬리를 물고 이어지면서, 결국 교회가 이러한 견해를 억압하기 위해 부단한 노력을 기울였다는 이야기가 생겨났다.

이러한 이야기에는 사실보다는 허구가 훨씬 더 많다. 코페르니쿠스는 무명의 폴란드 사람이기는커녕 당대의 최고라 할 수 있는 이탈리아의 대학들, 곧 볼로냐(Bologna)와 파도바(Padua)와 페라라(Ferrara)에서 최상의 교육을 받은 인물이다. 지구가 태양의 주위를 돈다는 생각은 난데없이 그에게 떠오른 것이 아니었다. 그는 스콜라학파에 속한 교수들로부터 지동설에 기초한 태양계 모델을 가능케 하는 기초 개념들을 배웠다. 코페르니쿠스가 발견한 것은 도약이 아니라 지난 수 세기 동안 이어져온 발견과 혁신의 긴 경로가 지향하던 그다음 단계로 나간 것에 지나지 않는다.

그리스인들은 진공이란 존재하지 않는다고 생각했기 때문에 우주는

---

7   이에 대해서는 다음의 책에서 자세히 논하였다. Stark 2003, chap. 2.

투명한 매질로 충만한 영역이라고 추정했다. 그렇다면 모든 천체는 이동하면서 발생하는 마찰을 극복할 필요가 있을 것이다. 이 문제를 해결하기 위해 여러 그리스 철학자들은 태양과 달과 별을 포함한 천체들을 스스로 움직이는 능력을 지닌 생명체로 변모시켰고, 다른 이들은 신들이나 영들의 형태를 지닌 다양한 종류의 "미는 것들"(pushers)을 상상했다. 초기 기독교 학자들은 천사들이 천체의 경로를 따라 천체를 민다고 추정했다. 우주가 마찰이 없는 진공임을 인식함으로써 미는 것들을 제거해버린 사람은 바로 유명한 영국의 프란치스코 수도사인 윌리엄 오컴(William of Ockham, 1295-1349)이다. 그는 오컴의 면도날(불필요하고 복잡한 것을 버리고 가장 간결한 이론을 취해야 한다는 주장—옮긴이)이란 명제로도 유명하다. 그는 운동에 관한 뉴턴의 제일법칙을 예견하는 제안을 했다. 즉 하나님이 천체의 움직임을 시동해 놓으면, 그 운동을 막는 다른 힘이 없는 까닭에 이후로 천체는 움직임을 지속할 것이라는 생각이다.

지동설 모델을 향한 중요한 다음 단계는 니콜 오렘(Nicole Oresme, 1325-1382)에 의해 진척되었다. 그는 가장 명석한 (하지만 애석하게도 주목받지 못한) 스콜라 과학자로서 중요한 업적을 많이 성취했지만, 그중에서도 지구가 축을 중심으로 회전한다는 것을 확립했는데, 물론 이로 인해 다른 천체들이 지구 주위를 회전한다는 환상이 생겨나는 데 일조하기도 했다. 오렘은 여러 해 동안 파리 대학의 총장으로 근무했고 리지외(Lisieux)의 주교로서 그의 경력을 마감했다. 수 세기 동안 지구가 회전한다는 생각을 했던 사람들은 많았는데, 하지만 늘 두 가지 반대로 인해 그러한 생각은 타당하지 않은 것처럼 보였다. 첫째로 만일 지구가 회전한다면, 지구의 회전에 의해서 발생하는 동쪽으로부터 끊임없이 불어오는 강력한 바람이 왜 없을까 하는 것이다. 둘째로 공중으로 똑바로 쏘아 올린 화살이 왜 사수보다 뒤쪽이나 앞쪽에 떨어지지 않는 것일까 하는 것이다. 이러한 바람과 같은 현상이 일어나지 않으므로, 또한 화살이 곧바로 제자리로 떨어지므로, 지구의 회전은 있을 수 없는 일이었다. 오렘은 파리 대학의 전임 총장이었던 장 뷔리당(Jean Buridan, 1295-1358)의 연구를 토대로 지구의 움직임은 (대기를 포함하여) 지구 위에 있거나 지구에 가까이 있는 모든 물체에게 전해지므로 동풍이 발생하지 않는다고 제안했다. 이러한 생각은 화살이 왜 곧장 똑바로 원래의 자리로 떨어지는지를 설명한다. 즉 화살은 활에 의해 전해지는 수직적 추동력을 가질 뿐 아니라, 지구의 회전력 의해 전해지는 수평적 추동력도 가지고 있다는 것이다.

다음은 니콜라스 쿠자누스(Nicholas of Cusa, 1401-1464)인데, 이 독일인은 브릭센(Brixen)의 주교였다가 1448년에 추기경으로 승격되었다. 그는 이탈리아의 파도바(Padua) 대학에서 교육받았는데, 이곳에서 지구는 "시초부터 지구에 주어진 추동력"에 반응하여 회전한다고 배웠다. 일식에 나타난 음영에서 볼 수 있듯이 지구는 태양보다 작다는 것에 주목하고서, 니콜라스는 계속해서 "사람이 지구에 있든 태양이나 혹은 다른 별에 있든 간에, 그에게는 자신이 점유하고 있는 지점이 움직임 없는 중심일 뿐이며 다른 모든 물체가 움직이는 것처럼 보일 것"이라는 관찰을 이어나갔다.[8] 따라서 인간은 지구가 정체된 것처럼 느껴지는 자신의 인식을 믿을 필요가 없다.

이와 같은 선행하는 모든 이론 작업에 대해 코페르니쿠스는 익히 알고 있었다. 이 모든 내용은 작센의 알베르트(Albert of Saxony)가 편찬한 『물리학』(Physics)에 자세히 요약되어 있으며, 그 초판은 코페르니쿠스가 파도바 대학에 입학하기 직전인 1492년에 파도바에서 출간되었다.

그렇다면 코페르니쿠스가 기여한 것은 무엇일까? 그는 태양을 태양계의 중심에 두고 지구를 행성 가운데 하나로 보고서 태양의 주위를 돌게 하

---

8   Danielson 2000, 98; Mason 1962, 120-21.

였다. 그의 업적에 특별히 빛을 더해준 것은 그가 그것을 수학을 통해 표현한 것과[9] 자신의 체계를 기하학을 통해 풀어냈다는 것이다. 이로써 해당되는 천체가 미래에 오게 될 위치를 계산하는 것이 가능하게 되었으며, 이것은 부활절과 하지 및 동지 등의 날짜를 확정하는 데 매우 긴요했다. 하지만 이러한 계산 결과가 기원후 2세기부터 전해져온 프톨레마이오스 체계(Ptolemaic system)에 토대를 둔 계산 결과보다 더 정확한 것도 아니었다. 왜냐하면 코페르니쿠스는 태양계 내의 궤도들이 원형이 아니라 타원형임을 깨닫지 못했기 때문이다. 그러므로 자신의 체계를 제대로 작동시키기 위해 코페르니쿠스는 천체들의 궤도 안에는 회로(loops)가 있어서 천체들의 움직임을 지연시킨다는 가설을 세워야만 했다. 그렇지 않으면 지구가 태양을 고작 300일만에 회전하는 일이 발생하게 된다. 그렇지만 이러한 회로는 관찰 결과를 통해 지지받지 못하였다. 그러한 회로가 실제로 존재한다면 천체가 그 회로를 따라 맴도는 모습이 관찰되었어야 했다. 따라서 코페르니쿠스의 유명한 책 『천체의 회전에 관하여』(*On the Revolutions of the Heavenly Spheres*)에 나오는 **모든** 설명은 태양을 중심에 두었다는 점을 제하고 나면 다 잘못된 것이다. 거의 한 세기가 지난 다음에야 독일의 개신교도였던 요하네스 케플러(Johannes Kepler, 1571-1639)가 나타나서 코페르니쿠스의 원형 궤도를 타원형 궤도로 대체함으로써 오류를 바로잡았다. 이제 각각의 천체는 제 때에 있어야 할 자리에 늘 있게 되었다. 회로 같은 것은 필요치 않게 되었다.

　케플러가 새로운 내용을 추가했음에도 태양계에 관한 과학적 이론이 아직 다 완성된 것은 아니었다. 태양계가 왜 그렇게 작동하는지에 대해서, 예컨대 천체들이 왜 우주공간으로 날아가지 않고 자기 궤도 내에 머물러 있는지에 대한 설명이 없었던 까닭이다. 그 이론을 완성하는 것은 아이작 뉴

---

[9]　Crosby 1997, 104.

턴(Isaac Newton, 1642-1727)의 몫이었다. 그러나 그 이전 수 세기에 걸쳐서 그러한 이론을 구성하는 필수적인 조각들이 하나씩 모아졌던 것이다. 다시 말해서 우주는 진공(vacuum)이라는 사실, 천체가 일단 움직이게 되면 계속 움직이기 때문에 "미는 것"(pushers)이 필요 없다는 사실, 지구가 회전한다는 사실, 태양이 태양계의 중심이라는 사실, 태양계 내의 궤도들이 타원형이라는 사실 등이 축적되었던 것이다.

이렇듯 과학의 진보가 한 단계씩 진전된 것을 볼 때, 저명한 과학사가인 버너드 코헨(I. Bernard Cohen, 1914-2003)이 "과학에서 코페르니쿠스의 혁명과 같은 것이 일어났다는 생각은 사실 증거와 전혀 상반되는 것으로…후대의 역사가들이 만들어낸 것일 뿐이다"[10]라고 말하는 이유를 알게 된다. 코헨의 동료인 과학사가들도 대부분 이에 동의한다.[11] 코페르니쿠스는 정상 과학이 오랫동안 발전해온 과정에 작은 걸음을 하나 내딛었을 뿐이다. 물론 그 한 걸음이 엄청난 논쟁을 야기하고 지대한 철학적 영향을 끼친 것은 부인할 수 없는 사실이다. 이러한 오랜 발전 과정에 가담한 학자들은 결코 반항적 세속주의자들이 아니었음을 유념할 필요가 있다. 이들은 경건한 그리스도인이었을 뿐 아니라 성직자들이기도 했다(그들 대부분은 주교였으며, 그중에는 추기경도 있다). 한 마디를 더 보탠다면, 이들은 모두 스콜라학파에 속한 위대한 대학들에 뿌리박고 있었다.

---

10   Cohen 1985, 107.
11   Jaki 2000; Rosen 1971.

스콜라학파의 대학들

기독교 스콜라학자들은 대학을 창안하였고 거기에 근대적 형태를 부여하였다. 최초의 대학은 12세기 중반에 각각 파리와 볼로냐에서 출현하였다. 파리 대학에서는 알베르투스 마그누스(Albertus Magnus)와 토마스 아퀴나스(Thomas Aquinas)가 가르쳤다. 그 이후로 옥스퍼드 대학과 케임브리지 대학이 1200년경에 설립되었고, 그 뒤를 이어 13세기의 남은 기간 동안 새로운 대학들이 봇물 터지듯 생겨났다. 예를 들어 툴루즈(Toulouse), 오를레앙(Orleans), 나폴리(Naples), 살라망카(Salamanca), 세비야(Seville), 리스본(Lisbon), 그르노블(Grenoble), 파도바(Padua), 로마(Rome), 페루지아(Perugia), 피사(Pisa), 모데나(Modena), 피렌체(Florence), 프라하(Prague), 크라쿠프(Cracow), 빈(Vienna), 하이델베르크(Heidelberg), 쾰른(Cologne), 오펜(Ofen), 에르푸르트(Erfurt), 라이프치히(Leipzig), 로스토크(Rostock) 등에 대학이 설립되었다. 이러한 학교들이 진짜 대학이 아니고 고작 교수 두세 명과 학생 수십 명으로 구성되어 있다는 식의 잘못된 견해가 널리 퍼져 있지만, 사실은 그 반대다. 13세기 초 파리, 볼로냐, 옥스퍼드, 툴루즈에는 각 대학마다 아마도 1,000명에서 1,500명을 헤아리는 학생들이 등록했을 것이다. 해마다 파리 대학에 등록한 신입생이 대략 500명에 달했다. 이러한 등록 숫자에도 불구하고 이른바 "계몽"(enlightened)되었다고 하는 요즘의 역사학자들은 이들 대학이 "스콜라적 편견과 교권적 이해관계로 인해 변질되었기" 때문에 지적으로 "형편없는" 상태였다고 조롱한다.[12]

그러나 바로 이런 "형편없는" 초기 대학에서 과학이 탄생했다. 실로 근대의 대학들과 마찬가지로 그 최초의 단계에서부터 중세 대학을 창설하고

---

12   Manchester 1993, 103-4.

운영한 주체는 학자들이며, 중세 대학은 단지 학생을 교육하는 것만이 아니라 새로운 지식을 발견하는 데도 전념했던 것이다. 마샤 콜리쉬(Marcia L. Colish)는 스콜라학파의 교수진에 대해 다음과 같이 묘사한다.

> 이들은 과거의 권위와 현재의 의견을 검토하면서 각각에 대한 분석을 제시하고, 그중 어떤 것은 거부하고 어떤 것은 수용하는 이유를 밝혀 놓았다. 전반적으로 12세기 초에 이미 확립되어 있던 방법론에 따라 스콜라학자들은 자기 전공영역의 토대가 되는 권위 있는 문헌마저도 기꺼이 비판하려는 자세를 보였다. 이들은 고대의 전통이나 기독교의 전승을 단순히 수용하고 확장하는 것을 넘어 그 효용성에 있어 시대에 뒤떨어졌다고 여겨지는 생각들은 제쳐두었다. 이들은 자기들이 지켜온 권위에 비추어볼 때 낯설고 혁신적이라고 여겨지는 입장을 옹호하기 위해 도리어 그 권위를 자유롭게 재편하기도 했다. 이제 저자의 견해를 단순히 요약하거나 평이하게 설명하는 식의 주해서(commentaries)는 찾아볼 수 없게 되었다. 스콜라적 방법론에 충실한 비평가들이 자신이 선정한 저자와 논쟁을 벌이거나 자신의 작품에 새로운 학파의 주장 내지 자기 자신의 견해를 싣는 경우를 심심찮게 볼 수 있었다.[13]

이러한 지적 풍토는 스콜라적 원리에 충실한 대학 운영 방침에 의해 촉진되었다. 교수단이 교수 채용을 관리했고, 능력과 업적을 평가하는 나름의 기준을 마련했다. 그들의 자율권은 "시장"의 수요에 부응하는 방향으로 기능하였다. 네이선 샤크너(Nathan Schachner, 1895-1955)의 말마따나 "대학은 교황과 제국, 국왕과 도시정부의 총아이자 버릇없는 아이와 같았다. 콧대 높은 대학들마다 금으로 도배를 해도 될 만큼의 온갖 혜택을 퍼부어주었다.

---

13   Colish 1997, 266.

도시정부는 자기 경내에 대학 하나를 유치하는 영예를 얻기 위해 격렬하게 다투었다. 국왕은 자기의 경쟁 세력에 대해 불만을 품고 있는 학자 집단을 그로부터 유인해내기 위해 감언이설이 담긴 편지를 쓰기도 했다."[14]

대학의 자율성이 교수 요원들 개개인의 자율성과 잘 맞아떨어졌다. 한 대학에서 다른 대학으로 이동하는 일이 다반사였다. 모든 교수과정이 라틴어로 진행되었으므로 언어적 장벽이 일절 없었다는 사실로 인해 이러한 이동이 촉진된 측면이 있다. 따라서 교통설비가 열악하고 통신수단이 느렸던 시대였음에도 불구하고 선도적 위치에 있던 학자들은 모두 서로에 대해 알고 있었고, 실제로 서로 만나는 경우도 적지 않았다. 그런데 교수진의 이동을 가늠하는 기준은 지금처럼 당시에도 **혁신**(innovation)이었다. 옛 것을 통달해서가 아니라 새로운 것을 발전시킴으로써 명성을 얻었던 것이다. 그리고 지적 삶에 있어 참으로 특이한 면, 곧 "경험주의"(empiricism)에 대한 강조가 나타남으로써 이러한 혁신이 크게 촉진되었던 것이다.

스콜라적 경험주의

초기 스콜라학파의 과학자들은 자신의 연구실에 가만히 앉아서 세상에 대해 사색했던 것이 아니다. 그들은 관련된 사안에 대한 세밀한 관찰, 곧 경험주의에 더욱더 의지하게 되었다. 예를 들어 그리스, 로마, 이슬람 및 중국 사회는 대체로 인간생리에 대한 지식을 철학과 직관 및 약간의 동물 해부에 기초하였으나 인체를 해부한다는 생각은 거부하거나 죄악시했다. 기독교 스콜라학자들은 인체해부를 토대로 해부학적 지식을 구축한 최초의 학자들이었다. 알려진 바에 따르면, 1315년 몬디노 딜루치(Mondino de Luzzi)

---

14   Schachner 1938, 3.

가 볼로냐 대학에서 학생들과 교수진이 청중으로 지켜보는 가운데 인체해부를 감행했다. 곧이어 인체해부는 이탈리아의 모든 대학에서 시행되었다. 1391년에 스페인에서의 첫 인체해부가 시행되었다. 빈에서 최초의 인체해부가 시행된 것은 1404년이었다.[15] 14세기 중반이 되면 유럽 전역에서 인체해부가 해부학 수업의 통상적인 일부가 되었다. 1504년 코페르니쿠스가 파도바 대학의 의학 과정에 잠시 등록했을 때 인체해부에 참석하기도 했었다.[16]

에드워드 그랜트(Edward Grant)에 따르면 "인체해부가 교회의 커다란 반대에 봉착하지 않은 채로 서구에 도입된 것은 그야말로 획기적인 사건이었다."[17] 그럼에도 불구하고 역시 통념적으로, 화이트(A. D. White)는 위대한 해부학자였던 안드레아스 베살리우스(Andreas Vesalius, 1514-1564)가 인체해부를 감행함으로써 "얼마나 끔찍한 위험, 특별히 교회의 가르침에 근거하여 신성모독으로 고발당할 위험을 감수했었는지"에 대해 반복해서 이야기한다. 화이트는 당시에 인체해부를 감행하는 자는 출교를 감수해야 했지만, 그 영웅적인 베살리우스는 "전혀 두려워하지 않고 이러한 신성한 인습주의(conventionalism)를 타파"하면서 "교회의 검열에도 불구하고" 계속 전진함에 따라 "그 어떤 위험도 그를 막지 못했다"고 주장한다.[18] 화이트가 이러한 주장을 펴지만, 잘 알려진 사실에 따르면, 신성 로마 제국의 황제는 베살리우스의 "신성모독"에 대한 보답으로 그를 백작에 봉하고 그에게 평생 연금을 수여하였다.

스콜라학파가 경험주의에 충실한 것이 과학의 발흥에 핵심 요인으로

---

15 Porter 1998.
16 Armitage 1951.
17 Grant 1996, 205.
18 White 1896, 2:50.

작용하였다. 과학의 목적이 자연 현상을 설명하기 위해 이론을 만들어내는 것이기는 하지만, 그러기 위해서 이론은 실증적 검증을 통과해야만 한다. 플라톤은 천체들이 원형 궤도를 운행해야만 하는 것은 철학적 근거에서 볼 때 그것이 이상적 형태이기 때문이라고 설명하는데 이러한 설명은 과학이라고 할 수 없다. 그러나 케플러가 코페르니쿠스가 제안한 원형 궤도를 타원형 궤도로 수정하면서, 그 근거로 천체들이 예상되는 위치에서 항상 관찰된다는 경험적 사실을 제시한 것은 과학이라고 부르기에 손색이 없다.

과학은 16세기에 불현듯 튀어나온 것이 아니었다. 그것은 이미 수 세기 전에 스콜라학자들이 품었던 경험주의에서 비롯되었고, 이들이 혁신을 위한 체계적 노력을 경주함에 따라 새롭게 설립된 대학에서 그 자양분을 얻었던 것이다. 더욱이 과학의 발흥에 있어 참으로 괄목할 만한 측면은 그것이 오직 한 곳에서만 발생했다는 점이다.[19] 연금술을 연마했던 사회는 많았지만, 그것을 화학으로 발전시킨 것은 오로지 유럽의 기독교 사회뿐이었다. 점성술을 하나의 체계로 확장시킨 사회는 많았지만, 점성술이 과학적 천문학으로 변모된 것은 유럽만이 유일했다. 그 이유는 무엇일까?

이성의 하나님

과학이 오로지 유럽에서만 발흥했던 까닭은 중세 유럽인들만이 과학을 연구 가능한 바람직한 대상으로 간주했기 때문이다. 이러한 생각의 토대에는 하나님과 그 창조세계를 바라보는 유럽인들의 심상(image)이 자리하고 있었다. 위대한 철학자이자 수학자였던 알프레드 노스 화이트헤드(Alfred

---

19   Grant 1996.

North Whitehead, 1861-1947)는 1925년 하버드 대학에서 행했던 로웰 강연 (Lowell Lectures)을 통해 그 자리에 참석한 당대의 저명한 학자들에게 이것을 기막힌 방식으로 설파했다. 그는 과학이 유럽에서 발전되어온 까닭은 "중세 신학에서 연유한…과학의 가능성에 대한 믿음"이 광범위하게 자리 잡고 있었기 때문이라고 설명했다.[20] 이러한 주장은 그의 강연을 들었던 청중들에게 충격을 주었을 뿐 아니라, 그의 강연이 출간되었을 때 서구 지식인 일반에게도 적잖은 충격으로 다가왔다. 세계적으로 유명한 사상가이며 버트런드 러셀과 더불어 기념비적 저작인『수학원리』(Principia Mathematica, 1910-1913)의 공저자이기도 한 그가 어떻게 종교가 과학의 불구대천지 원수라는 사실을 모를 수 있단 말인가? 사실 화이트헤드는 이 사실을 그 누구보다 잘 알고 있었다.

화이트헤드는 기독교 신학이 과학의 발흥에 필수적 요소였음을 인식하고 있던 만큼이나 여타 지역에서는 타종교의 신학이 과학적 기상을 억눌렀던 사실을 잘 알고 있었다. 그는 다음과 같이 설명한다. "중세적 기풍 (medievalism)이 과학운동의 형성에 미친 최대의 기여에는 확고한 믿음이 자리 잡고 있는데, 그것은 하나의 비밀, 즉 인간이 밝힐 수 있는 하나의 비밀이 있다는 믿음이다. 이러한 확신이 어떻게 유럽인의 마음에 그렇게 생생하게 뿌리내리게 된 것일까?…그것은 틀림없이 하나님의 합리성에 대한 중세의 고집스러운 믿음에서 나왔을 것이다. 그 하나님은 여호와가 지닌 인격적 활기와 그리스 철학자가 말하는 합리성을 겸하여 지닌 존재로 이해되었다. 하나님은 모든 세세한 것을 주관하고 명령하는 존재다. 따라서 자연에 대한 탐구는 합리성을 통한 신앙의 논증으로 귀결될 뿐이다."[21] 물론 화이트헤드

---

20   Whitehead [1925] 1967, 13.
21   Whitehead [1925] 1967, 12.

는 초기의 위대한 과학자들이 했던 말을 단지 요약하고 있을 뿐이다. 예를 들어 데카르트는 자신이 자연의 "법칙"을 탐구하는 것에 대한 정당한 근거를 하나님이 완전하고, 따라서 "가능한 한 항상 불변하는 방식으로 행동하는" 까닭에 그러한 법칙이 존재할 수밖에 없다는 점에서 찾는다.[22] 다시 말해서 우주는 합리적 규칙과 법칙에 따라 작동한다는 것이다. 위대한 중세 스콜라학자였던 니콜 오렘의 말마따나 하나님의 창조행위는 "어떤 사람이 시계를 하나 만들고서 그것이 스스로 움직임을 지속하도록 설정하는 것과 상당히 비슷하다."[23] 더욱이 하나님은 사람들에게 이성의 능력을 주었기에, 우리가 하나님이 정한 법칙을 발견하는 것은 반드시 가능하다.

실로 초기 과학자들은 화이트헤드가 말했던 것과 같은 비밀을 연구해야 한다는 일종의 도덕적 책무 같은 것을 느꼈다. 화이트헤드는 비서구권 종교들, 특히 아시아에서 발견되는 신격 및 우주발생에 대한 이미지는 지극히 비인격적이거나 지극히 비합리적이므로 과학을 육성하기에 적절치 못하다고 지적하는 것으로 자신의 발언을 끝맺는다. 여하한 특정 자연현상이라도 그것은 "비합리적 폭군과 같은 신의 명령에 기인하는 것"일 수도 있고, 아니면 "어떤 비인격적이고 불가해한 만물의 근원에 의해" 산출되었을 수도 있다. "여기에는 인격적 존재가 지닌 이해 가능한 합리성에 대한 신뢰와 같은 것을 찾아볼 수 없다."[24] 기독교와 유대교가 공유하는 공통된 뿌리를 고려할 때, 유대교의 하나님 개념도 기독교와 마찬가지로 과학을 육성하는 데 적절하다고 하겠다. 그러나 유대인들은 소수인 데다가 흩어져 있었고, 이 시기에 유럽에서 대체로 억압받는 소수였으므로 과학의 발흥에 가담하지 못했다. 다만 그들은 19세기에 해방된 이래로 과학 분야에서 두각을

---

22 Descartes, *Oeuvres* 8.61.
23 다음에서 인용함. Crosby 1997, 83.
24 Whitehead [1925] 1967, 13.

417
제16장 신앙과 과학혁명

나타내왔다.

이와 대조적으로 유대-기독교 전통에 속하지 않은 대부분의 종교는 창조의 사실을 전혀 상정하지 않는다. 우주는 시작이나 목적이 없이 영원하며, 결코 창조된 것이 아니므로, 창조주와 같은 것은 없다고 말한다. 이러한 견해에 따르면 우주는 일관되지 않고, 예측할 수도 없으며, (어쩌면) 자의적이기까지 한 최고의 신비다. 이러한 견해를 가진 이들에게 지혜에 이르는 유일한 길은 명상 내지 영감이다. 추론과 같은 것이 개입할 여지가 전혀 없다. 그러나 만일 우주가 완전하고 합리적인 창조주에 의해 합리적 법칙에 따라 창조되었다면, 우주의 비밀은 이성과 관찰에 의해 밝혀져야만 한다. 이로부터 자연은 우리가 읽어야 할 하나의 **책**이라는 자명한 과학적 원리가 나오는 것이다.

물론 중국의 기술에 대해 연구했던 옥스퍼드의 역사학자 조지프 니덤(Joseph Needham, 1900-1995)의 설명대로, 중국인들은 "이런 생각이 그들이 직관하는 우주의 오묘함과 복잡함을 담아내기에는 너무나 유치하다고 조롱할는지 모르겠다."[25] 그리스의 경우에는 많은 이들이 우주를 창조되지 않은 영원한 것으로 간주했다. 아리스토텔레스는 "우주가 어느 시점에 생성되었다는 것은 터무니없는 생각"이라고 비난했다.[26] 실로 그리스의 전통 신들 가운데 그러한 창조를 일으킬 수 있는 존재는 없다. 그러나 그리스인들이 저지른 최악의 실수는 우주와 무생물적인 대상들을 살아 있는 것으로 변화시킨 것이다. 그 결과, 그들은 수많은 자연적 현상의 원인을 무생물적인 힘에서 찾지 않고 **동기**(motives)의 탓으로 돌렸다. 이로써, 아리스토텔레스에 따르면, 천체들이 원을 그리며 회전하는 것은 그것들이 그렇게 하고자

---

25   Needham 1954-1984, vol. 1, 581.
26   Lindberg 1992, 54.

하는 애착 때문이고, 사물이 땅으로 떨어지는 것은 "세상의 중심을 향한 타고난 사랑 때문"이다.[27] 이슬람의 경우도 알라에 대한 정통 관념은 과학적 탐구에 대해 적대적이다. 꾸란에는 알라가 창조계의 움직임을 설정한 다음에 스스로 움직이도록 내버려둔다는 암시가 전혀 없다. 도리어 알라는 종종 세상에 침입해 들어와서 자기 마음대로 사태를 바꾸어버린다고 추정된다. 이리하여 수 세기 동안 가장 영향력 있던 무슬림 학자들마저도 자연의 법칙을 밝혀내려는 모든 노력을 신성모독으로 간주해왔는데, 이는 그것이 알라가 가진 행동의 자유를 부정하는 것처럼 보였기 때문이다. 이렇듯 중국과 고대 그리스와 이슬람에서는 신과 우주에 대한 지배적 이미지가 과학의 발전을 가로막았던 것이다.[28]

유럽인들은 하나님을 합리적인 우주를 만든 지성적 설계자(the Intelligent Designer)로 믿었기 때문에 창조의 비밀을 탐구할 수 있었다. 요하네스 케플러의 말마따나 "가시적 세계에 대한 모든 탐구가 지향하는 주된 목적은 하나님이 세계에 부여한 합리적 질서와 조화를 발견하는 것이어야 한다. 하나님은 수학의 언어를 통해 우리에게 이것을 계시하셨다."[29] 이와 유사하게, 위대한 화학자였던 로버트 보일(Robert Boyle, 1627-1691)도 자신의 마지막 유언장에서 런던왕립협회 회원들에게 "하나님의 작품인 참된 자연을 탐구하는 훌륭한 기획"이 늘 성공하길 바란다고 밝힌다.[30]

어쩌면 과학의 발흥에서 가장 주목할 만한 측면은 초기 과학자들이 자연법칙이라는 것이 존재한다는 확신을 품고 그러한 법칙을 탐구했을 뿐 아니라 실제로 **그런 법칙을 찾아냈다**는 것이다. 이로써 우주를 만든 "지성

---

27 Jaki 1986, 105.
28 나는 이에 대해서 다음 책에서 길게 논하였다. Stark 2003, chap. 2.
29 다음에서 인용함. Bradley 2001, 160.
30 다음에서 인용함. Merton 1938, 447.

적 설계자"가 있다는 전제는 모든 과학이론의 가장 중요한 토대가 되었을 뿐 아니라, 이러한 전제는 경험적 검증도 성공적으로 통과했다고 말할 수 있다. 알베르트 아인슈타인(1879-1955)이 언젠가 말했던 것처럼, 우주에 관해 가장 이해하기 힘든 것은 우주가 이해 가능한 대상이라는 사실이다. "선천적으로 사람은 혼돈의 세계란 사람의 지성으로는 아무래도 파악할 수 없는 대상이라고 생각하기 마련이다.…그것이야말로 우리의 지식이 확장됨에 따라 계속해서 강화되고 있는 '기적'인 것이다."[31] 그리고 그 "기적"이 증언하는 바는 창조계가 의도와 합리성에 의해 인도되고 있다는 것이다.

기독교가 과학의 발흥에 필수적이었음은 철학적 의미에서만 그런 것이 아니라, 과학적 업적을 성취했던 인물들을 다루는 전기에서도 분명히 드러난다. 그들 가운데 압도적 다수는 매우 종교적인 사람들이었다. 다른 책에서[32] 나는 코페르니쿠스의 작품이 출간된 1543년을 기점으로 1680년 이전에 출생한 인물들까지 주요 과학자 52명의 명단을 작성한 적이 있다. 이들 중 32명(62퍼센트)은 대단히 종교적인 사람들이었다. 예를 들어 뉴턴은 물리학보다 신학에 더 많은 노력을 경주했으며, 심지어 그리스도의 재림이 1948년이라고 예언하기도 했다.[33] 나머지 20명 중 19명은 꽤나 종교적인 사람들이었고, 유일하게 에드먼드 핼리(Edmund Halley)가 회의론자였다고 할 수 있다. 종교와 과학 간에는 본래부터 갈등이 있을 수밖에 없다는 이야기는 이제 그만하기로 하자.

물론 과학의 발흥이 가톨릭교회뿐 아니라 초기 개신교에 대해서도 갈등을 야기한 것은 사실이다. 그렇다고 해서, 그것 때문에 기독교의 하나님 개념이 과학에 정당성과 동기를 부여해온 역할이 축소되는 것은 결코 아

---

31 Einstein, *Letters to Solovine*, 131.

32 Stark 2003, 160-63.

33 White 1997, 158-62.

니다. 이는 단지 많은 기독교 지도자들이 영역(domain)이나 증거(evidence)와 같은 사안에 있어 과학과 신학 간의 중요한 차이점을 파악하지 못했음을 보여줄 뿐이다. 다시 말해서 기독교 신학자들은 성경으로부터 하나님의 본성과 의지를 추론하고자 하지만, 과학자들은 하나님이 창조한 자연을 경험적 수단에 의해 발견하려고 한다. 원칙적으로 이 두 분야는 서로 중복되지 않는다. 하지만 실제로 이따금씩 신학자들은 과학적 입장이 신앙에 대한 공격이 된다고 느끼기도 한다. 일부 현대 과학자들이 허위 근거에 기초해서 종교를 공격한 것은 사실이다. 주요한 논쟁이 발발했던 초기에 가톨릭 신학자들과 개신교 신학자들 모두 지구가 우주의 중심이 아닌 것은 고사하고 태양계의 중심도 아니라는 사실을 수용하는 데 주저했었다. 루터와 교황은 모두 코페르니쿠스의 주장에 대해 반대했고, 둘 다 그것을 물리치려고 했으나, 그들의 노력은 별 영향을 발휘하지 못했고 그다지 열성적이지도 않았다. 안타깝게도 이러한 소소한 분쟁이 기념비적인 사건으로 터져버리게 된 것은 종교란 과학의 끔찍한 원수임을 보여주려고 작심한 사람들 때문이었다. 이들은 갈릴레오 갈릴레이(Galileo Galilei, 1564-1642)를 맹목적 신앙에 희생된 영웅적 순교자로 둔갑시켰던 것이다. 이에 대해 볼테르는 다음과 같이 말한다. "위대한 갈릴레이는 반박하기 힘든 증거에 입각하여 지동설을 증명했다는 이유로 80세의 나이에 이단심문소 지하 감옥에서 고초를 겪어야 했다."[34] 여기에 이탈리아의 성가신 논객인 주제페 바레티(Giuseppe Baretti, 1719-1789)가 한 마디를 더 보태면서, 갈릴레이는 "지구가 움직인다고 말한 것 때문에 고문을 당했다"고 한다.[35]

---

34   다음에서 인용함. Finocchiaro 2009, 68.
35   다음에서 인용함. Finocchiaro 2009, 68.

갈릴레이 사건의 진상

갈릴레이가 로마의 이단심문소에 소환되어 지구가 움직인다고, 즉 태양 주위를 회전한다고 하는 이단적 가르침으로 인해 고발당한 것은 사실이다. 그리고 그는 자신의 견해를 철회하도록 강요받았다. 그러나 그는 투옥된 적도, 고문을 당한 적도 없다. 그는 가택연금에 처해졌고, 그러던 중 향년 78세로 사망하였다. 보다 중요한 것은 갈릴레이가 교회와 대립하게 된 것이 그의 과학적 신념 때문이 아니라 그의 오만한 이중적 태도 때문이었다는 사실이다. 그 사건의 실상은 다음과 같다.

마테오 바르베리니(Matteo Barberini)는 교황 우르바노 8세(Pope Urban VIII, 재임 1623-1644)가 되기 전에 추기경 시절부터 갈릴레이를 잘 알고 있었고 그를 좋아했었다. 1623년 갈릴레이는 『시금자』(*Assayer*)라는 책을 출간하면서 그것을 바르베리니에게 헌정했다(바르베리니 가문의 문장이 책의 표지에 나와 있다). 신임 교황은 그 책이 여러 예수회 학자들을 겨냥하여 독설을 퍼붓는 것에 대해 흐뭇해했다는 후문이 있다. 『시금자』는 주로 예수회 수학자인 오라치오 그라시(Orazio Grassi)에 대한 터무니없는 공격을 가하고 있는데, 그라시는 자신의 연구를 통해 혜성(comets)이란 작은 천체임을 정확히 밝혀주었던 것이다. 그러나 갈릴레이는 그의 이러한 주장을 조롱하면서, 혜성이란 지구에서 올라오는 수증기의 반영에 불과하다는 그릇된 주장을 펼쳤다.[36] 어쨌든 『시금자』에 자극 받아 교황 우르바노 8세는 천문학의 위업을 찬양하는 시를 짓기도 했다. 그렇다면 어디서부터 잘못된 것일까?

갈릴레이 사건은 역사적 맥락에서 보는 것이 중요하다. 당시 북유럽에는 종교개혁의 도전이 여전했고, 30년 전쟁이 한창이었으며, 가톨릭의 반

---

[36]   Drake and O'Malley 1960.

종교개혁이 최고조에 달했었다. 가톨릭교회가 성경에 충실하지 않다고 주장하는 개신교의 고발에 대해 부분적으로 대응하는 가운데 신학의 수용 범위는 축소되고 있었다. 이는 교회로 하여금 더욱더 학문적 토론이나 과학적 논의에 개입하도록 하였다. 하지만 우르바노 8세를 비롯한 교황청 행정관들은 과학자들을 단속할 자세를 취하고 있지 않았으며, 과학과 신학의 영역을 분리시킴으로써 과학과 신학의 갈등을 피해갈 방법을 찾고 있었다. 따라서 프랑스의 명석한 수학자였던 마랭 메르센 수사(Friar Marin Mersenne, 1588-1648)는 자신과 서신 교환을 하던 동료 과학자들에게 하나님은 지구를 자기가 원하는 곳에 놓을 자유가 있으며, 하나님이 어디에 지구를 두었는가를 찾아내는 것이 과학자의 의무라는 말을 근거로 삼아 과학을 옹호할 것을 조언했다.[37]

초기 과학자들은 과학적 결론을 가설적 내지 수학적인 것으로 간주하면서, 따라서 거기에 직접적인 신학적 함의가 없다고 주장하는 보다 신중한 전략을 채택했다. 교황이 갈릴레이에게 요구한 것도 바로 그런 것이었다. 즉 그의 출판물을 통해 "자연과학을 통해 결정적인 결론에 도달하는 것은 가능하지 않다"는 것을 인정하라는 것이었다. "전능하신 하나님은 여러 방식으로 자연 현상을 일으킬 수 있기 때문에, 어떤 철학자라도 자신이 유일한 해결책을 찾아냈다고 주장하는 것은 어불성설이다."[38] 이러한 회피의 방식은 너무나 손쉬워보였다. 그리고 망원경과 같이 남이 만든 발명품의 명성을 가로챈다거나 피사 사탑(the Leaning Tower of Pisa)에서의 실험처럼 자기가 실제로 하지 않은 실험을 자신이 했다고 주장하는 갈릴레이의 성격을 감안할 때, 그가 교황의 조언을 따라 자신의 윤리적 기준을 재고했을 것 같지는

---

37 Brooke and Cantor 1998, 20.
38 Brooke and Cantor 1998, 110.

않다. 그러니 상당히 불쾌한 방식으로 교황에 대해 반기를 든 것은 갈릴레이의 오만한 성품과는 잘 들어맞는다.

1632년, 갈릴레이는 오랫동안 기다려왔던 『주요한 두 세계관에 관한 대화』(*Dialogue Concerning the Two Chief World Systems*)를 출간했다. 겉보기에는 책의 목적이 조수 현상에 대한 설명을 제시하는 것이었지만, 여기서 말하는 두 세계관은 각각 태양이 지구의 둘레를 돈다고 보는 프톨레마이오스의 체계와 지구가 태양의 주위를 돈다는 하는 코페르니쿠스의 체계였다. 가상의 대화에는 세 사람의 논객이 등장하는데, 그중 둘은 철학자였고, 제삼자는 문외한이었다. 여기서 프톨레마이오스의 전통적 견해를 지지하는 사람은 심플리치오(Simplicio)라는 이름의 문외한이었다. 그의 이름이 "숙맥"(simpleton)이라는 말과 비슷한 것은 누구에게나 자명했다. 여기서 갈릴레이는 전통적인 "허수아비"(straw man) 전략을 이용하여 자신의 반대자들을 조롱할 심산이었다. 갈릴레이는 교황이 제안한 발언을 이 대화 가운데 정말로 포함시키기는 했지만, 그 말을 심플리치오의 입을 빌려 하게 함으로써 그 제안을 거절한 셈이었다.

이 책은 엄청난 반향을 불러일으켰고 당연히 교황은 배신감을 느꼈다. 하지만 갈릴레이는 그런 사실을 전혀 인지하지 못한 것처럼 행동했고, 자기가 봉착한 문제에 대해 예수회원들과 대학교수들을 계속 비난했다. 그런 일이 있었음에도 불구하고 교황은 자신의 권력을 이용해서 갈릴레이가 심한 처벌을 받지 않도록 보호해주었다. 불행하게도 갈릴레이의 반항적 행동은 교회의 반종교개혁 성향을 자극하여 지적 자유를 부르짖는 움직임에 대한 일제 단속을 벌이는 사태가 초래되었다. 그가 조심하기만 했었더라면 그런 일은 결코 일어나지 않았을 수도 있다. 우습게도, 갈릴레이가 그 책에서 정확한 과학이라고 제시한 것들 가운데 그렇지 않은 것이 많았다. 예를 들어 조수에 관한 그의 이론은, 갈릴레이의 그 악명 높은 책의 1953년 번역 서문에서 알베르트 아인슈타인이 지적하듯이, 말도 되지 않는 것이었다.[39] 또한 어처구니없는 것은 갈릴레이에 대한 재판이 일정 부분 점성가들을 억압하려는 교회의 정책에 의해 촉발된 면이 있다는 사실이다. 어떤 신학자들은 지구가 움직인다는 주장을 인간의 운명이 천체의 움직임에 의해 지배된다는 교리와 동일시하기도 했다.

그렇다면 갈릴레이의 사례를 통해 알 수 있는 것은 무엇일까? 그것은 권력을 가진 집단이나 조직이 종종 자신들이 믿는 바를 강요하기 위해 권력을 남용한다는 사실을 확실히 보여준다는 것이다. 그런데 그러한 약점은 분명히 종교단체에만 국한된 것이 아니다. 그 일례로 소련의 공산 정권은 종(種) 내부의 변이나 종(種)을 넘어선 변이가 모두 환경에 의해 야기된다는 점을 근거로 내세우며 멘델(Mendelian)의 유전학을 불법으로 규정했던 것이다. 그러나 갈릴레이는 무식한 광신자 무리에 희생양으로 바쳐질 그런 어수룩한 학자가 아니었다. 그런데 이러한 동일한 광신자들이 다른 수십 명의 저명한 과학자들에 대해서는 괘념치 않는다. 이 중 많은 이들이 이탈리아에 살고 있었는데 말이다! 어쨌든 이 유명한 사건으로 인해 과학의 발흥이 기독교 신학에 뿌리를 두고 있다는 사실 자체가 바뀌는 것은 전혀 아니다. 실로 그 모든 가식에도 불구하고 갈릴레이가 신앙심 깊은 사람이라는 사실에는 변함이 없었다. 윌리엄 쉬어(William Shea)의 말마따나 "갈릴레이가 조금이라도 덜 경건했다면 [이단심문소 소환장을 받고서] 로마로 가지 않았을 것이다. 베네치아에서는 그에게 망명지를 제공하기도 했었다."[40] 그러나 그는 베네치아로 도주하지 않았으며, 재판이 끝난 후에도 종종 자신의 개인적 신앙을 딸이나 친구들에게 털어놓았다고 한다.

---

39 *Dialogue Concerning the Two Chief World Systems*, Published by University of California Press.
40 Shea 1986, 132.

물론 기독교가 서구 과학의 발전에 필수적인 역할을 했던 것은 사실이지만, 그러한 의존관계는 오늘날 더 이상 존재하지 않는다. 과학이 일단 제대로 자리를 잡고 난 다음에는 스스로 자립할 수 있게 되었다. 오랜 탐구를 통해 자연의 비밀을 탐구할 수 있다는 확신은 그것이 원래 기독교 신앙의 항목이었던 것만큼이나 이제는 세속적 신념에 해당되는 항목으로 자리 잡았다. 독자적 과학 체계가 확립되어감에 따라 신학과 과학 간에 새로운 긴장이 출현하고 있다. 과거에는 교회의 지도자들이 과학이 신학에 대해 지니는 함의에 대해 조심스럽게 문제제기를 했다면, 현재는 전투적 무신론자 집단(이 중 일부만이 실제로 과학자다)이 종교를 터무니없는 미신으로 공격하면서 하나님의 존재와 기적의 가능성이 과학에 의해 논박되었다고 주장하는 데 골몰하고 있다. 자기들의 신학적 확신을 근거로 과학적 발견을 공격하는 일부 종교 지도자들의 헛발질이 이러한 무신론자들의 활동을 크게 부추기는 면도 있다.

성경의 무오성과 하나님의 적응

일부 그리스도인들이 성경은 문자적으로 이해해야 하고, "역사와 과학에 해당하는 부분을 포함하여" 성경에 오류가 없다고 믿는다는 사실은 잘 알려져 있다.[41] 그런데 이것이 비교적 최근에 일어난 현상이며, 아마도 창세기에 나타난 창조 기사가 과학과 상충하는 것에 대한 반응에서 주로 촉발된 것이라는 사실은 그다지 잘 알려져 있지 않다. 1975년에 리처드 콜만(Richard J. Coleman)이 말했듯이 "성경의 무오성이라는 교리에 대해 이야기

---

41   Geisler and Nix 1986, 5.

하기 시작한 것이 두 세기가 채 되지 않았다."[42] 성경의 문자적 무오성에 집착하게 된 것이 도리어 무신론자들로 하여금 성경에 대한 공격을 감행하기에 좋은 운동장을 만들어준 꼴이 되었다. 하나님이 6일 동안 에너지를 분출하여 우주와 그 안에 있는 만물을 창조했다고 하는 이야기는 우주가 수십억년 이상 되었음을 보여주는 숱한 증거에 의해 비웃음거리로 전락하였다. 아울러 아담과 하와의 이야기는 지구상에서 생명이 오래고 복잡한 과정을 거쳐 진화했음을 보여주는 압도적 증거에 비추어 조롱거리로 치부되고 있다. 그리고 이러한 종교에 대한 과학의 "승리들"이 계속 언급되면서 많은 사람들을 오도하고 있는데, 여기에 성경의 메시지를 그렇게 심각하게 받아들일 필요가 없다는 식으로 문제를 취급하는 "자유주의적인" 기독교 성직자들도 일조하고 있다.

이러한 모든 논란은 불필요할 뿐 아니라 신학의 기본도 모르는 이야기다. 초기부터 위대한 기독교 신학자들은 "문자적 무오성"(literal inerrancy)에 매달릴 정도로 어리석지 않았다. 도리어 그들은 성경이 해석을 필요로 하며, 그 내용을 문자 그대로 받아들여서는 안 된다고 보았다. 이는 아우구스티누스가 경고하듯이 "이러한 문자적 표면 아래에서 다채로운 실체를 이해할 수 있는" 까닭이다.[43] 무오성에 대한 한층 더 분명한 신학적 반대는 모든 성경은 기록될 **당시** 인간 이해의 한계 안에서 계시되었다는 것이다. 여기서 우리는 놀라울 정도로 무시되고 있지만 그럼에도 유대-기독교의 가장 기본적인 전제 중 하나인 **신적 적응**(Divine Accommodation)이라는 개념에 직면하게 된다. 이 전제가 말하는 것은 하나님의 계시란 항상 사람이 현재 이해할 수 있는 능력에 제한된다는 것이다. 이는 하나님이 사람과 소통하기

---

42   Coleman 1975, 296.

43   *Confessions* 12.

위해, 마치 "갓난아기의 말"(baby talk)과 같은 것을 사용하여 사람들의 이해 수준에 맞추어주는 것을 의미한다. 이러한 견해는 물론 성경에 확고하게 뿌리를 두고 있다. 토라에 해당하는 출애굽기 6:2에서, 하나님이 모세에게 말씀하기를, 아브라함과 이삭과 야곱에게는 야웨(Yahweh)가 아니라 전능자(El Shaddai)[44]로 자신을 알렸다고 하는데 이는 족장들이 그 이상 들을 수 있는 준비가 되어 있지 않았기 때문이다.[45] 또는 제자들이 무리에게는 비유로 말씀하는 이유를 질문하자, 예수는 사람들이 그 이해 수준에 있어 크게 다르기 때문이라고 대답한다. "내가 그들에게 비유로 말하는 것은 그들이 보아도 보지 못하며 들어도 듣지 못하며 깨닫지 못함이니라."[46]

동일한 뜻에서 이레나이우스(Irenaeus, 약 115-202)도 인간의 실패에 대한 하나님의 오래 참으심을 설명하기 위해 인간의 한계에 대한 신적 적응의 원리를 언급했다. 한 세대가 지난 후 오리게네스(약 185-251)는 『원리론』(On First Principles)에서 "우리는 하나님에 관한 진리 가운데 참된 것과 대중이 이해할 수 있는 것 모두를 가르친다"고 말하면서 "영감된 성경 안에 기록된 계시는 너울과 같으므로 우리는 그 너머를 보아야 한다. 그것은 우리의 현재 능력에 맞춰진 것인데…장차 다른 것으로 대체될 것"이라고 덧붙인다.[47]

토마스 아퀴나스(1225-1274)도 같은 말을 한다. "하나님에 대한 것들은 사람의 능력에 맞게 계시되었을 것이다. 그렇지 않으면 사람들은 자신이 이해할 수 없는 것을 무시해버릴 것이다.…그러므로 하나님의 신비는 교육받지 못한 대중들에게는 너울에 가린 채로 전해지는 것이 더 낫다."[48] 장 칼뱅

---

44   어떤 이들은 Shaddai가 산(mountain)을 의미한다고 주장하지만, 대부분의 학자들은 그 단어의 의미를 알 수 없는 것으로 간주한다.
45   전통적인 토라의 본문을 따름. 또한 다음을 보라. Alter 2004, 339.
46   마 13:13; 막 4:11-12; 눅 8:10.
47   다음에서 인용함. Benin 1993, 11.
48   다음에서 인용함. Benin 1993, 183.

(1509-1564)도 "하나님은 우리의 조야함과 연약함에 맞추어 우리에게 자신을 계시하신다"[49]고 단호하게 말한다. 예를 들어 만일 성경의 앞부분과 뒷부분을 비교해보았는데 마치 하나님이 변하고 일관성 없는 것처럼 보인다면, 그 까닭은 "하나님이 보실 때 각 시대에 가장 필요한 방식으로, 다양한 시대에 따라 다양한 형태로 맞추어주셨기 때문이다.…하나님은 다양하고 변화무쌍한 사람의 능력에 스스로를 맞추어주셨던 것이다."[50] 하나님의 말씀을 대언하는 자들에게도 동일한 원리가 적용되었다. 따라서 칼뱅에 따르면, 모세가 창세기를 기록할 때 "그는 학식이 있는 사람들뿐 아니라, 배움이 없는 미개한 사람들을 위해서도 교사로 임명되었다. 그가 이렇듯 저급한 교수법을 채택하지 않았더라면 자신의 직무를 완수하지 못했을 것이다.…모든 사람이 알아들을 수 있도록 [하기 위해서], 모세는 자신의 말투를 미개하고 무식한 자들도 이해할 수 있는 평범한 말투로 바꾼 것이다."[51]

신적 적응의 원리는 성경과 과학의 관계를 둘러싼 논쟁을 완전히 재평가할 수 있는 탁월한 실마리를 제공한다. 칼뱅은 단적으로 창세기는 창조에 대한 충분한 설명을 제공하는 보도가 아니라고 말한다. 왜냐하면 창세기는 무식하고 초보적인 이들을 대상으로 기록된 것이기 때문이다. 그렇지만 고대 유대인들에게 창세기가 전해졌을 때 그들은 지극히 초보적인 수준에도 미치지 못하고 있었다. 만약에 하나님이 뉴턴 역학 및 유전자와 변이에 대한 장황한 논의를 통해 창조를 계시하였다고 한다면, 고대의 유대인들은 완전히 넋을 잃고 말았을 것이다. 이런 까닭에 칼뱅은 창세기와 관련하여 이렇게 충고한다. "천문학을 비롯한 기타 심오한 학예를 배우고자 하는 사람

---

49   Calvin [ca. 1555] 1980, 52-53.
50   다음에서 인용함. Benin 1993, 173-74.
51   다음에서 인용함. Benin 1993, 195.

은 다른 데 가서 알아보는 게 낫다."⁵² 창세기는 그 모습 그대로 고대 유대인들에게 중요한 진리를 가르쳐주었다. 즉 우주는 하나님이 창조한 작품이라는 사실이다. 실로 그것만으로도 스콜라학자들에게 영감을 주어 하나님의 창조세계가 작동하는 원리를 찾도록 하였다. 이 점에 비추어볼 때, 모든 과학적 발견은 신학과 온전히 양립할 뿐 아니라 그것을 배운 자들에게 감동을 주어 "아하! 이것이 바로 하나님께서 하신 것이구나!"라는 응답을 이끌어낸다.

끝으로, 과학의 이름으로 여러 세대에 걸쳐 종교에 대한 공격을 감행했지만 그것은 바라던 목표에 훨씬 미치지 못했다. 미국 과학자들 가운데 대다수는 여전히 자신들이 종교를 믿고 있다고 보고하며, 그들의 전공 분야가 더욱 과학적일수록 그러한 비율은 높아진다. 다시 말해서 수학자들과 물리과학자들 중 상당수가 종교를 믿는다고 말한다. 반면에 사회과학자들 중에서는 소수만이 그런 말을 한다.⁵³

결론

종교와 과학 간의 투쟁이란 것은 결코 일어난 적이 없다. 기독교는 과학의 발흥에 장애가 되지 않았을 뿐 아니라, 과학이 발흥하는 데 필수 불가결한 역할을 맡았다. 현재 진행 중인 종교와 과학 간의 분쟁에 대해 말하자면, 그것은 양측의 극단주의자들에게만 국한된 싸움이다. "과학" 편에서는 리처드 도킨스와 같은 호전적 무신론자들이 있다. 이들은 과학이 하나님의 부

---

52 다음에서 인용함. Benin 1993, 195.
53 Stark 2003, 194.

존재를 증명했다고 주장한다. "종교" 편에서는 고(故) 헨리 모리스(Henry M. Morris, 1918-2006)와 같은 근본주의자들이 있다. 이들은 성경을 통해 현대 과학의 대부분이 어불성설임을 증명한다고 주장한다. 이러한 논란에 대해 셰익스피어의 말을 인용하는 것이 가장 좋을 것이다. "아무 의미도 없는 소음과 격정으로 가득할 뿐이다."

제 5 부

분열된 기독교 세계

두 종류의 "교회들"과 이단의 도전

아마도 기독교 역사상 가장 큰 분열은 4세기에 로마 가톨릭교회 안에서 발생했던 분열일 것이다. 새로운 천년기가 시작되면서 이러한 분열 속에 내재되어 있던 갈등 요인들이 이단운동으로 분출되었는데, 이들에 대한 탄압으로 인해 기독교 정신은 훼손되었다.

인생에서 일어나는 슬픈 역전 가운데 하나는 좋은 일을 해보려고 성실하게 노력했음에도 불구하고 종종 불행한 결과로 귀착되는 것이다. 콘스탄티누스 황제가 기독교에 은전을 베푼 것도 그러한 사례에 해당한다. 그는 기독교 성직자들에게 특혜와 지위를 아낌없이 베풀어 주었는데, 그것이 무심결에 "사제가 되려고 쇄도하는 현상"을 야기하고 말았다.[1] 곧이어 기독교의 성직, 특히 고위직이 귀족 출신 자제들에 의해 독점되었다. 어떤 이들은 심지어 세례를 받기도 전에 주교직을 얻기도 했다. 그 결과 부도덕하고 불성실하고 나태한 자들이 성직에 서품되었고, 이들 중에 지나치게 많은 이들

---

1   Fletcher 1997, 38.

이 교회의 요직을 차지하였다. 물론 같은 시기에 출세를 지향하지도 않고 문란한 삶을 살지도 않던, 기독교 신앙에 깊이 헌신된 그리스도인들 가운데 수도생활에 입문하는 이들도 많았다. 이에 따라 두 종류의 다른 교회가 사실상 나란히 등장하게 되었다. 이 교회들을 각각 **권력형 교회**(the Church of Power)와 **경건형 교회**(the Church of Piety)로 부르는 것이 유용할 것이다. 아래에서는 이 두 교회에 대해 묘사하고 비교해가면서, 이 두 교회가 거대한 중세 이단운동의 촉진과 박해에서 어떠한 역사적 역할을 맡았는지 살펴보려고 한다.

권력형 교회

권력형 교회는 교회의 주류에 해당하는 것으로, 콘스탄티누스가 성직자들에게 엄청난 지위와 재산을 수여한 것에 발맞추어 진화되어 나갔다. 여기에는 16세기 반종교개혁(Counter-Reformation)이 시작될 때까지 교회를 지배했던 사제들과 주교들과 추기경들과 교황들 가운데 절대 다수가 속해 있었다. 권력형 교회에 속한 성직자들은 대부분 지각 있고 온화한 사람들이었다. 하지만 현실성과 도덕적 해이라는 면에서 그들은 세속적 경향을 띠고 있었다.

이러한 세속성은 그들의 교회 내 경력이 주로 세력관계와 거래, 그리고 종국에는 세습에 의해 결정되었다는 사실에서 드러난다. 성직매매가 관례가 되었다. 성직매매가 광범위하게 자행되었고, 고가의 금액이 오고 갔으며, 주교직과 같은 고위직만이 아니라 시골의 작은 교구에 대한 임직도 판매 대상이 되었다. 거대한 성직자 가문들이 빠르게 부상하였다. 자식이 아버지와 삼촌과 조부의 뒤를 이어 성직을 차지했다. 심지어 교황직도 머잖아 대가문의 수중으로 넘어갔다. 교황 인노첸시오(Innocent, 401~417)는 전임자였던 교황 아나스타시오(Anastasius, 399-401)의 아들이었다. 교황 실베리오(Silverius, 536-537)는 교황 호르미스다스(Hormisdas, 514-523)의 아들이었다. 그 밖에 많은 교황들이 주교나 추기경의 아들, 손자, 조카, 형제 등이었다.

일찍이 341년 사르디카 회의(the Council of Sardica)에서 교회의 지도자들은 성직 후보자를 사제직에 서품한 직후에 주교직에 임명하는 것에 반대하면서, 주교는 그전에 하급 성직에서의 사역 경험이 있어야 할 것을 요구하는 법령을 제정하였다. 하지만 이러한 법령은 자주 무시되었다. 예를 들어 4세기 말 아욱센티우스(Auxentius)는 세례도 받지 않은 채 밀라노 주교가 되었다. 또는 주교직에 오를 성직 후보자에게 한두 주 안에 서품을 주면서 하급 성직을 다 거치게 하는 식으로 그 법령을 피해가기도 했다.[2] 그렇다고 이러한 편법이 불경건한 기회주의자가 출세하는 결과로만 귀결된 것은 아니었다. 암브로시우스(St. Ambrose, 340-397)도 세례와 서품을 받고 하급 성직을 거쳐 주교로 임직하는 데 전부 8일밖에 걸리지 않았다. 그러나 이러한 편법으로 인해 방종하고 타락하고 해이하고 불성실한 인물들이 교회의 고위 직분을 얻는 일이 종종 발생하였다. 히에로니무스(St. Jerome, 347-420)는 그 시대의 성직자들 중에 "아름다운 여성들에게 접근하기 위해" 교회에 들어온 자들이 많다고 비난했다.[3] 그리고 심지어 에우세비오스도 콘스탄티누스를 칭송하는 전기에서 "황제가 용납함으로 인해 사악하고 탐욕스러운 인간들이 교회로 흘러 들어왔다"고 불평했다.[4]

---

2   Johnson 1976.
3   Cheetham 1983, 23.
4   Eusebius, *Life of Constantine* 4.54.2.

권력과 타락

이에 따라 11세기 초가 되면 수 세기에 걸친 권력형 교회의 지배로 인해 유럽의 기독교는 정치적으로나 도덕적으로 피폐한 상태에 처해 있었다. 정치적으로는 교황직이 로마의 귀족 가문에 의해 좌지우지되었는데, 이들은 독일 신성 로마 제국의 황제들과 경쟁 관계에 있었다. "955년에서 1057년 사이에 재임했던 25명의 교황 중 13명이 로마 귀족들에 의해 임명되었던 반면에, 나머지 12명은 독일 황제들에 의해 임명되었다(황제들은 이 12명의 교황 중 적어도 5명을 폐위하였다)."[5] 교황의 교체 주기가 얼마나 빠른지 주목해보라. 한 세기 동안 교황의 재임 기간이 평균 잡아 고작 4년밖에 되지 않았다. 설상가상으로 872년에서 1012년 사이 한 세기가 넘는 기간 동안 전체 교황중 삼분의 일이 폭행으로 숨졌는데,[6] 이 중 다수는 로마 교회의 가문들 간에 벌어진 끝없는 음모의 결과로 살해되었다.

문란하기 그지없고 기고만장했던 마로치아(Marozia, 890-937)라는 로마의 귀족 여성이 제멋대로 교황을 세우기도 하고 폐위하기도 했던 사례를 살펴보자.[7] 그녀는 막강한 권력을 가진 크레센티(Crescentii) 가문의 지도자였던 테오필락투스(Theophylact)의 딸로서 15세 때 교황 세르지오 3세(Sergius III, 재임 904-911)의 정부가 되었는데, 그 교황은 교황좌를 차지하려고 교황 레오 5세(Leo V, 재임 903)를 살해했었다. 마로치아는 그에게서 사생자를 하나 낳았다. 마로치아의 모친은 교황 요한 10세(John X, 재임 914-928)의 정부였는데, 마로치아는 음모를 꾸며 그를 질식사시킨 다음에 교황 레오 6세(재임 928)로 교체했다가, 즉시 스테파노 7세(재임 928-931)로 바꾸어버렸다. 이

---

5   Duffy 1997, 87.
6   Cheetham 1983; Duffy 1997.
7   Cheetham 1983; Duffy 1997.

시점에서 마로치아는 자신이 교황 세르지오에게서 얻은 사생자를 요한 11세(John XI, 재임 931-936)라는 이름으로 교황좌에 앉히기도 했다. 이어서 마로치아의 아들인 알베릭(Alberic)이 로마의 통치자가 되었는데, 그는 마로치아의 음모를 두려워한 나머지 그녀를 투옥시켰고, 마로치아는 결국 감옥에서 생을 마감했다.

이 시기의 교황들 중에는 교황이 되기 전에 목회의 경험이 전무한 자들이 많았다. 교황 요한 12세(John XII, 재임 955-964)는 고작 18세의 나이에 교황으로 선출되었고, 마로치아의 아들인 요한 11세(John XI)는 교황이 되었을 때 고작 21세였다. 요한 19세(John XIX, 재임 1024-1032)는 단 하루 만에 평신도에서 교황으로 승급되었다. 그의 후임자인 베네딕토 9세(Benedict IX, 재임 1032-1048)도 "교황으로 선출되었을 때 평신도였고 20대에 불과했으며"[8] 사제로 서품될 만한 인물이 전혀 아니었다. 목회 경험이 전무한 젊은 사람들이 너무나 많이 교황이 되었다는 사실은 이 시기에 교황권의 도덕적 상태가 "추잡한" 수준까지 전락하게 된 까닭을 설명해준다.[9] 이렇듯 요한 12세는 젊은 여자들을 후궁으로 삼았으며, "어떤 이들은 그가 라테라노 궁전(Lateran Palace)을 매음굴로 바꿔놓았다고 고발하기도 했다."[10] 그는 또한 열 살 난 아이를 주교로 임명하였고, 추기경 한 명을 거세시켰으며, 노름을 하면서 이교 신들의 이름을 큰 소리로 들먹이기도 했다. 그는 28세의 나이에 유부녀와 놀아나다가 침대에서 죽었는데 아마도 격분한 그녀의 남편에 의해 살해당한 것 같다.[11] 베네딕토 9세는 훨씬 더 악명 높은 교황이었다. 그는 두 명의 삼촌을 이어서 교황이 되었는데, 교황이 되자마자 "로마의 거

---

8   Duffy 1997, 87.
9   Duffy 1997, 87.
10 McBrien 2000, 157.
11 Cheetham 1983; McBrien 2000.

리와 홍등가를 헤집고 다니면서 고개를 쳐든 채로 얼굴도 붉히지 않고 주색 잡기의 광경을 연출했다."[12] 결국 타락한 로마의 귀족들조차 계속 보아줄 수 없을 정도로 사태가 걷잡을 수 없는 지경이 되고 나서야 그의 손에 돈을 쥐어주고 교황직을 떠나게 했다.

교황이나 로마의 성직자들만이 이렇게 방탕한 삶을 살았던 것이 아님을 유념해야 한다. 교회 안의 모든 계층에 악명 높은 성직자들이 어디서나 넘쳐났다. 첩을 거느린 사제들이 부지기수였고, 술 취한 채 교회에 오는 것이 다반사였으며, 아니면 아예 교회에 나타나지 않는 경우도 많았다. 그 밖에 다른 식으로도 이들은 성직에 대한 신뢰를 저버렸다. 물론 다들 그랬던 것은 아니지만, 많은 이들이 그러했던 것이다.[13]

경건형 교회

여러 면에서 경건형 교회는 권력형 교회에 대한 일종의 반작용으로서 유지되었다. 이 교회는 세속적인 것이 아닌 덕성을 추구했는데, 이 점은 그 지도자만이 아니라 일반 대중들도 대부분 수도사와 수녀로 구성되어 있었음을 감안할 때 당연히 예상할 수 있는 내용이었다. 실로 기회주의에 물든 특권층 자식들이 사제가 되려고 몰려들던 것과 동시에 수도원 운동이 빠르게 팽창하여 4세기 중반이 되면 수도사와 수녀의 수가 수만 명을 헤아렸고 이들 중 거의 대부분은 조직화된 공동체 생활을 하고 있었다. 금욕 생활을 하던 이들은 당연히 스스로가 다른 사람보다 영적으로 우월하다고 느꼈고, 이 점

---

12 Cheetham 1983, 84.
13 Pastor 1898.

은 사실 가톨릭 신학에서도 인정하는 바였다. 그렇지만 이들이 일반 성직자들(regular clergy)과 특히 교회의 성직위계(hierarchy)에 대해 갖고 있던 반감은 그 토대가 달랐다. 즉 이들이 반감을 느꼈던 것은 이들 성직자들이 금욕생활을 하지 않았기 때문만이 아니라 방탕한 삶을 살고 있는 성직자가 너무 많았기 때문이다. 이것은 억누른다고 해서 없어질 문제가 아니었다. 경건형 교회의 지도자들은 거듭해서 권력형 교회를 개혁하려고 시도했고, 몇 차례의 주목할 만한 시기 동안 가까스로 교황권에 대한 통제력을 장악하고서 주요한 변화를 일으키기도 했다. 그러나 대부분의 기간 동안 "교회"는 그저 권력형 교회였을 뿐이다. 이것을 전적으로 콘스탄티누스의 탓으로 돌려서는 안 될 것이다. 기독교가 지배 종교로 자리 잡게 되자 더욱 관료화되고 세속화되는 방향으로 나아가게 되었지만, 콘스탄티누스가 이러한 변화를 가속화하고 뚜렷하게 했던 것은 사실이다.

기독교의 종교적 독점

두 종류의 교회 사이에 끝없는 경쟁이 있었지만, 각자가 주도권을 잡을 경우 신앙 문제를 일종의 독점기업처럼 다루면서 유대인을 제외한 다른 비기독교 신앙을 일체 허용하지 않았다. 그렇지만 경건형 교회는 주도권을 잡고서 권력형 교회보다 훨씬 더 열정적으로 일을 추진했는데, 권력형 교회는 자신의 이익이 심각하게 위협을 받지 않는 한 자신의 이익을 보호하는 일마저도 소홀히 할 정도였다. 애덤 스미스(Adam Smith, 1723-1790)가 지적하듯이, 모든 독점기업은, 심지어 독점적 교회들도 마찬가지로 유순해지고 게을러지는 경향이 있다. 스미스는 어떤 종교들은 신자들의 자발적 후원에 의존하는 반면에 어떤 종교들은 국가의 지원을 받고 있음을 지적한다. 신자들

제17장 두 종류의 "교회들"과 이단의 도전

에게 의존하는 성직자는 국법에 의해 지원받는 성직자보다 대체로 훨씬 더 큰 "열정과 근면함"을 보여주기 마련이다. 스미스는 또한 역사 속에는 국가의 후원을 받는 성직자들, 즉 "성직록(benefice)에 의지해 안주하면서 다수의 국민들 속에서 신앙의 열정과 헌신을 계속 유지하는 것을 등한히 하는 가운데…나태함에 빠지게 된"[14] 사례들로 가득하다고 지적한다.

교회는 콘스탄티누스의 총애에 힘입어 교인들의 헌신에 전적으로 기반을 두고 검약한 삶을 영위하던 성직자가 인도하던 기관으로부터 국가의 엄청난 지원에 기반을 두고 사회 상류층 출신의 부유하고 힘 있는 성직자가 지도하는 기관으로 변모했다. 이렇듯 콘스탄티누스는 스미스가 묘사하는 것과 똑같은 방식으로 처신하는 게으른 독점 기관을 만들어냈던 것이다. 따라서 콘스탄티누스 이후의 교회는 (유럽인들이 거의 다 시골에서 살았음에도 불구하고) 시골 지역들을 개종시키려는 노력을 거의 기울이지 않았고, 이교도들은 그저 자신들의 만신전에 예수를 하나 더 보태는 식으로 "그리스도인"이 되었다. 복음화가 되지 않은 북유럽 지역에 대한 선교는 매우 느리게 진행되었고, 대부분 왕이나 왕실에 세례를 베푸는 것으로 마무리되기 마련이었으며, 일반 대중들은 이러한 것에 거의 아무런 영향도 받지 않았다. 심지어 가장 기독교화된 도시들에서조차 미사 참석률이 매우 저조했고, 평신도는 고사하고 성직자에 대한 종교 교육도 본서의 제16장에서 살펴본 것처럼 거의 전무하다시피 했다. 정말이지 게으른 권력형 교회는 이단의 도전으로 인해 자신들의 지배가 흔들리기 전까지는 그저 이단을 무시하는 정도에 머물러 있었다.

중세 종교사를 연구하는 여러 학자들은[15] 500년에서 1100년 사이에

---

14   Smith [1759] 1982, 788-89.
15   Lambert 1992; Matter 2008; Moore 1976; 1985; Russell 1965; 1971.

유럽에서 이단이 자취를 감춘 것에 주목해왔는데, 예를 들어 맬컴 램버트(Malcolm Lambert)는 383년 아빌라의 프리스킬리아누스(Priscillian of Avila)가 처형당한 이후 11세기까지 이단을 사형시킨 경우가 전혀 없었다고 주장한다.[16] 그러나 실제로 자취를 감춘 것은 이단이 아니라 이단에 대한 교회 당국의 심각한 염려였다. 수 세기를 거쳐오면서 눈에 띄는 이단들이 여럿 출현하였지만 이들이 교회의 독점을 위협할 만큼 대중적인 운동을 일으키지는 못했으므로, 교회는 이들을 완전히 무시하든지 아니면 "당국자들의 손에 대충 처리하든지" 했었다.[17] 역설적이게도 경건형 교회가 개혁을 위해 분투한 것이 12세기 들어 전례 없는 대중적 이단운동의 분출로 귀결되었다. 권력형 교회는 이것에 대해 잔혹한 탄압으로 대응했는데, 이에 대해 곧 살펴볼 것이다.

경건과 개혁

권력형 교회의 지배가 수 세기를 경과한 뒤에, 갑자기 1046년에 신성 로마 제국의 황제였던 하인리히 3세(Henry III, 1017-1056)가 경건형 교회에 교회의 통제권을 주었다. 하인리히가 교회를 개혁(그 출발점은 교황권)하고자 결심하게 된 배경에는 수도원 운동과 귀족층 간에 끈끈하게 이어져온 유대감이 자리 잡고 있었는데, 이들 귀족층은 그러한 유대감으로 인해 권력형 교회에 속한 대부분의 성직자들보다 더 경건한 성향을 갖고 있었을 것이다.

---

16   Lambert 1992, 12.
17   Lambert 1992, 25.

유력한 가문의 자녀들일수록 교회에 들어오는 경우가 매우 많았고,[18] 특별히 수도원에 입회하는 경우가 많았다. 예를 들어 금욕 생활을 실천했던 중세 성자들 가운데 사분의 삼은 귀족 가문 출신이었고, 22퍼센트는 왕가의 자손이었다.[19] 수도원에 입회한다고 해서 가족의 유대가 단절되지는 않았던 것이 수도원이나 수녀원이 집 근처에 있었으므로 자주 방문할 수 있었기 때문이다. 이런 까닭에 하인리히의 네 딸[20] 가운데 두 명은 수녀원 원장이 되었고, 그런 일은 당시에 그다지 특출한 것도 아니었다. 게다가 하인리히의 사촌 브루노(Bruno)는 툴(Toul)의 주교였을 뿐 아니라 교회개혁의 온상이었던 베네딕토회에 속한 클뤼니 수도원(the Benedictine Abbey of Cluny)을 열심히 후원하고 있었다. 1049년, 하인리히는 브루노를 교황 레오 9세(Leo IX, 재임 1049-1054)로 임명했다.

신임 교황은 즉각적으로 교회의 정화에 착수했다. 먼저 랭스(Rheims)에서 회의를 소집하여 프랑스의 모든 주교와 수도원장에게 각자 자신들이 현재 갖고 있는 자리를 매수했는지 밝힐 것을 요구했다.[21] 이에 반응하여 몇몇은 도주하였고, 이 때문에 출교당했다. 많은 이들은 자백하고 사면받았다. 다음 의제는 독신제도에 대한 것이었다. 레오는 적당한 기회가 생길 때마다 무절제한 사제들을 강하게 공격하였고, 교회의 고위 행정직을 수도사들로 채웠다. 그러나 어쩌면 레오의 가장 파격적인 조치는, 대중 앞에서 설교하는 사제는 눈 씻고 찾아봐도 거의 없었고 평민들이 교황은 고사하고 추기경조차 직접 본 적이 없던 그런 시대에 본인이 직접 순회 복음전도자로 활

---

18   대부분의 수도회는 입회비가 아주 높았기 때문에 부유한 계층만 들어갈 수 있었다. 빈민의 경우 노동에 종사하는 조건으로 받아들여졌다.

19   Stark 2004, 56.

20   다섯 번째 딸은 6세에 죽었다.

21   Cheetham 1983, 90.

동한 것이다. 5년의 재임 기간 내내 레오는 여행을 계속하면서 가는 곳마다 "유창한 말로 수많은 군중들 앞에서" 설교했다.[22] 그의 설교 주제는 언제나 개혁이었다.

레오의 노력을 교황 빅토리오 2세(Victor II, 재임 1055-1057)와 스테파노 9세(Stephen IX, 재임 1057-1058)가 이어받았고, 이들 다음으로 역동적 개혁가였던 니콜라오 2세(Nicholaus II, 재임 1059-1061)가 그 뒤를 이었다. 니콜라오는 로마에서 교회 회의를 소집한 후에 새롭고도 아주 위험한 정책을 발의했다. 그는 그리스도인 일반 대중에게 만약에 첩을 거느리거나 성직을 매수한 사제가 미사나 기타 성례전을 집전할 경우 그것을 거부할 것을 명령했다. 이리하여 그는 평신도가 교회개혁에서 적극적 역할을 맡을 수 있도록 길을 열었고, 성직자의 도덕적 상태가 성례전의 타당성에 영향을 준다는 점을 인정했다. 이는 예전에 교회가 도나투스주의자들에 맞서 거부했던 입장이었는데, 향후 "이단적" 개혁가들에 맞서 다시금 거부하게 될 것이었다.[23] 니콜라오는 또한 교황 선출 과정을 개혁하였는데, 이로써 권력을 가진 세속 가문이나 통치자들이 더 이상 교황을 임명하지 못하게 되었다. 이때 이후로 교황은 콘클라베(conclave)라고 불리는 추기경회(the College of Cardinals)에서 선출되었다.

니콜라오에 이어서 알렉산데르 2세(Alexander II, 재임 1061-1073)가 교황이 되었는데, 그 역시 열정적인 개혁가로서, 스페인에서 무슬림을 추방하기 위한 십자군을 일으키려고 했으나 그다지 성공을 거두지는 못했다. 그의 뒤를 이어 유명한 그레고리오 7세(Gregory VII, 재임 1073-1085)가 나타났는데, 그는 수 세기만에 처음으로 수도사가 교황이 된 경우였다. 그레고리오 역시

---

22   Cheetham 1983, 87.
23   Costen 1997; Duffy 1997; McBrien 2000; Morris 1991.

사제들의 비행을 종식시키려는 노력을 지속했다. 그리하여 그는 "음란에 빠진 사제들이 미사를 집전하면 안 되고, 모두 강단에서 쫓겨나야 한다"고 호통을 쳤다.[24] 그레고리오의 뒤를 이어서 교황이 된 세 사람은 모두 수도 사들이었다. 그중 우르바노 2세(Urban II, 재임 1088-1099)는 이슬람으로부터 예루살렘을 재탈환하기 위해 제1차 십자군을 일으켰다. 교황 레오가 대중적 설교를 시도했다고 하면, 교황 우르바노는 십자군을 위해 사방으로 다니면서 설교했을 뿐 아니라 수백 내지 수천 명의 사람들을 독려해서 이들도 대중 앞에서 설교하도록 만들었다. 애초의 사명은 십자군에 대해 설교하는 것이었지만, 곧이어 교회개혁과 같은 주제가 설교의 중심이 되기 시작했다. 그리고 이렇게 해서 일어난 모든 동요는 평신도로 하여금 전에는 볼 수 없던 정도로 교회의 일에 관여하게 하는 결과를 초래했다. 하지만 복음전도 자들에 의해 자극받은 사람들은 주로 귀족층과 부유한 도시민들이었던 반면에 "대중들"은 이 시기에도 교회에 별로 관심이 없는 상태였다. 그럼에도 평신도로 하여금 교회의 개혁을 요구하게 할 뿐 아니라 그것의 유지를 돕도록 격려함으로써, 권력형 교회가 다시 주도권을 잡게 되자 저항 운동의 봇물이 한꺼번에 터지는 일이 발생하게 되었다. 이러한 도전에 대응하기 위해서 일부 개혁 운동은 교회의 구조 안에 가두어 통제하기도 했고, 다른 것들에 대해서는 가혹한 공격을 가했다.

---

24   Moore 1994, 54.

개혁운동의 포섭

수 세기 동안 교회는 대중적인 개혁가들의 활력을 새로운 수도회를 창설하는 것으로 유도함으로써 그들로 하여금 위험한 대결을 비껴가게 해주었다. 금욕적 은둔생활 중에 교황 우르바노 2세의 부름을 받아 제1차 십자군을 위해 설교활동을 했던 세 사람의 이력을 살펴보자. 이들은 로베르 드 아르브리셀(Robert of Arbrissel, 1045-1116), 비탈리 드 모르탱(Vitalis of Mortain, 1060-1122), 그리고 베르나르 드 티롱(Bernard of Tiron, 1046-1117)이다. 이들 각자는 복음전도자로서 수많은 군중을 끌어 모으고 이들에게 감동을 줄 수 있는 비범한 능력을 갖고 있었다. 이들은 십자군에 대해 설교하는 것으로 시작했는데, 십자군 원정이 시작되고 난 다음에도 이들은 전도활동을 지속하였으며, 자신들의 주된 관심사를 성직자들의 죄를 적나라하게 지적하는 쪽으로 전환하면서 해당 지역의 타락한 성직자들의 실명을 거론하는 것도 주저하지 않았다. 이에 대응하여 주교들은 이들이 대중 앞에서 설교하는 것을 중단시키려고 했다. 한 주교는 교황에게 "일반 사람들에게 성직자의 죄악을 폭로하는 것은 그들에게 설교하는 것이 아니라 도리어 그들을 망치는 셈"이라고 탄원하기도 하였다.[25] 만일 교황이 그들에게 그만두라고 명령을 내렸다면, 그들 각자는 반대 운동을 벌이고 싶은 유혹을 받았을런지도 모른다. 그러나 물론 교황도 수도사 출신이었을 뿐 아니라 개혁운동에 강력히 매진하고 있었다. 그리하여 이들 세 사람은 반체제인사가 되는 것 대신에, 각자가 자신의 역량을 쏟아 부어 새로운 수도회 조직을 창설하는 것으로 유종의 미를 거두었다. 몇 년이 지나자 개혁에 대해 설교하는 것이 더 위험해졌고 수도회를 설립하는 것은 더 어려워졌다.

---

25   Moore 1985, 85.

성 프란치스코(St. Francis, 1181-1226)가 이단으로 기소되지 않은 것은 대단한 행운이었다는 말을 자주 한다. 그는 결코 성직자로 서품받은 적이 없었다. 그는 대중 앞에서 청빈과 겸손의 덕에 대해 설교하였고, 이는 특별히 성직자들을 겨냥한 것이었다. 1209년, 그는 열한 명의 제자를 데리고 로마로 가서 교황을 알현하여 새로운 수도회의 설립을 허락해달라고 요청했다. 그것은 매우 아슬아슬한 간발의 차로 허락되었다. 새로운 수도회 설립을 허용하는 것에 대한 반발이 워낙 커져서 6년 뒤인 1215년에 개최된 제4차 라테라노 공의회(Lateran Council)에서는 새로운 수도회의 창설이 전면 금지된다. 이런 까닭에 교황 인노첸시오 3세(Innocent III, 재임 1198-1216)는 프란치스코를 만나기를 꺼려했는데, 마침내 설득되어 그에게 회원들을 더 모집할 수 있는 권한을 주었고, 회원들을 충분히 모으면 공식적으로 인가해줄 것을 약속하면서 그때 다시 신청하라고 지시했다. 1223년 교황 호노리오 3세(Honorius III, 재임 1216-1227)는 작은 형제회(the Order of Friars Minor), 즉 나중에 프란치스코회(Franciscans)라 불리게 될 수도회의 최종 수도규칙을 승인해주었다.

이와 비슷한 식으로, 도미니코(St. Dominic, 1170-1221)는 1214년 툴루즈(Toulouse)에서 탁발수도회를 설립했는데, (공의회의 금지에도 불구하고) 교황 호노리오 3세는 1216년에 그 수도회를 인가하였다. 이들 역시 얼마 후 창시자의 이름을 따라 도미니코회(Dominicans)라고 불리게 되었다. 프란치스코회와 마찬가지로 이들 또한 교회개혁을 위한 대중적 설교를 사명으로 출범하였다. 하지만 그들의 사명은 얼마 지나지 않아 교황을 지지하는 대중적인 설교로 전환되었다.

지금까지 살펴본 사례들은 잠재적 반체제 운동을 체제 안으로 끌어들여 통제하는 교회의 탁월한 능력을 보여주기에 충분하다. 여러 공인된 수도회를 창설한 이들과 그 초기 지도자들의 저술을 연구해보면, 이들 간에 상당한 정도로 신학적 다양성이 있었음을 알게 된다. 이들 간의 신학적 차이가 종종 "주류" 가톨릭신학과 이단이라고 거부되었던 집단들의 신학 간에 존재하는 차이점보다 더 큰 경우도 있다. 이들 인가된 수도회와 결국엔 이단으로 낙인찍히고 마는 집단 간의 주된 차이는 교리적인 것이었다기보다는 그 집단이 특별히 대중 설교에 있어 얼마나 조심스럽게 처신하면서 권력형 교회의 권위를 전적으로 인정하는지에 달려 있었다. 이렇듯 도미니코회 수도사들은 얼마 지나지 않아 교회개혁을 계속 추진하기보다는, 오히려 그들이 볼 때 교회의 권위에 충분히 순종적이지 않은 모든 종교 집단을 논박하는 설교에 특화되는 쪽을 선택했던 것이다.

박해

한편 교회개혁에 대한 갈망은 권력형 교회에 대한 실질적 반발을 부추겼다. 탄헬레인(Tanchelijn, Tanchelm)이라는 이름의 수도사는 저지대 국가(the Low Countries: 네덜란드, 벨기에, 룩셈부르크 지역을 통칭하는 말—옮긴이)에서 개혁을 부르짖다가(그는 교회가 매음굴이 되었다고 비판했다) 한 사제에 의해 살해되었다(1115년).[26] 앙리 드 로잔(Henry of Lausanne, 1148년 사망)과 아르놀도 다 브레시아(Arnold of Brescia, 1090-1155)는 둘 다 서품 받은 성직자였는데, 이들을 포함하여 매우 인기 있던 여러 개혁가들이 대중을 향해 개혁에 관한 설교를 계속한다는 이유로 교회로부터 탄압을 받았다. 앙리는 투옥되었고, 아르놀도는 교수형을 당했다.[27] 하지만 이미 너무 늦었다. 개혁의 정신이 일반

---

26   Lambert 1992, 50.
27   Brooke 1971; Cheetham 1983; Costen 1997; Lambert 1998; 1992; Moore 1985; 1976; Russell 1965.

대중 가운데 깊이 파고들었으므로 만약에 교회가 내부로부터 개혁에 착수하지 않는다면 이제 많은 이들이 교회 밖에서 참된 경건을 찾아 나설 판이었다.

종교적 독점이 사회에서 **흔히** 나타나는 상태이기는 하지만 바람직한 **정상적** 상태는 아니라는 점을 명심해야 한다. 독점이란 정상적인 것이 아니다. 왜냐하면 어느 사회에나 상존하는 엄청나게 다양한 종교적 취향(강렬한 종교적 경험을 원하는 부류로부터 그런 것을 거의 또는 전혀 원치 않는 부류에 이르기까지)에 대해 하나의 종교 기관이 다 적절히 부응할 수는 없기 때문이다. 독점이란 것은 다른 종교 집단, 특히 종파(sects)라고 알려진 보다 강한 결속력을 가진 집단을 억제함으로써만 존재할 수 있다. 고든 레프(Gordon Leff)의 말마따나 중세 유럽에서 이단이란 "출구가 없는 사회의 출구였다. 출구없는 사회에서 긴장은 폭발로 전환되었던 것이다."[28]

교회가 수없이 넘쳐나던 종파 운동의 싹을 수도원 운동으로 전환시킴으로써 그것을 체제 내에 포섭할 수 있었던 것은 교회 행정이 지닌 창의력을 보여준 것이었다. 그러나 이러한 해결책이 더 이상 통하지 않게 되었는데, 이는 교황직이 클레멘스 3세(Clement III, 재임 1187-1191)의 등장과 더불어 로마시의 귀족층에 의해 완전히 재장악되었기 때문이다. 교황좌에 오르는 것이 다시금 가문의 사업이 되어 버렸다. 클레멘스의 조카가 교황 인노첸시오 3세(Innocent III, 재임 1198-1216)가 되었고, 인노첸시오의 조카가 차례로 교황 그레고리오 9세(Gregory IX, 재임 1227-1241)가 되었으며, 인노첸시오의 종손이 교황 알렉산데르 4세(Alexander IV, 재임 1254-1261)로 선출되었다. 교황권이 다시금 세속화함에 따라 교회개혁을 부르짖던 많은 이들은 너무나 큰 상처를 받은 나머지 새로운 종파 운동이 불가피하게 되었으며,

---

28   Leff [1967] 1999, 47.

안타깝게도 이들에 대한 끔찍한 탄압도 재발하게 되었다.

카타리파

로마교회와 맞붙었던 최초의 거대한 이단운동은 아마도 개혁운동의 내부에서 시작된 것이 아니라 개혁운동의 씨앗이 되는 불만에 의해 조장된 면이 크다고 하겠다. 카타리파(Cathars)는 10세기 불가리아에서 발생한 보고밀(Bogomil) 운동에 그 기원을 둔 것으로 보인다. 그 기원이 어디였든 간에, 카타리파는 "가톨릭교회를 대놓고 사탄의 교회라고 부르면서 교회에 대해 직접적이고 저돌적인 도전장을 내밀었다."[29] 이들이 서유럽에서 신속하게 추종세력을 얻게 된 것은 교회의 도덕적 타락에 대한 불만이 광범위하게 확산되어 있었기 때문이다.[30]

카타리파의 신학은 초기 영지주의의 신학과 매우 유사했다. 두 신이 존재하는데, 하나는 선한 신이고, 다른 하나는 악한 신이다. 인간의 역사를 살펴보면 물질세계가 너무나도 비극적이고 끔찍하고 사악하기에, 선한 신이 거기에 개입할 수 없음을 증명해준다. 따라서 카타리파는 세계가 악한 신(타락한 천사)에 의해 창조되었으며, 이 악한 신은 다름 아닌 구약의 하나님이라고 가르쳤다. 그리스도는 선한 신이 보낸 천사였으며, 그가 전하는 메시지는 이 세상의 악을 거부하고 선한 신과 인격적 관계를 맺어야 한다는 것이었다.[31]

카타리교에서는 신도를 두 등급으로 구분하였다. **완전자**(*perfecti*)라고 부르는 이들은 현세를 거부하기 위한 극단적인 수행을 실천했는데, 여기에

---

29   Lambert 1998, 21.
30   Barber 2000; Brooke 1971; Costen 1997; Lambert 1998; 1992; Moore 1985; Russell 1965.
31   Costen 1997, 65.

는 성적 금욕, 육식과 계란 및 유제품에 대한 금식, 맹세에 대한 금기, 사람 뿐 아니라 동물을 포함한 살생에 대한 절대적 금지 등이 포함되었다. 그렇지만 일반 신도들은 "세속에서 살면서 결혼하고, 자녀를 낳고, 육식도 할 수 있었으며" 카타리교의 신앙을 지키기 위해 싸우거나 죽이거나 죽을 태세가 되어 있었다.[32] 카타리파에는 사제직은 없었고 오로지 주교직만이 있었는데, 이들은 모두 **완전자**여야 했다.

서유럽의 카타리파에 대해 우리가 알고 있는 최초의 보도는 1143년 쾰른에서 나온 것이다. 당시에 카타리파는 해당 지역에서 상당수의 신도들과 그들을 지도하는 주교까지 갖추고 있었다.[33] 교회는 이들을 이단으로 선고하고서 카타리파의 주교와 그의 조수를 쾰른 대주교 앞으로 소환하였는데, 이들은 자신들만이 유일한 참된 교회라고 가르쳤음을 솔직히 시인했다. 이러한 도전에 대해 대주교가 어떻게 대응했는지는 알려져 있지 않다. 왜냐하면 바로 그 순간 청중들 사이에서 폭도들이 나타나 이들 카타리파 신자들을 끌어다가 불태워 죽였기 때문이다. 1156년 유사한 폭동이 영국에서 수 차례 발생했고, 1164년 메츠(Metz)에서도 일어났을 뿐 아니라, 쾰른에서도 다시 발생하였다.

그렇지만 카타리파 운동의 중심지는 독일이나 영국이 아니라 프랑스 남부의 랑그독(Languedoc) 지방이었다. 여기서 그들은 종종 알비파(Albigensians)라고 불렸는데, 이는 그들의 근거지가 알비(Albi)라는 도시에 있었기 때문이다. 명심할 것은 프랑스 남부에서조차 카타리파는 인구의 1퍼센트 정도를 차지할 뿐이었고, 카타리파와 밀접히 관련되어 있던 베지에(Béziers) 같은 도시에서도 인구의 10퍼센트를 넘지 않았다는 사실이다.[34] 그

---

32   Lambert 1998, 21.

33   Lambert 1992.

34   Kaelber 1997, 113.

렇지만 이들의 영향력은 수적인 것보다 훨씬 컸다. 왜냐하면 다수의 **완전자**를 포함해서 카타리파의 많은 이들이 귀족층에 속해 있었고, 나머지도 그 지역의 가톨릭 성직자 출신이었기 때문이다.[35] 이것은 본서의 제5장에서 밝혔던 논점, 즉 종교운동은 대체로 특권층에 속한 사람들에 의해 시작된다는 사실과 부합한다.

카타리파가 프랑스 남부에서 세력을 떨치고 있다는 보고를 듣고 교황 인노첸시오 3세(아홉 명의 교황을 배출한 로마의 교권 가문 출신)는 1208년 카타리파를 정벌하기 위한 "십자군"을 포고하였는데, 이들을 핍박하기 위해 모여든 병력은 주로 프랑스 북부 출신의 기사들로 구성되어 있었다. 이들을 이끌던 한 지도자는 "랑그독의 영주들은 거의 모두가 이들 이단자들을 보호하고 품어주면서 이들에게 과도한 사랑을 베푸는 등 하나님과 교회에 맞서 이들을 옹호하고 있다"고 불평했다.[36] 1209년 7월 시토회(Cistercian)의 수도원장인 아르노(Arnaud)가 이끄는 교황 군대가 카타리파가 장악하고 있던 베지에를 함락했다. 그 도시의 주민들은 모두 살육당했는데, 많은 이들이 처음에는 눈이 뽑힌 후 말에 묶여 끌려갔고, 급기야 활쏘기 연습용 과녁으로 사용되기도 했다.[37] 아르노는 인노첸시오 교황에게 이렇게 보고했다고 한다. "교황 성하, 오늘 이단자 2만 명이 남녀노소 지위고하를 막론하고 다 칼에 도륙되었나이다."[38]

그럼에도 불구하고 카타리파는 저항을 이어나갔고, 이들에 대한 핍박도 지속되었다. 1244년 200명 이상의 **완전자**가 화형에 처해졌고, 1321년 또 다른 완전자 집단이 처형되었다. 결국 카타리파는 피레네 산맥을 비롯한

---

35   Costen 1997, 70.
36   다음에서 인용함. Costen 1997, 70.
37   Johnson 1976, 252.
38   다음에서 인용함. Sibly and Sibly 2003, 128.

여러 산악지에 피난처를 마련하였고, 그곳에서 근대초까지도 존속하였던 것 같다.

발도파

카타리파가 일부러 교회 밖에서 출발했다고 한다면, 발도파(Waldensians)는 처음에는 교회개혁에 전념했던 수도원 운동의 초기 형태로 시작했다.[39] 이 집단은 피에르 발도 내지 발데스(Peter Waldo or Valdes)라고 불리는 리용의 부유한 상인에 의해 창시되었다. 1176년 발도는 자기가 의뢰한 신약성경의 프랑스어 번역을 읽고 난 후 복음서가 실제로 무엇을 가르치는지 깨닫게 되었고, 곧이어 자신의 재산을 모두 희사한 후에 **사도적 가난**(apostolic poverty)을 주제로 설교하기 시작했다. 즉시 그의 주변에는 추종자들이 모여들었는데 이들 대부분은 재산이 있는 사람들이었다.[40] 이들은 스스로를 가리켜 **리용의 빈자들**(the Poor Men of Lyons)이라고 부르기 시작했다. 1179년 발도파의 대표들이 로마로 가서 교황의 공식 승인을 요청했다. 이들은 승인은커녕 상당한 염려를 불러일으켰다. 웨일즈의 연대기 작가였던 월터 맵(Walter Map, 1140-1210)은 이들에 대해 다음과 같이 보도한다. "그들은 두 사람씩 짝을 지어 다녔는데, 맨발에다 양모로 만든 외투를 걸쳤고, 아무것도 소유하지 않았으며, 사도들처럼 모든 것을 공동으로 사용했다.…만일 우리가 그들을 인정하면, 우리가 쫓겨나게 될 판이었다."[41] 교황은 그들의 생활방식에 대해서는 축복했지만 그들이 설교하는 것은 금지시켰다. 그들이 만일 순응했다면, 그들도 결국에는 하나의 수도회로 인정받았을 것이다(그들의 가르

---

39 Brooke 1971; Costen 1997; Lambert 1998; 1992; Moore 1985; Russell 1965.
40 Lambert 1992, 69.
41 다음에서 인용함. Johnson 1976, 251.

침은 성 프란치스코의 것과 매우 유사했다). 그러나 이들은 설교를 중단하지 않았으며, 따라서 1184년 교황 루치오 3세(Lucius III)는 이들을 이단으로 단죄하였다.

처음에는 굳이 애써서 발도파를 탄압하려고 하지 않았다. 이들이 가장 큰 세력을 떨치고 있던 지역이 처음 시작했던 프랑스 남부가 아니라 독일의 라인(Rhine)강 연안지대였기 때문이다. 이들은 여기서 그 지역의 정치적인 혼돈과 갈등으로 인해 오히려 유익을 얻기도 했고, 상류층 사람들로부터 상당한 후원자를 충원하기도 했다.[42] 그러나 1211년 교회는 소탕작전을 벌였으며, 이때 80명이 넘는 발도파 신자들이 체포되어 스트라스부르(Strasbourg)에서 화형에 처해졌다. 그 이후 수 세기 동안 이들을 소탕하기 위한 일련의 전투가 개시됨에 따라 이들은 차츰 알프스 산악지역으로 숨어 들어가 존속하였고, 그러다가 1532년 스위스의 칼뱅파 개혁교회와 제휴하게 되었다. 발도파 교회는 아직도 존재하고 있다.

결론

핍박에도 불구하고 개혁에 대한 요구는 사그라질 기미를 보이지 않았다. 새로운 "이단적" 분파가 계속해서 생겨났다. 예를 들어 베가르파(Beghards), 베긴회(Beguines), 프라티첼리(Fraticelli), 후밀리아티(Humiliati), 채찍질고행자(Flagellants), 롤라드파(Lollards) 등이 나타났다. 곧이어 프라하에서 공개적인 반란이 일어났는데, 이는 왕비와 대부분의 귀족들이 얀 후스(Jan Hus, 1372-1415) 및 그가 시작한 "보헤미아 종교개혁"(Bohemian Reformation)을 지지한

---

42   Lambert 1992, 69.

것이다. 비록 후스는 안전 통행권을 보장받고 자신의 견해를 소명하기 위해 콘스탄츠 공의회(the Council of Constance)에 참석하기 위해 떠났지만, 그곳에 도착하자마자 즉시 체포되었고, 결국 기둥에 묶인 채로 화형당하고 말았다. 이어서 등장한 사람은 바로 루터다.

제18장

루터의 종교개혁

종교개혁을 다루는 역사서술 가운데 너무나 많은 부분이 마르틴 루터(Martin Luther)가 도덕적·신학적 우위를 점하고 있었기 때문에 그가 성공했다고 추정한다. 사실 20세기 대부분의 기간 동안 종교개혁에 대한 설명은 역사적인 것보다는 주로 신학적인 내용에 초점을 맞추고 있었다.[1] 그렇지만 루터 이전에도 종교개혁가들이 많이 있었고, 이 중 어떤 이들은 루터의 신학적·도덕적 입장과 많은 부분을 공유하기도 했다. 하지만 그렇다고 해도 이들은 목숨을 구하지 못했다. 루터 자신도 인정하듯이,[2] 얀 후스가 많은 부분에서 루터 개혁의 전조가 되었지만 그것 때문에 그는 화형을 당했고, 교황 레오 10세(Leo X)는 루터 역시 이러한 방식으로 처형하려고 했었다. 루터와 그의 종교개혁이 살아남게 된 것은 오로지 그를 토벌하기 위해 교황이 보낸 군대를 물리칠 수 있을 만큼의 충분한 정치적·군사적 지지

---

[1]   Moeller 1972.
[2]   Luther [1520] 1915, 141.

를 확보했기 때문이다.

종교개혁을 다루는 수천 권의 책은 루터 및 그가 일으킨 개혁운동이 어떻게 해서 그토록 많은 지지 세력을 모으는 데 성공했는지에 대해 여러 가지 설명을 제공한다. 지금에 와서 무슨 새로운 이야깃거리가 있겠는가라고 묻는다면, 종교개혁이 성공을 거둔 부분과 그 이유에 대해 널리 회자되는 이야기 가운데 일부는 사실이 아닌 것으로 판명되었으며, 어떤 것들은 제대로 된 검증을 받은 적이 전혀 없고, 아주 중요한 문제들 중에도 무시되어온 것들이 있다고 답하겠다. 16세기에 발생한 개신교 종교개혁은 물론 여러 갈래가 있었고, 이것들은 다소간 독자적인 운동들이었으며, 이들 각각에 대해 나는 다른 책에서 이미 상세하게 다룬 바 있다.[3] 여기서는 루터에 초점을 맞추었는데, 그 까닭은 루터의 종교개혁이 가장 중요한 사건이기 때문이다.

"이단"을 만들면서

마르틴 루터(Martin Luther, 1483-1546)[4]는 독일의 한 유복한 가정에서 태어났다. 그의 아버지는 소작농 출신이었지만, 구리를 캐내어 제련하는 작업장을 소유하게 되었고, 작센의 만스펠트(Mansfeld) 시의회에서 여러 해 동안 시의원으로 섬겼다. 젊은 시절의 루터는 4년간의 중등교육을 마치고 1501년 독일에서 가장 유서 깊은 대학 중 하나인 에르푸르트(Erfurt) 대학에 입학했다. 루터의 아버지는 그가 법률가가 되기를 희망했지만, 루터는 몇 달간 법학을 공부한 후에 신학으로 전공을 바꾸어버렸다. 루터는 1502년

---

3   Stark 2003.
4   Bainton 1995; Kittleson 1986; Marty 2004; McNally 1969; Oberman 1992; Schweibert 1950.

에 학사 학위, 1505년에 석사 학위를 받았다. 이후에 그는 아우구스티누스 (Augustinian) 수도회에 들어가서 1507년 사제로 서품되었다. 한편 1505년 비텐베르크(Wittenberg) 대학의 교수로 임명되었고, 그곳에서 1512년에 박사 학위를 취득하였다. 교회와의 갈등으로 인해 여러 차례 짧은 공백기가 있었던 시기를 제외하고 루터는 남은 평생을 비텐베르크에서 보냈다.

1510년 루터의 인생에서 축이 되는 사건 중 하나가 일어났는데, 이는 루터가 독일 아우구티누스회의 대표로 선발되어 자기 수도회의 청원을 전달하게 위해 로마로 가게 된 것이었다. 불과 10년 전에 예수회(Jesuits)의 창시자였던 이냐시오 로욜라(Ignatius Loyola, 1491-1556)는 그 도시의 엄청난 타락상을 목격하게 된다면 그의 믿음이 흔들릴지도 모르기 때문에 로마로 가지 말라는 조언을 들었다.[5] 루터는 이러한 요긴한 경고를 받지 못했으며, 로마의 유구한 역사와 장엄함에 깊은 감명을 받기도 했지만, 동시에 로마의 사제들을 포함한 성직자들이 보여준 노골적인 신성모독과 불경스러움으로 인해 커다란 충격을 받기도 했다. 이들은 미사를 집전하는 동안에도 예식을 가지고 장난삼는 것을 재미로 여겼던 것이다. 이것은 루터가 로마와의 결별을 정당화하기 위해서 나중에 지어낸 반가톨릭적인 이야기가 아니었다. 로마를 방문했던 여러 경건한 사람들도 이것에 대해 보고하고 있다. 예를 들어 유명한 데시데리우스 에라스무스(Desiderius Erasmus, 1466-1536)도 루터보다 앞서 5년 전에 로마를 방문하고서 말하기를, "나는 내 귀로 직접 그리스도와 그의 사도들을 대적하는 가장 역겨운 신성모독적 이야기를 들었다. 나의 많은 지인들도 교황청 사제들이 미사 도중에 그들 주변에 있는 모든 이가 들을 정도로 큰 소리로 역겨운 말을 내뱉는 것을 들은 적이 있다고

---

5   Oberman 1992, 149.

한다."⁶ 그런데 그 후로도 에라스무스는 교회에 남아 있었으며, 루터도 도를 넘는 끔찍한 일들을 목격했음에도 불구하고 에라스무스와 마찬가지로 교회를 떠난다는 생각은 추호도 하지 못했다. 도리어 경건형 교회에 속한 교인들 대부분이 수 세기 동안 그러했던 것처럼 루터도 교회개혁에 매진했다. 그렇지만 그로부터 7년이 지난 후에 루터는 마침내 교수직을 지속하는 것과는 전혀 다른 새로운 일을 시작하게 되었다.

루터의 행동을 최종적으로 촉발한 것은 독일 지역의 가톨릭교회가 면죄부(indulgences) 판매를 시행한 사건이었다. 면죄부의 교리적 토대는 영혼이 천국에 들어가기 전에 선행이나 참회행위를 통해 모든 죄를 사면받아야 하는데, 사람들은 대부분 죽음이 임박한 시점에도 아직 사면받지 못한 죄를 많이 가지고 있으므로, 그 영혼은 지옥에 준하는 장소인 연옥(purgatory)에 머물면서 자신의 죄를 사면받기 위한 참회행위를 치러야 한다는 것이다. 이러한 교리에 따라 선행이 장려되었으며, 교회는 각각의 선행을 행할 때마다 연옥에서 머물도록 처분받은 시간이 그만큼 유예되도록 계산해주기도 했다. 예를 들어 십자군에 복무하면 연옥에 머무는 기간을 완전히 면제받을 수 있었다. 곧이어 교회에 바친 헌물에 대해 그것을 바친 개인에게 연옥의 기간을 그만큼 공제해주는 것이 허용되었다. 이러한 관행은 서명과 봉인이 첨부된 증명서(흔히 면죄부로 알려짐)를 교부함으로써 공식화되었는데, 이들 면죄부 가운데 일부는 연옥에서 공제되는 기간을 적시하기도 했고, 다른 것들은 여러 가지 죄에 대해 특별사면을 제공하거나 아예 처음부터 그러한 죄를 범해도 되는 특권을 부여하기도 했다. 그다음으로 1476년 교황 식스토 4세(Sixtus IV)는 죽은 친지들이 연옥에서 겪고 있는 고통을 단축시킬 목적으로 산 자들이 면죄부를 사는 것을 허용했다. 당시에 인기 있던 판매

---

6   Oberman 1992, 149.

구호는 이렇게 말한다. "돈이 모금 통에 딸랑하고 떨어지는 순간, 한 영혼이 연옥을 벗어나 날아오른다."[7] 면죄부를 통해 얻는 수익이 엄청났는데, 이는 특히 숙련된 "판매상들"이 지방을 돌아다니며 면죄부 판매활동을 주도했기 때문이다.

1517년 면죄부 판매상으로 명성이 높았던 도미니코회 소속의 요하네스 테첼(Johannes Tetzel)이 비텐베르크 근처에까지 와서 모금 운동을 벌였으며, 그 수익은 로마의 성 베드로 대성전의 재건축 비용을 충당함과 아울러 메츠(Metz) 대주교가 자신의 대주교직을 매입하기 위해 졌던 빚을 갚는 데 사용되었다. 테첼의 설교 원고 중 일부가 남아 있는데 다음의 발췌문은 그 전형을 보여준다. "그대들은 그대들의 돌아가신 부모님을 비롯한 다른 이들의 목소리가 들리지 않는가? 그들은 '나에게 자비를 베풀어다오. 나에게 자비를 베풀어다오.…이곳에서 우리는 중한 형벌의 고통을 당하고 있다. 너희들이 원한다면 얼마 안 되는 돈을 희사하는 것만으로도 우리를 여기서 구해낼 수 있을 것이다'라고 울부짖으며 간청하고 있다."[8]

루터는 면죄부 판매를 극도로 혐오하였다. 이러한 관행에 대한 그의 비판은 "면죄부의 권능과 효력에 관한 95개 논제"(*Ninety-Five Theses on the Power and Efficacy of Indulgences*)라고 알려진 것으로, 이것은 면죄부에 대한 논쟁을 제안하는 의견서로서 루터가 비텐베르크 성교회(Castle Church)의 문에 붙여 놓은 것이다. 대중화된 이야기와는 달리, 이 논제를 붙여놓은 것은 저항적 행동이 아니었다. 그 교회의 문은 비텐베르크 대학의 교수진이 게시판 용도로 사용하던 것이다.[9] 루터는 (라틴어로 작성한) 그의 논제를 1517년 10월 31일에 내붙였다. 12월까지 적어도 세 곳의 다른 도시에 있는 세 명의 다른 인

---

7   Chadwick 1972, 42.
8   다음에서 인용함. Oberman 1992, 188.
9   Schwiebert 1950, 314.

쇄업자들이 독일어 번역본을 찍어냈다. 그다음 몇 달 동안 프랑스와 영국과 이탈리아를 포함한 여러 다른 지역에서 번역본들이 찍어져 나왔다.[10] 루터의 비판이 라틴어를 사용하는 식자층이 아닌 대중들에게까지 널리 확산됨에 따라 가톨릭교회는 신속하고 격앙된 반응을 나타내었다. 교황 레오 10세는 루터를 로마로 소환했다. 만약에 그가 로마로 갔었다면 그는 개혁을 위해 희생된 또 다른 이름 없는 순교자가 되었을 것이다. 다행히 루터의 경우, 독일의 프리드리히(Frederick) 선제후가 소환에 반대하였고(로마가 독일에서 면죄부를 판매하는 것에 선제후도 반대했었다), 그 대신에 루터가 아우크스부르크에서 카예타누스 추기경(Cardinal Cajetan) 앞에 출두하기로 합의하게 되었다.

1518년 8월 7일 루터는 프리드리히로부터 신변보호를 받으며 아우크스부르크에 도착하였는데, 추기경이 자신의 논제를 철회시키는 것 외에는 아무런 관심도 없음을 알게 되었다. 루터가 철회할 것을 거부하자, 그는 루터가 명령을 따를 때까지 격리시킬 것을 명령했다. 곧이어 추기경이 루터에 대한 신변보호를 어기고 그를 로마로 압송할 것이라는 소문이 루터에게까지 들려왔다. 루터는 친구들의 도움을 받아 그곳을 탈출하여 비텐베르크로 돌아왔고, 그곳의 교수진은 루터의 대의에 동조하면서 프리드리히 선제후에게 루터를 보호해줄 것을 탄원했다. 물론 이것은 교황청과의 돌이킬 수 없는 단절을 의미하는 것이었다. 루터는 이에 대한 응답으로 세 편의 유명한 논문을 발표했는데, 그것은 현재 "종교개혁 3대 논문"(*Reformation Treatises*)으로 알려져 있다. 그 내용 가운데 일차적인 강조점은 로마교회가 어떻게 독일의 출혈을 강요하고 있는가에 대한 것이다. "매년 30만 굴덴의 금화가 독일에서 로마로 유출되는데 이것은 전혀 무용하고 무익한 짓이다.

---

10   Eisenstein 1979.

조소와 경멸 외에는 우리가 얻는 것이 없다. 하지만 우리는 군주들과 귀족들과 도시들, 재산과 토지와 백성이 빈궁해지는 것이 아닌가 하고 의아해한다."[11] 아울러 루터는 로마와 교황에 대해 원색적이고 거친 말을 사용하면서 다음과 같이 이야기한다. "지극히 거룩하기는커녕 가장 죄 많은 교황이여, 그대는 이 말을 듣는가? 하나님께서 하늘로부터 그대의 보좌를 즉시 멸하시고, 그것을 지옥 구덩이에 던져버리시길!···그리스도 나의 주님이시여, 굽어살피사, 주님의 심판 날이 속히 임하여 로마에 자리 잡은 마귀의 둥지를 멸하시옵소서."[12]

물론 루터는 단지 로마에 대한 비판만을 늘어놓지는 않았다. 그는 교회의 실천과 교리 모두에서 몇 가지 근본적인 변화를 제안했다. 그는 면죄부의 판매 중지, 죽은 자들을 위한 미사의 폐지, 주일을 제외한 모든 "성일"(holy days)을 철폐할 것을 촉구했고, 이와 더불어 사제만이 아니라 전 회중이 성찬의 포도주를 마시도록 허용할 것을 요청했다. 루터는 또한 사제들의 결혼을 허용할 것과, 30세 이전에는 수도서원을 행하지 못하게 할 것을 제안했다—나중에 그는 모든 수도단체를 해산할 것과 독신서원의 금지를 조언했다. 교리 면에서, 루터는 성경의 절대적 권위를 천명하면서 각 사람은 성경의 의미를 깨달아야만 하고 하나님과 인격적인 관계를 맺어야 한다고 주장했다. 그중에서도 가장 급진적인 것은 루터가 구원을 하나님이 무상으로 베푸는 선물이며, 그것을 예수를 구세주로 믿는 믿음에 의해 전적으로 주어지는 것으로 이해한 것이다. 다시 말해서 구원이란 선행으로 얻거나 살 수 있는 것이 아니라는 말이다. 따라서 죄에 대한 속죄의 행위가 필요하지도 않고 가능하지도 않기 때문에 연옥이란 존재할 필요가 없는 것이다. 믿

---

11   Luther [1520] 1915, 84.
12   Luther [1520] 1915, 139.

음을 가지면 구원을 얻는 것이고, 믿음이 없으면 멸망당하게 될 것이다. 선행은 믿음의 결과이자 열매일 뿐이다.

물론 교회는 그러한 "이단사설"을 말살하려고 했다. 1520년 6월 15일 로마는 루터의 글을 공식적으로 정죄했고, 루터의 저작물을 불살랐다. 이에 대응하여, 비텐베르크의 학생들도 루터를 정죄하는 내용이 담긴 교회의 공식 문서들을 불태웠다. 독일에서 루터에 대한 인기가 분명히 높았음에도 불구하고 교황은 1521년 1월에 공식적으로 그를 파문했다. 그리고 그다음 단계로 루터에게 보름스(Worms)에서 열리는 제국 의회(Imperial Diet)에 출석할 것을 명령했다. 루터의 친구들은 그의 목숨이 위태로울 것이므로 가지 말라고 만류했지만, 루터는 만류를 물리쳤고, 이것이 그의 인생에서 가장 중요한 결단이 되었을 뿐 아니라 서구 역사의 흐름을 바꿔놓는 계기가 되었던 것이다. 루터가 보름스로 향하는 길은 파문당한 어느 별 볼 일 없는 수도사의 여정이 아니었다. 그를 지지하는 군중이 길가에 운집하였으며, "루터는 독일인 기사들로 구성된 기병대의 호위를 받으며 나아가고 있었다."[13] 의회에서 그에 대한 청문회가 진행되는 동안 루터는 뜻을 굽히지 않았으며, 마지막 순간에 불후의 명언이 된 "내가 여기 있나이다"(Here I stand)라는 말로 청문회를 마무리하였다.

친로마측 의원들로 구성된 독일 의회의 잔당은 루터에게서 법의 보호를 박탈했지만 그것은 공허한 몸짓에 불과했다. 다수의 독일 군주가 루터를 옹호하고 교회에 반기를 들면서 결집하였다. 이를 통해 그들은 로마가 자신들의 영지에서 갈취해가던 엄청난 액수의 돈을 지켜낼 수 있었다. 이에 따라 루터는 기쁨에 차서 다음과 같이 외칠 수 있었다. "나는 선언하노라! 나는 교황의 귀를 쩌렁쩌렁 울리게 하고, 그의 심장을 터지게 하는 종교개혁

---

13 Rupp 1981, 192.

을 성취하였노라."[14]

이번 장의 나머지 부분에서는 루터교(Lutheranism)가 신속하게 확산되어 북유럽의 여러 지역에서 곧바로 가톨릭교회를 대신한 독점적 국가교회로 확립되었던 이유에 대해 설명하려고 한다. 우선 여기서는 루터의 종교개혁에 초점을 맞추고 있음을 밝히고자 한다. "농민전쟁"(Peasants' War)이나 뮌스터(Münster)에서 발생했던 재침례파(Anabaptist) 반란과 같은 "이단적" 소요에 대해서는 다루지 않는다.

종교개혁이 확산된 이유

학자들, 심지어 마르크스주의에 속하지 않은 학자들조차 모든 사회운동의 기원을 근본적으로 "물질적" 흐름에서 찾는 것이 오랫동안 유행으로 자리 잡아왔다. 손쉬운 예를 들자면, 루터가 종교개혁을 일으키는 데 교리가 일정 역할을 했다는 생각을 사회과학자들은 오랫동안 무시해왔으며, 루터교가 성공하게 된 배경을 "현실적 원인"에서 찾았다. 그 원인으로 지목된 근본적인 사회 변화를 몇 가지만 들자면, 봉건제의 몰락, 화폐경제의 성장, 신용거래의 증가, 교역의 확대, 산업화, 도시화, 부르주아 계층의 확대, 중무장 기병의 군사적 중요성 쇠퇴, 세금의 증가, 인구 증가 등을 꼽을 수 있다.[15] 이모든 변화가 이 시기에 일어난 것은 사실이지만, 그렇다고 해서 그것이 종교개혁의 성공을 설명하지는 못한다. 왜냐하면 이 모든 변화가 루터교를 받아들인 지역뿐 아니라 가톨릭으로 남아 있던 지역에서도 현저하게 나타났

---

14 다음에서 인용함. Strauss 1975, 32.

15 Brady 1978; Durant 1957; Engels [1873] 1964; Grimm 1969; 1962; Ozment 1980; Swanson 1967; Tracy 1999; Weber [1904-1905] 1958; Wuthnow 1989.

었기 때문이다.[16]

루터의 종교개혁이 성공하는 데 교리가 일정 역할을 담당했음을 부인하는 것 역시 어리석은 일이다. 가톨릭의 권위에 대해 그처럼 심각하고 대중적인 도전을 제기할 만한 교리 체계를 그려내기란 쉬운 일이 아니다. 그럼에도 교리의 중요성을 강조할 경우 대부분 헛다리를 짚고 마는데, 그것은 교리가 루터교를 받아들인 사람들 중에서도 극소수만이 이해하고 관심 가질 만한 난해한 신학적 내용을 강조하기 때문이다. 그보다 중요한 것은 앞에서 인용했던 여러 사회적 변화와 마찬가지로 교리 역시 하나의 **상수**(constant)였던 반면에, 루터교의 성공(내지 실패)은 **변수**(variable)였다는 사실이다. 다시 말해서 루터교 신학을 안다고 해서 그것이 어떤 지역에서는 루터교를 수용한 반면에 다른 곳에서는 그렇게 하지 않은 이유에 대해 아무것도 말해주지 않는다는 것이다. 그러므로 루터교의 교리가 강한 호소력을 지녔다손 치더라도 뒤로 물러나 있어야 한다.

마르크스주의 역사가들은 당연히 종교개혁을 프롤레타리아 대중운동이 거둔 주목할 만한 성공으로 해석해왔다. 예를 들어 소련의 역사학자인 스미린(M. M. Smirin, 1895-1975)은 비마르크스주의 역사학자들을 "역사를 왜곡하는 자들"이라고 멸시하면서 종교개혁의 "진정한 과학적 역사"는 그것이 억압당하는 민중의 투쟁임을 보여주었다고 말한다.[17] 이것과는 다른 동기지만, 비마르크스주의 역사학자들도 많이 동의하는 것은 루터교가 대중들 사이에 확산된 열정에 편승하여 독일 전체를 휩쓸게 되었다는 것이다. 그러나 이러한 주장은 사실이 아니다.

여기서 말하는 "대중들"(masses), 곧 농민들과 도시 하층 계급은 루터의

---

16 Becker 2000; Braudel 1977; Cohen 1980; Delacroix and Nielson 2001; Fischoff 1968;
    Hamilton 1996; Samuelsson [1957] 1993.
17 다음에서 인용함. Grimm 1962, 5.

종교개혁에 거의 가담하지 않았다. 종교개혁이 발발했을 때나 그 이후에나 마찬가지였다. 앞의 15장에 소개된 문서기록에서 살펴보았던 것처럼, 루터교가 확립된 후에 루터와 그의 동역자들이 대중에게 다가가기 위해 그토록 집요한 노력을 기울였건만, 그들에게 돌아온 것은 실패였다. 루터도 이러한 사실을 통렬하게 인정했다.[18]

　도리어 루터의 종교개혁은 거의 전적으로 도시적 현상이었다.[19] 이러한 도시적 상황을 고려하는 가운데, 역사학자들은 종교개혁이 급속도로 확대되었던 것은 그것이 인쇄업자들 사이에서 인기를 얻었고[20] 학생들과 교수들[21] 및 도시 부르주아 계층과[22] 귀족층에게[23] 호소력을 지녔기 때문이라고 생각한다. 종교개혁을 지지했던 이들 각각의 집단에 대해 아래에서 자세히 살펴볼 것이고, 필요하면 일정한 수정도 가할 것이다. 그러나 많은 이들로 하여금 루터교를 받아들이도록 자극한 것은 교회에 대한 불만이었으므로, 먼저 간략하게나마 이 불만에 대해 살펴보는 것이 타당할 것 같다.

종교개혁과 교회에 대한 불만

제17장에서 이미 살펴본 것처럼 중세 교회의 안팎에 개혁을 향한 강한 열망이 오랫동안 상존했었다. 그러나 12세기 말 경건형 교회가 교황권에 대한 통제력을 상실하자, 교회 안에 그동안 남아 있던 최악의 악폐들이 다시

---

18 Strauss 1975.
19 Dickens 1974; Ozment 1975; Moeller 1972.
20 Edwards 1994; Eisenstein 1979; Gilmont 1998.
21 Grendler 2004; Schwiebert 1996.
22 Grimm 1969; 1962; Ozment 1975; Moeller 1972.
23 Hanneman 1975.

금 기승을 부리게 되었다. 이중 가장 눈에 띄는 것은 지위고하를 막론하고 모든 성직자들 사이에 만연한 부도덕과 나태함이었다. 어쩌면 정치적으로 더 중요했던 것은 교회가 과도할 정도로 재산을 축적하고 특권을 누리면서 착취를 일삼은 것이다.

교황으로부터 교구 사제에 이르기까지 성직자들의 죄악에 대해서는 앞의 여러 장에서 이미 자세하게 다루었으므로, 여기서는 루터를 파문했던 레오 10세(Leo X, 재임 1513-1521)가 교황으로서 얼마나 부적격자였는지를 지적하는 것만으로 충분할 것이다. 그의 본명은 조반니 데 메디치(Giovanni de' Medici)였으며, 유명한 예술 애호가이자 심한 낭비벽을 지녔던 로렌초 데 메디치(Lorenzo de' Medici)의 아들로 태어났다.[24] 그는 사제가 아닌 평신도로서 교황에 선출된 마지막 인물이었다. 그는 교황으로 선출되고 일주일이 지난 후에야 사제 서품을 받았으며, 그 후 이틀 만에 주교로 서임되었고, 다시 이틀 후에 교황으로 대관되었다. 레오는 자신을 인문주의자이자 지성인으로 내세웠지만, 실상 그는 가장 악명 높은 "게으름뱅이였으며…교회의 필요가 아닌 화려한 볼거리와 도박에 돈을 탕진한 희대의 탕아였다."[25] 돈에 대한 강렬한 욕망에 사로잡혀 그는 면죄부 판매를 위한 공격적 활동을 전개했는데, 이것이 루터를 격분케 하고 많은 군주들을 루터 편으로 돌아서게 한 요인이 되었다.

영주들 편에서는 면죄부 판매에 대해 굳이 신학적 반대 같은 것이 있을 필요도 없었다. 면죄부 판매로 인해 막대한 양의 부가 그들의 백성들로부터 로마로 유출되는 것만으로도 이유는 충분했다. 게다가 교회는 단연코 유럽에서 최고의 부자이자 최대의 지주였다. 1522년 교회는 독일에서 전체

---

24   Hale 1977; Hibbert [1974] 2003.

25   Bainton [1952] 1985, 18.

토지재산의 절반 정도를 소유하고 있었으며, 프랑스에서는 아마도 오분의 일, 이탈리아에서는 삼분의 일 정도를 소유했던 것으로 추산된다. 1467년 취리히(Zurich)에서는 교회가 총 토지재산의 삼분의 일을 소유하고 있었으며, 기타 여러 도시의 토지 소유 비율도 이와 엇비슷했다.[26] 교회는 소유 재산에 대해 일체의 지방세를 납부하지 않는 것이 보통이었다. 더군다나 교회는 엄청난 양의 현금을 보유하고 있었는데, 이는 대부분의 유럽에서 소작농으로부터 국왕에 이르기까지 모든 사람에게 십일조를 부과함으로써 축적한 것이다. 이와 대조적으로 성직자들과 수도자들은 (주류에 부과하는 판매세를 포함하여) 일체의 지방세를 면제받았으며, 심지어 살인을 저질렀어도 지방의 세속 법정에서 재판받지 않게 되어 있었다. 대신에 그들은 교회 법정에서만 재판을 받았는데, 교회 법정은 매우 관대한 형량을 매기는 것으로 악명이 높았다.

팸플릿과 인쇄업자들

루터의 종교개혁은 인쇄물이 중요한 역할을 했던 최초의 사회운동이었다. 인쇄기가 막 도입되어 성능을 발휘하고 있었던 것이다. 루터는 팸플릿을 많이 작성하였는데(대체로 4-6쪽 분량), 이를 통해 자기가 로마 가톨릭에 반대하는 이유를 다양하게 개관해주었다. 이들 팸플릿은 자국어인 독일어로 작성되었고, 독일 전역의 인쇄업자들은 (유럽 다른 지역의 인쇄업자들도 마찬가지로) 그 복사본을 대량으로 찍어냈는데, 그 이유는 그것들이 매우 저렴한 가격인데다가 한 수레 분량으로 팔려나갔기 때문이다. 1517년과 1520년 어

---

26   Durant 1957; Hayes 1917; Ozment 1975.

간에 루터는 30종의 팸플릿과 단편 논문들을 발행했으며, 20곳 이상의 인쇄 회사들이 이것을 출판했는데 전체를 다 합산하면 30만 권 이상이 팔린 셈이다.[27] 1522년 루터의 독일어 신약성경 번역이 출간되었으며, 그것은 루터의 다른 어떤 저술보다 훨씬 더 광범위하게 판매되었다.[28]

당시에 저작권이라는 것이 존재하지 않았으므로 인쇄업자들은 무엇이든지 팔릴 만한 것은 마음대로 출판했다는 것을 명심하라. 비텐베르크의 인쇄업자가 그의 독일어 신약성경을 판매하기도 전에 다른 지역의 인쇄업자들이 발 빠르게 먼저 달려든 것에 대해 루터가 항의하기도 했다. 그렇지만 이러한 저돌적인 지방 인쇄업자들이 있었기 때문에 루터의 저작물들이 아주 광범위하고도 신속하게 퍼져나갔던 것이다. 유럽의 다른 지역에서는 대도시에서나 인쇄업자를 찾아볼 수 있었지만, 독일에서는 소도시에도 대부분 인쇄업자들이 있었다. 따라서 독일에서는 책이나 팸플릿을 먼 곳까지 수송할 필요가 없었다. 왜냐하면 루터의 저술 중 대부분을 각 지역에서도 구할수 있었는데, 이것은 사업 수완이 좋은 인쇄업자가 어디선가 한 권만 구해오면 곧바로 그것을 인쇄할 채비가 되어 있었기 때문이다. 유명한 사건 하나를 예로 들자면, 루터의 책자 중 한 편이 비텐베르크에 있는 인쇄소에서 분실되었는데, 비텐베르크 판이 출간되기도 전에 뉘른베르크에서 출판되어 나온 적도 있었다.[29] 게다가 인쇄업자들이 루터의 글들을 열심히 찍어낸 것은 그것들이 아주 잘 팔렸을 뿐 아니라 인쇄업자의 다수가 루터를 지지하기도 했기 때문이라는 믿음이 널리 퍼져 있었다.[30]

인쇄업자들과 인쇄술, 그리고 종교개혁 간의 연관성은 김효정

---

27   Holborn 1942, 129.
28   Holborn 1942, 130.
29   Holborn 1942, 131.
30   Cole 1984; Edwards 1994; Gilmont 1998; Holborn 1942.

(Hyojoung Kim)과 스티븐 패프(Steven Pfaff)의 새로운 연구를 통해 충분히 조사되었다.[31] 이들 젊은 사회학자들은 1520년 당시 인구가 2,000명 이상 되는 독일 도시에 대한 자료를 수집했다. 이들의 연구 목표는 이들 461개 도시 가운데 어떤 곳은 루터교로 전향하고 또 어떤 곳은 가톨릭으로 남게 된 요인을 살펴봄으로써 종교개혁의 성공에 대한 기존의 설명을 검증하는 것이었다. 이들이 검증 방법으로 삼은 것은 각 도시가 공식적으로 가톨릭 미사를 불법화했는지, 불법화했다면 언제 그렇게 했는지를 살펴보는 것이다. 이 조사는 철저히 문서기록에 의거한 것으로 모호한 점이라고는 전혀 찾아볼 수 없다. 루터의 종교개혁에는 개인의 종교적 자유라는 측면은 전혀 개입되지 않았다는 사실에 주목해야 한다. 하나의 독점 교회로부터 다른 독점 교회로의 전환이 일어난 것뿐이다.

　김효정과 패프는 각 도시에 대한 상세한 정보를 수집함으로써 루터의 종교개혁이 지닌 주요 측면을 조명할 수 있었다. 이 가운데 중요한 사실은 해당 지역에 인쇄업자가 있었는지, 또한 이 인쇄업자가 루터의 성경 번역판을 출판했는지의 여부에 관한 것이었다. 방대한 역사 문헌이 증언하는 것과 일관되게, 이들은 루터 성경을 출판한 인쇄업자가 있던 소도시가 루터교로 전향할 가능성이 훨씬 더 높을 것이라는 가설을 세웠다. 그렇다면 조사 결과는 어떠했을까? 그렇지 않았다! 종교개혁 초기에는 루터 성경을 찍은 인쇄업자들의 존재와 루터교로의 전향 간에 상관관계가 없었다. 하지만 후기로 갈수록 도리어 부정적인 상관관계가 나타났다. 루터 성경이 출간된 도시들이 도리어 루터교로 전향하는 경우가 훨씬 더 적었다. 어떻게 된 일일까? 그것은 인쇄업자들이 루터의 저술을 대량으로 찍어낸 것은 그들이 그 내용에 동의했기 때문이라기보다 그것이 상당한 돈벌이가 되었기 때문임을 시

31　Kim and Pfaff 2012.

사한다. 사실 루터와 그의 동료 개혁자들도 그렇게 생각하고 있었으며, 따라서 그들은 인쇄업자들이 자신들의 저술을 가지고 돈 버는 일에만 빠져 있다고 불평했고, 루터는 인쇄업자들을 "야비한 용병들"이라고 규탄하기도 했다.[32]

교수들과 학생들

종교개혁은 비텐베르크 대학에서 시작되었다. 저명한 폴 그렌들러(Paul Grendler)의 말마따나 "루터의 종교개혁 초기 4-5년 동안 이루어진 활동을 보면 마치 젊은 교수단이 일으킨 봉기와 비슷했다."[33] 루터의 활동에 대한 소문이 확산되면서 비텐베르크 대학의 등록 학생은 1520년에 이르러 거의 두 배가 되었으며, 비텐베르크 대학은 즉시 독일 최대의 대학이 되었다. 학생들은 대부분 루터의 신학 강의를 수강하였고, 이들 가운데 거의 모든 학생들이 루터의 심복이자 동역자였던 필리프 멜란히톤(Philipp Melanchthon, 1497-1560)의 강의도 들었다.[34] 게다가 비텐베르크에서 학업을 마친 학생들 대부분은 고향에 돌아가서 종교개혁을 확산시키는 데 헌신하였다. 학생들이 종교개혁의 활동가가 된 것은 비텐베르크에서만 나타난 현상이 아니었다. 다른 여러 대학에서도 루터의 사상에 대해 강력한 지지를 보냈고, 특별히 바젤(Basel) 대학이 그러했다. 학생들은 종교개혁을 자신의 고향에 전파했을 뿐 아니라 다수의 학생들이 얼마 후 신학교의 교수가 되어 더 많은 활동가들을 길러냈다. 종교개혁의 걸출한 지도자들에 대한 연구를 살펴보

---

32 Holborn 1942, 134.
33 Grendler 2004, 18.
34 Schwiebert 1996, 471.

면, 이들 중 거의 모두가 대학교수였거나 교수 출신인 것을 알 수 있다.[35]

그렇지만 학계와 종교개혁 간의 연관성을 이런 식으로 바라보는 것은 매우 일면적이고 오도된 견해임이 밝혀지고 있다. 반루터주의의 선봉에 서서 정통 가톨릭 사상의 보루가 되었던 대학도 많이 있다. 예를 들어 쾰른 대학은 "독일의 로마"라고 불리기도 했고, 루뱅(Louvain) 대학도 마찬가지로 반루터주의에 서 있었다. 이들 대학 출신의 학생들 역시 고향에 돌아가서는 가톨릭교회의 확고한 수호자로 활동했다.

대학들은 관련 기록을 영구히 보존하는 경향이 있으며, 적어도 독일에 있는 대학들이 그러하다. 16세기 등록 학생의 명단이 남아 있을 뿐 아니라, 루터가 가르쳤던 수업을 포함하여 특정 수업에 등록했던 학생 명단도 재구성할 수 있다. 게다가 학생 기록부를 살펴보면 그들의 출신 고향도 알 수 있다. 김효정과 패프는 461개 도시들 가운데 1517년에서 1522년 사이에 비텐베르크 대학과 바젤 대학에 등록했던 독일 각 도시 출신 학생들의 숫자를 파악할 수 있었다. 이들은 또한 쾰른과 루뱅에 다녔던 학생들의 수도 파악했다. 끝으로 이들은 도시마다 대학에 다닌 적이 있는 학생들의 전체 숫자를 알아낼 수 있었다.

이들의 연구 결과는 놀라운 것이었다. 한 도시의 청년이 대학에 다닌 비율은 그 도시가 루터교로 전향하느냐 아니면 가톨릭으로 남느냐 하는 것에 전혀 영향을 주지 않았다. 그러나 큰 비율의 학생들이 비텐베르크나 바젤로 갔다면, 그 도시는 루터교가 될 가능성이 높았다. 반대로 쾰른이나 루뱅에 등록한 학생 수가 압도적으로 많은 곳에서는 가톨릭으로 남을 가능성이 높았다. 끝으로 대학 도시는 대학이 없는 도시에 비해 가톨릭으로 남을 가능성이 더 높았다. 루터교로 전향하는 움직임에 있어 학생과 교수진의 역

---

[35] Grendler 2004, 19.

할이 두드러짐에도 불구하고 대학들은 대체로 전통을 고수하는 보수적 경향이 강했다. 이 점은 인쇄업자들과 루터교 간의 부정적 상관관계를 이해하는 데도 도움이 되는데, 대학도시마다 인쇄업이 번창하고 있었기 때문이다.

도시 정부의 호응

루터파 종교개혁을 지지한 근간은 도시 부르주아 계층에서 찾을 수 있다. 여기에는 인쇄업자나 유리제조공과 같은 고도의 숙련 기술을 갖춘 길드 회원들과 지역의 성직자들뿐 아니라 상인, 은행가, 법률가, 의사, 제조업자, 교사, 상점주, 관료 등이 포함된다. 이 말은 물론 이들 집단에 속한 모든 사람이 루터를 좋아했다는 뜻은 아니다. 그것은 다만 루터에 대한 지지가 대부분 이들 집단에서 나왔음을 의미한다. 이 부르주아 계층이 루터교의 세력 기반이었다는 사실은 잘 알려져 있고,[36] 대중의 문맹률이 높았던 시절에 인쇄된 활자가 루터교의 확산에 미친 중요성을 감안할 때 이 점은 분명하다. 1500년경 독일 인구 중 단지 3-4퍼센트만이 글을 읽을 수 있었다고 추산된다.[37] 이들 도시의 지지 세력이 그토록 활발했던 까닭은 독일의 여러 지역에서 소도시들과 대도시들이 상당한 자치권을 누리고 있었으므로 외부의 간섭을 받지 않은 채 루터교를 유일한 합법 종교로 선택할 수 있었다는 사실에 있다. 적어도 종교전쟁이 시작되기 전까지는 그러했었다.

상당한 정치적 자치권을 부여받은 크고 작은 도시들을 가리켜 "자유 제국 도시"(Free Imperial Cities)라고 부르는데 이들의 숫자는 대략 65개를 헤

---

36   Brady 1985; Grimm 1962; Strauss 1988; 1978.

37   Ozment 1980, 201.

아린다.[38] 이들 도시는 지역 군주에게 충성을 바친 것이 아니라 "제국 도시"라는 이름에 걸맞게 신성 로마 제국 황제(the Holy Roman Emperor)에게만 충성을 바쳤다. 이들 도시는 황제에게 직접 납세하면서 자신들의 내정뿐 아니라 징세 체제에 대해서도 완전한 통제권을 보장받고 있었다. 일부 제국 도시들은 거주민이 1,000명 남짓밖에 되지 않을 정도로 작았으므로 무시해도 될 정도였다.[39] 몇몇 도시는 강력한 공작령이나 공국 내에 위치하고 있었기 때문에 다른 도시에 비해 정치적 자유가 제한되었으며, 그러한 까닭에 외부의 간섭을 촉발하지 않도록 도시의 원로들에게 상당한 정도의 압력이 가해지기도 했다. 그러나 대부분의 자유 제국 도시들은 "경계지방"(Borderlands)이라고 알려진 라인강 연안 지대에 자리 잡고 있었는데, 그곳에는 거대한 통치기구 같은 것이 없었으므로 외부의 간섭과 같은 위협도 거의 없었다. 비교 연구를 위한 목적에 매우 유리하게끔, 이 경계지방 내에 규모와 경제 면에서 매우 유사하면서도 자유 제국 도시가 아닌 다른 도시도 상당수가 있었다. 이들 도시 중 일부는 주교가 영주로서 지배하였고, 나머지는 인근 군주의 통치를 받기도 하였다. 어느 경우든 그 지역의 평민들은 거의 권한이 없었다.

부르주아 계층이 권력을 장악한 지역에서 루터교가 채택될 가능성이 훨씬 더 높았을 것이라는 가정을 검증하기 위해 나는 43개의 주요 자유 제국 도시에 대한 정보를 수집하였고, 아울러 경계 지방에 위치한 12개의 다른 도시에 대해서도 조사했다. 자유 제국 도시 가운데 거의 삼분의 이(61퍼센트)가 개신교가 되었던 반면에, 제국 도시가 아닌 지역의 사분의 삼(75퍼센트)이 가톨릭으로 남았다.[40] 김효정과 패프는 도시들을 다소 다른 방식으

---

38 Moeller 1972.
39 Rörig 1969.
40 Stark 2003, 111.

로 묶어서 조사하였는데, 그 결과는 매우 유사했다. 따라서 해당 지역의 정치적 자치가 루터의 종교개혁이 성공하는 데 중요한 역할을 했던 것이다. 그러나 이 점은 군주정(autocracy)의 경우에도 마찬가지였다. 이들 도시를 제외하고 나면, 강력한 군주나 국왕이 통치하는 대규모의 정치 단위들도 개신교로 전향하였다.

군주들의 선택

이제 루터의 종교개혁이 확대됨에 따라 확연히 나타난 모순을 다룰 차례다. 대부분의 유럽에서는 루터교를 수용할 것인지 아니면 가톨릭교회에 남을 것인지를 결정하는 선택권은 왕이나 군주와 같은 일인 통치자에게 달려 있었다. 가톨릭교회가 가장 큰 권력을 누리던 지역에서는 통치자들이 루터교를 선택하였고, 교회가 극히 약한 곳에서는 가톨릭에 잔류하는 것을 선택했다. 이 점에서는 거의 예외가 없다. 왜 이러한 결과가 나타났는지 그 이유를 살펴보기 위해, 한편에서는 프랑스와 스페인을, 다른 한편에서는 덴마크와 스웨덴을 함께 묶어서 대조하는 것이 유용할 것이다.

1296년 프랑스에서는 필리프(Philip) 왕이 교회의 수입에 대해 세금을 거둔 것이 성공한 이래로 교황의 권한은 꾸준히 잠식당해왔다. 1516년 교황 레오 10세(Leo X)와 국왕 프랑수아 1세(Francis I)가 서명한 볼로냐 정교협약(the Concordat of Bologna)에 의해 프랑스에서 가톨릭교회는 왕권에 종속되어 있음이 명문화되었다. 아울러 국왕은 프랑스 교회의 모든 고위 성직에 대한 임명권을 갖고 있음이 인정되었다. 여기에는 10개의 대주교좌, 82개의 주교좌 및 수백 곳의 수도원 및 수녀원을 책임지는 수도원장과 수녀원장에 대한 임명권이 포함된다. 이것은 교회의 모든 재산과 수입에 대한 완전한 통제권을 국왕에게 부여하는 것이었다. 오웬 채드윅(Owen Chadwick)의 말마따나 "프랑스 국왕에게 교회의 돈이 필요할 경우 굳이 기만적인 방법을 쓰지 않아도 되었다."[41] 그가 임명한 사람들이 알아서 상납했기 때문이다.

스페인 국왕은 가톨릭교회에 대해 훨씬 더 큰 권력을 행사하고 있었다. 국왕은 대주교와 주교에 대한 임명권을 갖고 있었고, 성직자에게 벌금을 매기고 십일조의 일정 부분을 수령할 권한도 갖고 있었다. 그러던 차에 1486년 페르디난드(Ferdinand) 왕과 이사벨라(Isabella) 여왕은 교회의 모든 주요 성직을 임명하고, 스페인 법정에서 로마로 항소하는 것을 금지시키며, 성직자들에게도 세금을 부과하고, 국왕의 사전 동의 없이 교황의 교서와 칙령을 스페인과 해외 식민지에서 공표하는 것을 불법화할 수 있는 권한을 확보하였다.[42] 스페인이 신성 로마 제국의 주축이 되었으므로 이러한 정책이 이탈리아의 영지와 포르투갈과 네덜란드와 오스트리아 및 독일 남동부에까지 확대되는 것은 당연한 일이었다.

이와 대조적으로 덴마크에서는 1500년에 경작 가능한 토지의 삼분의 일부터 절반 정도가 교회의 소유였고, (귀족을 포함한) 모든 평신도는 의무적으로 십일조를 납부해야 했다. 이러한 수입에 대해 국왕은 전혀 손 댈 수 없었고, 이들 대부분은 곧장 로마로 보내졌다. 교황은 또한 덴마크의 모든 성직에 대한 임명권을 독차지하고 있었다. 따라서 프랑스의 국왕이나 스페인의 신성 로마 황제와는 달리, 1534년 덴마크의 왕위에 오른 크리스티안 3세(Christian III)에게는 루터교를 국교로 선포하고 왕국 내의 모든 교회 재산 및 수입을 몰수함으로써 이득을 얻을 수 있는 기회가 엄청났던 것이다. 그

---

41 Chadwick 1972, 26.
42 Bush 1967; Hill 1967; Latourette 1975.

는 실제로 그렇게 했고, 이로써 "번영의 시대"를 맞이했던 것이다.[43]

한편 스웨덴은 덴마크의 지배에 맞서 일으킨 반란에 성공하였으며, 이에 따라 1528년 구스타부스 1세(Gustavus I)가 왕위에 올랐다. 새 국왕은 당연히 자금이 절박하게 필요했는데, 여기서도 교회는 범접하기 힘든 권한과 막대한 부를 소유하고 있었다. 따라서 구스타부스 역시 개신교를 선택하면서 교회의 모든 "재산과 수입원"을 몰수했다.[44] 그는 귀족층의 지지를 얻기 위해 몰수한 교회 재산을 그들에게 헐값에 매각하였다. 그럼에도 구스타부스가 거둬들인 교회 재산 덕분에 국왕 소유의 토지가 네 배나 증가하였다.[45]

다른 통치자들도 왕권의 이익을 본위로 하는 동일한 원칙에 따라 결정을 내렸다. 독일의 군주들도 루터교인이 됨으로써 얻는 이득이 많았기 때문에 루터교를 선택했던 반면에, 군주를 겸하고 있던 주교들은 교회의 성직과 수입에 대한 통제권을 이미 소유하고 있었으므로 가톨릭으로 남았다. 그런데 교회로부터 재산과 권력을 탈취한 군주치고 영국의 헨리 8세(Henry VIII)보다 더 큰 이득을 본 경우가 있었을까? 성 토마스 베켓(St. Thomas à Becket)에 봉헌된 경당에서 헨리가 보낸 요원들이 몰수한 금이 4,425온스였고, 은이 5,286온스였으며, 기타 보석류가 26대의 수레를 가득 채웠다는 것을 고려해보자. 그런데 이마저도 교회로부터 몰수한 총 재산 중 하찮은 일부에 불과한 것으로 여겨졌다.[46]

많은 경우 지역 교회의 재산을 몰수하고 교회의 권한을 제한함으로써 도시 부르주아 계층에 돌아가는 이득이 상당했음을 또한 눈여겨보아야 한다. 자유 제국 도시는 교회가 해당 지역에서 보유하고 있던 광대한 재산

43   Latourette 1975, 735.
44   Latourette 1975, 737.
45   Roberts 1968.
46   Johnson 1976, 267.

과 면세 토지로 인해 큰 부담을 지고 있었다. 여기에 상당수의 성직자들과 수도회 소속의 수도자들이 해당 도시에 거주하면서 (교회에 바치는 십일조를 포함한) 모든 세금과 (성직자가 아닌 모든 남성에게 요구되는 성벽 보초 업무 등) 시민으로서 복무해야 할 각종 의무로부터 면제받는 것으로 인한 부담도 한몫을 차지하고 있었다. 이들 대부분의 도시에서는 재산의 약 삼분의 일이 교회에 속해 있었고, 많게는 주민의 10퍼센트 가량이 성직자이거나 수도사 또는 수녀였다. 여기서도 가톨릭교회를 추방함으로써 얻을 수 있는 이득이 많았던 것이다.

오직 믿음으로 구원을 얻는다는 교리가 광범위한 호소력을 지닌 것에 주목하는 것은 당연하다. 하지만 해당 지역의 통치자나 시의회가 가톨릭교회에 대한 지배권을 미처 확보하지 못했던 곳에서만 개신교가 자리 잡게 되었다는 사실도 눈여겨볼 필요가 있다.

가톨릭의 종교개혁

이 시기 유럽의 여러 지역에서 확고한 발판을 마련하게 된 루터의 종교개혁 및 기타 개신교 종교개혁과 관련된 엄청난 역설이 존재한다. 이 "개혁들"은 지속되지 못하였다. 왜냐하면 개혁의 각 주체가 얼마 지나지 않아 세속화된 종교적 독점이 주는 여러 가지 폐해를 노출했던 반면에, 그들이 대항하여 반기를 들었던 가톨릭교회는 극적인 과정을 거쳐 개혁을 위한 확고한 토대를 마련했기 때문이다. 이는 개신교의 도전으로 인해 경건형 교회가 권력에 복귀하게 된 것에 기인하며, 이 교회는 그 후로 다시는 위축되지 않았다.

반종교개혁(Counter-Reformation)이라는 명칭으로도 알려진 가톨릭의 종교개혁은 트리엔트 공의회(the Council of Trent, 1551-1552, 1562-1563)를 통

해 출범하였다. 성직매매가 근절되었고, 사제에 대한 독신이 강력히 시행되었다. 각국의 언어로 된 공인판 성경이 저렴하게 보급되었다. 그러나 트리엔트 공의회의 결정 중 가장 중요한 것은 사제 후보자를 양성하기 위한 신학교 체제가 확립된 것이라고 하겠다. 일곱 대죄가 무엇인지도 모르고 산상설교를 한 사람이 누구인지도 모르는 자가 사제가 되는 일은 없게 되었다. 18세기가 되면 거의 모든 곳에서 가톨릭교회는 신학에 정통한 박식한 인력을 확보하게 되었다. 이보다 더 중요한 것은 신학교들이 제대로 조직된 환경을 통해 검증된 소명감이 확실한 사제들을 배출했다는 것이다.[47]

그러나 가톨릭의 종교개혁에는 어두운 면도 있었다. 엄격함을 강조하는 새로운 기풍이 가톨릭교회의 경제관과 지적 관점을 바꾸어놓았다. 금욕주의가 다시 강조됨에 따라 기업경영과 은행업이 교회와는 동떨어지게 된 나머지, 유럽에서 자본주의의 발생이 종교개혁보다 수 세기를 앞섰음에도 불구하고 마치 개신교가 자본주의를 탄생시켰다고 하는 잘못된 주장이 나타나게 되었다.[48] 이와 동일한 일이 과학 분야에서도 나타났다. 제16장에서 살펴보았던 것처럼, 서구 과학은 기독교 신학에 뿌리를 두고서 중세 대학에서 발전하였다. 그러나 안타깝게도 가톨릭 종교개혁은 갈수록 심한 지적 통제를 가함으로써 가톨릭 대학들이 과학 분야에서 급격히 쇠퇴하게 되었고, 이로 인해 자본주의와 마찬가지로 과학혁명 역시 종교개혁에 의해 탄생되었다는 그릇된 믿음이 널리 퍼지게 되었다.

---

47   Mullett 1999.
48   Stark 2005.

결론

전반적으로 말해서, 여러 갈래의 종교개혁들로 인해 유럽의 기독교 내에 종교적 다양성이 확고히 도입되었다고 하겠다. 그러나 실제로 그러한 다양한 선택권을 행사할 수 있는 개인은 거의 없었다. 북유럽의 대부분 지역에서는 로마 가톨릭이 불법이었을 뿐 아니라, 독점적 국가교회(모든 사람은 국가교회에만 소속해야 했다)가 대변하는 한 가지 개신교회 외에는 다른 모든 개신교 신앙은 불법으로 간주되었다. 따라서 칼뱅교회는 루터교에 속한 스칸디나비아 국가들에서 금지되었고, 루터교인들은 헨리 8세 치하의 "개신교" 국가인 영국에서 화형을 당해야 했다. 한편 가톨릭의 독점은 남부 유럽에서 계속되었다(스페인의 경우 1970년까지 가톨릭이 아닌 사람에게 공직 취임이 허용되지 않았다). 결론적으로 개신교의 발흥이 대중들 사이에서 낮은 수준에 머물러 있던 기독교 신앙의 실천을 개선하는 데 그다지 기여하지 못했다고 하겠다. 가톨릭 종교개혁으로 인해 남부 유럽에서는 어느 정도 대중적 경건의 활성화가 나타나기도 했다. 그렇지만 그 지역은 초기 교회 시절부터 열정적으로 기독교화가 진행된 곳이므로 그러한 높은 수준의 참여가 나타났을 수 있다. 어쨌든 이 모든 것을 감안하더라도, 여러 갈래의 종교개혁들이 나태하고 느슨한 독점 교회로 귀결됨에 따라 유럽의 휘황찬란한 대성당들과 아름다운 교회당들은 일요일 아침마다 여전히 텅 빈 상태로 남게 되었다.

제19장

스페인의 이단심문소에 관한 충격적인 진실

루터교도는 여러 가톨릭 국가에서 박해를 당했는데 심지어 개신교 국가인 영국에서도 박해를 당했다. 스페인에서도 이단심문소의 표적이 된 것은 당연했다.

"스페인 이단심문소"(Spanish Inquisition)라는 용어는 서구 역사상 피로 물든 가장 섬뜩한 기억을 상기시킨다. 교과서적인 설명에 따르면, 이단심문소는 스페인의 군주였던 페르디난드와 이사벨라가 1478년에 창설했는데, 그 임무는 스페인에서 이단들, 특별히 그리스도인을 가장한 유대인과 무슬림을 제거하는 것이었다. 그러나 이단심문소는 모든 개신교도와 마녀와 동성애자와 과학자 및 기타 교리나 도덕의 위반자들도 감시하곤 하였다.

처음 몇 해 동안 이단심문소의 활동은 다소 미약했지만, 광적 열심을 품은 도미니코회 수도사 토마스 데 토르케마다(Tomas de Torquemada)가 1483년 이단심문소 소장으로 부임한 이후로 이 소름 끼치는 가톨릭 기관은 선량한 사람들을 무수히 고문하고 살해했다. 스페인의 모든 주요 도시에는 토요일마다 화형식(*auto-de-fe*)이 진행되었으므로 하늘은 재로 뒤덮였고, 잔인한 고문을 당한 희생자들이 기둥에 묶인 채로 화염 속에서 내지르는 비명이 충천했다. 아울러 토요일이면 화형식이 진행되는 와중에 시시때때로 불온서적들, 특히 과학 논문들을 산더미같이 쌓아놓고 불사르기 일쑤였다.

이단심문소는 법적 절차를 지키는 시늉조차 하지 않았다. 이단심문관들은 아주 작은 고발 사건에도 사방을 쏘다니며 사람들을 체포했는데, 이는 피고의 재산을 몰수함으로써 자신의 재산을 늘릴 수 있었기 때문이다. 영국의 개신교도인 존 폭스(John Foxe)는 1554년에 작성한 글에서 이단심문소에 대해 다음과 같이 보도한다. "사람들을 끈질기게 수색해서 잔인하게 취급하기로 악명 높은 스페인의 가톨릭 이단심문소는 종교라는 이름의 그럴듯한 탈을 뒤집어쓰고서 자신들의 사리사욕을 추구하면서 다른 사람들의 재산을 탈취하는 일에 몰두했다."[1] 13년 후 레기날두스 몬타누스(Reginaldus Montanus)가 라틴어로 저술한 『스페인 이단심문소의 온갖 교묘한 관행에 대한 발견과 폭로』(A Discovery and Plaine Declaration of Sundry Subtill Practices of the Holy Inquisition of Spain)가 나왔는데 이 책은 참으로 충격적인 내용을 폭로하고 있다. 이 책은 영어, 프랑스어, 네덜란드어, 독일어로 번역되어 날개 돋친 듯이 팔려나갔다. 몬타누스의 보도는 "심문관들의 기만성과 속임수, 그리고 고문실에서 벌어지는 온갖 끔찍한 참상과 이단심문소의 형리들과 간수들과 고문관들이 자행하는 소름끼치는 작태를 부각시켰다.[2] 이 책의 주요 부분은 어떤 무죄한 희생자가 고통스러운 전 과정을 겪다가 결국 화형에 처해지는 내용으로 구성되어 있으며, 결론부는 신앙을 지키다 순교하게 되는 루터교도 12명의 이야기로 마무리되고 있다.

몬타누스의 책은 스페인의 이단심문소에 대한 교과서적인 이야기가

---

1   Maltby 1971, 35.
2   Peters 1989, 133-34.

되었다. 『컬럼비아 백과사전』(The Columbia Encyclopedia)의 최신판은 "피고에 대한 고문이 곧 통상적이고 악명 높은 관례가 되었다.…재판은 대부분 유죄 판결로 귀착되었다"고 소개한다.[3] 이러한 이야기를 토대로 삼아 대중적 역사가인 윌 듀란트(Will Durant, 1885-1981)는 독자들에게 "우리는 이단심문소를 인류 역사상 가장 어두운 오점이자, 여느 짐승에도 비할 데 없는 광포함을 드러낸 일이라고 평가해야 한다"고 말했다.[4]

역사가들뿐 아니라 소설가, 화가, 영화작가들 역시 이단심문소의 잔인한 가학성을 반복해서 재현했다. 에드거 앨런 포(Edgar Allan Poe)의 이야기 「갱과 추」("The Pit and the Pendulum")가 그런 것들 중에서 고전에 속한다. 다른 하나는 도스토예프스키(Dostoyevsky)의 『까라마조프의 형제들』(The Brothers Karamazov)이다. 이 책의 한 문단에서 대심문관은 그리스도를 만나는데, 그리스도가 한 어린아이를 죽음에서 살리는 장면에서 그를 체포하며 다음과 같이 말한다. "내일 나는 당신을 정죄할 것이고, 당신을 이단자들 가운데 가장 악한 자로서 화형에 처할 것이다."

얼마나 많은 이들이 희생되었을까? 마이크로소프트에서 제공하는 디지털 백과사전인 『엔카르타』(Encarta)에는 토르케마다가 "수천 명을 처형했다"고 나온다. 조너선 커쉬는 이단심문소의 희생자 명단에 "대략 수천 명"이라고 기재한다.[5] 『종교자유 백과사전』(Encyclopedia of Religious Freedom)은 토르케마다에 의해 희생된 인원을 1만 명으로 잡는다. 에드먼드 패리스(Edmond Paris)는 토르케마다의 감옥에서 고문과 영양실조로 죽어간 이들이 12만 5,000명이라고 주장한다.[6] 많은 역사학들은 이단심문소의 실제 활

---

3   "Inquisition." In The Columbia Encyclopedia, 6th ed. (New York: Columbia Univ. Press, 2001).
4   Durant 1950, 784.
5   Kirsch 2008, 3.
6   Paris 1961, 4.

동기 동안 3만 5,000명 이상이 화형당했다는 "보수적" 추정치를 수용한다.[7] 하지만 아주 최근에 한 작가는 10만 명이 훨씬 넘는 사람들이 토르케마다의 임기 동안 사망했다고 주장한다.[8] 또 다른 역사학자는 이단심문소가 "36년 동안…거의 20만 명을" 화형에 처했다는 의견을 개진하기도 한다.[9] 또 다른 주장은 이단심문소가 모두 합해서 300만 이상을 단죄했고 "그중 약 30만 명을 화형에 처했다"고 한다.[10]

사망자 추정치에 대한 이러한 엄청난 차이에도 불구하고 모두가 동의하는 것은 이단심문소가 가학적 광신자들이 저지른 피의 살육이었다는 사실이다. 이에 대해 최근에 나온 폭로물 『대심문관 지침서: 신의 이름으로 자행한 테러의 역사』(*The Grand Inquisitor's Manual: A History of Terror in the Name of God*, 2008)에서 조너선 커쉬는 심문관들의 이미지를 다음과 같이 형상화한다. "횃불만으로 불을 밝힌 지하 토굴에서 두건을 쓴 남자들이…벌거벗긴 남녀의 몸에 고문 기구를 가하고 있다. 이들의 죄목이라고는 가톨릭교회가 이단이라고 간주하는 사상을 받아들인 것뿐이다.…고문관들은 자비라고는 눈곱만큼도 찾아볼 수 없는 자들로서, 불에 지진 인간 육체에서 나는 냄새를 '성삼위와 동정녀께서 기뻐하신다'는 확신을 품고 일하고 있다."

하지만 스페인 이단심문소에 관한 가장 충격적인 진실은 지금까지 말한 모든 것이 새빨간 거짓말이거나 지나친 과장이라는 사실이다.

---

7   Roth [1964] 1996; Rummel 2008.

8   Whitechapel 2002.

9   Robertson 1902, 290.

10 Hunt 1994, 79.

"검은 전설"의 날조

스페인의 이단심문소에 대한 교과서적인 이야기는 영국과 네덜란드의 선동가들이 자기 나라가 스페인과 전쟁을 벌이던 16세기에 날조해서 유포시켰던 것이다. 이후에도 악의적인 역사가들은 "스페인의 이미지를 편협한 광신적 국가"로 고착화하려는 오도된 의도를 품고 이러한 이야기를 되풀이하였다.[11] 요즘 제대로 된 역사학자들은 스페인에 대한 이러한 이미지를 가리켜 "검은 전설"(Black Legend)이라고 부른다. 미국 역사학자인 찰스 깁슨(Charles Gibson, 1920-1985)은 이것을 "스페인에 대한 혐오와 악의적 선전에 의해 오랫동안 쌓여온 전승"이라고 정의하면서 "이로 인해 [스페인 사람들은] 잔인하고, 편협하며, 착취적이고, 자기 의에 빠진 부류로 간주되었다"고 말한다.[12] 스페인인들의 잔인함에 대한 이러한 이야기는 엘리자베스 여왕이 스페인의 무적함대(Armada)와 전투를 벌이던 시절에 유래한 것이지만 그후로도 끈질기게 살아남았으며, 수 세대에 걸친 영국의 "고매한" 역사가들마저 로마 가톨릭에 대한 경멸과 적대감을 공개적으로 표명하는 가운데 이러한 이야기에 군불을 지폈던 것이다—이러한 적대적 태도는 1871년까지 옥스퍼드와 케임브리지에서 가톨릭 출신에게 입학을 허용하지 않았던 것에도 반영되어 있다.

그렇지만 스페인 이단심문소에 관한 가장 심한 과장은 스페인을 등졌던 "배반자들"이 만들어내어 지속적으로 유포시킨 것이다. 앞에 등장하는 몬타누스라는 이름은 스페인의 수도사가 사용한 필명이다. 그는 루터교로 전향한 후에 네덜란드로 도주했고 거기서 그 악명 높은 책을 저술했다. 에

---

11   Rawlings 2006, 1.
12   다음에서 인용함. Keen 1969, 708.

드워드 피터스(Edward Peters)의 말마따나 "몬타누스의 글이 일정한 설득력이 있었던 이유는 그것이 어느 정도 정확한 사실 관계를 토대로 하고 있었기 때문이다. 하지만 그는 최악의 이야기를 기대하고 있던 독자들을 위해 관련 자료를 가지고 이단심문소에 대한 완전히 그릇된 이야기를 엮어나갔던 것이다.···몬타누스는 이단심문소의 희생자들을 모두 무죄한 이들로 그리는 반면에, 심문관들은 죄다 부패한 협잡꾼으로, 그리고 모든 재판절차가 자연법과 이성법에 위반되는 것으로 묘사한다."[13]

또한 19세기 초 런던에 거주하던 한 스페인 망명객이 이단심문소를 공격한 것이 큰 파장을 일으켰는데, 본래 카탈루냐 출신인 안토니오 푸쥐블랑(Antonio Puigblanch, 1775-1840)이 『이단심문소의 가면을 벗기다: 그 끔찍한 재판소에 대한 역사적·철학적 보고』(*The Inquisition Unmasked: Being an Historical and Philosophical Account of the Tremendous Tribunal*, 1816)라는 제목의 책을 출간했던 것이다. 이 두 권짜리 책은 거의 1,000페이지 가량을 "이 재판소가 저지른 무지막지한 범죄를" 상술하는 데 집중적으로 할애하고 있으며, "이러한 범죄로 인해 이 재판소는 오명을 얻게 되었고, 이러한 범죄가 종교의 이름으로 자행되었기 때문에 더더욱 역겹고 혐오스러웠다"고 밝히고 있다.[14] 최근 들어 케싱어(Kessinger) 출판사는 이 책을 "희귀 도서" 시리즈에 포함시키기로 결정했다.

---

13   Peters 1989, 134.
14   Puigblanch 1816, 131.

이단심문소의 실상

유럽이 종교전쟁을 벌이던 기간 동안 그러한 편견이 만연한 것은 놀랄 일이 아니다. 이러한 증오에 찬 몰상식이 반가톨릭주의(anti-Catholicism)가 횡행하던 시기에 지속되었을 뿐 아니라, 영국과 미국에서 20세기까지 이어진 것 또한 그다지 놀랄 일도 아니다.[15] 그러나 오늘날 학자들이 무책임하게도 지난 30여 년간 새롭게 이루어진 이단심문소에 대한 주목할 만한 연구를 무시하거나 외면하면서 그러한 주장들을 계속하는 것에 대해서는 변명의 여지가 없다.[16] 정말 소스라치게 놀랄 일 같아 보이지만, 이단심문소에 대한 역사학자들의 새로운 연구 결과, 유럽 전역에 산재했던 세속 법정들과는 대조적으로 스페인의 이단심문소는 정의와 절제, 적법 절차와 계몽을 일관되게 추구했다는 사실이 밝혀졌다.[17]

이들 역사학자들(그중 다수는 스페인사람도 아니고 가톨릭도 아니다)이 기존의 견해와 상반되는 의견을 제시할 수 있었던 것은 스페인의 이단심문소를 실질적으로 구성하고 있던 아라곤(Aragon)과 카스티야(Castile)의 이단심문소에서 배출한 문헌을 철저히 조사한 결과에 근거를 두었기 때문이다. 이들은 1540년에서 1700년 사이에 이 두 곳의 이단심문소에서 다루었던 4만 4,701개의 사례들 각각에 대한 기록을 자세히 검토하였다. 이 기록은 당시에 기밀자료로 취급되었으므로 작성자들이 실제 사례를 은폐하거나 조작했을 이유가 전혀 없었다. 이 사례들은 역사적 사실을 세세하게 알려주는 노다지와 같다고 하겠는데, 학자들은 통계 분석이 용이하도록 각각의 사례

---

15   Jenkins 2003.

16   특히, Ellerbe 1995; Kirsch 2008.

17   Contreras and Henningsen 1986; Given 1997; Haliczer 1990; Henningsen 1980; Henningsen and Tedeschi 1986; Kamen 1993; 1997; Levack 1995; Monter 1990; Rawlings 2006.

를 데이터베이스에 입력하였다.[18] 게다가 이들은 일기와 편지 및 칙령을 비롯한 기타 고문서에 대해서도 기존의 방식대로 엄청난 연구를 수행하였다. 그 연구 결과는 부정할 수 없을 정도로 확고하다. 이번 장의 나머지 부분에서는 이러한 연구에 따라 밝혀진 주요 사실을 요약해서 제공하려고 한다.

사망

아우토 데 페(*auto-de-fe*)란 용어는 화형은커녕 처형이란 뜻도 아니다. 가장 잘 번역한다면, 그것은 "믿음의 행위"라는 의미다. 심문관들은 처벌보다 회개에 더 관심을 가졌으므로, **아우토 데 페**는 이러저러한 범죄로 인해 유죄 판결을 받은 사람이 공개적으로 출두하여 고백하고 이로써 가톨릭교회의 사면을 얻는 것으로 구성되어 있었다. 위반자를 정부 당국에 넘겨 처형받게 하는 것으로 **아우토 데 페**가 마무리되는 경우는 극히 드물었다(이단심문소가 실제 처형을 집행한 적은 없다). 게다가 **아우토 데 페**가 빈번했던 것도 아니다. 톨레도(Toledo)시에서는 1575년에서 1610년 사이에 단 12회의 **아우토 데 페**가 개최되었고 "이때 386명의 범죄자가 출두"했다.[19] 그러니까 매주 스페인 전역에서 집단 화형식이 집행되었다는 이야기는 명백히 악의적으로 꾸며낸 것이다. 그렇다면 과연 얼마나 많은 사람들이 실제로 죽었던 것일까?

이단심문소가 운영되던 초창기 수십 년 동안은 1540년 이후만큼 모든 자료가 완벽하게 정리되어 있지 않다. 하지만 최근 역사학자들은 이 시기에 가장 피를 많이 흘렸고, 따라서 아마도 1,500명 정도가 처형되었을 것

---

18   다음을 보라. Henningsen and Tedeschi 1986
19   Rawlings 2006, 37.

이라는 데 의견을 같이한다. 이대로라면 한 해에 약 30명 정도가 사망한 것이다.[20] 기록이 잘 구비되어 있는 시기로 옮겨 가보면, 재판을 받은 4만 4,701건의 사건 가운데 826명만이 처형당했는데 이것은 재판을 받은 총 인원의 1.8퍼센트에 해당한다.[21] 다 합쳐도 두 세기가 넘는 동안 대략 2,300명이 사망한 셈인데, 이러한 총계는 이단심문소에 의해 화형당한 인원수가 3만 명 이상이라는 "보수적" 추정치와는 상당한 차이가 있다. 사실 성 바르톨로메오 축일의 대학살(St. Bartholomew's Day Massacre) 동안 파리에서 살해당한 프랑스 칼뱅주의자들의 수가 3,000명이었다. 그런데 스페인 이단심문소의 처분에 따라 2세기가 넘는 기간 동안 처형당한 사람들의 수가 이보다 더 적었던 것이다.[22] 이 수치를 헨리 8세에 의해 화형과 참수형과 교수형을 당한 영국의 루터교도, 롤라드파, 가톨릭교도(자신의 두 아내를 포함)의 수가 수천 명에 달한다는 사실과 비교해보라.[23] 사실인즉 1480년부터 1700년까지 스페인 전역에서 이단심문소에 의해 집행된 처형은 매년 단지 열 건 정도에 지나지 않았다. 그리고 이들은 대개 재범 이상이었다. 현대 서구의 기준에서 보면, 국가교회를 준봉하지 않은 것으로 인해 해마다 열 명씩 처형하는 것조차 너무나 끔찍해 보인다. 그러나 당시 유럽 어디에서도 종교적 관용 같은 것은 찾아볼 수 없었고, 종교 범죄를 비롯한 대부분의 범죄에 대해 사형을 언도하는 것이 일반적이었다. 이러한 정황에 비추어볼 때 스페인의 이단심문소는 두드러지게 절도를 지킨 셈이다.

---

20 Monter 1990.
21 Contreras and Henningsen 1986.
22 Chadwick and Evans 1987, 113.
23 Holinshed [1587] 1965. 그는 헨리가 7만 2천명을 처형했다고 주장한다.

고문

대중문화 가운데 **이단심문소**라는 용어는 거의 고문과 동의어로 자리 잡았다. 존 다울링(John Dowling, 1808-1878)의 말마따나 "가톨릭교회의 잔혹함이 고안해낸 모든 것들 가운데 최고의 걸작품은 바로 이단심문소다.…사탄조차도 이보다 더 섬뜩한 유혈 고문 장치를 상상해내지 못했을 것이다."[24] 따라서 앞에서 살펴본 대로 숱한 사람들이 미처 화형장으로 끌려가기도 전에 이단심문소의 감옥이나 고문실에서 죽어나간 것이 당연한 사실로 받아들여졌다.

그런데 이러한 이야기야말로 최악의 거짓말이라고 하겠다. 유럽의 모든 법정에서는 고문을 사용했다. 이에 비하면 이단심문소는 훨씬 적게 사용한 편이다. 그 이유는 교회법에서 고문은 한번에 15분을 초과하지 못하도록 제한을 두어 생명을 잃거나 장애가 될 위험이 없도록 조치했기 때문이다. 피를 보는 고문도 금지되어 있었다.[25] 물론 이러한 규정을 준수하면서도 매우 고통스러운 고문 기법이 동원될 수 있다. 그렇다고 하더라도 고문의 사용은 비교적 드문 일이었다. 그 이유는 아마도 "심문관들 자신이 고문을 통해 얻어지는 자백의 유효성과 타당성에 대해 회의적이었기" 때문일 것이다.[26] 고문을 가했을 경우 그 전체 과정이 세세하게 기록되었고, 이 자료는 소송 기록에 포함되었다.[27] 이러한 자료를 기초로 토머스 매든(Thomas Madden)은 심문관들이 자기에게 배당된 소송 사건 가운데 단 2퍼센트 정도

---

24   Dowling [1845] 2002, 16.
25   Kamen 1997, 190; Madden 2003, 30.
26   Rawlings 2006, 33.
27   Peters 1989, 93.

에 대해서만 고문을 사용했던 것으로 추산한다.[28] 게다가 당시 이단심문소에서 운영하던 수감시설은 유럽에서 단연코 가장 편안하고 인간적인 환경으로 정평이 나 있었다. 스페인에서는 "범법자들이 일부러 신성모독적 발언을 해서 이단심문소에서 운영하는 감옥으로 이송되려고 하는 경우도 있었다"는 보고가 있다.[29]

실제 상황이 이러하였다. 잘 알려진 신화와는 정반대로 이단심문소는 화형을 거의 집행하지 않았고, 고문도 거의 시행하지 않았으며, 당시로서는 유별나게 제대로 된 교도소를 보유하고 있었다. 그렇다면 재판 절차는 어떠했을까? 이하에서는 기소된 범법행위에 대한 기록을 토대로 이단심문소의 실제 운영에 대해 살펴보려고 한다.

마술

대략 1450년에서 1700년 어간에 유럽을 휩쓸었던 마녀사냥의 열풍으로 인해 처형된 사람들의 숫자보다 더 부풀려진 통계수치도 없을 것이다. 많은 작가들은 최종 사망자 수를 900만으로 잡으면서 그것을 홀로코스트에 견주었다.[30] 그리고 개신교 지역에서도 마녀사냥이 있었다는 것을 인정하는 마당에, 일부 역사학자들은 유독 이단심문소가 주도적 역할을 맡았음을 강조해왔다. 어떤 저명한 역사학자는 심지어 이단심문소가 더 이상 화형에 처할 이단들을 찾지 못하니까 그 대신에 마녀사냥을 시작했다고 주장하기도

---

28   Madden 2003, 30.

29   Madden 2003, 29.

30   Daly 1978; Davies 1996, 567; Dworkin 1974; Hughes 1952.

한다.[31] 다른 역사학자들은 이 모두가 사제 독신주의가 낳은 처참한 결과라고 보았다. 독신주의가 사제들을 격화시켜 여성들을 향한 "보복과 말살이라는 광포한 작전"을 펼치게 했다는 것이다.[32] 끝으로 마녀사냥은 결국 종교적 극단주의가 지배하던 "암흑시대"가 "계몽주의"에 의해 전복됨에 따라 비로소 종결되었다는 견해가 널리 퍼져 있기도 하다.[33] 그러나 이 모든 것은 사악한 헛소리에 불과하다.

마녀사냥이 이른바 계몽주의 시대 **동안** 최절정에 달했다는 사실을 생각해보라. 영국의 유명한 철학자이자 "계몽주의"의 주창자이기도 한 토머스 홉스(Thomas Hobbes, 1599-1679)는 자신의 명저인 『리바이어던』(*Leviathan*)에서 "마녀들에 대한…형벌은 정당한 것"이라고 말한다.[34] 계몽주의를 주도한 또 다른 인물인 장 보댕(Jean Bodin, 약 1530-1596)은 판사로서 마녀 재판을 여러 차례 주재했었는데, 그는 가능한 한 마녀들을 서서히 불태워 죽일 것을 주장했었다.[35] 사실 로버트 보일(Robert Boyle)을 비롯해서 17세기의 저명한 과학자들도 마녀사냥을 부추겼었다.[36]

사망자 수와 관련해서 학자들이 최근에 나라별로 세심하게 증거자료를 수집했으며, 이를 통해 기존의 사망자 합계가 완전히 허구에 불과한 것임을 밝혀놓았다. 예를 들어 영국에서는 1600년부터 1680년 어간에 "약 4만 2,000명의 마녀가 화형을 당한 것"으로 추정되었다.[37] 그러나 가장 신뢰할만한 수치로는 300년 동안 희생자가 1,000명 이하였음이 밝혀졌다.[38] 이

---

31   Burr 1987, 1.

32   Trethowan 1963, 343.

33   Burckhardt [1885] 1990; Lecky [1865] 1903.

34   Hobbes [1651] 1956, 21.

35   Trevor-Roper [1969] 2001, 112.

36   Briggs 1998.

37   Hyslop 1925, 4

38   Ewen 1929; Levack 1995; Thomas 1971.

와 비슷하게, 최종 사망자 수에 대한 가장 근접한 추정치는 900만 명이 아니라 약 6만 명 정도였다.[39] 물론 전체 사망자 수가 그 정도에 육박한 것만으로도 비극이라고 하겠으나, 이들 희생자 가운데 극소수만이 스페인의 이단심문소에 의해 사형 선고를 받았음을 인식할 필요가 있다. 그 수가 너무 적었기 때문에, 저명한 역사학자인 윌리엄 몬터(William Monter)는 이단심문소에 관한 통계학적 연구서에 포함된 한 장의 제목을 "마술: 잊혀진 범죄"(Witchcraft: The Forgotten Offense)라고 붙였던 것이다.[40] 몬터의 연구에 따르면, 1540년부터 1640년까지 100년 동안 마녀사냥이 유럽의 대부분 지역에서 절정에 달했을 때, 아라곤의 이단심문소에서 "미신과 마술"의 죄목으로 처형된 사람은 고작 12명에 불과했다고 한다.[41] 이것은 그전에도 알려진 사실이었는데, 심지어 반가톨릭 성향을 노골적으로 드러내는 헨리 리어(Henry C. Lea, 1825-1909)라는 역사학자조차도 마녀사냥이 스페인에서는 "비교적 무해한 것으로" 여겨졌으며, 이는 "이단심문소가 지혜와 확고함을 발휘한 덕분"이었음을 인정했던 것이다.[42] 이러한 지혜와 확고함에 대해 좀 더 자세히 살펴보도록 하자.

우선 마술에 대한 고발이 근거 없는 히스테리에 불과한 것이 아니라면, 왜 그것에 대한 고발을 계속했는지 알아내는 것이 중요하다. 많은 사람들이 실제로 그러한 고발을 당할 만한 "어떤 짓"을 벌이지 않을까 생각할 수 있다. 그들이 벌인 것은 주술 행위였다. 의학 지식이 지극히 부족했던 시대였으므로, 흔히 예상하는 대로 의학적 주술이 유럽에서 성행했고, 또한 주술을 통해 기후, 작물, 연애, 재산 및 기타 관심사에 영향을 주려고 했었다.

---

39   Briggs 1998; Katz 1994; Levack 1995.

40   Monter 1990.

41   다음을 보라. Stark 2003, 258.

42   Lea 1906-1907, 4:206.

앞의 15장에서 언급했던 대로 기독교적 주술과 비기독교적 주술 간에는 중대한 구별이 있었다.

기독교적 주술이 셀 수도 없이 많았다. 신성한 우물, 샘, 수풀, 경당들이 널려 있었고, 마음에 뭔가 간절히 바라는 것이 있는 이들은 이러한 곳에서 온갖 기적과 복을 빌 수 있었다. 더욱이 사제들에게도 여러 사람의 관심사, 특별히 병의 치유를 위해 동원할 수 있는 주문과 기도문과 예식의 목록이 있었다. 축귀사역(exorcism)을 전문으로 하는 성직자들도 많이 있었다. 이렇게 정교화된 기독교 주술의 체계에 병행해서 민속 주술 내지 전통 주술도 널리 퍼져 있었는데, 이러한 주술문화의 상당 부분은 의료적 문제를 처치하는 데 집중되어 있었다. 이러한 주술 가운데 일부는 기독교 이전까지 거슬러 올라가기도 하고, 또 나머지 대부분은 기독교 주술과 혼합되어 있었다. 이러한 비기독교적 주술을 주로 사용하는 집단은 때때로 "현자"라고 일컬어지는 지역의 주술사들이었다. 이들 주술사는 종종 비주술적 기능도 수행했는데, 예를 들어 산파가 출산을 돕기 위해 실질적인 기술을 사용하면서도 마법의 주문을 덧붙이는 것과 같은 것이다. 이따금씩 사제들도 기독교적 주술의 "타락"에 일조한 것을 잊지 말아야 한다. 예를 들어 마을 사제가 동전에 성유를 바르면서 돈주머니가 다시 채워질 것이라고 축복하는 경우도 있었고,[43] 교회가 연애 주술을 엄격하게 금하고 있었음에도 불구하고 자석과 같은 물건을 성수에 적시면서 그것을 사랑의 묘약으로 축성하는 사제들도 많이 있었다.[44] 교회 당국은 비록 사제들이 축성한 것이라고 해도 이러한 것들을 비기독교적 주술로 간주했다.

주술은 다 이따금씩 통하기 마련이었다. 지역 사제에게 의뢰했던 환자

---

[43]   Contreras and Henningsen 1986, 103.

[44]   O'Neil 1981, 11.

가 낫는 경우도 있었으며, 마을의 "현자"를 찾아갔던 사람들도 같은 경험을 하는 일이 있었다. 이로 인해 심각한 신학적 문제가 제기되었고, 이에 대한 논리적 해답을 찾던 것이 결국 비극을 초래하기도 했다. 문제가 된 질문은 이것이었다. "만약에 기독교 주술이 하나님의 능력으로 인해 효과를 나타낸 것이라고 한다면, 비기독교적 주술도 효과를 나타내는 것은 무슨 이유 때문인가?" 이러한 능력이 하나님으로부터 오지 않은 것은 분명했다. 그렇다면 결론은 불을 보듯 뻔했다. 비기독교 주술은 사탄의 능력이 작용한 것이다. 따라서 비기독교 주술을 행하는 것은 사탄과 그의 마귀들을 불러들이는 것이며, 이것이 바로 마술(witchcraft)의 본색인 것이다.[45]

비기독교 주술의 형태로 성행하는 악을 색출해서 진압하기 위한 맹렬한 움직임이 곧 유럽의 여러 지역에서 대중적 공황을 초래하였다. 온갖 종류의 괴기스러운 이야기와 두려움이 급속히 확산되는 와중에, 특별히 통치 기구가 취약한 곳에서는 군중과 지방 당국이 마녀사냥 열풍에 휩쓸렸다. 동일한 두려움과 충동이 스페인에서도 나타났지만, 그곳에서는 이러한 이상 열풍이 이단심문소에 의해 효과적으로 진압되었다.

이단심문소가 스페인에서 마녀사냥 열풍을 차단할 수 있었던 한 가지 이유는 비기독교 주술의 사용과 관련된 고발이 최초로 제기되었을 때, 심문관들이 고발당한 자들의 진술을 면밀히 살폈기 때문이다. 심문관들이 알아낸 것은 이들 주술사들에게 사탄의 힘을 불러내려는 의도가 추호도 없었다는 것이다. 사실 대부분의 사람들은 주술사들이 기독교 주술을 사용하고 있다고 생각했다. 그렇게들 생각한 이유는 거기에 사용된 방법과 절차가 성직자들이 허락한 것과 매우 유사했기 때문이다. 즉 예배의식문의 일부를 암송하고, 성인들의 가호를 빌고, 마을 성당에서 가져온 성수를 아픈 부위

---

[45] 이 사안들에 대한 전체적 취급으로는 다음을 보라. Stark 2003, chap. 3.

에다가 뿌리고, 십자 성호를 반복해서 긋는 것과 비슷했기 때문이다. 따라서 고발당한 자들은 자기들이 여태껏 무언가 잘못된 짓을 하고 있었다는 소리를 듣고 아연실색했던 것이다.

사실 이러한 행위가 기독교 주술로 인정받지 못한 주된 이유는 피고가 서품받은 성직자가 아니어서 그런 행위를 할 권한이 없었기 때문이다. 따라서 만약에 그들의 주술이 통했다면, 그것은 하나님이 개입한 일이 아닌 것이 되었다. 즉 스페인의 심문관들은 비기독교적 주술은 오로지 사탄의 개입으로 인해 작용하는 것이라고 자기들끼리 합의를 했던 것이다. 그렇지만 심문관들은 피고의 말에 공감하는 태도를 갖고 들었기 때문에, "암묵적으로 마귀를 부르는 것과 명시적으로 마귀를 부르는 것"이 다르다는 것을 획기적으로 구별해내기 시작했다.[46] 따라서 이들은 비기독교적 주술을 사용했던 피고들(여기에는 사제들도 포함된다) 대부분이 해를 끼치려는 의도가 전혀 없었고 마귀를 불러낸다는 생각도 전혀 없었던 신실한 가톨릭이었다고 추정했다. 암묵적으로 귀신을 불러내는 일조차 물론 잘못된 것이긴 하지만, 이러한 경우는 보통 고백성사와 사죄선언을 통해 사면되어야 한다. 결과적으로 스페인의 이단심문소가 화형장으로 보낸 마녀들은 거의 없었고, 그나마 화형을 당한 이들은 대개 그전에 수차례 유죄 선고를 받았던 이들이었다.

이보다 중요한 것은, 이단심문소가 자체의 힘과 영향력을 발휘하여 지방의 폭도들이나 세속 당국이 벌인 마녀사냥을 진정시켰다는 점이다. 유럽의 다른 지역에서 발생했던 아주 잔악한 마녀사냥에 필적하는 사례가 1549년 바르셀로나(Barcelona)에서도 발생했다. 지방 관리들이 일곱 명의 여인을 마녀로 고발했는데, 이단심문소 지부의 책임자가 화형을 승인한 것이다. **수프레마**(*Suprema*, 이단심문소 본부)의 회원들은 그런 일이 일어난 것에 경악하

---

46   O'Neil 1987, 90.

면서 프란시스코 바카(Francisco Vaca)라는 심문관을 파견해 조사하도록 하였다. 그는 도착하자마자 이단심문소 지부를 수색한 다음, 사형선고를 받고 그때까지 구금 상태에 있던 두 여인을 즉각 석방할 것을 명령했다. 추가로 조사를 마친 후 그는 계류되어 있는 모든 혐의를 기각하고 몰수한 재산을 피해자 가족들에게 돌려주도록 했다. 해당 보고서에서 바카는 마술과 관련된 고발을 "실소를 금할 수 없는 허위"라고 하면서 이 고발을 기각하였고, 이 사건을 "지금껏 기록으로 남아 있는 마녀사냥과 관련된 기소건 중 가장 터무니없는 것"으로 기입하였다.[47] **수프레마**의 회원들도 바카의 판단에 동의했는데, 이후에 그들은 불법 마녀사냥을 **자행했던** 자들을 응징하여 그중 몇 명은 처형하고 나머지는 갤리선으로 보내어 거기서 장기간 복역하도록 하였다.[48]

그럼에도 불구하고 1610년 여섯 사람이 로그로뇨(Logroño)의 지방 관리들에 의해 마녀로 지목되어 화형 당했다. **수프레마**는 이 소식을 듣고 알론소 데 살라사르 이 프리아스(Alonso de Salazar y Frias)를 파견했다. 그는 일년이 넘도록 지역 주민을 탐방하고 이들에게 자신의 과오(주로 미신과 주술에 관련된 것)를 철회할 것을 요청했다. 살라사르는 해당 임무를 마치고나서 자신이 1,802명의 사람들을 교회와 화해하게 하였다고 보고했다. 그는 또한 마술에 관한 자신의 조사결과에 대해서 "나는 단 한 건의 마술이라도 실제로 시행되었다는 증거를 눈곱만큼도 찾지 못했다"고 보고했다.[49] 살라자르는 계속해서, 그러한 주제에 대한 대중적 토론이나 소요가 일어나는 것을 차단하는 노력을 기울여야 하며 "사람들이 마녀에 대해 떠들고 글로 써대지만 않으면 사실 마녀란 것은 없고 마녀에게 홀린 사람들도 없기" 때문에

---

47 Kamen 1993, 238.
48 Kamen 1993; 1997.
49 Kamen 1997, 274.

이 주제에 관해 설교하는 것을 특히 삼가야 한다고 제안했다.[50]

　　살라사르의 보고서는 오래지 않아 유럽 전역의 성직자들 사이에 회람되었다. 예수회 소속의 프리드리히 폰 슈페(Friedrich von Spee)를 포함해서 많은 이들이 마녀사냥을 종식하기 위한 움직임에 즉시 동참했다. 이들의 영향력과 특히나 이들이 고문에 의한 진술의 증거능력을 불신함에 따라 가톨릭 지역에서 마녀에 대한 화형이 종식되기에 이르렀다. 이러한 결과의 여파는 오래지 않아 개신교 지역에도 미쳤다. 일부 역사학자들은 마녀사냥이 결국 종식된 것은 발타자르 베커(Balthasar Bekker)와 같이 계몽주의에 가담했던 이들의 비판으로 인한 것이라고 주장하기를 좋아한다. 그러나 마녀사냥에 대한 이러한 계몽된(enlightened) 비판이 모습을 나타낸 것은 가톨릭 성직자들이 마녀사냥의 열풍을 거부하고 또한 그러한 반대 의견을 자유롭게 말할 수 있도록 노력을 기울인 뒤 거의 한 세기가 지난 다음이었다.[51]

이단

스페인의 이단심문소는 기독교로 개종한 유대인과 무슬림에 관련된 사회적 위기를 취급하기 위해 설치되었다. 이에 관한 교과서적인 이야기는 이와 관련된 모든 집단을 잘못 대변하고 있다. 이 이야기에 따르면, 유대인과 무슬림 출신 개종자들은 단지 그리스도인인 척 가장하면서 실제로는 **마라노스**(*Marranos*, 비밀 유대인) 내지 **모리스코스**(*Moriscos*, 비밀 무슬림)로 살아가는, 거의 믿지 못할 존재들인 것처럼 묘사한다. 이에 따라 이단심문소도 이

50　Kamen 1997, 274.
51　Robbins 1959, 45.

러한 모든 허위 개종자들을 색출하여 이단으로 화형시키기 위한 무자비한 목적을 위해 설립된 기관으로 간주된다. 하지만 진실은 거의 모든 유대인들과 대부분의 무슬림 개종자들은 신실한 사람들이었고, 이단심문소는 개종의 진정성이 의심스러운 자들을 밝혀내는 것만 아니라 개종자들을 향해 발생하는 고질적 집단 폭력을 적법한 절차에 따라 진압하기 위해서도 설립되었던 것이다. 이단심문소가 설치된 지 얼마 지나지 않아 루터의 종교개혁이 유럽의 종교적 의식을 뒤흔들었는데, 여기에 다른 개신교 운동들도 결부되었다. 스페인의 왕실은 확고한 가톨릭이었지만, 스페인에서도 루터교가 소규모 지하 운동의 형태로 발생했고 여기에 종종 사제들과 수도사들이 연루되었으며, 이에 이단심문소가 이 운동을 진압하기 위해 움직였다.

마라노스(*Marranos*)

천년이 넘는 세월 동안 "중세 유럽의 다른 지역을 다 합친 것"보다 스페인에서 살고 있던 유대인이 더 많았다.[52] 히브리 문법체계를 만들어냄으로써 히브리어의 부흥이 일어난 곳도 스페인이었다. 그 이전에 디아스포라 유대인들은 히브리어의 해득력을 완전히 상실했던 탓에 예수가 탄생하기 수 세기 전에 성경을 그리스어로 번역해야만 했다. 그러나 스페인에서는 10세기 초부터 히브리 시문과 산문이 갑자기 만개하였다.[53] 더군다나 이러한 히브리 르네상스의 중심지는 스페인의 기독교 지역 내에 위치해 있었고, 기독교 세력이 무슬림을 서서히 남쪽으로 밀어냄에 따라 유대인들이 북부지역으로 계속 이주해오고 있었다. 유대인 소수자들이 주변 환경과 우호적인 관

---

52   Roth 2002, xi.
53   Decter 2007.

계를 누리게 되었을 때 실제로 상당수의 개종 사례들이 종종 생겨났는데,[54] 그런 현상이 바로 스페인에서 발생했던 것이다. 14세기에 들어 유대교로부터 기독교로의 대규모 개종이 시작되었는데, 수만 명이 세례를 받고 **콘베르소스**(*conversos*, 개종자들)라고 불리게 되었다.[55] 이것은 스페인의 유대인 공동체에 엄청난 반감을 초래하였다. 마이모니데스(Maimonides)는 이들 개종자들이 우상숭배자이므로 돌로 쳐 죽여야 한다는 의견을 제시하기도 했다. 설상가상으로, 스페인의 유대교 지도자들은 유대인이라면 자발적으로 신앙을 포기했을 리가 없으므로 이러한 개종은 강요된 것으로서 진정성이 없는 것임에 틀림없다고 결론지었다. 이러한 허위의 결론은 끈질기게 살아남아 이후 역사에 대한 보도마저도 왜곡하게 된다.[56] 사실 이러한 개종 사례들은 아주 신실한 것이었기에, 얼마 지나지 않아 이들 개종자 가문에서 주교와 추기경을 포함한 유력한 그리스도인이 많이 배출되었다. 실로 1391년에 부르고스(Burgos)의 랍비장이 온 가족과 함께 세례를 받았고, 그는 결국 부르고스의 주교가 되었다.[57] 이들 유대인 개종자들은 그 수효만이 아니라 명성도 대단했으므로(페르디난드 왕의 조모도 개종자였다)[58] 이들의 동화과정에 장애요인이 되었을 뿐 아니라, 심지어 "구" 그리스도인들과 "신" 그리스도인들 간에 반목이 생겨나고 이것이 결국 양측의 무장 투쟁으로까지 이어졌다. "구" 그리스도인들이 "신" 그리스도인들을 신실하지 못한 "비밀 유대인"이라고 비난하는 것은 그다지 놀랄 일도 아니지만, 심지어 스페인의 유대인들까지도 그러한 주장을 열심히 편들었다. 그것은 결국 잘못된 생각으로 판명되었

---

54 Stark 2001, chap. 4.
55 Gerber 1994, 117.
56 예를 들어 "앞에서 언급한 개종자 대부분은 강요에 의해 개종한 것이다"(Netanyahu 2001, xvi). 또한 다음을 보라. Perez 2005.
57 Perez 2005, 10.
58 Roth 2002, 320.

는데, 왜냐하면 개종자들에 대한 적대감이 곧바로 확대되어서 "구" 그리스도인이 유대인들을 공격하는 것으로 전화되었기 때문이다.

이단심문소는 이러한 혼란스런 상황을 정리해야 하는 임무를 맡고 있었다. 심문관들은 폭도들의 행동과 무질서를 상당히 억제시킬 수 있었지만 지속적인 평화를 창출하지는 못했다. 그로 인해 비극적 결과가 초래되었는데, 즉 1492년 스페인에 남아 있던 유대인들에게 개종을 하든지 아니면 스페인을 떠나라는 명령이 내려진 것이다. 그렇지만 이단심문소는 결국 "비밀 유대인"을 둘러싼 분쟁을 소멸시켰다. 그 이유는 대체로 그와 관련된 범법자들을 많이 찾아낼 수 없었기 때문이다. 숱한 소송에 대한 심리가 이어졌지만, 실제로 전체 소송 수는 그 주제에 대해 격분하며 쏟아낸 엄청난 양의 문서에 비하면 기대했던 것보다 훨씬 적었다. 그런 문서들은 종종 대부분의 개종자들이 심문관 앞에 끌려 왔던 것을 암시한다. 아라곤의 이단심문소 자료를 보면 처형당한 이들의 자료를 범죄 별로 분류해 두었는데, 전체 사건의 3.6퍼센트, 즉 고작해야 942명만이 **마라노스**였다는 혐의로 사건에 연루되어 있었다. 이것은 **모리스코스**나 **루테라노스**(*Luteranos*, 개신교도)와 관련된 재판의 경우보다 훨씬 적은 편이다. 그뿐 아니라 942명의 피고 가운데 단 16명(1.7퍼센트)만이 처형되었다.[59] **마라노스**가 "사형 선고를 받은 사람 중 불균형적으로 많은 수를 제공했다고 말하는 세실 로스(Cecil Roth, 1899-1970)의 주장이나,[60] 이단심문소가 수천 명을 불태워 죽였다는 식의 네탄야후(Netanyahu)의 거짓된 주장은 이제 그만 다루어도 될 것이다.[61]

---

59 다음의 자료를 가지고 계산한 결과임. Contreras and Henningsen 1986; Monter 1990.
60 Roth [1964] 1996, 132.
61 Netanyahu, 2001, xvi.

모리스코스(*Moriscos*)

모리스코(*Morisco*)란 기독교의 재정복 후에도 스페인을 떠나는 것 대신 허위로 개종하는 것을 택한 무슬림을 지칭한다. **모리스코스**는 유대인들 내지 유대교에서 개종한 이들보다 훨씬 더 심각한 위협이 되었다. 이들은 수적으로 훨씬 더 많았을 뿐 아니라 특정 지역에서는 이들이 거주민의 다수를 차지하는 경우도 있었으며, 자기들만의 언어를 사용했고, 억지로 개종을 강제당한 경우도 많았다. 실로 **모리스코스**는 수차례 유혈 폭동을 일으키기도 했다.[62] 그럼에도 이단심문소는 이들 **모리스코스**에 대해 **마라노스**보다 훨씬 더 관대한 처분을 내렸고, 따라서 "개종자들(비밀 유대인들)보다 **모리스코스**가 유죄 판결을 받는 경우가 훨씬 적었다"[63]고 주장하는 유대인 역사학자들도 많다. 그런데 이것은 사실이 아니다! 아라곤의 이단심문소는 **모리스코스**에 대한 7,472건의 고발사건을 재판했는데 이는 전체 사건의 29퍼센트 정도였다. 이 가운데 181명이 처형되었는데 이는 2.4퍼센트에 해당하는 것이며, 이것은 **마라노스**로서 처형된 이들의 비율을 약간 상회한다.

루테라노스(*Luteranos*)

스페인에서는 여러 개신교파의 종교개혁 운동이 거의 진척을 이루지 못했다. 이는 크게 보면 가톨릭교회의 개혁을 위한 초기 시도가 스페인에서 무척 성공적이었기 때문이다. 예일 대학교의 저명한 학자인 롤랜드 베인튼(Roland Bainton, 1894-1984)의 말마따나 "스페인은 개신교 종교개혁이 시작

---

62 Chejne 1983.
63 Perez 2005, 45.

되기 훨씬 전에 가톨릭 종교개혁을 시작했었다."[64] 그 결과 가톨릭교회에 대한 대중의 지지가 괄목할 만하게 향상되었고, 교회에 대한 실질적 불만이 사라진 까닭에 다른 곳들처럼 루터나 칼뱅의 사상을 좋아할 이유가 없었다. 사실 스페인에서 **루테라노스**라고 칭하는 개신교를 받아들였거나 조금이라도 발을 들여 놓았던 이들은 대부분 성직자들이었던 것 같다. 어쨌든 2,284명이 **루테라노스**라는 혐의로 아라곤의 이단심문소에 끌려왔는데 이는 전체 소송 건의 8.8퍼센트에 달하는 수치였다. 이들 소송 사건에 대한 재판 결과 122명이 처형되었는데 이는 전체 고발 건 중 5.3퍼센트에 해당하는 것으로, **모리스코스**에 대한 고발 건에 비해 두 배 이상의 비율이었다.

스페인의 이단심문소가 존속하는 동안 유럽의 모든 국가들도 종교적 소수파와 반대파를 박해했었다.[65] 영국에서는 롤라드파와 루터교도를 잡아들이는 것 외에도 숨어있는 가톨릭 사제들을 사방으로 수소문해서 발견하는 대로 처형했다. 프랑스에서는 수천 명의 위그노들을 순교에 이르게 했고, 네덜란드의 칼뱅파는 가톨릭 사제들을 교수형에 처했다. 재침례파는 독일의 루터교 지역과 가톨릭 지역에서 공히 괴롭힘을 당했고, 제네바에서는 칼뱅이 재침례파와 가톨릭 모두를 박해했었다. 그런데 어찌된 영문인지 이러한 행동들은 스페인의 이단심문소가 **루테라노스**를 박해한 것과는 사뭇 "다른" 취급을 받아왔다.

---

64 Bainton [1952] 1985, 131.

65 Peters 1989, 122.

성적 비행

심문관들은 또한 성적 비행에 대한 처분에도 관여했는데 이를 크게 네 가지 범주로 구분했다.

유혹(solicitation)은 여성과 성관계를 갖기 위해 사제가 고해소에서 고백을 듣는 것과 사죄 선언을 수여 내지 철회할 수 있는 자신의 권한을 남용한 경우에 관련되었다. 주요 데이터베이스에 들어 있는 4만 4,701건의 사례들 가운데 유혹과 관련된 것이 1,131건으로, 전체의 2.5퍼센트를 차지한다. 이러한 비행으로 인해 유죄 판결을 받은 사제는 최소한 중한 매질을 당하고, 평생토록 수치가 뒤따를 가능성이 컸다. 부녀를 유혹하는 일을 오랫동안 해온 것으로 밝혀진 자들에게는 장기 징역이 선고되거나, 심한 경우 사형에 처해지기도 하였다.

중혼(bigamy)은 이혼이 거의 불가능했던 당시에 상당히 만연해 있었지만, 그것이 공개적으로 파문을 일으켜 (신성모독이라는 죄목으로) 이단심문소의 주목을 끄는 경우는 극히 드물었다. 그렇다고 해도 주요 데이터베이스에는 중혼과 관련된 것이 2,645건(전체의 5.9퍼센트) 포함되어 있다. 대개의 경우 징벌은 두 번째 결혼을 취소하는 것에 더하여 공개적 수치와 더불어 일정 기간 지역 공동체로부터 추방되는 것이었다. 중혼으로 인한 유죄 판결 가운데 여성들이 20퍼센트를 차지하고 있다.[66]

남색(sodomy)이란 주로 남성 간의 동성애를 가리키지만, 어떤 경우에는 여성 간의 동성애도 다루어졌으며, (대개 아내의 고발에 기초한) 이성 간의 항문 성관계와 관련된 사례들도 있었다. 4만 4,701건으로 이루어진 전체 통계 가운데 남색이 별도로 구분되어 있지는 않는데 이는 1509년 수프레마가

---

66   Fernandez 1997, 483.

"이단에 연루된 경우가 아니라면 동성애에 대한 조치를 취해서는 안 된다"는 지시를 내렸기 때문이다.[67] 다시 말해서 남색이 죄가 아니라는 이단적 주장을 할 때에만 조치를 취해야 한다는 뜻이다. 결과적으로 카스티야의 이단심문소는 그때 이후로 남색에 대한 재판권을 행사하지 않았으나,[68] 아라곤의 이단심문소는 이에 대한 재판권을 계속 행사하였다. 그렇지만 바르셀로나와 발렌시아와 사라고사에 관한 자료들(1560-1700)이 출간되었는데, 이들 세 도시에서 적발된 1,829건의 성적 비행 가운데 남색과 관련된 기소는 38퍼센트를 차지했다.[69] 아라곤의 이단심문소만을 대상으로 한 처형 기록(1540-1640)을 살펴보면 "미신과 마술" 죄목으로 12명, "개신교도"라는 죄목으로 122명이 처형된 것에 비해, 167명이 "남색"이라는 죄목으로 처형되었다.[70]

그럼에도 불구하고 이단심문소는 세속 법정에 비해 남색(그리고 대부분의 성범죄들)에 대해 보다 관대한 처분을 내렸다. 이단심문소에서 남색으로 유죄 판결을 받은 자들은 대부분 채찍질에 처해지거나 단기간 갤리선에서 복역했고, 사형 선고를 받은 경우도 대부분 감형되었다. 이와 대조적으로 이 시기 유럽의 세속 법정에서는 동성애를 사형에 해당하는 중죄로 취급했다.[71] 예를 들어 12세기 이래로 프랑스와 이탈리아의 형사 법정은 동성애자들을 화형장으로 보내었다. 헨리 8세는 의회에 "반동성애 법"을 통과시킬 것을 요청했고, 따라서 1533년에 남색을 교수형으로 처벌하는 법령이 통과되었다. 1730년에 네덜란드도 남색을 사형에 해당하는 중범죄로 만들

---

67 Kamen 1997, 268.
68 Kamen 1997, 268.
69 Fernandez 1997, 483.
70 Stark 2003, 258.
71 Goodish 1976.

었다. 그렇지만 실제로 일반 대중은 사람들을 남색으로 고발하기를 꺼려했으며, 그로 인해 세속 법정이든 교회 법정이든 남색자들을 재판에 부치려고 열심을 내지는 않았다.

수간(bestiality)은 앞의 세 도시에서 발생한 성적 비행의 27퍼센트를 차지했다. 하지만 때때로 수간은 따로 분리해서 취급하기보다는 남색의 범주에 포함시켰다. 이 비행은 대체로 젊은 미혼인 남성들, 특히나 목동으로 일했던 자들과 관련되었다. 하지만 몇몇 여성들은 애완견과 성관계를 한 죄목으로 유죄 판결을 받기도 했다. 이단심문소는 수간의 경우 "거의 예외 없이 무자비하게 처벌했다."[72] 그러나 심지어 여기서도 성적 비행과 관련된 다른 사건의 경우와 마찬가지로 "여성들에 대한 처벌은 남성 성범죄에 대한 처벌보다 강도가 훨씬 약한 편이었다."[73]

도서 소각

이단심문소가 일부 도서들을 불태운 것은 사실이다. 이러한 도서 중 많은 부분은 루터교의 교리와 같은 신학적 이단 사상을 담고 있었으며, 과학서적을 불태우는 경우는 거의 없었다고 보는 편이 맞을 것이다. 스페인 사람들은 갈릴레이의 책을 금서 목록에 올린 적이 결코 없었다.[74] 이단심문소가 실제로 불태운 책들 가운데 대부분은 음란물이었다는 사실이 특히 흥미롭다.[75] 활판 인쇄술을 통해 가장 먼저 보급된 책은 성경과 기도서였지만,

---

[72]   Kamen 1997, 268.
[73]   Fernandez 1997, 494.
[74]   Kamen 1997, 134,
[75]   Monter and Tedeschi 1986.

얼마 지나지 않아 인쇄업자들은 외설물이 암시장에서 활발하게 거래되는 것을 알게 되었다.[76]

결론

역사적 사실을 왜곡한 거대한 신화는 잘 소멸되지 않는다. 심지어 새로운 증거에 대한 심각한 반론이 없는 경우에도 그러하다. 그러나 스페인의 이단 심문소와 관련해서는, 작가들이 최근 들어 새롭게 발견된 사실에 대해 잘 알고 있음에도 불구하고 "거룩한 테러"라는 과거의 신화를 계속해서 확산시키고 있다.[77] 이들이 그렇게 하는 이유는 종교, 특히 기독교가 인류에게 끔찍한 저주라는 점을 반드시 보여주려고 하기 때문이다. 따라서 이들 작가들은 새로운 연구를 "호교론자들"의 작품 정도로 가볍게 치부하고서[78] 이전과 마찬가지로 검은 옷을 입은 가학적 괴물들에 대한 이야기를 계속해서 유포시킬 뿐이다.

---

76 Findlen 1993; Hyde 1964.
77 Ellerbe 1995; Kirsch 2008; MacCulloch 2010.
78 Kirsch 2008.

제 6 부

신세계와 기독교의 성장

제20장

다종파적 상황과 미국의 신앙

기독교는 대서양을 건너면서 변혁되고 갱신되었다. 그런 일이 최근까지도 유럽에 만연한 피상적 경건의 복제판(제22장을 보라)에 불과했던 라틴 아메리카에서 일어난 것이 아니었다. 그런 일이 발생한 것은 북아메리카에서 였다. 기독교는 생동감을 불어 넣어주는 새로운 환경과 조우했다.

물론 오늘날의 기준으로 보면 아주 낮은 수준임에도 불구하고 심지어 초창기에도 유럽인들은 미국인들의 높은 종교적 헌신도에 놀라움을 금치 못했다. 1776년 독립전쟁(the Revolutionary War)이 발발하기 직전까지만 해도 13개 식민주에서 단지 17퍼센트만이 실제로 종교 단체에 속해 있었다.[1] 이는 주일 아침에 교회에 오기보다는 토요일 저녁에 선술집에서 술을 마시는 사람이 더 많았다는 얘기다. 이 당시를 가리켜 "청교도 시대"(1761-1800)라고는 하지만, 뉴잉글랜드의 첫 출생아들 가운데 삼분의 일(33.7퍼센트)이 결혼 후 9개월이 채 되기도 전에 출생했었는데, 이는 식민시대 뉴잉글랜드

---

1   Finke and Stark 1992.

지역의 미혼 여성들이 교회 출석도 하지 않았을 뿐 아니라 혼전 성관계를 가졌을 가능성이 크다는 말이 된다.[2]

그럼에도 불구하고 1818년에 급진파 영국 언론인이었던 윌리엄 코베트(William Cobbett, 1763-1835)는 미국 촌락에 있는 교회들의 숫자와 규모에 놀랐었다. "보라! 이들은 가난하고 남루한 교회가 아니었다. 이들 교회는 하나같이 보틀리 교회(Botley Church: 코베트의 영국 고향 마을에 있던 유일한 교회)보다 잘 지어졌고 훨씬 더 근사했다. 완벽할 정도로 깔끔하게 정돈된 정원을 가지고 있었고, 거의 모든 묘지마다 묘비가 있었다. 퀘이커 모임 장소로 사용되는 건물에 대해 말하자면, 보틀리 교회는 첨탑만 제거하면 그 집회소의 뒷부분 밖에 되지 않을 것이다."[3] 수년 후 미국을 방문했던 유명한 프랑스인 알렉시 드 토크빌(Alexis de Tocqueville, 1805-1859)은 "이 세상에서 미국만큼 종교가 사람들의 영혼에 강력한 영향을 끼치는 나라는 없다"고 말했다.[4] 19세기 중반 스위스의 한 신학자는 뉴욕시의 루터교회 출석률이 베를린보다 더 높다는 사실에 주목했다.[5]

유럽인들이 미국을 방문하고서 미국인의 종교성에 대해 놀랐다고 한다면, 유럽을 방문했던 미국인들은 유럽에서 종교적 참여가 부족한 것을 보고서 마찬가지로 놀랐다. 예를 들어 미국 최초의 종교사학자라고 할 수 있는 로버트 베어드(Robert Baird, 1798-1863)는 유럽 대륙에서 8년을 체류하고 난 뒤(1844)에 유럽 어디에서도 미국에서라면 당연하게 기대할 만한 수준의 교회 출석률을 보여주는 곳이 없다고 보고했다.[6]

---

2   Smith 1985.
3   Cobbett 1818, 229.
4   de Tocqueville [1835-1839] 1956, 2: 314.
5   Schaff [1855] 1961, 91.
6   Baird 1844, 188.

그런데 왜 그런 것일까? 미국인들이 교회를 잘 다닌 이유는 무엇일까? 오직 미국에서만 찾아볼 수 있는 특이한 다종파적 상황은 어떤 영향을 주었으며, 이렇게 많은 종파들이 어떻게 서로 평화롭게 공존할 수 있었던 것일까? 이러한 질문에 초점을 두고 이번 장을 이어가려 한다.

식민 시대의 다종파적 상황

13개 식민주에서 나타난 매우 낮은 수준의 종교적 참여도는 초기 정착민들이 유럽에 만연하던 현상을 그대로 가지고 왔음을 시사하는 것이다. 식민주의자들 가운데 미국에서 시온을 건설하려는 뜻을 품고 있던 종파에 속한 신자는 거의 없었다. 심지어 메이플라워(Mayflower)호에 승선했던 이들 가운데 청교도가 다수를 차지한 것도 아니었다. 더욱이 청교도가 매사추세츠(Massachusetts)를 통치하면서 자신들의 도덕관을 법제화하려고 했을 때에도, 매사추세츠 식민주의자의 대부분은 교회에 속하지 않았고, 교회에 소속된 주민은 고작 22퍼센트에 불과했었는데, 청교도들은 한사코 이 사실을 감추려는 경향이 있었다.

게다가 성공회나 루터교회와 같은 대규모 교단 중 일부는 유럽식 국가교회의 해외 지부가 되었으며, 그런 체제에서 전형적으로 나타나는 노력의 부족을 노정하였을 뿐 아니라 평판이 나쁜 성직자를 식민주 목회를 위해 파송하기도 한 것은 주목할 만한 사실이었다. 유명한 에드윈 가우스태드(Edwin S. Gaustad, 1923-2011)의 말마따나 성공회의 교구위원들 가운데는 "성직자들이 부채를 피하기 위해, 아니면 아내로부터 도망치거나, 혹은 짐스러운 의무를 회피하기 위해 영국을 떠나 미국으로 오는 것, 즉 미국을 은

퇴 장소나 은신처로 보는 것"에 대한 불만이 꾸준히 있었다.[7] 위대한 복음전
도자였던 조지 휫필드(George Whitefield, 1714-1770)는 자신의 일기에서 "전
반적으로 본이 되지 않는 그런 목회자를 파송 받느니, 차라리 없는 편이 더
나을 것 같았다"라고 적고 있다.[8]

끝으로, 대부분의 식민주들은 세금으로 운영되는 국교회로 인해 어려
움을 겪었다. 성공회가 뉴욕, 버지니아, 메릴랜드, 노스캐롤라이나, 사우스
캐롤라이나와 조지아에서 국교회로 설립되었다. 회중교회(청교도)는 뉴잉
글랜드에 설립되었다. 뉴저지와 펜실베이니아에는 국교회와 같은 것이 없
었다. 그런데 놀라울 것도 없는 것이 이 두 식민주의 교인비율이 다른 곳
보다 더 높았다.[9] 바로 여기에 미국인들의 신앙이 놀라울 정도로 상승하게
된 단서가 있다. 본서의 제17장에서 애덤 스미스가 독점적 지위를 누리는
국교회들이 불가피하게 나태하고 게을러지기 마련이라고 설명하면서, 콘스
탄티누스가 기독교 신앙을 공인한 이래로 유럽의 기독교가 대중들 가운데
독실한 신앙을 일으키지 못한 것을 예로 들었던 것을 상기해보자. 그러나
이러한 게으른 독점은 미합중국에서 살아남지 못했다.

독립전쟁이 끝난 후 국교회 체제는 지속되지 못했다(그렇지만 회중교회
는 1833년까지 매사추세츠에서 국교회의 지위를 유지했었다). 1776년에 이미 다종
파적 상황이 실질적으로 자리 잡고 있었다(표 20.1을 보라). 이러한 현상은 여
러 개신교 교파들이 새롭게 등장함에 따라 급격히 확대되었다. 이러한 교파
들은 대부분 지방에서 시작되었다. 이들 교파들은 모두 동등한 조건하에 설
립되었으므로 정부의 편파적 지원 같은 것은 없었고, 교인들을 확보하기 위
해 교회들 간에 극심한 경쟁이 유발되었다. 미국인들을 신앙을 위해 동원하

---

7   Gaustad 1987, 15.
8   Whitefield [1756] 1969, 387.
9   Finke and Stark 1992, 27.

게 된 것은 "기적"이었다. 그 결과 1850년이 되면 미국인의 삼분의 일이 지역 교회에 소속되어 있었다. 20세기 초가 되면 미국인의 절반이 교회에 소속되었고, 오늘날에는 대략 70퍼센트가 교회에 소속되어 있다.[10]

표 20.1: 13개 식민주에 있던 교파별 교회 수, 1776년

교파	교회수
회중교회(Congregational)	668
장로교회(Presbyterian, 모든 교단 포함)	588
침례교회(Baptist, 모든 교단 포함)	497
성공회(Anglican, 영국국교회)	495
퀘이커(Quakers)	310
독일 개혁교회(German Reformed)	159
루터교회(Lutheran, 모든 교단 포함)	150
네덜란드 개혁교회(Dutch Reformed)	120
감리교회(Methodist)	65
로마 가톨릭(Roman Catholic)	56
모라비아 교회(Moravian)	31
분리파와 독립파(Separatist and Independent)	27
던커파(Dunker)	24
메노나이트(Mennonite)	16
위그노(Huguenot)	7
산더마니안(Sandemanian)	6
유대교(Jewish)	5
합계	**3,228**

출처: Paullin, *Atlas of the Geography of the United States* (1932),
Finke and Stark, *The Churching of America, 1776-1990* (1992; 2005).

---

10   Finke and Stark 1992; Stark 2008.

19세기 동안 미국인의 신앙심과 유럽인의 신앙심 간에 나타나는 커다란 차이점을 설명하는 요인이 바로 경쟁적 다종파 상황이라는 인식이 광범위하게 퍼져 있었다. 독일 귀족 출신인 프란시스 그룬트(Francis Grund, 1798-1863)는 1827년 보스턴에 도착한 후, 국교회 제도야말로 성직자를 "나태하고 게으르게" 만드는 요인이라고 지적하면서 그 이유에 대해 다음과 같이 말했다.

> 국가로부터 지원받는 사람은 상식적으로 생각해보아도 스스로의 힘으로 생계를 책임져야 하는 사람만큼 열심히 일하려 하지 않을 것이다.…미국인들은 유럽이나 영국보다 수적으로 월등히 많은 성직자들을 가지고 있을 뿐 아니라, 그들 중에는 게으른 사람이 한 사람도 없다. 그들 모두는 자신이 사역하는 교회의 영적 안녕을 위해 최선을 다해야만 한다. 따라서 미국인들은 세 배나 혜택을 누리고 있다. 그들에게는 설교자들이 더 많은데, 이들 설교자들은 더 활동적일 뿐 아니라 이들의 목회적 섬김을 받는 데 비용도 훨씬 적게 든다. 유럽의 어느 곳과도 비교할 수 없는 조건이다.[11]

또 다른 독일 출신으로, 전투적 무신론자였던 카를 그리징거(Karl T. Griesinger)는 1852년 미국에서는 정교 분리가 종교적 열심에 불을 붙였다고 불평하면서 다음과 같이 말했다. "미국의 성직자들은 사업가들과 비슷하다. 그들은 경쟁에 직면해서 사업을 일으켜야만 한다.…세계 어느 곳보다 미국에서 교회 출석이 왜 더 많은지 그 이유가 분명하다."[12]

---

11   다음에서 인용함. Powell 1967, 77, 80.
12   다음에서 인용함. Handlin 1949, 261.

다종파적 상황에 대한 오해

종교 집단 간의 경쟁이 미국인의 종교활동 참여도를 높여주는 배후의 원동력이 되었다는 인식이 희한하게도 20세기에 들어서면서 잦아들었는데, 이는 독점적 종교들이 다종파적 상황에 대해 반대하면서 오랫동안 반복했던 비판을 사회과학자들이 다시 들고 나왔기 때문이다. 이들은 종교 집단 간의 분쟁은 모든 종교에 대한 신뢰성 저하를 초래하므로, 종교는 어떤 도전도 받지 않는 독점적 지위에 있을 때 가장 강력하다고 주장했다. 이런 취지에서 스티브 브루스(Steve Bruce)는 다음과 같은 주장을 편다. "다종파적 상황은 종교의 인간적 기원을 드러냄으로써 종교적 신앙 체계의 타당성을 위협한다. 사람들에게 종교를 운명이 아닌 개인적 선택의 문제로 다루도록 강요함으로써 다종파적 상황은 '이단'의 발생을 보편화한다. 개인이 선택한 종교는 운명적으로 주어진 종교보다 약하다. 왜냐하면 우리는 신이 우리를 선택한 것이 아니라 우리가 신을 선택한 것을 잘 알고 있기 때문이다."[13] 브루스가 이러한 말을 허심탄회하게 발설하기 전에 저명한 종교사회학자인 피터 버거(Peter Berger)가 동일한 견해를 세련된 사회학적 용어를 빌려서 잘 정리해 놓았다. 그는 다종교적 상황은 필연적으로 모든 종교의 타당성을 파괴한다고 거듭해서 주장한다. 왜냐하면 단 하나의 신앙이 우세한 곳에서만 사회 전체에 대한 공통의 관점이 주어지며, 보편적 확신과 동의를 끌어내주는 "신성한 차양"(sacred canopy)이 존재할 수 있기 때문이다. 버거의 설명에 따르면, "종교의 고전적 사명은 모든 사람이 사회생활을 통해 자신들을 하나로 결속시켜 주는 궁극적 의미가 가능한 공통의 세계"를 구축하는 것이다.[14]

---

13 Bruce 1992, 170.
14 Berger 1969, 133-34.

이렇듯 브루스와 버거 및 이들을 지지하는 이들은 미국 역사가 주는 엄청난 증거를 무시하면서까지, 종교는 다종파적 상황으로 인해 망할 수밖에 없으므로 현대 사회는 존속을 위해서라도 새로운 세속적 차양을 만들어낼 필요가 있으리라는 식의 결론을 내린다.

그러나 버거의 주장은 틀렸다(그는 나중에 이 점을 아주 고상하게 시인한다. 제21장을 보라). 사람들은 모든 것을 포용하는 신성한 차양을 필요로 하는 것이 아니라, 크리스천 스미스(Christian Smith)가 만들어낸 멋진 이미지를 빌려서 표현하자면, "신성한 우산들"을 갖고서도 충분히 대처할 수 있는 것처럼 보인다.[15] 스미스는 사람이 자신의 종교적 확신을 유지하기 위해 모든 이웃과 의견을 같이할 필요는 없다고 말한다. 오직 마음에 맞는 일단의 친구들만으로도 족하다. 다종파적 상황으로 인해 종교의 신뢰성이 손상되지 않는다. 왜냐하면 다른 사람들이 다른 종교에 헌신하는 것과 상관없이, 종교적 그룹은 자신들의 신앙에 전적으로 헌신하는 것이 가능하기 때문이다. 이렇듯 메리 조 네이츠(Mary Jo Neitz)는 가톨릭 은사주의자들(Catholic charismatics)에 대한 연구를 통해 종교적 선택이 "자신들의 신념을 저해하지 않음"을 이들이 잘 알고 있음을 발견한다. "도리어 이들은 자신의 신념 체계를 '검증'하면서 그것이 지닌 우월성에 대해 확신하게" 되었다고 한다.[16] 그 밖에도 린 데이빗먼(Lynn Davidman)은 세속적으로 살아가던 유대인 여성들이 유대교 정통파로 회심하게 된 사례를 연구하였는데, 이를 통해 "현재 미국에서 경험할 수 있는 다종파적 상황과 선택의 다양화가 실제로 유대인 공동체들을 강화시키는" 측면이 있음을 강조한다.[17]

이렇듯 다종파적 상황이 신앙과 양립할 수 없다는 식의 주장을 철회할

---

15 Smith 1998, 106.
16 Neitz 1987, 257-58.
17 Davidman 1991, 204.

수밖에 없는 상황임에도 불구하고 이들 다종파주의 비판자들은 현재 새로운 허위 주장을 내세우고 있다. 이들이 내세우는 새로운 주장이란 종교 시장에서의 경쟁은 종교를 "싸구려"로 만들 수밖에 없다는 것이다. 다시 말해서 교회들은 지지자를 끌어 모으기 위한 노력의 와중에 상호 간의 경쟁으로 내몰리면서, 요구하는 것이 덜한 신앙, 즉 교인들의 희생과 헌신도에 대한 요구를 낮추는 형태의 신앙을 제공한다는 것이다. 여기서도 이러한 주장의 핵심을 가장 먼저 (가장 효과적으로) 제시한 것은 역시 피터 버거였다. 그는 미국에서 종교들 간의 경쟁은 모든 교회를 "소비자 기호"에 따라 좌우되도록 맡겨버렸다고 이야기한다.[18] 소비자들은 "세속화된 사고방식과 어울릴 수 있는 종교 상품"을 선호할 것이다. 이로써 "세속적 방향으로 종교의 내용을 수정한다면…종교의 전통에서 '초자연적' 요소들을 거의 다 제거하게 되거나…아니면 '초자연적' 요소를 강조하지 않고 뒤로 감추면서, 종교기관은 세속화된 사고방식에 부합하는 가치들을 중심으로 마케팅을 전개하게 될 것이다."[19] 그렇다면 성공적인 교회란 초자연의 개입에 따른 신앙의 비약과 같은 것을 요구하지도 않고, 도덕적 의무 따위도 거의 부과하지 않으며, 그저 최소한의 참여와 후원으로 만족하는 기관으로 전락하게 될 것이다. 이러한 식으로, 다종파적 상황은 종교를 파멸로 이끌 것이다. 이에 따라 옥스퍼드의 브라이언 윌슨(Bryan Wilson, 1926-2005)은 "미국 사회에서 대부분의 종교가 보여주는 피상성을"[20] 근거로 삼아 미국 종교의 활력을 대수롭지 않게 평가하는 반면에, 영국과 유럽의 텅 빈 교회들 안에서 뭔가 더 심오한 것이 일어나기라도 하는 양 으스댄다. 이와 비슷하게, 존 버딕(John Burdick)도 종교 간의 경쟁으로 인해 종교적 헌신이 "순전히 기회주의적인 노력"으

18　Berger 1969, 145.
19　Berger 1969, 146.
20　Wilson 1966, 166.

로 전락한다는 식의 의견을 개진한다.[21]

성공적인 종교 "기업들"

종교 간의 경쟁이 "값싼" 종교를 선호하게 할 것이라는 결론은 가격을 가치로 오인한 것이다. 소비시장의 작동방식을 살펴보면 분명히 알 수 있듯이, 사람들은 대개 최저가의 제품을 서둘러 구매하기보다는 자신이 가진 돈에 견주어 최대의 가치를 제공하는 상품을 선택함으로써 효용을 극대화하려 한다. 종교의 경우, 사람들은 최소한의 것을 요구하는 종교가 아니라 정당한 희생에 대해 종교적으로 최고의 보상을 제공하는 신뢰성 있는 종교로 몰려간다. 이것이 사실임이 거듭 증명되고 있다. 다양한 이유로 인해 기독교의 여러 교파들은 신조와 도덕성의 측면에서 교인들에 대한 요구를 대폭 축소시켰는데, 이로 인해 급격한 교인 수 감소와 기존 신자들에게 있어 헌신의 결핍이 초래되기 마련이었다. 이렇듯 1776년 미국의 주요 교파들이 감리교회와 같은 훨씬 더 엄격한 교파들이 등장함에 따라 크게 밀리게 되었고, 감리교회는 1850년 미국에서 단연코 최대의 교단으로 자리 잡기에 이르렀다. 그러던 감리교회가 20세기 벽두에 무흠한 교인이 되는 도덕적 요건을 대폭 낮추었고, 그때부터 감리교회의 쇠퇴가 시작되었다. 한편으로 남침례교회는 "값비싼" 종교를 계속 고집했는데, 얼마 지나지 않아 감리교회를 제치고 미국 최대의 개신교회가 되었으며 지금까지도 그 순위를 유지하고 있다.[22]

---

21 Burdick 1993, 8.
22 Finke and Stark 1992.

이러한 특이한 성공 패턴이 표 20.2에서 뚜렷이 드러나는데, 이 표는 1960년에서 2006년 내지 2007년에 이르기까지 (교단이 공개하는 최신의 통계보고에 근거하여) 다양한 미국 교단의 교인 수 변화를 알려준다. 인구 증가를 고려해서 교인 수는 당해 연도 미국 인구 중 1,000명당 얼마로 계산했다. 통계를 해석하는 또 다른 방식은 각 그룹이 차지하는 "시장 지분"(market share)의 변동을 반영하는 것이다. 이 표에서 맨 위에 위치한 교단들은 언론에서 종종 "주류"(mainline)라고 부르는 진보적 개신교회들이다. 하지만 현재 그들은 보다 정확하게 말해서 "비주류"(sideline)라고 불러야 할 것이다. 이들 교회는 제각기 기독교의 전통적인 가르침을 내팽개치고 성직자와 교인들에게도 거의 요구하는 것이 없는 것으로 유명하다. 성공회는 아주 노골적인 무신론자인 존 쉘비 스퐁(John Shelby Spong)을 오랫동안 주교로서 용인하였다. 1960년 이래로 이러한 교단들은 저마다 재앙에 가까운 수준으로 교인 수가 감소하였다. 그런 까닭에, 1960년 그리스도연합교회(United Church of Christ, 과거의 회중교회)는 교인 수가 미국인 1,000명당 12.4명이었는데, 2007년에는 고작 3.8명이 되었다. 성공회도 18.1명에서 7.0명이 되었고, 감리교회도 54.7명에서 26.6명으로 감소하였다. 미국에서 "가장 부담 없는"(cheapest) 종교단체인 "유니테리언 교회"(Unitarian-Universalists)는 결코 의미 있는 추종세력을 확보한 적이 없는데, 그럼에도 불구하고 계속 쇠퇴하는 중이다.

표 20.2: 성장하는 미국 교단들과 쇠퇴하는 미국 교단들 (미국 인구 1,000명당 미국인 교인수)

교단	1960	2006-2007	변화 (%)
그리스도연합교회 (United Church of Christ)	12.4	3.8	-69
성공회 (Episcopal Church)	18.1	7.0	-61
장로교회 (Presbyterian Church USA)	23.0	9.8	-57
연합감리교회 (United Methodist Church)	54.7	26.6	-55
미국복음주의루터교회 (Evangelical Lutheran Church in America)	29.3	15.6	-47
유니테리언 (Unitarian-Universalist)	1.0	0.7	-30
퀘이커 (Quakers: all meetings)	0.7	0.5	-29
로마 가톨릭 (Roman Catholic)	233.0	229.9	-4
남침례교회 (Southern Baptist Convention)	53.8	55.0	+2
포스퀘어 가스펠 (Foursquare Gospel)	0.5	0.9	+80
제칠일안식교 (Seventh-day Adventist)	1.8	3.4	+89
말일성도(몰몬) (Latter-day Saints, Mormons)	8.2	19.4	+138
여호와의 증인 (Jehovah's Witnesses)	1.3	3.6	+177
하나님의 성회 (Assemblies of God)	2.8	9.6	+242
하나님의 교회(클리블랜드) (Church of God, Cleveland, TN)	0.9	3.2	+260
그리스도 안에 있는 하나님의 교회 (Church of God in Christ)	2.2	18.6	+743

출처: 1962년 미국교회 연감, 2008년과 2009년 미국과 캐나다교회 연감; 1961년 여호와의 증인 연감

표의 중간쯤에 로마 가톨릭교회가 자리한다. 이 시기 동안 온갖 역경을 겪었음에도 불구하고 로마 가톨릭은 4퍼센트 정도만 하락했다. 반면에 거대한 남침례교회는 가까스로 2퍼센트의 성장을 달성하였다.

표의 아래쪽으로 내려오면 전통적 신앙을 수용하면서 목회자와 교인 모두에게 높은 수준의 윤리와 헌신을 부과하는 교단들이 나온다. 이들 그룹은 놀라운 비율로 성장해왔다. 아마도 여호와의 증인(Jehovah's Witnesses) 만큼 교인들에게 많은 것을 요구하는 교단은 없을 것이다. 그런데도 이들은 계속해서 급속한 성장을 하고 있다. 이와 비슷하게 "하나님의 성회"(the Assemblies of God)가 이 기간 동안 거의 2.5배 성장했다(아마도 전 세계적으로 보면 훨씬 더 빠르게 성장했을 것이다). 700퍼센트를 초과하는 비율로 증가하고 있는 아주 보수적인 "그리스도 안에 있는 아프리카-아메리칸 하나님의 교회"(African-American Church of God in Christ)가 현재 감리교회를 제외하고 어떤 진보 교단들보다 훨씬 더 큰데, 아마도 앞으로 10-20년 안에 감리교회마저 추월할 것이다. 그렇긴 해도 가장 빠르게 성장하는 기독교 그룹 가운데 어떤 것들은 표에 포함되지 않았다. 예를 들어 "빈야드 교회 연합"(the Association of Vineyard Churches)은 1960년에는 존재하지 않았지만, 1978년에 설립된 이래로 오늘날에는 전 세계적으로 1,500개 이상의 교회가 있다. 실로 미국의 교회들 가운데 가장 견실한 그룹이지만, 변화 추이에 대한 통계가 없어서 표에서 빠진 교회들도 있다. 이들은 아주 빠르게 성장하는 거대한 복음주의적 초교파 교회들을 말하는데 1960년에는 거의 존재하지도 않았었다. 이들 교회에 현재 등록 중인 이들은 미국인 1,000명당 약 34명에 해당하며,[23] 남침례교회 규모의 절반을 조금 넘는 정도다. 이러한 초교파교

---

[23]   Pew Forum Survey 2007.

회들, 특히 이 중 대형교회들이 "교리나 죄에 대해서 가볍게 다루어서"[24] 번창한다고 하는 주장은 전혀 그릇된 것이다. 이들은 요구하는 것이 매우 많은 교회들이다.[25] 현재까지 잠정적 결론은 경쟁 상황에서 "값싼" 종교는 설자리가 없다는 것이다.

이러한 패턴은 1960년대 초 로마 가톨릭교회가 제2차 바티칸 공의회에서 통과시킨 결정들이 초래한 결과에 의해 더 분명하게 확인할 수 있다. 주교들이 취한 여러 조치들 가운데 어떤 것은 수녀와 수도사에게 요구되는 희생을 크게 경감하였다. 예를 들어 여러 수녀회에서 수녀들에게 번거로운 수도복을 입지 않아도 되고, 수녀회 소속을 표시하지 않는 복장도 입을 수 있도록 허용했었다. 공의회의 기타 결정들은 수녀원과 수도원에서 요구하는 매일의 기도시간과 묵상에 관한 규칙을 폐지하는 것이었다. 이와 비슷한 여러 "개혁들"이 범세계적 차원에서 수도회의 쇄신을 알리는 것으로 여겨져 크게 각광받았다. 그러나 일 년도 채 되지 않아 갑작스러운 쇠락이 찾아왔다. 수녀들과 수도사들이 줄지어 수도회를 떠났다. 수도원에 들어오는 입회 비율이 뚝 떨어졌다. 수도회들은 축소되었다. 이에 따라 미국에서 수녀들의 수가 공의회가 휴회 중이었던 1966년에 17만 6,671명이었는데, 2004년에는 7만 1,487명으로 떨어졌고, 수도사들의 수도 절반으로 감소하였다. 비슷한 쇠퇴가 전 세계적으로 발생했다. 이러한 쇠퇴의 원인에 대해 (전에 수녀였다가 현재 사회학 교수인 이들은 대체로) 수도회 회원들에게 너무나 지나친 요구들, 즉 현대적 생활과는 맞지 않은 요구를 강요한 결과라고 설명하곤 한다.[26] 그러나 이러한 쇠퇴의 과정이 역전되고 있다는 사실이 오히려 의미심장하다. 어떤 수도회들은 과거의 의무사항들을 복원하였고, 새로

---

24   다음에서 인용함. Thumma and Travis 2007, 21.

25   Stark 2008.

26   다음을 보라. Ebaugh 1993.

이 건립된 수도회들은 높은 수준의 희생을 재도입하였다. 이들 수도회들은 계속 성장하고 있다.[27] 희생의 수준이 너무 높아서 문제였다는 식의 주장은 이 정도면 족할 것 같다.

요구하는 것이 많은 종교 집단은 요구하는 것이 적은 종교보다 구성원들의 마음을 더 많이 끌고 그들을 교회에 붙잡아두는 것에 머물지 않는다. 그러한 종교 집단은 새로운 교인들을 충원한다. 다시 말해서 그 교인들은 너무나 헌신된 나머지 다른 이들을 교회 울타리 안으로 데려오려고 애쓴다. 요구하는 것이 덜한 종교의 교인들은 이러한 일을 별로 내켜하지 않는다. 여러 복음주의 개신교단에 속한 교인들의 거의 과반수가 지난달에 개인적으로 노방 전도를 실시한 적이 있고, 삼분의 이는 친구들에게 전도했다고 답한다.[28]

끝으로 다종파주의에 대한 비판자들은 독점적 종교가 가장 강력하다는 증거로 이슬람을 곧잘 인용하면서, 대부분의 무슬림 사회에서 나타나는 높은 수준의 신앙과 종교적 참여를 예로 든다. 이 모든 것은, 대부분의 무슬림이 기독교가 획일적이라고 생각하는 것과 마찬가지로, 대부분의 그리스도인도 이슬람은 획일적이라는 잘못된 생각을 가지고 있음을 보여줄 뿐이다. 사실 이슬람 안에는 굉장히 다양한 부류가 존재한다. 단지 수니파(Sunnis)와 시아파(Shiites) 같이 거대한 구분만이 아니라 심지어 지역의 모스크들 간에도 다양한 차이가 있다.[29] 말하자면 미국의 마을에 네 곳의 개신교회가 있는 것처럼, 네 곳의 모스크가 있는 동네에는 그만큼 다양한 무슬림 집단이 존재하는 셈이다. 이슬람 안에 이 정도의 다양성이 있는 이유는 개별 성직자(ulama)가 각각 활동적인 교인들을 모집해서 자신의 수입원을 마

27   Stark and Finke 2000.
28   Stark 2008.
29   Introvigne 2005.

련해야 한다는 사실에 기인하다. 즉 성직자 각자의 생계는 신자들이 얼마나 열성적으로 참여하는가에 달려 있다."[30] 그렇기 때문에 지역 모스크들 간의 경쟁은 미국 기독교와 마찬가지로 이슬람 안에서도 높은 수준의 종교성을 창출하는 데 기여한다. 게다가 대부분의 무슬림들은 신앙을 공개적으로 현시하도록 상당한 압박을 가하는 매우 억압적인 통치기구 하에 시달리고 있다.

미국인들의 신비주의적 성향

미국인들에게서는 대체로 매우 높은 종교활동 참여율이 나타나고 있으며, 미국인 대다수가 전통적인 믿음을 수용하고 있음은 잘 알려진 사실이다. 예를 들어 과반수의 교인이 2006년 한 해 동안 교회에 500불 이상을 기부했고, 18퍼센트는 2,000불 이상을 기부하기도 했다. 식사 기도와 교회에서 갖는 기도시간 외에도 미국인들 가운데 삼분의 일은 하루에 몇 차례씩 기도하고, 절반 정도는 적어도 하루에 한 번 기도한다. 믿음의 내용에 대해 살펴보자면, 82퍼센트가 천국을 믿고 있고, 75퍼센트가 지옥의 존재를 믿는다. 70퍼센트는 마귀들의 존재를 믿고 있고, 53퍼센트는 휴거를 기대하고 있으며, 단 4퍼센트만이 하나님을 믿지 않는다고 대답한다.[31]

하지만 미국인의 종교에서 간과된 측면이 하나 있는데 그것은 신비 체험 내지 종교적 경험이며, 이에 대한 조사가 최근에서야 실시되었다. 1960년대에 미국 종교에 대한 최초의 대규모 조사를 실시하면서 종교적 체험

---

30   Gill 2005, 5.
31   이들 통계수치는 2005년과 2007년에 실시한 베일러 대학교 전국 종교 설문조사(the Baylor National Survey of American Religion)에서 가져온 것이다.

에 관해 조사하려고 시도하다가 좌절된 적이 있다. 신학을 전공한 여러 유력한 자문가들은 신비주의란 매우 드문 현상이고 특이한 행동을 수반하기에, 그런 것에 질문을 할애하는 것은 무의미할 뿐 아니라 설상가상으로, 그것에 대한 질문이 응답자들의 심기를 건드릴 것이라는 이유를 들어 반대했었다.[32] 그 신학자들의 말은 완전히 틀린 것이었다! 2007년 "베일러 대학교 전국 종교 설문조사(the Baylor National Survey of American Religion)가 갤럽(the Gallup Organization)에 의해 실시되었는데 그중에는 다음과 같은 질문이 들어 있었다.

다음의 체험 중에서 당신에게 해당하는 것이 있다면 표시해주시기 바랍니다.

나는 하나님이 나에게 말씀하시는 목소리를 들었다. '그렇다': 20퍼센트
나는 하나님이 나에게 어떤 일을 하라고 부르시는 것을 느꼈다. '그렇다': 44퍼센트
수호천사가 나를 위험으로부터 지켜준 적이 있다. '그렇다': 55퍼센트

많은 이들은 수호천사를 단순한 수사적 표현에 불과한 것으로, 단지 행운을 가리키는 방식 정도로 치부하려고 할 것이다. 그런데 목회자들과 여러 교인들 간에 이어진 후속 대화는 그렇지 않음을 시사한다. 즉 사람들은 천사가 존재한다는 말을 문자적으로 이해하고 있었다. 61퍼센트의 미국인이 천사의 존재를 "절대적으로" 믿고 있으며, 또 다른 21퍼센트는 "아마도" 존재할 것이라고 생각한다는 사실을 감안해보라. "천사의 손길"(Touched by an Angel)이라는 텔레비전 시리즈가 큰 인기를 누렸던 것도 놀랄 일이 아니다.

---

32   다음을 보라. Stark 2008, 55.

어쨌든 미래에 실시하게 될 베일러 설문조사가 미국인들의 신비 체험을 심층적으로 추적해줄 것을 기대한다.

다종파적 상황과 종교적 시민의식

다종파적 상황이 모든 종교를 약화시킨다는 주장이 잘못된 것임에도 불구하고 오랫동안 널리 받아들여졌던 것처럼, 다종파적 상황이 종교적 갈등을 유발하여 심한 경우 전쟁이나 박해로까지 이어지기 마련이라는 생각도 당연시되어왔다. 영국의 철학자인 토머스 홉스(1588-1679)는 공공의 평화와 질서를 유지하기 위해 국가는 종교적 이견이 일절 분출되지 못하도록 막아야 한다고 주장했다. 적어도 인간이 스스로의 "경솔함"과 "무지"를 뛰어넘어 마침내 신들이란 "자신의 상상 속에서 만들어진 것"임을 깨달아 알아 그것을 내어버릴 때까지 그렇게 해야 한다는 것이다.[33] 그러기까지는 군주의 통제하에 하나의 권위 있는 교회가 존재해야만 한다. 한 세기 후 데이비드 흄(1711-1776)도 독점적 종교가 있는 경우라야 종교적 안정이 있을 수 있다는 주장에 동의했다. 왜냐하면 여러 종파가 각축을 벌이는 와중에 각 종파의 지도자들이 "다른 모든 종파에 대해 극도로 광포한 혐오를" 드러낸다면 다툼은 끝이 없을 것이기 때문이다. 따라서 현명한 정치가라면 단일한 종교 체제를 지지하고 후원하면서, 이에 도전하는 모든 자들을 진압해야만 할 것이다.[34] 이러한 견해는 유럽의 종교 역사 및 거기서 파생된 증오와 학살과 전쟁의 유산과 아귀가 맞아 보인다. 하지만 좀 더 자세히 들여다보면, 이 모

---

33   Hobbes [1651] 1956, 168.
34   Hume 1754, 3:30.

든 유혈사태가 야기된 것은 바로 단일 종교 체제에 맞서는 도전자들을 진압해온 정책 때문임을 알 수 있다.

언제나 그렇듯이 애덤 스미스(1723-1790)는 통념적 주장을 정반대로 뒤집어버림으로써 문제를 바로잡고는 했다. 즉 종교적 갈등은 한 사회 안에 너무 많은 종교 집단이 경쟁하는 데서 기인하는 것이 아니라, 너무나 적은 종교 집단[의 독점]으로 인해 발생한다는 것이다. 실로 스미스는 자기 친구 흄이 가장 "위험하고도 고질적인" 상황 곧 단일 교회의 독점을 지지한 것이 잘못임을 지적하면서, 자신이 생각하는 바람직한 형태에 대해 다음과 같이 제시하고 있다.

> 200개 내지 300개, 아니 어쩌면 1,000여개의 작은 종파로 나누어진 사회라면, 그중 한 종파가 감히 공공의 안정을 흔들지는 못할 것이다. 각 종파의 지도자들은 사방을 둘러보아도 친구보다 적대자가 더 많은 것을 발견하고서, 거대 종파에서는 찾아보기 힘든 솔직함과 절도를 어쩔 수 없이 배우게 될 것이다.…각각의 작은 종파를 이끄는 지도자들은 자신이 거의 혼자임을 알기에 다른 모든 종파의 지도자들을 어쩔 수 없이 존중하게 될 것이며, 이들 서로가 서로에 대해 배려하고 양보하는 것이야말로 편하고도 유쾌한 것임을 깨달아…[이것이 결국은] 공공의 안정으로 귀결될 것이다.[35]

스미스가 통찰한 내용을 좀 더 격식을 갖춰 표현하자면, 상호경쟁적인 종교들이 존재하는 곳에는 **종교적 시민의식**(religious civility)의 규범이 발달하여 **다종파간의 균형**(pluralistic equilibrium)이 생겨나게 된다. 종교적 시민의식의 규범은 공적인 표현과 행동이 상호 존중의 원리에 따라 통제될 때 생겨

---

[35]   Smith [1776] 1981, 793-94.

난다. 다종파 간의 균형은 일단의 경쟁 집단들 간에 권력이 고르게 분산됨으로써 갈등이 어느 편에도 이익이 되지 않는 상황에서 생겨난다.

시민의식이라는 개념이 공적 환경을 전제하고 있음을 또한 명심하라. 각 종교 집단은 각자가 가진 종교적 진리와 장점에 대해 사적 환경에서 자유롭게 말할 수 있으며, 대체로 그렇게들 하기 마련이다. 따라서, 예를 들어 전통적인 유대인 그룹은 예수가 약속된 메시아가 아니었다는 가르침을 계속할 것이고, 대부분의 기독교 그룹도 유대인들이 예수를 거부한 것은 잘못이었다는 가르침을 지속할 것이다. 그럼에도 미국에서는 그리스도인이나 유대인 모두 상대방의 정당성을 용인하는 가운데 공적 환경에서 상대방의 심기를 거스르지 않도록 주의한다. 사실 기독교와 유대교 성직자들이 공적 행사에 함께 참여할 경우 모두가 수용할 만한 내용으로 종교적 언사를 제한하는 것은 보기 흔한 광경이 되었다. 그러므로 스미스가 옳았던 것이다. 물론 종교적 시민의식이 미국에서 발흥하는 데 수 세기가 걸렸으며, 도중에 "공공연한 무질서"와 고통이 많이 수반되었던 것도 사실이다.

결론

다종파적 상황은 미국인의 종교성에 활력을 주는 열쇠일 뿐 아니라 종교적 시민의식을 발달시킨 촉매제이기도 하다. 어떤 이들은 애덤 스미스가 오래전 이에 관한 전반적인 분석을 대단히 명료하게 제시해놓았으므로, 경제학자들이 독점의 힘에 매료된 동료 사회학자들에게 이것에 대해 미리 지적해주었으면 좋았겠다고 생각할 수 있다. 문제는 아주 최근까지도 경제학자들은 종교에 대해 거의 관심이 없었으므로 스미스의 고전적 대작인 『국부론』(The Wealth of Nations)에서 이 주제를 논하는 한 장 전체를 대부분의 판본에서 누락시켜왔다는 것이다(지금도 누락되어 있다).[36] 내가 다종파적 상황으로 인해 유발되는 효과에 대해 나름대로 연구에 착수했을 때, 마침 누군가가 나에게 스미스의 『국부론』을 읽어보라고 추천한 적이 있다. 그런데 처음에 시중에서 손쉽게 구할 수 있는 판본을 입수해서 살펴보아도 그에 해당하는 내용을 찾을 수 없어 적잖이 당황했었다. 현재 동료 경제학자들은 종파적 다원성과 경쟁에 대한 나의 강조점을 꽤나 당연한 것으로 파악하는 반면에, 많은 종교사회학자들은 아직도 나의 주장이 응당 잘못되었다고 믿는다. 즉 경쟁은 종교에 해가 되며, 내가 종교를 부적절하게 자본주의에 비유하다가 잘못된 길로 빠져버렸다고 생각한다. 물론 절대 다수의 사회과학자들은 그러한 주변적인 문제에 전혀 주의를 기울이지 않는다. 어차피 종교는 머잖아 소멸하게끔 숙명지어져 있다고 하는 생각 속에 안주하고 있는 까닭이다.

---

[36]　Smith [1776] 1981, 5.1.3.3. 누락된 부분의 제목은 "모든 연령대의 사람을 교육하기 위해 기관에서 발생하는 비용에 대하여"(Of the Expense of the Institutions for the Instruction of People of all Ages)로 되어 있다. 내가 아는 한, 현재까지 이 장이 포함된 유일한 판본은 Liberty Fund에서 발행한 것이다. 자세한 서지 정보를 위해서는 참고문헌을 보라.

제21장

세속화: 사실과 환상

1710년 영국의 자유사상가인 토머스 울스턴(Thomas Woolston, 1670-1731)은 종교가 1910년이 되면 사라질 것이라고 자신 있게 말했다.[1] 볼테르(1695-1778)는 사태를 더 비관적으로 전망하면서 향후 50년 내에—대략 1810년 쯤이면—종교가 서구 세계에서 영영 사라질 것이라고 예언했기도 했다.[2]

종교의 종말에 대한 이와 비슷한 예언들이 그 이후로 계속 이어지면서 결국 **세속화의 논제**(secularization thesis)로 알려지게 되었는데, 이는 근대화, 특히 근대 과학에 대한 반응으로 인해 종교는 그 타당성을 상실한 채로 고사되고 말 것이라는 주장을 말한다. **세속화**(secularization)라는 용어는 독일의 사회학자인 막스 베버(Max Weber, 1864-1920)가 만들어낸 것으로, 그는 그 개념을 "세계가 미몽에서 깨어남" 즉 근대 지성이 초자연주의로부터 "해방되는 것"으로 정의했다. 저명한 인류학자인 앤터니 윌리스(Anthony F.

---

1   Woolston 1735.
2   다음에서 인용함. Redman 1949, 26.

C. Wallace)는 1966년 수천 명의 대학생들 앞에서 "종교의 미래는 소멸을 향해 나아갈 것이고…초자연적 능력에 대한 믿음은 과학적 지식이 점차 확산되고 그 적실성이 증가함에 따라 세계 도처에서 소멸될 운명이므로…그 과정은 불가피하다"고 말했다.[3]

이러한 주장에 전적으로 공감하면서, 사회학자인 피터 버거는 1968년 「뉴욕타임즈」에 실린 기고문에서 [종교의] 마지막이 다가오고 있으며 "21세기에는 독실한 신자들이 자기들끼리 오밀조밀하게 모이는 소종파 안에서나 존재하면서 범세계적인 세속 문화에 힘겹게 맞서는 모양이 될 것이고…신자들이 처한 곤궁한 상황은 미국의 대학을 방문하여 장기간 체류하는 티베트 점성가의 처지와 날이 갈수록 비슷해질 것"이라고 전망했다.[4]

세속화 논제를 지지하는 사회과학자들은 유럽 대부분의 지역에서 교회출석률이 현저하게 낮은 것을 인용하고는 한다. 예를 들어 스칸디나비아 국가들의 경우 매주 출석률이 4퍼센트에 불과할 정도로 낮다. 이러한 수치는 근대 이전에 중세 유럽인들이 시시때때로 교회에 몰려갔던 것과 달리 교회출석이 크게 감소한 것을 나타낸다고 여겨졌다. 물론 유럽인들의 교회출석이 언제나 매우 낮았다는 사실에 비추어보면 그러한 "증거"는 맥을 추지 못하고 사라지기 마련이다. 하지만 근대화가 세속화의 원인이 되었다는 논제를 주장하는 사람들이 골머리를 썩이는 것은 바로 지구상에서 가장 산업화되고 가장 과학적인 국가가 매우 종교적인 상태로 남아 있다는 사실이다. 미국인들의 절대 다수는 여전히 교회활동에 활발히 참여하고 있다. 그뿐 아니라 미국인들이 초자연적 존재에 대한 믿음을 상실했다는 징조도 찾아볼 수 없다.

---

3   Wallace 1966, 264-65.
4   Berger 1968, 3.

이러한 발견은 그다지 새삼스러울 것도 없다. 예리한 관찰력을 지녔던 알렉시 드 토크빌은 1830년대에 미국을 방문하고서 세속화 이론가들에 대해 다음과 같이 말했다. "애석하게도 [이 나라에서 나타나는] 사실들은 이론과 전혀 부합하지 않는다. 유럽의 경우 일부 지역의 주민들에게서 나타나는 비종교성은 사실 그들의 무지와 열등함에 비례하는 것일 뿐이다. 반면에 세계에서 가장 자유롭고 가장 계몽된 나라들 가운데 하나인 미국에서는 사람들이 종교의 모든 외적 의무를 열정적으로 수행한다."[5] 그러므로 세속화 논제를 신봉하는 이들은 미국의 경우를 "예외적 사례"로 무시하거나 아예 불신하지 않을 수 없었다.

미국의 "예외적 상황"

첫 번째 공격은 미국인의 신앙을 일종의 환각으로 치부하며 묵살하는 것이다. 1905년 3개월간의 미국 여행을 마친 후 막스 베버는 미국인의 종교적 허울 이면의 실제 상황을 발견했다고 주장하였다. "면밀히 들여다보니 세속화에 해당하는 특징적 과정이 꾸준히 진행되고 있음이 밝혀졌는데, 종교적 관념에서 기원한 모든 현상이 근대에 들어 이 세속화 과정에 굴복하고 있다." 50년 후 영국의 사회학자인 브라이언 윌슨(Bryan Wilson)은 베버의 견해를 강력하게 재천명했다. "겉보기와는 정반대로 미국의 종교 생활이 영국보다 더 양질인 것처럼 보이지는 않는다.…미국에서 종교적 소속은 세속적 의미를 띠고 있을 뿐 아니라 종교성을 표출하는 방식에 있어서도 깊이가 결여되어 있다는 인식이 오래전부터 있었는데, 이 모든 것은 두 나라

---

5   de Tocqueville [1835-1839] 1956, 319.

에서 공히 종교가 쇠퇴하고 있음을 시사한다."[6] 몇 년 후 윌슨은 "영국의 주요 교회들에서 진행되는 활동의 실제 내용이 미국 교회에서 일어나는 것에 비해 훨씬 더 '종교적'임을 의심하는 평가자는 별로 없다"고 주장했다.[7] 그러나 윌슨은 이들 평가자가 누구이며 이들이 실제로 무슨 말을 했는지 밝히지는 못했다.

세속화 논제에 열정적인 이들은 베버나 윌슨과 달리 미국인들이 유럽인들보다 더 종교적이라는 사실을 확실히 인지하고서 이에 대해 설명해야 할 필요성을 절감했다. 이들이 선호했던 전략은 미국을 지적으로 후진적인 것으로 치부하는 것이다. 영국의 저명한 학자인 데이비드 마틴(David Martin)은 이들의 주장을 배격하면서 그의 동료들에게서 나타나는 속물근성에 대해 다음과 같이 요약해주었다. "미국은 발전이 억류된 경우로, 그 진보가 지체된 상태다.···미국의 교육 시스템은 피상적이므로···따라서 확신을 갖고 예상할 수 있는 것은 미국의 교육이 충분히 발전되거나 잠자고 있던 계급의식이 깨어나게 된다면, 가짜 종교가 제공하는 진통 효과는 사라지고 말 것이다."[8] 마틴은 이러한 견해가 "혼란스럽다"고 말한다. 그런데 이러한 견해는 어불성설이기도 하다.

두 번째 공격은 미국의 종교성이라는 것이 실은 "출신 민족"(ethnicity)과 관련되어 있다는 주장이다.[9] 즉 루터교인들이 루터교회에 충성을 바치는 것은 스칸디나비아 내지 독일 출신 동료들과의 교제를 유지하려는 것이다. 장로교인들은 타고난 스코틀랜드적 유산에 매달리고 있으며, 남침례교도들은 스코틀랜드와 아일랜드의 뿌리를 지닌 채 과거 남부 연합을 잊지 못하

---

6   Wilson 1966, 126.
7   Wilson 1982, 152.
8   Martin 1969, 10.
9   Wallis 1986.

는 인종주의자라는 것이다. 이러한 설명은 출신 민족의 중요성이 약해졌다고 해서 미국인들의 종교 참여가 줄어들지 않는 것과, 가장 빠르게 성장하는 성공적인 종교들이 특정 민족 집단과의 관련성을 전혀 갖고 있지 않다는 사실을 도외시한다. 실제로 미국의 종교 가운데 가장 활기찬 집단에 속하는 복음주의 독립 교회들은 교파적 배경 자체를 갖고 있지 않다.

가장 최근에 언론에서 요란스럽게 떠들어댄 것은 마침내 미국의 종교가 퇴조하고 있으며 미국은 곧 세속화될 것이라는 주장이다. 2009년 3월초에 발표된 한 언론기사는 "미국인의 종교적 정체성에 대한 조사"(American Religious Identification Survey, ARIS)를 인용하면서, 미국인들 가운데 15퍼센트가 종교적 선호도를 묻는 전화 인터뷰에 "무종교"를 선택했다고 보도하였다. 이것은 1990년에 실시한 비슷한 설문조사에 응답했던 8퍼센트의 거의 두 배나 되는 수치였다. 해당 언론기사는 이러한 조사결과를 공개하면서 "주류" 기독교 교단들이 같은 기간 동안 상당한 쇠퇴를 겪어온 사실을 강조하기도 하였다.

이러한 보도는 전국 규모의 언론매체에 커다란 파장을 일으켰을 뿐 아니라 무신론자들의 웹사이트에서도 열광적인 반응을 불러왔다. 「유에스에이 투데이」(USA Today)는 일면에 "설문조사 결과, 미국 내 대부분의 종교 집단이 기반을 잃었다"라는 제목의 기사를 내보냈다.[10] 「뉴스위크」(Newsweek)의 당시 편집장이었던 존 미첨(Jon Meacham)은 "기독교 미국의 종말"이라는 제목의 머리기사를 작성하면서,[11] 이 사실은 전혀 의문의 여지가 없다는 투로 제목에 물음표도 달지 않았다. 그러나 다른 속셈이 없고 미국 종교에 관한 여론 조사에 대해 최소한의 지식이라도 있는 사람이라면 이러한 결론이

---

10   2009년 3월 17일자 기사.
11   2009년 4월 13일자 기사.

터무니없는 것임을 알아차리게 된다. 즉 "무종교"라는 응답이 실제로 의미하는 것이 무엇인지에 대한 논의는 언론 보도에서 조심스럽게 빠져 있었으며, 또한 "주류" 교단들의 쇠퇴는 수 세대 전부터 이미 진행되어온 현상이라는 점이다(본서의 제20장을 보라).

ARIS는 영국의 사회학자인 배리 코스민(Barry Kosmin)이 주도한 것으로, 그는 현재 코네티컷의 하트포드(Hartford)에 소재한 작은 인문교양대학인 트리니티 칼리지(Trinity College)에서 "사회와 문화의 세속화 연구소"(the Institute for the Study of Secularism in Society and Culture)를 이끌고 있다. 코스민은 세속화 논제를 신봉하는 주창자이며, 이러한 정황이 그가 운영하는 연구소 명칭에 반영되어 있다. 설령 그가 미국의 종교에 대해 잘 알지 못한다 하더라도, "무종교"라고 응답한 미국인들의 절대다수가 (언론 보도가 시사하는 것처럼) 무신론자들이 아니라 대단히 종교적임을 보여주는 방대한 연구 문헌이 있다는 사실을 모를 리 없다. 자신이 무신론자라고 말하는 3, 4퍼센트의 미국인들이 설문조사원들에게 "무종교"라고 응답한 것은 사실이다. 하지만 그렇게 응답한 이들은 대부분 단지 자신들이 교회에 소속되지 않았다는 의미에서 그렇게 대답한 것처럼 보인다.[12] 따라서 최근의 연구에 따르면, 미국인들 가운데 90퍼센트 이상이 기도를 하고 있고, 39퍼센트는 매주 또는 그보다 더 자주 기도를 한다. 단지 14퍼센트만이 하나님의 존재를 믿지 않지만, 그중 절반 정도는 천사의 존재를 믿는다. 교회에 출석하지 않는 사람들에게서 예상할 수 있는 것처럼, 그들이 믿는 내용 가운데 일부는 매우 비정통적이다. 18퍼센트는 자신이 생각하는 하나님을 일종의 높은 힘이거나 우주적 세력으로 이해한다. 45퍼센트는 점성술이 진짜라고 믿고 있으며, 8퍼센트는 그것이 진짜일 수도 있다고 생각한다. "무종교"라고 응답했던

---

12   Hout and Fischer 2002; Stark 2004, 125; 2008, 141-46.

이들 가운데 절반은 뉴에이지 서점에 자주 들리고 있고, 이들은 특별히 정령들과 빅풋(Bigfoot)과 아틀란티스의 존재를 믿는 경향이 있다.[13] 이들이 그리스도인인지 아닌지에 대해서는 논란의 여지가 있지만, 이들이 종교적이라는 데는 의심의 여지가 없다. 세속화 논제는 종교의 종말에 관한 것이지, 어떤 특정 종교의 종말에 관한 것이 아님을 명심해야 한다. 만약에 캐나다가 하루아침에 무슬림으로 바뀐다고 하면, 그것은 엄청난 종교적 변화가 될 터이지만, 그렇다고 해서 그것이 세속화의 사례로 간주되지는 않을 것이다.

ARIS에 관한 언론 보도는 지역 교회에 실제로 출석하는 미국인의 비율이 여론조사에서 취급한 것과 동일한 기간에 지속적으로 증가했다는 점, 즉 1990년에 64퍼센트였던 것이 2007년에 70퍼센트로 늘어난 사실에 주목하지 못했다.[14] 끝으로 언론 보도의 논조와는 달리, 미국인 가운데 무신론자의 비율은 지난 60년 동안 변하지 않았다. 즉 1944년 갤럽조사에서 하나님의 존재를 믿지 않는다고 응답한 이들이 4퍼센트였는데, 2007년 베일러 대학교의 전국 종교 설문조사(the Baylor National Survey of American Religion)에서도 정확히 동일한 비율이 보고되었다.

이렇듯 미국의 사례를 "예외적 상황"으로 치부하려는 노력은 실패로 끝난 셈이다. 최근 들어 그러한 관점을 전 세계로 확대해 보았더니 미국만 예외적인 것이 아님을 깨닫게 되었다.

---

13   Stark 2008, 125-31.
14   Finke and Stark 1992; Stark 2008.

범세계적으로 나타나는 종교성

1997년 「크리스천 센추리」(*Christian Century*)가 피터 버거와의 인터뷰를 진행한 적이 있다.[15] 그가 받은 질문들 가운데는 "세속화가 일어나고 있는지 여부와 그것이 어떻게 일어나고 있는지에 대해 당신이 이해하는 바를 말씀해주십시오"라는 물음이 있었다. 버거는 오랫동안 세속화 이론을 전투적으로 주장했던 사람임을 명심하기 바란다. 그의 답은 이러했다. "저를 비롯해서 종교사회학을 연구하는 대부분의 학자들이 1960년대에 세속화에 관해 발표했던 것들이 잘못이었다고 생각합니다. 우리의 근본적인 주장은 세속화와 근대화는 함께 간다는 것이었습니다. 근대화가 진행될수록 세속화가 가속될 것이라는 주장이었지요. 그것은 터무니없는 이론은 아니었습니다. 그것을 입증할 만한 증거들이 있었죠. 하지만 저는 그것이 기본적으로 잘못되었다는 생각이 듭니다. 오늘날 세계 대부분의 지역은 분명히 세속화되지 않았습니다. 매우 종교적이지요." 그의 말대로 정말 그렇다.

갤럽 세계 여론 조사(Gallup World Poll)는 160개국에서 실시한 전국적 설문 조사를 토대로 한 것인데 이는 세계 인구의 97퍼센트를 포함한다. 현재까지 갤럽은 중국에서 종교에 관한 어떤 질문도 하는 것이 허용되지 않았지만, 다른 모든 나라에서는 응답자들에게 "지난 7일 동안 예배 장소에 가거나 예배 모임에 출석했는지"에 대해 질문할 수 있었다. 전 세계적으로 53퍼센트가 그렇게 했다고 응답했다. 아울러 중국을 제외하고 모든 사람이 "종교가 당신의 일상생활에서 중요한 부분인가?"라는 질문에 대해, 전 세계적으로 76퍼센트가 그렇다고 대답했다.

더욱이 종교가 자신의 삶에 중요하다고 대답한 이들 중 무신론자는 거

---

15   *Christian Century* [1997년 10월 29일자], 972-78.

의 없었다. 갤럽 세계 여론 조사에는 믿음에 관한 질문이 들어 있지는 않았지만, 2001년과 2002년에 걸쳐 여러 나라에서 실시했던 세계 가치관 설문 조사(the World Values Surveys)에서는 하나님의 존재에 대한 항목이 포함되어 있었다. 미국의 4퍼센트보다 더 많은 무신론자들을 가진 나라는 극히 드물었다. 캐나다와 인도가 똑같이 4퍼센트였고, 폴란드에서는 무신론자가 고작 1퍼센트, 멕시코에서는 2퍼센트를 차지하고 있었다. 프랑스는 무신론자가 가장 많았지만, 이마저도 14퍼센트를 넘지 않았다.[16] 아마도 가장 충격적인 사실은 러시아의 무신론자 비율이 4퍼센트로 뚝 떨어진 것이다.

러시아에서 종교가 대규모로 살아남았다는 사실은 많은 사회학자들을 충격에 빠뜨렸다. 과거에 나의 동료들이 입에 발린 소리로 "계몽된" 소비에트 교육자들이 대중을 "미신"의 굴레에서 해방시키면서 세속화가 완결된 새로운 시대를 열고 있다고 주장했던 것을 다시 끄집어낼 필요는 없을 것이다. 하지만 크렘린의 지배자들이 여전히 권력을 장악하고 있는 것처럼 보였던 1979년 당시, 내가 어느 학술대회에서 발표했던 논문의 한 부분을 인용하는 것은 적절할 것 같다. "세속 국가는 종교를 박멸할 수 없다.…레닌의 시신을 유리관 속에 전시할 수는 있겠지만, 아무도 그가 승천해서 마르크스의 우편 혹은 왼편에 앉아 있다고 생각하지는 않는다.…볼가강을 따라 댐을 건설한다고 해서 그것이 우주의 의미를 밝혀주지 않는다.…종교를 탄압하는 국가는 신앙을 위해 값비싼 희생을 치르게 함으로써 신앙이 더욱 절실하고도 가치 있는 것이 되게 한다. 어쩌면 종교는 지하교회의 형태로 존재할 때 가장 강력하다고 하겠다."[17] 정말로 그런 것 같다. 자기만의 참호를 파고 칩거하는 무신론자들도 있을 수 있겠지만, 여러 세대에 걸쳐 반종교 교육을

---

16   Stark 2007b, 390.
17   Stark 1981, 175.

받았음에도 불구하고 오늘날 러시아에서 무신론자들은 희귀한 소수일 뿐이다.[18] 비슷한 양상이 중국에서도 일어나는 것 같다. 수십 년 동안 종교를 잔혹하게 탄압했지만 중국에서는 갑자기 수백만의 그리스도인들이 나타나고 있으며, 불교도 대규모로 부흥하는 반면에, 자신을 무종교라고 말하는 중국인의 비율이 급격히 줄어들고 있다.[19]

유럽의 "예외적 상황"에 대한 이해

피터 버거는 세속화 이론에 대한 지지를 철회한다고 밝힌 앞의 인터뷰에서, 세계 대부분의 지역이 매주 종교적임을 주목하면서 부수적으로 다음과 같은 점을 지적한다. "이러한 현상에 대한 예외가 하나 있는데 그것은 바로 서유럽입니다. 오늘날 종교사회학에서 가장 흥미로운 질문 중 하나는 이란의 근본주의를 어떻게 설명할 것인가가 아니라, 왜 서유럽은 다른가 하는 것입니다." 정말로 그 이유는 무엇일까?

기독교화?

앤드류 그릴리(Andrew Greeley)는 단도직입적으로 핵심을 찌르는 성격에 걸맞게 이런 말을 한 적이 있다. "유럽의 탈기독교화(de-Christianization)란 있을 수 없다.…왜냐하면 첫째로 유럽은 한 번도 기독교화된 적이 없기 때문

18 러시아에서 무신론 교육이 실패로 귀결된 것에 대해서는 다음을 보라. Paul Froese, *The Plot to Kill God* (Berkeley: Univ. of California Press, 2008).

19 Stark and Liu, 2011.

이다. 기독교적인 유럽이란 결코 존재한 적이 없다."[20] 그릴리가 염두에 둔 것은 콘스탄티누스의 개종 이후 교회가 북방으로 확장되면서 유럽 전역을 망라하게 된 과정이 매우 느렸을 뿐 아니라 거기에 투입된 노력도 주먹구구식이었다는 것이다. 다시 말해서 기독교가 로마에 대해 거두었던 승리는 매우 경쟁적인 환경 속에서 헌신적이고 열정적인 사회운동을 전개한 결과였다. 콘스탄티누스의 개종 이후 기독교는 유럽 대부분의 지역을 명목상 개종한 상태로 내버려둔 채 기껏해야 게으른 독점 교회로 전락했다. 그러면서 대중에게 선교하는 것을 통해 교회의 지경을 넓히려는 생각은 하지도 않았고, 그저 왕들에게 세례를 주는 것으로 만족했었다. 그런 까닭에 종교개혁 훨씬 이전부터 유럽에서 서서히 부상한 것은 지배층의 충성에만 안주하면서 대중들은 거의 안중에도 없던 국가교회의 난립이었다. 따라서, 예를 들어 스칸디나비아 왕국의 "기독교화"라는 것은 종종 더도 덜도 말고 그냥 귀족들에게 세례를 베풀고 교회가 지닌 교권적 수위성에 대해 법적 인정을 받는 정도를 의미했다. 국민 대중을 향한 선교 과업은 국교회의 지원을 받는 성직자들의 몫이 되었는데, 이들에 대한 복지는 대중의 승인이나 후원과는 전혀 상관이 없는 것이었다. 그러니 제대로 된 결과물이 나올 리가 만무했다.[21] 중세기에 종교적 참여와 기독교적 경건이 현저하게 결여되었던 것은 바로 이러한 유산 때문이었다. 이러한 결핍이 오늘날까지도 지속되고 있다.

수 세기 전부터 효과적인 선교가 결여된 것과 오늘날 유럽에서 나타나는 종교적 참여의 결여 간의 연관성을 규명하기 위해 나는 서유럽 16개 나라 각각에 대해 그 기독교화로 추정되는 시점부터 현재까지 지나온 세기를

20   Greeley 1995, 63.
21   Greeley 1995; Stark and Finke 2000.

숫자로 환산하였다(21세기에서 해당되는 세기를 빼면 된다). 그 결과 이탈리아는 17, 핀란드는 8이라는 수치를 얻게 되었다.[22] 그다음으로 나는 세계 가치관 설문조사(the World Values Surveys)를 토대로 각국의 현재 교회 출석률을 코드화하였다. 예상했던 대로 기독교의 지속 기간과 현재의 교회 출석률 간에는 상관관계가 지극히 높았다(r = 0.72).[23] 말하자면 스칸디나비아 사람들은 교회에 가는 것을 중단한 것이 아니었다. 그들은 교회에 간 적이 없었던 것이다. 이와는 대조적으로 콘스탄티누스 이전에 기독교화가 진행되었던 지역인 남부 유럽에서는 교회 출석률이 상당히 높게 나왔다. 그러므로 역사적으로 효과적인 선교활동이 결핍되었던 것이 유럽의 "예외적 상황"(exceptionalism)에 대한 부분적 설명이 된다.

나태한 방해꾼인 국가교회

유럽의 국가에서는 대부분 종교의 "자유" 시장 같은 것이 없다. 여러 나라에는 세금으로 지원 받는 기존의 국가 교회가 아직도 건재하고 있다. 그 밖의 지역에서도 대체로 특정 종교가 정부로부터 상당한 혜택을 받는 대상으로 자리 잡고 있다. 거의 모든 유럽 국가에서는 정부의 관료조직이 기존의 종교 질서에 도전장을 내미는 "외부" 또는 "신참" 종교 집단에 대해 공개적으로나 은밀하게 간섭한다.

덴마크, 핀란드, 아이슬란드, 노르웨이에는 루터교회가 국교회로 있는 반면에 스웨덴에서는 스웨덴 교회(루터교회)의 국교회적 지위가 2006년에 종식되었다. 하지만 정부가 교회를 대신해서 종교세를 거두는 일을 계

---

22   Davies 1996; Barrett 1982; Brøndsted 1965; Jones 1968; Sawyer 1982.
23   Stark 1999.

속하고 있다. 독일에는 두 개의 국교회가 있다. 하나는 독일 복음교회(the Evangelical Church, 루터교)이고, 다른 하나는 로마 가톨릭교회다. 둘 다 세금으로 지원을 받고 성직자들은 모두 공무원으로 분류된다. 스위스의 일부 칸톤(cantons)은 로마 가톨릭을 국교회로 인정하고, 나머지 칸톤은 개혁교회(the Evangelical Reformed Church)를 국교회로 후원한다. 로마 가톨릭교회는 오스트리아에서 세금으로 지원을 받고, 스페인에서는 한 해에 60억 유로 이상의 금액을 수령하고 있다. 이탈리아에서는 국민이 기독교 교파를 표시한 간단한 목록에서 자신의 교회세를 수령할 교단을 선택한다. 벨기에는 교회 세금은 없지만 정부가 아주 상당한 규모의 후원금을 가톨릭, 개신교, 성공회, 유대교, 이슬람, 그리고 "초교파"로 분류된 집단에 제공한다. 네덜란드에는 교회세가 없지만 두 개의 주요 개신 교회와 로마 가톨릭이 여러 명목의 보조금을 수령한다. 프랑스에는 정부로부터 직접 후원을 받는 종교 집단은 없다. 하지만 가톨릭 학교들은 막대한 보조금을 수령하고, 관료집단은 로마 가톨릭교회에 대해 커다란 특혜를 베푼다. 끝으로, 영국교회는 국교회 형태로 남아 있지만 세금이나 정부기금의 형태로 지원을 받지는 않는다. 영국교회는 과거 수 세기 동안 의무적으로 거둔 십일조를 가지고 축적한 막대한 기금을 통해 자체적으로 유지할 수 있다.

교회와 국가 간의 이렇듯 긴밀한 연계는 여러 결과를 낳는다. 무엇보다도 먼저 이러한 것은 교회를 나태하게 한다. 사람들의 출석 여부와 상관없이 돈이 계속 들어오기 때문에 성직자들은 열심을 발휘할 필요가 없다. 둘째로, 이러한 연계로 인해 사람들은 종교를 "일종의 공적 편의시설"로 바라보게 된다.[24] 교회를 지키기 위해 개인이 무언가를 해야 할 필요를 느끼지 못한다. 정부가 돌볼 것이기 때문이다. 이러한 태도 때문에 국가의 보조금

---

24   Berger, Davie, and Fokas 2008, 16.

을 받지 않는 종교는 경쟁에서 살아남기 어렵다. 사람들이 교회에 후원하는 것을 꺼려할 것이기 때문이다. 이로 인해 어떤 독일 복음전도자들이 텔레비전 사역을 시도했을 때, 시청자들은 확보할 수 있었지만 후원자들은 얻지 못했다.[25] 종교는 응당 공짜라고 생각하기 때문이다.

특혜받는 교회의 존재는 정부로 하여금 다른 교회들에 대해 방해와 괴롭힘을 자행하도록 조장하기도 한다. 프랑스 정부는 공식적으로 173개의 종교 집단(대부분은 침례교를 포함한 복음주의적 개신교임)을 위험한 광신집단으로 고시하면서, 과도한 세금을 부과하고, 그런 집단에 소속된 사람들이 고용 등에서 공식적으로 차별받도록 하였다. 곧이어 벨기에가 프랑스를 앞설 정도로 189개의 위험 종교집단을 지목했는데, 이 가운데는 퀘이커, YWCA(YMCA는 제외), 하시딤 유대교(Hasidic Jews), 하나님의 성회, 아미쉬(Amish), 불교, 안식교가 포함된다.

그러나 의회의 법령에 의해 제지당하지 않은 종교집단조차 정부의 간섭 대상이 된다. 저명한 영국의 사회학자인 제임스 베크포드(James Beckford)의 말마따나 유럽 전역에서 정부 관료들은 "공식적으로 초연한 얼굴을 가장한 채로…실제로 행정적인 제재를 가한다."[26] 많은 개신교 단체들은 교회 건물 사용 허가를 얻기 위해 수년 동안을 기다린다고 보고하는데, 심지어 교회로 사용했던 기존 교회 건물의 사용 허가를 위해서도 기다린다. 이러한 일이 특히 스칸디나비아 국가들에서는 다반사인데, 여기서는 종종 특정 지역에 교회가 더 이상 "필요치 않다"고 결정내리고서 허가를 내주지 않는다.[27] 독일에서는 수많은 오순절 그룹이 교회가 아닌 스포츠클럽 같은 세속 단체로 정부에 등록하지 않으면 면세 지위를 얻을 수 없었다. 후속 조치

---

25   Schmied 1996.
26   Beckford 1985, 286.
27   Lodberg 1989.

로 독일 정부는 때때로 이들의 면세 지위를 취소하고 막대한 벌금을 부과하고 체납 세금에 대해 독촉장을 보내기도 한다.[28]

그럼에도 불구하고 유럽의 많은 학자들은 자기들의 국가가 완전한 종교적 자유를 보장한다고 단호히 주장한다. 그러한 주장에 이의를 제기하기 위해 국가의 침해 사례를 열거하는 것이 더 이상 필요치 않다. 왜냐하면 브라이언 그림(Brian Grim)과 로저 핑키(Roger Finke)[29]가 종교생활에 대한 정부의 간섭을 양적으로 측정하는 방법을 만들었기 때문이다. 그들은 자신들의 코드화 작업을 미국 국무부에서 발행한 권위 있는 연간 보고서인『국제 종교자유 보고서』(International Religious Freedom Report)에 토대를 두고 있다. 그림과 핑키가 사용한 척도 중 하나는 "정부 규제 지수"(the Government Regulation Index)인데, 이것은 "국가의 법규, 정책, 행정조치 등에 의해 종교행위, 신앙고백, 종교선택에 부과되는 제한"을 반영하며, 그 지수는 (아무 제한이 없는 경우) 0.0에서 (단 하나의 종교만 허락하는 경우) 10.0으로 점수화되어 있다. 이러한 척도에 따르면, 유럽 대부분의 국가는 미국보다는 한참 뒤처지지만, 그래도 상당한 수준의 종교적 자유를 제공하는 것처럼 보인다. 프랑스가 3.9로 가장 높은 제재를 가하고 있다. 그러나 그림과 핑키가 제시하는 두 번째 척도인 "정부 특혜 지수"(the Government Favoritism Index)는 아주 다른 이야기를 들려준다.

특혜 지수는 "국가가 선별된 특정 종교 또는 소규모 종교 집단에 제공하는 보조금, 특권, 후원, 또는 호의적 인허가"를 토대로 작성된 것이다. 이 지수는 (아무 특혜도 없는 경우) 0.0에서부터 (특혜가 매우 심한 경우) 10.0까지 다양하게 점수화되어 있다. 대만은 0.0을 기록하고, 사우디아라비아와 이

---

28   Selthoffer 1997.
29   Grim and Finke 2010.

란은 9.3을 기록하고 있다. 아프가니스탄과 아랍에미리트가 7.8, 마찬가지로 아이슬란드와 스페인과 그리스도 7.8을 나타내고 있다. 반면에 벨기에가 7.3을 기록한 방글라데시나 7.0을 기록한 인도보다 약간 상회하는 7.5를 나타내고 있다. 모로코가 6.3, 덴마크가 6.7, 핀란드가 6.5, 오스트리아가 6.2, 스위스가 5.8, 프랑스가 5.5, 이탈리아가 5.3, 그리고 노르웨이가 5.2를 기록하고 있다. 유럽은 정부의 특혜 정책에 의해 심하게 왜곡된 종교 시장을 가지고 있다.

"계몽된" 교회들

유럽의 주류 교회들, 특히 개신교 국가교회들 가운데 많은 교회는 대중의 종교 참여를 진작하기 위한 노력을 거의, 아니 전혀 하지 못한 것에 대해 불만을 품고서 미국의 여러 교파를 모델로 삼았다(그런데 이들 미국의 교파도 급격하게 쇠퇴하는 중이다). 신학적 "계몽"이라는 이름으로 이들은 도덕적 요구 사항을 제거하고 초자연적인 것은 거의 흔적만 남긴 채 전부 탈각시켜버린 지극히 저렴한 싸구려 종교를 제공한다. 이 점에서 최근 일어난 덴마크 교회의 한 교구사제의 사례는 시사하는 바가 크다.

토어킬드 게로스뷜(Thorkild Grosbøll)은 코펜하겐(Copenhagen)에서 약 16킬로미터 떨어진 타르벡(Tarbaek)에 있는 덴마크 교회에서 사제로 여러 해를 사역했다. 2003년에 그는 자신이 하나님을 믿지 않는 이유를 설명하는 책을 출간했다. 이로 인해 약간의 주목을 끌면서 중앙일간지와 인터뷰를 하게 되었는데, 여기서 게로스뷜은 이렇게 말했다. "하나님은 과거에 속해 있다. 하나님은 사실상 너무나 구식이어서 그의 존재를 믿는 현대인들은 나를 당혹스럽게 한다. 나는 기적이나 영생과 같은 공허한 말들이 정말

로 지겨울 정도로 신물이 난다."³⁰ 그 후 게로스뷜은 「뉴욕타임즈」 기자에게
다음과 같이 말했다. "나는 물리적인 하나님, 내세, 부활, 동정녀 탄생을 믿
지 않는다.…그리고 나는 예수가 그저 좋은 사람이었다고 믿는다."³¹ 그럼에
도 불구하고 게로스뷜은 자신의 신념이 덴마크 교회의 수용 범위 내에 있다
고 추정하고서 계속해서 사제로 지낼 계획이었다. 그리고 정말 그렇게 사제
로 지내게 될 것 같았다. 이러한 일이 발생한 지 일 년이 채 지나지 않아서
게로스뷜의 주교는 그를 면직시켰다. 후에 해당 건은 교회 법정으로 이첩되
었다. 그런데 2006년 게로스뷜은 사제 서약을 재확인한 후에 교구 사제로
다시 사역하게 되었다. 하지만 그는 언론과 이야기하지 말라는 지시를 받
은 것 말고는, 자신의 견해를 하나도 철회하지 않았다. 종무부(The Ministry of
Ecclesiastical Affairs)는 게로스뷜이 2008년 2월 은퇴 대상자이므로 더 이상의
조치를 취할 필요가 없다고 결정했다.

이것은 별난 사건이 아니었다. 스칸디나비아의 국가교회들은 적어도
한 세기 동안 무신앙(irreligion)과 어울려 지내왔다. 스웨덴에서는 교회가 대
체로 지역마다 선출된 위원회에 의해 통제되었고, 해당 위원들은 전국 정당
들에 의해 추천되었다. 이것은 수세대 동안 정당이 선호했던 후보자들이 사
회주의자들이었음을 의미하며, 또한 종종 자타가 공인하는 무신론자들에
게 교회를 맡기는 결과를 초래했다. "교구위원회와 교회협의회의 회원들은
그들의 종교적인 신앙 때문이라기보다 오히려 정치적인 입장과 신념 때문
에 선출된다. 후보자들에게는 어떤 종교적인 자격조건도 요구되지 않는다.
정말이지, 이들은 세례를 받거나 입교할 필요조차 없다. 다수의 불신자들
곧 교회예배에 좀처럼, 아니 결코 오지 않는 시민들이 국가교회를 지배하고

---

30   *Ude og Hjemme* 24 (2005).

31   Alvarez 2003.

있다."[32] 다른 스칸디나비아의 국가교회들처럼 스웨덴의 교회도 2006년 국 교회제도의 폐지를 채택할 때까지 종무부(The Ministry of Ecclesiastical Affairs) 의 통제를 받았다. 그리고 수년 동안 종무부의 장관은 유명한 좌파 경제학 자이자 비신자였던 알바 미르달(Alva Myrdahl)이었다. 그녀는 어떤 영감을 받았는지 새로운 스웨덴어 신약성경을 만들기 위한 위원회를 임명했다. 그 렇게 한 근거는 "낡아빠진 성경이 현대의 합리적 세계관에 따라 날이 갈 수록 주변화되고 있다"[33]는 것이었다. 그것을 열렬히 지지한 사람들조차도 1981년에 출간되었던 이 번역본이 "기존의 번역을 대폭적으로 바꾼 부분 이 있으며…그것이 성경의 핵심 전통과 심각하게 충돌한다"는 점을 인정 한다.[34] 신비적인 것을 제거해버린 이러한 번역이 현재 스웨덴 교회의 공인 성경이다. 일요일에 교회에 가는 스웨덴 사람들 가운데 훨씬 더 많은 다수 가 국가교회를 반대하는 작은 개신교 교단들에 속한 교회에 출석하는 것이 정말 놀라운 일인가?

로마 가톨릭교회가 유럽 어디서도 교회의 가르침과 성경에 대해 국가 의 처분에 맡기지 않는다는 것도 시사하는 바가 크다. 그리고 유럽의 가톨 릭 국가들에서 개신교 지역들보다 종교가 훨씬 더 강하게 남아 있다.

분명히 의미 있는 종교적인 메시지의 결핍이 유럽 교회의 쇠퇴를 초래 한 것은 아니지만, 유사한 미국 교단들이 겪고 있는 운명을 감안하건대, 이 러한 결핍이 **교회를 텅 비게 할** 가능성은 있는 것 같다.

---

32 Rydenfelt 1985.
33 다음에서 인용함. Pettersson 1990, 23.
34 Asberg 1990, 18.

무소속 신자들

지금까지의 논의는 게으르고 텅 빈 유럽 교회들에 초점을 맞춰왔다. 그러나 교회에 출석하지 않는 중세의 유럽인이 (다소 비정통적인 혼합 종교였음에도 불구하고) 신앙을 갖고 있었던 것처럼, 오늘날 대부분의 유럽인들도 신앙을 가지고 있다. 그런 경우가 너무 많아서 영국의 사회학자인 그레이스 데이비 (Grace Davie)는 "무소속 신자들"(believing non-belongers)이란 용어를 만들어 냈다.[35]

스칸디나비아 국가들에서는 거의 아무도 교회에 출석하지 않는다는 말이 사실에 가깝다. 스무 명 가운데 한 명이나 그보다도 적은 사람이 매주 교회에 출석한다. 그러나 자신을 무신론자라고 밝히는 사람이 없다는 말도 마찬가지로 사실이다. 무신론자도 대략 스무 명 중 한 명꼴이다. 스웨덴을 제외하고 대다수의 스칸디나비아인들은 자기가 "종교적"이라고 생각한다. 심지어 스웨덴에서도 62퍼센트가 기도를 한다.[36] 노르웨이인들 가운데 다수는 내세를 믿으며, 성경이 "하나님의 영감을 받아" 기록되었다고 믿는다.[37] 윤회나 "치유력을 지닌" 수정 내지 정령에 대한 뉴에이지 믿음이 (그들의 중세 선조가 가졌던 주술 종교와 유사하게) 스칸디나비아 전역에 널리 퍼져 있다.[38] 세속화의 전형으로 여겨졌던 모든 유럽 사회에서도 비슷한 양상이 존재한다. 이러한 사회가 세속화되었다고 하는 것은 어불성설이다. 그 진짜 모습은 교회에 다니지 않는 것이다.

---

35 Davie 1994.

36 Stark, Hamberg, and Miller 2005.

37 Stark and Iannaccone 1994.

38 Stark, Hamberg, and Miller 2005.

좌파 정치

프랑스 혁명 기간에 프랑스의 백과사전 편집자였던 드니 디드로(1713-1784)는 자유가 명하는 것은 "마지막 국왕을 마지막 사제와 함께 교수형에 처하는 것"이라고 말했다. 디드로가 즐겨 사용하던 과장된 수사법과는 별개로, 이 말이 의미하는 바는 유럽에서 교회와 국가의 연계는 교회로 하여금 반란이나 혁명에 맞서 귀족을 지지하도록 하는 결과를 초래했다는 것이다. 이에 따라 1911년 영국 사회당은 "사회주의는 당연히 종교의 적이 될 수밖에 없음이 불변의 진리"라고 공식적으로 선언했다. 실로 유럽의 좌파는 전반적으로 이러한 입장을 취하였으며, 종종 분노가 섞인 공격적 무신론을 표방했다. 그런 까닭에 1957년 영국 갤럽이 수집한 자료에 따르면, 보수당(the Conservative Party) 지지자들이 노동당(the Labour Party) 지지자들보다 적어도 가끔씩이라도 교회에 출석하는 비율이 거의 두 배나 되었다. 보수당은 62퍼센트, 노동당은 36퍼센트였다.[39] 좌익사상(Leftism)이 교회출석에 훨씬 더 파괴적인 영향을 준 것은 동시대의 프랑스였는데, 공산당에 투표한 7퍼센트와 사회당에 투표한 16퍼센트가 현재 신앙생활(가톨릭)을 하고 있다고 대답한 것에 비해, 드골파(Gaulists)의 67퍼센트, "농민독립당"(the Peasant and Independent Party)에 투표한 68퍼센트가 신앙생활을 영위하고 있었다. 네덜란드에서는 1959년 자료에서 볼 때 반혁명당(the Anti-Revolutionary Party)을 지지하는 유권자들의 79퍼센트가 지난주에 교회에 갔던 것에 비해, 노동당(the Labor Party) 지지자들은 10퍼센트만이 교회에 갔었다.[40]

이에 따라 유럽에서는 좌파 정당들의 인기로 인해 종교로부터의 이탈,

---

39   Stark, 1964.
40   Stark, 1965a.

적어도 교회로부터의 이탈이 상당히 촉발되었다는 주장이 종종 있어왔다. 그러나 교회출석이 늘 저조했었던 사실을 감안한다면, 유럽에서 좌파의 성공이 도리어 교회가 그에 앞서 약화된 것에 기인한다고 보는 것이 더 타당할 것이다. 프랑스는 여기에 예외가 될 것 같은데 이는 혁명의 강도가 걷잡을 수 없이 심했다는 것과 혁명에 따른 반성직주의(anticlericalism) 때문이었다. 이 두 가지 유산은 오래도록 살아남아서 제2차 세계대전 이후 프랑스 공산당이 인기를 얻는 데 영향을 주었으며, 다른 유럽 국가들에 비해 프랑스에서 전투적 무신론이 크게 확산되는 데 일조하였다. 또 다른 예외적 상황은 스페인인데, 여기서는 프랑코(Franco) 독재 시절로까지 거슬러 올라가는 원한이 아직도 가톨릭교회에 대한 좌파의 적대감을 고조시키고 있다.

그러나 극좌파에 대한 지지가 유럽에서 크게 쇠퇴한 반면에 주류 교회들 특히 국가교회들은 점진적으로 좌경화되었으며, 이것이 교회출석의 증가가 나타나지 않는 요인 중 하나일 것이다.

통계적 헛소리

피터 버거는 자신이 오랫동안 지지했던 세속화 논제에 상충하는 증거를 대함에 있어 열린 태도와 지적 유연성을 지녔다는 점에서 괄목할 만하다. 그런데 다른 많은 사회과학자들은 전혀 그렇지 않다. 버거가 말하는 타당성에 대한 이해 부족으로 인해 이들은 근대화와 종교는 전적으로 양립할 수 없다는 자신들의 신념이 모든 면에서 지지받고 있는 양 나아가고 있다. 최근에 피파 노리스(Pippa Noris)와 로널드 잉글하트(Ronald Inglehart)가[41] 통계적 증거를 제시함으로써 이러한 관점을 지지하는 이들에게 기쁨을 선사하였다.

---

41   Norris and Inglehart 2004.

그 증거란 교회출석이나 기도의 빈도 같이 종교성을 나타내는 다양한 척도와 일인당 국내총생산(Gross Domestic Product)과 같이 경제 발전을 나타내는 여러 척도 간에 부정적 상관관계가 있다는 것이다. 한 나라가 근대화가 될수록 그 나라는 덜 종교적이 된다는 것이다. 물론 그들이 말하는 모든 것은 유럽이 세계 다른 곳보다 덜 종교적이라는 것이고, 그러한 유럽 국가들이 경제 발전의 최상위를 차지하고 있다는 것이다. 그러나 우리는 그것을 이미 알고 있다. 노리스와 잉글하트는 유럽이 왜 다른지 그 이유는 밝히지 못하면서, 그것이 근대화의 필연적 결과라는 지겨운 말만 계속 되풀이한다.

　더 나쁜 것은 이것이 통계적 헛소리에 불과하다는 점이다. 유럽의 국가들 간에도 경제 발전 수준만큼이나 종교성에 있어 상당한 변이가 존재한다. 그러나 만일 유럽의 37개 국가들만을 가지고 발전이라는 척도와 종교성 간의 관련성을 조사한다면 의미 있는 상관관계를 전혀 발견하지 못할 것이다. 다시 말해서 이탈리아는 스웨덴만큼 근대화된 국가이지만 그것이 이탈리아인들은 교회로 몰려가는데 반해 스웨덴인들은 왜 그렇지 않은지에 대해 아무것도 말해주지 않는다. 무슬림 국가에서 이러한 상관관계를 찾는 경우도 마찬가지다. 더 발전된 무슬림 국가일수록 덜 종교적이어야 한다. 그러나 현실은 그렇지 않다. 모스크에 출석하는 것으로 측정되는 종교성과 일인당 GNP 간에는 아무런 상관관계가 없다. 사하라 이남의 아프리카 국가들도 마찬가지다. 근대화가 실제로 세속화를 초래한다면 다른 주요 문화적 차이점에서는 변함이 없는 경우에도 이러한 효과가 나타나야만 한다.

제21장 세속화: 사실과 환상

결론

세속화 논제의 이면에는 엄청난 자만이 자리하기 마련인데, 최근 들어 전투적 무신론자이자 생물학자인 대니엘 데닛이 그것을 버젓이 보여주고 있다. 그는 종교적 망상에 여전히 오염되어 있는 멍청이들(dullards)과 달리, 자신과 자신의 반종교적 동료들을 "똑똑이들"(brights)이라고 부른다.[42] 그러나 데닛의 이러한 오만한 언사의 배후와 그 밖에 공격적 무신론을 지지하는 저자들의 이면에는 좀처럼 감추어지지 않는 절박감이 묻어난다. 사실을 말하자면, 종교는 사라지고 있는 것이 아니라 오히려 아주 분명하게 세계 도처에서 엄청난 진전을 이루고 있다. 다음 장에서 살펴보겠지만, 라틴 아메리카에서는 지금처럼 광범위하고 강렬한 신앙운동이 전개되었던 적이 없었다. 러시아에서는 요사이 무신론자들을 찾아보기 힘들다. 뿐만 아니라 중국에는 현재 수백 만의 그리스도인들이 있다. 유럽에서도 종교가 힘을 내고 있는 것 같은 징조가 있다. 유럽 대부분의 지역에서는 출산율이 인구 대체 수준보다도 훨씬 낮게 떨어지고 있어서 조만간 "내국인" 인구의 급격한 감소라는 결과로 나타날 것이다. 스웨덴 사람이 없는 스웨덴, 프랑스 사람이 없는 프랑스가 예견된다. 그런데 별로 주목받지 못한 사실이 하나 있는데, 그것은 교회에 다니는 유럽인들이 계속해서 자녀를 낳고 있으며, 이러한 요인 하나만으로도 결과적으로 훨씬 더 종교적인 유럽이 생겨날 수 있다는 점이다.[43] 이에 더해서, 수만 명의 미국인 선교사들이 미치는 영향력을 고려해야 한다. 이들 가운데 많은 이들이 자비량으로 사역하는 자원 선교사들인데, 이들은 자신의 길을 가로막는 여러 규제에도 불구하고 유럽에서 활기차

---

42 Dennett 2006, 21.

43 Kaufmann 2010.

고 경쟁력 있는 교회들을 만들어내기 시작했다.[44] 정말이지, 이탈리아에서는 단지 소박한 종교적 경쟁을 일으켰을 뿐인데도 상당히 중요한 종교적 부흥을 일으키는 데 일정 역할을 한 것처럼 보인다.[45] 현재 상황은 이렇다.

---

44   Stark 2001; Wuthnow 2009.
45   Introvigne and Stark 2005.

제22장

세계화

탐험의 시대는 기독교 선교의 새로운 시작이기도 했다. 1492년 콜럼버스가 항해를 시작했을 때만 해도 유럽 밖에는 그리스도인들이 별로 없었다. 심지어 기독교가 당시 급속도로 발전하던 서반구를 지배하게 되었을 때도 지구에 사는 대부분의 사람들은 아직 예수에 대해 들어본 적이 없었다. 1850년대 유럽 학자들 사이의 공통된 의견은 불교가 세계 종교 중에서 가장 크다는 것이었는데,[1] 바로 그 시기에 기독교가 선교활동을 위한 진지한 노력을 기울이면서 세계 종교의 사정이 변하기 시작했다.

　1900년에 이르면 미국 개신교 해외 선교사들의 숫자가 5,278명이 되었고, 영국 선교사는 5,656명, 유럽 대륙 출신 선교사는 약 2,200명이 있었다. 이 밖에도 수천 명의 가톨릭 선교사들이 있었다.[2] 제2차 세계대전 이래로 대부분의 기독교 해외 선교사들은 복음주의적인 미국 개신교인이었

1　　de Flaix and Jackson 1982.
2　　Beach 1903.

고, 오늘날에는 수십만 명의 미국 선교사들이 전 세계에 골고루 흩어져 있으며 그중에는 유럽에서 사역하는 선교사들의 수도 많다.[3] 이러한 합계에는 매년 자비로 단기 해외선교를 떠나는 약 160만 명에 달하는 미국인은 포함되어 있지 않다.[4] 그리고 여기에는 라틴 아메리카 국가들에서 해외로 보낸 약 5,000명에 달하는 선교사들도 포함되어 있지 않다. 덧붙여 현재 비서구권 출신으로서 사역하는 기독교 선교사들도 많이 있는데, 아마도 7만 명은 족히 될 것이다.[5] 이러한 모든 노력의 결과로 기독교는 단연코 지구상에서 가장 커다란 종교가 되었다.

지구상의 종교들

전 세계의 종교 소속에 관한 통계는 단지 대략적 추정치일 뿐이다. 그렇다 보니 어쩔 수 없이 통계에는 모든 주요 종교에 속한 "명목상의" 교인들도 포함되어 있다.[6] 그런 까닭에, 예를 들어 유럽의 거의 모든 사람들이 기독교의 총계에 포함되어 있는데, 사실 유럽의 "그리스도인들"은 대부분 교회에 발을 들여놓지도 않고, 그 나머지 사람들도 유아세례 때 딱 한 번 교회에 온 것이 전부다. 세계 종교 통계치의 많은 단점은 그러한 자료들을 수집한 이들의 잘못이라기보다는 정확한 정보가 결핍되었기 때문이다. 계속 축적되어온 신뢰할 만한 국가별 통계치가 없다는 말이다.

이러한 간극을 메워줄 수 있는 것이 갤럽의 세계 여론조사(the Gallup

---

3   Welliver and Northcutt 2005.
4   Wuthnow 2009.
5   Barrett, Kurian, and Johnson 2001, 843.
6   이러한 통계들 가운데 최고의 것은 David Barrett과 그의 동료들이 수집한 것이다.

Organization's World Poll) 데이터다. 이는 2007년부터 시작했는데, 갤럽은 세계 인구의 약 97퍼센트를 차지하는 160개 국가에서 매년 개별적으로 설문 조사를 벌였다. 중국을 제외하고 모든 응답자들에게 "당신의 종교에 대해 이야기해주실 수 있습니까?"라는 질문을 던졌다. 덧붙여서, 갤럽은 "지난 7일 동안 예배 장소에 가거나 예배 모임에 출석한 적이 있습니까?"라는 질문도 던졌다. 물론 이러한 질문은 각 나라의 언어로 주의 깊게 번역되었다. 그러므로 원론적으로 우리는 이러한 설문조사의 데이터를 통해 세계 종교에 대해 보다 정확하고 많은 정보를 얻을 수 있다.

그렇지만 수정된 통계에도 몇 가지 피할 수 없는 단점이 있다. 많은 국가들에서 응답자들은 그들이 로마 가톨릭인지, 개신교인지, 정교회인지를 확인해달라는 요청을 받았다. 그러나 많은 지역에서 사람들은 자기 동네의 기독교 교회의 이름은 알지만, 개신교나 가톨릭과 같은 용어에는 친숙하지 않았다. 결과적으로 여러 나라들에서 보다 세부적인 명칭이 없이 그저 "기독교"라고 응답하는 것으로 해결하는 것이 필요했다. 그러므로 전 세계적 통계를 작성할 때, 자신을 개신교, 가톨릭, 또는 정교회라고 표시한 사람들도 그런 차이를 모두 합한 "기독교"라는 범주 안에 두어야만 한다. 동일한 것이 무슬림 응답자들에게도 적용된다. 많은 국가들은 심지어 수니파와 시아파도 구분하지 않는다. 따라서 모든 사람들은 단지 "무슬림"이라고 확인할 뿐이다.

두 번째 단점은 비록 지금은 세계 여론 조사에 대한 응답자의 전체 숫자가 거의 40만 명에 달하기는 하지만, 신도(Shinto), 조로아스터교, 도교, 유교를 포함한 보다 작은 종교들에 대해서는 사례가 너무 적어 신뢰할 만한 통계치를 입력하기에 곤란하다는 점이다(유대인들에 대한 통계는 가능한데, 그것은 이스라엘이 세계 여론조사에 포함되기 때문이다). 이에 따라 이러저러한 작은 종교들을 "기타"(Other)라는 하나의 항목으로 분류하게 되었다. 앞으로 수

년이 지나고 나면 조사 표본의 크기가 커질 것이므로 "기타"로 분류된 것을 더 세분하는 것이 가능해질 것이다. 게다가 "무종교"(no religion)라고 답하는 사람도 있었고, "세속주의"(secular) 내지 "무신론자"(atheists)나 "불가지론자"(agnostics)라고 응답하는 이들도 있었다. 이러한 모든 응답자들은 "세속주의"(Secular)라는 항목으로 분류할 수 있었다. 그렇지만 이러한 "세속적인" 사람들 중에도 어떤 이들은 자신이 종교예식에 참석했다고 말하기도 한다.

마지막으로 중국과 관련한 어려움이 있다. 아쉽게도 갤럽을 포함해서 어떤 외국 여론조사 기관도 중국에서 종교에 관한 질문을 하는 것이 허용되지 않고 있다. 설상가상으로 중국의 기관이 실시한 종교에 관한 여론 조사 결과들도 상당수가 신뢰할 수 없는 것이다. 왜냐하면 많은 이들이 인터뷰를 통해 자신의 종교를 밝히는 것을 대단히 위험하게 느낀다는 구체적인 증거가 있기 때문이다. 일을 더 꼬이게 하는 것은 중국인들은 종교를 대단히 특이하게 정의하므로 자신들이 가진 종교성을 지독히도 저평가한다는 점이다. 예를 들어 중국 공산당은 한때 유교란 그저 철학에 불과하며 단언컨대 종교는 아니라는 입장을 강경하게 고수했었다. 그러나 애너 시아오 동 선(Anna Xiao Dong Sun)[7]이 중국에서 여러 사원을 방문해보니, 수많은 방문자들이 공자 상 앞에서 복과 은택을 간절히 비는 모습을 볼 수 있었다. 그런데 이들 숭배자들은 대부분 자신에게는 종교가 없다고 지체 없이 말하곤 했다. 중국인들은 대부분 민간 사원에 가면 볼 수 있는 오만 가지 신상들 앞에 음식을 차려놓고 소원을 빌면서도 자신이 종교를 가졌다는 것에 대해 동의하려 하지 않는다. 비슷한 식으로, 많은 중국인들은 "종교"라는 용어를 조상을 모신 사당에서 조상에게 바치는 행위에 적용하지 않는다. 만약에 중국

---

7   Sun 2005.

이 보통 규모의 국가라면 이러한 것들은 커다란 문제가 되지 않을 것이다. 하지만 10억이 넘는 사람들을 통계에 포함시켜 생각한다면 엄청난 왜곡이 발생할 것이다. 예를 들어 세계에서 종교가 차지하는 비율은 인위적으로 아주 줄어들게 될 것이고, 세속적 범주는 그릇되게 부풀려질 것이다. 결론적으로 중국은 이번 장에서 별도로 취급하려고 한다. 따라서 아래에 제시한 세계의 종교 통계에서 중국은 제외하였다.

명목상의 교인들

표 22.1은 중국을 제외하고, 세계 종교들이 보유한 교인 숫자를 보여준다. 전 세계적으로 합계 22억(41퍼센트)의 사람들이 기독교가 자신의 종교라고 응답하는데, 이것은 합계 14억(27퍼센트)인 무슬림보다 월등히 많은 수치다. 힌두교가 세 번째로 큰 종교 집단인데, 10억(19퍼센트) 정도에 해당한다. 뒤를 이어 불교가 2억 8,900만(5퍼센트)이다. 유대교는 단지 1,200만(0.2퍼센트 이상)이고, 기타 종교는 1억 1,900만(2퍼센트)이다. 세속주의는 2억 4,000만(5퍼센트)을 차지한다.

    위의 통계와 보통 많이 인용하는 통계 간의 주된 차이는 세속주의 항목과 관계된 것이다. 이 그룹은 대체로 세계 인구의 약 16퍼센트라고 추정되는데, 이러한 비율은 아마도 대부분의 중국인을 무종교에 포함시킴으로써 얻어지는 것 같다. 세속주의 항목을 크게 잡으면 다른 모든 항목이 연쇄적으로 줄어드는데, 따라서 기독교의 비율도 보통 대략 33퍼센트에 머물게 되고, 이슬람은 21퍼센트가 된다. 이것은 중국을 포함시키지 않는 것이 왜 현명한 선택인지를 말해준다. 어쨌든 이러한 조사 결과는 다른 면에서도 매우 불만족스럽다.

표 22.1: 전 세계 명목상 종교 소속 분포 (중국 제외)

종교	숫자	백분율
기독교	2,195,674,000	41%
무슬림	1,429,772,000	27%
힌두교	1,011,709,000	19%
불교	289,856,000	5%
유대교	12,849,000	0.2%
기타	119,195,000	2%
세속주의	240,650,000	5%
합계	5,299,705,000	100%

활동 교인 숫자

그리스도인 혹은 무슬림, 아니면 그 밖의 다른 종교의 교인이 된다는 것은 무슨 의미일까? 분명히 그것은 어느 정도 그 종교에 가담하여 참여하는 것을 뜻한다. 활동적 교인인지를 확인하는 데는 아주 엄격한 잣대가 있다. 즉 "지난 7일 동안 예배 장소에 가거나 예배 모임에 출석한 적이 있는가"이다. 표 22.2는 지난주에 그런 곳에 갔던 사람들에게 한정된다.

모든 무슬림들은 열심히 예배하는 이들일 것이라는 고정관념과는 반대로, 통계자료를 매주 출석하는 사람들에게 국한시키니까, 거의 그리스도인들과 마찬가지로 숫자가 크게 줄어들었다. 또한 그것은 세속주의로 분류된 2,300만 이상의 사람이 지난주에 예배에 참석한 것을 보여준다. 전반적으로 활동 교인에 대한 조사를 통해 많은 결과가 바뀌지는 않았음을 보여준다. 기독교(44퍼센트)는 여전히 단연코 가장 큰 종교이고, 그 뒤를 이슬람(29퍼센트)이 따라오고 있다.

표 22.2: 전세계적인 활동적인 종교 소속 분포 (중국 제외)

종교	숫자	백분율	백분율 감소
기독교	1,281,042,000	44%	42%
무슬림	857,620,000	29%	40%
힌두교	579,192,000	20%	43%
불교	130,512,000	4%	55%
유대교	4,604,000	*	64%
기타	59,724,000	2%	50%
세속주의	23,570,000	1%	90%
합계	2,936,277,000	100%	45%

* 0.2퍼센트 미만

지역적 차이

기독교는 세계에서 가장 큰 종교일 뿐 아니라 어떤 종교보다도 특정 지역에 덜 국한되어 있다. 서반구와 동아시아에는 무슬림 숫자가 극히 미미하지만, 그리스도인들이 얼마라도 없는 지역은 없다. 심지어 북아프리카와 중동의 아랍 지역에도 인구의 4퍼센트는 그리스도인이다. 그렇지만 표 22.3에서 볼 수 있는 것처럼 기독교의 지역적 특성을 살펴볼 수 있는 보다 흥미로운 방법이 있다.

표 22.3: 그리스도인의 지역적인 분포 (중국 제외)

지역	명목상의 소속 비율	주별 출석 비율
북아메리카	13%	24%
라틴 아메리카	25%	22%
유럽	28%	13%
중동과 북아프리카	1%	1%
사하라 이남의 아프리카	23%	30%
남부 아시아	5%	6%
동남 아시아	2%	3%
동아시아	2%	1%
오세아니아	1%	*
합계	100%	100%

* 0.1퍼센트 미만

여기서 다소 흥미로운 사실들을 보게 된다. 그리스도인들은 단지 명목상의 소속만을 고려할 경우 다른 곳보다 유럽에 더 많이 거주하는 경향이 있다 (28퍼센트). 라틴 아메리카가 그다음으로 많다(25퍼센트). 그러나 주별 출석률에 근거하여 통계를 잡으면 유럽은 4위로 크게 떨어진다(13퍼센트), 그리고 북아메리카가 2위로 크게 상승한다(24퍼센트). 1위는 사하라 이남의 아프리카 지역이다(30퍼센트). 세계 성공회(the Anglican Communion) 내부에서 진행 중인 격렬한 논쟁 속에 아프리카 주교들이 보여주는 탁월함에도 불구하고 사하라 이남의 아프리카가 전체적으로 얼마나 많이 기독교화되었는지에 대해 아는 이가 거의 없었다. 아프리카를 "아랍인 중심의 북아프리카"(Arab North)와 "흑인 중심의 아프리카"(Black Africa)로 구분하기보다는 오히려 아프리카 전체를 하나로 보려는 일반적인 경향에 의해 이러한 것이 더욱더 감춰지는 것이다. 연합된 "대륙"으로 취급하면 아프리카는 무슬림이 다수를 차지한다. 그러나 그것은 사실을 호도할 수 있다. 왜냐하면 사하라 이남의 아프리카인들 가운데 66퍼센트가 그리스도인이기 때문이다. 이에 비해 무슬림은 29퍼센트를 차지할 뿐이다. 필립 젠킨스(Philip Jenkins)는 당연히 아프리카와 "남반구"(global south)에서 기독교가 강력하다는 점에 주목하고 있다.[8]

아프리카의 기독교

그토록 많은 그리스도인이 아프리카에 있다는 사실이 쉽게 설명되지 않는다. 그렇다. 유럽의 식민지배 결과로 기독교가 아프리카 지역에 도달했다. 식민주의자들이 가는 곳마다 선교사들이 따라왔다. 따라서 유럽인들과 아프리카 민족주의자들 모두 유럽의 제국주의가 붕괴하면 당연히 식민지 이전의 "진짜" 아프리카 문화의 형태로 즉시 회귀할 것으로 보았었다. 그러나 그런 일은 적어도 종교의 영역에서는 발생하지 않았다. 도리어 아프리카 기독교는 지속적으로 번성해서, 매주 교회에 출석하는 그리스도인만 계산하자면, 앞에서 살펴본 것처럼 아프리카가 지구상의 어느 곳보다 그리스도인이 많다.

어떻게 이러한 일이 일어났는지에 대해 엄청나게 많은 책이 나왔는데, 이것과 거의 같은 비중으로 아프리카에 파견되어온 엄청난 수의 개신교 선교사들과 아프리카에서 자생한 수천 개의 개신교 교단들의 괄목할 만한 출현에 대해서도 강조되고 있다. 그러나 이러한 설명은 아프리카의 그리스

---

8   Jenkins 2002.

도인들 가운데 적어도 1억 5,000만이 로마 가톨릭이라는 사실을 도외시해 왔다. 그러므로 표 22.4가 보여주듯이, 사하라 이남의 아프리카에 가톨릭 보다 개신교가 더 많기는 하지만, 가톨릭이 개신교보다 수적인 면에서 우세 한 나라도 많다.

아프리카의 기독교화에 대해 개신교의 관점에서만 논하는 것은 이야 기의 중요한 부분을 놓치는 것이다. 실로 가톨릭 정기간행물을 보면 아프 리카에서 가톨릭교회가 급속히 성장 중이라는 기사들로 넘쳐난다. 아프리 카의 사제와 신학교의 숫자가 실제적으로 증가하는 추세임을 알 수 있다. 1989년에서 2009년까지 20년 동안, 공식적인 통계에 따르면, 사하라 이남 의 국가들에서 사제들의 숫자가 16,580명에서 30,339명으로 증가했고, 신 학교의 숫자 또한 10,305에서 25,162로 급증했다. 이것은 참으로 놀랄만한 성과다.

그런데 여기에 심오한 신비가 있다. 사제와 신학교의 숫자에 관한 가톨 릭의 공식적 통계는 지극히 정확하다. 왜냐하면 가톨릭의 통계는 교적부에 완전히 등재된 개인들만을 대상으로 하기 때문이다. 그러나 개별 교인을 모 두 망라한 명부가 없으므로 교인 숫자를 계산해서 보고하는 것은 개별 교 구에 달려 있다. 이러한 보고서들은 부정확할 수도 있고, 사하라 이남의 아 프리카의 경우에는 공식적인 교회 통계에 표시된 교인 수가 갤럽의 인터 뷰 담당자들이 찾아낸 것보다 훨씬 적은 것으로 되어 있다. 교회 통계연감 (The Statistical Yearbook of the Church)은 2006년 아프리카 전체에 1억 5,800만 의 가톨릭이 있다고 보고한다. 그런데 갤럽 조사(The Gallup World Polls, 2007- 2008)에 따르면, 사하라 이남의 아프리카에만 1억 9,400만의 가톨릭이 있는 것으로 조사되었다. 공식 통계에서 적어도 22퍼센트가 낮게 나온 것이다. 이러한 낮은 수치는 34개 국가 중 21개 국가의 공식 통계 수치가 낮게 산정 된 결과로 인한 것이다. 어떻게 이러한 일이 발생한 것일까? 어째서 모잠비크의 주교들은, 예를 들어 실제로 가톨릭이 인구의 다수(53퍼센트)를 차지하고 있음에도 불구하고 단지 인구의 23퍼센트밖에 안 되는 것으로 보고한 것일까? 분명한 것은 주교들도 자신의 양무리가 얼마나 늘어났는지 대해 모르고 있다는 말인데, 어떻게 그럴 수 있었을까?

표 22.4: 사하라 이남 아프리카의 가톨릭과 개신교

국가	가톨릭	개신교
부룬디(Burundi)	74%	20%
르완다(Rwanda)	64%	29%
앙골라(Angola)	55%	33%
모잠비크(Mozambique)	53%	34%
카메룬(Cameroon)	44%	35%
중앙아프리카 공화국 (Central African Republic)	44%	41%
콩고 공화국(Congo Republic)	44%	46%
토고(Togo)	44%	17%
우간다(Uganda)	39%	42%
마다가스카르(Madagascar)	38%	55%
콩고 민주 공화국 (Democratic Republic of Congo)	36%	58%
잠비아(Zambia)	35%	59%
부르키나파소(Burkina Faso)	32%	7%
남아프리카(South Africa)	29%	53%
케냐(Kenya)	28%	57%
베냉(Benin)	27%	13%
짐바브웨(Zimbabwe)	27%	60%
탄자니아(Tanzania)	26%	20%
차드(Chad)	26%	18%

나미비아(Namibia)	25%	73%
말라위(Malawi)	25%	63%
가나(Ghana)	25%	38%
보츠와나(Botswana)	24%	20%
나이지리아(Nigeria)	22%	33%
라이베리아(Liberia)	14%	48%
시에라리온(Sierra Leone)	11%	12%
기니(Guinea)	8%	1%
세네갈(Senegal)	5%	0%
말리(Mali)	3%	1%
에티오피아(Ethiopia)	1%	16%
지부티(Djibouti)	0%	0%
모리타니(Mauritania)	0%	0%
니제르(Niger)	0%	1%
합계	25%	32%

왜 이렇게 낮은 산정 결과가 나왔는지에 대해 어떤 통계적 증거도 찾을 수 없어서, 이 문제를 바티칸에 있는 아프리카 전문가들과 상의해본 후에 내가 내놓을 수 있는 유일한 설명은 성장이 너무나 갑자기 일어나서 제대로 교인 등록을 받지 못했다는 것이다. 왜냐하면 그런 일이 일어나는 곳은 외딴 지역인데, 이러한 곳은 성장이 너무 빠르게 일어나서 지역 사제들이 과중한 업무에 시달리다 보니 교인 통계를 지속적으로 갱신하지 못하고 있다는 것이다. 두말할 필요도 없이 교회 당국자들에게는 이러한 실수마저도 감사할 일이다.

라틴 아메리카의 다종파적 상황

라틴 아메리카는 17세기 말경에 선교사로 파견되어온 수도사들의 활동과 스페인의 무력에 의해서 완전히 기독교화되었으므로 로마 가톨릭이 지배하는 대륙이라고 오랫동안 간주되어왔다. 20세기 내내, 교회의 공식적 통계보고에 따르면, 라틴 아메리카인들의 90퍼센트 이상이 로마 가톨릭이었다. 그러나 사실은 그렇지 않았다.

수백 년 동안 로마 가톨릭교회가 라틴 아메리카에서 유일한 합법 종교였지만, 가톨릭에 대한 대중의 지지는 그다지 폭넓지도 않았고 깊지도 않았다. 드넓은 농촌 지역에는 교회도, 사제도 없었다. 이러한 곳은 기독교가 들어가지도 않았고, 따라서 토속신앙이 계속 유지되는 곳이었다.[9] 웅장한 성당들이 버티고 있는 대도시에서조차 미사 참석률은 극히 저조했다. 비교적 최근이라고 할 수 있는 1950년대에도 어쩌면 고작 10퍼센트 내지 20퍼센트 정도의 라틴 아메리카인들만이 활동적 신앙인이었을 것이다.[10] 라틴 아메리카의 가톨릭신앙이 얼마나 깊이가 없는지를 보여주는 단적인 사례는 사제 지망자가 거의 없었다는 점이다. 따라서 남미 대륙 전체적으로 대부분의 사제들을 외국에서 수입해오던 실정이었다.[11]

그러는 한편, 최근 들어 라틴 아메리카 전역에서 개신교(거의가 오순절 계통)가 발흥해서 수백 만의 헌신된 회심자들이 교회에 등록했다.[12] 이러한 도전은 가톨릭 지도층을 당혹스럽게 하였는데, 시시때때로 종교적 관용의 목소리를 냈었던 교황 요한 바오로 2세(John Paul II)조차도 "개신교 종파

---

9   Robinson 1923.
10   Chesnut 2003b, 61; Gill 1998, 68; Martin 1990, 57-58.
11   Gill 1998, 86.
12   Chesnut 1997; 2003a; 2003b; Gill 1998; Martin 1990; Stoll 1990.

들"(evangelical sects)을 "게걸스런 늑대 무리"에 비유하며 격하게 비난했던 것이다.[13] 그러나 수백 만의 라틴 아메리카인들이 개신교로 개종했다고 해서 그것이 정말로 가톨릭교회에 해를 끼쳤을까? 경쟁은 당연히 나태한 독점 종교를 압도하였을 것이다. 하지만 그것은 또한 활기찬 반응을 불러일으켜서 이전까지 독점적이었던 종교를 효과적이고 건실한 종교 기관으로 변모시킬 수도 있다. 그런 일이 지금 라틴 아메리카에서 일어나고 있다.

라틴 아메리카의 개신교회

라틴 아메리카에 정착을 허용 받은 최초의 개신교도들은 작은 거류지에 함께 모여 사는 외국 상인들이었다. 이들 대부분은 19세기에 이 지역에 정착했던 영국인과 미국인으로 구성되어 있었다. 그러나 개신교 예배당이나 개신교 선교사들의 입국은 허용되지 않았다. 20세기가 시작되고서도 한동안은 라틴 아메리카 대부분의 국가에서 성경 판매조차 법적으로 금지되어 있었다. 이로 인해서 오직 개신교만이 성경을 인정한다는 생각이 퍼져 있기도 했다.[14]

가톨릭의 법률적 패권이 붕괴하기 시작한 것은 19세기 말에서 20세기 초였다. "진보적"(liberal) 혁명들이 발발함으로써 정부와 가톨릭교회 간의 밀월관계가 압박을 받게 되었고, 이로써 그동안 보수 정권을 지지해온 가톨릭교회에 대한 정치적 응징의 형태로 개신교에 대한 관용이 도입되었다.

처음에는 괄목할 만한 일이 일어나지 않았다. 실질적으로 해외 선교사업에 주력했던 미국의 유력한 교단들이 라틴 아메리카는 이미 기독교 국가

---

13   *Miami Herald,*1992년 10월 16일자 기사.
14   Klaiber 1970; Montgomery 1979.

라는 이유를 들어 해당지역에 대한 선교적 모험을 거부했다. 그러나 복음주
의 교단들은 "가톨릭교회가 인구의 대다수와 접촉하는 데 실패했다"는 이
유를 들어 이러한 "신사적 협정"(gentlemen's agreement)을 거부했다.[15] 그 결
과 미국의 선교사업은 영구적으로 분열되었는데, 하지만 현재 이러한 분열
의 흔적은 찾아보기 힘들다. 그것은 라틴 아메리카에 선교사를 파송하는 것
이 부적절하다고 생각했던 교단들이 도처에서 모든 선교 활동을 접었기 때
문이다.[16] 그러므로 라틴 아메리카는 보수적인 그룹들에 의해서만 집중적으
로 선교가 진행되었는데, 그중에서도 오순절 계통의 교회들이 곧장 선두를
차지하게 되었다.

　　1900년까지 라틴 아메리카 대륙에 배치된 미국 개신교 선교사의 수는
610명이었다. 1923년에는 1,627명으로 증가했다.[17] 1996년에는 거의 2만
명에 달했다.[18] 그런 총계를 염두에 두고 살펴보면, 1996년에 여러 라틴 아
메리카 국가에서 로마 가톨릭교회의 교구 사제들보다도 더 많은 수의 미국
선교사들이 정규직으로 섬기고 있었다. 온두라스에서는 사제 한 명당 다섯
명의 선교사들이 있었고, 파나마와 과테말라에서는 선교사들의 수가 사제
들보다 두 배가 되었다. 그럼에도 이러한 통계에 수천 명에 달하는 미국 단
기 선교사는 포함되지 않았다. 그러나 이보다 훨씬 더 중요한 것은 라틴 아
메리카에 있던 미국 선교사들의 숫자가 지난 십 년 동안 대폭 감소하였다
는 사실이다. 2004년에는 고작 5,116명을 헤아리게 되었다.[19] 어째서 이렇
게 된 것일까? 그것은 놀랍게도 라틴 아메리카인들이 선교사들을 대신했기

15　Gill 1998, 82.
16　Stark and Finke 2000, 153, 8번 도표.
17　Stark 2001.
18　Siewart and Valdez 1997.
19　Welliver and Northcutt 2004, 32.

때문이다. 오늘날 많은 라틴 아메리카 국가에서 본국 출신 복음주의 개신교 목회자가 외국 선교사와 지역 가톨릭 사제보다 수적으로 훨씬 더 많다.[20]

본국 출신 개신교 목회자들의 급격한 증가는 라틴 아메리카에서 개신교 교단들의 급속한 성장을 촉진했다. 그러나 이러한 일이 일어나고 있다는 사실이 잘 알려지고 있었음에도 불구하고 개신교인 수에 대한 실제 통계가 별로 없거나 산재되어 있었고, 그 유효성도 의심스러웠다. 그러나 이제는 더 이상 그렇지 않다. 갤럽은 세계 여론 조사를 통해 라틴 아메리카에서 자신의 종교를 개신교 또는 가톨릭으로 밝힌 사람들에 대한 정확한 통계자료를 처음으로 제공하였다. 쿠바와 자메이카와 푸에르토리코에서는 설문조사를 실시하지 않았다. 또한 갤럽 세계 조사에 포함된 네 개의 소규모 국가는 역사적으로 "라틴" 아메리카의 일부가 아니라는 이유로 빠졌다. 이 중 세 나라는 예전에 영국 식민지였던 가이아나(Guyana), 벨리즈(Belize), 트리니다드 토바고(Trinidad and Tobago)다. 아이티(Haiti)는 프랑스어권에 속한 문화적으로 동떨어진 지역이다. 따라서 문화적으로나 역사적으로 라틴 아메리카로 확인되는 18개의 국가가 남는다.

2007년과 2008년에 실시한 설문조사를 합하면 통계의 정확도가 극대화될 것이다. 모든 설문조사는 응답자들에게 그들의 소속 종교에 대해 질문했다. 그 결과는 표 22.5와 같다.

이러한 통계수치는 대부분의 라틴 아메리카에서 개신교가 주요 종교로 자리 잡고 있음을 보여준다. 18개 국가 가운데 8개국에서 개신교가 인구의 20퍼센트 이상을 점하고 있고, 4개국에서는 인구의 삼분의 일 이상을 차지하고 있다. 개신교의 성장이 최소치에 머문 곳은 베네수엘라가 유일하다 (5퍼센트). "기타" 항목에는 토착 인디오 신앙이나 아프리카에서 건너온 신

---

20 Stoll 1990, 6.

앙이 포함된다. "세속주의" 항목은 "무종교"라고 응답한 사람들이다. 우루과이에서 세속주의의 합계가 높게 나오는 것은 아마도 우루과이인들의 80퍼센트 이상이 유럽 이민자들로 이루어진 사실을 반영하는 것 같다.[21]

표 22.5: 개신교와 가톨릭 분포율, 2007-2008년(갤럽 세계 조사)

국가	개신교	로마 가톨릭	기타	세속주의
엘살바도르(El Salvador)	38%	61%	1%	0%
니카라과(Nicaragua)	37%	61%	1%	1%
과테말라(Guatemala)	36%	61%	1%	2%
온두라스(Honduras)	36%	62%	1%	1%
브라질(Brazil)	24%	71%	4%	1%
코스타리카(Costa Rica)	24%	74%	2%	0%
칠레(Chile)	20%	74%	3%	3%
도미니카 공화국(Dominican Republic)	20%	69%	0%	11%
파나마(Panama)	18%	80%	2%	0%
볼리비아(Bolivia)	17%	81%	1%	1%
페루(Peru)	16%	82%	1%	1%
우루과이(Uruguay)	12%	64%	6%	18%
콜롬비아(Colombia)	11%	88%	1%	0%
에콰도르(Ecuador)	11%	87%	1%	1%
파라과이(Paraguay)	9%	89%	2%	0%
아르헨티나(Argentina)	9%	85%	2%	4%
멕시코(Mexico)	9%	86%	3%	1%
베네수엘라(Venezuela)	5%	91%	2%	2%

---

21 Barrett, Kurian, and Johnson 2001.

아쉽게도 개신교인들을 각 교파별로 세분하는 것이 불가능하다. 하나님의 성회(the Assemblies of God), 연합형제교회(United Brethren), 그리스도의 교회(Church of Christ) 및 침례교 계통의 여러 교회를 망라한 미국의 주요 복음주의 교단들이 잘 대변되고 있다. 그러나 개신교에는 이들 외에도 순전히 지역에 기반을 둔 개신교 교단이 많이 있으며, 이들 대부분은 오순절 계통에 속한다. 예를 들어 브라질에는 **그리스도를 위한 브라질**(*Brasil Para o Christo*)이라는 이름의 자생적 오순절 교단이 있는데, 이들은 100만 이상의 교인을 모았다.[22] 이렇듯 남미에서 생겨난 거대 개신교 교단들 외에도 수백 개의 작은 독립 교회들이 있다. 이렇듯 라틴 아메리카에서 개신교가 성장한 것은 다종파적 상황이 확대되었음을 시사한다.

가톨릭의 대응

남미의 로마 가톨릭교회는 이러한 심각한 도전에 직면하여 매우 열심히 대응했다. 라틴 아메리카에서 개신교의 성장을 다룬 거의 모든 연구가 이 부분을 도외시하였다. 예컨대 하비 콕스(Harvey Cox)는 데이비드 스톨(David Stoll)이 1990년에 했던 예언, 곧 2010년까지 남미의 5, 6개 국가에서 개신교가 다수가 될 것이며, 그 밖의 여러 국가에서는 다수에 육박할 것이라는 말을 열심히 퍼날랐었다.[23] 그러나 그런 일은 일어나지 않았다. 남미의 단 4개 국가에서 개신교가 인구의 삼분의 일을 차지했을 뿐이다. 물론 주교들이 남미는 가톨릭 국가라는 환상에 만족한 채로 개신교의 도전에 맞서 경쟁하지 않았다면, 스톨이 예언했던 것과 같은 일이 일어났을 것이다. 그런데 가

---

22   Jenkins 2002, 64.
23   Cox 1995, 168.

톨릭교회가 그러한 도전에 열정적으로 대응한 것을 처음에 알아차리지 못한 것은 어쩌면 주교들이 처음에 취했던 전략이 종교적이라기보다는 정치적인 것이었고, 그래서 효과가 전혀 나타나지 않았기 때문일 것이다.

개신교의 침투에 대한 반응으로 출현한 "해방신학"은 마르크스주의와 가톨릭 사상을 혼합한 것으로서 "빈민들을 스스로의 해방을 위한 투쟁에 동원하는 것"을 목표로 삼았고,[24] 이를 통해 대중을 끌어 모아 기독교 사회주의를 지지하도록 하는 계획을 품고 있었다. **해방신학**(Liberation Theology) 이라는 용어는 1968년 페루의 도미니코회 사제였던 구스타보 구티에레스 (Gustavo Gutiérrez)가 만든 것으로, 그의 책 『해방신학』(*A Theology of Liberation*, 1970)을 통해 보급되었다. 구티에레스는 그 책에서 구원에 대한 새로운 개념을 제시했다. 개인에 대한 강조를 내려놓는 대신에 구원이란 대중을 속박에서 해방하는 집단적인 것이라고 주장한 것이다. 1968년에 콜롬비아의 메데인(Medellin, Colombia)에서 열린 라틴 아메리카 가톨릭 주교회의는 구원에 관한 구티에레스의 주장을 언급하지는 않았지만, 교회가 대중을 해방시켜야 한다는 사상은 공식적으로 인준하였다.

해방을 성취하기 위해 채택된 우선적 전략은 "기초 공동체"(*communidades de base*)였다. 해방 운동가인 지도자가 소그룹을 모아서 사회주의적 생활공동체(commune) 안에서 함께 살고 함께 노동하면서 참가자들을 정치적·도덕적으로 의식화시키면서, 한편으로는 주변 지역에 거주하는 다른 이들에게 자조의 모델을 제공한다. 장기적 계획은 새로운 "기초"(base), 곧 아래로부터 사회를 재건하는 것이었다. 제대로 말하자면, 기초 공동체는 유토피아적 공동체를 실험해온 오랜 전통과 명백히 연결되어 있었다.[25] 따라서 기초

---

24   Drogus 1995, 465.
25   Boff 1986.

공동체는 가난한 사람들을 모아서 만드는 것이 원래 취지였지만, 다른 유토피아적 공동체들과 마찬가지로 여기에 관심을 가진 이들은 주로 상대적으로 특권층에 속한 사람들이었음이 드러났다.[26] 어쨌든 매우 헌신적이었던 해방운동가들조차 자기들의 시간은 지나가버렸다고 시인한다.[27]

해방신학은 사회주의 운동으로서 실패했다. 다른 이유 때문이라기보다 그것은 이데올로기적으로 맞지 않았다. 그것은 종교적 수사 및 가톨릭교회와의 연관성 때문에 정치적 좌파에게서 신뢰를 얻지 못했다. 해방신학은 그것이 강조하는 정치적 목표와 전략으로 인해 종교 운동과의 경쟁에 아예 끼어들지도 못했다. 앤터니 질(Anthony Gill)이 주장하는 대로, 해방신학은 대중의 빈곤에 대한 응답으로 시작된 것이 아니라 개신교의 위협에 대한 대응의 일환으로 시작되었다는 논리가 현재로서는 주목할 가치가 있다. 각국의 가톨릭 지도자들은 개신교 집단이 자기 나라에서 전진하는 것에 발맞추어 해방신학자들과 그들의 강령에 대한 인준을 허락했던 것이다.[28]

이것과 확연히 대조되는 것으로, 개신교의 경쟁에 대해 가톨릭이 취한 두 번째 대응은 굉장히 대중적이고 효과적임이 증명되었다. 그것은 바로 가톨릭 은사 쇄신운동(the Catholic Charismatic Renewal movement, CCR)이다. 가톨릭 오순절운동으로 묘사되는 CCR에는 종종 "방언으로 말하기"가 등장하는 집중 기도모임이 포함된다. 또한 개신교 복음전도자들이 부흥집회를 위해 종종 라틴 아메리카의 축구 경기장을 가득 채우는 것과 마찬가지로, CCR도 똑같은 축구 경기장을 가득 메운다. 1999년에 CCR의 텔레비전 스타인 마르셀루 로시(Marcelo Rossi) 신부가 만든 삼바풍의 종교 음악 앨범이

26   Burdick 1993.
27   Drogus 1995.
28   Gill 1998.

브라질에서 여타의 음반들보다 많이 팔린 적이 있다.[29] 아마도 CCR에 관해서 가장 주목할 만한 사실은, 여러 사제들이 거기에 참여하기는 하지만, "그것이 일반적으로 평신도 운동"이라는 점이다.[30] 사실 성모 마리아가 차지하는 중요성만 없다면 CCR을 개신교 오순절 그룹과 구별하기란 그리 쉬운 일이 아닐 것이다. 두 집단 모두 방언을 포함하고, 성령세례에 대한 체험을 강조하며. 두 집단 모두 신유(faith healing)에 깊이 몰두하고 있다. 그리고 두 집단이 모두 미국에서 시작된 것도 공통점이다. 개신교 오순절운동은 1906년 로스앤젤레스에서, 가톨릭 은사 쇄신운동은 1967년 피츠버그의 듀케인 대학교(Duquesne University)에서 출범하였다. CCR은 미국 출신 사제들에 의해 1970년대에 남미에 도입된 것이다.

CCR의 기본 조직 단위는 주중 기도 모임인데, 평신도 지도자들을 포함하여 평균적으로 대략 30명 정도의 회원이 모인다. 이들 그룹은 기도와 방언과 찬양 및 묵상을 위해 주중에 주로 모인다. CCR 회원들은 일요일에는 미사를 드리기 위해 운집한다. 라틴 아메리카에는 이러한 그룹이 수만 개가 있으며, CCR은 라틴 아메리카의 비교적 자유로운 종교 시장 경제에서 매우 유능한 경쟁자로 자리 잡았다.

바티칸에 상주하는 CCR 의장인 살바토레 마르티네스(Salvatore Martinez)가 나에게 알려준 바에 따르면, CCR의 공식 회원이 아마도 전 세계적으로 6,000만이 넘고, 어쩌면 이 밖에도 4,000만 명 정도가 독립된 가톨릭 은사주의 그룹에 속해 있다고 한다. 마르티네즈는 대부분의 회원이 라틴 아메리카에 있으며, 현재 성장이 진행 중인 곳도 라틴 아메리카라고 덧붙여 말한다. 하지만 애석하게도 회원들을 국가별로 세분한 신뢰할 만한 통

29 Chesnut 2003b, 55.

30 Chesnut 2003b, 61.

계는 없다.[31] 그럼에도 불구하고 CCR의 활기 넘치는 영향을 간접적으로 반영하는 통계수치는 있다. 표 22.6은 라틴 아메리카의 각 나라에서 "지난 7일 동안 예배 장소에 가거나 예배 모임에 출석한 적이 있는가"라는 질문에 대해 "그렇다"라고 응답한 가톨릭의 비율을 보여준다.

표 22.6: 지난 한 주 동안 교회에 출석했던 가톨릭의 퍼센트(갤럽 세계 여론 조사)

국가	지난주 교회 출석률
과테말라(Guatemala)	72%
엘살바도르(El Salvador)	66%
온두라스(Honduras)	66%
콜롬비아(Colombia)	63%
에콰도르(Ecuador)	63%
코스타리카(Costa Rica)	61%
멕시코(Mexico)	60%
파나마(Panama)	60%
볼리비아(Bolivia)	59%
니카라과(Nicaragua)	58%
파라과이(Paraguay)	56%
페루(Peru)	53%
도미니카 공화국(Dominican Republic)	49%
브라질(Brazil)	45%
베네수엘라(Venezuela)	41%
아르헨티나(Argentina)	31%
칠레(Chile)	31%
우루과이(Uruguay)	16%

---

31 Salvatore Martinez와의 개인적인 교신[2009년].

오늘날 대부분의 라틴 아메리카에서 가톨릭신자들은 정말 괄목할 만한 수준으로 교회에 출석하고 있다. 위의 나라들 가운데 8개국에서 주일 출석률이 60퍼센트를 상회하였고, 과테말라는 72퍼센트나 되었다. 또 다른 4개국의 미사 참석률도 52퍼센트를 상회했다. 이러한 통계수치에 비해, 스페인에서는 고작 33퍼센트만이 매주 미사에 참석한다고 응답한다. 아르헨티나와 칠레는 스페인과 거의 비슷한 참석률을 나타내고, 우루과이만이 낮은 수준의 출석률을 보이는데(16퍼센트) 이는 수십 년 전 남미 국가들에서 전형적으로 나타난 것과 같은 수준이다. 우루과이는 그 밖에 다른 면에서도 돌연변이에 해당한다.

다종파적 상황이 영향을 주었으리라는 기대에 전적으로 부합하게, 가톨릭의 출석률은 개신교의 도전과 아주 긴밀한 상관관계를 보여준다. 즉 개신교의 비율이 클수록 가톨릭의 출석률도 높아진다.

분명히 가톨릭교회는 라틴 아메리카에서 놀랄 만한 쇄신을 겪었다. 한때 주교들은 라틴 아메리카가 가톨릭 대륙이라는 헛된 주장에 만족하고 있었지만 실제로 교인들의 헌신은 낮은 수준에 머물러 있었는데, 지금은 가톨릭교회마다 일요일이면 독실한 신자들로 가득 차고, 그 밖에 많은 교인들이 주중 은사 모임에 활발하게 참가하고 있다. 그리고 이러한 괄목할 만한 변화의 원천은 강렬한 개신교 신앙이 급격히 성장한 것이다. 이로 인해 매우 경쟁적인 다종파적 환경이 조성되었기 때문이다.

그러한 일이 나타난 것이 이번이 처음은 아니다. 19세기 중반으로 접어들면서 가톨릭 이민자들이 미국으로 대거 유입되기 시작했을 때, 그들은 고향인 유럽에서와 마찬가지로 종교에 대해 낮은 수준의 참여도와 관심을 보여주었다. 처음에 이들 가톨릭 이민자들은 그들에 대한 공격적 전도를 전개하던 개신교 그룹으로 대거 넘어왔었다. 그러나 미국 가톨릭 성직자들은 곧바로 개신교의 신자 모집 방법(부흥회)을 채택하면서 적응했고, 얼마 지나

지 않아 미국 가톨릭교회는 유럽의 어느 가톨릭교회보다 더 강하고 효율적인 교회로 변모하였다.[32]

라틴 아메리카의 가톨릭교회는 경쟁관계에 있는 개신교 오순절운동의 주요 특징을 채택함으로써 교인들의 헌신을 이처럼 놀랍게 제고하는 과제를 달성했다. 그 결과 '가톨릭 대륙'이라는 환상에 불과한 이름을 갖고 있던 곳이 이제는 참으로 은사주의 중심의 기독교 대륙으로 바뀌어가고 있다. 이렇게 라틴 아메리카의 교회화(churching)가 진행 중이다.

중국의 기독교

20세기의 오랜 기간 동안 서구 지식인들 사이에서 중국인에 대해 자리 잡은 견해는 그들이 종교를 쉽게 받아들이지 않는다는 것이었다. 공산당이 권력을 잡기 훨씬 전부터 그랬다는 것이다. 1934년 에드가 스노우(Edgar Snow)가 "중국에서는 아편이 사람들의 종교다"라고 말하면서 비아냥거릴 때, 언론인들은 맞는 말이라는 투로 맞장구를 쳤고, 기독교 선교사들이 회심시켰다고 하는 100만에 달하는 중국인들을 "쌀 신자"(rice Christians)라고 부르면서, 선교사들이 제공해주는 혜택을 얻기 위해 선교 본부를 들락거리는, 자기 이익만 생각하는 이들에 불과한 것으로 매도했던 것이다. 그 후 1949년 마오쩌둥(Mao Zedong)이 권력을 잡게 되자 중국은 곧 완전히 세속화된 탈종교(post-religious) 사회의 모델이 될 것이라는 데 의견이 모아졌었다.

그러나 그렇게 되지는 않았다. 도리어 미래의 탈종교적 중국을 기대하

---

32   Dolan 1975; 1978; Finke and Stark 1992.

던 믿음이 마르크스주의 신봉자들뿐 아니라 서구 지식인들에게도 아편이었음이 증명되었다. 서구에서 쌀 신자라고 비웃음을 살 정도로 "신실치 못했던" 중국 그리스도인들은 수십 년 동안 피비린내 나는 탄압을 견뎌냈고, 그러는 가운데 그리스도인의 수가 늘어났다. 그리고 잠시 공식적 탄압이 느슨해지자 중국의 기독교가 (부분적으로) 지하에서 모습을 드러냈으며, 지금까지도 경이로울 정도로 성장해오고 있다.

안타깝게도 그 놀라운 성장의 크기가 어느 정도인지에 대해 커다란 의견 차이가 존재한다. 현재 중국에 있는 그리스도인은 1,600만 명인가? 아니면 2억 명인가? 이 두 수치를 주장하는 사람들은 저마다 대단한 확신을 가지고 있을 뿐 아니라 모두 자기들의 수치가 "공식적"인 것이라고 주장한다. 그러나 아마도 중국에 1억 3,000만 명의 그리스도인이 있다는 주장이 가장 널리 인정되고 있다. 그러한 통계는 종종 중국 정부가 시행한 설문조사에 의한 것이라고 주장되지만,[33] 중국의 학자나 여론 조사 기관들은 그러한 설문조사가 있다는 것조차 모르고 있으며, 그러한 수치는 기존의 어떤 설문조사에 의해서도 지지받지 못하고 있다. 혼란을 부추기는 또 다른 요인은 중국 정부가 **삼자애국운동**(Three Self Patriotic Movement, TSPM)이라는 이름으로 공식 등록된 기독교 그룹에 얼마나 많은 사람들이 소속해 있는지에 대해 잘 파악하고 있다는 사실이다. 이 그룹에 등록된 교인 수는 1,600만이다. 그러나 중국 정부도 솔직히 시인하듯이, 그리스도인의 수는 그 숫자의 몇 배가 되고도 남음이 있는데, 그것은 삼자애국운동에 등록하지 않은 중국 내의 기독교 가정 교회의 숫자가 수만에 이르기 때문이다. 가정 교회의 교인은 과연 얼마나 될까?

안타깝게도 현재까지 중국 정부는 "외국" 설문조사 기관이 자국의 종

---

33   Sisci 2009.

교에 대한 조사를 시행하는 것을 허용하지 않고 있다. 그런 까닭에 갤럽 북경 지부가 여러 설문조사를 시행하고 있음에도 불구하고 종교를 비롯한 민감한 사안에 관한 질문을 포함시키지 않는다. 하지만 이러한 제한이 중국 회사들에게는 해당되지 않는다. 따라서 **한 차이나**(Han China) 전국 설문조사(이 조사결과는 신중하게 취급되어야 한다)로부터 몇 가지 유용한 결론을 도출할 수 있을 것이다. 이 설문조사는 중국에서 가장 규모가 크고 신뢰받는 여론 조사 기관인 호라이즌(Horizon, Ltd.)이 2007년에 7,021명을 대상으로 실시한 인터뷰에 기초하고 있다. 해당 자료는 **베일러 대학교 대학 중국 연구 프로그램**(Baylor's Program of Research on China)에 제공되었는데, 특별히 베일러 대학교의 박사 이후 연구과정에 참가한 중국학자들이 사용하도록 제공된 것이다.

그 설문조사를 통해 중국인의 3.1퍼센트가 그리스도인이라고 응답하고 있음이 밝혀졌다(개신교는 2.9퍼센트이고, 가톨릭은 0.2퍼센트였다). 이것은 중국에 대략 3,530만의 그리스도인이 있음을 시사한다. 그러나 이것마저도 최소치로 보아야 한다. 왜냐하면 본 설문조사가 중국의 그리스도인 숫자를 대폭 줄여 잡았다고 추정할 만한 이유가 많기 때문이다. 많은 중국인들은 이러한 설문조사에 참여하기를 거부하는데, 그리스도인들이 대체로 이러한 조사를 거부하는 이들일 가능성이 높다(중국에서 그리스도인으로 신분이 노출되는 것은 위험할 수 있다). 게다가 인터뷰에 응하기로 했다가 낯선 사람에게서 "당신은 그리스도인입니까"라는 질문을 받게 되면 그것을 인정하지 않는 것이 현명하겠다는 생각이 들 수도 있다. 중국 그리스도인의 숫자를 정확히 추산하기 위해서는 이러한 두 가지 억압 요인을 교정하는 것이 필요하다.

이러한 고민을 해결하기 위해 베일러 대학교의 동료들과 나는 북경 대학교(나는 이곳의 사회학과 명예교수다)에 있는 동료들과 협력하여 후속 연구를 추진했다. 중국 그리스도인 공동체와의 접촉을 토대로 해서, 우리는 최초의 설문조사 표본에서 사용했던 동일한 지역의 많은 사람들로부터 중국 가정 교회 교인들의 표본을 얻을 수 있었다. 설문조사를 위한 인터뷰 담당자들을 이들에게 보내어 인터뷰를 시도했는데, 이들은 모두 활동적 그리스도인이었다(그러나 인터뷰 담당자들에게는 이 사실을 알리지 않았다). 이들 그리스도인들 가운데 62퍼센트는 인터뷰를 거절했는데, 이것은 처음 설문조사에서 전체적으로 38퍼센트가 거절했던 것과 비교된다. 이러한 응답률의 차이를 고려하여 조정해보니 16세 이상의 그리스도인 수가 5,890만으로 추산된다.

추가로 밝히자면, 그리스도인이라고 알려진 사람들 가운데 9퍼센트는 질문을 받았을 때 자신이 그리스도인임을 인정하지 않았다. 그러한 억압 요인을 고려해서 수정하면 16세 이상의 그리스도인 수는 6,430만 명이 된다. 물론 이러한 합계는 2007년의 것이다. 지금은 그 합계가 분명히 더 높아졌을 것이다. 2011년 중국의 그리스도인의 수는 약 7,000만으로 추정되는데, 이는 매우 신뢰할 만한 수치다.

더군다나 중국에서 기독교의 성장은 인구의 특정 부분에만 국한되어 있지 않다. 호라이즌에서 실시한 설문조사를 분석한 자료에 따르면[34] 연령은 중요한 영향을 주지 않는다. 그리스도인들은 농촌지역과 도시에서 균등하게 증가하는 것으로 보인다. 그리스도인들은 또한 고학력과 저학력 계층 모두에 고르게 분포되어 있다. 그리고 공산당을 제외하면(이들은 최소한 자신이 그리스도인인 것을 비밀로 해야 한다), 저소득층보다는 중간소득이나 고소득층에 속한 중국인들이 그리스도인이 되는 경향이 유의미하게 나타난다. 물론 세계의 모든 종교 집단에서도 관찰되는 현상이지만,[35] 중국에서도 여성(3.8퍼센트)이 남성(1.6퍼센트)보다 그리스도인이 되는 경향이 크게 나타난다.

---

34   Stark and Liu 2011.
35   Stark 2004, chap. 4.

그렇다고 해도 계속되는 기독교의 팽창을 가로막는 인구적 장애물은 중국에 없는 것처럼 보인다.

　서방의 많은 학자들이 중국을 관찰하면서 중국의 그리스도인 숫자를 그토록 크게 과장하는 이유는 무엇일까? 그 한 가지 이유는 일류 대학교의 교정에 서 있으면 기독교적인 분위기가 아주 확연하게 느껴지기 때문이다. 심지어 기독교 소종파가 세운 미국의 대학교보다 훨씬 더 기독교적인 느낌이다. 더욱이 그리스도인이 아닌 중국 지식인들 사이에서도 기독교가 서구 문명의 발흥에 필수적인 역할을 했으며, 그렇기 때문에 중국의 경제 발전과 과학 발전에도 기독교가 핵심적인 역할을 할 것이라는 확신이 널리 퍼져 있다. 그 결과 중국인들은 기독교의 역사에 대해 강한 흥미를 보이고 있으며, 이에 따라 해당 주제를 다루는 책들이 중국에서 봇물 터지듯 번역·출간되고 있다(그중에는 내 책도 세 권이 포함되어 있으며, 아마도 이 책을 포함해서 곧 몇 권이 더 출간될 것이다).

기독교가 성장하는 이유

마가복음 16:15에는 부활한 예수가 하는 말이 인용되어 있다. "또 이르시되 너희는 온 천하에 다니며 만민에게 복음을 전파하라." 이것이 기독교가 성장하는 "비결"이다. 기독교는 수많은 추종자들에게 자신이 믿는 신앙을 전파하기 위한 전도활동의 동기를 부여할 수 있으므로, 지금도 과거에 비기독교 지역이었던 곳에서 개종을 통한 급속한 성장이 나타나고 있는 것이다.

　이러한 성장 비결은 다음과 같은 근본적인 질문을 제기한다. "기독교에는 어째서 그토록 사람들을 끌어당기는 힘이 있는 것일까?" 네 가지 주요 측면을 평가해볼 수 있을 것이다. 그 네 가지로는 메시지, 성경, 다종파적 상황(pluralism) 및 근대성(modernity)과의 연계를 들 수 있다.

메시지

아우구스티누스가 『고백록』(*The Confessions*)에서 지적하듯이, 기독교의 기본 메시지는 지극히 단순해서 어린아이들도 쉽게 파악할 수 있는 반면에, 그 것에서 파생된 신학적 문제들은 최고의 지성인들에게도 도전이 되기에 충분하다. 신성(divinity)에 대한 기독교의 개념에 이 점이 잘 드러나 있다. 유대교나 이슬람과 마찬가지로, 기독교는 하나님을 초월적이고, 전능하며, 자비로운 "존재"(being)로 생각하지만, 그 하나님은 다소 신비스럽고, 멀리 떨어져 있으며, 경이로운 존재이기도 하다. 그러나 유대교나 이슬람과는 달리 기독교에는 매우 인간적이고 쉽게 다가갈 수 있는 성자(the Son)라는 존재가 있다. 따라서 하나님이 기독교의 세계관을 주도한다면, 하나님의 아들은 정감적 차원을 지배한다. 따라서 어른들은 예수가 자신의 삶에 들어왔다고 말하고, 아이들은 "예수 사랑하심을"이라는 노래를 부르며, 그리스도와 그의 십자가에 관한 주제가 기독교 미술을 주도한다. 그리스도인은 다른 사람에게 전도할 때 대체로 예수의 이야기에 초점을 맞추는데, 복음서가 예수에 대한 이야기라는 사실이 이것을 용이하게 해준다.

더군다나 복음서의 근본 메시지는 그리스도가 우리의 죄를 위해 죽었고, 따라서 누구든지 예수를 구원자로 받아들이는 사람은 죽음 이후에 영원한 생명을 누리게 된다는 내용이다. 이러한 교리가 기독교가 지닌 호소력의 핵심을 이룰 뿐 아니라 인생에 의미와 목적 및 살아갈 힘을 준다. 이러한 복락을 얻기 위해 고통을 참으며 금욕 수행을 하지 않아도 된다. 좋은 그리스도인이라면 누구나 덕성의 추구를 통해 고양된 풍성한 삶을 자유롭게 추구할 수 있다. 다른 말로 표현하자면, 기독교는 영생이라는 엄청난 보상을 약속할 뿐 아니라, (본서의 제6장에서 논증한 것과 같은) 풍성한 복락을 제공한다.

그렇지만 그리스도인의 전형적인 모습을 묘사할 때, 신앙이 주는 혜택이나 헤아리면서 매일 머릿속으로 계산기를 두드리지만, 기독교의 체험 가운데 강력하고도 광범위하게 나타나는 신비적이고 정서적인 측면을 도외시하는 자들로 제시한다면, 그것은 오해의 소지가 많다고 하겠다. 수 세기 동안 무수히 많은 그리스도인들은 예수와 마리아를 비롯한 거룩한 존재들과 직접 대면했다고 보도한다.[36] 이것은 기독교에서 풍부하게 나타나는 신앙에 대한 여러 체험적 확증(조용한 가운데 하나님의 친밀함을 느끼는 것에서부터 황홀경의 상태나 방언으로 말하기에 이르기까지) 가운데 한 형태일 뿐이다.[37] 다른 세계 종교는 일반 대중 가운데 이러한 신비적 현상을 만들어내지 못하거나, 그것을 봉쇄된 삶을 사는 극소수에게만 가능한 것으로 제시하는 것 같다. 이 말은 기독교의 지성적 측면을 과소평가하려는 것이 아니다. 오히려 해마다 기독교의 역사와 신학에 대한 깊이 있는 책들이 수천 권씩 출판되어, 읽히고, 논의되고 있다.

성경

다른 세계 종교가 가진 대부분의 "경전들"과 달리 구약성경과 신약성경은 감춰진 의미와 신비와 수수께끼를 모아 놓은 문서가 아니다. 성경에는 울리는 꽹과리 소리와 같은 것이 전혀 없다. 성경은 대부분 사람들과 사건들에 대해 분명하게 묘사하는 이야기들로 구성되어 있다. 신학적으로 난해한 본문들(예컨대 바울 서신)도 많이 있고, 매우 신비로운 이야기가 담긴 부분도 몇

---

36   Underhill 1911.
37   Stark 1965b; 2008.

군데 있지만, 대부분의 이야기는 어떤 연령대나 문화적 배경에 속한 사람들일지라도 누구나 다 이해할 수 있다. 게다가 이 이야기들은 흥미롭기까지 하다. 성탄의 이야기나 모세와 바로의 대결 장면을 생각해보라.

안타깝게도 수 세기 동안 대중적 기독교는 구전에만 의지했었다. 이는 일반 대중이 글을 읽고 이해할 수 없었기 때문만은 아니고, 성경이 오로지 라틴어나 그리스어로 기록되어 있었으므로 소수의 지배층만이 성경을 읽을 수 있었기 때문이기도 했다. 가톨릭교회는 성경을 각 민족의 "속된" 언어로 번역하는 것에 대해 결사적으로 반대했는데, 그 이유 중 하나는 보다 많은 사람이 성경을 접하게 되고 그로 인해 불가피하게 발생하게 되는 해석상의 논쟁을 피하려고 했던 것이다. 오늘날 성경이 거의 2,000개의 언어로 번역된 마당에, 성경번역을 꺼리는 이러한 태도는 유별나게 보일 것이다. 그러나 성경에 대한 접근성이 늘어날수록 실제로 갈등이 야기되었으며, 그에 따라 기독교의 분열이 거의 끝도 없이 확대된 것을 보면, 가톨릭교회의 이러한 태도도 어느 정도 근거가 있었다고 하겠다. 다른 한편으로 이러한 교파 분열로 인해 신자들이 크게 활성화되어 이들이 기독교의 확산에 주된 역할을 맡기도 하였다. 선교사역이란 참으로 경쟁적인 분야라고 하겠다.

다종파적 상황

제17장에서는 중세기의 나태한 독점 교회가 북유럽을 개종시키는 데 무척이나 더뎠을 뿐 아니라 농촌의 대중을 오랫동안 도외시했던 것을 살펴보았다. 그리고 제20장에서는 다종파적 상황, 즉 종교단체들이 교인과 후원을 얻기 위해 상호 경쟁하는 환경이 조성됨에 따라 종교적 활기가 끓어오르게 된 것을 확인하였다. 그 장에서는 또한 자신들이 믿는 진리의 유일성을 더 이상 확신하지 못하는 교회들이 얼마나 빠르게 도태되는지를 논증했었다.

동일한 원칙이 선교사업에도 적용된다. 이에 따라 19세기 말 미국의 저명한 침례교인이었던 윌리엄 폴월 베인브리지(William Folwell Bainbridge) 는 세계여행을 통해 아시아와 아프리카에서 진행 중인 미국의 선교 활동을 둘러보고 난 후에[38] 하나의 선교부가 한 지역을 독점하는 곳에서는 둘 이상 의 선교 단체가 경쟁적으로 활동하는 곳에서 볼 수 있는 그런 수준의 활동 이나 효율성이 나타나지 않는다고 지적했다.[39] 그는 서로 다른 선교단체들 이 많이 활동하는 것을 축복으로 여기면서, 선교사역의 중복을 피하기 위해 선교권역을 분할하는 것에 대해 강력히 반대하는 의견을 개진하였다.

그 당시 미국 해외선교사들의 절대 다수는 오늘날 "진보적"으로 분류 되는 교단들에서 훈련을 받고 후원을 받았다. 여기에는 회중교회(현재 그 리스도 연합교회), 장로교회, 감리교회, 성공회가 해당된다. 그러나 20세기 초 이들 교단의 지도자들은 "비그리스도인을 개종시키려는 노력이 어떠 한 신학적 내지 도덕적 토대를 갖고 있는가"라는 질문에 대해 확신을 잃어 버리게 되었다. 1930년 1월 진보 신학자들의 선두 그룹이 선교에 대해 "재 고"(rethink)하기 위해 모였는데, 1932년에 발행한 보고서에서 이들 진보적 지도자들은 기독교 신앙이 우월하다는 생각은 "수치스러운 잘못"임을 주 장하였다. 왜냐하면 기독교가 가진 "진리"라고 여겨지는 것은 무엇이든 "본 질적으로 보편적 인간 지성에 속한 것"이기 때문이다.[40] 따라서 "'세계 복음 화'와 같은 문구는…솔직히 당혹스러운 것이다." 따라서 이들 지도자들은 어쨌든 선교사들을 파송해야 한다면 그것은 전도가 아니라 사회사업의 운 영을 위한 것이라는 의견을 표명하였다. 즉 구원을 전하는 것이 아니라 위

---

38 William Folwell Bainbridge는 필자의 동료이자 이따금씩 공동 저작을 위해 함께 작업했던 William Sims Bainbridge의 증조부다.

39 Bainbridge 1882, 270-72.

40 Hutchison 1987, 147.

생을 가르치기 위한 것이라는 말이다.

당연하게도, 이 정도의 명분을 가지고 낯선 나라에서 희생적 삶을 살아 낼 만한 동기로 삼은 사람은 거의 없었다. 결과적으로 진보 교단들은 한때 그들이 관여했던 거대한 선교사역에서 더 이상 의미 있는 역할을 맡지 않게 되었다. 그런데도 만약에 단 하나의 기독교 기관만 있었다고 가정한다면, 해외선교는 시작도 해보지 못했을 것이고, 그나마도 확실히 1930년대에 소멸되어버렸을 것이다. 하지만 이와 달리 수십 개의 보수적이고 복음적인 개신교 교단들이 계속해서 다수의 선교사들을 파송하였고, 그러는 사이에 선교사업을 중단한 것은 오직 진보적 개신교뿐이었다. 로마 가톨릭교회 또한 이러한 개신교의 도전에 직면하여 현재 매우 거대하고 효과적인 선교 역량을 유지하고 있는데, 특히 아프리카에서 그러하다.

물론 세계의 여러 지역에서 해당 지역 출신의 그리스도인들이 전도사역을 맡게 되면서 해외선교사들이 불필요하게 되었다. 여기서도 다종파적 환경이 주요 역할을 맡게 되는데, 왜냐하면 기독교는 혁신과 적응의 전통을 갖고 있기 때문이다. 그로 인해 해당 지역 출신의 그리스도인들이 선교사역을 담당하게 될 뿐 아니라, 종종 새로운 교단, 특별히 자신들이 속한 특수한 상황과 문화에 적합한 교단들을 만들기도 한다. 예를 들어 아프리카에는 수천을 헤아리는 새로운 기독교 그룹이 존재한다. 새로운 기독교 단체들이 형성됨에 따라 그 지역에 다종파적 상황이 확고히 뿌리내리게 된다. 따라서 그들 간의 경쟁이 서로를 활성화시키는 것은 당연하다. 결국에 기독교는 성장하기 마련인데, 이는 부분적으로 대단히 많은 그리스도인들이 기독교의 성장을 위해 열심히 일하기 때문이다.

근대성

선교사들이 위생과 같은 것들을 가르치는 일에 헌신해야 한다는 진보 기독교의 제안은 기독교의 확산에 매우 중요한 마지막 주요 측면과 관련이 깊다. 서구 종교인 기독교가 서구의 근대성과 연결되는 것은 지극히 당연하다. 따라서 저개발 국가들의 입장에서, 기독교에 대한 수용과 근대 문화전반에 대한 수용을 나누어 생각하는 것은 불가능한 일이다. 의학 및 과학기술 분야에서 서구가 보여준 지혜는 하나님에 대한 서구의 신앙도 보증해주는 것처럼 보인다. 참으로 많은 이들이 하나님에 대한 서구의 믿음이 다른 분야에서의 진보를 위한 토대가 된다고 결론짓는다. 중국의 지도급 경제학자 한 사람은 다음과 같이 말한다. "지난 20년 동안 우리는 서구 문화의 핵심이 서구의 종교, 곧 기독교임을 깨달았다. 이것이 바로 서구가 그토록 강력한 이유다. 사회적·문화적 삶의 토대를 이루는 기독교의 도덕성이 있었기에 자본주의의 출현과 민주정치로의 성공적 이행이 가능할 수 있었다. 우리는 이것에 대해 추호도 의심하지 않는다."[41] 나 역시 이에 대해 조금도 의심하지 않는다.[42]

결론

아마도 기독교의 세계화를 촉진시켜준 가장 본질적인 측면은 기독교가 지닌 괄목할 만한 문화적 융통성일 것이다. 기독교는 가는 곳마다, 그 신앙을

---

[41] 다음에서 인용함. Aikman 2003, 5.
[42] Stark 2005.

지역 문화에 맞추어 적응시켰다. 그것이 가능했던 것은 기독교가 가진 보편적 메시지 때문이었다. 그러므로 범세계적 기독교란 수천 개의 독특한 교회들이 그리스도에 대한 공통의 신앙을 견지하면서 하나로 모여 있는 거대한 텐트와 같다고 하겠다.

앞으로 20년 정도가 지나면 십자가 사건이 있고난 후 2,000년이 되는 해
가 올 것이다. 천년기가 두 번 지나는 동안 기독교는 결정적인 순간을 많
이 지나왔는데, 그중에는 비극적인 것도 있었고, 승리에 도취한 순간도 있
었다. 그리스도에 관한 이야기를 목록에서 제외하면, 기독교 신앙이 여태껏
밟아온 궤적 가운데 세 가지 사건이 나머지 사건보다 훨씬 더 중요하게 부
각된다. 이 중 두 가지는 대단히 유익한 것이었고, 나머지 하나는 큰 불행이
었다고 하겠다. 이 세 가지 사건 각각에 대해 본서의 앞부분에서 이미 주목
한 바 있지만, 기독교 역사에 대한 나의 재검토 작업을 종결하는 마당에 이
러한 각각의 발전이 그러한 차이점을 만들어낸 이유에 대해 좀 더 곰곰이
생각해 보는 것이 적절할 것 같다.

예루살렘 회의

기독교 발흥의 전체 역사 가운데 단연코 가장 중요한 사건은 기원후 50년
경에 있었던 예루살렘 회의(Council of Jerusalem)다. 이때 바울은 이방인들을

율법을 지키는 유대인으로 만들지 않고도 개종시킬 수 있는 권한을 부여받았다. 바울의 갈라디아서(갈 2:1-10)와 사도행전(행 15장) 모두 이 회의에 대해 보도해주고 있다.

바울은 자신의 충실한 조력자였던 바나바와 디도를 대동하고 예루살렘으로 올라와서 "그러나 우리는 그들이 우리와 동일하게 주 예수의 은혜로 구원 받는 줄을 믿노라"(행 15:11) 하는 믿음을 근거로 삼아 이방인 개종자들을 위해 변론했다. 바울의 입장을 두고서 뜨거운 논쟁이 일어났는데 이는 놀랄 일도 아니었다. 왜냐하면 예루살렘에 있던 유대 그리스도인들은 로마 관리나 로마 군인 말고는 이방인을 거의 만나본 적이 없었기 때문에 이방인에 대해 익숙하지 않았고, 그들에 대한 경멸을 누그러뜨리지 않았다. 참으로 놀라운 것은 예수의 형제이자 예루살렘 교회의 수장이었던 야고보가 바울의 반대자들을 편들지 않았다는 점이다. 야고보는 "의인"(the righteous)으로 알려졌는데 이는 부분적으로 그가 대단히 금욕적인 삶을 살았기 때문이었다. 그렇기 때문에 사람들은 야고보가 당연히 모든 개종자들에게 율법의 준수를 요구하리라 기대했을 것이다. 하지만 그는 반대로 바울의 제안에 축복하면서, 이방인 개종자들에게 십계명을 지킬 것과 교살한 동물의 고기를 삼갈 것만을 요구했다(행 15:20).

이러한 결정이 내려지기 전까지 기독교는 그저 유대교 내의 한 종파였을 뿐이다. 유대교는 실제적으로 많은 개종자들을 얻긴 했지만, 그럼에도 특정 민족과 변함없이 결속되어 있는 종교였으므로 세계적인 종교가 될 가능성은 없었다. 여기에 기독교적인 면이 새롭게 추가되었다고 해도 마찬가지였다. 바울은 팔레스타인 밖으로 기독교 신앙을 전파하려고 애쓰는 가운데, 이러한 민족적 장벽을 확실히 인식하게 되었다. 그는 이방인이면서 "하나님을 경외하는 사람들"(God fearers)을 많이 만났는데, 이들은 회당에 출석하면서 심지어 회당에 재정적 도움을 주는 경우도 있었지만, 율법을 전적으로 수용하는 것은 꺼려했기 때문에 소외된 상태로 남아 있었다. 바울은 또한 소외된 유대인들을 율법의 준수로부터 자유롭게 하는 형태의 유대교가 있다면 이들 중 많은 이들이 개종하게 되리란 것을 깨달았다. 참으로, 제4장에서 살펴본 대로, 바울은 개종자들에게 율법의 준수를 요구하지 않아도 되는 상황이 되자 이 두 그룹을 위해서 혼신의 노력을 기울였던 것 같다. 아마도 바울은 이들을 "어렵지 않게 거둘 수 있는 열매"로 인식했던 것 같다. 그러나 예루살렘 회의가 내린 결정이 정말로 중요했던 이유는 그것이 바울에게 작용한 결과가 아니라 그리스도인 일반에게 미친 영향 때문이다. 이 결정으로 인해 그리스도인들은 이제 훨씬 더 효과적으로 이방인 친구들과 친척들과 이웃들에게 다가갈 수 있게 되었다. 이로 인해 궁극적으로 기독교가 세계 최대의 종교로 부상하는 과정이 시작되었다.

콘스탄티누스의 개종

콘스탄티누스가 기독교의 교리 논쟁에 관여함으로써 불관용적 독점 교회의 토대가 마련되었는데, 이러한 형태의 교회는 수 세기 동안 태만에 빠졌을 뿐 아니라, 또한 수 세기에 걸친 잔인한 이단 사냥과 갈등에 대해서도 책임이 있다.

콘스탄티누스는 기독교를 제국의 국교로 삼은 적이 없으며, 이교 신앙에 대해 놀랄 정도로 관용적이었던 것도 사실이다. 그러나 그는 기독교 내부의 다양성을 용인할 생각이 없었고, 주류에 속한 정통교리에 어긋나는 모든 도전을 진압하는 데 국가의 권력을 기꺼이 사용하려고 하였다. 이는 이후 황제들이 교회에 공식적 지위를 부여하는 일의 선례가 되었을 뿐 아니라, 교황들로 하여금 주요 반대파들에 맞서 교회의 독점적 지위를 수호하기 위해 언제든 국가에 공권력을 요청하도록 하였다.

종교적 이견은 불가피하다. 왜냐하면 단 하나의 종교가 스펙트럼처럼 다양한 종교적 취향을 전부 수용할 수는 없기 때문이다. 어떤 사회이든 아주 느슨하고 방임적인 종교(또는 무종교)를 선호하는 사람이 있는가 하면, 다소 엄격한 종교를 원하는 이들도 있기 마련이다. 이에 따라 종교적 자유가 지배하는 곳에서는 종교적 수요라는 시장적 요인에 기반을 둔 여러 종교 집단이 출현하게 된다. 그러나 이견을 드러낼 자유가 없는 곳, 다시 말해서 하나의 독점 세력이 모든 수요를 지배하려고 하는 곳에서는 갈등이 불가피하다. 게다가 독점적 종교는 늘 방임주의로 흐르는 경향이 있으므로, 가장 강렬한 종교적 취향을 가진 이들, 즉 신앙을 위해서라면 위험과 희생도 감수할 결의가 확고한 사람들로부터 도전이 제기되기 마련이다. 따라서 중세 때 수 세기 동안 이어진 이단 사냥과 종교 전쟁의 기원을 콘스탄티누스에게 돌릴 수 있고, 마찬가지로 유럽에서 나태한 독점 교회가 오랫동안 사람들을 돌보지 않은 탓에 겨우 소수의 무리만이 웅장한 교회당에 모여 예배드리게 된 원인으로 콘스탄티누스가 소환되는 것이다.

만약에 콘스탄티누스가 기독교 정통교리의 조정자와 시행자를 자처하지 않고 종교에 대해 중립적인 정책을 견지했었더라면 이 모든 일이 일어나지 않았을 수 있고, 유럽은 1,500여년 후 미국에서 나타났던 것과 같은 종교 간의 효과적이고 진지한 경쟁으로 말미암아 크게 번성했을 수 있다.

종교개혁

기독교 역사의 궤적 가운데 세 번째로 커다란 변화는 16세기 종교개혁에 대한 대응에서 찾을 수 있다. 긴 안목에서 보면, 이들 종교개혁들은 콘스탄티누스가 기독교에 끼친 해악을 많이 해소시켜주었다. 짧은 안목에서 보면, 종교개혁은 단지 나태하고 불관용적인 가톨릭의 독점을 똑같이 나태하고 불관용적인 다수의 개신교 독점 세력들로 대체한 것뿐이다. 이에 따라 영국 왕 헨리 8세는 롤라드파와 루터교도들을 불태워 죽였고, 그의 후계자들은 천지사방으로 가톨릭 사제들을 색출하였다. 루터는 가톨릭뿐 아니라 재침례파들도 박해하였고, 칼뱅은 거의 모든 교파를 배제했다. 한편으로 서유럽의 국가들은 어떤 종교가 지배해야 하는가를 두고 오랜 시간 피비린내 나는 전화에 휩싸였고, 결국에는 다양성에 대한 관용을 찾아보기 힘들게 되었다. 그렇지만 종교적 소수파든 독점적 국가 교회든 간에 다양한 개신교파들이 살아남게 되자, 다른 반대 집단들도 살아남게 되었고, 그중 일부는 기존의 다양성에 다채로움을 더하는 데 성공하기도 하였다.

어쩌면 종교개혁이 가져온 유익 가운데 가장 흔하게 간과되어온 부분은 가톨릭교회의 변혁일 것이다. 가톨릭교회는 종교개혁의 여파로 인해 잘 훈련된 사제들과 헌신적인 수녀들로 이루어진 활기 넘치는 종교기관이 되었고, 이들의 노력 덕분에 유럽과 해외에서 신앙을 강화시킬 수 있었다. 따라서 종교개혁의 최종 결과는 기독교를 다시 활성화시켜서 한 번 더 성장하도록 한 것이다. 기독교 신앙은 현재 아프리카와 라틴 아메리카 및 중국에서 번창하고 있다. 수많은 개별 기독교 교단들이 "복음을 만민에게 전하기 위해" 열심히 일하고 있기 때문이다.

요약

끝으로, 나는 기독교 역사의 결정적 순간 몇 가지를 생동감 있게 살리면서 전통적으로 전해오던 이야기 가운데 들어 있는 여러 왜곡과 오류의 사실들을 밝히려고 노력했다. 본서를 마무리하는 마당에 독자들이 유념하고 기억했으면 하는 몇 가지 사항을 다음과 같이 정리했다.

- 예수운동에 속한 첫 번째 세대는 열심당으로 넘쳐나는 팔레스타인의 환경 속에서 존재감도 거의 없이 두려움에 떨어야 하는 소수집단에 불과했었다. 이들 열심당은 메시아가 이미 도래했다고 믿는 유대인들에 대한 관용은 고사하고, 심지어 대제사장들마저도 정통성과 경건함을 충분히 보여주지 않았다는 이유로 암살할 태세를 갖추고 있던 집단이었다.
- 유대인에 대한 기독교의 선교는 꽤 성공적이었다. 팔레스타인 밖에 산재한 디아스포라 공동체들에 속해 있던 다수의 유대인들이 기독교로 개종했을 것이다.
- 기독교는 로마의 노예나 하층민을 토대로 한 종교가 아니라 특권층에게 특별히 매력적으로 다가갔던 종교였다. 어쩌면 예수 자신이 부유한 가정 출신이었을 수도 있다.
- 기독교의 긍휼사역은 현실 삶에 있어서도 아주 심대한 결과를 낳았는데, 그리스도인들은 이웃의 이교도들보다 훨씬 더 오래 살았다.
- 여성 인구가 상당히 부족했던 로마 사회에서, 초기 그리스도인들 가운데 특이하게도 여성의 수가 남성의 수를 크게 상회하였다. 이는 부분적으로 기독교 가정이 여아를 유기하지 않았기 때문이며, 항생제도 없고 세균에 대한 지식도 없던 세상에서 낙태로 인한 사망률이 상당히 높았었는데도 그리스도인 여성들은 그런 일을 겪지 않았기 때문이기도 하다. 아울러 여성 개종자들이 남성 개종자들보다 더 많았기 때문이기도 하다.
- 기독교 역시 승리한 종교로서 다른 종교에 대해 관용적이지 않기는

매한가지였지만, 그렇다고 해서 이교 신앙을 단숨에 박멸하지는 않았다. 사실 이교 신앙은 매우 서서히 자취를 감추었지만, 어떤 면에서는 다양한 뉴에이지나 밀교 집단들 가운데 아직도 남아 있다고 하겠다.

• 기독교의 초기 수 세기 동안 유럽보다도 중동과 북아프리카에 거주하는 그리스도인이 필시 더 많았을 것이다. 그러나 이슬람의 박해와 탄압으로 인해 결국 이들 지역에서 기독교는 파괴되고 말았다.

• 십자군은 탐욕스러운 식민주의자들이 아니었다. 이들은 종교적 동기에 고무되어 큰 위험을 무릅쓰고 개인적인 비용을 감당하면서까지 동방을 향해 진군하였다. 알다시피 많은 이들이 파산했고, 그들 가운데 살아서 귀환한 이들은 별로 없었다.

• 소위 암흑시대(Dark Ages)라고 불리는 중세기는 그다지 어둡지도 않았을 뿐 아니라 도리어 서구 역사에서 가장 창의적인 시기에 속한다.

• 중세 유럽 곳곳에 웅장한 대성당들이 들어섰음에도 불구하고 당시의 유럽인들 대부분은 아무리 좋게 봐줘도 그리스도인이라고 부르기 힘들었다. 교회에 출석하는 사람들이 별로 없었다.

• 과학이 서구에서만 발생한 까닭은 이성적 창조주의 존재를 믿는 환경에서만 자연의 법칙을 발견하고 진술하려는 노력이 유의미한 가치를 인정받기 때문이다.

• 스페인의 이단심문소(Inquisition)는 상당히 절도 있게 운영되었으므로 이로 인해 처형당한 사람들이 극소수였을 뿐 아니라, 오히려 유럽의 여타 지역을 휩쓸었던 마녀사냥에 반대함으로써 많은 목숨을 건져내었다.

• 종교적 경쟁이 자유로운 곳에서는 한 사회를 풍미하는 종교성의 수준도 고양되기 마련이다. 긴 안목에서 보면, 종교적 경쟁은 종교적

시민의식(religious civility)으로 귀결되기도 한다.

- 세계가 점차 근대화되는 것에 발맞추어 종교가 머잖아 사라질 것이라는 주장은 무신론 학자들이 품고 있는 희망 섞인 생각에 불과하다.
- 유럽에 만연한 낮은 수준의 종교적 참여에도 불구하고 종교는 전 지구적 차원에서 이전 어느 때보다 번창하고 있다. (통계수치가 미비한) 중국을 제외하고, 유럽을 포함하여 전 세계 인구의 76퍼센트는 자신의 일상생활에서 종교가 중요하다고 답한다.
- 오늘날 지구상에 거주하는 인구 가운데 40퍼센트 이상이 그리스도인이고, 이들의 숫자는 기타 주요 종교들보다 더 급속하게 증가하고 있다.

2011년 종려주일
뉴멕시코주 코랄레스

Abbott, Frank Frost. 1911. *The Common People of Ancient Rome*. New York: Chautauqua.

Abun-Nasr, Jamil. 1971. *A History of the Maghrib*. Cambridge: Cambridge Univ. Press.

Africa, Thomas W. 1969. *The Ancient World*. Boston: Houghton Mifflin.

_____. 1971. "Urban Violence in Imperial Rome." *Journal of Interdisciplinary History* 2:3–21.

Aikman, David. 2003. *Jesus in Beijing: How Christianity Is Transforming China and Changing the Global Balance of Power*. Washington, DC: Regnery.

Albright, William Foxwell. 1957. *From the Stone Age to Christianity: Monotheism and the Historical Process*. New York: Doubleday Anchor Books.

_____. 1961. *Samuel and the Beginnings of the Prophetic Movement*. Cincinnati: Hebrew Union College Press.

Alföldi, Andrew. 1948. *The Conversion of Constantine and Pagan Rome*. Oxford: Clarendon.

Allen, Charlotte. 1998. *The Human Christ: The Search for the Historical Jesus*. New York: Free Press.

_____. 1996. "The Search for the No-Frills Jesus: Q." *Atlantic Monthly* (December): 51–68.

Alter, Robert. 2004. *The Five Books of Moses*. New York: W. W. Norton.

Alvarez, Lizette. 2003. "Tarbaek Journal: Fury, God and the Pastor's Disbelief." *New York Times*, World section. July 8.

Andrea, A. J. 2003. "The Crusades in Perspective: The Crusades in Modern Islamic Perspective." *History Compass* 1:1-4.

Armitage, Angus. 1951. *The World of Copernicus*. New York: Mentor Books.

Armstrong, Karen. [1991] 2001. *Holy War: The Crusades and Their Impact on Today's World*. 2nd ed. New York: Random House.

_____. 1992. *Muhammad: A Biography of the Prophet*. New York: HarperCollins.

Asberg, Christer. 1990. "The Swedish Bible Commission and Project NT 81." *In Bible Reading in Sweden*, edited by Gunnar Hanson, 15–22. Uppsala: Univ. of Uppsala.

Athanassiadi, Polymnia. 1993. "Persecution and Response in Late Paganism: The Evidence of Damascius." *Journal of Hellenic Studies* 113:1–29.

Atiya, Aziz S. 1968. *History of Eastern Christianity*. Notre Dame: Univ. of Notre Dame Press.

Audisio, Gabriel. 1990. "How to Detect a Clandestine Minority: The Example of the Waldenses." *Sixteenth Century Journal* 21:205–16.

Ayer, Joseph Cullen, Jr. [1913] 1941. *A Source Book for Ancient Church History*. New York: Scribner.

Ayerst, David, and A. S. T. Fisher. 1971. *Records of Christianity*. Vol. 1. Oxford: Basil Blackwell.

Bagnall, Roger S. 1982. "Religious Conversion and Onomastic Change in Early Byzantine Egypt." *Bulletin of the American Society of Papyrologists* 19:105–24.

_____. 1987. "Conversion and Onomastics: A Reply." *Zeitschrift für Papyrologies und Epigraphik* 69:243–50.

_____. 1993. *Egypt in Late Antiquity*. Princeton: Univ. of Princeton Press.

Bailey, Cyril. 1932. *Phases in the Religion of Ancient Rome*. Berkeley: Univ. of California Press.

Baillie, John. 1951. *The Belief in Progress*. New York: Scribner.

Bainbridge, William F. 1882. *Around the World Tour of Christian Missions: A Universal Survey*. New York: C. R. Blackall.

Bainbridge, William Sims. 1997. *The Sociology of Religious Movements*. New York: Routledge.

Bainton, Roland. [1952] 1985. *The Reformation of the Sixteenth Century*. Boston: Beacon.

_____. 1995. *Here I Stand: A Life of Martin Luther*. New York: Penguin.

Baird, Robert. 1844. *Religion in America*. New York: Harper & Bros.

Baldet, Jacques. 2003. *Jesus the Rabbi Prophet*. Rochester, VT: Inner Traditions.

Balsdon, J. P. V. D. 1963. *Roman Women: Their History and Habits*. New York: John Day.

Baly, Denis. 1957. *The Geography of the Bible*. New York: Harper & Bros.

Bamberger, Bernard J. 1939. *Proselytism in the Talmudic Period*. New York: Hebrew Union College Press.

Bammel, Ernst. 1995. "Jewish Activity Against Christians in Palestine According to Acts." In *The Book of Acts in Its Palestinian Setting*, edited by Richard Bauckham, 357–64. Grand Rapids: Eerdmans.

Barber, Malcom. 2000. *The Cathars of Languedoc*. New York: Addison Wesley Longman.

Barclay, Brig, Cycil Nelson, and Brian Betham Schofield. 1981. "Gunnery." In *Encyclopaedia Britannica*. Chicago: Univ. of Chicago Press.

Barnes, Timothy D. 1968. "Legislation Against the Christians." *Journal of Roman Studies* 58:32–50.

_____. 1981. *Constantine and Eusebius*. Cambridge: Harvard Univ. Press.

_____. 1995. "Statistics and the Conversion of the Roman Aristocracy." *Journal of Roman Studies* 85:135–47.

Barnett, Paul. 2005. *The Birth of Christianity: The First Twenty Years*. Grand Rapids: Eerdmans.

_____. 2008. *Paul: Missionary of Jesus*. Grand Rapids: Eerdmans.

Baron, Salo Wittmayer. 1952. *A Social and Religious History of the Jews*. Vols. 1 and 2. New York: Columbia Univ. Press.

Barrett, David B. 1982. *World Christian Encyclopedia*. Oxford: Oxford Univ. Press.

Barrett, David B., George T. Kurian, and Todd M. Johnson. 2001. *World Christian Encyclopedia*. 2nd ed. Oxford: Oxford Univ. Press.

Barrow, Logie. 1980. "Socialism in Eternity." *History Workshop* 9:37–69.

Batey, Richard A. 1991. *Jesus and the Forgotten City*. Grand Rapids: Baker Book House.

Bauckham, Richard. 1990. *Jude and the Relatives of Jesus in the Early Church*. Edinburgh: T&T Clark.

_____. 2002. *Gospel Women: Studies of the Named Women in the Gospels*. Grand Rapids: Eerdmans.

_____. 2006. *Jesus and the Eyewitnesses: The Gospels as Eyewitness Testimony*. Grand Rapids: Eerdmans.

_____. 2007a. *The Testimony of the Beloved Disciple*. Grand Rapids: Baker Academic.

_____. 2007b. "James and the Jerusalem Community." In *Jewish Believers in Jesus: The Early Centuries*, edited by Oskar Skarsaune and Reidar Hvalik, 55–95. Peabody, MA: Hendrickson.

Baumgarten, Albert I. 1997. *The Flourishing of Jewish Sects in the Maccabean Era*. Leiden: Brill.

Beach, Harlan P. 1903. *A Geography and Atlas of Protestant Missions*, vol.2. *Statistics and Atlas*. New York: Student Volunteer Movement for Foreign Missions.

Beard, Mary. 1990. "Priesthood in the Roman Republic." In *Pagan Priests*, edited by Mary Beard and John North, 19–48. London: Duckworth.

Beard, Mary, and John North. 1990. "Introduction." In *Pagan Priests*, edited by Mary Beard and John North, 1-14. London: Duckworth.

Beard, Mary, John North, and Simon Price. 1998. *Religions of Rome*. 2 vols. Cambridge: Cambridge Univ. Press.

Becker, Carl Heinrich. 1926. "The Expansion of the Saracens ⊠ Africa and Europe." In *The Cambridge Medieval History*, ed. J. B. Bury, H. M. Gwatkin, and J. P. Whitney, 2:366–90. Cambridge: Cambridge Univ. Press.

Becker, George. 2000. "Educational 'Preference' of German Protestants and Catholics: The Politics Behind Educational Specialization." *Review of Religious Research* 41:311–27.

Beckford, James A. 1985. *Cult Controversies: The Societal Response to New Religions*. London: Tavistock.

Bede. [730] 1955. *Ecclesiastical History of the English People*. London: Penguin Classics.

Bell, Susan Groag. 1973. *Women: From the Greeks to the French Revolution*. Palo Alto, CA: Stanford Univ. Press.

Benin, Stephen D. 1993. *The Footprints of God: Divine Accommodation in Jewish and Christian Thought*. Albany: State Univ. of New York Press.

Benko, Stephen. 1984. *Pagan Rome and the Early Christians*. Bloomington: Univ. of Indiana Press.

Berger, Peter L. 1968. "A Bleak Outlook Is Seen for Religion." *New York Times*, April 25, 3.

_____. 1969. *The Sacred Canopy*. New York: Doubleday Anchor Books.

_____. 1979. *The Heretical Imperative: Contemporary Possibilities of Religious Affiliation*. New York: Doubleday.

_____. 1997. "Epistemological Modesty: An Interview with Peter Berger." *Christian Century* 114 (October 29):972–75, 978.

Berger, Peter, Grace Davie, and Effie Fokas. 2008. *Religious America, Secular Europe?* Burlington, VT: Ashgate.

Beskow, Per. 1983. *Strange Tales About Jesus*. Philadelphia: Fortress.

Betz, Hans Dieter. 1992. "Paul." In *The Anchor Bible Dictionary*, edited by David Noel Freedman. New York: Doubleday.

Beugnot, Arthur Auguste. 1835. *Histoire de la destruction du paganisme en Occident*. 2 vols. Paris: Firmin Didot Frères.

Biagent, Michael. 2006. *The Jesus Papers*. San Francisco: Harper San Francisco.

Biagent, Michael, Richard Leigh, and Henry Lincoln. 1983. *Holy Blood, Holy Grail*. New York: Dell.

Bickerman, Elias. 1979. *The God of the Maccabees*. Leiden: Brill.

Bloch, Herbert. 1963. "The Pagan Revival in the West at the End of the Fourth Century." In *The Conflict Between Paganism and Christianity in the Fourth Century*, edited by Arnaldo Momigliano, 193–218. Oxford: Clarendon.

Bloch, Marc. [1940] 1961. *Feudal Society*. 2 vols. Chicago: Univ. of Chicago Press.

_____. 1975. *Slavery and Serfdom in the Middle Ages*. Berkeley: Univ. of California Press.

Bloomberg, Craig. 1987. *The Historical Reliability of the Gospels*. Downers Grove, IL: IVP Academic.

Boak, Arthur E. R. 1955. *Manpower Shortage and the Fall of the Roman Empire in the West*. Ann Arbor: Univ. of Michigan Press.

Boak, Arthur E. R., and William G. Sinnigen. 1965. *A History of Rome to A.D. 565*. 5th ed. New York: Macmillan.

Bock, Darrell L. 2006. *The Missing Gospels: Unearthing the Truth Behind Alternative Christianities*. Nashville: Thomas Nelson.

Boff, Leonardo. 1986. *Ecclesiogenesis*. Maryknoll, NY: Orbis Books.

Bolce, Louis, and Gerald De Maio. 1999. "Religious Outlook, Culture War Politics, and Antipathy Toward Christian Fundamentalists." *Public Opinion Quarterly* 63:29–61.

Bolton, Brenda. 1983. *The Medieval Reformation*. London: Edward Arnold.

Bonnassie, Pierre. 1991. *From Slavery to Feudalism in South-Western Europe*. Cambridge: Cambridge Univ. Press.

Boorstin, Daniel J. 1983. *The Discoverers*. New York: Random House.

Bossy, John. 1970. "The Counter-Reformation and the People of Catholic Europe." *Past and Present* 47:51–70.

———. 1985. *Christianity in the West 1400–1700*. Oxford: Oxford Univ. Press.

Bostom, Andrew G. 2005. "Jihad Conquests and the Imposition of *Dhimmitude* A Survey." In *The Legacy of Jihad*, edited by Andrew G. Bostom, 24–124. Amherst, NY: Prometheus Books.

Botticini, Maristella, and Zvi Eckstein. 2006. "From Farmers to Merchants, Voluntary Conversions and the Diaspora: A Human Capital Interpretation of Jewish History." *Carlo Alberto Notebooks* 2:1–36.

Bouwsma, William J. 1979. "The Renaissance and the Drama of Western History." *American Historical Review* 84:1-15.

Bowersock, Glen W. 1978. *Julian the Apostate*. Cambridge: Harvard Univ. Press.

———. 1990. *Hellenism in Late Antiquity*. Ann Arbor: Univ. of Michigan Press.

Bradbury, Scott. 1994. "Constantine and the Problem of Anti-Pagan Legislation in the Fourth Century." *Classical Philology* 89:120–39.

Bradley, Walter L. 2001. "The 'Just So' Universe: The Fine-Tuning of Constants and Conditions in the Cosmos." In *Signs of Intelligence: Understanding Intelligent Design*, edited by William A. Dembski and James M. Kushiner, 157–70. Grand Rapids: Brazos Press.

Brady, Thomas A., Jr. 1978. *Ruling Class, Regime and Reformation at Strasbourg, 1520–1555*. Leiden: Brill.

———. 1985. *Turning Swiss: Cities and Empire, 1450–1550*. Cambridge: Cambridge Univ. Press.

Brandon, S. G. F. 1951. *The Fall of Jerusalem and the Christian Church*. London: SPCK.

Braudel, Fernand. 1977. *Afterthoughts on Material Civilization and Capitalism*. Baltimore: Johns Hopkins Univ. Press.

Brent, Michael, and Elizabeth Fentress. 1996. *The Berbers*. Oxford: Blackwells.

Bridbury, A. R. 1969. "The Dark Ages." *The Economic History Review*. 22:526–37.

Briggs, C. W. 1913. "The Apostle Paul in Arabia." *Biblical World* 41: 255–59.

Briggs, Robin. 1989. *Communities of Belief: Cultural and Social Tensions in Early Modern France*. Oxford: Clarendon.

———. 1998. *Witches and Neighbors: The Social and Cultural Context of European Witchcraft*. New York: Penguin Books.

Brolis, Maria Teresa. 2002. "A Thousand and One Women: The Register for the Confraternity of Misericordia Maggiore in Bergamo." *Catholic Historical Review* 88:230-46.

Brøndsted, Johannes. 1965. *The Vikings*. Baltimore: Penguin Books.

Brooke, Christopher. 1971. *Medieval Church and Society*. London: Sidgwick & Jackson.

Brooke, John, and Geoffrey Cantor. 1998. *Reconstructing Nature*. Oxford: Oxford Univ. Press.

Brooke, Rosalind, and Christopher Brooke. 1984. *Popular Religion in the Middle Ages*. London: Thames and Hudson.

Brooten, Bernadette. 1982. *Women Leaders in the Ancient Synagogue*. Chico, CA: Scholars.

Broshi, Magen. 2001. *Bread, Wine, Walls and Scrolls*. Sheffield, UK: Sheffield Academic Press.

Brown, Peter. 1978. *The Making of Late Antiquity*. Cambridge: Harvard Univ. Press.

_____. 1981. *The Cult of the Saints*. Chicago: Univ. of Chicago Press.

_____. 1988. *The Body and Society*. New York: Columbia Univ. Press.

_____. 1992. *Power and Persuasion in Late Antiquity: Towards a Christian Empire*. Madison, WI: Univ. of Wisconsin Press.

_____. 1995. *Authority and the Sacred: Aspects of the Christianization of the Roman World*. Cambridge: Cambridge Univ. Press.

_____. 1998. "Christianization and Religious Conflict." *Cambridge Ancient History* 13:632–64.

_____. 2002. *Poverty and Leadership in the Later Roman Empire*. Hanover, NH: Univ. Press of New England.

Browne, Laurence E. [1933] 1967. *The Eclipse of Christianity in Asia*. New York: Howard Fertig.

Bruce, Frederick Fyvie. 1981. *The New Testament Documents: Are They Reliable?* 6th ed. Grand Rapids: Eerdmans.

_____. 1982. *The Epistle of Paul to the Romans*. Grand Rapids: Eerdmans.

Bruce, Steve. 1992. *Religion and Modernization*. Oxford: Clarendon Press.

Brunt, P. A. 1971. *Italian Manpower, 225 B.C.-A.D. 14*. Oxford: Oxford Univ. Press.

Buchanan, George Wesley. 1964. "Jesus and the Upper Class." *Novum Testamentum* 7:195–209.

Bulliet, Richard W. 1979a. *Conversion to Islam in the Medieval Period: An Essay in Quantitative History*. Cambridge: Harvard Univ. Press.

_____. 1979b. "Conversion to Islam and the Emergence of Muslim Society in Iran." In Nehemia Levtzion, ed. *Conversion to Islam*, 30–51. New York: Holmes & Meier.

Bundy, David. 2007. "Early Asian and East African Christianities." Vol. 2 of *The Cambridge History of Christianity*, edited by Augustine Casiday and Frederick W. Norris, 118–48. Cambridge: Cambridge Univ. Press.

Burckhardt, Jacob. [1880] 1949. *The Age of Constantine the Great*. New York: Pantheon Books.

_____. [1885] 1990. *The Civilization of the Renaissance in Italy*. New York: Penguin Books.

Burdick, John. 1993. *Looking for God in Brazil*. Berkeley: Univ. of California Press.

Burkert, Walter. 1985. *Greek Religion*. Cambridge: Harvard Univ. Press.

_____. 1987. *Ancient Mystery Cults*. Cambridge: Harvard Univ. Press.

_____. 2004. *Babylon, Memphis, Persepolis: Eastern Contexts of Greek Culture*. Cambridge: Harvard Univ. Press.

Burn, A. R. 1953. "Hic breve vivitur." *Past and Present* 4:2–31.

Burr, George Lincoln. 1897. *Translations and Reprints from the Original Sources of European History*. Philadelphia: Univ. of Pennsylvania Press.

Burridge, Richard A., and Graham Stanton. 2004. *What Are the Gospels? A Comparison with Grae-co-Roman Biography*. 2nd ed. Grand Rapids: Eerdmans.

Bush, M. L. 1967. *Renaissance, Reformation, and the Outer World, 1450–1660*. London: Blandford.

Bütz, Jeffrey J. 2005. *The Brother of Jesus and the Lost Teachings of Christianity*. Rochester, VT: Inner Traditions.

Cadbury, Henry J. 1955. *The Book of Acts in History*. London: Adam & Charles Black.

Cahill, Jane, Karl Reinhard, David Tarler, and Peter Warnock. 1991. "Scientists Examine Remains of Ancient Bathroom." *Biblical Archaeology Review* 17 (May-June):64–69.

Calvin, John. [ca. 1555] 1980. *Sermons on the Ten Commandments*. Grand Rapids: Baker Book House.

Carcopino, Jerome. 1940. *Daily Life in Ancient Rome*. New Haven: Yale Univ. Press.

Carlson, Stephen C. 2005. *The Gospel Hoax: Morton Smith's Invention of Secret Mark*. Waco: Baylor Univ. Press.

Carmignac, Jean. 1987. *The Birth of the Synoptics*. Chicago: Franciscan Herald.

Carroll, James. 2001. *Constantine's Sword: The Church and the Jews*. Boston: Houghton Mifflin.

Cartwright, Frederick F. 1972. *Disease and History*. New York: Dorset.

Case, Shirley Jackson. 1911. "Is Jesus a Historical Character? Evidence for an Affirmative Opinion." *American Journal of Theology* 15:205–27.

_____. 1912. *The Historicity of Jesus*. Chicago: Univ. of Chicago Press.

_____. 1932. *Jesus Through the Centuries*. Chicago: Univ. of Chicago Press.

Casey, Maurice. 1991. *From Jewish Prophet to Gentile God: The Origins and Development of New Testament Christology*. Louisville: Westminster John Knox. 426

Chadwick, Henry. 1966. *Early Christian Thought in the Classical Tradition*. Oxford: Oxford Univ. Press.

_____. 1967. *The Early Church*. Harmondsworth, Middlesex: Penguin Books.

Chadwick, Henry, and G. R. Evans. 1987. *Atlas of the Christian Church*. New York: Facts on File.

Chadwick, Owen. 1972. *The Reformation*. Rev. ed. London: Penguin.

Chandler, Tertius. 1987. *Four Thousand Years of Urban Growth: An Historical Census*. Lewiston, NY: Edward Mellon.

Cheetham, Nicholas. 1983. *Keeper of the Keys: A History of Popes from St. Peter to John Paul II*. New York: Scribner.

Chejne, Anwar G. 1983. *Islam and the West: The Moriscos*. Albany: State Univ. of New York Press.

Chesnut, R. Andrew. 1997. *Born Again in Brazil*. New Brunswick, NJ: Rutgers Univ. Press.

_____. 2003a. *Competitive Spirits: Latin America's New Religious Economy*. Oxford: Oxford Univ. Press.

_____. 2003b. "A Preferential Option for the Spirit: The Catholic Charismatic Renewal in Latin

America's New Religious Economy." *Latin American Politics and Society* 45:55–85.

Christian, William A., Jr. 1981. *Apparitions in Late Medieval and Renaissance Spain.* Princeton: Princeton Univ. Press.

Chuvin, Pierre. 1990. *A Chronicle of the Last Pagans.* Cambridge: Harvard Univ. Press.

Clark, Gillian. 1981. "Roman Women." *Greece & Rome,* second series, 28:193–212.

Clark, Gordon H. 1989. *Thales to Dewey.* Jefferson, MD: Trinity Foundation.

Clarke, G. W. 1973. "Double-Trials in the Persecution of Decius." *Historia* 22:650–63.

Clauss, Manfred. 2000. *The Roman Cult of Mithras.* New York: Routledge.

Cloke, Gillian. 2000. "Women, Worship and Mission." In Philip F. Esler, *The Early Christian World,* 1:422–51. London: Routledge.

Cobbett, William. 1818. *Journal of a Year's Residence in the United States of America* (as excerpted in Powell, 1967:43-48).

Cochrane, Charles Norris. [1940] 1957. *Christianity and Classical Culture.* Oxford: Oxford Univ. Press.

Cohen, Abraham. 1975. *Everyman's Talmud.* New York: Schocken.

Cohen, I. Bernard. 1985. *Revolution in Science.* Cambridge: Belknap.

Cohen, Jere. 1980. "Rational Capitalism in Renaissance Italy." *American Journal of Sociology* 85:1340–55.

————. 1987. *From the Maccabees to the Mishna.* Philadelphia: Westminster.

Cohen, Shaye J. D. 1992. "Was Judaism in Antiquity a Missionary Religion?" In *Jewish Assimilation, Acculturation and Accommodation,* edited by Menachem Mor, 14–23. Lanham, MD: Univ. Press of America.

Cohn, Norman. 1975. *Europe's Inner Demons.* New York: Basic Books

Cole, Richard G. 1984. "Reformation Printers: Unsung Heroes." *Sixteenth Century Journal* 15:327–39.

Coleman, Richard J. 1975. "Biblical Inerrancy: Are We Going Anywhere?" *Theology Today* 31:295–303.

Colish, Marica L. 1997. *Medieval Foundations of the Western Intellectual Tradition, 400–1400.* New Haven: Yale Univ. Press.

Collingwood, R. G. and J. A. L. Myres. 1937. *Roman Britain and the English Settlements.* 2nd ed. London: Macmillan.

Collins, John J. 2007. "Pre-Christian Jewish Messianism: An Overview." In *The Messiah in Early Judaism and Christianity,* edited by Magnus Zetterholm, 1–20. Minneapolis: Fortress.

Collins, Randall. 1986. *Weberian Sociological Theory.* Cambridge: Cambridge Univ. Press.

Contreras, Jaime, and Gustave Henningsen. 1986. "Forty-four Thousand Cases of the Spanish Inquisition (1540–1700): Analysis of a Historical Data Bank." In Gustav Henningsen and John Tedeschi, *The Inquisition in Early Modern Europe: Studies on Sources and Methods,*

기독교 승리의 발자취

100–129. Dekalb: Northern Illinois Univ. Press.

Conzelmann, Hans. 1987. *Acts of the Apostles: A Commentary on the Acts of the Apostles.* Minneapolis: Augsburg Fortress.

Cooper, D. Jason. 1996. *Mithras: Mysteries and Initiation Rediscovered.* York Beach, ME: Weiser Books.

Corrigan, John A., Carlos M. N. Eire, Frederick M. Denny, and Martin S. Jaffee. 1998. *Readings in Judaism, Christianity, and Islam.* Upper Saddle, NJ: Prentice-Hall.

Costen, Michael. 1997. *The Cathars and the Albigensian Crusade.* Manchester, UK: Manchester Univ. Press.

Coulton, C. G. [1923–1950] 1979. *Five Centuries of Religion.* 4 vols. Cambridge: Cambridge Univ. Press.

_____. 1925. *The Medieval Village.* Cambridge: Cambridge Univ. Press.

_____. 1938. *Medieval Panorama.* New York: Macmillan.

_____. [1938] 1959. *Inquisition and Liberty.* Boston: Beacon Hill.

Countryman, L. William. 1980. *The Rich Christian in the Church of the Early Empire: Contradictions and Accommodations.* New York: Edwin Mellen.

Cox, Harvey. 1995. *Fire from Heaven: The Rise of Pentecostal Spirituality and the Reshaping of Religion in the Twenty-First Century.* Cambridge, MA: Da Capo Press.

Craffert, Pieter F., and Pieter J. J. Botha. 2005. "Why Jesus Could Walk on the Sea but He Could Not Read and Write." *Neotestamentica* 39: 5–35.

Croft, Pauline. 1972. "Englishmen and the Spanish Inquisition 1558–1625." *English Historical Review* 87:249–68.

Crosby, Alfred W. 1997. *The Measure of Reality.* Cambridge: Cambridge Univ. Press.

Crossan, John Dominic. 1991. *The Historical Jesus: The Life of a Mediterranean Jewish Peasant.* San Francisco. HarperCollins.

_____. 1994. *Jesus: A Revolutionary Biography.* San Francisco: Harper San Francisco.

_____. 1998. *The Birth of Christianity: Discovering What Happened in the Years Immediately After the Execution of Jesus.* San Francisco: Harper San Francisco.

Cumont, Franz. [1906] 1956. *Oriental Religions in Roman Paganism.* New York: Dover.

Curry, Andrew. 2002. "The Crusades, the First Holy War." *U.S. News & World Report* (April 8):36.

Daly, Mary. 1978. *Gyn/Ecology: The Metaethics of Feminism.* Boston: Beacon.

Daniel, Ralph Thomas. 1981. "Music, Western." In *Encyclopaedia Britannica,* 12:704–15. Chicago: Univ. of Chicago Press.

Daniel-Rops, Henri. 1962. *Daily Life in Palestine at the Time of Christ.* London: Phoenix.

Danielson, Dennis Richard. 2000. *The Book of the Cosmos.* Cambridge, MA: Perseus Publishing.

Danzger, M. Herbert. 1989. *Returning to Tradition: The Contemporary Revival of Orthodox Judaism.*

New Haven: Yale Univ. Press.

Darwin, Francis, and A. C. Sewards, eds. 1903. *More Letters of Charles Darwin*. 2 vols. New York: Appleton and Company.

Davidman, Lynn. 1991. *Tradition in a Rootless World: Women Turn to Orthodox Judaism*. Berkeley: Univ. of California Press.

Davie, Grace. 1994. *Religion in Britain Since 1945: Believing Without Belonging*. Oxford: Blackwell.

Davies, Norman. 1996. *Europe: A History*. Oxford: Oxford Univ. Press.

DeConick, April D. 2002. "The Original 'Gospel of Thomas.'" *Vigiliae Christianae* 56:167–99.

_____. 2005. *Recovering the Original Gospel of Thomas*. New York: Continuum.

_____. 2007. *The Thirteenth Apostle: What the Gospel of Judas Really Says*. New York: Continuum.

Decter, Jonathan P. 2007. *Iberian Jewish Literature: Between al-Andalus and Christian Europe*. Bloomington: Univ. of Indiana Press.

de Flaix, M. Fournier, and Alice R. Jackson. 1892. "Development of Statistics of Religion." *Publications of the American Statistical Association* 3 (17):18–37.

Deismann, Adolf. 1927. *Light from the Ancient East*. London: Hodder and Stoughton.

De la Croix, Horst, and Richard G. Tansey. 1975. *Gardiner's Art Through the Ages*. 6th ed. New York: Harcourt Brace Jovanovich.

Delacroix, Jaques, and Ranccois Nielson. 2001. "The Beloved Myth: Protestantism and the Rise of Industrial Capitalism in Nineteenth-Century Europe." *Social Forces* 80:509–53.

Delumeau, Jean. 1977. *Catholicism Between Luther and Voltaire*. London: Burns & Oats.

Dennett, Daniel C. 2006. *Breaking the Spell: Religion as a Natural Phenomenon*. New York: Viking.

de Roover, Raymond. 1958. "The Concept of the Just Price: Theory and Economic Policy." *The Journal of Economic History*. 18:418–34.

de Ste. Croix, G. E. M. 1954. "Aspects of the Great Persecutions." *Harvard Theological Review* 47:75–113.

_____. 1963a. "Why Were the Early Christians Persecuted?" *Past and Present* 26:6–38.

_____. 1963b. "Why Were the Early Christians Persecuted? A Rejoinder." *Past and Present* 27:28–33.

de Tocqueville, Alexis. [1835–1939] 1956. *Democracy in America*. 2 vols. New York: Vintage Books.

Devine, A. M. 1985. "The Low Birth-Rate of Ancient Rome: A Possible Conributing Factor." *Rheinisches Museum* 128:3–4, 313–17.

Dibelius, Martin. 1934. *From Tradition to Gospel*. London: Nicholson and Watson.

Dickens, A. G. 1974. *The German Nation and Martin Luther*. New York: Harper & Row.

_____. 1991. *The English Reformation*. 2nd ed. University Park: Pennsylvania State Univ. Press.

Dodd, C. H. 1970. *The Founder of Christianity*. New York: Macmillan.

Dodds, E. R. 1965. *Pagan and Christian in an Age of Anxiety*. New York: W. W. Norton.

기독교 승리의 발자취

Dolan, Jay P. 1975. *The Immigrant Church: New York's Irish and German Catholics, 1815–1865*. Baltimore: Johns Hopkins Univ. Press.

_____. 1978. *Catholic Revivalism: The American Experience, 1830–1900*. Notre Dame: Univ. of Notre Dame Press.

Donalson, Malcolm Drew. 2003. *The Cult of Isis in the Roman Empire*. Lewiston, ME: Edwin Mellen.

Dowling, John. [1845] 2002. *The History of Romanism*. Lincolnshire, IL: Vance.

Drake, H. A. 1996. "Lambs into Lions: Explaining Early Christian Intolerance." *Past and Present* 153:3–36.

_____. 2000. *Constantine and the Bishops: The Politics of Intolerance*. Baltimore: Johns Hopkins Univ. Press.

Drake, Stillman, and C. D. O'Malley. 1960. *The Controversy of the Comets of 1618*. Philadelphia: Univ. of Pennsylvania Press.

Drogus, Carol Ann. 1995. "Review: The Rise and Decline of Liberation Theology: Churches, Faith, and Political Change in Latin America." *Comparative Politics* 27:465–77.

Duby, Georges. 1994. *The Knight, the Lady, and the Priest*. Chicago: Univ. of Chicago Press.

Duffy, Eamon. 1987. "The Late Middle Ages: Vitality or Decline?" In *Atlas of the Christian Church*, edited by Henry Chadwick and G. R. Evans, 86–95. New York: Facts on File.

_____. 1992. *Stripping the Altars*. New Haven: Yale Univ. Press.

_____. 1997. *Saints and Sinners: A History of Popes*. New Haven: Yale Univ. Press.

Duke, Sean. 1998. "Irish Bridge Sheds Light on Dark Ages." *Science* 279:480.

Dunn, J. D. G. 1985. *The Evidence for Jesus*. Philadelphia: Westminster.

Durant, Will. 1950. *The Age of Faith*. Vol. 4 of *The Story of Civilization*. New York: Simon and Schuster.

_____. 1957. *The Reformation*. New York: Simon and Schuster.

Dworkin, Andrea. 1974. *Woman Hating: A Radical Look at Sexuality*. New York: Dutton.

Ebaugh, Helen Rose. 1993. *Women in the Vanishing Cloister: Organizational Decline of Catholic Religious Orders*. New Brunswick, NJ: Rutgers Univ. Press.

Edbury, Peter. 1999. "Warfare in the Latin East." In *Medieval Warfare: A History*, edited by Maurice Keen, 89–112. Oxford: Oxford Univ. Press.

Edwards, James R. 2005. *Is Jesus the Only Savior?* Grand Rapids: Eerdmans.

Edwards, Lyford P. 1919. *The Transformation of Early Christianity from an Eschatological to a Social Movement*. Menasha, WI: George Banta.

Edwards, Mark U. 1994. *Printing, Propaganda, and Martin Luther*. Berkeley: Univ. of California Press.

Ehrman, Bart D. 2003. *Lost Christianities: The Battles for Scripture and the Faiths We Never Knew*. Oxford: Oxford Univ. Press.

_____. 2005. *Misquoting Jesus: The Story Behind Who Changed the Bible and Why*. San Francisco: Harper San Francisco.

_____. 2006. *The Lost Gospel of Judas Iscariot: A New Look at Betrayer and Betrayed*. Oxford: Oxford Univ. Press.

Einstein, Albert. 1987. *Letters to Solovine*. New York: Philosphical Library.

Eisenstein, Elizabeth L. 1979. *The Printing Press as an Agent of Change*. Cambridge: Cambridge Univ. Press.

Ekelund, Robert B., Robert F. Hèbert, Robert Tollison, Gary M. Anderson, and Audrey B. Davidson. 1996. *Sacred Trust: The Medieval Church as an Economic Firm*. New York: Oxford Univ. Press.

Eliade, Mircea. [1958] 1974. *Patterns in Comparative Religion*. New York: New American Library.

Ellerbe, Helen. 1995. *The Dark Side of Christian History*. Windermere, FL: Morningstar and Lark.

Elliott, T. G. 1996. *The Christianity of Constantine the Great*. Scranton: Univ. of Scranton Press.

Engels, Friedrich. [1873] 1964. "Dialectics of Nature." Reprinted in Karl Marx and Friedrich Engels, *On Religion*, 152–93. Atlanta: Scholars Press.

_____. [1894] 1964. "On the History of Early Christianity." Reprinted in Karl Marx and Friedrich Engels, *On Religion*, 316–59. Atlanta: Scholars Press.

Erdmann, Carl. 1977. *The Origin of the Idea of Crusade*. Princeton: Princeton Univ. Press.

Erdoes, Richard. 1988. *AD 1000: Living on the Brink of the Apocalypse*. New York: Harper & Row.

Eusebius [ca. 325] 1927. *The Ecclesiastical History and the Martyrs of Palestine*. London: SPCK.

Evans, Craig A. 2001. "Context, Family and Formation." In *The Cambridge Companion to Jesus*, edited by Markus Bockmuel, 11-24. Cambridge: Cambridge Univ. Press.

_____. 2002a. "Introduction: Finding a Context for Jesus." In *The Missing Jesus: Rabbinic Judaism and the New Testament*, edited by Bruce Chilton, Craig A. Evans, and Jacob Neusner, 1–9. Leiden: Brill.

_____. 2002b. "The Misplaced Jesus: Interpreting Jesus in a Judaic Context." In *The Missing Jesus: Rabbinic Judaism and the New Testament*, edited by Bruce Chilton, Craig A. Evans, and Jacob Neusner, 11–39. Leiden: Brill.

_____. 2006. *Fabricating Jesus: How Modern Scholars Distort the Gospels*. Downers Grove, IL: InterVarsity.

Ewen, C. L'Estrange. 1929. *Witch Hunting and Witch Trials*. London: Kegan, Paul, Trench, Trübner.

Farmer, David L. 1991. "Marketing the Produce of the Countryside, 1200–1500." In *The Agrarian History of England and Wales*, vol. 3, *1348–1500*, edited by Edward Miller, 324–58. Cambridge: Cambridge Univ. Press.

Fears, J. Rufus. 1987. "Sol Invictus." In *The Encyclopedia of Religion*, edited by Mircea Eliade. New York: Macmillan.

Feldman, Louis H. 1981. "Judaism, History of, III, Hellenic Judaism." In *Encyclopaedia Britannica*.

기독교 승리의 발자취

Chicago: Univ. of Chicago Press.

_____. 1992. "Was Judaism a Missionary Religion in Ancient Times?" In *Jewish Assimilation, Acculturation and Accommodation*, edited by Menachem Mor, 23–37. Lanham, MD: Univ. Press of America.

_____. 1993. *Jew and Gentile in the Ancient World*. Princeton: Princeton Univ. Press.

Ferguson, Everette. 1990. "Deaconess." In *The Encyclopedia of Early Christianity*, edited by Everette Ferguson, New York: Garland.

Ferguson, John. 1970. *The Religions of the Roman Empire*. Ithaca, NY: Cornell Univ. Press.

Ferguson, Wallace K. 1939. "Humanist Views of the Renaissance." *American Historical Review* 45:1–28.

Fernandez, André. 1997. "The Repression of Sexual Behavior by the Aragonese Inquisition between 1560 and 1700." *Journal of the History of Sexuality* 7:469–501.

Ferngren, Gary B. 2009. *Medicine and Health Care in Early Christianity*. Baltimore: Johns Hopkins Univ. Press.

Ferrill, Arthur. 1986. *The Fall of the Roman Empire: The Military Explanation*. London: Thames and Hudson.

Filotas, Bernadette. 2005. *Pagan Survivals, Superstitions and Popular Cultures in Early Medieval Pastoral Literature*. Toronto: Pontifical Institute of Medieval Studies.

Findlen, Paul. 1993. "Humanism, Politics and Pornography in Renaissance Italy." In *The Invention of Pornography*, edited by Lynn Hunt, 49–108. Cambridge, MA: M.I.T. Press.

Finegan, Jack. 1992. *The Archeology of the New Testament*. Rev. ed. Princeton: Princeton Univ. Press.

Finke, Roger, and Rodney Stark. 1992. *The Churching of America, 1776–1990: Winners and Losers in Our Religious Economy*. New Brunswick, NJ: Rutgers Univ. Press.

_____. 2005. *The Churching of America, 1776–1990: Winners and Losers in Our Religious Economy*, 2nd ed. New Brunswick, NJ: Rutgers Univ. Press. 『미국종교시장에서의 승자와 패자』 (서로사랑 역간, 2009, 2014).

Finley, M. I. 1973. *The Ancient Economy*. Berkeley: Univ. of California Press.

_____. 1977. *Atlas of Classical Archaeology*. New York: McGraw-Hill.

Finocchiaro, Maurice A. 2009. "Myth 8: That Galileo Was Imprisoned and Tortured for Advocating Copernicanism." In *Galileo Goes to Jail: And Other Myths About Science and Religion*, edited by Ronald L. Numbers, 68–78. Cambridge: Harvard Univ. Press.

Fischoff, Ephraim. 1968. "The Protestant Ethic and the Spirit of Capitalism: The History of a Controversy." In *The Protestant Ethic and Modernization: A Comparative View*, edited by S. H. Eisenstadt, 67–86. New York: Basic Books.

Fletcher, Richard. 1997. *The Barbarian Conversion: From Paganism to Christianity*. New York: Henry Holt.

Flint, Valerie I. J. 1991. *The Rise of Magic in Early Medieval Europe*. Princeton: Princeton Univ. Press.

Fogel, Robert William. 2000. *The Fourth Great Awakening and the Future of Egalitarianism.* Chicago: Univ. of Chicago Press.

Foltz, Richard. 2000. *Religions of the Silk Road.* New York: St. Martin's.

Fox, Robin Lane. 1987. *Pagans and Christians.* New York: Knopf.

France, John. 1997. *Victory in the East.* Cambridge: Cambridge Univ. Press.

Franits, Wayne E. 2004. *Dutch Seventeenth Century Genre Painting.* New Haven: Yale Univ. Press.

Freeman, Charles. 1999. *The Greek Achievement: The Foundation of the Western World.* New York: Penguin Books.

Fremantle, Anne. 1954. *The Age of Belief.* New York: Mentor.

Frend, W. H. C. 1959. "The Failure of the Persecutions in the Roman Empire." *Past and Present* 16:10–30.

_____. 1965. *Martyrdom and Persecution in the Early Church.* Oxford: Basil Blackwell.

_____. 1984. *The Rise of Christianity.* Philadelphia: Fortress.

Frier, Bruce W. 1994. "Natural Fertility and Family Limitation in Roman Marriage." *Classical Philology* 89:318–33.

Fuller, Russell. 2003. "The Rabbis and the Claims of the Openness Advocates." In *Beyond the Bounds,* edited by John Piper, Justine Taylor, and Paul Kjoss Helseth, 23–41. Wheaton, IL: Crossway Books.

Funk, Robert. 1996. *Honest to Jesus.* San Francisco: Harper San Francisco.

Funk, Robert W., Roy W. Hoover, and the Jesus Seminar. 1993. *The Five Gospels: The Search for the Authentic Words of Jesus.* New York: Macmillan.

Furseth, Inger, and Pal Repstad. 2006. *An Introduction to the Sociology of Religion.* Aldershot, UK: Ashgate.

Gager, John G. 1975. *Kingdom and Community: The Social World of Early Christianity.* Englewood Cliffs, NJ: Prentice-Hall.

_____. 1983. *The Origins of Anti-Semitism: Attitudes Towards Judaism in Pagan and Christian Antiquity.* New York: Oxford Univ. Press.

Galvao-Sobrinho, Carlos R. 1995. "Funerary Epigraphy and the Spread of Christianity in the West." *Athenaeum* 83:431-66.

Gambero, Luigi. 1991. *Mary and the Fathers of the Church.* San Francisco: Ignatius.

Gamble, Harry Y. 1995. *Books and Readers in the Early Church: A History of Early Christian Texts.* New Haven: Yale Univ. Press.

Gardner, Helen, and Sumner McK. Crosby. 1959. *Helen Gardner's Art Through the Ages.* New York: Harcourt, Brace, & World.

Gasque, W. Ward. 2000. *A History of the Interpretation of the Acts of the Apostles.* Eugene, OR: Wipf and Stock.

Gatrell, V. A. C. 1994. *The Hanging Tree: Execution and the English People, 1770–1868.* Oxford: Oxford University Press.

Gaustad, Edwin S. 1987. *Faith of Our Fathers*. San Francisco: Harper & Row.

Gawthrop, Richard, and Gerald Strauss. 1984. "Protestantism and Literacy in Early Modern Germany." *Past and Present* 104:31-55.

Gay, Peter. 1966. *The Enlightenment: An Interpretation*. New York: Norton.

Geffcken, Johannes. [1920] 1978. *The Last Days of Greco-Roman Paganism*. Amsterdam: North-Holland.

Geisler, Norman, and William Nix. 1986. *A General Introduction to the Bible*. Chicago: Moody Publishers.

Geller, M. J. 1994. "Early Christianity and the Dead Sea Scrolls." *Bulletin of the School of Oriental and African Studies, University of London* 57:82–86.

Georgi, Dieter. 1995. "The Early Church: Internal Migration of New Religion." *Harvard Theological Review* 88:35–68.

Gerber, Jane S. 1994. *The Jews of Spain*. New York: The Free Press.

Gerhardsson, Birger. 2001. *The Reliability of the Gospel Tradition*. Peabody. MA: Hendrickson.

Gershevitch, Ilya. 1964. "Zoroaster's Own Contribution." *Journal of Near Eastern Studies* 23:12–28.

Getty-Sullivan, Mary Ann. 2001. *Women in the New Testament*. Collegeville, MN: Liturgical Press.

Gibbon, Edward. [1776–1788] 1994. *The History of the Decline and Fall of the Roman Empire*. 3 vols. London: Allen Lane: Penguin.

Gierke, Otto. [1873] 1977. *Associations and Law: The Classical and Early Christian Stages*. Toronto: Univ. of Toronto Press.

Gies, Frances and Joseph Gies. 1994. *Cathedral, Forge, and Waterwheel: Technology and Invention in the Middle Ages*. New York: HarperCollins.

Gil, Moshe. 1992. *A History of Palestine, 634–1099*. Cambridge: Cambridge Univ. Press.

Gilchrist, John. 1969. *The Church and Economic Activity in the Middle Ages*. New York: St. Martin's Press.

Gill, Anthony. 1998. *Rendering Unto Caesar: The Catholic Church and the State in Latin America*. Chicago: Univ. of Chicago Press.

_____. 2005. "The Political Origins of Religious Liberty." *Interdisciplinary Journal of Research on Religion* 1 (1):1–35.

Gilliam, J. F. 1961. "The Plague Under Marcus Aurelius." *American Journal of Philology* 82:225–51.

Gillingham, John. 1999. "An Age of Expansion: c. 1020-1204." In *Medieval Warfare: A History*, edited by Maurice Keen, 59–88. Oxford: Oxford Univ. Press.

Gilmont, Jean-Francois. 1998. *The Reformation and the Book*. Aldershot, UK: Ashgate.

Gimpel, Jean. 1961. *The Cathedral Builders*. New York: Grove.

_____. 1976. *The Medieval Machine: The Industrial Revolution of the Middle Ages*. New York: Penguin Books.

Gingerich, Owen. 1975. "'Crisis' Versus Aesthetic in the Copernican Revolution." *Vistas in Astronomy* 17:85–93.

Given, James B. 1997. *Inquisition and Medieval Society: Power, Discipline, and Resistance in Languedoc*. Ithaca, NY: Cornell Univ. Press.

Glock, Charles Y. 1964. "The Role of Deprivation in the Origin and Evolution of Religious Groups." In *Religion and Social Conflict*, edited by Robert Lee and Martin E. Marty, 24–26. New York: Oxford Univ. Press.

Glubb, Lieutenant-General Sir John Bagot. [1963] 1995. *The Great Arab Conquests*. New York: Barnes and Noble.

Gnoli, Gherardo. 1987. "Magi." In *The Encyclopedia of Religion*, edited by Mircea Eliade. New York: Macmillan.

_____. 2000. *Zoroaster in History*. New York: Bibliotheca Persica.

Goldstein, Jonathan A. 1987. "How the Authors of 1 and 2 Maccabees Treated the 'Messianic' Promises." In *Judaisms and Their Messiahs at the Turn of the Christian Era*, edited by Jacob Neusner, William Scott Green, and Ernest S. Fredrichs, 139–68. Cambridge: Cambridge Univ. Press.

Goodenough, Erwin R. [1931] 1970. *The Church in the Roman Empire*. New York: Cooper Square.

_____. 1962. *An Introduction to Philo Judaeus*. 2nd ed. Oxford: Blackwell.

Goodish, Michael. 1976. "Sodomy in Medieval Secular Law." *Journal of Homosexuality* 1:295–302.

Goodman, Martin. 1994. *Mission and Conversion: Proselytizing in the Religious History of the Roman Empire*. Oxford: Clarendon.

Goodspeed, Edgar. 1931. *Strange New Gospels*. Chicago: Univ. of Chicago Press.

Gorman, Michael J. 1982. *Abortion and the Early Church*. Downers Grove, IL: InterVarsity.

Grant, Edward. 1971. *Physical Science in the Middle Ages*. New York: Wiley.

_____. 1994. *Planets, Stars, and Orbs: The Medieval Cosmos, 1200–1687*. Cambridge: Cambridge Univ. Press.

_____. 1996. *The Foundations of Modern Science in the Middle Ages: Their Religious, Institutional, and Intellectual Contexts*. Cambridge: Cambridge Univ. Press.

Grant, Michael. 1978. *The History of Rome*. New York: Faber and Faber.

Grant, Robert M. [1970] 1990. *Augustus to Constantine: The Rise and Triumph of Christianity in the Roman World*. San Francisco: Harper San Francisco.

_____. 1973. *The Jews in the Roman World*. New York: Scribner.

_____. 1977. *Early Christianity and Society: Seven Studies*. London: Collins.

_____. 1986. *Gods and the One God*. Philadelphia: Westminster.

Greeley, Andrew J. 1970. "Religious Intermarriage in a Denominational Society." *American Sociological Review* 75:949–52.

Greely, Andrew M. 1995. *Religion as Poetry*. New Brunswick, NJ: Transaction Publishers.

Green, Joel B. 1997. *The Gospel of Luke*. Grand Rapids: Eerdmans.

Grendler, Paul F. 2004. "The Universities of the Renaissance and Reformation." *Renaissance Quarterly* 57:1–42.

Grim, Brian J., and Roger Finke. 2010. *The Price of Freedom Denied*. New York: Cambridge Univ. Press.

Grimm, Harold J. 1962. "Social Forces in the German Reformation." *Church History* 31:3-13.

_____. 1969. "The Reformation and the Urban Social Classes in Germany." In *Luther, Erasmus and the Reformation*, edited by John C. Olin, James D. Smart, and Robert E. McNally, SJ, 75–86. New York: Fordham Univ. Press.

Gryson, Roger. 1976. *The Ministry of Women in the Early Church*. Collegeville, MN: The Liturgical Press.

Haas, Christopher J. 1983. "Imperial Policy and Valarian's Persecution of the Church, A.D. 257-260." *Church History* 52:133–44.

Hagner, Donald A. 2007. "Paul as a Jewish Believer According to His Letters." In *Jewish Believers in Jesus: The Early Centuries*, edited by Oskar Skarsaune and Reidar Hvalik, 96-120. Peabody, MA: Hendrickson.

Hale, J. R. 1977. *Florence and the Medici*. London: Thames & Hudson.

Haliczer, Stephen. 1990. *Inquisition and Society in the Kingdom of Valencia, 1487–1834*. Berkeley: Univ. of California Press.

Halsberghe, Gaston H. 1972. *The Cult of Sol Invictus*. Leiden: Brill.

Hamilton, Bernard. 2000. *The Leper King and His Heirs: Baldwin IV and the Crusader Kingdom of Jerusalem*. Cambridge: Cambridge Univ. Press.

Hamilton, Richard F. 1996. *The Social Misconstruction of Reality: Validity and Verification in the Scholarly Community*. New Haven: Yale Univ. Press.

Handlin, Oscar. ed. 1949. *This Was America*. Cambridge: Harvard Univ. Press.

Hannemann, Manfred. 1975. *The Diffusion of the Reformation in Southwestern Germany, 1518–1534*. Chicago: Univ. of Chicago Department of Geography, Research Paper No. 167.

Hanson, R. P. C. 1968. *The Acts*. Oxford: Clarendon.

Hare, Douglas. 1967. *The Theme of Jewish Persecution of Christians in the Gospel According to Matthew*. Cambridge: Cambridge Univ. Press.

Harl, K. W. 1990. "Sacrifice and Pagan Belief in Fifth- and Sixth-Century Byzantium." *Past and Present* 128:7–27.

Harnack, Adolf von. 1904. *The Expansion of Christianity in the First Three Centuries*. Vol. 1. New York: Putnam's Sons.

_____. 1905. *The Expansion of Christianity in the First Three Centuries*. Vol. 2. New York: Putnam's Sons, 1905.

_____. [1924] 1990. *Marcion: The Gospel of the Alien God.* Durham, NC: Labyrinth.

Harris, Marvin. [1977] 1991. *Cannibals and Kings.* New York: Vantage.

Harris, William V. 1982. "The Theoretical Possibility of Extensive Infanticide in the Graeco-Roman World." *Classical Quarterly*, new series, 32:114–16.

_____. 1989. *Ancient Literacy.* Cambridge: Harvard Univ. Press.

_____. 1994. "Child Exposure in the Roman Empire." *Journal of Roman Studies* 84:1–22.

Hay, Denys. 1977. *The Church in Italy in the Fifteenth Century.* Cambridge: Cambridge Univ. Press.

Hayes, Carlton, J. H. 1917. *Political and Social History of Modern Europe.* 2 vols. New York: Macmillan.

Heaton, Tim B. 1990. "Religious Group Characteristics, Endogamy, and Interfaith Marriages." *Sociological Analysis* 51:363–76.

Heine, Susanne. 1988. *Women and Early Christianity.* Minneapolis: Augsburg.

Hemer, Colin J. 1990. *The Book of Acts in the Setting of Hellenistic History.* Winona Lake, IN: Eisenbrauns.

Hengel, Martin. 1974. *Judaism and Hellenism: Studies in their Encounter in Palestine During the Early Hellenistic Period.* 2 vols. Philadelphia: Fortress.

_____. 1989. *The "Hellenization" of Judea in the First Century After Christ.* London: SCM.

Henningsen, Gustav. 1980. *The Witches Advocate: Basque Witchcraft and the Spanish Inquisition (1609–1614).* Reno: Univ. of Nevada Press.

Henningsen, Gustav, and John Tedeschi. 1986. *The Inquisition in Early Modern Europe: Studies on Sources and Methods.* Dekalb: Northern Illinois Univ. Press.

Heyob, Sharon Kelly. 1975. *The Cult of Isis among Women in the Greco-Roman World.* Leiden: Brill.

Hibbert, Christopher. [1974] 2003. *The House of Medici: Its Rise and Fall.* New York: HarperCollins.

Hill, Christopher. 1967. *Reformation to the Industrial Revolution, 1530–1780.* London: Penguin Books.

Hill, Craig C. 2007. "The Jerusalem Church." In *Jewish Christianity Reconsidered*, edited by Matt Jackson-McCabe, 39–56. Minneapolis: Fortress.

Hillenbrand, Carole. 1999. *The Crusades: Islamic Perspectives.* Edinburgh: Edinburgh Univ. Press.

Hirschfeld, Nicolle. 1990. "The Ship of Saint Paul: Historical Background." *Biblical Archaeologist* 53 (March):25–30.

Hobbes, Thomas. [1651] 1956. *Leviathan.* Vol. 1. Chicago: Henrey Regnery.

Hodgson, Marshall G. S. 1974. *The Venture of Islam: Conscience and History in a World Civilization.* 3 vols. Chicago: Univ. of Chicago Press.

Holborn, Louise W. 1942. "Printing and the Growth of a Protestant Movement in Germany from 1517 to 1524." *Church History* 11:123–37.

Holinshed, Raphael. [1587] 1965. *Holinshed's Chronicles.* New York: AMS.

Hollister, C. Warren. 1992. "The Phases of European History and the Non-existence of the Middle Ages." *Pacific Historical Review* 61:1–22.

Hookham, Hilda. 1981. "Timur." In *Encyclopaedia Britannica*. Chicago: Univ. of Chicago Press.

Hopkins, Keith. 1965. "The Age of Roman Girls at Marriage." *Population Studies* 18:309–27.

_____. 1966. "On the Probable Age Structure of the Roman Population." *Population Studies* 20:245–64.

_____. 1998. "Christian Number and its Implications." *Journal of Early Christian Studies*. 6:185–226.

_____. 2004. "Controlling Religion: Rome." In *Religions of the Ancient World: A Guide*, edited by Sarah Iles Johnston, 572–75. Cambridge: Belknap.

Horsley, Richard A., and John S. Hanson. 1985. *Bandits, Prophets, and Messiahs: Popular Movements in the Time of Jesus*. Minneapolis: Winston.

Hout, Michael, and Claude Fischer. 2002. "Americans with 'No Religion': Why Their Numbers Are Growing." *American Sociological Review* 67:165–90.

Hughes, Pennethorne. 1952. *Witchcraft*. London: Longmans, Green.

Hultgren, Arland J. 1976. "Paul's Pre-Christian Persecutions of the Church: Their Purpose, Locale, and Nature." *Journal of Biblical Literature* 95:97–111.

Hume, David. 1754. *The History of England*. 6 vols. London: A. Millar.

Hunt, Dave. 1994. *A Woman Rides the Beast: The Roman Catholic Church and the Last Days*. Eugene, OR: Harvest House.

Hunt, Edwin S., and James M. Murray. 1999. *A History of Business in Medieval Europe, 1200-1550*. Cambridge: Cambridge Univ. Press.

Hurtado, Larry W. 1999. "Pre-70 Jewish Opposition to Christ-Devotion." *Journal of Theological Studies* 50:35–58.

_____. 2003. *Lord Jesus Christ: Devotion to Jesus in Earliest Christianity*. Grand Rapids: Eerdmans.

_____. 2006. *The Earliest Christian Artifacts: Manuscripts and Christian Origins*. Grand Rapids: Eerdmans.

Hutchison, William R. 1987. *Errand to the World: American Protestant Thought and Foreign Missions*. Chicago: Univ. of Chicago Press.

Hvalvik, Reidar. 2007. "Jewish Believers and Jewish Influence in the Roman Church Until the Early Second Century." In *Jewish Believers in Jesus: The Early Centuries*, edited by Oskar Skarsaune and Reidar Hvalik, 179–216. Peabody, MA: Hendrickson.

Hyde, H. Montgomery. 1964. *A History of Pornography*. New York: Dell.

Hyslop, Theo B. 1925. *The Great Abnormals*. New York: Doran.

Iannaccone, Laurence R. 1982. "Let the Women Be Silent." *Sunstone* 7 (May June):38–45.

Introvigne, Massimo. 2005. "Niches in the Islamic Religious Market and Fundamentalism: Examples from Turkey and Other Countries." *Interdisciplinary Journal of Research on Religion* 1:

Introvigne, Massimo, and Rodney Stark. 2005. "Religious Competition and Revival in Italy: Exploring European Exceptionalism." *Interdisciplinary Journal of Research on Religion* 1: article 5. Available at www.religjournal.com.

Irwin, Robert. 1986. *The Middle East in the Middle Ages: The Early Mamluk Sultanate 1250–1382.* Carnondale, IL: Southern Illinois Univ. Press.

———. 2006. *Dangerous Knowledge: Orientalism and Its Discontents.* Woodstock and New York: The Overlook Press.

Isaac, Jules. 1964. *The Teaching of Contempt: Christian Roots of Anti-Semitism.* New York: Holt, Rinehart, and Winston.

———. 1971. *Jesus and Israel.* New York: Holt, Rinehart, and Winston.

Issawi, Charles. 1957. "Crusades and Current Crisis in the Near East: A Historical Parallel." *International Affairs* 33:269–79.

Jaki, Stanley L. 1986. *Science and Creation.* Edinburgh: Scottish Academic Press.

———. 2000. *The Savior of Science.* Grand Rapids: Eerdmans.

James, William. [1902] 1958. *The Varieties of Religious Experience.* New York: A Mentor Book.

Jamison, Alan G. 2006. *Faith and Sword: A Short History of Christian-Muslim Conflict.* London: Reaktion Books.

Jeffrey, Peter. 2007. *The Secret Gospel of Mark Unveiled.* New Haven: Yale Univ. Press.

Jenkins, Philip. 2001. *Hidden Gospels: How the Search for Jesus Lost Its Way.* Oxford: Oxford Univ. Press.

———. 2002. *The Next Christendom: The Coming of Global Christianity.* Oxford: Oxford Univ. Press.

———. 2003. *The New Anti-Catholicism: The Last Acceptable Prejudice.* Oxford: Oxford Univ. Press.

———. 2008. *The Lost History of Christianity.* San Francisco: HarperOne.

Johnson, Luke Timothy. 1996. *The Real Jesus: The Misguided Quest for the Historical Jesus and the Truth of the Traditional Gospels.* San Francisco: Harper San Francisco.

Johnson, Paul. 1976. *A History of Christianity.* New York: Atheneum.

———. 1987. *A History of the Jews.* New York: Harper & Row.

———. 2003. *Art: A New History.* New York: HarperCollins.

Jonas, Hans. 1967. "Delimitation of the Gnostic Phenomenon Typological and Historical." In *Le Origini Dello Gnosticismo*, edited by U. Bianchi, 90–108. Leiden: Brill.

———. 2001. *The Gnostic Religion.* 3rd ed. Boston: Beacon.

Jones, A. H. M. 1948. *Constantine and the Conversion of Europe.* London: Hodder & Stoughton.

Jones, E. L. 1987. *The European Miracle.* 2nd ed. Cambridge: Cambridge Univ. Press.

기독교 승리의 발자취

Jones, Paul. 2006. "From Intra-Jewish Polemics to Persecution: The Christian Formation of the Jew as Religious Other." *Encounter* (Spring).

Jones, W. T. 1969. *The Medieval Mind*. New York: Harcourt, Brace and World.

Judge, E. A. 1960a. *The Social Pattern of Christian Groups in the First Century*. London: Tyndale.

_____. 1960b. "The Early Christians as a Scholastic Community." *Journal of Religious History* 1:125–41.

_____. 1986. "The Quest for Mercy in Late Antiquity." In *God Who Is Rich in Mercy: Essays Presented to D. B. Knox*, edited by P. T. O'Brien and D. G. Peterson, 107–21. Sydney: Macquarie Univ. Press.

_____. 2008. *Social Distinctives of the Christians of the First Century*. Peabody, MA: Hendrickson.

Justin Martyr. [ca. 150] 1948. "First Apology." *Writings of Saint Justin Martyr*. New York: Christian Heritage.

Kadushin, Max. 1965. *The Rabbinic Mind*. 2nd ed. New York: Blaisdell.

Kaelber, Lutz. 1997. "Weavers into Heretics? The Social Organization of Early-Thirteenth-Century Catharism in Comparative Perspective." *Social Science History* 21:111-37.

Kamen, Henry. 1993. *The Phoenix and the Flame: Catalonia and the Counter Reformation*. New Haven: Yale Univ. Press.

_____. 1997. *The Spanish Inquisition: An Historical Revision*. London: Weidenfeld & Nicholson.

Karsh, Efraim. 2007. *Islamic Imperialism: A History*. New Haven: Yale Univ. Press.

Katz, Steven T. 1994. *The Holocaust in Historical Context*. Vol. 1. New York: Oxford Univ. Press.

Kaufmann, Eric. 2010. *Shall the Religious Inherit the Earth?* London: Profile Books.

Kaufmann, Yehazkel. 1970. *The Babylonian Captivity and Deutero-Isaiah*. New York: Union of American Hebrew Congregations.

Kautsky, Karl. [1908] 1953. *Foundations of Christianity*. New York: Russell & Russell.

Kedar, Benjamin Z. 1974. "The General Tax of 1183 in the Crusading Kingdom of Jerusalem: Innovation or Adaptation?" *English Historical Review* 89:339–45.

_____. 1984. *Crusade and Mission: European Approaches Toward the Muslims*. Princeton: Princeton Univ. Press.

_____. [1990] 2002. "The Subjected Muslims of the Frankish Levant." In *The Crusades: The Essential Readings*, edited by Thomas F. Madden, 235-64. Oxford: Blackwell.

Kee, Howard Clark. 1970. *Jesus in History*. New York: Harcourt, Brace & World.

_____. 1987. "Christology in Mark's Gospel." In *Judaisms and Their Messiahs at the Turn of the Christian Era*, edited by Jacob Neusner, William Scott Green, and Ernest S. Fredrichs, 187-208. Cambridge: Cambridge Univ. Press.

_____. 1990. *What Can We Know About Jesus?* Cambridge: Cambridge Univ. Press.

Keen, Benjamin. 1969. "The Black Legend Revisited: Assumptions and Realities." *Hispanic American Historical Review* 49:703–19.

Kent, Stephen A. 2001. *From Slogans to Mantras: Social Protest and Religious Conversion in the Late Viet Nam War Era*. Syracuse, NY: Syracuse Univ. Press.

Kenyon, Sir Frederic George. 1949. *The Bible and Archeology*. New York: Harper.

Keresztes, Paul. 1968. "Marcus Aurelius a Persecutor?" *Harvard Theological Review* 61:321–41.

_____. 1970a. "The Constitutio Antoniana and the Persecutions Under Caracalla." *American Journal of Philology* 91:446–59.

_____. 1970b. "The Emperor Septimius Severus: A Precursor of Decius." *Historia* 19:565–78.

_____. 1973. "The Jews, the Christians, and Emperor Domitan." *Vigiliae Christianae* 27:1–28.

_____. 1983. "From the Great Persecution to the Peace of Galerius." *Vigiliae Christianae* 37:379–99.

Khalidi, Tarif. 1981. "The Idea of Progress in Classical Islam." *Journal of Near Eastern Studies* 40:277–89.

Kieckhefer, Richard. 1976. *European Witch Trials: Their Foundations in Popular and Learned Culture*. Berkeley: Univ. of California Press.

_____. 1989. *Magic in the Middle Ages*. Cambridge: Cambridge Univ. Press.

Kim, Hyojoung, and Steven Pfaff. 2012. "Structure and Dynamics of a Religious Insurgency." *American Sociological Review* 77(2).

King, Karen L. 2003a. *What Is Gnosticism?* Cambridge: Belknap.

_____. 2003b. *The Gospel of Mary of Magdala: Jesus and the First Woman Apostle*. Santa Rose, CA: Polebridge.

Kirsch, Jonathan. 2004. *God Against the Gods*. New York: Viking.

_____. 2008. *The Grand Inquisitor's Manuel: A History of Terror in the Name of God*. San Francisco: HarperOne.

Kister, M. J. 1986. "The Massacre of the Banū Qurayza: A Re-examination of a Tradition." *Jerusalem Studies of Arabic and Islam* 8:61–96.

Kitchen, K. A. 2003. *On the Reliability of the Old Testament*. Grand Rapids: Eerdmans.

Kittleson, James. 1986. *Luther the Reformer*. Minneapolis: Augsburg Fortress.

Klaiber, Jeffrey L. 1970. "Pentecostal Breakthrough." *America* 122 (4):99-102.

Klauck, Hans-Joseph. 2003. *The Religious Context of Early Christianity*. Minneapolis: Fortress Press.

Klinghoffer, David. 2005. *Why the Jews Rejected Jesus*. New York: Doubleday.

Knight, Margaret. 1974. *Honest to Man: Christian Ethics Re-examined*. Buffalo, NY: Prometheus Books.

Knobler, Adam. 2006. "Holy Wars, Empires, and the Portability of the Past: The Modern Uses of the Medieval Crusade." *Comparative Studies in Society and History* 48:293–325.

...ohl, Israel. 2000. *The Messiah Before Jesus*. Berkeley: Univ. of California Press.

_____. 2008. "The Messiah Son of Joseph." *Biblical Archaeology Review* 34 (September/October):58–62, 78.

Koenig, Harold G. 1998. *Handbook of Religion and Mental Health*. New York: Academic Press.

Koester, Helmut. 1982a. *Introduction to the New Testament*, vol. 1, *History, Culture, and Religion in the Hellenistic Age*. Philadelphia: Fortress.

_____. 1982b. *Introduction to the New Testament*, vol. 2, *History and Literature of Early Christianity*. Philadelphia: Fortress.

Komoszewski, J. Ed, M. James Sawyer, and Daniel B. Wallace. 2006. *Reinventing Jesus*. Grand Rapids: Kregel.

Kox, Willem, Wim Meeus, and Harm t'Hart. 1991. "Religious Conversion of Adolescents: Testing the Lofland and Stark Model of Religious Conversion." *Sociological Analysis* 52:227-40.

Kraemer, Ross Sherpard. 1992. *Her Share of the Blessings: Women's Religions among Pagans, Jews, and Christians in the Greco-Roman World*. Oxford: Oxford Univ. Press.

Kripal, Jeffery J. 2007. *Esalen: America and the Religion of No Religion*. Chicago: Univ. of Chicago Press.

Ladurie, Emmanuel LeRoy. 1974. *The Peasants of Languedoc*. Urbana: Univ. of Illinois Press.

Lambert, Malcolm. 1992. *Medieval Heresy: Popular Movements from the Gregorian Reform to the Reformation*. 2nd ed. Oxford: Basil Blackwell.

_____. 1998. *The Cathars*. Oxford: Blackwell.

LaMonte, John L. 1932. *Feudal Monarchy in the Latin Kingdom of Jerusalem, 1100–1291*. Cambridge: Harvard Univ. Press.

Landes, David S. 1998. *The Wealth and Poverty of Nations*. New York: W. W. Norton.

Lane, Frederic Chapin. [1934] 1992. *Venetian Ships and Shipbuilders of the Renaissance*. Baltimore: Johns Hopkins Univ. Press.

Lang, Bernard. 1983. *Monotheism and the Prophetic Majority*. Sheffield, UK: Almond.

Latourette, Kenneth Scott. 1937. *A History of the Expansion of Christianity*. Vol. 1. New York: Harper & Bros.

_____. 1975. *A History of Christianity*. Vol. 2. Rev. ed. San Francisco: Harper San Francisco.

Layton, Bentley. 1987. *The Gnostic Scriptures*. Garden City, NY: Doubleday.

Lea, Henry C. 1902. "The Eve of the Reformation." In *The Cambridge Modern History*, 1:653–692. Cambridge: Cambridge Univ. Press.

_____. 1906–1907. *A History of the Inquisition in Spain*. 4 vols. New York: Macmillan.

Leadbetter, Bill. 2000. "Constantine." In *The Early Christian World*, vol. 2, edited by Philip E. Esler, 1069–87. London: Routledge.

Leatham, Miguel C. 1997. "Rethinking Religious Decision-Making in Peasant Millenarianism: The Case of New Jerusalem." *Journal of Contemporary Religion* 12:295-309.

Le Blant, Edmond. 1880. "La Richesse et la Christianisme à l'âge des Persécutions." *Revue Archéologique* 39:220-30.

Lecky, W. E. H. [1865] 1903. *History of the Rise and Influence of the Spirit of Rationalism in Europe.* New York: D. Appleton.

Leff, Gordon. [1967] 1999. *Heresy in the Later Middle Ages.* Manchester: Manchester Univ. Press.

Lefkowitz, Mary R., and Maureen B. Fant. 2005. *Women's Life in Greece and Rome: A Source Book in Translation.* 3rd ed. Baltimore: Johns Hopkins Univ. Press.

Leloup, Jean-Yves. 2002. *The Gospel of Mary Magdalene.* Rochester, VT: Inner Traditions.

Leon, Harry J. [1960] 1995. *The Jews of Ancient Rome.* Peabody, MA: Hendrickson Publishers.

Lester, Robert C. 1993. "Buddhism: The Path to Nirvana." In *Religious Traditions of the World*, edited by H. Byron Earhart, 849–971. San Francisco: Harper San Francisco.

Levack, Brian P. 1995. *The Witch-Hunt in Early Modern Europe.* 2nd ed. London: Longman.

Levenson, David. B. 1990. "Julian." In *Encyclopedia of Early Christianity*, edited by Everett Ferguson, 510–11. New York: Garland.

Levine, Lee I. 1998. *Judaism and Hellenism in Antiquity.* Seattle: Univ. of Washington Press.

Levy-Rubin, Milka. 2000. "New Evidence Relating to the Process of Islamization in Palestine in the Early Muslim Period: The Case of Samaria." *Journal of the Economic and Social History of the Orient* 43:257–76.

Lewis, Bernard. 2002. *What Went Wrong? Western Impact and Middle East Response.* Oxford: Oxford Univ. Press.

Lichter, S. Robert, Stanley Rothman, and Linda Lichter. 1986. *The Media Elite.* Bethesda, MD: Adler & Adler.

Lieberman, Saul. 1945. *Greek in Jewish Palestine.* New York: Jewish Theological Seminary of America.

———. 1962. *Hellenism in Jewish Palestine.* 2nd ed. New York: Jewish Theological Seminary of America.

Liebeschuetz, J. H. W. G. 1979. *Continuity and Change in Roman Religion.* Oxford: Clarendon.

Lindberg, David C. 1978. *Science in the Middle Ages.* Chicago: Univ. of Chicago Press.

———. 1986. "Science and the Early Church." In *God and Nature: Historical Essays on the Encounter Between Christianity and Science*, edited by David C. Lindberg and Ronald L. Numbers, 19–48. Berkeley: Univ. of California Press.

———. 1992. *The Beginnings of Western Science.* Chicago: Univ. of Chicago Press.

Lindberg, David C., and Ronald L. Numbers, eds. 1986. *God and Nature: Historical Essays on the Encounter Between Christianity and Science.* Berkeley: Univ. of California Press.

Lindsay, Jack. 1968. *The Ancient World: Manners and Morals.* New York: Putnam's Sons.

Lindsey, Robert L. 1989. *Jesus Rabbi and Lord: The Hebrew Story of Jesus Behind the Gospels.* Oak Creek, WI: Cornerstone.

Lintott, Andrew W. 1968. *Violence in Republican Rome.* Oxford: Oxford Univ. Press.

Little, Donald P. 1976. "Coptic Conversion to Islam Under the Mahri Mamlūks, 692–755/129

1354." *Bulletin of the School of Oriental and African Studies*, University of London 39:552–69.

Little, Lester K. 1978. *Religious Poverty and the Profit Economy in Medieval Europe*. Ithaca, NY: Cornell Univ. Press.

Littman, R. J., and M. L. Littman. 1973. "Galen and the Antonine Plague." *American Journal of Philology* 94:243–55.

Liu, Eric. Forthcoming. "Risk Preference and Religiosity in the Chinese Context."

Llorente, Juan Antonio. [1823] 1967. *A Critical History of the Inquisition of Spain*. Williamstown, MA: John Lilburne.

Lodberg, Peter. 1989. "The Churches in Denmark." In *Danish Christian Handbook*, edited by Peter Briierly, 6–9. London: MARC Europe.

Lofland, John, and Rodney Stark. 1965. "Becoming a World-Saver: A Theory of Conversion to a Deviant Perspective." *American Sociological Review* 30:862–75.

Löhr, Winrich. 2007. "Western Christianities." In Augustine Casiday and Frederick W. Norris, *The Cambridge History of Christianity*, Vol. 2, 9–51. Cambridge: Cambridge Univ. Press.

Lopez, Robert S. 1967. *The Birth of Europe*. New York: M. Evans.

_____. 1976. *The Commercial Revolution of the Middle Ages, 950–1350*. Cambridge: Cambridge Univ. Press.

_____. 1977. "The Practical Transmission of Medieval Culture." In *By Things Seen: Reference and Recognition in Medieval Thought*, edited by David Lyle Jeffrey, 125–42. Ottawa: Univ. of Ottawa Press.

Luther, Martin. [1520] 1915. *Works*. Vol. 2. Philadelphia: Muhlenberg Press.

Luttwak, Edward N. 1976. *The Grand Strategy of the Roman Empire*. Baltimore: Johns Hopkins Univ. Press.

MacCulloch, Diarmaid. 2010. "Evil Is Just." *London Review of Books* 32 (May 13):23–24.

Mack, Burton. 1988. *A Myth of Innocence: Mark and Christian Origins*. Philadelphia: Fortress.

_____. 1993. *The Lost Gospel: The Book of Q and Christian Origins*. New York: HarperCollins.

MacKenzie, Norman, and Jeanne MacKenzie. 1977. *The Fabians*. New York: Simon & Schuster.

MacMullen, Ramsay. 1963. *Soldier and Civilian in the Later Roman Empire*. Cambridge: Harvard Univ. Press.

_____. 1981. *Paganism in the Roman Empire*. New Haven: Yale Univ. Press.

_____. 1984. *Christianizing the Roman Empire*. New Haven: Yale Univ. Press.

_____. 1997. *Christianity & Paganism in the Fourth to Eighth Centuries*. New Haven: Yale Univ. Press.

Macmurray, John. 1938. *The Clue to History*. London: Student Christian Movement.

Madden, Thomas F. 1999. *A Concise History of the Crusades*. Lanham, MD: Rowman & Littlefield.

_____. 2002a. "The Real History of the Crusades." *Crisis Magazine*, online edition, April 1.

_____. 2002b. "The Crusades in the Checkout Aisle." *Crisis Magazine* e-letter, April 12.

_____. 2003. "The Truth About the Spanish Inquisition." *Crisis Magazine* (October):24–30.

Malherbe, Abraham J. 2003. *Social Aspects of Early Christianity*. 2nd ed. Eugene, OR: Wipf and Stock.

Maltby, William S. 1971. *The Black Legend in England: The Development of Anti- Spanish Sentiment, 1558–1660*. Durham, NC: Duke Univ. Press.

Manchester, William. 1993. *World Lit Only by Fire: The Medieval Mind and the Renaissance*. New York: Little, Brown.

Marozzi, Justin. 2004. *Tamerlane: Sword of Islam, Conqueror of the World*. Cambridge, MA: Da Capo Books.

Marshall, Paul, Lela Gilbert, Roberta Green Ahmanson, eds. 2010. *Blind Spot: When Journalists Don't Get Religion*. Oxford: Oxford Univ. Press.

Martin, David. 1969. *The Religious and the Secular*. New York: Schocken Books.

_____. 1990. *Tongues of Fire: The Explosion of Protestantism in Latin America*. Oxford: Basil Blackwell.

Marty, Martin. 2004. *Martin Luther*. New York: Viking Penguin.

Marx, Karl. (1844) 1964. "Contribution to the Critique of Hegel's Philosophy of Right." In Karl Marx and Friedrich Engels, *On Religion*, 41–58. New York: Schocken Books.

Maslow, Abraham. 1971. *The Farther Reaches of Human Nature*. New York: Penguin Compass.

Mason, Stephen E. 1962. *A History of the Sciences*. Rev. ed. New York: Macmillan.

Matter, E. Ann. 2008. "Orthodoxy and Deviance." In vol. 3 of *The Cambridge History of Christianity*, 510–30. Cambridge: Cambridge Univ. Press.

Mattingly, Harold. 1967. *Christianity in the Roman Empire*. New York: Norton.

Mayer, Hans Eberhard. 1972. *The Crusades*. Oxford: Oxford Univ. Press.

McAdam, Doug. 1988. *Freedom Summer*. New York: Oxford Univ. Press.

McBrien, Richard P. 2000. *Lives of the Popes*. San Francisco: Harper San Francisco.

McBroom, Patricia. 1966. "Martyrs May Not Feel Pain." *Science News* 89: 505-6.

McKechnie, Paul. 2001. *The First Christian Centuries: Perspectives on the Early Church*. Downers Grove, IL: InterVarsity.

_____. 2009. "Christian City Councillors in the Roman Empire Before Constantine." *Interdisciplinary Journal of Research on Religion* 5: article 1. Available at www.religjournal.com.

_____. Forthcoming. "Christian City Councillors in Third Century Phyrgia."

McLendon, Hiram J. 1959. "Plato Without God." *Journal of Religion* 39:88–102.

McNally, Robert E., SJ. 1969. "The Reformation: A Catholic Reappraisal." In *Luther, Erasmus and the Reformation*, edited by John C. Olin, James D. Smart, and Robert E. McNally, SJ,

26–47. New York: Fordham Univ. Press.

McNamara, Jo Ann. 1976. "Sexual Equality and the Cult of Virginity in Early Christian Thought." *Feminist Studies* 3:145–58.

McNeill, William H. 1976. *Plagues and Peoples*. Garden City, NY: Doubleday.

Meeks, Wayne. 1983. *The First Urban Christians*. New Haven: Yale Univ. Press.

Meeks, Wayne, and Robert L. Wilken. 1978. *Jews and Christians in Antioch in the First Four Centuries of the Common Era*. Missoula, MT: Scholars Press.

Meggitt, Justin J. 1998. *Paul, Poverty and Survival*. Edinburgh: T&T Clark.

Meier, John P. 1994. *A Marginal Jew: Rethinking the Historical Jesus*. 3 vols. Garden City, NY: Doubleday.

Merkelbach, R. 1992. "Mithra, Mithraism." In *The Anchor Bible Dictionary*, edited by David Noel Freedman. New York: Doubleday.

Merton, Robert K. 1938. "Science, Technology and Society in Seventeenth Century England." *Osiris* 4 (pt. 2):360–632.

Metzger, Bruce M., and Bart D. Ehrman. 2005. *The Text of the New Testament: Its Transmission, Corruption, and Restoration*. 4th ed. New York: Oxford Univ. Press.

Meyer, Ben F. 1992. "Jesus Christ." In *The Anchor Bible Dictionary*, edited by David Noel Freedman. New York: Doubleday.

Meyer, Marvin. 2005. *The Gnostic Discoveries: The Impact of the Nag Hammadi Library*. San Francisco: Harper San Francisco.

Meyers, Eric M. 1988. "Early Judaism and Christianity in the Light of Archaeology." *Biblical Archaeologist* 51:69–79.

Michaud, Joseph. 1999. *The History of the Crusades*. Vol. 3. Cambridge: Cambridge Univ. Press.

Midelfort, H. C. Eric. 1981. "Heartland of the Witchcraze: Central and Northern Europe." *History Today* 31:27–31.

Millard, Alan. 2000. *Reading and Writing in the Time of Jesus*. New York: New York Univ. Press.

Miller, Alan S. 2000. "Going to Hell in Asia: The Relationship Between Risk and Religion in a Cross-cultural Setting." *Review of Religious Research* 42:5–18.

Miller, Alan S., and Rodney Stark. 2002. "Gender and Religiousness: Can the Socialization Explanation Be Saved?" *American Journal of Sociology* 107:1399–1423.

Moehring, Hannes. 1959. "The Persecution of the Jews and Adherents of the Isis Cult at Rome A.D. 19." *Novum Testamentum* 3:293–304.

Moeller, Bernd. 1972. *Imperial Cities and the Reformation*. Philadelphia: Fortress.

Moffett, Samuel Hugh. 1992. *A History of Christianity in Asia: Beginnings to 1500*. San Francisco: Harper San Francisco.

Momigliano, Arnaldo, ed. 1963. *The Conflict Between Paganism and Christianity in the Fourth Century*. Oxford: Clarendon Press.

Mommsen, Theodore E. 1942. "Petrarch's Conception of the 'Dark Ages.'" *Speculum* 17:226–42.

Monroe, Arthur Eli. 1975. *Early Economic Thought: Selections from Economic Literature Prior to Adam Smith.* New York: Gordon Press.

Monter, E. William. 1990. *Frontiers of Heresy: The Spanish Inquisition from the Basque Lands to Sicily.* Cambridge: Cambridge Univ. Press.

Monter, E. William, and John Tedeschi. 1986. "Towards a Statistical Profile of Italian Inquisitions, Sixteenth to Eighteenth Centuries." In Henningsen and Tedeschi, *The Inquisition in Early Modern Europe*, 130–57.

Montgomery, Field-Marshall Viscount (Bernard). 1968. *A History of Warfare.* New York: World.

Montgomery, Robert L. 2002. *The Lopsided Spread of Christianity.* Westport, CT: Praeger.

Montgomery, T. S. 1979. "Latin American Evangelicals: Oaxtepec and Beyond," In *Churches and Politics in Latin America*, edited by Daniel H. Levine, 87–107. Beverley Hills, CA: Sage.

Moore, George Foot. 1927. *Judaism in the First Centuries of the Christian Era.* Vol. 1. Cambridge: Harvard Univ. Press.

Moore, R. I. 1976. *The Birth of Popular Heresy.* New York: St. Martin's Press.

_____. 1985. *The Origins of European Dissent.* Oxford: Basil Blackwell.

Morris, Colin M. 1991. *The Papal Monarchy.* Oxford: Oxford Univ. Press.

_____. 1993. "Christian Civilization (1050-1400)." In *The Oxford History of Christianity*, edited by John McManners, 205–42. Oxford: Oxford Univ. Press.

Mullett, Michael A. 1999. *The Catholic Reformation.* London: Routledge.

Murray, Alexander. 1972. "Piety and Impiety in Thirteenth-Century Italy." *Studies in Church History* 8:83–106.

Musurillo, Herbert. 1972. *The Acts of the Christian Martyrs.* Oxford: Oxford Univ. Press.

Nash, Ronald H. 1992. *The Gospel and the Greeks.* Richardson, TX: Probe Books.

Needham, Joseph. 1954–1984. *Science and Civilization in China.* 6 vols. Cambridge: Cambridge Univ. Press.

_____. 1980. "The Guns of Khaifengfu." *Times Literary Supplement*, January 11.

Neitz, Mary Jo. 1987. *Charisma and Community: A Study of Religious Commitment Within the Charismatic Renewal.* New Brunswick, NJ: Transaction.

Nelson, Geoffrey K. 1969. *Spiritualism and Society.* New York: Schocken.

Netanyahu, B. 2001. *The Origins of the Inquisition in Fifteenth Century Spain.* 2nd ed. New York: New York Review Books.

Neusner, Jacob. 1975. *First Century Judaism in Crisis.* Nashville: Abingdon.

_____. 1984. *Messiah in Context: Israel's History and Destiny in Formative Judaism.* Philadelphia: Fortress.

Nicolle, David. 2005. *Historical Atlas of the Islamic World.* London: Mercury Books.

Niebuhr, H. Richard. 1929. *The Social Sources of Denominationalism*. New York: Henry Holt.

Nisbet, Robert. 1980. *History of the Idea of Progress*. New York: Basic Books.

Noble, Thomas F. X. 2008. "The Christian Church as an Institution." In *The Cambridge History of Christianity*, vol. 3, 249–74. Cambridge: Cambridge Univ. Press.

Nock, Arthur Darby. 1933a. *Conversion: The Old and New in Religion from Alexander the Great to Augustine of Hippo*. Oxford: Clarendon.

_____. 1933b. "The Vocabulary of the New Testament." *Journal of Biblical Literature* 52:131–39.

_____. 1938. *St. Paul*. New York: Harper & Bros.

_____. 1949. "The Problem of Zoroaster." *American Journal of Archaeology* 53:272–85.

Nolan, Patrick, and Gerhard Lenski. 2006. *Human Societies*. 10th ed. Boulder: Paradigm.

Norris, Pippa, and Ronald Inglehart. 2004. *Sacred and Secular: Religion and Politics Worldwide*. Cambridge: Cambridge Univ. Press.

North, John. 1974. "Conservatism and Change in Roman Religion." *Papers of the British School in Rome* 44:1-12.

_____. 1979. "Religious Toleration in Republican Rome." *Proceedings of the Cambridge Philological Society* 25:85–103.

_____. 1980. "Novelty and Choice in Roman Religion." *Journal of Roman Studies* 70:186–91.

_____. 2004. "Rome." In *Religions of the Ancient World: A Guide*, edited by Sarah Iles Johnston, 225–32. Cambridge: Belknap.

Obelkevich, James. 1976. *Religion and Rural Society*. Oxford: Oxford Univ. Press.

Oberman, Heiko A. 1992. *Luther: Man Between God and the Devil*. New York: Doubleday.

Oborn, George Thomas. 1933. "Why Did Decius and Volarian Proscribe Christianity?" *Church History* 2:67–77.

Odahl, Charles M. 2004. *Constantine and the Christian Empire*. London: Routledge.

O'Neil, Mary R. 1981. "Discerning Superstition: Trials of Clerics and Exorcists in Sixteenth Century Italy." Paper presented at the International Congress on Medieval Studies, Kalamazoo, Michigan.

_____. 1987. "Magical Healing, Love Magic and the Inquisition in Late Sixteenth Century Modena." In *Inquisition and Society in Early Modern Europe*, edited by Stephen Haliczer, 88–114. London: Croom Helm.

Oost, Stewart Irvin. 1961. "The Alexandrian Seditions Under Philip and Gallienus." *Classical Philology* 56:1–20.

Osiek, Carolyn, and David L. Balch. 1997. *Families in the New Testament World: Households and House Churches*. Louisville: Westminster John Knox.

Osiek, Carolyn, and Margaret Y. MacDonald. 2006. *A Woman's Place: House Churches in Earliest Christianity*. Minneapolis: Fortress.

Ozment, Steven. 1975. *The Reformation in the Cities*. New Haven: Yale Univ. Press.

_____. 1980. *The Age of Reform 1250–1550*. New Haven: Yale Univ. Press.

Packer, James E. 1967. "Housing and Population in Imperial Ostia and Rome." *Journal of Roman Studies* 57:80–95.

Pagels, Elaine. 1979. *The Gnostic Gospels*. New York: Random House.

_____. 2003. *Beyond Belief: The Secret Gospel of Thomas*. New York: Random House.

Pagels, Elaine, and Karen L. King. 2007. *Reading Judas: The Gospel of Judas and the Shaping of Christianity*. New York: Viking.

Paris, Edmond. 1961. *Genocide in Satellite Croatia, 1941–1954*. Chicago: American Institute for Balkan Affairs.

Parker, Geoffrey. 1992. "Success and Failure During the First Century of the Reformation." *Past and Present* 136:43–82.

Parkes, James. [1934] 1969. *The Conflict of the Church and the Synagogue*. New York: Atheneum.

Parkin, Tim G. 1992. *Demography and Roman Society*. Baltimore: Johns Hopkins Univ. Press.

Pastor, Ludwig. 1898. *The History of the Popes*. 14 vols. St. Louis: B. Herder.

Paullin, Charles O. 1932. *Atlas of the Geography of the United States*. Washington, DC: Carnegie Institution and New York Geographical Society.

Payne, Robert. [1959] 1995. *The History of Islam*. New York: Barnes & Noble.

_____. 1984. *The Dream and the Tomb: A History of the Crusades*. New York: Stein & Day.

Peachey, Paul. 1970. "Marxist Historiography of the Radical Reformation: Causality or Covariation?" *Sixteenth Century Essays and Studies* 1:1-16.

Pearson, Birger A. 2008a. "The Secret Gospel of Mark: A Twentieth Century Forgery." *Interdisciplinary Journal of Research on Religion* 3. Available at www.religjournal.com.

_____. 2008b. "Judas Iscariot Among the Gnostics: What the Gospel of Judas Really Says." *Biblical Archaeology Review* (May/June):52–57.

Pelikan, Jaroslav. 2005. *Whose Bible Is It?* New York: Viking.

Perez, Joseph. 2005. *The Spanish Inquisition: A History*. New Haven: Yale Univ. Press.

Perkins, Pheme. 1980. *The Gnostic Dialogue*. New York: Paulist Press.

_____. 1990. "Gnosticism." In *Encyclopedia of Early Christianity*, edited by Everett Ferhuson, 371–76. New York: Garland.

Perlmann, M. 1942. "Notes on Anti-Christian Propaganda in the Mamlūk Empire." *Bulletin of the School of Oriental and African Studies*, University of London 10:843–61.

Pernoud, Régine. 2000. *Those Terrible Middle Ages: Debunking the Myths*. San Francisco: Ignatius.

Peters, Edward. 1989. *Inquisition*. Berkeley: Univ. of California Press.

_____. 2004. "The *Firanj* are Coming▦Again." *Orbis* (Winter):3-17.

Peters, F. E. 1993. *The Distant Shrine: The Islamic Centuries in Jerusalem*. New York: AMS Press.

Pettazzoni, Raffaele. 1954. *Essays on the History of Religions*. Leiden: Brill.

Pettersson, Thorlief. 1990. "The Holy Bible in Secularized Sweden." In *Bible Reading in Sweden*, edited by Gunnar Hanson, 23–45. Uppsala: Univ. of Uppsala.

Phillips, Jonathan. 1995. "The Latin East 1098-1291." In Jonathan Riley-Smith, ed., *The Oxford Illustrated History of the Crusades*, 112-40. Oxford: Oxford Univ. Press.

Pliny. 1969. *The Letters of Pliny the Younger*. London: Penguin Classics.

Pohlsander, Hans A. 1996. *The Emperor Constantine*. 2nd ed. London: Routledge.

Pomeroy, Sarah B. 1975.*Goddesses, Whores, Wives, and Slaves: Women in Classical Antiquity*. New York: Schocken Books.

Porter, Roy. 1998. *The Greatest Benefit to Mankind*. New York: W. W. Norton.

Powell, Milton B., ed. 1967. *The Voluntary Church*. New York: Macmillan Co.

Prawer, Joshua. 1972. *The Crusaders' Kingdom: European Colonialism in the Middle Ages*. New York: Praeger.

Pritz, Ray A. 1988. *Nazarene Jewish Christianity*. Jerusalem: Magnes.

Puigblanch, D. Antonio. 1816. *The Inquisition Unmasked: Being an Historical and Philosophical Account of the Tremendous Tribunal*. 2 vols. London: Baldwin, Cradock, and Joy.

Purkiss, Diane. 1996. *The Witch in History*. London: Routledge.

Raftus, J. A. 1958. "The Concept of Just Price: Theory and Economic Policy: Discussion." *The Journal of Economic History*. 18:435–37.

Ramsay, W. M. 1893. *The Church in the Roman Empire Before A.D. 170*. New York: Putnam's Sons.

Rawlings, Helen. 2006. *The Spanish Inquisition*. Oxford: Blackwell.

Rawson, Beryl, ed. 1986. *The Family in Ancient Rome*. Ithaca, NY: Cornell Univ. Press.

Read, Piers Paul. 1999. *The Templars*. New York: St. Martin's Press.

Redman, Ben Ray. 1949. *The Portable Voltaire*. New York: Penguin Books.

Reynolds, Joyce, and Robert Tannenbaum. 1987. *Jews and God-Fearers at Aphrodisias*. Cambridge: Cambridge Univ. Press.

Richard, Jean. 1999. *The Crusades, c. 1071-c. 1291*. Cambridge: Cambridge Univ. Press.

Riddle, Donald W. 1931. *The Martyrs: A Study in Social Control*. Chicago: Univ. of Chicago Press.

Riddle, John M. 1994. *Contraception and Abortion from the Ancient World to the Renaissance*. Cambridge: Harvard Univ. Press.

Riley, Gregory J. 1997. *One Jesus, Many Christs*. San Francisco: Harper San Francisco.

Riley-Smith, Jonathan. 1973. *The Feudal Nobility and the Kingdom of Jerusalem, 1174-1277*. New York: Macmillan.

_____. 1978. "Peace Never Established: The Case of the Kingdom of Jerusalem." *Transactions of the Royal Historical Society*, 5th series, 28:87–112.

_____. 1983. "The Motives of the Earliest Crusaders and the Settlement of Latin Palestine, 1095–1100." *English Historical Review* 98:721–36.

_____. 1986. *The First Crusade and the Idea of Crusading*. Philadelphia: Univ. of Pennsylvania Press.

_____. ed. 1991. *The Atlas of the Crusades*. New York: Facts on File.

_____. ed. 1995. *The Oxford Illustrated History of the Crusades*. Oxford: Oxford Univ. Press.

_____. 1997. *The First Crusaders, 1095–1131*. Cambridge: Cambridge Univ. Press.

_____. 1999. *Hospitallers: The History of the Order of Saint John*. London: Hambledon.

_____. 2002a. "Casualties and the Number of Knights on the First Crusade." *Crusades* 1:13–28.

_____. 2002b. "Early Crusaders to the East and the Costs of Crusading, 1095–1130." In *The Crusades: The Essential Readings*, edited by Thomas F. Madden, 156–71. Oxford: Blackwell.

_____. 2003. "Islam and the Crusades in History and Imagination, 8 November 1898–11 September 2001." *Crusades* 2:151–67.

_____. 2005. *The Crusades: A History*. 2nd ed. London: Continuum.

Rives, J. B. 1995. *Religion and Authority in Roman Carthage from Augustus to Constantine*. New York: Oxford Univ. Press.

_____. 1999. "The Decree of Decius and the Religion of Rome." *Journal of Roman Studies* 89:135–54.

Rivkin, Ellis. 1987a. "Sadducees." In *The Encyclopedia of Religion*, edited by Mircea Eliade. New York: Macmillan.

_____. 1987b. "Essenes." In *The Encyclopedia of Religion*, edited by Mircea Eliade. New York: Macmillan.

Robbins, Rossell Hope. 1959. *The Encyclopedia of Witchcraft and Demonology*. New York: Crown.

Roberts, Michael. 1968. *The Early Vasas: A History of Sweden, 1523–1611*. Cambridge: Cambridge Univ. Press.

Robertson, John M. 1902. *A Short History of Christianity*. London: Watts.

Robinson, Charles Henry. 1923. *History of Christian Missions*. New York: Charles Scribner's Sons.

Robinson, Dwight Nelson. 1913. "A Study of the Social Position of the Devotees of the Oriental Cults in the Western World, Based on the Inscriptions." *Transactions and Proceedings of the American Philological Association* 44:151–61.

Robinson, John A. T. 1976. *Redating the New Testament*. Philadelphia: Westminster.

_____. 1985. *The Priority of John*. Oak Park, IL: Meyer-Stone Books.

Rodinson, Maxime. 1980. *Muhammad*. New York: Random House.

Roetzel, Calvin J. 1985. *The World Shaped by the New Testament*. Atlanta: John Knox.

Roller, Lynn. 1999. *In Search of God the Mother: The Cult of Anatolian Cybele*. Berkeley: Univ. of California Press.

Rörig, Fritz. 1969. *The Medieval Town*. Berkeley: Univ. of California Press.

Rosen, Edward. 1971. *Three Copernican Treatises* (3rd edition). New York: Octagon Books.

Rostovtzeff, Michael. 1926. *The Social and Economic History of the Roman Empire*. Oxford: Clarendon Press.

Roth, Cecil. [1964] 1996. *The Spanish Inquisition*. New York: Norton.

Roth, Louise M., and Jeffrey C. Kroll. 2007. "Risky Business: Assessing Risk Preference Explanations for Gender Differences in Religiosity." *American Sociological Review* 72:205–20.

Roth, Norman. 2002. *Conversos, Inquisition, and the Expulsion of the Jews from Spain*. Madison, WI: Univ. of Wisconsin Press.

Rudolph, Kurt. 1987. *Gnosis: The Nature and History of Gnosticism*. San Francisco: Harper San Francisco.

Ruether, Rosemary. 1974. *Faith and Fratricide: The Theological Roots of Anti-Semitism*. New York: Seabury.

Rummel, R. J. 2008. *Death by Government*. New Brunswick, NJ: Transaction.

Runciman, Sir Steven. 1951. *A History of the Crusades*. 3 vols. Cambridge: Cambridge Univ. Press.

Rupp, Ernest Gordon. 1981. "Luther, Martin." *Encyclopaedia Britannica*. 15th ed. Chicago: Univ. of Chicago Press.

Russell, Bertrand. 1959. *Wisdom of the West*. New York: Doubleday.

Russell, Jeffrey Burton. 1965. *Dissent and Reform in the Early Middle Ages*. Berkeley: Univ. of California Press.

_____, ed. 1971. *Religious Dissent in the Middle Ages*. New York: John Wiley & Sons.

_____. 1997. *Inventing the Flat Earth: Columbus and Modern Historians*. Westport, CT: Praeger.

Russell, Josiah Cox. 1958. *Late Ancient and Medieval Population*. Philadelphia: American Philosophical Society.

_____. 1972. *Medieval Regions and Their Cities*. Bloomington: Indiana Univ. Press.

Rutgers, Leonard Victor. 1992. "Archaeological Evidence for the Interaction of Jews and Non-Jews in Late Antiquity." *American Journal of Archaeology* 96:101-18.

Rydenfelt, Sven. 1985. "Sweden and Its Bishops." *Wall Street Journal*, August 21, A25.

Saldarini, Anthony J. 1988. *Pharisees, Scribes, and Sadducees in Palestinian Society: A Sociological Approach*. Wilmington, DE: M. Glazier.

Salih, Abu, and B. T. A. Evetts. 1895. *The Churches and Monasteries of Egypt and Some Neighbouring Countries*. Oxford, Clarendon.

Salzman, Michele Renee. 1990. *On Roman Time: The Codex-Calendar of 354*. Berkeley: Univ. of California Press.

_____. 2002. *The Making of a Christian Aristocracy: Social and Religious Change in the Western Roman Empire*. Cambridge: Harvard Univ. Press.

Samuelsson, Kurt. [1957] 1993. *Religion and Economic Action*. Toronto: Univ. of Toronto Press.

Sanders, E. P. 1995. *The Historical Figure of Jesus*. London: Penguin Books.

Sandison, A. T. 1967. "Sexual Behavior in Ancient Societies." In *Diseases in Antiquity*, edited by Don Brothwell and A. T. Sandison, 734–55. Springfield, IL: Charles C. Thomas.

Sawyer, P. H. 1982. *Kings and Vikings: Scandinavia and Europe, AD 700–1100*. London: Methuen.

Schachner, Nathan. 1938. *The Medieval Universities*. New York: Frederick A. Stokes.

Schäfer, Peter. 1997. *Judeophobia: Attitudes Towards the Jews in the Ancient World*. Cambridge: Harvard Univ. Press.

Schaff, Philip. [1855] 1961. *America: A Sketch of Its Political, Social, and Religious Character*. Cambridge: Harvard Univ., Belknap Press.

_____. 1910. *History of the Christian Church*. Vol. 1. New York: Scribner.

Schiffman, Lawrence H. 1987. "Essenes." In *The Encyclopedia of Religion*, edited by Mircea Eliade. New York: Macmillan.

Schmied, Gerhard. 1996. "US-Televangelism on German TV." *Journal of Contemporary Religion* 11:95–96.

Schnabel, Eckhard J. 2004. *Early Christian Mission*. 2 vols. Downers Grove, IL: InterVarsity.

Schoedel, William R. 1985. *Ignatius of Antioch*. Philadelphia: Fortress.

_____. 1991. "Ignatius and the Reception of the Gospel of Matthew in Antioch." In *Social History of the Matthean Community: Cross Disciplinary Approaches*, edited by David L. Balch, 129–77. Minneapolis: Fortress.

Schonfield, Hugh J. 1965. *The Passover Plot: New Light on the History of Jesus*. New York: Bernard Geiss Associates.

Schwiebert, Ernest. 1950. *Luther and His Times*. St. Louis: Concordia.

_____. 1996. *The Reformation*, vol. 2, *The Reformation as a University Movement*. Minneapolis: Fortress.

Scribner, Bob. 1977. "Is There a Social History of the Reformation?" *Social History* 2:483–505.

_____. 1982. "Religion, Society and Culture: Reorientating [sic] the Reformation." *History Workshop* 14:2–22.

Scroggs, Robin. 1972. "Paul and the Eschatological Woman." *Journal of the American Academy of Religion* 40:283–303.

_____. 1974. "Paul and the Eschatological Woman: Revisited." *Journal of the American Academy of Religion* 42:532–37.

Seaver, James Everett. 1952. *Persecution of the Jews in the Roman Empire (300– 428)*. Lawrence: Univ. of Kansas Press.

Selthoffer, Steve. 1997. "The German Government Harasses Charismatic Christians." *Charisma*, June: 22–24.

Setzer, Claudia. 1994. *Jewish Responses to Early Christians: History and Polemics, 30–150 CE*. Minneapolis: Fortress.

Seznec, Jean. 1972. *The Survival of the Pagan Gods*. Princeton: Princeton Univ. Press.

Shaw, Brent D. 1991. "The Cultural Meaning of Death: Age and Gender in the Roman Family." In *The Family in Italy from Antiquity to the Present*, edited by D. I. Kertzer and R. P. Sallers, 66–90. New Haven: Yale Univ. Press.

_____. 1996. "Seasons of Death: Aspects of Mortality in Imperial Rome." *Journal of Roman Studies* 86:100–138.

Shea, William R. 1986. "Galileo and the Church." In *Lindberg and Numbers*. 1986:114–35.

Shelton, Jo-Ann. 1988. *As the Romans Did*. Oxford: Oxford Univ. Press.

Sherkat, Darren E., and T. Jean Blocker. 1994. "The Political Development of Sixties Activists." *Social Forces* 72:821–42.

Siberry, Elizabeth. 1995. "Images of the Crusades in the Nineteenth and Twentieth Centuries." In *The Oxford Illustrated History of the Crusades*, edited by Jonathan Riley-Smith, 365–85. Oxford: Oxford Univ. Press.

Sibly, W. A. and M. D. Sibly. 2003. *The Chronicle of William of Puylaurens: The Albigensian Crusade and Its Aftermath*. Woodbridge, UK: Boydell.

Siewert, John A., and Edna G. Valdez. 1997. *Mission Handbook: USA and Canadian Christian Ministries Overseas*. 17th ed. Grand Rapids, MI: Zondervan.

Sinnigen, William G. 1961. "The Roman Secret Service." *Classical Journal* 57:65–72.

Sisci, Francesco. 2009. "China's Catholic Moment." *First Things* (June-July) No. 194:27–30.

Sivan, Emmanuel. 1973. *Modern Arab Historiography of the Crusades*. Tel Aviv: Tel Aviv Univ., Shiloah Center for Middle Eastern and African Studies.

Smallwood, E. Mary. 1981. *The Jews Under Roman Rule: From Pompey to Diocletian*. Reprint with corrections. Leiden: Brill.

_____. 1999. "The Diaspora in the Roman Period Before CE 70." In *The Cambridge History of Judaism*, vol. 3, edited by William Horbury, W. D. Davies, and John Sturdy, 168–91. Cambridge: Cambridge Univ. Press.

Smilde, David. 2005. "A Qualitative Comparative Analysis of Conversion to Venezuelan Evangelicalism: How Networks Matter." *American Journal of Sociology* 111:757–96.

Smith, Adam. [1759] 1982. *The Theory of Moral Sentiments*. Indianapolis: Liberty Classics.

_____. [1776] 1981. *An Inquiry into the Nature and Causes of the Wealth of Nations*. 2 vols. Indianapolis: Liberty Fund.

Smith, Christian. 1998. *American Evangelicalism*. Chicago: Univ. of Chicago Press.

Smith, Daniel Scott. 1985. "The Dating of the American Sexual Revolution: Evidence and Interpretation." In John F. Crosby, ed., *Reply to Myth: Perspectives on Intimacy*. New York: Wiley.

Smith, Morton. 1971. "Zealots and Sicarii: Their Origins and Relation." *Harvard Theological Review* 64:1–19.

_____. 1973. *The Secret Gospel: The Discovery and Interpretation of the Secret Gospel According to Mark*. New York: Harper & Row.

_____. 1978. *Jesus the Magician*. San Francisco: Harper San Francisco.

_____. 1987. *Palestinian Parties and Politics That Shaped the Old Testament*. 2nd ed. London: SCM.

Sordi, Marta. 1986. *The Christians and the Roman Empire*. Norman, OK: Univ. of Oklahoma Press.

Southern, R. W. 1970a. *Medieval Humanism and Other Studies*. New York: Harper Torchbooks.

_____. 1970b. *Western Society and the Church in the Middle Ages*. London: Penguin Books.

Spielvogel, Jackson J. 2000. *Western Civilization*. 4th ed. Belmont, CA: Wadsworth.

Spong, John Shelby. 1994. *Born of a Woman: A Bishop Rethinks the Birth of Jesus*. San Francisco: HarperCollins.

Stambaugh, John E. 1988. *The Ancient Roman City*. Baltimore: Johns Hopkins Univ. Press.

Stanton, Graham N. 2004. *Jesus and the Gospel*. Cambridge: Cambridge Univ. Press.

Stark, Rodney. 1964. "Class, Radicalism, and Religious Involvement." *American Sociological Review* 29:698–706.

_____. 1965a. "Religion and Radical Politics: A Comparative Study." In Charles Y. Glock and Rodney Stark, *Religion and Society in Tension*, 201–26. Chicago: Rand McNally.

_____. 1965b. "A Taxonomy of Religious Experience." *Journal for the Scientific Study of Religion* 5:97–116.

_____. 1981."Must All Religions Be Supernatural?" In Bryan Wilson, ed., *The Social Impact of New Religious Movements*, 159–77. New York: Rose of Sharon Press.

_____. 1987. "How New Religions Succeed: A Theoretical Model." In David Bromley and Phillip E. Hammond, eds., *The Future of New Religious Movements*, 11-29. Macon, GA: Mercer Univ. Press.

_____. 1996a. "So Far, So Good: A Brief Assessment of Mormon Membership Projections." *Review of Religious Research* 38:175–78.

_____. 1996b. "Why Religious Movements Succeed or Fail: A Revised General Model." *Journal of Contemporary Religion*, 11:133–46.

_____. 1999. "Secularization, R.I.P." *Sociology of Religion* 60:249–73.

_____. 2001. *One True God: Historical Consequences of Monotheism*. Princeton: Princeton Univ. Press.

_____. 2002. "Physiology and Faith: Addressing the 'Universal Gender Difference in Religiousness." *Journal for the Scientific Study of Religion* 41:495– 507.

_____. 2003. *For the Glory of God: How Monotheism Led to Reformations, Science, Witch-Hunts, and the End of Slavery*. Princeton: Princeton Univ. Press.

_____. 2004. *Exploring the Religious Life*. Baltimore: Johns Hopkins Univ. Press.

_____. 2005. *The Victory of Reason: How Christianity Led to Freedom, Capitalism, and Western Success*. New York: Random House.

_____. 2006. *Cities of God*. San Francisco: Harper San Francisco.

_____. 2007a. *Discovering God: A New Look at the Origins of the Great Religions*. San Francisco: HarperOne.

_____. 2007b. *Sociology*. 10th ed. Belmont, CA: Wadsworth.

_____. 2008. *What Americans Really Believe*. Waco, TX: Baylor Univ. Press.

_____. 2009. *God's Battalions: The Case for the Crusades*. San Francisco: HarperOne.

Stark, Rodney, and William Sims Bainbridge. 1985. *The Future of Religion*. Berkeley: Univ. of California Press.

_____. 1987. *A Theory of Religion*. Bern: Peter Lang.

_____. 1996. *Religion, Deviance, and Social Control*. New York: Routledge.

Stark, Rodney, and Roger Finke. 2000. *Acts of Faith: Explaining the Human Side of Religion*. Berkeley: Univ. of California Press. 『종교 경제 행위론』(북 코리아 역간, 2016).

Stark, Rodney, Eva Hamberg, and Alan S. Miller. 2005. "Exploring Spirituality and Unchurched Religions in America, Sweden, and Japan." *Journal of Contemporary Religion* 20:1–21.

Stark, Rodney, and Laurence R. Iannaccone. 1994. "A Supply-Side Reinterpretation of the 'Secularization' of Europe." *Journal for the Scientific Study of Religion* 33:230–52.

_____. 1997. "Why the Jehovah's Witnesses Grow So Rapidly: A Theoretical Application." *Journal of Contemporary Religion* 12:133–57.

Stark, Rodney, and Eric Y. Liu. 2011. "The Religious Awakening in China." *Review of Religious Research* 52:282–89.

Stegemann, Ekkhard W., and Wolfgang Stegemann. 1999. *The Jesus Movement*. Minneapolis: Fortress.

Stern, Menahem. 1976. "The Period of the Second Temple." In *A History of the Jewish People*, edited by Haim Hillel Ben-Sasson, 185–303. Cambridge: Harvard Univ. Press.

Stevens, Marty E. 2006. *Temples, Tithes, and Taxes: The Temple and Economic Life of Ancient Israel*. Peabody, MA: Hendrickson.

Stoll, David. 1990. *Is Latin America Turning Protestant?* Berkeley: Univ. of California Press.

Stow, Kenneth R. 1992. *Alienated Minority: The Jews of Medieval Latin Europe*. Cambridge: Harvard Univ. Press.

Strauss, Gerald. 1975. "Success and Failure in the German Reformation." *Past and Present* 67:30–63.

_____. 1978. *Luther's House of Learning: Indoctrination of the Young in the German Reformation*. Baltimore: Johns Hopkins Univ. Press.

_____. 1988. "The Reformation and Its Public in an Age of Orthodoxy." In *The German People and the Reformation*, edited by R. Po-Chia Hsia, 194–214. Ithaca, NY: Cornell Univ. Press.

Strobel, Lee. 2007. *The Case for the Real Jesus*. Grand Rapids: Zondervan.

Sullins, Paul D. 2006. "Gender and Religion: Deconstructing Universality, Constructing Complexity." *American Journal of Sociology* 112:838–80.

Sun, Anna Xiao Dong. 2005. "The Fate of Confucianism as a Religion in Socialist China: Controversies and Paradoxes." In *State, Market, and Religions in Chinese Societies*, edited by Fengang Yang and Joseph B. Tamney, 229–53. Leiden: Brill.

Swanson, Guy E. 1967. *Religion and Regime: A Sociological Account of the Reformation*. Ann Arbor, MI: Univ. of Michigan Press.

Swanson, R. N. 1995. *Religion and Devotion in Europe, c. 1215-c.1515*. Cambridge: Cambridge Univ. Press.

Tadmor, Hayim. 1976. "The Period of the First Temple." In *A History of the Jewish People*, edited by Haim Hillel Ben-Sasson, 91–182. Cambridge: Harvard Univ. Press.

Tcherikover, Victor. 1958. "The Ideology of the Letter of Aristeas." *Harvard Theological Review* 51:59–85.

_____. [1959] 1999. *Hellenistic Civilization and the Jews*. Peabody, MA: Hendrickson.

Theissen. Gerd. 1978. *Sociology of Early Palestinian Christianity*. Philadelphia: Fortress.

_____. 1982. *The Social Setting of Pauline Christianity*. Philadelphia: Fortress.

_____. 1987. *The Shadow of the Galilean: The Quest for the Historical Jesus in Narrative Form*. Philadelphia: Fortress.

_____. 1991. *The Gospels in Context*. Minneapolis: Fortress.

Theissen, Gerd, and Annette Merz. 1998: *The Historical Jesus: A Comprehensive Guide*. Minneapolis: Fortress.

Thiering, Barbara. 1992. *Jesus and the Riddle of the Dead Sea Scrolls*. San Francisco: HarperCollins.

Thomas, Keith. 1971. *Religion and the Decline of Magic*. New York: Scribner.

Thorley, John. 1981. "When Was Jesus Born?" *Greece & Rome*, second series, 28:81-89.

Thumma, Scott, and Dave Travis. 2007. *Beyond Megachurch Myths*. San Francisco: Jossey-Bass.

Thurston, Bonnie Bowman. 1989. *The Widows: A Women's Ministry in the Early Church*. Minneapolis: Fortress.

Tobin, Gary A., and Aryeh K. Weinberg. 2007. *Profiles of the American University*, vol. 2, *Religious Beliefs and Behavior of College Faculty*. San Francisco: Institute for Jewish and Community Studies.

Tracy, James D. 1999. *Europe's Reformations, 1450–1650*. Lanham, MD: Rowman & Littlefield.

Trebilco, Paul. 2004. *The Early Christians in Ephesus from Paul to Ignatius*. Grand Rapids: Eerdmans.

Tresmontant, Claude. 1989. *The Hebrew Christ: Language in the Age of the Gospels*. Chicago: Franciscan Herald.

Trethowan, W. H. 1963. "The Demonopathology of Impotence." *British Journal of Psychiatry* 109:341-47.

Trevor-Roper, H. R. [1969] 2001. *The Crisis of the Seventeenth Century: Religion, the Reformation, and Social Change*. Indianapolis: Liberty Fund.

Troeltsch, Ernst. [1912] 1931. *The Social Teachings of the Christian Churches*. 2 vols. New York: Macmillan.

Trombley, Frank R. 1985. "Paganism in the Greek World at the End of Antiquity: The Case of Rural Anatolia and Greece." *Harvard Theological Review* 78:327–52.

Turcan, Robert. 1996. *The Cults of the Roman Empire*. Oxford: Blackwell.

Turner, Ralph H., and Lewis M. Killian, 1987. *Collective Behavior*. 3rd. ed. Englewood Cliffs, NJ: Prentice-Hall.

Tyerman, Christopher. 1998. *The Invention of the Crusades*. Toronto: Univ. of Toronto Press.

_____. 2006. *God's War: A New History of the Crusades*. Cambridge: Belknap.

Underhill, Evelyn. 1911. *Mysticism*. London: Methuen.

Urbach, Efraim. 1975. *The Sages: Their Concepts and Beliefs*. Jerusalem: Magnes.

Vermes, Geza. 1981. *Jesus the Jew: A Historian's Reading of the Gospel*. Philadelphia: Fortress.

_____. 1983. *Jesus the Jew: A Historian's Reading of the Gospel*. 2nd ed. New York: Macmillan.

_____. 1984. *Jesus and the World of Judaism*. Philadelphia: Fortress.

Veyne, Paul. 1990. *Bread and Circuses: Historical Sociology and Political Pluralism*. New York: Viking.

Vogt, Joseph. 1974. *Ancient Slavery and the Ideal of Man*. Oxford: Oxford Univ. Press.

Walker, P. C. Gordon. 1937. "Capitalism and the Reformation." *Economic History Review* 8:1-19.

Wallace, Anthony F. C. 1966. *Religion: An Anthropological View*. New York: Random House.

Wallis, Roy. 1986. "The Caplow-de Tocqueville Account of Contrasts in European and American Religion: Confounding Considerations." *Sociological Analysis* 47:50–52.

Walsh, John Evangelist. 1982. *The Bones of Saint Peter*. London: Victor Gollancz.

Walsh, Michael. 1986. *The Triumph of the Meek: Why Early Christianity Succeeded*. San Francisco: Harper and Row.

Walzer, Michael. 1965. *The Revolution of the Saints*. Cambridge: Harvard Univ. Press.

Warrior, Valerie M. 2002. *Roman Religion: A Sourcebook*. Newburyport, MA: Focus Publishing.

Watson, Andrew. 1974. "The Arab Agricultural Revolution and Its Diffusion." *Journal of Economic History* 34:8–35.

Weber, Max. [1904–1905] 1958. *The Protestant Ethic and the Spirit of Capitalism*. New York: Scribner.

_____. [1922] 1993: *The Sociology of Religion*. Boston: Beacon.

Weiner, Eugene, and Anita Weiner. 1990. *The Martyr's Conviction: A Sociological Analysis*. Atlanta: Scholars' Press.

Weiss, Johannes. [1937] 1959. *Earliest Christianity: A History of the Period A.D. 30–150*. 2 vols. New York: Harper Torchbooks.

Welliver, Dotsey, and Minnette Northcut. 2005. *Mission Handbook, 2005–2006*. Wheaton, IL: EMIS.

Wells, Peter S. 2008. *Barbarians to Angels: The Dark Ages Reconsidered*. New York: Norton.

West, Martin. 1988. "Early Greek Philosophy." In *The Oxford History of Greece and the Hellenistic World*, edited by John Boardman, Jasper Griggin, and Oswyn Murray, 126–41. Oxford: Oxford Univ. Press.

White, Andrew Dickson. 1986. *A History of the Warfare of Science with Theology in Christendom*. New York: D. Appleton.

White, Jefferson. 2001. *Evidence and Paul's Journeys*. Hilliard, OH: Parsagard.

White, K. D. 1984. *Greek and Roman Technology*. London: Thames and Hudson.

White, L. Michael. 1990. "Mithraism." In *Encyclopedia of Early Christianity*, edited by Everett Ferguson, 609–10. New York: Garland.

White, Lynn, Jr. 1940. "Technology and Invention in the Middle Ages." *Speculum* 15:141-56.

_____. 1962. *Medieval Technology and Social Change*. Oxford: Oxford Univ. Press.

White, Michael. 1997. *Isaac Newton: The Last Sorcerer*. Reading, MA: Addison-Wesley.

Whitechapel, Simon. 2002. *Flesh Inferno: Atrocities of Torquemada and the Spanish Inquisition*. New York: Creation Books.

Whitefield, George. [1756] 1969. *George Whitefield's Journals*. Gainesville, FL: Scholars' Facsimiles and Reprints.

Whitehead, Alfred North. [1925] 1967. *Science and the Modern World*. New York: Free Press.

Wild, John. 1949. "Plato and Christianity: A Philosophical Comparison." *Journal of Bible and Religion* 17:3–16.

Wilken, Robert L. 1984. *The Christians as the Romans Saw Them*. New Haven: Yale Univ. Press.

Williams, Arthur L. 1935. *Adversus Judaeos*. Cambridge: Cambridge Univ. Press.

Williams, Michael Allen. 1996. *Rethinking "Gnosticism": An Argument for Dismantling a Dubious Category*. Princeton: Princeton Univ. Press.

Williams, Stephen. 1985. *Diocletian and the Roman Recovery*. New York: Methuen.

Wilson, Bryan. 1966. *Religion in Secular Society*. London: C. A. Watts.

_____. 1982. *Religion in Sociological Perspective*. Oxford: Oxford Univ. Press.

Witherington, Ben, III. 1997. *The Jesus Quest: The Third Search for the Jew of Nazareth*. Downers Grove, IL: InterVarsity.

_____. 1998. *The Paul Quest: The Renewed Search for the Jew of Tarsus*. Downers Grove, IL: InterVarsity.

_____. 2006. *What Have They Done With Jesus?* San Francisco: Harper San Francisco.

Witt, R. E. 1997. *Isis in the Ancient World*. Baltimore: Johns Hopkins Univ. Press.

Wolfson, Harry Austryn. 1947. "The Knowability and Describability of God in Plato and Aristotle." *Harvard Studies in Classical Philology* 56:233–49.

Wood, Ian N. 2008. "The Northern Frontier: Christianity Face to Face With Paganism." *The Cambridge History of Christianity*, vol. 3, 230–46. Cambridge: Cambridge Univ. Press.

Woolston, Thomas. 1735. *Works of Thomas Woolston*. London: J. Roberts.

Wright, N. T. 1992. Christian Origins and the Question of God, vol. 1, *The New Testament and the People of God*. London: SPCK.

_____. 2003. *The Resurrection of the Son of God*. Minneapolis: Fortress.

_____. 2006. *Judas and the Gospel of Jesus*. Grand Rapids: Baker Books.

Wrigley, E. A. 1969. *Population and History*. New York: McGraw-Hill.

Wuthnow, Robert. 1988. *The Restructuring of American Religion: Society and Faith Since World War II*. Princeton: Princeton Univ. Press.

_____. 1989. *Communities of Discourse*. Cambridge: Harvard Univ. Press.

_____. 2009. *Boundless Faith: The Global Outreach of American Churches*. Berkeley: Univ. of California Press.

Yardini, Ada. 2008. "A New Dead Sea Scroll in Stone." *Biblical Archaeology Review* 34 (January/February): 60–61.

Ye'or, Bat. 1996. *The Decline of Eastern Christianity Under Islam*. Rutherford, NJ: Fairleigh Dickinson Univ. Press.

Zeitlin, Solomon. 1964. "The Dates of the Birth and the Crucifixion of Jesus." *Jewish Quarterly Review* 55:1-22.

Zeman, J. K. 1976. "Restitution and Dissent in the Late Medieval Renewal Movements: The Waldensians, the Hussites and the Bohemian Brethren." *Journal of the American Academy of Religion* 44:7–27.

Zetterholm, Magnus. 2003. "The Covenant for Gentiles? Covenantal Nomism and the Incident at Antioch." In *The Ancient Synagogue from Its Origins until 200 CE*, edited by Birger Olsson and Magnus Zetterholm, 168–88. Stockholm: Amlqvist & Wiksell.

Zinsser, Hans. [1934] 1960. *Rats, Lice and History*. New York: Bantam.

기독교 승리의 발자취

기독교는 어떻게 세계 최대의 종교가 되었는가?

Copyright © 새물결플러스 2020

1쇄 발행	2020년 3월 18일
2쇄 발행	2020년 6월 18일

지은이	로드니 스타크
옮긴이	허성식
펴낸이	김요한
펴낸곳	새물결플러스

편 집	왕희광 정인철 노재현 한바울 정혜인
	이형일 서종원 나유영 노동래 최호연
디자인	윤민주 황진주 박인미 이지윤
마케팅	박성민 이원혁
총 무	김명화 이성순
영 상	최정호 조용석 곽상원
아카데미	차상희

홈페이지	www.holywaveplus.com
이메일	hwpbooks@hwpbooks.com
출판등록	2008년 8월 21일 제2008-24호
주 소	(우) 04118 서울시 마포구 마포대로19길 33
전 화	02) 2652-3161
팩 스	02) 2652-3191

ISBN 979-11-6129-148-2 03230

책값은 뒤표지에 있습니다.

이 도서의 국립중앙도서관 출판예정도서목록(CIP)은 서지정보유통지원시스템
홈페이지(seoji.nl.go.kr)와 국가자료공동목록시스템(nl.go.kr/kolisnet)에서
이용하실 수 있습니다. CIP2020011039